青海省志

自然环境志

青海省地方志编纂委员会　编

气象出版社
China Meteorological Press

图书在版编目(CIP)数据

青海省志. 自然环境志 / 青海省地方志编纂委员会编. —北京:气象出版社,2021.6

ISBN 978-7-5029-7384-1

Ⅰ.①青… Ⅱ.①青… Ⅲ.①青海—地方志②自然环境—概况—青海 Ⅳ.①K294.4②X321.244

中国版本图书馆 CIP 数据核字(2021)第 018812 号

审图号:青 S(2020)036 号

青海省志·自然环境志

Qinghaisheng Zhi · Ziran Huanjing Zhi

青海省地方志编纂委员会 编

出版发行:气象出版社

地　　址:北京市海淀区中关村南大街 46 号　**邮政编码**:100081

电　　话:010-68407112(总编室)　010-68408042(发行部)

网　　址:http://www.qxcbs.com　**E-mail**:qxcbs@cma.gov.cn

责任编辑:蔺学东　**终　　审**:吴晓鹏

责任校对:张硕杰　**责任技编**:赵相宁

封面设计:地大彩印设计中心

印　　刷:北京地大彩印有限公司

开　　本:889 mm×1194 mm　1/16　**印　　张**:21.5

字　　数:530 千字　**插　　页**:11

版　　次:2021 年 6 月第 1 版　**印　　次**:2021 年 6 月第 1 次印刷

国内定价:280.00 元　**国外定价**:70.00 美元

青海省行政区划图

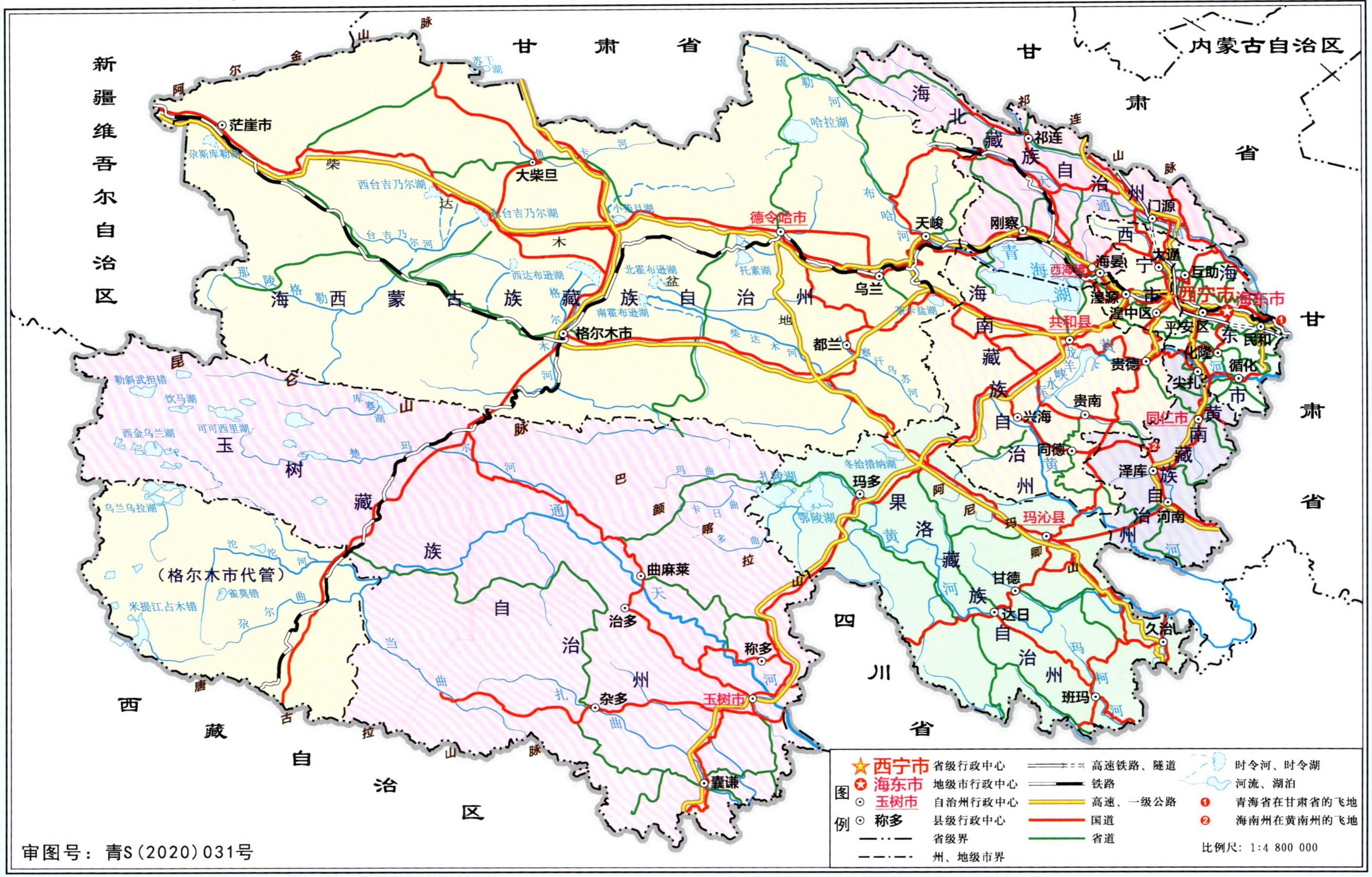

审图号：青S（2020）031号

青海省地貌图

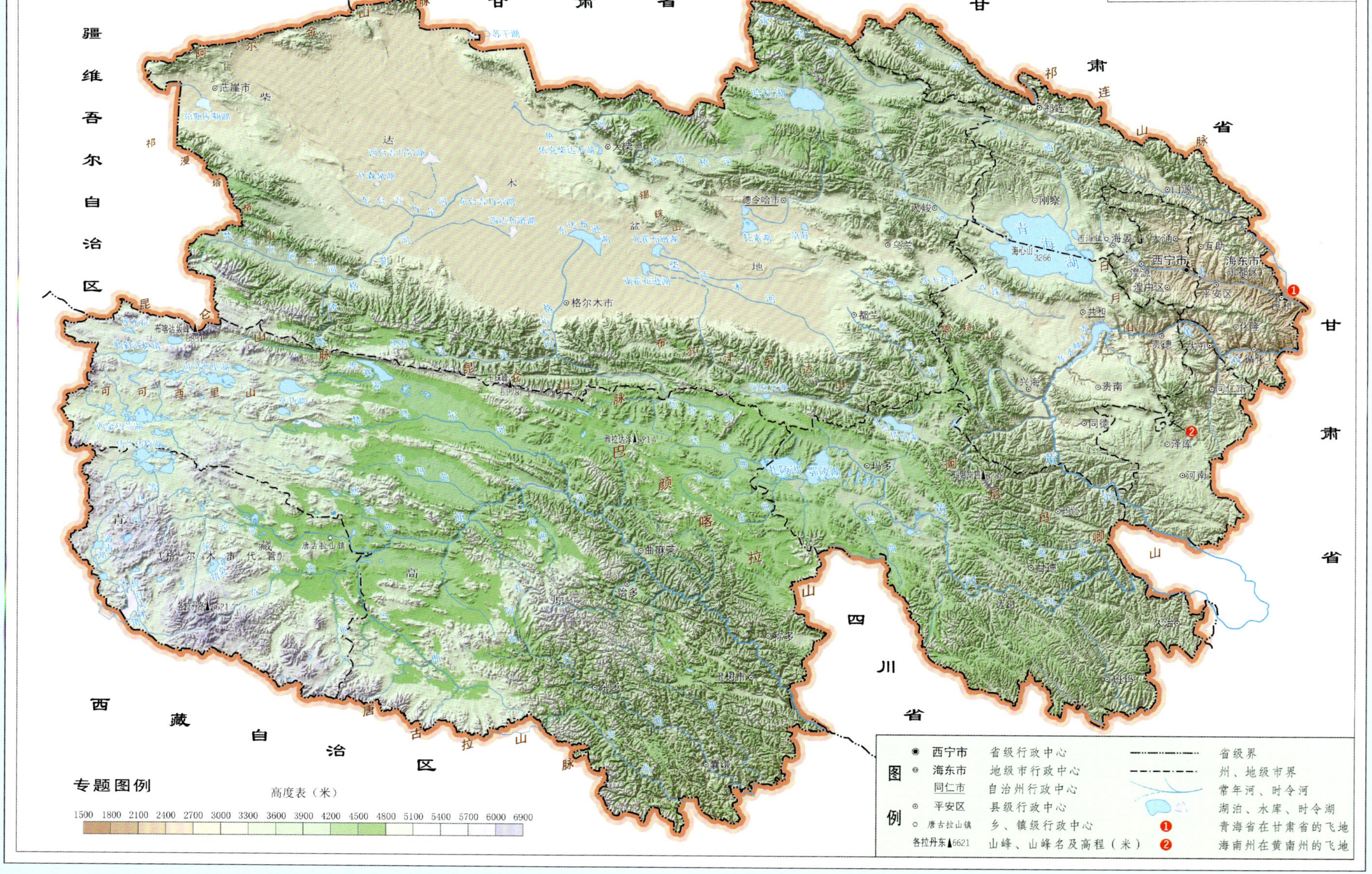

新疆维吾尔自治区
甘肃省
四川省
西藏自治区
祁连山脉
阿尔金山
祁漫塔格山
昆仑山脉
布尔汗布达山
巴颜喀拉山
阿尼玛卿山
唐古拉山脉
可可西里山
柴达木盆地
青藏高原
青海湖
海心山 3266
日月山
西宁市
海东市
乐都区
平安区
互助
大通
湟源
湟中区
海晏
门源
祁连
刚察
天峻
乌兰
德令哈市
大柴旦
茫崖市
格尔木市
都兰
共和
贵德
化隆
循化
尖扎
同仁市
同德
兴海
贵南
泽库
河南
玛沁
甘德
达日
久治
班玛
玛多
曲麻莱
治多
杂多
称多
玉树市
囊谦
唐古拉山镇
布喀达坂峰 6860
各拉丹东 6621
雅拉达泽 5214
阿尼玛卿山 6282
哈拉湖
苏干湖
托素湖
扎陵湖
鄂陵湖
专题图例
高度表（米）
1500 1800 2100 2400 2700 3000 3300 3600 3900 4200 4500 4800 5100 5400 5700 6000 6900
图例
西宁市 省级行政中心
海东市 地级市行政中心
同仁市 自治州行政中心
平安区 县级行政中心
唐古拉山镇 乡、镇级行政中心
各拉丹东▲6621 山峰、山峰名及高程（米）
省级界
州、地级市界
常年河、时令河
湖泊、水库、时令湖
1 青海省在甘肃省的飞地
2 海南州在黄南州的飞地

青海省地方志编纂委员会

《青海省志·自然环境志》编纂委员会

《青海省志·自然环境志》编纂委员会办公室

《青海省志·自然环境志》编纂组

主　编　刘峰贵

副主编　周　强　陈　琼

总　纂　刘峰贵

副总纂　周　强　陈　琼

撰稿人　（按章节顺序排序）

周　强　张　文　张海峰　曹生奎　毛旭锋　杨　萍　侯光良　苏　旭　王文颖　陈　琼　刘峰贵

《青海省志·自然环境志》终审、验收小组

组　长　杨逢春

副组长　杨松义

成　员　云公保太　王乃昂　张登山　李英年　李　勇　张堰翔　李　伟　庞宁涛

《青海省志(1986—2005)》卷目

《总述·大事记》
《区域建置志》
《自然环境志》
《气象志》
《环境保护志》
《国土资源志》
《地震志》
《人口和计划生育志》
《发展计划志》
《经济志》
《财政志》
《税务志》
《统计志》
《工商行政管理志》
《质量技术监督志》
《审计志》
《海关志》
《交通志》
《铁路交通志》
《民用航空志》
《邮政电信志》
《水利志》
《城乡建设志》
《农业志》
《畜牧业志》
《林业志》
《煤炭工业志》
《石油工业志》
《电力工业志》
《国内贸易志》
《粮食流通志》
《金融志》
《共产党志》
《民主党派志》
《群众团体志》
《青海省人民代表大会志》
《青海省人民政府志》
《中国人民政治协商会议青海省委员会志》
《纪检监察志》
《民政志》
《劳动人事和社会保障志》
《公安志》
《检察志》
《审判志》
《司法行政志》
《监狱管理志》
《军事志》
《教育志》
《科学技术志》
《社会科学志》
《文化艺术志》
《旅游志》
《广播电视志》
《报业志》
《医疗卫生志》
《体育志》
《人物志》
《附录》

辛勤耕耘，进一步做好地方志编纂、管理和开发利用工作，全面完成“两全目标”，为当代提供资政辅治之参考，为后世留下堪存堪鉴之记述！

是为序。

2019年元月2日

凡　　例

一、本志以马克思列宁主义、毛泽东思想、邓小平理论、“三个代表”重要思想、科学发展观、习近平新时代中国特色社会主义思想为指导，坚持辩证唯物主义和历史唯物主义的立场、观点和方法，力求思想性、科学性和资料性相统一。坚持实事求是、存真求实的原则，全面真实地记述断限期间本行政区域内自然、政治、经济、文化、社会等方面的发展历程，着重突出时代特征、地方特点和行业特色。

二、本志为续编本，上限起自 1986 年，下限迄至 2005 年。某些重大事件和人物，凡与第一轮志书有所衔接或阐明因果者，可适当上溯；由于上轮志书记述内容下限较晚而致本轮志书内容上下限不足 15 年的，下限可适当延长，但原则上不超过 2010 年。

三、本志除总述・大事记、人物志、附录 3 部综合内容外，按照现代科学分类与社会分工来归类，设 55 部分志。各分志独立成书，按述、记、志、传、图(照)、表、录等体裁编排，一律采用章节体，一般设章、节、目三个层次。

四、本志使用规范的现代语体文记述。除总述、概述及章下无题序可适度议论外，其他据事直书、述而不论。行文力求严谨、朴实、简洁、流畅。

五、本志语言文字、标点符号、称谓、数字数据、时间表述、计量单位、图(照)、表和引文注释等的使用，均按国家相关规定、标准执行。

六、本志所使用的国民经济和社会发展相关数据以国家统计部门公布的法定数据为准，统计部门没有统计的，采用业务主管部门的统计数据。

七、本志资料主要来自各部门文书档案和报刊、专题文献或专著，同时也采用社会调查和询问记录。所采用的原始资料经鉴别、核实后入志，一般不作注释。个别涉及重要观点的引文和有歧义的重要资料，采用多说并存并加脚注。

八、本志各分志应设编纂说明，补充本凡例未涉及的相关情况，内容包括分志编纂过程、上下限时间、编纂原则、撰写分工、资料来源及与相近分志内容的交叉侧重、特殊问题处理、各章节涉及的技术性问题等。

九、本志设总述，各分志设概述。总述和概述分别是全志和各分志之纲，采取述论结合的方法，概述全貌，突出特点，总结得失，彰明因果，揭示规律。

十、本志大事记采用编年体和纪事本末体相结合的方法，记述全省经济和社会发展等方面的重大事件。各分志亦可设“大事记”，着重记述相关行业或产业的重大事件。大事记应紧扣记述主体，大事、要事不遗漏，时间、地点、事件、原因、结果等要素齐备，做到言简意赅。

十一、本志人物志由传、录（简介）、表组成。坚持生不立传的原则，立传人物为在青海省有重大影响者，以及本籍人物在外地有重大影响者。入传人物以卒年为序排列，入录、入表人物以生年为序排列。各分志可根据情况按收录标准设置人物录（简介）、人物表及有较大影响的人物传记。

十二、本志有关分志对难以适用志书诸种体裁且需要集中完整记述的重要事件可采用专记法。凡已设专志记述的内容，如党建、纪检、精神文明建设活动等，各分志中不再设专章记述；确有特色需要记载的，可设专记。

十三、本志及各分志均设置附录。所录文献原则上必须是对全省本行业事业发展有重大影响的政策性、法规性文献和具有典型意义的调研报告等，其余补遗考订等资料应当准确精当，有重要存史价值。

十四、本志设索引，收录记述的主要条目、人物和重要图、表等信息提示，按主题词首字汉语拼音音序编排。

编纂说明

一、《青海省志·自然环境志》以辑录已有自然环境的研究资料为主，寓观点与实录之中，并对部分自然环境要素的记述上溯至事物发端。为了确保记述自然环境全面而又具有整体性，详尽记述自然环境诸要素，采用横排纵述的形式，同时突出青海关注生态环境的时代特征、地方特色和自然特色。本志记述的时限为，上限至事物发端，下限为2010年。

二、本志以宏观视角重点记述地质、矿产、地貌、河流、湖泊、气候、土壤、生物、生态环境、自然灾害等，是为青海省自然环境总述。概述纵贯全志，是为综述，部分章节内容，与《国土资源志》《环境保护志》《气象志》《地震志》《水利志》等分志记述中有重复和交叉，但本志力求从地理志的角度记述环境要素的客观分布及主要特征，与其他志书内容交叉在所难免，但各有所侧重。

三、本志书涉及内容广泛，为突出本志专业性、科学性和权威性，参考和补遗考订了大量对全省自然环境具有典型意义、重要存史价值的研究论文、著作、调研报告等成果，力求准确精当，但根据志书凡例"所采用的原始资料经鉴别、核实后入志，一般不作注释。个别涉及重要观点的引文和有歧义的重要资料，采用多说并加脚注"的要求，将各章所引文献成果单列于附录之中，以便读者索引查证。

四、为了使记述内容更加直观、准确和客观，本志在记述中使用了大量地图和照片，其中本志地图则根据志书出版时，国家对地图出版的新要求，使用了由地图审批部门提供的标准地理底图，为遵从原作者的真实结果，对原有记述内容对图件进行了重新清绘和改编，但其地理底图和地名与2010年前稍有差异。

五、本志重点记述自然环境要素的客观分布和特征，本志将青海省境内自然环境大尺度演化和发生永久性改变的重大自然环境事件，以及人类探索自然环境的重大活动列为大事记，大事记作为本志书的探索性内容，浩瀚文献中，犹如大海拾贝，信息提取可能极为有限，以供读者和相关人员不断充实、求证和完善。本志不列人物志。

六、本志各章节虽独立成章，但自然环境要素有着极强的相互作用和关联，本志力求各章节的关联和整体性，尽力使记述内容保持各章之间的科学逻辑和相互联系。由于篇幅所限，难以对各种见解尽述其详，选择陈述一些比较妥贴的认识。

青海祁连山地区发育的古夷平面

片麻岩中的长英质脉体

青海昆仑山口的泥火山

岩石挤压褶皱变形

青海下元古界地层中的钾长石脉

黄河上游坎布拉丹霞地貌

坎布拉丹霞地貌的差异风化

柴达木盆地达布逊湖出露的沉积剖面

青海境内的各拉丹冬雪峰

青海拉加峡黄河大拐弯

祁连山地区发育的单面山

黄河上游达日附近的辫状水系

青海囊谦境内澜沧江峡谷

青海湖 3D 遥感影像

三江源地区高寒草甸草原

青海孟达天池山地森林

柴达木盆地半荒漠

青海省境内的姜古迪如冰川

青海湖东岸沙地

青海省境内李家峡水电站库区

青海省同仁县境内的古滑坡

青海官亭盆地的泥石流沟

高原地区的垫状植被

察尔汗盐湖的盐花

巴颜喀拉山唐古特雪莲

青海湖每年 5 月湟鱼洄游奇观

青海曲麻莱县境内草原狼群

可可西里自然保护区的藏野驴

可可西里自然保护区野牦牛

天峻县雪豹

三江源地区的藏羚羊

海西州湖泊湿地中的红脚鹬

目　录

概　　述

青海省位于中国西部青藏高原的东北部，西部和西南部由西藏高原所包围，北部毗邻塔里木盆地，东北部与河西走廊相邻，东部与黄土高原相接，是黄土高原向青藏高原的过渡地带。青海东南部地区由北向南，依次由甘南高原、阿坝高原和川西高原所环抱。青海省土地面积广阔，地形复杂，地势高耸，高差悬殊，形成独特的自然环境，处于我国西部大地构造单元相互联系的枢纽地带。

青海省东西长1200余千米，最西点为青海、西藏、新疆交界处附近，东经约89°20′，最东点为青海省海东市民和县与甘肃省兰州市交界处的花庄镇上河湾附近，东经约103°05′。南北宽800余千米，最北点为青海和甘肃省交界处的酒泉地区玉门市昌马河上游的包尔沟附近，北纬约39°15′，最南点为青海与西藏交接处的昌都地区类乌齐县岗色乡附近，北纬约31°40′。青海省总面积为72.23万平方千米。

青海省地势西北高、东南低，海拔最高点在喀喇昆仑山中段青海西北部与新疆交界处的布喀达坂峰，海拔高度为6860米，海拔最低点在青海省最东端与甘肃省交界，民和回族土族自治县下川口马场垣乡湟水出境处，海拔高度为1644米。全省海拔高度5000米以上的区域为5.4万平方千米，占全省面积的7.8%；海拔高度在3000～5000米的区域约为53.2万平方千米，占全省面积的76.3%；海拔高度小于3000米的区域为11.1万平方千米，仅占全省总面积的15.9%。因此，青海省的自然环境是名副其实的高原环境。

一、古大洋闭合形成的陆地基底

青海省是青藏高原的重要组成部分，最北端的祁连山脉形成时间最为古老，大约形成在早古生代末期志留纪时期西域板块背景上的大地槽闭合时期，中生代的中三叠世末期经过印支运动祁连山发生褶皱，随后由早更新世末的晚喜马拉雅运动引起青藏高原外围山脉的造山运动，祁连山在这次推覆造山中开始形成并发育，白垩纪以来祁连山主要处于断块升降运动中，最后形成一系列平行地垒（或山岭）和地堑（谷地、盆地）。祁连山脉形成后，由于原特提斯洋的闭合，柴达木地块、祁连地槽等拼合，形成青海北部的昆仑地体，在其南部发育了古特提斯洋（距今3.5亿—2.2亿年），二叠纪晚期至三叠纪，古特提斯洋闭合，其两侧的大陆发生碰撞，羌塘地体、巴颜喀拉地体、昆仑地体拼合到欧亚大陆上，青海的陆地格局基本形成。与此同时，昆仑地体内部东昆仑隆升发育成山，柴达木地块下沉成盆地，并与周围山地产生分异，青海北部的陆地地貌格局基本形成。随着新特提洋的闭合，西藏地区陆地板块的形成，在印度板块的强烈挤压作用下，高原腹地隆起并快速隆升，多次的造山运动使青海南部地区的海拔高度上升到3000米以上，山地发育形成，青海的大地貌骨架基本形成。

地质构造上，青海自北向南分为四大构造单元。①祁连造山带。位于河西走廊过渡带之南，包括整个祁连山区，是在晚古生代海西造山带和中生代晚白垩世到古近系、始新世燕山造山带基础上形成的，以块状断裂升降运动居优势。②柴达木地块。以前寒武纪结晶片岩为基底的稳定地块，厚七八千米，大部分为疏松的中生代和新生代陆相沉积，形成盐湖矿产。在其南部为昆仑造山带，由于受后期构造运动作用，形成块体的连续推覆，新老地层交替重叠。③巴颜喀拉-甘孜造山带。位于昆仑山主带大断裂之南，玉树大断裂以北地区，包括东段的阿尼玛卿山，总体构造线呈北西向，为一具有旋回特点的复杂造山带。④唐古拉地块。分布于青海南部唐古拉山区，形成于侏罗纪，呈北西西向，具有多旋回特点。

二、复杂地质构造孕育的丰富矿产资源

青海由于受到复杂地质构造作用和江河湖泊的作用，形成了非常丰富的金属和非金属矿产资源。矿产资源分布总体呈现北部多煤、南部多金、西部盐类和油气、东部非金属矿产的特点，并且矿床、矿点多，矿种全，潜在价值大。截至2010年，已发现青海省矿产种类有134种，其中，查明有储量矿产种类109种，其中有54种矿产列全国前10位，其中，列全国第1位的有11种，列全国第2位的有9种，列全国第3位的有4种。盐湖资源储量巨大，柴达木盆地是中国最大的可溶性钾镁盐矿床，保有氯化钾资源量8.3亿吨，氯化镁资源量60.12亿吨，氯化钠资源量3299.18亿吨，锂、钾、镁3种矿产资源量居全国首位。石油主要分布在柴达木盆地的西北部，已发现19个油田，累计探明地质储量5.03亿吨，居全国第11位。天然气主要分布在柴达木盆地的中东部，已发现12个气田，累计探明地质储量3783.76亿立方米，占全国总量3.31%，居全国第6位。金属矿产中，主要有铜、铅、锌、钴及金矿，储量大、开发前景较好。非金属矿全省共发现矿种78种，石棉、石英、灰岩列全国第一位。这些金属和非金属矿产资源共伴生矿产多，资源组合好。

三、川字形山系夹持的不同地貌单元

由于受地质构造的控制和新生代喜马拉雅运动的影响，自新近系末开始，青海地势不断抬升，形成高山、丘陵、平滩、盆地、高原、谷地交错分布的格局，主要由北部的祁连山脉、中部的东昆仑-巴颜喀拉山脉和南部的唐古拉山脉三条西北-东南向的平行山脉及其间的山地、盆地和河谷所组成。青海省的地势平均海拔在3000米以上，除东部湟水谷地和西北部柴达木盆地海拔稍低外，其余绝大部分地区海拔多在3000～4500米。可分为3大地貌区：

①北部为祁连山-阿尔金山山地。其间包含疏勒河上游、黑河上游、湟水流域、青海湖盆地、哈拉湖盆地等。②西北部为柴达木盆地。坐落于阿尔金山、祁连山和昆仑山之间，山前洪积平原发育，中部低平，形成众多的盐湖和大面积沼泽。③南部为青南高原。由昆仑山脉及其支脉可可西里山、巴颜喀拉山、阿尼玛卿山以及唐古拉山等组成，平均海拔在3900米以上。

在祁连山脉至东昆仑山-巴颜喀拉山脉之间，发育有柴达木盆地、青海湖盆地、共和盆地、哈拉湖盆地等大型盆地和一系列山地小型盆地等，同时祁连山山脉南部的山地向南展开，延伸200余千米；而东昆仑山-巴颜喀拉山脉北麓的布尔汗布达山、鄂拉山、阿尼玛卿山等一系列平行褶皱山地，向北拓展，其山间孕育了黄河、大通河、湟水河、黑河、疏勒河、布哈河、塔塔棱河、鱼卡河等重要水系，并形成了青海湖、哈拉湖、扎陵湖-鄂陵湖、察尔汗盐湖、托素湖等诸多湖泊，由于山间海拔相对较低，气候相对温暖，成为青海地区人类活动相对集中的区域。青海省境内水系发育，江河纵横，湖泊众多，是长江、黄河、澜沧江的发源地，故有"江河源头"之称。主要河流有长江上游诸水系、黄河源头诸水系、澜沧江源头水系和柴达木、可可西里两大内流水系，面积大于500平方千米的湖泊有青海湖、扎陵湖、鄂陵湖等5个。

在东昆仑山-巴颜喀拉山脉至唐古拉山脉之间，平均海拔在3900米以上，地势总体西北高、东南低。西北的大部分区域人迹罕至，冰川和湖泊众多，发育了乌兰乌拉湖、西金乌兰湖、可可西里湖、库赛湖等诸多湖泊，是可可西里自然保护区的核心地带，由于人烟稀少，是野生动物栖息和活动的主要场所，在青海又称之为"无人区"。该区域的山地主要集中在东端的曲麻莱县以东的广大地区，由于河流的发育和切割，孕育了长江、澜沧江两大著名水系，湖泊发育较少，主要以高寒草甸草原、高寒湿地为主，是三江源自然保护区的核心地带。

四、冰雪环境孕育的江河水系源头

由于青海是青藏高原的重要组成部分，高山和极高山广布，冰川十分发育，主要的冰川分布在祁连山西段和中段、昆仑山以及南部的唐古拉山脉和青南高原部分山地的零星山岳冰川，冰川条数约2965条，总面积达3675平方千米，占全国冰川总面积的6.19%。由于冰川和冻土广泛发育，雪线以下的冰雪消融，因而孕育了中国著名的长江、黄河、澜沧江等大江大河，由此称之为"江河源"或"三江源"。境内湖泊分布广泛，分布有青海湖、察尔汗盐湖等不同类型、不同规模的淡、咸水湖泊222个(面积大于1平方千米以上)，湖泊总面积达到13214.9平方千米，在全国仅次于西藏自治区。

青海水资源总量丰富，水资源总量居全国第15位，人均占有量是全国平均水平的5.3倍。全省集水面积在500平方千米以上的河流达380条，年径流总量为611.23亿立方米，其中黄河总径流量的49%、长江总径流量的1.8%、澜沧江总径流量的17%以及黑河总径流量的45.1%从青海流出，每年有596亿立方米的水流出青海。省内地下水资源量为

281.6亿立方米;全省面积在1平方千米以上的湖泊有242个,省内湖水总面积13098.04平方千米,居全国第二。青海相对优越的水资源总量与经济社会发展不相匹配,长江、澜沧江流域人口、工农业经济总量少,但水资源丰富,黄河流域人口、耕地比较集中,经济相对发达,水资源仅占全省的33.1%。

青海省水能资源十分丰富。全省河流水能理论蕴藏量在1万千瓦以上的共有108条,理论蕴藏总量为2165.00万千瓦,占全国的3.5%,名列全国各省第5位,可装机容量500千瓦以上的水电站241处。龙羊峡至青海-甘肃交界的寺沟峡276千米的河段上,可集中建设13座大中型水电站,黄河上游共规划建设25座水电站,总装机容量达2045万千瓦,是中国水能资源的"富矿"带。2010年,已建成龙羊峡、李家峡、拉西瓦等电站。

五、不同地理单元形成的多样气候

青海终年受温带大陆气团及青藏高原气团影响,气候总体上属于温带大陆性气候,但由于地貌类型多样,导致气候差异巨大,夏季凉爽而短促,冬季寒冷而漫长(半年以上),气温年较差小,日较差大,日照时间长,太阳辐射强,多大风、沙暴、冰雪,气温和降水地区差别大,垂直变化显著。一般可划分为三个气候大区,即青海南部高原的高寒气候区、西北部柴达木盆地的干旱气候区以及祁连山地为主的东部季风气候区。

青海南部高原平均海拔3900米以上,属于典型的高原大陆性气候,该地区高海拔高原山区终年积雪、冰川、湖泊发育,对区内气候的影响显著。总体表现为气温较低,年较差小、日较差大,年平均气温为−6～4 ℃,绝大部分地区的年平均气温低于0 ℃,年均降水量在260～770毫米,暖季降水多于冷季降水,表现为冷热两季交替、干湿两季分明,一般雨热同季,植物生长期短,绝大部分地区无绝对无霜期。该地区太阳光能资源充足,日照时间长,直接辐射强烈,年太阳总辐射量为597～670千焦耳每平方厘米,年内日照时数在2250～2900小时,并随海拔的增加由东南向西北递增,年内风沙较大,年平均风速为1.0～4.5米每秒,9月平均风速最小,3月平均风速最大。

柴达木盆地平均海拔2700米左右,属于典型的干旱、多风的高原大陆性气候,年蒸发量远大于降水量,终年干燥少雨,以干旱为主要特点。盆地内部年平均气温2～4 ℃,气温变化剧烈,冬季寒冷漫长,夏季凉爽短促,年平均降水量在150～200毫米,自东南部的200毫米递减到西北部的15毫米,区域内多大风天气,年平均风速在3.0～6.5米每秒,8级以上大风日数可达25～75天,风力侵蚀强烈,戈壁、雅丹、沙地等风蚀、风积地貌发育。柴达木盆地日照时数长、辐射强,光照资源丰富,年日照时数为2900～3350小时,远高于省内其他地区。

祁连山地区包含河湟谷地、青海湖盆地等地区,平均海拔高度在2500米左右,具有典型的干旱、半干旱大陆性气候特征,也是青海省气候相对湿润和温暖的地区,可利用的气候为冷凉气候资源。本区域的气候特征是,祁连山地区年平均温度在5～9 ℃,最冷的1月平均气温低于－11 ℃，最热的7月平均气温低于15 ℃，区域年平均降水量在230～540毫米；湟水流域（或谷地）则年平均气温0.6～7.9 ℃，7月平均气温也只有10～22 ℃，区域年降水量在300～500毫米，大通河流域可达600毫米以上，年日照时数在2600～3000小时，是夏季避暑休闲的理想之地。总体上该地区气候冷凉，雨热同期，降水量随海拔升高而增加，天气变化剧烈。

在青海省气候资源中值得一提的是光照资源。青海省全年日照时数在2500～3650小时，较同纬度地区的华北平原、黄土高原偏多400～700小时，年均日照百分率达60%～80%，太阳辐射能量仅次于西藏，全省每平方厘米年辐射总量在586～741千焦耳。年接受太阳能折合标准煤1623亿吨、电360万亿千瓦小时。在相同面积和容量条件下，光伏并网发电能比相邻的甘肃、新疆多发15%～25%的电量。光产业和光伏发电将是未来具有重要潜力的可再生资源。

六、高差悬殊环境孕育的多样生态系统

青海高原复杂多样的地质地貌和气候类型，孕育了丰富而又独特的植被类型，从森林、温性草原到高寒荒漠，既具有地带性地理分布规律，同时还具有显著的垂直地带性特征和局地特殊生境特征，表现出生态系统类型的复杂多样性。

青海省森林主要分布在东北部的祁连山地及其河湟谷地，2010年森林总面积3.2956万平方千米，位列全国第20位，森林覆盖率为4.57%，位列全国第30位。青海省森林资源分布极不平衡，主要集中于省境东半部，而西半部极少，山地森林多分布于祁连山、西倾山、阿尼玛卿山、巴颜喀拉山和唐古拉山等山区，以云杉为主，次为圆柏、桦和山杨等，荒漠灌丛则主要分布于柴达木盆地、青海湖盆地和海南台地的半干旱沙地上，以柽柳、梭梭、沙拐枣、麻黄等为主。人工林多见于东部农业区和柴达木盆地新垦区。森林林种结构相对简单，主要乔木有青海云杉、祁连圆柏、山杨树、榆树、柳树及桦树、松等48种，主要灌木有高山杜鹃、金露梅、忍冬、小檗、锦鸡儿等145种以上，灌木林面积偏大，天然林和人工林仅占10.09%。森林总面积中成熟林和中龄林面积占85%以上，幼龄林面积少且分布分散零星。

草地是青海省境内主要的陆地生态系统类型，2010年全省草地总面积42.127万平方千米，其中天然草地面积41.917万平方千米，占全省各类生态系统总面积的60.47%。青海的草地可分为温性草原类、温性荒漠草原类、高寒草甸草原类、高寒草原类、温性荒漠类、高寒荒漠类、低地草甸类、山地草甸类、高寒草甸类以及人工草地10个类型，其中以高寒草甸类占优势，其次为高寒干草原类，二者面积之和为29.481万平方千米，占全省草地面积的83.88%。

青海由于地处向西北干旱区过渡地带，还有分布较广的荒漠和半荒漠地区，全省荒漠化土地面积19.0358万平方千米，占全国荒漠化土地总面积的7.29%，占全省土地总面积的26.35%，是全省耕地面积的30倍。荒漠化土地和沙漠化土地主要分布在柴达木盆地、

共和盆地、青南高原以及海湖盆地、黄河源区、长江源区等湖泊、河流沿岸地区。其中流动沙丘地1.825万平方千米、半固定和固定沙丘地2.182万平方千米、风蚀残丘2.045万平方千米、戈壁4.595万平方千米、重盐碱地0.0610万平方千米、盐漠1.812万平方千米、潜在荒漠化土地0.091万平方千米。这些荒漠和半荒漠由20世纪60年代的5.971万平方千米,至80年代扩大到7.9万平方千米,占全省总土地面积的10.95%,中华人民共和国成立以来,全省新增沙漠化土地2万平方千米,每年新增沙漠化土地0.133万平方千米,至2010年仍在继续发展,年平均增加2.2%,属荒漠化较为严重的地区。

青海省畜牧业用地面积大、农业耕地少、林地比重低。截至2010年,全省拥有耕地面积0.588万平方千米,占总土地面积的0.8%,其中,旱地占68.8%,水浇地占31.8%,主要集中在青海东部的湟水、龙羊峡以东的黄河流域内,占全省总耕地面积的90.8%,宜耕后备耕地资源主要分布在柴达木盆地、海南台地、环青海湖地区及东部地区。

七、高寒环境发育形成的高山土壤类型

青海省境内地域差异极大,土地类型多样,土壤类型垂直分异明显,青海省土壤的总体特征是土壤类型多样,发育年龄轻、发育程度低。土壤主要包括高山寒漠土、高山灌丛草甸土、高山草甸土、高山草原土、高山荒漠化草原土、灰褐土、黑钙土、栗钙土、灰钙土、灰棕漠土等。非地带性土壤有沼泽土、草甸土、盐土和风沙土等。在省境北半部,植被依次由东部河湟流域温带半干旱草原逐渐向西部柴达木盆地的温带半荒漠和荒漠过渡,土壤依次相应呈现为:河卡滩-橡皮山-布哈河河谷一线以东,为温带半干旱草原栗钙土带;该线以西至柴达木盆地东部的脱土山-德令哈一线以东,为温带半荒漠棕钙土带;再往西至省境为温带荒漠灰棕漠土带。省境南半部的青南高原,自东南向西北由山地河谷、峡谷区向高原面过渡,植被由山地寒温性针叶林,升至高原面则逐渐为高寒灌丛、高寒草甸。再向高原西北深入,海拔升高,旱化增强,则主要出现高寒草原和高寒荒漠化草原。土壤也依次相应呈现为灰褐土带(灰褐色森林土带)、高山灌丛草甸土带、高山草甸土带、高山草原土带、高山荒漠化草原土带等有规律的变替。

八、复杂地质环境导致多发的自然灾害

青海境内地质构造复杂,地形高差悬殊,高原气候复杂多变,地震、地质、气象灾害频发,是全国自然灾害多发的地区。2000年以来,青海境内特大、重大自然灾害发生趋势加剧,青海北部祁连山、中部昆仑山-巴颜喀拉山以及南部的唐古拉山等巨大山系和褶皱构造,使青海境内深大断裂和支系断裂发育普遍,尤其是全新世以来,阿尔金断裂带、冷龙岭断裂带、日月山断裂带、共和盆地断裂带和东昆仑断裂带5条活动断裂带非常活跃,地震活动频繁,1900—2008年的109年间,共发生地震242次,2001—2010年昆仑山口西、玉树连续发生两次7级以上特大地震;由于全球气候变化,青藏高原极端气候事件频发,极端降水引发的雪灾和滑坡、泥石流、崩塌等地质灾害频发,成为全省发生频率最高、造成损失最大的两

大灾害。青海境内的自然灾害在空间上也呈现出明显的差异性，青海南部高原地区雪灾、地震、洪涝灾害多发，其中，雪灾是青海东部和柴达木盆地发生频次的3～4倍，1995年10月中旬至1996年4月底，青海省南部高原的玉树州先后出现大、中雪48场，累计积雪厚达60厘米，造成40年来罕见的严重雪灾；青海东部地区由于黄土发育，河流侵蚀切割作用强烈，由于自然变化和人类活动加剧，滑坡、泥石流、崩塌以及山洪经常发生，呈现频次增多、范围广的特点，而90%以上的崩塌、泥石流灾害与人为经济活动有关；柴达木盆地地震灾害、沙尘天气以及环境灾害较为突出，周边绿洲地区山洪、干旱和雪灾时有发生，从而呈现出空间上较为明显的分异规律。青海境内的自然灾害具有较强的周期型特征，雪灾和旱灾历来有“三年一小灾，五年一中灾，十年一大灾”之说，气象灾害发生频次呈增加态势，旱灾由20世纪80年代的不足50次，陡增至20世纪90年代的138次，雪灾、雹灾、洪涝灾害也在90年代达到极值，由于增温、极端降水增多，境内地质灾害范围扩大，病虫害类型增多，同时，地震震级明显增强，6级左右地震每隔3～5年就发生一次，而2000—2010年间，青海境内及周边地区先后发生昆仑山口西、汶川、玉树等7.0级以上地震，震级高、损失大。

青海独特的自然演变过程孕育形成了特殊的高原自然环境，生活在高原的多民族长期在与自然环境适应的过程中，形成了特殊的生活、生产方式和与自然和谐共处的文化，2000年以来，青海省人民政府加大对青海高原自然环境的保护力度，先后实施众多的生态保护工程，大力建设自然保护区，至2010年，已建成11处国家级、省级自然保护区，其中，国家级6处，面积44.33万平方千米，省级5处，面积1.18万平方千米，建成总面积达45.51万平方千米，占省域国土面积的63.02%，有效地保护了85%的野生动、植物物种，70%的高原重要湿地生态系统，30.7%的森林与灌木林和0.38万平方千米的荒漠植物，成为青藏高原生态安全屏障的重要组成部分，为国家自然保护地体系建设和生态文明建设发挥着重要作用。

大　事　记

远古及史前

距今5亿年前，青海地区为一片海洋。

距今5亿年前后，青海地区的柴达木陆地形成。

距今4亿年前后，加里东地质运动发生，青海北部地区的海洋消失，阿尔金-祁连山地区成为陆地。

距今3.5亿—2.0亿年，青海境内柴达木、祁连山南部的海洋消失，东昆仑山、可可西里、巴颜喀拉山等地区成为陆地。

距今1.35亿年前后，青海境内南部唐古拉山及以北的陆地抬升成陆，青海境内的陆地基本形成。

距今6500万年，柴达木盆地开始发育形成。

距今5700万—5300万年，唐古拉山脉开始隆升发育，可可西里盆地发育形成，可可西里盆地以蕨类、裸子植物和阔叶植物等森林植被为主。

距今5100万—3400万年，祁连山地区隆起，青海境内的西宁-贵德盆地形成。

距今3100万—3000万年，可可西里黑石山隆起，卓乃湖盆地形成。

距今2330万年前后，东昆仑山及以南青南高原地区快速隆升，祁漫塔格山形成。

距今2000万—1900万年，青海境内柴达木盆地北部的疏勒南山、托来南山隆升形成；拉脊山开始隆起，贵德盆地和西宁盆地分割；祁连山现代山脉开始形成。

距今1400万年前后，积石山隆升，青海境内的化隆盆地形成。

距今780万—280万年，拉脊山正式隆起，西宁盆地、贵德盆地独立，化隆盆地和贵德盆地分割形成。

距今700万年前后，昆仑山西大滩盆地形成。

距今530万年前后，青海南山隆起，共和盆地和青海湖盆地形成。

距今360万年前后，昆仑山垭口盆地形成。

距今130万年前后，湟水被纳入黄河，成为黄河的源头。

距今110万年前后，积石峡切穿，黄河向西发展。

距今60万年前后，李家峡切割形成。

距今50万年前后，龙羊峡形成，黄河源头进入高原腹地。

距今25万年前后，唐古拉山隆升至海拔3000米以上。

距今 13 万年前后，日月山形成，倒淌河倒流入湖，青海湖封闭成内陆湖泊。

距今 3.8 万—2.5 万年期间，青海境内气候温暖湿润。

距今 3 万年前后，扎陵湖、鄂陵湖被黄河连通。

距今 2.5 万—1.0 万年期间，青海境内气候相对干燥寒冷。

距今 1.0 万—0.7 万年期间，青海境内气候干燥温暖。

距今 7000—4200 年期间，青海境内气候相对温暖湿润。

距今 4200 年前后，青海境内气候变冷，黄河流域进入多雨期，洪水、崩塌、滑坡等灾害频发。

距今 4100 年前后，黄河积石峡-民和官厅盆地喇家地区遭遇地震、暴雨、洪水、泥石流，形成史前“喇家灾难遗址”；孟达天池形成。

历史时期

公元前 5 世纪前后，《尚书》中第一次出现描述黄河上游的有关文字。

战国初年到汉代初年，《山海经》《五藏山经・西次三经》中记载了青海境内黄河的源头，《五藏山经・北山经》中描述“敦薨之山……敦薨之水出焉，而西流注于泑泽。出于昆仑之东北隅，实惟河源”。

公元前 61 年，赵充国赴青海湟水谷地平定羌人，在《屯田奏》中对青海东部湟水流域自然环境进行了考察和描述。

公元 399—414 年，东晋僧人法显、南朝法勇、北魏僧人宋云经青海去天竺(印度)取经，对沿线青海境内的自然环境和风土人情做了较详细记载。

354 年，凉州地震，西平、浩门山崩。

366 年，四月丁丑，浩门山崩。

372 年，七月大水，西平五十日中，地十动，土楼崩。

607 年，隋朝大臣裴矩对青海东北部地区的山川、风物进行调查，在其所著的《西域图志》中对该地区自然环境进行了描述。

609 年，隋代大业五年，隋炀帝西征察看了青海东部河湟地区自然地形。

634 年，唐代名将侯君集、李道宗率兵到达柏海(今扎陵湖、鄂陵湖)，观望河源，中原首批人士到达黄河源区，并留下记载。

822 年，唐朝穆宗遣刘元鼎使吐蕃会盟，经过河源时做了调查和记载。

841 年，青海贵南地区流沙渡黄河南，冲压茫拉川城堡，房屋、人畜全没。

8—10 世纪末，青海处于持续时间较长的干旱时期。

800—1150 年，青海境内大部分地区增温，高原冰川整体后退。

1280 年，元代忽必烈派遣都实组织人员勘察黄河河源，考察历时 4 个月，到达河源的星宿海，查明扎陵湖和鄂陵湖两大湖的位置，指出黄河源在星宿海西南百余里处。后陶宗仪(元)著《辍耕录》河源记中附《河源图》，为都实探源考察成果，是河源地区最早的地图。

1315 年，翰林侍读学士潘昂霄据都实之弟阔阔出所言和考察记载，编写成《河源志略》一书，对黄河源头一带地形、水系、动植物、人口分布等风情物产进行了较为详实记述，被视为第一部黄河源头的风土志，这是我国关于黄河源的第一部著作。

1382 年，明王朝派遣宗泐和尚到西域求经，在从西藏归来时途径黄河源头，对黄河源头的水文、地理进行了考察，在《望河源》中提出巴颜喀拉山是长江和黄河在上源的分水岭，黄河源头为卡日曲。

13—16 世纪，青海境内大部分地区处于相对湿润时期。

1487 年 12 月 12 日，西平地震，山崩地裂。

1590—1835 年，青海境内大部分地区处于寒冷时期。

1590 年 6 月，青海境内碾伯所(今乐都)地大震，冰沟城崩。

1595 年，龙膺、刘敏宽合作编修《西宁卫志》中，对河湟谷地的自然环境进行了较为细致的描述和记录。

1620 年 3 月，贵德至循化黄河水流干枯，长达 27 天之久。

1641 年，著名地理学家徐霞客溯金沙江而上，到四川、青海等地进行实地考察，提出金沙江是长江上源的说法。

1704 年 4 月 26 日，康熙派侍卫拉锡和内阁侍读学士舒兰对黄河源头进行探源，历时一个多月，拉锡、舒兰考察了星宿海周围群山、河流，明确三山之泉流出的扎曲、卡日曲和玛曲三支河流，即古尔班索罗谟。三河东流入扎陵湖，扎陵湖一支流入鄂陵湖，鄂陵湖流入黄河。拉锡等认为这就是河源地，于 10 月绘制完成《星宿海河源图》。

1717 年，康熙王朝为了绘制《皇舆全览图》，派遣喇嘛楚儿沁藏布兰木古巴、理藩院主事胜住等，对青海、西藏舆图涉及的黄河上游再次探测，绘制青海、西藏舆图，并绘制《河源图》。

1747 年，杨应琚编纂完成《西宁府新志》，对青海的自然环境进行了较为客观准确的描述和记录，资料丰富，考证精详，体例严谨。

1748 年，如宁寺僧人松巴堪布益熹班觉在所著的《如意宝树》一书中，对河源地区众多支流和湖泊做了较详尽记载和描述。

1782 年，清朝乾隆派臣僚阿必达探寻黄河源头，定阿勒坦郭勒为河源，编辑《河源记略》一书，并绘制《黄河源图》。

1789—1838 年，敏珠尔·绛贝却吉旦增赤列在《世界广论》中对青海境内部分地区自然环境进行描述，同时对世界地理进行了描述。有英、俄、法等外语译本。

1835 年以后，青海大部分地区温度呈波动上升趋势，大部分地区的冰川开始退缩。

近现代时期

1844 年，法国人古柏查和加倍在青海湖附近进行科学考察，是近代西方人到青海境内“科学考察”的最早记载。

1847 年 6 月 11 日，西宁北川郭家塔尔山崩。

1855 年 4 月，大通县塔坡山崩，压埋田亩、草地。

1872 年 5 月，贵德河北地方山崩数长，黄土遮天二日。

1872—1888 年，俄国地理学家普尔热瓦斯基先后 6 次到达柴达木盆地考察，对柴达木盆地的特征、成因、绿洲分布规律、动植物区系等方面进行了较详细的研究和描述。他所著《大通山植物群落》一书，是青海生物学方面最早的科学研究成果。

1877—1880 年，匈牙利人斯俊义率匈牙利东亚考察团，进入青海东北部进行地质考察，随团成员洛奇命名贵德、西宁一带的红色地层为“贵德系”，祁连山浅变质岩为“南山砂岩”，这一命名在地学界一直沿用至今。

1879 年，印度人基山辛克受英国大地测量局派遣，率队来青藏高原进行测量，他自南而北越过唐古拉山口，抵达格尔木，在柴达木盆地停留一年多，除测量地形外，还对盆地的气温、风向、人口、商业等自然和人文地理进行了较为详细的考察。

1882 年，法国人窦脱勒依和格勒纳尔先后两次到青藏高原，绘制了包括青海河源地区在内的《西藏全图》。

1884 年 7 月，俄国地理学家普尔热瓦斯基带领军事探险队，进入青海境内的河源地区进行非法勘察地形、绘制地图等活动，公然将扎陵湖和鄂陵湖改名为“俄罗斯湖”和“探险队湖”。

1884 年 11 月，俄国地理学家、民俗学家波塔宁来青海对祁连山地东南部地理、植物进行较为详细研究，首次提出青海湖的形成可能与日月山的隆起有关，回国后出版了《中国唐古特-西藏边区和中部蒙古》一书。

1886 年 6 月 25—27 日，碾伯县南山瞿昙寺冰雹、暴雨引发山崩。

1889 年，美国人罗克希尔（又译作石山）由青海南下赴西康途中，在星宿海东部一带进行探测。

1892—1894 年，俄国地质地理学家奥布鲁切夫，先后两次到祁连山地、柴达木盆地北部边缘地带进行考察，认为祁连山大体上是由北西西走向和彼此被构造成因的谷地隔开的许多山脉所组成，并查明祁连山系有 9 条支脉组成，并对祁连山地的河谷、山脉、水文特点、冰川雪线等做了较详细的描述记载，并提出了兰州-西宁地带为祁连山与昆仑山衔接处。后出版的专著有《中亚・中国北部和南山（二卷）》、《亚洲地理著作选集》《祁连山自然地理》等。

1896 年，瑞典探险家斯文・赫定由新疆越过昆仑山抵可可西里，进入柴达木盆地、青海湖盆地，越过祁连山抵河西走廊，他认为柴达木盆地在自然地理上与塔里木盆地同等重要，惟较小、较高、较有起伏，盆地中部有盐湖若干，最大者称达布逊湖，均为盐漠及沮洳地，不能居人，有时甚至不能通过，惟盆地边缘山足有植物。

1899—1901 年，俄国皇家地理学会会员科兹洛夫、罗波罗夫斯基赴青海考察，进入柴达木后在今都兰巴隆乡设立了气象站，观察 15 个月，获得了一批珍贵的气象资料。他们对祁连山西部地区的研究远较前人详尽，详细叙述了自祁连山西部东到哈拉湖、南至柴达木边缘地区的自然情况，并附有不同比例尺的地图。1900 年 5 月，率队越过布尔汗布达山到达黄河源头和通天河谷地，沿途采集标本、观测气象，直到 1901 年 8 月返回本国。

1900 年初秋，大通县城城西 7 里作斯图山崩、贺家庄山裂。

1900—1908 年间，清光绪西宁办事大臣阔普通武编写《湟中行记》，详细描述记录了河湟谷地自然环境及人文风物。

1904年,德国人菲尔希纳等率领黄河上游考察队到青海,测量了由西宁经过日月山哈拉库图、托素湖、鄂陵湖到四川西北部松潘的路线,绘制地图,并绘有青海地区总图一幅。

1908年,俄国地理学会委托科兹洛夫再度来青海考察,同行的还有地质学家乞诺夫、地貌学家那帕尔柯夫、植物及昆虫学家乞特金等人。他们在青海湖实地勘察,又到青南黄河沿线,大量收集地理、地质、生物标本以及佛像、藏经等外,还进行了历史学、人类学和商业方面的调查研究工作。

1913年,陶懋立撰写了《青海之研究》,书中对青海境内的自然环境进行了较为详细的描述。

1914年8月,周希武至玉树地区调查,写成《玉树调查记》,并于1920年在上海出版发行,书中对玉树地区的山脉、水道、地形等做了详细考证和描述了玉树地区的自然环境状况。

1920年12月16日20时06分,甘肃海源发生里氏8.5级特大地震,青海境内碾伯县西南乡土山崩塌。

1923年,中国地质学家谢家荣调查了西宁等地区的红色地层,根据所发现的化石,认为红色地层的生成时代延续很长,由侏罗纪到新近系。

1927年5月23日06时32分47秒,甘肃古浪、凉州发生8级特大地震,致使青海境内断崖塌陷,山谷裂缝,土山下塌。

1934年,中国植物学家刘慎谔发表了《中国西部及北部植物地理概论》一文,对青海境内的植物地理和植被进行了区划研究。

1937年1月7日21时20分41秒,青海境内花石峡、托素湖、都兰县阿拉克湖东一带发生7.6级地震,形成东起阿尼玛卿山的玛积雪山北麓,经下大武,穿过托素湖,顺着托索河至三岔口,总长约180千米的破裂带,都兰县洪水川地裂,劈山而过,地下水涌出,翻出石头、沙子、土等,堆成坎阶,230千米长地带地表下沉,形成地裂缝,并有2人和一二百头牲畜掉进地裂缝,香日德地区地裂缝宽10~15厘米。

1937年2月7日,贵德县沙沟乡茶纳庄忽然山崩地裂,长十余华里①,宽八九华里,两三日内尘土蔽空,黄河断流。

1938年,中国地质学家孙建初调查了青海湖的地貌及附近的地质,指出青海湖的地质构造原为一向斜,布哈河沿向斜中轴东流入湖,昔日此带为一古河道,后因断层截割而分为三段:西段因受大断层影响不大,故布哈河仍保存不变;中段因断层关系使东部地势高起,西部下陷,水流方向改变为由东向西,形成了今日的倒淌河,由此可知,青海湖的成因是由于断层的影响流水汇集而成。

1939年,在柴达木盆地东部都兰建立了气象站,并于次年1月开始观测,从此柴达木盆地有了系统的气象资料。

1942年,中国著名地理学家张其昀、李玉林编写《青海省人文地理》,详细描述了青海境内的地形和气候等自然环境要素,并第一次划分出柴达木盆地。

1942年,西北史地考察团成员李承三、周廷儒,经由兰州,沿湟水谷地、青海湖至柴达木盆地,再穿越祁连山至河西走廊,多次出入于荒无人烟之地,收集了大量第一手资料,陆续发表了《甘肃、青海地理考察纪要》及区域地理、地貌等方面的论著。

1943年2月7日,青海省境内的黄河龙羊峡发生高速滑坡,滑坡体积2.7亿立方米,顷刻间冲滑位移

① 1华里=500米。

2.6 千米，堵断黄河，毁田约 66 公顷。

1944 年 2 月，中国地理学家宋家泰编写的《柴达木盆地》一书，由中华书局正式出版，该书是一部全面系统论述柴达木盆地自然地理、经济地理和社会文化的专著，在当时对认识柴达木盆地的自然环境具有重要的参考价值。

1946 年，中国地球物理学家翁文波、地质学家李德生对祁连山西部的第四纪冰川，刘增干对祁连山东段冰川进行了考察研究。

1947 年，早年留学日本的山西芮城人氏马鹤天，编写出版了《甘青藏边区考察记》，书中详细记述了作者多次进入青海境内，对沿线的自然环境、人文历史的描述，还著有《青海考察记》。

1947 年 5 月—1948 年初，原国民政府中央工业实验所西北分所、西北地质调查所，对祁连山西部、阿尔金山和柴达木盆地西部广大地区进行了较为全面的考察，发表了《青海边区及柴达木地质矿产报告》，著名地质学家关佐蜀等在这次考察中发现柴达木盆地油砂山等地区油田。

1950 年 3 月，西北军政委员会组织科技人员对柴达木盆地东部地区，包括农、林、畜牧、水利、土壤、草原等多学科的综合考察，发现柴达木盆地有十分丰富的矿产资源。

1952 年 9 月 3 日—12 月 3 日，国家水利部和黄河水利委员会组织“黄河河源查勘队”对黄河源进行了为期 90 天的查勘测量。

1953 年，互助县东山乡沙巴沟村山体发生滑坡，摧毁庄院 8 处。

1956 年 8 月，由长江水利委员会组织有关专家对长江源头的曲麻莱等地进行了考察，提出长江分南北两源，南源为木鲁乌苏河，发源于唐古拉山北麓，北源为楚玛尔河，发源于可可西里山南麓。

1960 年 1 月 2 日，恰卜恰、塘格木、沙珠玉遭受大风天气，风速达 40 米每秒，青康公路塔拉段路西边的沙丘向东移动 21 米。

1961 年，乐都县蒲台乡发生山崩，压毁农田 2196 亩①。

1961 年 11 月 14 日，查汗大寺公社发生山崩，山体塌落面积顺沟南北长 1302 米，东西宽 925 米，落土平均高 70 米。

1963 年 1 月 11—15 日，门源县东部先后发生 5 级、4.7 级地震，泉沟台附近土崖崩落，地面裂缝。

1972 年 8 月 23 日，大通县桥头公社向阳堡大队后山发生滑坡。

1975 年 8 月，青海省人民政府批准(青革〔1975〕131 号文件)建立青海湖自然保护区。

1975 年 10 月 21 日 12 时，祁连县城东南 6 千米处，牛心山北侧发生山体滑坡，摧毁森林 1980 亩。

1976 年，设立青海湖鸟岛管理站。

1976 年 8 月 1—2 日，湟源县连降暴雨和冰雹，湟海渠沿岸发生滑坡 95 处。

1977 年，由长江流域规划办公室等单位组织有关专家组成的江源考察队，对长江源头再次进行考察，正式确定了长江发源于唐古拉山北麓各拉丹冬冰峰下，它的正源是沱沱河。

1977 年 3 月 22 日，海西州尕海农场连续 16 小时大风，部分地区表土被刮走 6 厘米，个别地区积沙 1 米厚。

1978 年 7 月，青海省人民政府组织了考察队，对黄河源头进行了为时 1 个月的考察，得出了“卡日曲

① 1 亩≈666.67 平方米。

是黄河正源,它发源于巴颜喀拉山支脉各姿各雅山”,并纠正了扎陵湖和鄂陵湖的位置和名称上相互颠倒的错误。

1979 年 3 月底,海西州德令哈怀头他拉地区发生大风和沙尘,千亩农田被沙覆盖,沙厚 30～50 厘米,被迫弃耕。

1979 年 5 月 27 日晚,格尔木地区刮大风 2 个多小时,地表物质被吹蚀 3～5 厘米,河东农场三支渠沙丘东移数百厘米。

1980 年,青海省人民政府批准(青政办〔1980〕87 号文件)建立青海孟达自然保护区。

1981 年夏季,化隆县德恒隆乡山体滑坡,毁坏房屋 160 余间。

1983 年 8 月 20 日,互助县哈拉直沟公社里外台和西山公社邹家村发生山体滑坡,倒塌民房 164 间。

1984 年 8 月,青海隆宝湖省级自然保护区建立。11 月 21 日 17 时左右,黄南州同仁县城西侧隆务山发生滑坡,滑坡体上界(山顶)至下底(学校操场)垂直高差 180 余米,滑动土石方约 120 万立方米。

1985 年 5 月 25 日,青海省人民政府颁布《关于加强青海湖自然保护区鸟岛管护工作的布告》,确定鸟岛管护区范围为 53600 公顷。

1985 年 8 月,兰州大学伍光和教授等编著的《柴达木盆地》一书中,详细描述了柴达木盆地的自然地理环境。

1986 年 7 月,国务院批准(国办发〔1986〕75 号文件),青海玉树隆宝自然保护区晋升为国家级自然保护区,是青海省建立的第一个国家级自然保护区。

1989 年 8 月,化隆县沙连堡乡阴坡村和查普乡来洞、查让等村发生大面积滑坡,439 户庄廓房屋受损,2200 亩耕地严重塌陷,无法复耕。

1990—2010 年,青海境内面积大于 1 平方千米的湖泊数量由 1070 个增加到 1236 个,总面积由 3.97 万平方千米增加到 4.74 万平方千米。

1990 年 2 月,兰州大学伍光和教授编著的《青海省综合自然区划》一书中详细描述了青海省自然地理环境,并对自然地理单元进行了划分。

1990 年 4 月 26 日 18 时 37 分 12 秒,青海共和塘格木农场附近发生 7.0 级地震,地震的震前、同震和余震地表形变以隆起为主,截至 1995 年 7 月 9 日,本次地震共发生 5.0 级以上强余震 11 次,最大隆起幅度达 345 毫米,隆起区东北侧形成沉降区,最大沉陷幅度达 45.2 毫米。

1991 年 6 月 14 日,互助县东山乡吉家岭、大泉村和哈拉直沟乡里外台村接壤处,暴雨引发山体滑坡,毁坏庄稼 50 余亩。

1992 年由中国政府申请,经联合国教科文组织批准青海湖自然保护区加入《关于特别是作为水禽栖息地的国际重要湿地公约》。

1994 年 4 月 20 日 20 时左右,民和县联合乡祁家岭村三道湾发生山体滑坡,导致 230 亩耕地受损。

1994 年 7 月 27 日 03 时 40 分,湟中县总寨乡砖瓦厂发生山体滑坡,滑坡体宽约 80 米,高 40 米,厚 20 米。

1995 年,青海省人民政府批准(青政办〔1995〕78 号文件)可可西里自然保护区建立。

1995 年 9 月 2 日晚 19 时,大通县城关镇李家磨、阳坡庄及后子河乡东风村山体滑坡,压埋农田 185 亩。

1995 年 9 月 6 日，西宁市城东区中庄乡泮子山村发生山体滑坡，并引发土崖塌方。

1997 年 12 月，国务院批准（国办发〔1997〕109 号文件）青海省可可西里自然保护区、青海湖省级自然保护区为国家级自然保护区。

1998 年 4 月 19 日，玉树、囊谦交界处的孜曲河畔发生岩崩，堵塞河流长达 37 小时。

1998 年 7 月 7 日，青海省机构编制委员会（青机编〔98〕57 号）文件批复青海省青海湖自然保护区管理处更名为“青海省青海湖国家级自然保护区管理局”，管辖面积为 49.52 万公顷。

1999 年，共和县沙化面积达 1400 平方千米，铁盖乡铁盖、拉干、拉才 3 个村的 20 万亩草场被沙化。

1999 年 7 月 9 日，乐都县洪水乡石岭、黑洞沟、袁家庄和蒲台乡的范家坪等村发生山体滑坡，毁坏耕地 750 亩。

1999 年 8 月 5 日，互助县哈拉直沟乡里外台村因暴雨引发滑坡，22 户人家被压埋。

1999 年 8 月 5 日 06 时，化隆县查让村西南 2 千米处的多加沟地区发生山体滑坡，滑坡体南北长 3.5 千米，东西宽 1.8 千米。

1980—2000 年，青藏高原的冰川面积减少约 20%。

2000 年 4 月，国务院批准（国办发〔2000〕30 号文件）青海孟达自然保护区晋升为国家级自然保护区。

2000 年 5 月，青海省人民政府批准（青政办〔2000〕29 号文件）建立青海省可鲁克湖-托素湖自然保护区、青海省柴达木梭梭林自然保护区、青海省格尔木胡杨林自然保护区、青海省三江源自然保护区。

2001 年 11 月 14 日，青海境内格尔木南部的昆仑山口西发生 8.1 级大地震，在东昆仑南麓形成长达 400 多千米的地表破裂带，破裂带西起布喀达坂峰，向东经红水河口、库赛湖北侧、昆仑山口北侧至玉珠峰东南侧。

2003 年 1 月，国务院批准（国办发〔2003〕54 号文件）青海省三江源自然保护区为国家级自然保护区。

1967—2003 年，青海湖水位持续波动中显著下降；2003—2009 年，青海境内湖泊水位平均以 0.14 米每年的速率上升。

2004 年 1 月 19 日，国土资源部批准（国土资发〔2004〕16 号文件）坎布拉丹霞地貌景观区为青海省第一个国家地质公园。

2004 年 3 月 18 日，阿尼玛卿山冰崩诱发滑坡，千万方岩石、冰块从海拔 5000 米处狂泻而下，摧毁玛沁县下达武乡的几千亩草场，在黄河支流曲什安河的河谷处形成横向 5 千米、纵向 3 千米、平均厚度 300 米的堰塞湖坝。

2005 年 6 月，国土资源部批准（国土资发〔2005〕87 号文件）贵德阿什贡丹霞地貌为国家地质公园。

2005 年 8 月 3 日，国土资源部批准察尔汗盐湖矿山为国家矿山公园。

2005 年 8 月，青海省三江源自然保护区正式启动实施生态保护和建设总体规划项目。

2005 年 9 月 19 日，国土资源部批准果洛藏族自治州年宝玉则、格尔木昆仑山和互助北山为国家地质公园。

2005 年 10 月，青海省人民政府批准（青政办〔2005〕58 号文件）建立青海省大通北川河源自然保护区、青海省诺木洪自然保护区。

2005 年 12 月，青海省人民政府批准（青政办〔2005〕84 号文件）建立青海省祁连山自然保护区。

2008 年 9 月 6 日—10 月 16 日，由青海省人民政府组织中国科学院、武汉大学、青海省地理信息测绘局、青海师范大学等相关单位，组成41位队员的考察队，历时41天，对青海境内的长江、黄河和澜沧江的19个可能源头，利用卫星定位系统(GPS)、地理信息系统(GIS)、遥感技术(RS)等现代测绘技术进行了考察，行程7300千米，采集了源头地理坐标、高程、重力等数据，并开展了源头区气象、水文、冰川、地质、地理等综合研究和数据采集，按照“河源唯长、河源唯大”的原则，认为长江源头为发源于唐古拉山北麓当曲上源的且曲或纳钦曲，黄河源为发源于巴颜喀拉山北麓卡日曲上源的拉浪情曲上游的那扎陇查或拉哈涌曲，澜沧江源头为扎阿曲上源的谷涌曲或拉赛贡玛曲，或扎那曲上源的加果空桑贡玛曲。

2010年3月，青海省国土资源厅向国土资源部提出申请青海湖国家地质公园。

2010年4月14日07时49分，青海省玉树藏族自治州玉树县结古镇附近发生7.1级地震，在地表形成3段地表破裂带，西段从玉树县赛马场向西长约16千米，破裂带水平错移最大可达1.75米，垂向断距达0.60米，沿断裂带鼓胀出一个个“小帐篷”；中段在结古镇城区南部，长约3千米，地面水平错移约0.3米；东段从结古镇城区扩展到禅古村，长约4千米，垂直断距约60厘米，水平错移约0.3米。

第一章　地　　质

青海处于古中国陆块及古欧亚大陆的活动边缘，处于联系我国西部大地构造单元的枢纽地带，外围毗邻塔里木板块、中朝-华北板块、扬子板块、中央造山带和三江-特提斯造山带。青海省地质环境经过25亿年的长期演化，在不同阶段地质构造运动的挤压、隆升和变形作用下，中更新统以前的地层都不同程度发生了褶皱变形，同时新生代陆内推覆构造和构造盆地广泛发育，形成柴达木、祁连山、可可西里-巴颜喀拉、玉树-雅砻江、阿尔金等五大断裂地震带，根据大地构造单元的属性和地球物理场的相关性，青海的地质构造单元可划分为祁连加里东造山带、唐古拉地块、松潘-甘孜印支造山带、柴达木陆块等两台两槽以及22个二级构造单元，地层从下元古界到新生界皆有发育，志留纪前为海相沉积，白垩纪后为陆相沉积，泥盆纪至侏罗纪为陆相与海相并存，可划分为祁连、柴达木、秦岭、巴颜喀拉和唐古拉五个地层区。

第一节　地层和岩石

一、地层发育及分布

青海省境内各类地层分布面积约占全省的94%。从下元古界到新生界皆有发育。志留纪前为海相沉积，白垩纪后为陆相沉积，泥盆纪至侏罗纪为陆相与海相并存。

省境内北部为华北古陆陆缘沉积区，隶属于秦岭-祁连-昆仑地层区中段；南部为华南古陆陆缘沉积区，隶属于川、滇、青、藏地层区的北部。二者以横亘东西的昆仑山中央断裂为界。北部区地层齐全，尤以元古界、下古生界和新生界分布最广，南部区则以上古生界与中生界为主。

（一）地层区划

根据古生界和中生界的地区性差异，可将全省划分为祁连地层区（祁连山分区）、柴达木地层区（柴达木分区）、秦岭地层区（包括西秦岭分区和南昆仑-南秦岭分区）、巴颜喀拉地层区（巴颜喀拉分区）和唐古拉地层区（唐古拉分区）五个地层区（图1-1-1）。

1．祁连地层区

本区包括祁连山和河西走廊，青海省境内为其西南部，南界位于土尔根达坂-宗务隆山北缘-青海南山北缘-化隆盆地南缘一线，共含四个地层分

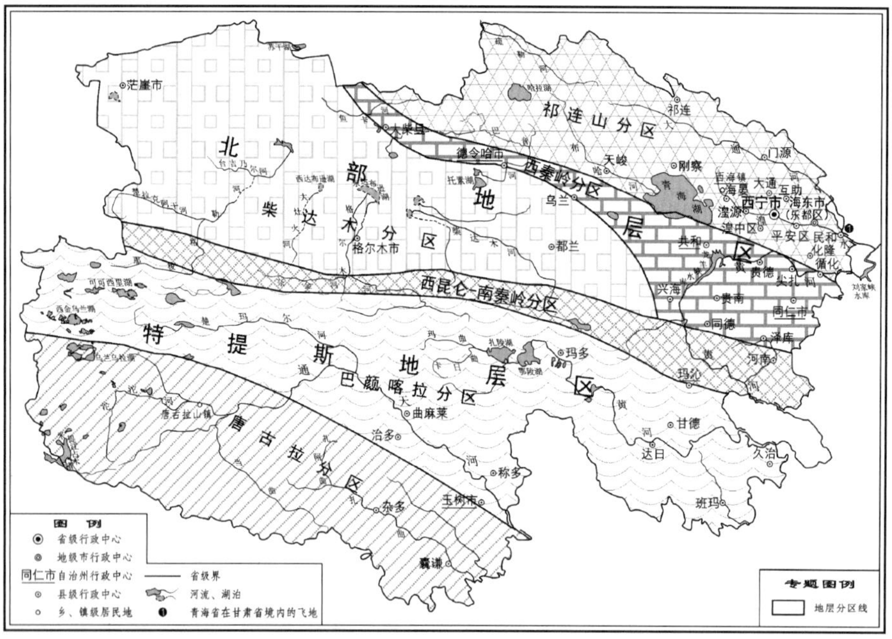

图 1-1-1 青海省地层分区略图

区:北祁连山分区以下古生界海相火山岩系为主体,内存若干元古界块段,上覆晚泥盆世以来的陆相或海陆交互相地层;拉脊山分区亦以下古生界海相火山岩系为主,但元古界块段不发育,志留系分布局限,泥盆纪后皆为陆相,且分布极其零星;中祁连山分区以元古界变质岩系为主体,零星分布有稳定沉积型中寒武统和下奥陶统,上覆石炭纪-三叠纪海陆交互相地层和侏罗纪以来的陆相地层;南祁连山分区的奥陶系和志留系分布广泛,上覆海湾相石炭系、二叠系和三叠系以及陆相新近系。

2. 柴达木地层区

本区为青海省独具的地层区划单位,以元古界发育,古生界、中生界相变较大,新生界广布为特点。地理范围包括柴达木盆地及其周边诸山,北与南祁连山地层分区毗邻,南以昆仑河-修沟-洪水川-托索河为界,东至鄂拉山东缘,西越阿尔金山出省。共含七个地层分区,以柴达木盆地为核心构成断续分布的三重环带:柴达木盆地分区居中,主要由陆相新近系和第四系组成,局部边区出露有侏罗系和白垩系;柴达木北缘分区和祁漫塔格分区分置盆地南北两肋,构成盆地周边内环沉积构造带,主要由下元古界和上奥陶统组成,上覆海陆交互相上泥盆统和石炭系,其中祁漫塔格分区尚发育少量海相二叠系和陆相上三叠统;欧龙布鲁克分区和东昆仑山北坡分区分别位于柴达木盆地南北边区山系的中带,欧龙布鲁克分区以元古界和稳定沉积型寒武系、奥陶系为主体,上覆海陆交互相石炭纪煤系地层和陆相侏罗纪煤系地层,分区以元古界为主,缺失震旦系和下古生界,白垩系和新生界为陆相红色碎屑岩系;东昆仑山北坡上覆海相石炭系和陆相上泥盆统与上三叠统,侏罗系和古近系有零星分布;柴达木盆地周边南北外围地带分别为宗务隆山和东昆仑山南坡分区,宗务隆山分区以过渡型石炭系为主,局部出露海相泥盆系,上覆海相二叠系和中、下三叠统;东昆仑山南坡分区东延转向鄂拉山,因沉积期后的改造,元古界和古生界呈块段叠置,上覆海相中、下三叠统,陆相上三叠统、侏罗系和古近系。

3. 秦岭地层区

青海省内为秦岭地层区的西段,以三叠系广泛分布为特点。北与祁连地层区为邻,西接柴达木地层区，东延出省，南以托素湖-玛沁一线为界。内含两个地层分区：青海南山分区以海相中、下三叠统碎屑岩层系为主，局部出露二叠系，上覆陆相上三叠统、侏罗系、白垩系和新生界；西倾山分区则以海相泥盆系、石炭系、二叠系和三叠系碳酸盐岩层系为主，上覆陆相古近系。

4. 巴颜喀拉地层区

本区包括博卡雷克塔格山、阿尼玛卿山、可可西里山和巴颜喀拉山，北与柴达木地层区和秦岭地层区毗邻，南以乌兰乌拉-玉树一线为界，两端外延出省，自北而南分为三个地层分区：阿尼玛卿山分区以上石炭统和下二叠统海相火山-沉积岩系为主，上覆海相上二叠统和下三叠统、陆相侏罗系、白垩系和古近系；巴颜喀拉山分区以海相三叠系复理石层系为主体，局部出露有下二叠统，上覆陆相侏罗系、上白垩统、新近系和第四系；通天河分区以海相上三叠统变质火山-沉积岩系为主，局部出露二叠系，上覆陆相上白垩统、新近系和第四系。

5. 唐古拉地层区

本区北邻巴颜喀拉地层区，其余三面外延出省，共分为三个地层分区：巴塘分区以上三叠统火山-沉积岩系为主，局部出露有中三叠统和下二叠统；结扎分区以上三叠统海陆交互相煤系地层及石炭系、二叠系为主，东北部出露有少量泥盆系和奥陶系，上覆陆相下白垩统、新近系和第四系；小唐古拉山分区以海陆交互相中、上侏罗统为主，东段出露有较广泛的石炭系和二叠系，上三叠统分布较少，上覆陆相新近系和第四系。

（二）地层分布

1. 元古界

元古界是省内出露的最老地层，广泛分布于中祁连山和柴达木盆地周缘，在东昆仑山南坡和唐古拉山澜沧江源区有少量出露，自北而南共发育五带。

北区北带出露于中祁连山西段，层位齐全，且皆为活动型连续沉积，下元古界由混合岩化片麻岩、斜长角闪岩和大理岩组成，厚度大于 9700 米；中、上元古界以碎屑岩、碳酸盐岩为主，夹火山岩，产叠层石，厚 12235 米。

北区中带出露于柴达木盆地北缘、青海南山和中祁连山东段，层位较全，但以下元古界分布最广，为混合岩化变质岩系，其特点与北带下元古界无显著差异，唯在中段欧龙布鲁克地区变质变形极强，成层性甚差，可能包含有较多变质岩。中、上元古界则为海湾相稳定型沉积，以石英岩、碎屑岩、镁质碳酸盐岩为主，产叠层石，由东段湟源地区向西段欧龙布克地区超覆不整合于下元古界之上，东段发育长城系至震旦系，厚约 5000 米，西段仅发育震旦系，厚约 1314 米。

北区南带出露于柴达木南缘的祁漫塔格和昆仑山北坡，仍以下元古界为主，中元古界仅在西段北缘和中段南缘有少量残存，与下元古界关系不清，上元古界不发育。下元古界下部以混合岩化片麻岩、片岩为主夹大理岩、麻粒岩，中部以大理岩为主，上部为片麻岩、片岩，厚度大于 8675 米。中元古界以变质碎屑岩为主，夹大理岩、石英岩和铁矿层，产叠层石，厚 8773 米。

南区北带元古界以中、上元古界为主，二者关系不明，断续分布于昆仑山南坡，其东段加鲁河地区由片麻岩、片岩、斜长角闪岩、石墨大理石、钠长斑岩、蛇绿岩残片等组成。同位素年龄为距今 1290 百万—1441 百万年，暂定为中元古界。西段昆仑河地区则以上元古界为主，下部为碎屑岩，中部为火山岩，上部为碳酸盐岩夹碎屑岩，产叠层石及微古植物。火山岩年龄值为距今 700 百万—1057 百万年，厚 6073 米。

南区南带元古界出露于唐古拉山东南缘，为西藏所属的澜沧江群北延部分，可以同金沙江谷地的中元古界雄松群下部对比（距今 1600 百万年），岩性以片麻岩、片岩为主，厚度不详。

2. 下古生界

青海省境内下古生界主要分布于省域北部，南部有零星出露，常与元古界相随。其中寒武系仅分布于疏勒南山-日月山一线东北和柴达木盆地北缘的欧龙布鲁克地区，奥陶系广布于北区各地，且东南区亦有发育，志留系则收缩到祁连山腹地，其组合与沉积特征分为五类。

北祁连山和拉脊山的下古生界为陆间裂谷带活动型沉积，以中寒武统-下志留统为主。为碎屑岩、火山岩，夹碳酸盐岩、硅质岩等。产三叶虫、动物和笔石，厚达 20455 米，未见底。其中下志留统和上奥陶统分别与下伏地层角度不整合。

南祁连山下古生界为陆缘过渡性沉积，缺失寒武系，北部以奥陶系为主，南部以下志留统为主，二者关系不明。以碎屑岩夹火山岩为主。生物不发育，西南部尤其罕见，东北部有腕足和笔石等产出，厚 11584 米。

欧龙布鲁克地区为陆缘海湾相稳定型沉积，发育寒武系-中奥陶统，以碎屑岩、碳酸盐岩为主，产丰富的三叶虫、腕足、头足和笔石等，厚 3700 米。

柴达木北缘赛什腾山、锡铁山、阿尔茨托山及西南缘祁漫塔格等地仅发育上奥陶统，为陆内断陷带沉积，以碎屑岩为主，夹中、酸性火山岩及碳酸盐岩，产珊瑚，厚 3105 米。

省域南部仅在东昆仑南坡昆仑河地区出露有上奥陶统，产珊瑚，厚约 3000 米。另在唐古拉山东北部的玉树地区出露下奥陶统，产笔石，厚约 902 米。二者皆为海湾相沉积，以碎屑岩为主，夹碳酸盐岩扁豆体，呈断块产出，未见顶底。

3. 上古生界

青海省境内上古生界自北而南发育 10 带，其特点与组合各具特色。

冷龙岭地区发育上泥盆统和石炭系，累计厚 2884 米。前者为陆相碎屑岩系，产植物，与下伏地层不整合；后者为海湾相碎屑岩、碳酸盐岩，产腕足、珊瑚等，与泥盆系连续沉积。

党河南山-托勒南山发育石炭系和二叠系，累计厚 1790 米，二者为连续沉积，与下伏地层不整合。石炭系和下二叠统为海湾相碎屑岩、碳酸盐岩夹膏盐层、高铝黏土层等，产腕足、三叶虫、虫筳、珊瑚等；上二叠统为陆相碎屑岩，产植物，且为安加拉植物与华夏植物的混生群落。

南祁连山仅发育二叠系，为海湾相碎屑岩与碳酸盐岩，产蜓、珊瑚、腕足等，厚 1064 米，与下伏地层不整合。

宗务隆山-鄂拉山为陆间断陷带过渡型沉积，以石炭系为主；局部出露泥盆系和二叠系，累计厚 8477 米，以碎屑岩、碳酸盐岩为主，夹火山岩，产珊瑚、蜓、腕足等。未见底，其中石炭系与泥盆系关系不明，二叠系与石炭系不整合。

柴达木盆地东北缘发育上泥盆统和石炭系，累计厚 7718 米，二者呈角度不整合。泥盆系为陆相碎屑岩、火山岩，产植物和鱼类，与下伏地层亦呈不整合。石炭系为海湾相碎屑岩、碳酸盐岩夹煤层，产腕足、珊瑚、蜓和植物。

柴达木盆地西南缘上古生界三系俱全，皆为海湾相，累计厚 3917 米，泥盆系和石炭系分别与下伏地层不整合。泥盆系以碎屑岩、火山岩为主，夹碳酸盐岩，产腕足和植物等；石炭系、二叠系为碎屑岩、碳酸盐岩，产腕足、蜓、珊瑚等。

东昆仑南坡以石炭系为主，为陆坡沉积，以碎屑岩、碳酸盐岩为主，局部地段夹火山岩，产珊瑚、腕足、虫筳和植物，厚 4074 米。

西倾山上古生界三系俱全，且为连续沉积，属浅海-潮坪相，以碳酸盐岩为主，夹碎屑岩、铁质岩等。产腕足、珊瑚、蜓、竹节虫等，厚 8724 米，省外与下古生界连续沉积。

博卡雷克塔格-阿尼玛卿山发育上石炭统和二叠系，二者连续沉积，未见底。为碎屑岩、碳酸盐岩、火山岩系，产腕足、珊瑚和蜓，厚度大于 12847 米。

唐古拉山上古生界三统俱全，连续沉积，泥盆系与奥陶系不整合，以石炭系、二叠系分布最广。各系皆以碎屑岩、碳酸盐岩为主，夹火山岩，石炭系和二叠系夹煤层。产珊瑚、腕足、虫䗴、植物等，累计厚 5710 米。

4. 中生界

青海省内中生界发育，北区东南部和南区大部分地区几乎以中生界为主体，所属三系中以三叠系分布最广，类型最为复杂。三叠系最低层发育于西倾山，由此向北、向西、向南扩展，其初始层位愈渐增高。北祁连山为陆相碎屑岩系，产北方型植物群，厚 2955 米，与下伏地层不整合。

南祁连山为海湾相沉积，三统俱全，统与统间及与下伏二叠系间皆为连续沉积，唯向北、向东超覆不整合于元古界或下古生界之上。以碎屑岩、碳酸盐岩为主，产双壳、头足、腕足、植物等，厚 3520 米。

青海南山到同仁地区三统俱全。中、下三叠统为海相，以碎屑岩为主，夹碳酸盐岩和火山岩，产双壳、头足、腕足等，厚 6782 米，与下伏二叠系不整合；上统为陆相火山岩系，与中统不整合。

陆相火山岩系皆为上统，沿昆中断裂北侧断续成带横贯东昆仑和西秦岭，西段发育于祁漫塔格，止于乌图美仁附近；中段发育于都兰地区；东段发育于同仁地区。各段分布面积长约 200 千米，宽约 80 千米。自西而东火山岩由酸性向基性转化，碎屑岩夹煤线增多，厚 2220～3900 米，与下伏地层角度不整合。

东昆仑山南坡为陆坡相沉积，三统俱全。中、下同为海相，以碎屑岩、碳酸盐岩为主，夹火山岩，产双壳、头足、腕足和植物，厚 8962 米，与下伏地层不整合。上统由海陆交互相过渡为陆相，以碎屑岩、火山岩为主，夹碳酸盐岩，产双壳、植物等，厚 5950 米，与中、下统不整合。

西倾山地区为滨海相，三统俱全，且为连续沉积。下统以碳酸盐岩为主，中、上统以碎屑岩为主，产双壳和植物等，厚 4425 米，与下伏二叠系连续沉积。

巴颜喀拉山的三叠系为弧后盆地沉积的复理石层系，三统俱全，连续沉积，以碎屑岩占绝对优势，偶夹碳酸盐岩和火山岩透镜体。产头足、双壳、植物、六射珊瑚等，厚度大于 11342 米。其中，北巴颜喀拉山以中、下统为主，与秦岭、昆仑接合部的三叠系相似；可可西里及南巴颜喀拉山以中、上统为主，与川西三叠系相似。

通天河谷地的三叠系为古岛弧裂谷带沉积，以上统为主，未见底。碎屑岩、碳酸盐岩、火山岩皆有发育，产双壳等，厚 8879 米。

唐古拉山的三叠系为滨海相-海陆交互相，以上统为主，仅在东北缘有少量中统。为杂色碎屑岩、碳酸盐岩夹煤层，产头足、双壳、腕足和南方型植物群，厚 4291 米，与下伏地层超覆不整合。

青海省境内侏罗系发育三种主要类型：昆仑山及其以北地区为陆相碎屑岩系，中侏罗世早巴通期以前为温湿环境形成的煤系地层，产植物，厚 960～1100 米不等。产地 80 余处，在祁连山大通河流域、柴达木盆地北缘和东昆仑山南坡形成三条含煤带；自南而北，煤质及储量渐增。晚巴通期以后则为干旱条件下形成的杂色碎屑岩系，产介形类、叶肢介等，厚 448 米，零星分布于柴达木盆地北缘、西宁盆地北部。北巴颜喀拉山东段仅零星发育下统，为陆相含煤碎屑岩及中、酸性火山岩，产植物，厚 891 米。唐古拉西南部广泛分布着滨海相及海陆交互相中、上侏罗统，以杂色碎屑岩为主，夹碳酸盐岩，产腕足、双壳等，厚 3622 米，与上三叠统不整合。

全省白垩系皆为陆相，以杂色碎屑岩为主，主要发育于五个地区：西宁-民和盆地以下统为主，偶有上统，为杂色碎屑岩夹含铜砂岩扁豆体，产介形类、鱼类、孢粉等，厚 2434 米；柴达木盆地北部发育下统，缺失上统，亦为杂色碎屑岩，产介形类等，厚 1451 米；西秦岭北带的同仁地区亦以下统为主，为杂色碎屑岩与中、基性火山岩夹铁质白云岩，产昆虫、植物、叶肢介，厚1527～3767米；可可西里与唐古拉山结合带的风火山地区以上统为主，为杂色碎屑岩夹含铜砂岩，产介形类，厚3860米；唐古拉山东段澜沧江流域断续分布有下白垩统，为碎屑岩、碳酸盐岩夹白垩或火山岩，产植物，火山岩年龄值为距今73百万—77百万年，厚750～900米。

5. 新生界

新生界遍及青海省内各大山系和山间盆地，多数地区为湖积碎屑岩夹膏盐层，最大厚度位于柴达木盆地-里坪一带，达16500米。

古近系集中分布于中、北祁连山，柴达木盆地和唐古拉山，以紫红色碎屑岩为主，夹石膏和盐岩及少量泥灰岩，产介形类、腹足、孢粉、爬行类等，厚315～2120米，普遍与下伏地层不整合。

新近系岩相变化较大，可分为四区四类：北区东北部的祁连山、西秦岭地区以杂色碎屑岩为主，夹石膏层等。除产微体化石外，中新统还产小型脊椎动物及昆虫等，称谢家动物群；上新统普遍产大型脊椎动物，称三趾马动物群，厚972～2600米。除西宁-民和盆地外，上新统与中新统之间、中新统与下伏地层之间普遍呈角度不整合。北区西南部的柴达木地区以灰、黄棕色碎屑岩为主，夹泥灰岩和岩盐层，产哺乳类和微体化石，厚4847米，统与统间为连续沉积，中新统与下伏地层在盆地中心连续沉积，到盆地边缘呈超覆不整合。南区东北部的巴颜喀拉山和唐古拉山东北部以棕红、灰黄色碎屑岩为主，夹菱铁矿、泥灰岩等，除微体化石外，脊椎动物不发育，时代依据往往不足，厚2080～5167米。南区西南部的可可西里、唐古拉山西段新近系除发育杂色碎屑岩外，普遍在中新世中产出泥灰岩或碱性火山岩、岩盐和菱锌矿层等，除微体化石外，脊椎动物仍不发育，但火山岩年龄值为距今10百万—26百万年。上新统与中新统间及中新统与下伏地层间普遍为不整合。

第四系成因类型复杂，主要有残积、坡积、冲积、洪积、湖积、沼泽沉积、化学沉积、风积、冰碛等，其中风积黄土主要分布于海东地区，湖积以柴达木盆地盐系发育最好，山岳冰碛遍布各大山系；在省域北部洪积层和洞穴堆积层中存在若干旧石器时期以来的古文化层。

二、岩浆岩

青海省岩浆活动始于元古代，止于新生代。自元古以来，间歇性的火山喷发与岩浆侵入频繁交替，经久不息。三叠纪前，基性-超基性岩的侵入或侵位先后有六期；火山活动以海相喷发为主，泥盆纪和三叠纪间有陆相喷发；中-酸性侵入岩遍及全区，除缺失碱性侵入岩外，各类皆有发育。

侏罗纪以来，基性-超基性岩的侵位基本停息或未达地表；火山活动皆为陆相喷发；中-酸性侵入岩主要围绕稳定地块再次侵入，其中闪长岩、石英闪长岩、斜长花岗岩、富斜花岗岩等偏基性单元已不发育，末期以碱性岩浆活动为主。第四纪则进入岩浆间歇期。

（一）基性-超基性侵入岩

青海省基性-超基性侵入岩共划分为六期。

元古代基性-超基性岩，主要分布于中祁连山东段和柴达木地块周边。前者断续构成化隆岩带。分布范围长达160千米，宽40千米。共有岩群32处，含超基性岩体59个，其中90%的岩体都集中在化隆南部拉水峡一带，皆侵入于下元古界中，同位素法测定年龄为距今1084百万年。全部岩体累计面积不到1平方千米，最大的裕龙沟岩体不过0.039平方千米。主要岩石类型有橄榄岩、辉石岩和角闪石岩三类，为铁质超基性岩系列。其中三分之一的岩体及围岩含矿，以铜、镍为主。在柴达木盆地周边多罗尔什、布赫特山、喀雅克登塔格等地，残留有元古代的辉长岩，同位素年龄为距今1085百万年；在昆仑山南坡东段清水泉地区产出的超基性岩，锶-铷同位素法测定年龄为距今1290百万年。

加里东期基性-超基性侵入岩带隶属于横贯中国中部巨型岩带的中段。可进一步划分为早、中、晚三期，青海省内以早、中期为主，并构成北祁连山、拉脊山、柴达木周边三个岩带。

北祁连山岩带全长410千米，宽25～40千米，共有超基性岩体513个、基性岩体136个，累计出露面积几乎相等，分别为158平方千米和169平方千米。另查明由隐伏岩体引起的磁异常6处，其中大型超基性岩体7处，大多为10～30平方千米；中型岩体6处；小型岩体17处，大多为1～5平方千米；其余皆为小于1平方千米的微型岩体。超基性岩中58%为单项岩体，42%为复相岩体；含铬岩体68个，含石棉岩体12个。

青海省境内所辖的中亚带和南亚带是北祁连山岩带的主体。加里东早期岩体侵入于寒武系和下奥陶统，并被距今460百万—495百万年的加里东早期花岗岩侵入，省境内独立的基性岩体几乎皆为早期产物，集中分布在南亚带，超基性岩体亦多达718个，所以是北祁连山基性-超基性岩带的主要成岩期。加里东中期岩体普遍侵入上奥陶统，以超基性岩为主，岩体约90余个。

北祁连山超基性岩类型复杂，以镁质超基性岩为主，少量铁质超基性岩，主要有纯橄榄岩型、斜辉辉橄岩型、斜辉橄榄岩型、单辉橄榄岩型、橄榄辉石岩型、辉石岩型、角闪石岩型以及复合型等。区内极少出现单辉辉橄岩型岩体，个别基性岩中的单辉辉橄岩包体为大陆常见的尖晶石型。

拉脊山岩带断续分布长约80千米，宽约7千米，岩体群37处，共有超基性岩93个，累计面积约26.6平方千米，基性岩体18个，累计面积约4.4平方千米。以微型岩体为主，中型岩体2个。绝大多数岩体产于寒武系中，同北祁连山一样，以早加里东期岩体为主，被距今443百万—469百万年的花岗岩侵入，亦是早奥陶世的产物；中期岩体钾-氩同位素法测定年龄值为距今442.5百万年，为晚奥陶世阿什极尔期的产物。本带岩石类型比较简单，早期铁质超基性岩和镁质超基性岩共存，主要为斜辉辉橄岩、斜辉辉橄岩-纯橄岩和单斜辉石岩-纯橄岩，中期为铁质超基性岩，主要为黑云母单斜辉石岩，前者为产铁镍矿，后者为产铁、磷矿。

柴达木盆地周边加里东期基性-超基性岩中的大型岩体集中分布于茫崖、绿梁山等地，小型及微型岩体散布于其他地区，以低铝高镁型岩体为主，有少量铁质超基性岩，岩石类型与北祁连山相似，产石棉、铬、菱镁等矿产。其中大柴旦南胜利口产金云母橄榄岩。

海西期基性-超基性岩分布于阿尼玛卿山。主要集中于布青山、玛积雪山和德尔尼等三个岩群。以超镁质超基性岩为主，基性岩少。主要为斜辉辉橄岩和纯橄岩，有少量辉石岩和辉长岩。布青山岩群成矿以铬、钛、铜为主，玛积雪山岩群和德尔尼岩群为青海省主要的铜、锌、钴成矿带。

印支期基性岩发育，超基性岩相对较少。自北而南主要有三个岩带，皆为印支晚期的产物。北带位于北祁连山冷龙岭北坡，呈近东西向横断加里东岩带。断续有少量超基性岩侵入石炭纪-三叠纪构造层，以斜辉橄榄岩为主。中带位于宗务隆山-青海南山，以辉长岩和角闪辉长岩为主，未见超基性岩，侵入于三叠系中。南带沿唐古拉地块北缘分布，东段以辉长岩为主，间有少量斜辉辉橄岩。西段斜辉辉橄岩较发育，且与辉长岩、拉斑玄武岩和放射虫硅质岩共生。

(二)中-酸性侵入岩及碱性侵入岩

青海省属于中-酸性侵入岩比较发育的地区，具有期次多、分布广、规模大、类型复杂等特点。

全省岩浆侵入活动从元古代延续到新近系，当前划分为6个构造岩浆旋回，共11期。各期皆有多种岩类组成，一般以酸性岩类为主体，闪长岩类虽然分布较普遍，但规模不大。二长岩、正长岩和碱性岩等则在特定的时空条件下才会出现。省境内各类中-酸性侵入体约700处，出露面积达

4.4万平方千米，约占全省面积的6%。分布遍及全省，尤以柴达木地块周边环型岩带最为集中。

前兴凯期，青海省境内最老的中-酸性侵入体主要分布在中祁连山和柴达木地块周边。主要岩体28个，总面积3680平方千米，占全省中-酸性侵入体分布面积的8.25%，主要岩类有闪长岩、石英闪长岩、斜长花岗岩、富斜花岗岩和花岗岩。各类岩体普遍具片麻状构造，属变质交代型为主的钙碱性系列。其中闪长岩副矿物组合为钛铁矿-锆石-磷灰石型；花岗岩为锆石-石榴石-电气石型。直至2010年查明的成矿信息主要有中祁连山的白钨矿和铌钽铁矿矿化。

加里东期，中-酸性侵入岩主要分布在祁连山和散布于柴达木盆地周边，出露面积约1.12万平方千米。占全省中-酸性侵入岩分布面积的25%。

青海省境内中寒武统至中奥统属同一构造层，故加里东早期的含义为中寒武世中奥陶世，时限为距今540百万—458百万年。本期中-酸性岩沿北部青海-甘肃边界分布，集中于北祁连山和阿尔金山南坡，分别侵入下元古界、寒武系和下奥陶统。已取得柴达诺山花岗岩同位素法测定年龄为距今460百万年，拉砌花岗岩年龄为距今495百万年，阿尔金山南坡的斜长花岗岩年龄为距今504百万年，石英闪长岩出露于阿尔金山柴达木大门口北山等地，已属新疆管辖。青海省境内岩石类型有石英闪长岩、斜长花岗岩、富斜花岗岩和花岗岩四类，以花岗岩为主。共有主要岩体11处，总面积974平方千米，约占全省中-酸性侵入岩的2.3%，各类岩石皆为钙碱系列，副矿物组合以磁铁矿-磷灰石-锆石-榍石为主。

加里东中期侵入岩形成于晚奥陶世，时限为距今458百万—438百万年。该期岩体主要分布于北祁连山南缘和拉脊山。岩石类型有石英闪长岩、闪长岩、斜长花岗岩、富斜花岗岩、花岗闪长岩和花岗岩等，主要岩体34个，面积约629平方千米，占全省中-酸性侵入岩的5.9%。其中牛场北沟闪长岩体侵入上奥陶统，被下志留统不整合。各类岩石皆为钙碱系列，其中性岩偏基性，部分花岗岩偏碱性，富钠。闪长岩、富斜花岗岩矿物组合为钛铁矿-磷灰石-锆石型，花岗岩副矿物为磷灰石-锆石萤石型，其余皆为磁铁矿-磷灰石-锆石型。

加里东晚期中-酸性侵入岩以南祁连山西段为集中中心，同时散布于北祁连山南缘，南祁连山东段和柴达木盆地周边。以酸性岩为主，主要岩体62处，总面积约7549平方千米，占全省中-酸性侵入岩的17%。

南祁连山西段各类岩体侵入下志留统，同位素法测定年龄为距今433百万—435百万年，即岩浆活动集中于志留纪早期，其余地区时代依据不够充分。

本期主要岩石类为二长花岗岩，其次为花岗岩，同时有少量闪长岩、石英闪长岩、花岗闪长岩、斜长花岗岩、富斜花岗岩和石英正长岩。皆为钙碱性系列岩石。副矿物组合主要有两类：磁铁矿-锆石-磷灰石型，如闪长石、石英闪长石、富斜花岗岩、二长花岗岩（柴达木地区）及花岗岩；另一类普遍出现榍石，组成磁铁石-锆石-榍石型，如石英正长岩、花岗闪长岩、斜长花岗岩和二长花岗岩（南祁连山）。

海西期，中-酸性侵入岩主要沿稳定地块边缘出露，集中分布于柴达木盆地周边，另外在湟源地块西南缘和唐古拉地块东北缘有少量岩体。多呈复合岩基产出，研究程度较低。

海西运动早期以二长花岗岩、花岗闪长岩、石英闪长岩为主，其中团鱼山花岗闪长岩和哈是托花岗闪长岩等侵入上泥盆统，被石炭系不整合，同位素法测定年龄值为距今376百万—386百万年。主要岩体18处，总面积2559平方千米，占全省中-酸性侵入岩的5.70%。皆为钙碱性系列。石英闪长岩类副矿物组合为钛铁矿、磷灰石、锆石型，花岗闪长岩类为磁铁矿、磷灰石、锆石、榍石型，二长花岗岩有上述两种副矿物类型。

海西运动晚期主要岩石类型有闪长岩、石英闪长岩、花岗闪长岩、斜长花岗岩、富斜花岗岩、二长花岗岩和花岗岩,在阿尼玛卿山北坡见有一个钾长花岗岩体。在绿梁山有一正长斑岩体。主要岩体97处,总面积8967平方千米,占全省中-酸性侵入岩的21%。同位素法测定年龄为距今293百万—330百万年。皆为钙碱性系列。副矿物组合为磁铁矿、磷灰石、锆石、榍石型。其中拉陵灶火闪长岩含硅铁矿。

印支期是青海省中-酸性岩浆侵入活动最强烈的时期,岩体分布广,数量多,出露面积达14200平方千米,占全省中-酸性侵入岩面积的32%。按其形成先后虽然可划分为早、晚两期,但两期岩浆活动强度和波及范围不可同日而语。

印支早期岩体仅散布于柴达木地块东南缘与西秦岭和巴颜喀拉山的毗邻地段,主要岩体不过9处,累计面积亦只有602平方千米。除时代依据不够充分的可可赛尔花岗岩体呈岩基产出外,其余岩体均呈岩株产出。本期岩体虽少,但有其鲜明的特点:首先,形成的时代比较可靠,特别是赛什塘石英闪长岩侵入下三叠统,钾-氩同位素法测定年龄为距今232百万—239百万年;而八宝山富斜花岗岩侵入中、下三叠统,被上三叠统不整合覆盖;其次,岩体各具一格,9个岩体中即有石英闪长岩、花岗闪长岩、二长花岗岩、富斜花岗岩和花岗岩5类,各类皆只有1～2个岩体,表明岩浆分异程度高,自东而西岩石酸度渐有增高之势;第三,岩体基本上皆为先于同源火山喷发即已成型的"反序岩体";第四,副矿物组合具有多元特征,磁铁矿、赤铁矿、钛铁矿、锆石、电气石、磷灰石、萤石等常伴随着金属矿物出现;第五,仅出现在昆中断裂南侧;第六,多数岩体含矿性良好,其中与石英闪长岩有关的铜、锌矿产,与富斜花岗岩有关的铜、铁矿化,与花岗岩有关的铌、钼矿化等都有重要的工业价值或找矿意义。

印支晚期中-酸性岩浆侵入活动则以丰富多彩引人注目。闪长岩、石英闪长岩、石英二长岩、花岗闪长岩、斜长花岗岩、富斜花岗岩、二长花岗岩、花岗岩、钾长花岗岩等层出不穷,分布范围几乎遍及青海省各区,各类岩体达216处,累计面积13600平方千米,占印支期中-酸性侵入岩面积的96%,占全省各期中-酸性侵入岩面积的30.5%。自北而南形成了六个岩带。

横贯祁连山的冷龙岭岩带,其规模虽然很小,但与基底断裂的重新活动关系十分密切。祁连山南缘带虽然只有布热格斯坦花岗闪长岩体与塔塔楞河电气石花岗岩体两处,但后者不仅产出于特殊的构造部位,而且与省境内硼的成矿关系重大,还可能与锡、铋等成矿有关。

柴达木南缘岩带和阿尔金山岩带则规模宏伟,以花岗闪长岩、二长花岗岩和花岗岩为主,同时有闪长岩、石英闪长岩产出。构成柴达木岩带重要成分,计有各类岩体112处,总面积6522平方千米。

西秦岭岩带岩体不发育,岩石类型以花岗闪长岩和花岗岩为主,闪长岩、石英闪长岩、二长岩等虽有产出,但规模小。

巴颜喀拉山带以规则岩基或岩株分散产出为特点,共有各类岩体44个,总面积约3598平方千米,其中年宝岩体侵入三叠系,被下侏罗统不整合覆盖。北亚带以花岗岩为主,东南部和中部岩石类型复杂,计有闪长岩、石英闪长岩、石英二长岩、二长花岗岩、花岗岩及钾长花岗岩等。位于巴颜喀拉山与唐古拉山之间的通天河带则集中组成石英闪长岩长垣。

省境内南部作为一个整体来看,北部岩体酸性程度高,南半部岩体基性程度高,它们分别与本区有色金属、贵金属、稀有金属等成矿有关。

燕山期是省境内继印支期后又一次规模较大的造岩期,各类岩体76处,面积约3304平方千米,占全省中-酸性侵入岩面积的7.40%。本期各地岩浆活动差异较大,岩体集中分布于西秦岭北带和唐古拉山南带，沿柴达木盆地周边有零散岩株产出。昆仑山以北主要为燕山早期，唐古拉山主要为燕山晚期。

柴达木盆地周边以钾长花岗岩比例增大为特点。全区有钾长花岗岩、斜长花岗岩、花岗岩41处，其中钾长花岗岩即占28处之多，多呈岩株，断续围绕柴达木地块周边的基底断裂带产出，为本区岩浆活动的终极产物，多数岩体侵入变质岩或中-酸性岩浆岩等结晶岩系，有的侵入了河湖相的侏罗纪煤系地层。

西秦岭岩带以花岗闪长岩和二长花岗岩为主，其他岩类极少，主要岩体28处，总面积1208平方千米。多数岩体呈大型岩株和岩基产出，有色金属和贵金属等矿化普遍。与柴达木不同的是岩体偏基性，多数岩体侵入上三叠统陆相火山岩系和中、下三叠统海相碎屑岩系，个别岩体侵入河湖相下侏罗统含煤岩系，钾-氩同位素法测定年龄值为距今187百万年。本期岩体为本区岩浆侵入的终极产物，但火山活动延续到白垩纪才告结束。

唐古拉山岩带则以花岗岩和二长花岗岩为主，各类岩体约43处，面积1566平方千米。多侵入侏罗系中上统，所获同位素法测定年龄值在距今72百万—97百万年，所以成岩时代主要为晚白垩世。虽晚于北部岩浆活动的终极产物，但在本区正处于岩浆活动的极盛时期。

喜马拉雅山期，岩浆活动主要集中在青海省南部，其中侵入岩则集中于唐古拉山。在中新世大面积碱性火山岩喷发之前形成的侵入岩以酸性为主，即以二长花岗岩、花岗岩、花岗斑岩为主，个别为石英正长岩。多以小而群的岩株产出，共有岩群7处，多沿唐古拉山逆冲推覆带北侧俯冲盘的基底隆起带分布，同位素法测定年龄值为距今53百万—46百万年。各岩群的斑岩型、矽卡岩型或热液型成矿显示良好。

过碱性岩散布于澜沧江源头的旧阿多一带，由9个扁圆状、筒状小岩株组成。主要为霓辉石霞石金云母斑岩、含黑云母霞石白榴岩。赫特曼组合指数高达7.09。本岩类形成期晚于本区新生代火山岩，是全省岩浆活动的终极产物。

（三）火山岩

青海省境内火山活动频繁而强烈，自元古代到新近系皆有火山喷发。三叠纪以前以海相喷发为主，其中晚泥盆世和晚三叠世间有陆相喷发，侏罗纪以来主要为陆相喷发。

早元古代，火山岩已变质成斜长角闪岩，其原岩为高铝玄武岩和碱性玄武岩；中元古代火山岩以安山岩和安山玄武岩为主；晚元古代早期以玄武岩为主，晚期震旦纪有少量碱性玄武岩和富钾粗安岩。

早古生代火山岩主要分布于北祁连山、拉脊山、党河南山、柴达木盆地周边。以海相裂隙式喷发产物为主，间有中心式喷发产物。其中北祁连山火山活动始于中寒武世，止于早志留世，代表了省境内早古生代构造岩浆旋回最完整的序列。拉脊山火山活动的开始时期几乎与北祁连山同步，但中奥陶世以后火山活动不及北祁连山发育，终止期到晚奥陶世。党河南山火山岩虽然较发育，但研究程度低，可能主要为奥陶纪到早志留世的产物。柴达木盆地周边查明的火山活动时代为晚奥陶世，但不排除有延续到早志留世的可能。

早古生代火山活动主要有两大旋回。中寒武世到早奥陶世活动中心集中在北祁连山峨堡-玉石沟一带，以及拉脊山和党河南山东北部，三者呈北西西向斜列槽地，主要活动时期依次更新。晚奥陶世主要在岭龙山、党河南山、柴达木北缘和祁漫塔格发育，呈北西向斜列槽地。中奥陶世和早志留世火山活动仅在局部发育。

早古生代火山岩岩石类型比较复杂。中寒武世-早奥陶世火山岩以细碧-角斑岩类和拉斑玄武岩-高铝玄武岩-流纹岩类为主，安山岩类和碱性火山岩不发育，分布于北祁连山、拉脊山和党河南山。以裂隙式喷发为主，间有中心式喷发，前者为钙碱性系列，后者为碱性系列。其中细碧-角斑岩类以富钠和贫氧化镁、氧化钙为特点，氧化钠含量多大于4%，玄武岩-流纹岩类有富铁、低二氧化钛和氧化钾的特点。

奥陶世时期，在北祁连山西段格尔莫沟-三次湾一带出现有早奥陶世的侵入相橄榄质科马提岩，在天蓬河-黑沟河一带出现有中寒武世的喷出相辉石质科马提岩。

中奥陶世早期在冷龙岭（青海门源-甘肃永登）一带以安山岩、英安岩为主，在拉脊山有少量玄武岩。中奥陶世晚期在冷龙岭东段北坡产出有碱性火山岩类，由碱性玄武岩、假白榴石斑岩和粗安岩组成。

晚奥陶世火山岩类皆为钙碱性系列，北祁连山集中分布于南缘与中祁连山的结合带，西段托勒山不发育，以安山岩为主；东段达坂山发育，以细碧-角斑岩类和安山岩、安山玄武岩为主。拉脊山主要分布在中段才毛吉峡一带，以安山岩为主。党河南山以玄武岩、安山岩为主。柴达木北缘以安山岩为主。柴达木南缘祁漫塔格早期火山岩不发育，晚期以玄武岩、流纹岩为主。

早志留世时期，火山岩零星散布于北祁连山和南祁连山，主要为安山岩。

泥炭纪-石炭纪时期，火山活动中心在柴达木地块周边，其次发育于唐古拉山地块东北部。

柴达木地块泥盆纪火山岩主要是晚泥盆世的陆相火山岩，在祁漫塔格-阿木尼克海湾中为海陆交互相沉积，是一套受柴达木地块边缘北西西向“单侧不对称箕状断陷”所控制的碱性-钙碱性火山岩系列。具有富钾贫钠的特点。由早到晚，盆地东北缘火山活动有自东向西迁移的趋势，西南缘则又自西向东迁移之势。

主要岩石类型有大陆拉斑玄武岩、安山岩、英安岩、流纹岩，为钙碱性系列。沿柴达木纬向中轴带祁漫塔格、阿木尼克、牦牛山一线，局部有碱性玄武岩和钠长粗面岩产出。

石炭纪火山岩集中在柴达木盆地周边的宗务隆山、鄂拉山和东昆仑山南坡中东段。火山活动中心有西早东晚和迁移趋势。主要岩石为拉斑玄武岩、细碧岩和玄武安山岩，有少量富钠安山岩。除早石炭纪部分安山岩偏碱性外，其余皆属钙碱性系列。

二叠纪-侏罗纪时期，火山岩主要围绕着特提斯主海域巴颜喀拉山边缘及外围分布。

二叠纪时期火山岩主要发育于早二叠世，为海相火山岩。北带分布于柴达木，西秦岭和巴颜喀拉山的接合部之鄂拉山、阿尼玛卿山。

鄂拉山以中-酸性熔岩为主，主要岩石类型为安山岩和流纹岩，属钙碱性系列。

阿尼玛卿山以中-基性熔岩为主，主要岩石类型为细碧岩、拉斑玄武岩和安山岩、玄武安山岩。除部分细碧岩富钠偏碱性外，主要为钙碱性系列。

南带分布于唐古拉山东北部木鲁苏河-杂多一线宽约20千米的狭长地带。以中-基性熔岩为主。早期为裂隙式喷发的钙碱性系列，主要岩石类型有玄武岩和安山岩；晚期为中心式喷发的碱性系列，主要岩石类型有碱性玄武岩、钠长粗玄岩。

早、中三叠世火山岩主要分布于柴达木地块的东部边缘、茶卡北山、鄂拉山和东昆仑山南坡东段，为钙碱系列的玄武岩-安山岩-流纹岩组合。

晚三叠世火山岩分布于北、中、南三带。北带为陆相，中带为海陆交互相，南带为海相。

北带陆相火山岩带特征已在地层部分三叠系陆相火山岩系中记述。

中带海陆交互相火山岩出露于东昆仑山南坡东段，以安山岩和流纹岩为主，以富 K_2O 的钙碱性系列为主，南侧局部出现了少量碱性系列的粗安岩。

南带海相火山岩沿巴颜喀拉山和唐古拉山交接处的通天河流域分布。纵贯全区的主岩带为钙碱性系列的拉斑玄武岩和细碧-角斑岩。其南侧，在多彩-玉树一线以南，于西北向构造向南转折部分形成一个局部的陆缘火山弧，则由钙碱性系列的安山岩、英安岩和流纹岩与碱性系列的碱性玄武岩、粗面玄武安山岩和粗面岩组成，此带在唐古拉山西段可能出现在开心岭、乌丽地区。

侏罗纪火山岩仅分布于巴颜喀拉山东端与若尔盖地块的接合部，为早侏罗世陆相火山喷发的产物。主要岩石类型为玄武安山岩、安山岩和流纹岩，属钙碱性系列。

白垩纪皆为陆相火山岩，以碱性系列为主，主要发育于早白垩世和中新世。

白垩纪火山岩分布于黄南藏族自治州同仁县到泽库县一线，主要为橄榄玄武岩和粗面岩。

中新世火山岩分布于省域西南部东经92°以西的可可西里山与唐古拉山西段，主要为粗面岩和偏碱性流纹岩，同位素法测定年龄为距今10百万—6.5百万年，为青海长期以来此起彼伏火山活动的终极产物。

三、新发现地层、岩石

2006年国务院《关于加强地质工作的决定》实施以来，青海的基础地质研究、区域地质调查研究、区域地质矿产调查均取得重大进展。在地层、岩性、构造方面有了新的发现，建立了一批岩石地层单位，确定了祁连、柴达木北缘、东昆仑、巴颜喀拉山及“三江”北段等地区岩浆岩演化序列、构造格架及重要成矿期，填补和丰富了青藏高原东北部地质演化内容。

（一）祁连地区

在志留纪地层中新发现解体出大面积分布的云母石英岩老变质岩，其岩石组合特征可与古元古代中祁连基底托勒岩群对比。志留纪地层可划分为北部的具有半深海复理石建造和南部前陆盆地相的细碎屑岩建造，在南祁连中间地带出露元古代基底。在中南祁连获得一大批精确的岩浆岩同位素法测年资料，建立了中南祁连构造岩浆岩演化序列，其中在中祁连刚察和湟源地区加里东期超基性岩（橄榄辉石岩）、碰撞期白云母花岗岩、后造山浆混花岗岩等新发现，确定了拉脊山构造带演化时限。在玉龙滩地区北祁连蛇绿混杂岩带中发现震旦纪蛇绿岩残块（或洋壳残片），获得精确地锆石的铀-铅同位素法测定年龄，为北祁连洋形成于震旦纪提供了重要的地质依据。在客尔浪一带新发现大量侵入在晚元古代其他达坂组中的辉绿岩墙群，可深度了解加里东期祁连裂解事件，加深了南祁连构造演化和成矿背景的新认识。在木里地区发育的晚三叠世尕勒德寺组和早中侏罗世窑街组的地层，发现良好的含腐泥腐殖型烃源岩。

（二）柴达木北缘地区

宗务隆裂谷带至少存在二期构造变形。在巴龙贡嘎尔组，首次发现呈透镜状产出的河道相砾岩，该地层为前陆盆地沉积序列特征，对传统认为该套地层属弧后盆地沉积环境提出了质疑。在柴达木盆地北缘存在推覆构造，侏罗纪大煤沟组推覆在新近系地层之上，其上被古元古代达肯达坂岩群构造覆盖，其底部具有很好的出煤层，为扩大煤炭资源找矿潜力提供了地质背景资料。

（三）东昆仑地区

在基础地质调查方面，东昆仑中段岩浆岩活动始于元古代，止于中生代，对与成矿作用关系密切的岩浆岩成岩成矿环境提供了大量的年龄资料，证实了北昆仑岩浆弧内亦有海西期构造岩浆活动。青海拉陵灶火地质矿产调查项目获得了晋宁期碰撞型花岗岩的年龄值，进一步证明柴达木南缘发育一条新元古代碰撞型花岗岩带。首次在昆仑山北坡拉陵灶火地区苏海图一带新发现榴闪石，确定了东昆仑存在高压变质带。首次在祁漫塔格地区十字沟东侧奥陶-志留纪滩间山群火山岩、基性火山岩中获得距今442±24百万年的钐-钕等时线同位素年龄值。首次在莲花石山北侧滩间山群玄武岩中获得高精度激光探针等离子体值谱法（Lam-lcpms）年龄值，分别为距今440.2±2.4百万年、448±36百万年、

440.4±82百万年的铀-铅同位素法测定年龄值,在小狼牙山组玄武岩中获得距今434±58百万年的钐-钕等时线同位素年龄值,准确确定其火山喷发时代为晚奥陶世,该年龄值的取得将为研究本区祁漫塔格群中火山岩的形成时代及构造环境意义重大。通过综合研究认为,本地区在昆仑中段分布有大量与板块俯冲-碰撞过程有关的中酸性岩浆岩组合,也保留着众多洋盆演化过程中形成的镁铁质-超镁铁质岩洋岛型玄武岩。同时在成矿地质背景方面结合大地构造特征,初步总结出加里东期由被动陆缘转换为活动陆缘区;印支晚期从挤压造山体制向拉张体制转换。这两期重要的构造体制转换,为东昆仑地区大规模成矿作用的发生提供了有利的地球动力学条件,分别控制了区内两个重要的成矿区,总体上具"两弧三带两个成矿期"的特点,为东昆仑地区找矿提供了翔实的基础地质资料。

(四)巴颜喀拉地区

在扎日加地区和巴拉大才地区三叠纪巴颜喀拉山群地层中首次发现黑云石英片岩和黑云斜长片麻岩组成的变质基底,具有变质核杂岩特征,为松潘-甘孜带的造山过程的认识及对大场金矿的成因类型、成矿物质来源的认识提供了重要的基础地质成果。

(五)三江源地区

确定了西金乌兰-金沙江结合带物质组成、构造演化过程。新发现通天河复合蛇绿混杂岩、西金乌兰蛇绿混杂岩和沱沱河蛇绿混杂岩,早中元古代基底-宁多岩群中深变质岩、中二叠世深海放射虫及侵入于晚泥盆世地层中的基性岩墙群(氩39/氩40,距今345.69百万年)。玉树地区晚二叠世陆相碱性火山岩带,确定了唐古拉古陆北缘二叠纪泛裂谷带的存在;治多地区复合绿混杂岩带、二叠纪多岛弧、新生代大型逆冲推覆构造带,使地质界重新认识金沙江-西金乌兰湖和甘孜-理塘结合带的构造演化,对境内南部地区黑色、有色金属矿产的成矿环境和找矿方向,开展新的预测。

(六)其他地区

通过青海隆务河盆地区域地质矿产调查工作,将《青海岩石地层清理》中厘定的隆务河群划分为早中三叠世隆务河组和中三叠世古浪堤组,明确隆务河组为一套深海-次深海相的复理石建造,为隆务河盆地的研究提供了研究资料。确定了青海唯一分布的早白垩世火山岩地层,为一套典型的陆相裂隙式喷发的中基性火山岩-沉积岩建造,下部火山岩夹砂砾岩组,则新建组为多禾茂组,上部砂砾岩组延用万秀组,采到蕨类植物孢粉,属较为典型的陆内裂谷沉积组合。

第四纪古气候及古人类活动方面,在共和盆地首次发现早更新世湖三层古老风积沙层,代表了地史时期三次沙化的历史。其中,在第一沙化层中首次发现大量的植物化石,形态类似于德令哈地区发现的"宇宙人"的管物状,在湖积层中发现有螺、腕足、食肉动物的牙齿、饲草动物牙齿、大型脊椎动物化石及小型动物骨骼化石。在日月山附近的地形面以下2米的砂土层中发现古人类生活的遗迹。

第二节 区域地质构造

一、区域地质构造

(一)构造形变

青海省处于活动大陆边缘,古地裂作用活跃,地壳结构庞杂,褶皱多残破不全,断裂错综复杂,新生代构造盆地十分发育。区域构造线以东西向、北西西向和北西向占主导地位。

青海省境内中更新统以前的地层都不同程度发生了褶皱变形。元古代结晶基底褶皱以残破的穹窿和短轴褶皱为主；加里东期及海西期优地槽型基底褶皱以长轴及线状褶皱为主；加里东期及印支期冒地槽型基底褶皱以长轴褶皱和表层褶皱为主。海相（含海陆交互相）盖层褶皱以短轴褶皱和隔挡式褶皱为主。陆相盖层褶皱以短轴褶皱和挠曲构造为主。但无论何种构造层的褶皱，包括新生代陆相盖层褶皱在逆冲断裂带产出皆可形成倒转褶皱。

祁连山区下古生界和元古界为基底褶皱，其上为盖层褶皱。其中南祁连山和中祁连山西段及北祁连山个别部位石炭系-三叠系为海相褶皱。西秦岭和巴颜喀拉山三叠系为冒地槽型基底褶皱，缺失海相盖层褶皱，侏罗系和新生界为陆相基底褶皱。柴达木地块前震旦系为结晶基底褶皱，震旦系-中奥陶统为海陆盖层褶皱，泥盆系为陆相盖层褶皱，其间边缘裂隙带内发育的上奥陶统为优地槽型基底褶皱，其上的泥盆系多为海相盖层褶皱，石炭系下石炭统继承了海相盖层褶皱的特点，三叠系-新生界为陆相盖层褶皱。柴达木周边，泥盆系-石炭系具有地槽型基底褶皱的特点，二叠系和三叠系为海相盖层褶皱，陆相褶皱仅在局部地区发育。

唐古拉山侏罗纪以前的地层皆为海相盖层褶皱，白垩纪和新生界为陆相盖层褶皱。省境内断裂构造极其发育，可分为深断裂带、表层断裂系统和推覆断裂构造带三大类型。深断裂带在某一地史时期曾经为岩石圈断裂或陆壳基底断裂，多数成为大地构造单元的分界线和幔源岩浆的通道。部分深断裂带横断区域构造线，成为区域构造带走向不均匀的控制条件。

自北而南，主要有北祁连山南缘断裂带、拉脊山断裂带、宗务隆山断裂带、柴达木北缘断裂带、祁漫塔格断裂带、昆中断裂带、昆南断裂带和西金乌兰湖-玉树断裂带等。此外，在祁连山区有一条横断祁连山的哈尔腾河-冷龙岭北缘基底断裂带和横断柴达木鱼卡-布伦台北东向断裂带、阳康-都兰北东向断裂带，小柴旦-五龙沟北西向断裂带，以及横断青海中南部的扎加-治多-阿多北东向断裂带和黑马河-达日南北向断裂带等（表 1-2-1、图 1-2-1）。

青海省主要活动断裂一览表（2010 年）

表 1-2-1

序号	断裂名称	断裂类型	断裂特征
1	东昆仑-西秦岭断裂	岩石圈断裂	是青海省北部秦祁昆-加里东地槽及造山带与南部巴颜喀拉海西-印支地槽及造山带两大构造单元的界线，在青海省境内的长度近 1000 千米。是省内一条重要的地震活动断裂
2	西金乌兰湖-玉树断裂	岩石圈断裂	为巴颜喀拉海西-印支地槽及造山带与藏北-唐古拉地块及台缘造山带两大构造单元分界断裂，长约 800 千米，在杂多、治多一带主断裂旁的分支断裂十分发育
3	托勒山-达坂山南坡断裂	岩石圈断裂	为祁连山北部复向斜和祁连山中间复背斜地带的控制性断裂，该断裂由数条密集平行断裂组成，全长 500 千米以上，为构造活动带，进入第四纪后又有活动，地震活动频繁
4	茫崖镇-丁子口断裂	地壳断裂	位于阿尔金山南缘，与山体走向相伴延伸，走向北东东，长度大于 470 千米，为一条强左旋扭动的走滑断裂，中强、强震多次发生，最大震级为 6 级

续表

序号	断裂名称	断裂类型	断裂特征
5	雁石坪-尕羊断裂	地壳断裂	断裂位于唐古拉山北麓，北西西向展布，该带6级左右地震多次出现，最大震级为6.7级
6	柴达木山南麓-拉脊山断裂	地壳断裂	柴达木-祁连活动地块内形成的晚第四纪活动断裂带。柴达木山南麓断裂：西起鱼卡北，经大柴旦，北至大头羊煤矿以东，长约100千米，断裂带上有温泉出露，断裂西段曾发生5.6级地震。拉脊山断裂由一组弧形构造带构成，平均宽度10千米，长达220千米，历史上曾发生过多次5级地震
7	西金乌兰湖-清水河断裂	基底断裂	西起西金乌兰湖北，经五道梁，过治多北，向东又经清水河延伸至青海省外，在省内长800千米以上，有温泉出露，沿断裂曾发生4～6级地震
8	柴达木盆地南缘山前隐伏断裂	基底断裂	该带位于秦昆系中部复背斜北缘，构成布尔汗布达山与盆地之分界。西起青海-新疆边界，东至香日德巴隆，长约540千米。诺木洪附近断裂曾发生数次5级地震
9	赛什腾山-都兰断裂	基底断裂	北起赛什腾山南麓红柳泉附近，沿绿梁山、锡铁山、阿木尼克山延伸，经达达肯乌兰山，向东过都兰，与柴达木盆地南缘山前隐伏断裂相接，全长540千米
10	库尔雷克山断裂	基底断裂	该断裂由一系列北西西、东西、北西向的多组断裂组成，西起库尔雷克山北坡，经托素湖、怀头他拉北，向东延伸至省界，长约600千米
11	大柴旦-天峻-门源断裂带	物探推测断裂	该断裂带位于省域北部，大柴旦以西较之地表断裂作弧形东偏，大柴旦至天峻间地表断裂有反复穿插之特点，断裂在大柴旦、天峻、海晏三处分别被北东向、北西西向断裂错断
12	布伦台-大柴旦断裂带	物探推测断裂	该断裂位于柴达木盆地内，呈北东-南西向展布，长度约300千米，它将柴达木盆地分成了东、西两部分，其西盘相对东盘北移，距离达30千米左右，且西盘下降，断距约1千米
13	治多-都兰-天峻-祁连断裂带	物探推测断裂	该断裂带长约80千米，呈北东-南西向斜切全省，属平移断裂，东盘相对西盘北移，平移距离为30～40千米，断面近于直立微向西倾
14	青海湖西-玛沁西断裂带	物探推测断裂	该断裂带是都兰东大片印支期花岗岩体的东部边界和兴海东隆起的西部边界的分界线，走向近南北向，长约300千米
15	青海湖-玛沁东断裂带	物探推测断裂	断裂带重力梯级带呈南北分布，断裂带的其他特征与青海湖西-玛沁西断裂带相似

表层断裂系统以昆中断裂为界，以北属古亚洲构造域断裂体系，以东西向、北西西向和北西向断裂为主，各构造单元皆有向东收敛、向西撒开之势，其西端往往与相邻构造单元反接；昆中断裂以南属特提斯构造域断裂体系，以北西向弧形构造线为主。其中巴颜喀拉山断裂系统的东段与扬子板块西缘反接。

青海省境内陆内推覆构造主要发育于新生

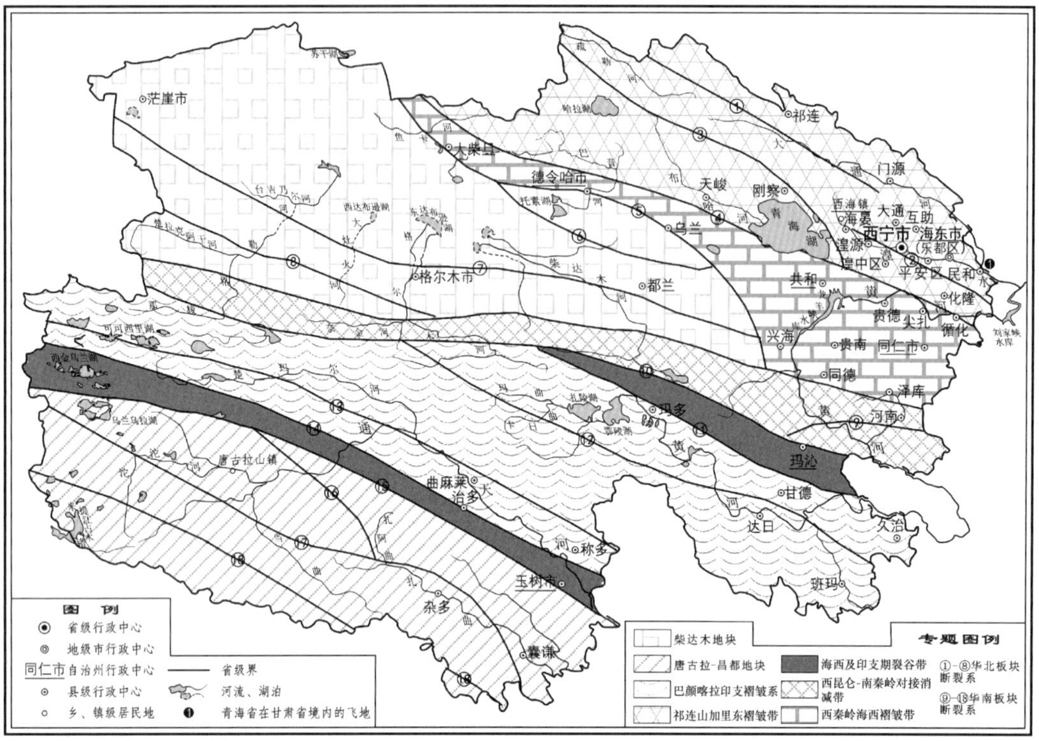

图 1-2-1　青海省主要断裂带及构造分区图

代。昆中断裂以北以原地型推覆构造带为主，例如，托勒南山推覆构造，疏勒南山向被推覆于托勒南山之上；土尔根达坂推覆构造，拉脊山两侧推覆断裂带，南北向西而倾，使拉脊山呈扇形对称山体。而柴达木南北推覆断裂带则相背而倾，使柴达木盆地处于压伏状态。青南地区主要发育异地形推覆断裂带、阿尼玛卿山推覆构造带和唐古拉山北坡推覆构造带，皆为由南向北仰冲的巨型滑脱构造的前缘。

青海省新生代构造盆地发育，其成因主要有五种类型：西宁盆地、柴达木盆地等为稳定地块周边隆起、南北压伏、东西伸展的构造盆地；青海湖盆地、花海子盆地、茶卡盆地、托素湖盆地等为构造单元接合部差异运动形成的盆地；哈拉湖盆地、共和盆地等为构造带张裂断陷盆地；可可西里、唐古拉山西段诸盆地为青藏高原腹地隆升断陷及火山堰塞盆地。其余为断裂控制的断裂槽地。前两类具有发育的盆缘山脉，后三类常无明显的边界。

青海省境内地壳扩张阶段的伸展构造与区域构造线方向一致，地壳压缩阶段的伸张构造与区域构造线斜接或反接。

(二)大地构造特征

青海省处于中国西部各大地质构造单元的接合部，外围毗邻塔里木板块、中朝-华北板块、扬子板块、中央造山带和三江-特提斯造山带。当其延入青海省境内后板块活动性增强，造山带的活动性减弱。

以昆中断裂为界，省域北部属华北板块，南部属华南板块。

从兴凯运动开始，昆中以北形成了若干条追踪裂谷系。北部祁连山具有伸长裂谷的特点，西段与东段的基底组成差异较大，裂谷扩张幅度较大，古陆解体和壳幔混杂的程度高。柴达木北缘地区和拉脊山皆在陆块内部，可能为雁列式超覆裂谷系，相对来说裂谷扩张幅度较小，古陆解体和壳幔混杂的程度低。特别是柴达木古陆，无论在地质上、成矿域上，或是地球物理场上均保持了自己的完整性，并在后期运动中表现出明显的独立性。以柴达木与典型大陆地壳型的地球物理场做定量对比，除布格重力异常较低外，其余构造稳定度、地壳厚度、磁动异常、沿地幔顶部传播的压缩波速、上地壳下地壳波速及厚度、平均地壳波速、低速层与高速层的发育程度、壳内高导层深度、地幔第一高导层深度等特征皆可与华北区对比，与古生代造山带不同，昆中断裂以北属于华北板块的一部分。

海西期是一个过渡阶段，造山运动和岩浆活动主要围绕柴达木地块的周边，其外围祁连山、西秦岭、巴颜喀拉山则相对平静。这时的柴达木经过加里东旋回后已与塔里木板块拼接，二者同步于二叠纪早期最终成陆，并且共同组成核心，形成了环塔里木与柴达木的陆块边缘活动带。其东段与其他构造单元交接部位由差异性运动形成了三通裂谷系，分别以茶卡和托素湖盆地为三接点。特别是昆南三通裂谷系的扩张中心，西起诺木洪河，东北止于羊曲，东南止于阿万仓，是海西期岩浆活动和以铜、金等为主的一个重要成矿域。

印支期是中、晚海西期的外延，从西秦岭到巴颜喀拉山，形成了连结境内三大构造的特殊三角形地区，其缩影为西倾山-若尔盖中间地块。前期形成的昆中断裂的影响仍然存在，昆南三通裂谷系进一步发展。其构造线分别与不同地块的边界反接，宜合并为印支造山带。从唐古拉山的盖层性质和高磁特征来看应属地块性质。从具有全球意义的中白垩事件开始，与印度洋扩张减速的趋向相反，青藏高原的抬升则逐渐加速，新近系末期进入了强烈抬升阶段。促使青藏高原抬升的机制，主要是地幔收缩，中层有塔里木板块、中朝-华北板块、扬子板块和印度次大陆的“四台围限”，上层构造推覆的综合结果。

（三）区域构造

青海省境内北部属华北板块主动陆缘区，南部在元古代和古生代属华南板块被动陆缘区，中生代转化为华北-华南联合板块主动陆缘区。元古代华南板块比较稳定，位于南纬 10°左右，推断昆仑大洋在中、晚元古代的消减，以华北板块南移仰冲为主。柴达木及中祁连山东段即已成为岛弧构造岩浆带，中祁连山西段及北部祁连山弧后盆地已部分扩张形成初始裂谷带。寒武纪-奥陶纪华南板块南移北返幅度不大，祁连山-北秦岭裂谷带成型，柴达木地块从华北板块上解体出来。志留纪-泥盆纪华南板块东段南移幅度较大，秦岭-祁连山扩张带向南转移，加里东裂谷带全面封闭。石炭纪-早二叠世华南板块东段北移，西段青南部分继续南移，形成阿尼玛卿等广阔裂谷带；晚二叠世开始回移，裂谷封闭。至三叠纪末或侏罗纪初，华南板块快速越过赤道进入北半球，由离极漂移转化为向极漂移，地壳由扩张状态转化为压缩状态，因速差形成通天河等裂谷带。晚生代到侏罗纪初，南部地壳与北部地壳皆经历了强烈运动，其间柴达木地块发生了明显的顺时针方向转动，在其北缘西段和南缘东段发育推覆构造，北缘东段和南缘西段则局部扩张。中侏罗世至早白垩世华南板块相对稳定。晚白垩世以来西段向极北移，大幅度收缩，在周边围限条件下成为高原强烈抬升的动因之一。在屡经改造之后，青海陆壳已成为华北板块与华南板块复合区。华北板块范畴可划分为祁连山加里东褶带、西秦岭海西-印支造山带和柴达木地块，其边界断裂构成秦-祁-昆断裂体系的骨架；华南板块范畴可划分为南昆仑-南秦岭对接消减带、巴颜喀拉山印支造山带和唐古拉地块，发育有青南特提斯断裂体系。其中昆仑山中央断裂为元古代-早古生代华北地块与华南板块的消减带，东延出省与秦岭唐藏-商南断裂、镇平-梅山断裂等一脉相承。其南侧为构造混合物，东段发育中、晚元古代蓝闪片岩带；省境属其西段，北侧元古代钙碱性岩浆岩带及高温低压变质带保存较好，带内清水泉蛇绿岩即为古洋壳残片。该断裂在柴达木地块强烈转动时期转化为东段仰冲、西段滑脱的枢纽断裂，中侏罗纪以来又被上地壳左滑断裂所取代，为微向南倾的陡立走滑断裂，与埋深数千米（东段）或200千米左右（西段）向北缓倾的古消减带共同组成的断裂系统。秦-祁-昆断裂体系主要由8条断裂组成，特提斯断裂体系由10条断裂组成。其中大部分断裂虽然在地史时期曾一度为超壳断裂，但现已改造成上地壳断裂（图1-2-1）。

总体上，青藏高原北部曾多次发生地裂运动，地壳碎裂程度高，活动性较强。晚白垩世以来，由于地幔拗陷，中、下地壳被周边板块或地块围限，上地壳构造叠覆使青藏高原北部强烈抬升。

（四）地震

青海是中国地震多发地区之一，仅次于台湾、西藏、云南、四川、新疆，居全国第六位。20世纪以来，青海省境内共发生5级以上地震188次，其中7.0～7.9级地震6次、6.0～6.9级地震34次、5.0～5.9级地震148次。不同震级的地震中以5级地震最为普遍，几乎遍及青海全境；6级地震主要分布在祁连山、柴达木盆地、唐古拉山-玉树及久治-达日一带；7级地震主要分布在花石峡-达日一带（即横贯省境的库赛湖-玛曲断裂带）和共和地区。根据青海省境内地震活动和现代地球物理场与深部构造特征等地质条件，将全省分为5个地震带（图1-2-2）。

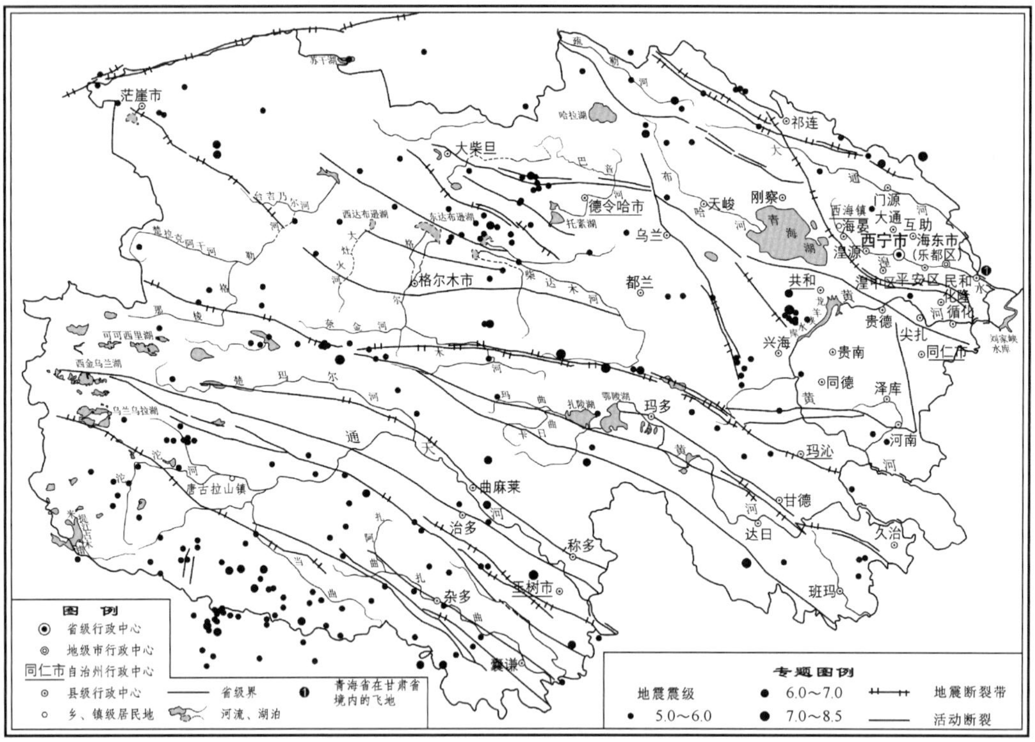

图1-2-2 青海活动断裂与地震分布图

1. 柴达木地震带

柴达木地震带包括柴达木盆地、共和盆地、布尔汗布达山、祁漫塔格山地区。这一地震带地震活动频率较高，20世纪以来，共发生5级以上地震38次，其中5.0～5.9级地震31次、6.0～6.9级地震6次、7.0级地震1次。破坏性地震在茫崖-乌图美仁和三湖（南霍鲁逊湖、北霍鲁逊湖、托素湖）地区集中分布。地震动峰值加速度为0.05～0.20米每平方秒。

2. 祁连山地震带

祁连山地震带位于青藏高原东北部，其地震

活动具有频度较高、强度较低的特点，有记录以来，带内共发生5.0级以上地震53次，其中5.0～5.9级地震43次、6.0～6.9级地震8次、7.0级以上地震2次。地震动峰值加速度为0.05～0.20米每平方秒。

3. 可可西里-巴颜喀拉地震带

可可西里-巴颜喀拉地震带位于青藏高原中部，包括可可西里山、巴颜喀拉山、阿尼玛卿山等地，是青海省内的一条强震带。其地震活动特点是强度大、频度低、大震重现周期短，20世纪以来发生5级以上地震30次，其中5～5.9级地震20次、6～6.9级地震7次、7级以上地震3次，并且还发现大量7级以上古地震现象。这一地震带地震活动强度之大，不仅在青海省内居于首位，而且在青藏高原乃至全国境内陆地也是少见的。地震动峰值加速度为0.10～0.20米每平方秒。

4. 玉树-雅砻江地震带

玉树-雅砻江地震带主要包括青海省境内的杂多、玉树等地区。地震带形状近似向北西方向展布的菱形块体，四周边界均由活动断裂带组成。20世级以来发生5级以上地震67次，其中5～5.9级地震54次、6～6.9级地震13次，最后一次大地震是1988年11月5日发生的6.8级地震；最大地震是2010年4月14日发生的7.1级玉树大地震。从空间分布看，主要集中在乌兰乌拉湖和曲麻莱-玉树一带。地震动峰值加速度为0.05～0.10米每平方秒。

5. 阿尔金地震带

阿尔金地震带位于青藏高原北部边缘，跨越甘肃、青海、新疆三省(区)，长达千余千米，其中省境处在西起茫崖东至当金山长达400余千米的阿尔金断裂带的中段，至今无7级以上的地震记载，5级以上地震频度也很低。地震带历史上地震活动强烈且频繁，至少发生过13次以上古地震，其中戈壁岭和拉配泉地震形变带的地震震级在8级或8级以上。地震动峰值加速度为0.15～0.20米每平方秒。

地震不仅直接造成巨大的经济损失，而且激发诸多地质灾害。例如：1947年3月17日，达日发生里氏7.7级大地震，形成了长达18千米的崩塌碎石带；1990年1月14日，茫崖发生里氏6.7级大地震，造成直接经济损失1亿元；1990年4月26日，塘格木-河卡发生里氏7.0级大地震，致使115人死亡、149人受伤，6000余间房屋倒塌，造成直接经济损失2.71亿元，同时三贵公路沿线、湟中塔尔寺等地均有崩塌、滑坡伴生，造成交通阻塞、房屋破坏及人员伤亡等；2001年11月14日，昆仑山口西发生里氏8.1级强烈大地震，变形破裂带波及长达450千米，地震错断了在建的青藏铁路路基和青藏公路路基，错断了格拉输油管线；2010年4月14日07时49分，玉树发生里氏7.1级强烈大地震，震源深度14千米，震中位于玉树县城西北16千米，地震造成玉树州所辖玉树、称多、囊谦、杂多、治多、曲麻莱县受灾面积达26500平方千米，重灾区及极重灾区面积4900平方千米。

二、主要构造单元及其特征

大地构造单元的属性应从时空演化的主导方面来确定，并且要充分考虑地质特征与地球物理场的相关性，青海主体可划分为两台两槽，含22个二级构造单元(表1-2-2、图1-2-3)。

青海省一、二级构造单元划分简表

表1-2-2

一级单元	二级单元	一级单元	二级单元
祁连加里东造山带	北祁连优地槽带	唐古拉地块	巴塘台缘褶带
	中祁连中间隆起带		乌丽-囊谦台隆
	拉脊山优地槽带		小唐古拉台坳
	南祁连冒地槽带		类乌齐断褶带

续表

一级单元	二级单元	一级单元	二级单元
松潘-甘孜印支造山带	青海南山冒地槽带 西倾山中间地块 阿尼玛卿优地槽带 北巴颜喀拉冒地槽带 南巴额喀拉冒地槽带 通天河优地槽带	柴达木地块	柴达木北缘台缘褶带 欧龙布鲁克台隆 柴达木北缘残山断褶带 柴达木盆地台坳 大通沟南山断隆 祁漫塔格断褶带 东昆仑北坡断隆 柴达木南缘台缘褶带

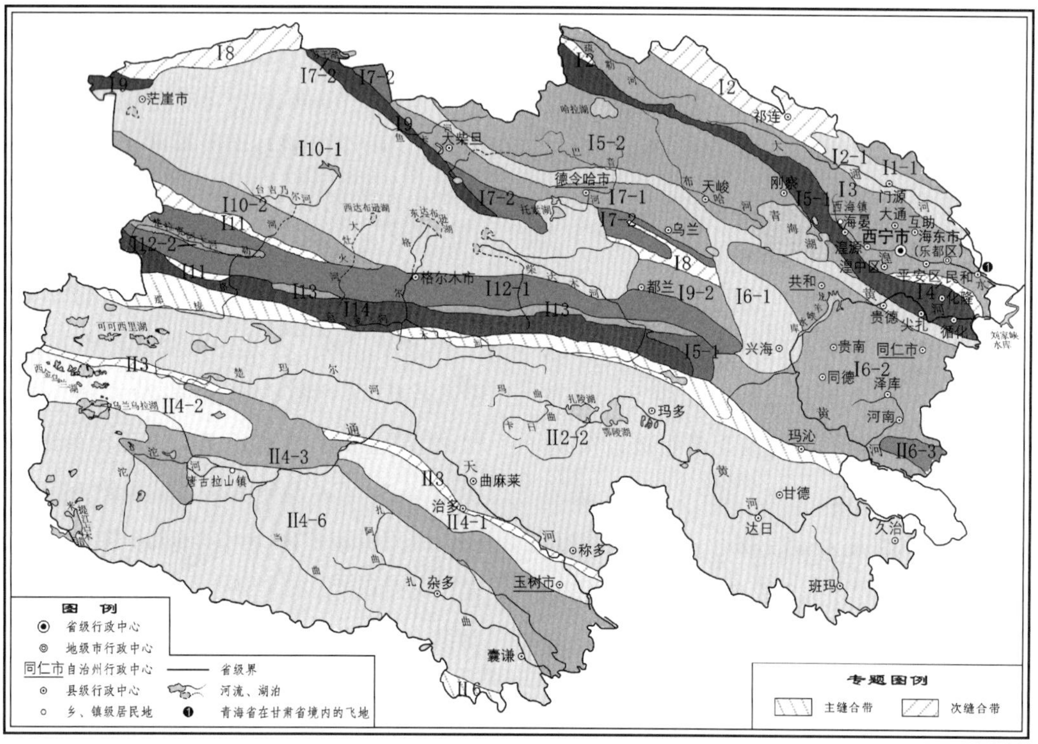

图 1-2-3　青海大地构造略图

阿拉善(Ⅰ$_{1}$)、中祁连山(Ⅰ$_{5}$)、南祁连山(Ⅰ$_{7}$)、欧龙布鲁克陆块(Ⅰ$_{9}$)、柴达木(Ⅰ$_{11}$)小东昆中(Ⅰ$_{13}$)、西倾山地块(Ⅱ$_{1}$)小北羌塘-昌都唐古拉(Ⅱ$_{4}$)等,北祁连(Ⅰ$_{2}$)、南祁连、疏勒南山、达坂山、拉脊山(Ⅰ$_{4}$)、柴达木北缘(Ⅰ$_{10}$)、祁漫塔格(Ⅰ$_{12}$)、东昆中(Ⅰ$_{14}$)、东昆仑南坡西大滩-秀沟-阿尼玛卿(Ⅰ$_{15}$)、可可西里-金沙江(Ⅱ$_{3}$)、龙木错-双湖-澜沧江条板块(Ⅱ$_{5}$)、宗务隆裂陷槽(Ⅰ$_{8}$),西域板块(XYP),昆南羌塘缝合系(KQS)。

该划分方案突出了柴达木地块的独立性及其在青藏高原北部地壳演化中的核心作用;强调了西倾山地块的稳定性及巴颜喀拉造山带南北二分的特点;是对唐古拉山的构造属性表露地质特征和深部地球物理场做出的一种判断;同时反映了古地裂作用对各区不同程度的影响及青藏高原北部槽中有“台”、台中有“槽”的过渡性特色,着重反映区域地质特点和矿产分布的地区差异。

(一)祁连加里东造山带

该造山带是加里东时期中朝-华北板块西南

边缘的裂陷带，西止于塔里木板块东缘，东插入鄂尔多新台拗南端。地槽封闭后一度成为陆缘海区，再度成为海岸山脉，至今是青藏高原东北边缘的天然屏障。

造山带内结构复杂，三维空间的不均匀性十分突出。北祁连山为裂陷中心，中祁连呈挤压隆升态势；南祁连山起着陆壳拗隆补偿的作用；拉脊山因其受复杂营力作用而独具一格。所以，该造山带可进一步划分为 4 个二级构造单元。

1. 北祁连优地槽带

位于青海最北部与甘肃西南部，四周均以断裂为边界，总体呈北西向展布，长大于宽数倍。本单元内部大小断裂极为发育，密集成带，其间距 2～10 千米，致使各地层单位多呈断层接触，并形成许多大小不一的构造透镜体。这些断裂呈锯齿状，组成许多“裂堑”和“裂垒”。这种垒、堑格局在中寒武世业已形成，使得基底在横向和纵向上高低起伏，既是造成下古生界岩相、层系、厚度剧烈变化的原因，也是分布多条形状不规则的前长城系的根源。这些垒、堑还控制着晚古生代-中、新生代小型山间盆地和谷地的发育。

该带内残留有前寒武纪结晶基底的微型陆块，中寒武世-志留纪构造层为褶皱基底，泥盆纪-三叠纪地槽期后台型构造层为盖层，上覆侏罗纪-第四纪陆相断陷盆地。其中早古生代构造层进一步分为 3 个亚构造层，即早加里东优地槽亚构造层、中加里东优地槽亚构造层及晚加里东冒地槽亚构造层。

北祁连在晚加里东旋回时期构造运动频繁，造成多个地层角度不整合面。北祁连早古生代具有多旋拉张、闭合的特征。

北祁连早古生代火山岩十分发育，由 3 个火山喷发旋回组成，每一旋回均为一套由酸性-基性，或由爆发-喷溢的几个亚旋回组成。诸亚旋回相互叠置，其间为凝灰质碎屑岩与正常沉积复理石层系分隔，共同组成火山岩系。每一旋回的火山岩均产在沉积一定厚度的碎屑岩之后。火山岩分别集中在基性和酸性端元两类，中间酸度的岩石很少。北祁连北西段火山岩与南东段火山岩有明显区别，越向南东东方向，火山岩岩石类型越齐全，分异演化越明显。北祁连火山活动主要属大陆裂谷作用的“双峰”式火山活动。

北祁连早古生代镁铁质超基性岩极其发育，至少有两期，岩体普遍具岩浆熔融体特点，侵入先成的火山岩-复理石层系中。岩体中有围岩的包体，围岩热接触变质现象普遍。超基性岩主要分布在中西段，东段很少，且镁铁比值变小。

在祁连县清水沟及走廊南山南坡阿力克一带，发育有蓝闪片岩、含石榴蓝闪片岩、斜长蓝闪绿泥片岩、石榴蓝闪角闪片岩，产于地槽带中部黑河大断裂一线的中寒武统中，远离南、北两侧边界深断裂。蓝闪片岩带呈北东-南西向展布，长达百余千米。与蓝闪片岩一起产出的还有混合岩相片麻岩，共同组成片理化带。此外，在野牛沟-峨堡以西有“混杂岩”分布。混杂岩由砾石和胶结物两部分组成，砾石成分复杂，有全蛇纹岩化纯橄榄岩、橄榄岩、辉长岩和辉石岩，还有玄武岩及碳酸盐岩，大小不等，多呈扁球状，胶结物主要为蛇纹石。一些构造学家称其为“蛇绿混杂岩”。

北祁连重力场以负布格重力异常为主，地槽边界具有明显的重力梯度带，磁场具北西向正负相间的带状异常。整个地槽具有较高的发震率。

总体上，北祁连是早寒武世末在陆壳基础上发育而成的早古生代裂谷型优地槽带，火山活动期间的地壳厚度大约为 30 千米。整个优地槽带经历了中-晚寒武世初始期、奥陶纪极盛期及志留纪闭合消亡期，于中志留世末及晚志留世末褶皱回返，增生加积于中朝-华北板块南缘，并与中、南祁连合并一起，进入新地块发育阶段。

2. 拉脊山优地槽带

位于西宁盆地南侧，贵德-化隆盆地北隅，青海湖以东，西端尖灭于哈尔盖以北，东南端延入民和盆地之下，长 120 千米，宽 2～20 千米。四周均被断裂围限，南、北两侧逆冲于贵德-化隆盆地及西宁盆地之上，平面上呈横卧的“S”形。

前人多将拉脊山归入南祁连冒地槽褶皱带；少数人认为，拉脊山是祁连中间隆起带内的三级构造单元；《青海地层表》则将拉脊山作为与中祁连、北祁连、南祁连并列的二级构造单元。近年来，不少地质学家认为，拉脊山、中祁连、北祁连一起属陆间分支裂谷系。

拉脊山是早寒武世末在青藏高原板块上由地裂作用而成的又一条裂谷型优地槽带。中寒武世-中奥陶世及晚奥陶世构造层为含大量火山岩的优地槽沉积，厚度巨大，生物化石可与北祁连地垒对比，各统间多为角度不整合接触，断裂十分发育，垒、堑格局清楚；下志留统为地槽期后水下磨拉石层系，属地槽期后沉积盖层；自晚古生代以来，主要为上升剥蚀区，局部发育白垩纪-第四纪陆相断陷盆地。拉脊山早古生代裂陷深度较北祁连小，地层比北祁连厚。

3. 南祁连冒地槽带

西北起自当金山口，西南以苏干湖隐伏断裂为界与安南坝断隆相望，东北以祁连南缘断裂与中祁连中间隆起带相邻，南以土尔根达坂-宗务隆北缘断裂与柴达木北缘台缘褶带相隔，东止于青海湖，平面上似周边比较规则的梯形。

南祁连内地壳没有元古界出露，有生物记录的古生代地层为中晚加里东构造层，下奥陶统有火山岩发育，但仅分布于东段及西段近边界断裂附近的局部地区。下部为中基性熔岩，熔岩角砾岩、凝灰岩及少量英安岩；中部以中酸性火山岩为主，上部是碎屑岩。而广大地区以成熟度高的浅海陆源碎屑岩为主，仅含少量酸性凝灰岩，厚 4880 米。中奥陶统以陆源碎屑岩为主，成熟度高，以发育缓、倾斜交错层广、面积大而稳定的舒缓波痕为特征。上奥陶统是粗碎屑岩及玄武岩、凝灰岩夹结晶灰岩，总厚 1200～2800 米，发育交错层。志留系仅见下统，是本单元分布最广的地层，系浅海陆源复理石层系，厚逾万米。整个下古生界经受轻微区域变质，为低绿片岩相；但在克克赛、格尔曲、党河南山等地，因后期叠加变质，可到高绿片岩相。地槽期后石炭系仅在北缘发育，海相二叠系、三叠系遍布全区，均为地块型盖层沉积。

南祁连与北祁连、拉脊山的不同之处，还在于超基性岩分布极少，但中-酸性侵入岩却很发育，岩体规模也很大。航磁表明，南祁连与安南坝断隆的分界断裂深度不大。

总体上，南祁连是自早奥陶世初期开始发育的扩张海冒地槽带，于早志留世末，未经强烈褶皱而回返，与中祁连并合一起。

4. 中祁连中间隆起带

中祁连中间隆起带并不位于祁连造山带中央，本志仍称之为中祁连中间隆起带。在青海境内，本单元西北起自托来南山、疏勒南山，经大通山、日月山、乐都北山，由西向东南均延入甘肃境内。它北邻北祁连优地槽带，南以中祁连南缘断裂及青海期-古雷断裂与南祁连冒地槽带及青海南山冒地槽带毗邻。

本单元主要出露下元古界中深变质岩系及长城系-青白口系浅变质岩系，缺失震旦系及下寒武统。下古生界仅在中西段南缘及东段北缘有分布，这就是盐池湾东北查干布尔嘎斯的奥陶纪构造层，下环仓北东克克赛曲沟脑的早奥陶世构造层及大通-互助一带的中寒武世构造层。它们分布零星，未变质，变形轻微，产丰富的动物化石，与南、北祁连之生物群相似，是地块型产物。其实质是南、北祁连海墟在中祁连上的同期异相沉积，表明北、中、南祁连在早古生代时是紧密连在一起的。中祁连的中酸性侵入岩发育，以加里东期侵入体为主，另有元古代侵入体。

中祁连在早古生代是一个相对稳定隆起区，其实质是青藏早陆块的残留板块。

（二）柴达木地块

位于祁连加里东造山带之南，松潘-甘孜印支造山带以西、以北，包括现今柴达木盆地、库木库里盆地及其周围诸山，与三面环绕的造山带及西北的塔里木板块均以断裂为界，平面上似一梯形。其西端已伸入新疆境内。

前人对本区大地构造属性和划分认识不一，焦点集中在柴达木盆地的基底是前震旦系，还是早古生代造山带；周边诸山与盆地是整体还是分属不同构造单元。柴达木、阿尔金山及塔里木实为一个不可分割的整体，与中朝-华北板块及扬子板块相对应。

塔里木-阿尔金-柴达木盆地及周边的土尔根达坂、柴达木北缘残山、宗务隆山、鄂拉山、布尔汗布达山、博卡雷克塔格北坡、祁漫塔格等诸山均具有前长城系中、深变质岩系及中、晚元古代浅变质岩的结晶基底。东昆仑-柴达木-柴达木北缘及阿尔金-塔里木在早古生代是统一整体，整个柴达木-塔里木地区主要处于地块发育阶段。

中奥陶世末，古浪运动使柴达木地块内部分裂，于柴达木北缘残山、祁漫塔格-大通沟南山一带，产生裂堑型槽地，沉积厚度巨大，具有含中基性火山岩的地槽型沉积组合。这些裂堑槽发育时期很短，范围也很小，于晚奥陶世末或志留纪初封闭，褶皱叫返成断褶带，从而宣告柴达木地区又并在一起。整个志留纪全区处于陆地隆起，缺失志留纪沉积，祁连运动使柴达木地块边缘活化，转变成活动边缘，生成环绕柴达木地块的边缘拗陷，发育活动地槽型沉积；此时台内发育稳定半稳定地块沉积。早二叠世末，边缘拗陷封闭，上古生界发生紧密褶皱。上二叠统下部为陆相磨拉石层系，上部是地块型浅海碳酸盐岩层系。印支运动在柴达木表现很强烈，地块腹地上隆缺失上二叠统-中三叠统沉积；边缘再度活化裂陷，沉积半活动型-活动型地槽型层系。中三叠世末，边缘拗陷再次封闭，褶皱同返，最终生成台缘褶带。与断褶带及台缘褶带生成的同时，形成环状中酸性侵入岩带。

自晚三叠世起，柴达木、塔里木又并合一起，步入陆内造山阶段。侏罗纪始，柴达木-塔里木腹地相对下陷，盆地雏形生成。自新近系起，周边断块上升，盆地急剧大面积断陷。但这时的阿尔金还未成山，与柴达木同属一个湖盆。更新世时，柴达木地块向西北推覆，阿尔金成山，使塔里木与柴达木两盆彻底分离，周边诸山断块剧烈上升，并逆冲于盆地之上。

柴达木盆地及周边诸山是一个整体，它们的物理场特征大同小异。它的地壳加厚，莫霍面变深，是喜马拉雅运动的结果。

柴达木盆地及周围诸山是一个长期稳定的活化克拉通地块。后期活化历史，柴达木地块进一步分成8个二级构造单元，从北到南为柴达木北缘台缘褶带、欧龙布鲁克台隆、柴达木北缘残山断褶带、柴达木盆地台坳、大通沟南山断隆、祁漫塔格断褶带，东昆仑北坡断隆、柴达木南缘台缘褶带。

1. 柴达木北缘台缘褶带及柴达木南缘台缘褶带

柴达木北缘台缘褶带西起青海-新疆边界，东延经花海子盆地被第四系拗陷覆盖后，于土尔根达坂、达肯达坂又出露，继续东延，经宗务隆山、布赫特山北麓，果可山、关角山南坡，向南转折至鄂拉山南坡被昆中断裂切割。柴达木南缘台缘褶带以昆中断裂为界与北缘褶带相邻，西延经布尔汗布达山南、博卡雷克塔格北麓进入新疆。南、北缘褶带环绕柴达木准地台北、东、南边缘，形似向西开口之马蹄型构造带。

柴达木北缘与南缘褶带不仅在空间上有联系，而且具有极其相似的晚古生代-中生代的发展历史及地质、地球物理场特征。这两条褶带南、北边界均被断裂围限，内部的断裂也十分发育。这些断裂受制于东西向及南北向，近乎平行成群出现，呈十分明显的垒、堑布局，且边界断裂彼此相连。最其特征的是东部鄂拉山一带，断裂、地层走向线、岩浆岩长轴方向、火山岩及新生代盆地展布都呈南北向，与所谓的南秦岭东西向区域构造线近于正交。

这两个带自晚古生代进入活化期，泥盆系-下二叠统是构成南、北缘褶带的活动型构造层。无论是北缘台缘褶带，还是南缘台缘褶带，西段地层含碳酸盐岩较多，火山岩稀少，厚度较小，岩石变质程度较低，侵入岩不甚发育；向东碳酸盐岩减少，火山岩增多，厚度变大，变质加深，侵入岩发育。这表明南、北缘褶带受制于同一因素，从东到西活动性减弱，应力集中于东缘鄂拉山一带。两带还同时经历了海西晚期的褶皱运动，其上发育过渡型三叠系，与下伏地层呈角度不整合接触。

上古生界-中、下三叠统均有数量不等的火山岩发育。火山岩岩石类型复杂，既有中酸性，又有中基性，既有熔岩，又有火山碎屑岩。火山机制以中心喷发为主，溢流次之，相变极大。时间上有从早到晚减弱之势，空间上均向东增强。带内变质相极不均一，一般为低绿片岩相，绿泥-绢云母带；但在达肯达坂、果可山、苦海、托素湖等地，可叠加到高绿片岩相-角闪岩相。带内基性-超基性岩不发育，中酸性侵入体广为出露。两褶带均缺失白垩纪-古近系沉积，这表明柴达木盆地形成雏形的时期，四周处于隆起状态，南、北缘褶带的上述特征都未东延入秦岭，而在黄河兴海段以西自行圈闭。

2. 柴达木北缘残山断褶带

位于柴达木盆地台坳北缘，断续出露于塞什腾山、绿梁山、锡铁山、阿木尼克山、牦牛山，东南止于鄂拉山北端，以大柴旦-乌兰深断裂及宗务隆山南缘断裂为界与欧龙布鲁克台隆及柴达木北缘褶带分隔；西南以柴达木北缘断裂为界与柴达木盆地台坳毗邻；西延出境被阿尔金断裂所切。

本单元大小断裂极为发育，有近东西向、北西向、北东向三组。断裂纵横交错，致使本单元在纵、横向上均呈垒、堑构造，地貌上呈残山状断续出露于地表。边界断裂追踪此三组断裂而呈锯齿状折线展布。

本带出露的最老地层是前长城系中、深变质岩系，其上为长城系-蓟县系浅变质地块型盖层，缺失青白口纪沉积。它们呈若干条带状，不规则块状出露，四周以断裂为限。早古生代地层发育有上奥陶统，属活动型沉积，晚古生代上泥盆统，石炭系发育，是陆相粗碎屑岩、火山岩及海陆交替含煤碎屑岩沉积。它们角度不整合覆盖在下伏地层之上。本带超基性岩较为发育，百余个大小不一的岩体呈带状分布，延展方向与区域构造线近于一致。岩石类型以辉斑岩为主，次为纯橄岩，镁铁比值在 6.5～10.0，个别可达 14.0。岩体产于下元古界和奥陶系中，与围岩呈犬牙状交错接触。由于断裂发育，带内褶曲残破不全，岩石受区域动力变质较强，上奥陶统出现中级变质片岩。

本单元是在青藏早地块基底上，于晚奥陶世初，因地裂活化断陷而成的裂堑拗陷，晚奥陶世末封闭成断褶带。海西期及其以后与柴达木地块同步发展。

3. 祁漫塔格断褶带

位于柴达木盆地台坳西缘，现地分南、北两支出露。南支的南界是昆仑断裂，北侧被柴达木盆地台坳覆盖，西延入新疆，青海省内呈楔状尖灭于大灶火以东。北支北界在新疆境内，南侧被柴达木盆地台坳覆盖，西南延入新疆，北西尖灭在索尔库里以南。有迹象表明，南、北两支在阿拉尔-茫崖间于第四系之下连成一体，这从阿拉尔及狮子沟西侧的深钻中见到上奥陶统可得佐证。此外，在重、磁图上，冷湖以南及一里坪以西均为负值场区，这里的基底与祁漫塔格以北是相同的。

此带四周被断裂包围，内部断裂也十分发育，这些断裂受两个方向控制，北支为北东向，南支是北西-北西西向。断裂呈带状分布，其间山脉、谷地及中新生代盆地呈垒、堑格局。出露最老的地层是下元古界中、深变质岩系，呈条带状及不规则块状夹持在断裂间，早古生代仅有晚奥陶世铁石达斯群，由复理石层系、中性火山岩，火山碎屑岩及碳酸盐岩组成，厚度大于5216米。最具指示意义的是，在北支的上奥陶统中沉积有厚逾60米的石膏，表明它属水流不畅通的海湾相。岩层经受较强的动力变质，发育中级变质片岩，其上被海相上泥盆统及石炭系角度不整合覆盖。带内有零星基性-超基性岩出露，南带以基性为主，北带以超基性为主，但研究程度很差，不能提供有关生成环境的信息。此外，海西期和印支期的中酸性侵入体十分发育。在重力和航磁图上，本带为低缓变化的负值场区，与东昆仑北坡呈带状分布的高异常带及以北、以东的高异常块状区形成鲜明对比。

本单元具有与柴达木北缘残山断褶带大同小异的特点，其实质是晚奥陶世时地块活化再生的裂陷活动区，仅裂陷的深度较小，呈面状分布。

4. 欧龙布鲁克台隆

位于柴达木北缘褶带与柴达木北缘残山断褶带间。西起伊克柴达木湖，东经垒吉山、欧龙布鲁克、布赫特山，止于茶卡西北。南、北两侧被断裂围限，是古地块分裂解体后的残块之一。其由下元古界中深变质岩结晶基底及4套地块盖层组成：长城系-青白口系浅变质第一盖层、震旦系-中奥陶统第二盖层、泥盆系第三盖层、石炭系第四盖层。本区岩浆活动微弱，构造形变不强。中、新生界盖层由侏罗系-第四系组成。本单元是青海省境内西部最主要的聚煤区。

5. 东昆仑北坡断隆

位于柴达木盆地台坳及祁漫塔格断褶带以南，柴达木南缘台缘褶带以北，东昆仑山北坡，西延入新疆，东止于鄂拉山西缘。以断裂为界与南、北两侧构造单元分离。基底由下元古界中、深变质杂岩组成。第一盖层是中、上元古界浅变质岩，第二盖层由上泥盆统-下二叠统陆相、海陆交替相及浅海相砂岩、火山岩、含煤碎屑岩及陆缘碎屑岩组成，角度不整合在元古界之上，其向缺失早古生代沉积。印支早、中期处于隆起状态，缺晚二叠世-中三叠世沉积。晚三叠世沉积以陆相火山岩为主，一些地区下部有碎屑岩分布。本区海西运动与印支运动表现很强烈，既使上泥盆统、石炭系、上三叠统与下伏地层岩体不整合接触，又使上二叠统-中三叠统缺失，还有大量海西期与印支期的中酸性火山岩及侵入岩发育。后者构成规模巨大的近东西向花岗岩带。饶有意义的是，海西期花岗岩主要限制在柴达木地块区，自成一个完整的体系，表明海西运动自柴达木地块始发，然后向外围扩展。燕山期-喜马拉雅早期，本区隆起缺失侏罗系-古近系，仅有中-上新统发育。上新世末本区急剧断块上升，并向北推覆。

6. 大通沟南山断隆

位于柴达木盆地台坳西北缘，北界在新疆境内，南侧与柴达木盆地台坳之间没有深断裂分隔，只有局部断续分布的斜裂小断层；东以断裂为界与柴达木北缘残山断褶带为邻；西南是祁漫塔格断褶带，两者关系不清。

本单元是柴达木盆地台坳西北边缘一个长期隆起带，主要分布下元古界结晶基底和长城系青白口系浅变质地块盖层，在新疆境内还零星分布有震旦系-下寒武统、下-中奥陶统碎屑岩及碳酸盐岩、上泥盆统碎屑岩、上石炭统太原群及下二叠统碎屑岩。这些地层厚度小、不变质、出露零星，是地块型沉积。本区大地构造属性是长期稳定的隆起区，其实质是地块活化残留断块隆起带。有众多海西期、印支期中酸性岩体呈带状分布。

7. 柴达木盆地台坳

位于柴达木地块腹部，占据现今柴达木盆地大部地区。北侧以柴达木北缘断裂与柴达木北缘残山断褶带为界，南以柴达木南缘断裂与东昆仑山北坡断隆为邻，西北与祁漫塔格断褶带、大通沟南山断隆渐变过渡，东南缘与东昆仑北坡断隆以隐伏断裂为界。本单元地表主要由新生界组成，北部边缘有侏罗系及白垩系出露。从四周地质情况、深钻及地球物理重磁资料推测:台坳的"基底"是不均匀的,东南部具有元古代深变质岩结晶基底,其上是晚泥盆世-石炭纪盖层;西北部具有多元结构,元古代的基底埋藏较深,其上是晚奥陶世裂堑型地槽沉积及晚古生代盖层。其中的上泥盆统与台坳外围之上泥盆统不同,主要为海相及海陆交替相海湾沉积,呈近东西向展布。

陆相盆地沉积始于侏罗纪,由碎屑岩及含煤岩系组成,厚 2451 米,与下伏地层角度不整合接触(隐伏的侏罗系)。白垩系仅发育下统,是一套山麓相粗碎屑岩,厚度大于 712 米,与侏罗系整合接触。古近系齐全,始新-古新统为一套红色粗碎屑沉积,厚 832 米;渐新统以泥岩为主,厚 182～1232 米;新近系主要为杂色砂岩、泥岩,厚 3552～5283 米。渐新统与中新统之间,中新统与上新统之间为角度不整合接触。第四系总厚达 2400 米。

柴达木盆地台坳以北纬 37°20′左右为界分为两大部分。西北部基底塑性较强,埋深大,新生界发育齐全,厚度大,地层间角度不整合关系清楚,地表雁行式褶皱和断裂发育;东南部基底更具刚性,埋深较浅,新、古近系地层不够发育,厚度较小,新生代地层多为连续沉积,地表主要为第四系盖层,形变不强。

(三)松潘-甘孜印支造山带

松潘-甘孜印支造山带位于青南藏北和川西高原的东北部,以青海为中心外延入甘南、川西和藏北,占据了中国各地块区不协调汇聚的剩余空间。该造山带平面上呈不规则的三角区,周边向外围构造单元推覆。其三维结构具有上层扩散、下层收缩的特点。内部构造线以北西西向为主,东、西两端分别与塔里木板块东南缘、柴达木地块东缘和扬子板块西缘反接。

区内三叠系海相碎屑岩系分布极广,上古生界呈断块夹杂其间,晚古生代超基性岩集中出露于阿尼玛卿山,中生代中酸性侵入岩和新生代陆相盖层散布各地。本单元是青海省境内有色金属及贵金属的主要成矿区之一。

前人多将阿尼玛卿山以北划归秦岭造山带,但该区的特征和演化与青南和川西的关系更加密切,本志将其归入广义的松潘-甘孜印支造山带。从区域地质、深部地球物理场、陆壳三维结构和区域成矿特征等方面,强调了这一三叠纪特提斯主海域的共性,确定了西倾山若尔盖中间地块的联结作用,同时突出了本单元处于中国及东亚三大构造域复合区的特殊地位。

本区以冒地槽为主,但各地回返的时间不尽相同。东部以中间地块向扬子准板块过渡,在扬子板块与柴达木地块相距最近的角端形成了阿尼玛卿山活动带,划分为 6 个二级构造单元。

1. 青海南山冒地槽带

本带北到青海南山,南到阿尼玛卿山以北,东与西倾山中间地块渐变过渡,西与柴达木地块以南北向基底断裂为界。

地表以三叠系隆务河群和古浪堤组为主,北半部中生代侵入岩、火山岩和新生代山间盆地发育,构造线以北西西向为主,南半部地质情况单调,构造线以近东西向和北东向为主。全区表层构造向东收敛,横向张裂和岩浆活动在收敛端特别发育。结晶基底以泽库东西向断裂为界,其北属华北型,其南属华南型。

本区出露最老地层为下二叠统,中、下三叠统组成褶皱基底构造层,其中滑塌混杂现象普遍。岩浆岩分布于青海南山及同仁地区,时代多为晚印支期和燕山期,与柴达木地块边缘环状花岗岩带迥然不同,这也是把西秦岭与宗务隆及东昆仑分开的原因之一。本单元上三叠统主要为陆相火山岩,角度不整合于中下三叠统之上。

据化极上延 30 千米及 60 千米异常等值线圈,东昆仑与宗务隆高磁场区东延终止于黑马河-大河坝-温泉一带,不能与西秦岭相接。这样,巴颜喀拉山平静磁场与隆务河共和一带的平静磁场成为统一的、不可分的整体。

本单元是三叠纪初在地块基底上再生的冒地槽拗陷，于中三叠世中、晚期关闭，并褶皱回返成造山带，是典型的印支早期造山带。

2. 西倾山中间地块

位于青海南山冒地槽带之东南，阿尼玛卿优地槽带、巴颜喀拉冒地槽带以东。主体在川、甘境内郎木寺-迭部-武都一线以南及阿坝、红原、若尔盖一带。青海省境内仅占据它的西北部分地区。

前人多将此单元划入南秦岭印支造山带内。随着近年地质、地球物理工作的深入开展，越来越多的地质学家认为它是中间地块，《四川省大地构造图》将其更名为“若尔盖中间地块”。西倾山若尔盖-红原地区与青海南山冒地槽带-巴颜喀拉冒地槽带，诸方面都有很大的差异。西倾山之基底东延在白龙江-西汉水一带出露，是蓟县系-青白口系浅变质岩碧口群。青海南山的结晶基底很可能是前长城系中-深变质岩系；西倾山-红原分布的上古生界泥盆系-三叠系以碳酸盐岩层系为主，厚度小，不变质，是标准的地块型沉积。青海南山冒地槽带东延在甘肃境内出露的上古生界则以碎屑岩为主，且下泥盆统以片岩、千枚岩为主，厚度巨大，是标准的冒地槽型沉积。差异最大的在于西倾山的三叠系上、中、下三统俱全，呈整合接触，且下三叠统以碳酸盐岩占优势，厚度小，化石丰富，门类齐全，是台型沉积。西倾山-若尔盖虽集滨太平洋古亚洲、特提斯-喜马拉雅构造域于一体，但海西运动、印支运动表现十分微弱，泥盆系-三叠系各系均为整合或平行不整合接触；甘肃境内的西秦岭地壳运动频繁强烈，造成上泥盆统、下石炭统、上石炭统及下二叠统与下伏地层的角度不整合接触。西倾山-若尔盖一带之三叠系褶皱开阔、平缓，轴向散漫，不具定向分布，具花边状特征。此外，西倾山地区的岩浆活动很不发育。

西倾山是高磁区，主体异常轴心位于东经101°以东，向南跨入四川若尔盖-红原地区。其西为平静磁场区，两者之间存在南北向磁性界面。该界面在布格重力异常图上亦表现出南北向分布的巨大梯度带。此外，若尔盖盆地本身的深部地壳比较均匀，重力值与磁异常值都很平缓。近代地震记录位于盆地周边活动带都有地震发生，仅1930年以来，5级以上地震就发生22次，但盆地内部则处于稳定状态。

西倾山-若尔盖是印支造山带内的中间地块。它的四周被地槽所包围，具有三层结构：基底、盖层及大型山间盆地拗陷。当四周地槽在晚古生代-三叠纪接受巨厚沉积时，它呈水下稳定隆起，只有较薄的碳酸盐岩台地沉积；当周围地槽于三叠纪闭合，褶皱回返时，其于侏罗纪初下陷成山间盆地。于更新世初，在博卡雷克塔格及玛沁断裂和军功断裂夹持下，西倾山地区断块上升出露地表，并总体向北西西方向左旋滑动。

3. 阿尼玛卿优地槽带

位于青海南山冒地槽带及柴达木南缘台缘褶皱带之南，西倾山中间地块以西，南邻北巴颜喀拉冒地槽带，西至西大滩，被断裂切截而尖灭，东止于西倾山-若尔盖地块西缘。本单元占据整个阿尼玛卿山，呈一横卧之“S”形，东西长约750千米，南北宽约250千米，边界呈锯齿状。

本单元主要发育晚古生代构造层及印支早期构造层，有少量晚二叠世构造层及喜马拉雅期陆相断陷沉积。石炭系呈断块出露，下部为片岩（一部分由中基性火山岩变来），上部为结晶灰岩及大理岩，厚6000余米。下二叠统呈推覆体和断块产出，由碎屑岩、中基性火山岩及碳酸盐岩组成，在昌马河-德尔尼间厚逾20000米；上二叠统分布零星，为碎屑岩，以含龙潭煤系植物群为特征，是地块型陆相沉积；中、下三叠统由野复理石、火山岩夹碳酸盐岩组成，厚达数千米，呈断块及推覆构造之原地块体出露；缺失上三叠统；侏罗系为陆相含煤碎屑岩，与下伏地层呈区域角度不整合接触。

本带大小断裂十分发育，以北西西向为主，东西两端为北西向。主要断裂近于平行，时而分叉、合并，致使各地层单元和次级褶皱呈断层接触。在南北两侧边界断裂附近往往有片理化带生成，沿带发育多种具片理、片麻理的变砂岩、千枚岩、片岩、片麻岩及混合岩。这些变质程度差异很大的变质岩沿断裂带断续分布，直接接触。各地段变质作用强度不同，形成了多变质中心，中心连线与断裂方向一致，与地层走向无关。

本带东段阿拉克湖以东至德尔尼，有镁铁质超基性岩呈带分布，长 200 千米。岩体与围岩-火山岩、砂岩、板岩及碳酸盐岩呈热侵位接触。围岩时代主要为早二叠世。

虽然本带多认为属于海西-早印支优地槽造山带，但它并不是一个独立的造山带，属于北巴颜喀拉造山带与柴达木南缘褶带相互叠加的后期推覆构造带。

4. 北巴颜喀拉冒地槽带

位于柴达木南缘台缘褶带、阿尼玛卿优地槽带以南，与之分界的是博卡雷克塔格断裂、江千断裂，南以巴颜喀拉山中央断裂带与南巴颜喀拉冒地槽带毗邻，东邻西倾山-若尔盖地块。

本单元几乎全被二叠系和中、下三叠统冒地槽型沉积覆盖。岩性单一，由陆源碎屑岩为主的复理石层系组成。地层可分性很差，但厚度巨大，火山岩不发育，是典型的冒地槽型沉积。古生代构造层见下三叠统冒地槽型碎屑岩、碳酸盐岩出露，呈窄长条带状出露于北侧，东西长约 300 千米，两侧以断裂为界，夹持在三叠系中。

中三叠世末的中印支运动使本单元抬升成陆，从而使本区缺失上三叠统，所以本区是中印支冒地槽拗陷带。本带另一特征是迄今未见火山岩；侵入岩零星分布，且以酸性花岗岩为主；三叠系主体褶皱紧密，次级褶曲及表层褶皱十分发育；经受区域动力变质成板岩-千枚岩相。

5. 南巴颜喀拉冒地槽带

位于北巴颜喀拉冒地槽带之南，向西延入藏北，东南跨入川西；南以西金乌兰湖-歇武断裂与通天河优地槽带为邻。全区被中、上三叠统巴颜喀拉山群中、上亚群覆盖，由陆缘碎屑为主的类复理石组成，可分性很差，虫迹发育。褶皱紧密，具板岩-千枚岩变质相特征。其上被侏罗系陆相火山岩及磨拉石层系角度不整合覆盖。可见本区是三叠纪末褶皱回返的晚印支冒地槽造山带。与褶皱、变质作用同时，伴有中、酸性花岗闪长岩生成。

6. 通天河优地槽带

本带西起西金乌兰湖，东南延经苟鲁山克措、扎河、当江、玉树而入四川；北与巴颜喀拉冒地槽为邻，南邻唐古拉地块。

现已查明，本带在青海省境内出露的地层是上三叠统，由中基性-中性-中酸性火山岩及野复理石层系组成。

本带走向断裂十分发育，因断裂分叉、合并，使各地层单元呈构造透镜体产出，整个构造格局似垒堑相间。

本带东段有大量辉长岩、超基性岩群发育，顺层产出；西段有少量超基性岩、基性岩、拉斑玄武岩和放射虫硅质岩。

（四）唐古拉地块

唐古拉地块可进一步分为 4 个二级构造单元，它们是巴塘台缘褶带、乌丽-囊谦台隆、小唐古拉台坳和类乌齐断褶带。

1. 巴塘台缘褶带及类乌齐断褶带

巴塘台缘褶带是唐古拉地块东北局部的晚三叠世火山弧，呈半月形分布于治多、玉树南侧。主要由上三叠统钙碱性和碱性火山岩系巴塘群组成，与南侧同期结扎群渐变过渡。带内基性-超基性岩不发育。

类乌齐断褶带位于青藏边界他念他翁山，青海省内唯见少量石炭系变质岩系分布，其地貌特征不清。

2. 乌丽-囊谦台隆

位于巴塘台缘褶带西南，南与小唐古拉台坳毗邻，且被其超覆，两者界线呈不规则锯齿状。前人多将其划归三江造山带，作二级单元褶皱带处理。

本区出露最老地层是下奥陶统，为细粒石英岩夹粉砂质板岩，局部夹安山岩，厚1968米；其上被中-上泥盆统角度不整合覆盖。中-上泥盆统下部为砾岩、安山岩互层夹角砾熔岩；上部为石英砂岩、板岩夹石灰岩；总厚685～720米，与上覆石炭系平行不整合接触，下石炭统缺杜内阶，最为特征的是具含煤层及石膏，厚逾2514米。上石炭统相变较大，上拉秀乡主要为碎屑岩夹生物灰岩、硅质岩及中酸性凝灰岩、玄武岩，厚1379米；囊谦为粉砂岩及灰岩，出露厚775米；杂多地区下部为碎屑岩及中基性火山岩，上部为碳酸盐岩，出露厚988米，与上覆下二叠统整合接触。下三叠统为石英砂岩、碳酸盐岩夹砾岩，出露厚仅344～1185米；局部地段含厚达236米的火山岩，且含有煤层、石膏及鲕状灰岩。以上古生界具地块型特征，作同一构造层。上二叠统由钙质石英砂岩、粉砂岩夹泥灰岩组成，夹煤线，以产大量华夏植物群化石为特征，出露厚312米。下三叠统缺失。中三叠统超覆不整合于下三叠统之上，由碎屑岩及碳酸盐岩组成，出露厚1503～2018米，发育交错层、波痕。上三叠统为浅海相及海陆交互相，含煤系，交错层、波痕十分发育，总厚达3048～5000米，与中三叠统整合接触。侏罗系仅见中-上统，分布少且零星，是地块型沉积，其上被白垩系下统山流-河流相红色碎屑岩角度不整合覆盖。

本单元断裂发育，褶皱平缓而不完整，方向多样，呈短轴状，岩浆侵入活动很微弱；岩层未经区域变质。

本单元是地块内的长期隆起区，尤其是早古生代及侏罗纪是陆地及水上隆起区。

3. 小唐古拉台坳

位于乌丽-囊谦台隆之南，占据小唐古拉山，前人多将它作早燕山造山带处理。

本单元几乎全被中-上侏罗统覆盖。中-上侏罗统由浅海相、滨海相及陆相红色碎屑岩、碳酸盐岩夹膏盐层组成，角度不整合于下伏地层之上，厚逾5161米。波痕及交错层发育，碎屑成分成热度高，未变质；褶皱呈开阔平缓的对称型，圈闭性良好，轴向不定，既有北西向，又有北东向，还有东西向，多呈短轴状。石炭系、二叠系及上三叠统呈断块局部出露。

本单元海相火山岩含量很少，侏罗系未见，石炭系-二叠系及上三叠统火山岩也大为减少；中酸性侵入岩呈面状分布在中南部，基性岩分布零星，数量很少。

本区航磁异常，磁场走向复杂，在总体为北西西向的磁场基础上，发育东西向、北东向、南北向的异常。在磁性体最小埋深图上，等深线的走向和封闭形状也表现出多样化的特点。

小唐古拉台坳具地块特征，在侏罗纪时，是地块内的负向拗陷区。

第三节　区域地质构造演化

一、前震旦纪阶段

本阶段理论时限约从25亿年前到8亿年前，大致相当于前震旦纪构造旋回。这一阶段是柴达木地块乃至整个古中国地台逐步形成阶段。青海省内以柴达木地块为中心的演化程式代表了古中国板块南缘的形成过程。

在柴达木地区，下元古界和长城系为一套渐变过渡的角闪岩相变质岩系，表明该区早元古代到长城纪是一个持续发展的地史阶段。因研究程度不够，所以时限不确定。按一般划分方案，早元古代下限为距今2550百万年左右，长城纪上限为距今1550百万年左右，则这一阶段共经历了4个银河年周期；蓟县纪为一个相对独立的时期，上限可能为距今1050百万年左右，则经历了2个银河年周期;青白口纪为古中国板块形成的晚期,时限约相当于一个银河年周期。

早元古代青海北部以陆缘海的面貌揭开了可供查考的地史端元。当时海域平静,缓慢接受着远源细粒碎屑物沉积,期间有少量碳酸盐岩和火山岩沉积。自北而南形成的野马南山群、湟源群、达肯达坂群,实质上并无显著差异和截然界线,生物不发育,成矿作用不明。

在长达5亿年左右的时间内未发生显著的地壳运动,直到早元古代结束期随着中朝-华北板块的上升,牵动古祁连山地区稳定上升,发生了湟源造陆运动,海水向西南方向退缩,柴达木地区仍继续接受沉积。区域上,特别是祁连山抬升地段发生了中压相系的角闪岩相区域热流动力变质作用和混合岩化作用,使地层变质成混合岩、片麻岩、大理岩和斜长角闪岩。

长城纪时期,地块转为向北缓倾,柴达木古海继续接受远源碎屑物沉积,其中二氧化硅成分显著增高,沉积物厚度约3100米,沉积速率平均为6.2米每百万年左右。祁连山地区重新下沉,海水向北扩展到疏勒南山,形成陆缘海,以近岸碎屑沉积为主,开始出现砾岩沉积,间有少量碳酸盐岩、叠层石开始出现,沉积厚度4096米,沉积速率平均为8.2米每百万年左右。柴达木古海向东北扩展到湟水流域,形成了第一个陆缘海湾。早期以石英砂岩沉积为主,经变质后成为质纯的石英岩;晚期沉积的细碎屑岩夹有含黄铁矿及含磷层系,沉积物普遍具有波痕、泥裂和交错层等构造,沉积厚度和沉积速率与疏勒南山相同。

本期沉积环境和水动力条件已经出现地区差异,形成的党河群、湟中群和小庙群等已有了较明显的相变之别。

长城纪末期发生了湟中运动,这次运动仍然属于造陆运动的范畴。在中祁连山是湟源运动的再现,在柴达木地区则是湟源运动的发展。区域热流变质作用的中心迁移到柴达木,东段为中压相系的角闪岩相,西段为低压相系的角闪岩相,局部为麻粒岩相;中祁连山仅达绿片岩相。至此,全区海水暂退,柴达木地块乃至整个古中国板块的结晶基底形成。

通过区域变质,本区陆壳已在宏观上固结硬化。岩石平均密度由2.70克每立方厘米左右(一般沉积岩)加大到2.79克每立方厘米左右(柴达木地区元古界变质岩),体积收缩率相应达3%左右,在微观上留下了陆壳碎裂的根源,本阶段又成为区域混合岩最发育的时期。本区具有广泛、强烈的区域动力热流变质作用和混合岩化作用,这不是强烈造山运动的结果,这是板块结晶基底与造山带褶皱基底的本质区别之一。

湟中运动之后,本区进入了蓟县纪发展时期。地壳重新沉降,海水再度进入,地势北高南低。中祁连山以浅海-滨海相为主,沉积物厚3300~3500米,沉积速率平均为6.5米每百万年;柴达木以浅海相为主,沉积物厚度达6000米,沉积速率平均为12米每百万年左右。这一时期海域仍较平静,水动力条件不强,镁质和钙质碳酸盐岩普遍发育。疏勒南山以钙质为主,湟源及柴达木以白云质为主。迭层石大量繁盛,并且出现了少量微古植物。

蓟县纪后期,各海域都不同程度地沉积了含铁岩系,特别是在柴达木南缘沉积的含铁岩系经后期变质后具有一定规模,是青海省内前震旦纪的主要成铁时期。蓟县纪末期发生了托勒南山运动,地壳再度上升,东部湟源地区和西端阿尔金山-祁漫塔格地区发生了轻微的造山运动,主要应力可能为近东西向(在青海东北部地区,褶皱构造线以近南北向为主)。同时沿古陆边缘发生横向张裂,在西端有少量基性岩侵入,侵入期为1086百万年左右,在东端有少量铁质超基性岩和基性岩侵入,是青海省境内主要铜-镍成矿的时期之一。伴随这次运动的陆壳重熔和交代作用较强,特别是在东部湟源地块和西端阿尔金山发育了较多的陆壳改造型片麻状闪长岩、石英闪长岩、富斜花岗岩和花岗岩。由于前期混合岩化作用强烈，使陆壳重熔的长英质分散，故未能聚集成大规模的重熔型侵入岩。经过这次运动，本区地壳的均匀性受到了较大破坏，前期陆壳破碎的微观隐患发展为宏观的现实。特别是这次构造运动的主压应力方向与前期微观破裂系统的走向近于平行，加剧了古陆破碎的进程。

到青白口纪地壳再次下沉时，东部湟源地块和柴达木西南部已不再接受沉积，海域收缩到祁连山西段和柴达木中西部，并且以哈尔腾河和东昆仑山中央断裂为界，形成了南北三分的格局。柴达木相对稳定，两侧活动性增加，火山活动时有发生。

在本区的残留海湾中，沉积物以碎屑岩、碳酸盐岩和火山岩为主，水动力条件很弱。除叠层石仍较发育外，在疏勒南山海湾已出现了放射虫等原始动物的先驱分子。

晚元古代是地壳演化史上一个富钾阶段，在本区海域某些地段确也出现了氧化钾（7%～11%）和硫酸钙的相对富集，可能为本区后期钾盐成矿奠定了一定的基础。

青白口纪以前，本区以几何级数递增的时差发生过两三次造陆和局部造山运动。若以银河年周期为单位，到了青白口纪末期，构造运动的周期倍增率已达极限，并且四围抬升或造山已收缩到一个局部地区，所以本区终于爆发了区域性造山运动——全吉运动。这次运动不仅使全区海退，而且使古柴达木地块最终成型，并可能与中朝-华北板块合为一体，随之转化为地块盖层发育的新阶段。

二、震旦纪-早寒武世阶段

本阶段仍然继承了前震旦纪缓慢演化的特点，但在构造旋回上则与早古生代关系密切，所以是本区地史演化中的一个过渡性阶段，也是全古造山运动之后一个漫长的夷平阶段。理论时限为距今800百万—550百万年，相当于一个完整的银河系周期，即通常所称的兴凯旋回。

在这种强烈造山后的夷平阶段，地质记录极不完整，地史演化特点知之甚少，青海省内仅知在柴达木北缘有一陆内海湾。震旦纪时沉积了厚1300米左右的碎屑岩、石英砂岩和白云岩以及夹玄武岩和富钾粗面岩（含氧化钾8%～10%），沉积速率平均约为6.5米每百万年，与柴达木长城系和祁连山蓟县系平均沉积速率相当的岩浆活动不发育，构造形变不强，生物仍不兴盛，以叠甚石和古藻类为主。早寒武世为杂色碎屑岩沉积，开始出现了少许虫牙，沉积中夹有冰碛，这可能反映本区外围剥蚀有高差较大的山体，冰碛可能与山岳冰川有关。不过，全球性震旦纪和石炭纪-二叠纪冰盖都发生在地球位于远离银河中心的宇宙深处，早寒武世亦处于同等位置，是否有什么联系尚不得而知。

早寒武世晚期本区发生了欧龙布鲁克运动，相当于兴凯运动，古陆块期已告终结。这次运动虽波及全中国，但造山作用极弱，相伴的岩浆活动不强，以酸性岩和少量碱性-中性岩为主，偏基性的闪长岩类不发育。通过这次运动，地质和生物演化从此进入了生机盎然的飞跃发展时期。

三、中寒武世-中志留世阶段

早寒武世末，地球位于距银河中心极远点，中志留世地球已回到最近点上。所以这一个阶段地球所处的动力学环境是银河中心对地球的径向吸引不断增强，青海省境内地壳迅即开始沿纬向裂张。通常所称的加里东旋回即属这一半周期，理论时限为距今550百万—425百万年。

本阶段地史演化的主要特点是：青海省境北部地裂作用居于主导地位，古中国板块解体，祁连加里东地槽形成、发展和封闭；柴达木地块脱离古中国板块独立发展，并且随着边缘分裂、肢解逐步缩小其范围；岩浆活动活跃，地幔侵壳作用增强，水陆分野明显，但以海域为主。腕足、三叶虫、笔石、床板珊瑚等海生无脊椎动物先后出现，使早期平静单调的海域出现了勃勃生机。

青海省境内早寒武世末期发生的欧龙布鲁克运动,除在柴达木北缘为造陆运动外,更为重要的是在北祁连山和拉脊山表现为大幅度的地裂,形成了该区的早加里东陆间地槽。柴达木地块与中、南祁连山尚未解体,但它们已从古中国板块上肢解出来且相对向南移动。中、南祁连山构成裂谷肩部,柴达木北缘形成前缘陆表海湾。

早寒武世晚期,在中朝-华北板块重新沉降的同时,海水从东北和东南两个方向进入北祁连山海槽和拉脊山海槽,漫过了中祁连山东段,并向西进入柴达木北缘海湾。中祁连山区段和南祁连山以及柴达木地块南部为古陆剥蚀区。位于裂谷海槽底部的地幔上涌并发生了局部熔融,沿裂谷带发生了强烈的海底火山喷发,以双峰式拉斑玄武岩-流纹岩和富钠的细碧岩、石英角斑岩为主,某些中心式喷发产物为碱钙性火山岩,仅在北祁连山西北部发现有超镁质的科马提岩。在北祁连山裂谷海槽带内沉积的碎屑岩-火山岩-碳酸盐岩层系厚达3100米以上,其中局部地段夹有菱铁矿层和放射虫硅质岩。在柴达木北缘海湾以碎屑岩及白云质灰岩沉积为主,下部含石盐假晶,底部含磷。

晚寒武世到早奥陶世继承了中寒武世的特点。

随着这次海面抬升,海水向陆地推进(简称为海侵或海进,以下同),青海省内开始进入生物繁盛时期,首先出现了小型腕足顾脱贝属等。随后以三叶虫为主的生物群在本区迅速发展起来,主要为华北型底栖三叶虫,在裂谷海槽内混生有华南型浮游三叶虫结接子等。在地块内部的陆表海,如柴达木北缘及中祁连山东段则有腕足类共生。早奥陶世出现了华北型头足类生物群。

早奥陶世特马豆克期为地球运行到距银河中心的中距点上,华北板块开始上升,南祁连山开始扩张下沉,海水自南而北进入,并向疏勒南山南缘超覆。此时柴达木地块已同中祁连山解体,柴达木北缘海湾继续接受沉积,介壳灰岩相立即转变为笔石页岩相。与此同时,青南纳赤台、玉树地区开始局部海侵,形成海湾。

早奥陶世早期,生物群仍以华北型三叶虫和头足为主,这时直到藏南仍有华北型头足类分布。但从早奥陶世晚期开始出现以华南型为主的笔石群,而且混入了澳大利亚的分子,分布直达北祁连山西段。由此表明,从这时开始古地中海水域已波及青海省境内,巴颜喀拉山东段和西秦岭应为海盆沉积区。周期沿裂谷海槽侵入大量的地幔残余岩块,以镁质超基性岩和基性岩为主。加里东早期闪长岩、斜长花岗岩和花岗岩亦随之侵入。局部地区发生了轻微的造陆运动。

中奥陶世,裂谷海槽已开始逐渐封闭,但多数海盆或海槽仍未上升成陆;火山活动已大大减弱,并转化为安山岩类为主。在北祁连山东北部为碱性火山岩系列,南祁连山火山活动已经停息。

中奥陶世晚期或末期,中朝-华北板块全面海退,本区即发生了古浪运动。古浪运动仍然是一次以地裂作用为主的运动,只是地裂中心向南迁移,北祁连山和拉脊山主海槽开始局部回返。同时形成的中-酸性侵入岩与兴凯期可以对比,以酸性岩为主,中性岩类极少。

晚奥陶世,北祁连海槽重新下沉接受沉积,但火山活动的中心已迁移到北祁连山南缘,南祁连山扩张带加速扩动,拉脊山海槽则逐渐收缩。柴达木地块自早奥陶世独立以来,经过短期的平衡调整,晚奥陶世即开始了自身的演化。因时值地裂作用活跃时期,所以首先从周边开始发生裂陷。祁连山是在早期地槽基础上发育的新生裂谷,所以幔源基性-超基性岩虽有但不多见,柴达木周边则在结晶基底上发育脆性张裂带,其势与北祁连山、拉脊山寒武纪早奥陶世裂谷带相仿,基性-超基性岩发育,以镁质超基性岩为主,并且相应以石棉和铬矿成矿为特征。

晚奥陶世，笔石和头足等浮游生物群退缩到北祁连山中、西段火山活动不强的海域。

其余海槽火山活动强烈，生物群以腕足为主，床板珊瑚开始出现并迅速发展起来，三叶虫主要退居到北祁连山海槽，其余地区已属鲜见。因此时华北无海，故生物群自然无"华北型"之说，主要为华南型和古地中海型混生。

晚奥陶世末期发生了拉脊运动，使北祁连山、拉脊山和柴达木周边诸海槽褶皱封闭，对南祁连山的影响不明。在中、北祁连山有中酸性岩浆侵入，以偏基性岩类为主，酸性岩类次之。

早志留世，本区及其外围各软弱地带可能皆有海侵，但稳定地块多已成陆。青海省内祁连地槽区各活动带皆重新海侵，集中在南祁连山形成广阔的扩张海。海水向祁连山北退，因短期扩张后即转入强烈造山期，故这一时期仅发育到冒地槽阶段为止。海盆快速堆积了巨厚的陆缘复理石碎屑岩系，而碳酸盐岩不发育；火山活动弱，且不集中；生物群以数量少、门类单调的笔石类为主。

早志留世末期，祁连造山带已开始全面封闭，中、南祁连山全面海退，同时有规模巨大的中-酸性岩浆侵入，并在局部断裂带出现偏碱性的正长岩类。拉脊山至此结束了海侵的历史，成为青海省内最早成陆的一条山脉。

中志留世，青海省内海域已退缩到北祁连山局部地段，以碎屑岩沉积为主，生物以珊瑚为主，腕足次之，同时开始出现了少量双壳类后直蛏属等。

至此，地球通过距银河系中心的极近点，本区地史演化进入了以造山作用为主的新阶段。

四、晚志留世-早石炭世阶段

本阶段是从加里东期地裂为主的构造旋回向广义印支期再次以地裂为主的构造旋回的过渡阶段，理论时限为距今 425 百万—300 百万年。这一阶段一开始地球即远离银河中心而去，地壳转化为经向收缩。本区以造山作用为主。

晚志留世到泥盆世主要为造山夷平阶段。晚志留世全城海退，大型山间盆地尚未形成，因而缺失沉积作用的记录。地史演化特征不明，只知海水向西倾山地区退缩。其余地区可能有同造山期中-酸性岩浆侵入。

早、中泥盆世，本区海域略有扩大，海水从西倾山海区西进到柴达木周边，并可能沿柴达木周边开始有了陆缘火山喷发。其余多数地区仍为剥蚀区。

晚泥盆世海域进一步扩大，可能通过巴颜喀拉山海槽向唐古拉山东北缘超覆。柴达木地块受到经向挤压，地势起伏逐渐明显起来，沿南北两侧上升带引发了钙碱性和碱钙性陆相火山岩。同时沿柴达木纬向中轴带形成了陆内海湾，海水自西端祁漫塔格进入，向东波及阿木尼克山，有少量腕足和珊瑚随之进入。从本段开始即已登上陆地的低等植物到此时方进入柴达木海湾两岸。中、南祁连山进一步上升为剥蚀区，北祁连山形成山间盆地，堆积了代表造山时期的山间或山麓相磨拉石层系。末期发生了局部的造山运动，同造山期中酸性侵入岩以少量二长花岗岩、花岗闪长岩和石英闪长岩为主。

早石炭世继承了晚泥盆世的特点，只是在晚泥盆世海相和部分陆相盆地的基础上，海域继续扩大，碳酸盐岩沉积和珊瑚、腕足等海相无脊椎动物得到发展，并且新形成了党河南山海湾，沉积了巨厚的膏盐层。此时已到造山阶段的晚期，造山带的走向不均匀性已有明显的反映，故南祁连山大部和中祁连山东段、柴达木地块的西北缘等地形成了不规则的隆起剥蚀区，海水沿四面八方不规则通道分别进入党河南山、土尔根达坂、柴达木和唐古拉山，致使剥蚀区形成孤岛或半岛；其范围狭小，陆生植物和陆源碎屑供不应求，海域碎屑沉积比例减少，碳酸盐岩和膏盐层广泛发育，聚煤区极其零散，生物群具有显著的地方色彩。

早石炭世晚期，多数地区上升为陆地，海水沿多向故道退出，青海省区中部的海湾虽未退尽，但亦有变浅之势。这次运动仍以造陆运动为主，岩浆活动研究不够，但可知在局部地段有少量钾长花岗岩等侵入。

从中志留世到早石炭世这一“造山”阶段，并未真正在本区及其广阔的外围形成强大的均衡山系。从随后的海水进程来看，主要的隆起带在阿尔金山中西段南祁连山-湟源地块，两侧为相对的缓坡地带或滨海平原。除拉脊山外，其余地区皆在以后重新沦为沧海。推测地幔的变化主要是使早期上隆部分复平，地壳的垂向增长幅度不大，与以后的陆内造山阶段不可同日而语，使随后进入的新阶段能够重演早古生代的类似地质事件。

五、晚石炭世-中侏罗世阶段

本阶段为广义的印支旋回，其地球动力学状态与加里东旋回相似，理论时限为距今300百万—175百万年。

从晚石炭世初开始，与本区关联甚大的中朝-华北板块重新沉降进入碳酸盐岩为主的陆缘海沉积期。本区亦开始全面海进，唯阿尔盘山中东段、南祁连山和中、北祁连山东段仍为隆起剥蚀区。随后柴达木地块开始沉降且向西倾斜，早期柴达木海湾向西扩大，超覆形成陆表海。与此同时，地块南北边缘开始了强烈裂陷，形成了宗务隆山、鄂拉山海槽和阿尼玛卿山海槽，引发了钙碱性火山岩。在裂谷肩部陆壳重熔，形成了柴达木周边的中、酸性侵入岩。

随着这次地球自银河远处重返，带来了有孔虫类的大发展，䗴类进入了极盛时期。本区海域广泛分布着珊瑚、腕足、双壳类、苔藓虫、海百合以及有孔虫类无脊椎动物群，而早古生代极盛的三叶虫、笔石群等已近灭绝。可见宇宙因素的影响对生物界的演化确有重要的作用，但不仅仅表现为“灾变”，同时也有新生的、更为高级的生物群兴起，无疑是对生物界新陈代谢的促进。

石炭纪末期仅在柴达木地块和唐古拉地块的北缘和东缘发生了局部的造山运动，地块的西南部和其余地槽区或褶皱带未受到显著的影响，反映出柴达木地块和唐古拉地块有向西南倾斜之势。在柴达木地块东北端，有较多的基性岩和中基性岩侵入，在唐古拉山东端有少量中、酸性岩侵入，局部地段发生了高温中压相系的区域动力变质作用。

也许青海省台区向西南倾斜的趋势具有普遍意义，所以到二叠纪早期，华北板块海水开始退出，祁连山海槽向西南部南祁连山迁移，柴达木海槽向西南部祁漫塔格迁移，鄂拉山海槽也主要向西南部迁移，松潘-甘孜海槽进一步发展。

早二叠世晚期，柴达木地块全面上升海退，最终成陆，地块边缘陆壳重熔形成中酸性侵入岩，同时带动周边发生了区域性造山运动；沿阿尼玛卿山有大量超基性岩和少量中-酸性岩侵入，成为本区中部以铜为主的重要成矿时期；北部祁连山区和南部唐古拉地区梅造运动弱，岩浆岩不发育。

晚二叠世，北祁连山、拉脊山、柴达木地块和唐古拉地块的大部已成古陆，陆生植物获得了发展的空间，大羽羊齿等华夏植物群在省区南部兴起，北祁连山西段混入了安格拉植物群。

二叠纪的海生无脊椎动物群与晚石炭世大同小异。

早、中三叠世继承了二叠纪的水陆分野状态，但陆源碎屑增多，碳酸盐岩沉积减少。水动力条件增强，主海区浊流沉积和滑塌沉积发育。生物群发生了明显的变化，䗴类已经灭绝，菊石类兴起。陆缘海腕足类发育，且与头足类和双壳类共生；深海区则以头足类和双壳类为主，腕足类较少。

中三叠世安尼期末（距今238百万年左右），正值地球到达距银河中等距离的二级转折点，本区发生了早印支运动。这次运动在柴达木和西秦岭这些石炭、二叠纪比较活跃的地区表现为造山运动，引发了强大的陆相火山喷发和数量少但分异好的中-酸性岩浆侵入，祁连山表现为造陆运动，使海盆向中、南祁连山边区收缩，在青海南部表现为向西南倾斜，北部海退，向南超覆，使唐古拉东北部成为陆缘海。与此同时，在巴颜喀拉地区和唐古拉地块相向倾斜的地带形成了本阶段第二期陆间裂谷，引发了本区最终的海底火山喷发。这一裂谷带主要应从属于唐古拉地块的北部边缘。

晚三叠世的海相生物群以双壳类为主，同时有六射珊瑚的出现，腕足类、头足类等迁移到唐古拉山的陆表海区。

晚三叠世末爆发了晚印支运动。这次运动为全域性造山运动，部分延续到中侏罗世早巴通期。这次运动不同于本阶段其他局部运动的表现，它不仅影响到整个印支海槽的回返，而且使北祁连冷龙岭北坡的基底断裂和柴达木地块周边的基底断裂复活，从而形成了冷龙岭基性-超基性岩带、宗务隆山-青海南山基性岩带以及通天河基性-超基性岩带和柴达木周边巨型岩带。末期以钾长花岗岩为主。至此，本区大地构造格局已经成型。以灰绿色为主的杂色碎屑岩系和碳酸盐岩沉积，海底火山活动和青海省区中北部岩浆侵入活动以及全省变质作用等重大地质事件已告终结，高等生物的出现近在眼前；本区地幔以隆起为主的状态正在改变。地史演化的新时期即将来临。

六、中侏罗世-新生代时期

从中侏罗世开始，本区进入了陆内造山时期。

中、晚侏罗世，青海北部仅在稳定地块中心形成相对拗陷，如柴达木盆地西北部和西宁-民和盆地东部，形成了干旱条件下的棕、红色岩系，介形类、叶肚介和轮藻开始大量繁盛。青海南部受藏北抬升的影响，海水进到唐古拉山西南部“三江源区”。多数中生代生物门类已退出，以双壳类为主。侏罗纪末期海水退尽，全省成为统一的陆地。

本省其他地区皆为造山剥蚀区。

早白垩世，除在同仁-泽库地区有碱性大陆火山岩喷发和在唐古拉山东北部有断陷山间盆地形成外，基本上继承了晚侏罗世的状态。

晚白垩世-早新世，除西宁-民和盆地、唐古拉地区有沉积记录外，其余广大地区皆无记录。

本区自中晚侏罗世以来，气候以干冷为主，高大林木日渐退尽，在四川盆地等占有霸主地位的恐龙动物群未能发展到本区。

白垩纪中、晚期发生了唐古拉山运动，省区北部以造陆运动为主，未引起岩浆活动；在省区南部以造山运动为主，形成唐古拉山中酸性侵入岩带。

古近系以来，特别是5000万年前的始新世以来，进入一个新的银河年半周期，大致相当于喜马拉雅旋回。由于地球纬向扩张的中心转移到藏南和印度洋，青藏高原“四台围限”的边界和地幔拗陷已经成型。所以本区转化为以陆内推覆造山和强烈的抬升为主，地壳大幅度水平收缩，垂直方向加厚。大型山间盆地不断发展，高原逐步形成。

始新世-渐新世时期，南祁连山、西秦岭、巴颜喀拉山等仍然为隆起剥蚀区。柴达木盆地、西宁盆地等重新成为湖区，且普遍形成了膏盐相沉积。在青藏高原的腹地可可西里和唐古拉山西段，古湖群开始成型，其中沱沱河盆地沉积物厚达8000米，为青藏高原北部古近系沉积幅度最大的地区。

古近系末，以唐古拉山为中心发生了造山运动，周期有以酸性为主的岩浆侵入，是青海省及邻省主要的斑岩铜、钼矿成矿期。这次运动表现出明显的陆表造山和地幔拗陷，所以是真正的造山期。从这个意义上讲，本区喜马拉雅期岩浆活动并非是通常所说“造山期后”的产物，而是真正造山期的产物。

这次运动对柴达木盆地和西宁-民和盆地虽无显著影响，但引起了西宁盆地的退缩和柴达木盆地的扩展。同时在长期处于剥蚀状态的南祁连山、西秦岭和巴颜喀拉山造成了明显的地势差和断陷。

中新世开始，青海省区内山间盆地星罗棋布，特别是中亚内陆河流域与东亚外流水域接合部的一系列盆地发展起来，如哈拉湖盆地、青海湖盆地、共和盆地、托素湖盆地、可可西里盆地、祖尔肯乌拉山诸山间盆地，形成了一条横贯青海省东北到西南的蛇形盆地群。与此同时，在青藏高原腹地引发了大规模的大陆碱性火山岩喷发。

中新世末期普遍发生了一次造山运动。这次运动的显著特点是内陆推覆构造作用极强，各推覆构造带发育起来。同时在唐古拉山地区有碱性岩侵入，从而结束了青海省长期岩浆活动的历史。由于此时下层地幔收缩，中层“四台围限”，上层构造推覆，使青藏高原进入了强烈抬升并向四周外溢的时期。

上新世沉积作用继承了中新世的特点。在青海北部广泛分布着三趾马动物群。

第四纪以来，青海省内最后一条山脉——阿尔金山成型，柴达木盆地湖区收缩，盐类成矿作用日益显著。其余高寒山区山岳冰川发育。独具一格的青藏高原终于成为全球宏伟山系汇聚的主要地区。

第二章　矿产与地质遗迹

青海省境内地质构造复杂，成矿地质作用多样，全省共发现各类矿产134种，其中包括能源矿产5种、金属矿产48种、非金属矿产78种、水汽矿产3种。主要成矿区(带)有五条，祁连成矿带以有色金属、石棉、煤为主；柴达木盆地北缘成矿带以贵金属、有色金属、煤炭为主；柴达木盆地以石油、天然气、盐类矿产为主，有33个大中型盐湖、60多个矿点；东昆仑成矿带以有色金属、贵金属矿产为主；“三江”(金沙江、澜沧江、怒江)北段成矿带以铜、铅、锌、钼等有色金属矿产为主。大致有“北部煤，南部有色金属，西部盐类和油气，中部有色金属、贵金属，东部非金属”的特点。矿产资源具有品位普遍较高、分布范围较广、共生伴生矿产多、小矿多、矿产资源储量相对集中的特点，盐湖类矿产资源(钾、镁、钠、锂、锶、硼等)储量相对丰富，已形成盐湖化工、石油天然气、有色金属三大支柱产业和冶金、建材两大优势产业。类型多样的地质遗迹已成为重要的旅游资源，开发的坎布拉、贵德阿什贡丹霞地貌、年宝玉则、互助北山、昆仑山和青海湖等地质、地貌以及察尔汗盐湖等遗迹地成为国家地质公园。

第一节　矿产资源

青海地处欧亚板块与印度板块衔接部位，区内地质构造复杂，成矿地质作用多样，全省主要成矿区(带)由北而南划分为：祁连成矿带、柴达木盆地北缘成矿带、柴达木盆地成矿区、东昆仑成矿带、“三江”北段成矿带等。其中，祁连成矿带以有色金属、石棉、煤炭为主，柴达木盆地北缘成矿带以贵金属、有色金属、煤炭为主，柴达木盆地成矿区以盐类矿产、石油、天然气为主，东昆仑成矿带以有色金属、贵金属矿产为主，“三江”北段成矿带以铜、铅锌、钼等有色金属矿产为主。按矿产种类的区域分布，大致有“北部煤，南部有色金属，西部盐类、油气，中部有色金属、贵金属，东部非金属”的特点；矿种上具有矿产种类多、共伴生矿产多、小矿多、矿产地分布散、矿产资源储量相对集中的特点。全省盐湖类矿产资源(钾、镁、钠、锂、锶、硼等)储量相对丰富，石油、天然气、钾盐、石棉及有色金属(铜、铅、锌、钴等)矿产品的供应已在全国占有重要地位。

青海全省共发现各类矿产134种，占国内已发现171种矿产的78.36%。其中包括能源矿产

5 种、金属矿产 48 种、非金属矿产 78 种、水汽矿产 3 种。全省已开发形成盐湖化工、石油天然气、有色金属三大支柱产业和冶金、建材两大优势产业，在全省形成 8 个循环产业体系。

青海矿产资源具有四个主要特点：①矿种较齐全，储量较丰富。在全国四大类矿产中，青海已上储量表的矿种占全国的 53.7%。②综合矿床多。全省 78 个金属矿区中，由两种主矿和共生（伴生）的综合性矿床区占 58.7%；110 个非金属矿区中，有两种以上矿产形成的综合性矿床区约占一半以上。③中小型矿床居多。全省 94.56% 的矿山为小型和小矿床。④相对集中分布在分布区域上，呈现“三集中”的明显特点。即矿产资源地相对集中分布于柴达木盆地及周边地区，矿产种类集中以盐湖矿产为主，矿产资源储量集中分布于一个或几个大型矿产地，例如：锡铁山铅锌矿区中铅保有储量占全省总储量的 53.6%，锌占全省总储量的 44.9%；德尔尼铜钴矿区、赛什塘铜矿区、铜峪沟铜矿区中铜资源保有储量占全省总储量的 78.6%等。

全省矿产资源储量占优势的矿种主要有锂矿、锶（天青石）、冶金用石英岩、电石用石灰岩、制碱用石灰岩、化肥用蛇纹岩、硫酸镁盐、氯化镁盐、钾盐、石棉、玻璃用石英岩等，在全国同类矿产资源保有储量上占有绝对优势；在列全国第一位的矿产中，资源保有储量占全国比重超过 50% 的 4 种盐湖矿产（锂矿、硫酸镁、氯化镁、钾盐），以及石棉、化肥用蛇纹岩、玻璃用石英岩等三种非金属矿产，具有得天独厚的优势。特别是盐湖资源具有储量大、品位高、类型全的三大特点。

一、矿产资源及其分布规律

全省矿产地按矿种分布具有明显的地域特点，西宁市周边及海东地区多以建材非金属矿产为主，盐湖矿产及石油、天然气主要分布于柴达木盆地中；煤炭主要分布于柴达木北缘、北祁连，青南地区有少量分布；黑色金属主要分布于格尔木、都兰、祁连地区；有色金属、贵金属主要分布于祁连、格尔木、大柴旦、兴海、都兰、泽库、同仁、青南地区（图 2-1-1）。

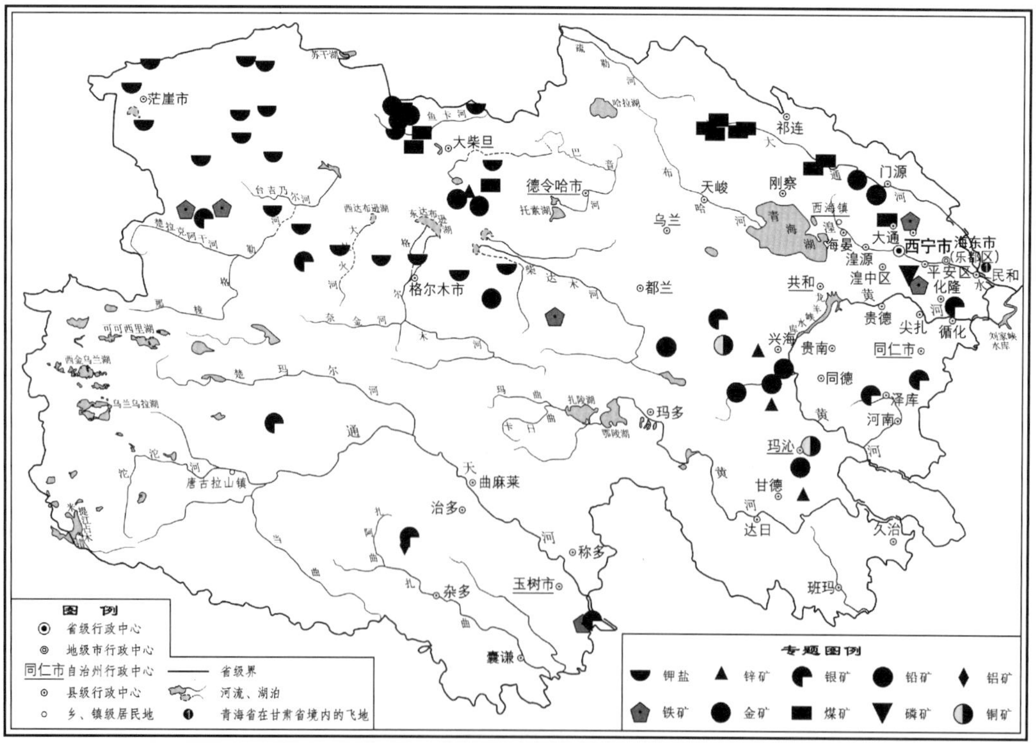

图 2-1-1 青海省矿产资源分布

(一)西宁及海东地区

西宁市及海东地区大地构造自北而南横跨祁连造山带之北祁连褶皱带和中祁连隆起带。成矿带有达坂山铜矿带、拉脊山有色金属成矿带、化隆铜镍成矿带和西宁-民和盆地盐类矿产成矿区等。全区共发现各类矿产地 238 处，按矿物组分：黑色金属 36 处，燃料矿产 15 处，非金属矿产 134 处，其他矿产 53 处。

探明有储量的各类矿产地数量为 127 处，占全省的 15.7%，共有 39 个矿种(其中西宁市有 25 种、海东地区有 28 种)。保有储量占全省的比重为：煤 2.13%、油页岩 100%、铁 2.22%、铜 0.043%、镁 100%、镍 95%、钴 22.91%、钨 18.31%、岩金 1.21%、砂金 18.24%、轻稀土 100%、普通萤石 82.44%、冶金用白云岩 73.23%、冶金用石英岩 98.35%、硫铁矿 5.41%、芒硝 27.73%、电石用灰岩 4.22%、磷矿 100%、碎云母 100%、长石 10.14%、透辉石 100%、石膏 100%、水泥用灰岩 33.31%、玻璃用石英岩 100%、粉石英 100%、陶瓷土 100%、砖瓦用黏土 57.27%、陶粒用黏土 100%、水泥用配料黏土 42.26%、水泥配料黄土 100%、水泥配料泥岩 100%、饰面用蛇纹岩 100%、铸石用玄武岩 100%、岩棉用玄武岩 100%、饰面用花岗岩 70.33%、水泥用大理岩 100%，尚有矿泉水水源地 7 处、地下水源地 12 处、地下热水 3 处。

1. 北山寺-泮子山石膏、钙芒硝矿

矿区位于西宁市区之北的北山寺-泮子山之间，其北东部跨越互助沙塘川一角，面积 48 平方千米。甘青铁路、丹拉国道主干线(平(安)西(宁)段高速公路)横穿矿区南缘，西(宁)互(助)一级公路纵贯南北，交通便利。矿区地处西宁中新生代断陷盆地中部，石膏、钙芒硝矿为古内陆湖蒸发沉积矿床，石膏、钙芒硝主要赋存在古近系西宁群中岩组第三段至上岩组第二段中。按岩性、岩相及含矿性等特征划分了 7 个Ⅴ级沉积回旋，相应产出 7 个矿物组分别与各沉积回旋的化学沉积部位对应。其中 2 个矿组为钙芒硝矿组，余者为石膏矿组。

2. 上庄磷矿

上庄磷矿地处平安县石灰窑乡境内，北东距平安火车站 32 千米，自海东平安县有平(安)三(合)石(灰窑)县乡公路通往矿区，交通较为方便。矿区位处拉脊山中段北麓，海拔 3100～3800 米，山势陡峻，沟谷切割深，有响河峡、红墙峡、西峡三条小溪自南而北穿越矿区汇入湟水。

上庄磷矿位于祁连地槽造山带东南段，祁连山中间隆起带与拉脊山加里东优地槽褶皱带衔接部位，上庄含磷单斜辉石岩赋存于构造带间区域大断裂南侧。矿石有用矿物主要为磷灰石、磁铁矿、蛭石化黑云母及次透辉石，其他矿物有角闪石、榍石、长石、绿帘石、方解石和黄铁矿等。矿石结构有等粒结构、不等粒结构、似斑状结构、海绵陨铁结构、包含结构、交代结构、反应边结构等；构造有块状构造、斑杂状构造、浸染状构造、条带状构造等。矿石工业类型有铁磷矿、磷矿石两类。此矿床矿石磷、铁品位低，综合利用价值高。

3. 元石山铁镍矿

元石山铁镍矿地处平安县古城乡境内，矿区东侧有省道平(安)大(力加山)公路穿过，北距平安县城 27.5 千米与国道 109 线(甘青公路)相接，交通便利。

矿区位处祁连山加里东地槽造山带拉脊山优地槽褶皱带中段之北缘。铁、镍矿体主要产出在辉石岩体中部和下部强烈蚀变的部位。元石山铁镍矿为线型风化淋滤型矿床。矿均产于超基性岩与硅化岩相接触部位及临近部位，形成上、下部两个含矿带。矿石矿物有益成分为镍和铁，伴生有益成分为钴和锰，有害组分主要为砷。矿区铁矿资源储量 645.6 万吨，镍矿资源储量 2974.4 万吨，钴矿资源储量 1135.4 万吨。矿区矿床规模大，开采技术条件有利，矿石含有镍、镁、钴等多种有益成分，综合开发利用效益高。

4. 硝沟芒硝、钙芒硝矿

硝沟芒硝、钙芒硝矿区地处互助县高寨乡境内，兰青铁路、丹拉国道主干线（平西高速公路）经矿区南缘通过，交通便利。矿区位于中-新生代西宁断陷盆地小峡凸起的东北缘。矿区构造简单，地层产状平缓，近于水平。白垩系上统民和组是主要含矿层位。矿床为古盐湖蒸发沉积矿，矿层主要赋存于白垩系上统民和组第二岩段中，可分为芒硝矿和钙芒硝矿两种。硝沟钙芒硝矿区资源储量为 16765.2 万吨，矿区外围资源储量为 638879.9 万吨。矿床规模大，开采技术条件有利，外部交通便利，近邻省会西宁市，便于大规模开发利用，有利于综合开发利用。

5. 拉水峡铜镍矿

拉水峡矿区位于化隆县城东南的拉水峡内，距化隆县城巴燕镇 11 千米，省道平（安）大（力加山）公路从矿区侧旁通过，交通便利。拉水峡铜镍矿体赋存于变质岩系中，矿体顶底板较稳定，但风化带及破碎蚀变带稳定性较差。矿体呈透镜状，延深较大，宜地下开采。矿石主要有益元素为镍，伴共生矿有铜和钴。化隆县拉水峡铜镍矿区铜矿资源保有储量 922 吨、镍矿资源保有储量 5169 吨、钴矿资源储量 111 吨。

6. 大通煤矿

大通煤矿地处西宁市大通县桥头镇，划分为两个井田。煤矿距西宁市区 35 千米，有国道西（宁）张（掖）公路、西（宁）大（通）高速公路、西（宁）大（通）地方铁路通往矿区，交通十分便利。大通煤矿开采历史悠久，早在明朝洪武年间，当地居民就在金峨山（今称娘娘山）一带挖煤块以充燃料，至清代开采量进一步增加，销售范围逐步扩大到西宁府辖区范围。中华人民共和国成立前夕，建有“大通公平煤窑”，至 1949 年产煤 42710 吨。1950 年，建立省属国有企业青海省大通矿务局，并投入大量资金，用于恢复和发展煤炭生产。大通煤矿元树尔井田资源保有储量 8569.9 万吨，当年开采量 124.7 万吨。

7. 上加克硫铁矿

上加克硫铁矿区地处互助县红崖子沟乡境内，北距互助县 60 千米，南到平安火车站 25 千米，平（安）互（助）县际公路通往矿区，交通便利。矿区位处乐都北山西南麓，祁连山中间隆起带东段南缘，居于千沙沟背斜东翼、大峡倒转背斜中间地段。成矿与闪长岩关系密切，多赋存在闪长岩外接触带的不纯大理岩中。上加克硫铁矿为矽卡岩型硫铁矿，矿床分南、北两个矿段。互助县上加克硫铁矿资源北段保有储量 89.2 万吨，南段保有储量 165.8 万吨。

8. 柏木峡光山石灰岩矿

柏木峡光山石灰岩矿地处互助县东和乡境内，向西南经互助县城威远镇至西宁 67 千米，西（宁）互（助）一级公路、威（远）北（山）旅游公路通往矿区，交通便利。矿区位处龙王山复背斜之北西延长部，泥盆系第三层是矿区最主要的含矿层。互助县北木峡光山石灰岩矿水泥用石灰岩资源保有储量 9608.6 万吨，电石用石灰岩资源保有储量 7565.2 万吨。

9. 毛家沟石灰岩矿

毛家沟石灰岩矿地处大通县元朔乡毛家沟村境内，其西南居大通县城桥头镇 20 千米，东南距西宁市 35 千米，西（宁）大（通）高速公路、国道西（宁）张（掖）公路均连接矿区专用公路，交通便利。毛家沟石灰岩矿为海相沉积矿床，大通县毛家沟石灰岩矿区（西段）资源保有储量为 3400.4 万吨，矿区（东段）资源保有储量为 2676 万吨。

10. 泥旦沟金矿

泥旦沟金矿地处化隆县黑城乡境内，省道阿（岱）赛（尔龙）公路通过矿区南 4 千米的扎浪滩村，从扎浪滩村有简易公路直通 501 露天采矿场。矿区北距平安火车站 54 千米，距西宁市约 90 千米，距化隆县巴燕镇 22 千米，均有公路相通，交通便利。矿体总体走向近南北，呈片状或条带状断续分布在含矿破碎蚀变带中，根据含矿断裂蚀变带的空间展布特征，将矿体大致划分为 8 个矿带。化隆县泥旦沟金矿资源保有储量 1301 千克，矿石平均品位 7.1 克/吨，当年开采矿石量 1.2 万吨。

11. 东部地区富硒土壤

富硒区位于西宁-乐都地区，行政上属 1 市 4 县(西宁市、平安、互助、乐都、湟中县)管辖，区内地貌以盆地丘陵为主，湟水穿越各峡谷的基岩丘陵区，从西至东分为西宁、平安、乐都 3 个盆地。盆地内丘陵广布，依山势蜿蜒多变，受水系切割支离破碎，多呈红岩低丘、黄土秃梁与平坦谷地。富硒区属祁连复合造山带中祁连地块区位，地层较新，盆地内分布着大面积新生代、中生代地层，远古代、古生代地层在盆地边缘分布较为集中，在盆地内部的小峡、瞿昙寺地区也有少量出露。

青海东部富硒土壤总面积达 840 平方千米，呈不规则状分布在西宁-乐都之间的湟水谷地及其两侧丘陵地区。总体上形成“四区一带”的特点，即硝沟土壤硒高值区、洪水泉-祁家川土壤硒高值区、平安北土壤硒高值区、汉庄南土壤硒高值区及小峡-乐都湟水谷地土壤硒高值带。四个硒高值区由湟水谷地硒高值带串联，相互独立又相互联系，形成本区土壤硒的分布形态。土壤硒分布受西宁群地层控制，硒高值区的分布范围与西宁群地层出露的区域大体相似，其南北界线分别为拉树岭-大寨一线和红崖子沟蔡家，中部在贵德群出露地区形成硒低值区。土壤硒的空间分布具有明显的地域差异，平安盆地和乐都盆地均形成相对集中的硒高值区，但平安盆地不论是面积还是强度均比乐都盆地要大得多。土壤硒高值区具有沿水系延伸的特点，尤以湟水两侧狭长的河谷区表现最为明显，硒高值区从平安向东延伸十几千米，与湟水巨大的冲积运移能力有关，在湟水南北各支流流域内，土壤硒也具有沿水系延伸的特点，其中祁家川两侧均为西宁群地层出露，河流两侧阶地因水流汇聚作用，形成红色的土壤硒高值区。

古近纪西宁群红层是土壤中硒的主要来源，平安地区西宁群地层中硒含量极高。

硒具有提高人体免疫力、抗癌、抗衰老、解毒等作用，开发含硒系列产品，前景广阔。

(二)海北地区

海北地区地处祁连山中段，由走廊南山、冷龙岭、托勒山、达坂山、托勒南山、大通山等东西向展布高山和谷地组成，海拔一般为 3500～4500 米，相对比高 1000～2000 米，成矿区带有走廊南山南坡多金属矿带，托勒山有色金属、石棉矿带，赛日图-冷龙岭多金属矿带，达坂山铜矿带，托勒南山多金属矿带及木里-热水煤矿带等。全州共发现各类矿产地 431 处，探明储量占全省比重：煤 18.7%，铁 14.8%，锰 7%，铬 77.8%，铜 15.1%，铅 7.2%，锌 1.2%，金 10.9%，铂族 33.4%，硒 14.8%，碲 100%，铀 98.3%，菱镁矿 99%，熔剂灰岩 22.5%，硫铁矿 20.1%，伴生硫铁矿 2.8%，化肥用蛇纹岩 93.8%，重晶石 6.6%，石棉 22.7%，石膏 2.3%，滑石 6.9%，水泥用灰岩 22.9%，水泥用黏土 29.6%，建筑用砂 100%。已开发利用的主要有刚察县热水煤矿、门源县铁迈煤矿、祁连县默勒煤矿、门源县红沟铜矿、祁连县双岔沟及小八宝石棉矿等。

1. 小沙龙铁矿

小沙龙铁矿地处走廊南山分水岭南侧的祁连县小沙龙境内，东南距祁连县城 179 千米，西北距镜铁山约 93 千米，小沙龙矿区至沟口 19 千米(有便道可通汽车)，与省道二(指哈拉山)尕(海)公路连接，交通较为方便。矿区为海拔 4300～4600 米的高山区，无人定居。青海省有色地质矿产勘查局七队初步估算铁矿石资源量超过 1.5 亿吨。小沙龙铁矿成因类型属浅海相沉积变质铁矿床。矿体赋存于中寒武统下部碎屑岩组千枚状板岩中。铁矿体产状与地层产状基本一致，矿区水文地质条件简单，宜于露天开采。矿区资源保有储量1816万吨。

2. 玉石沟铬铁矿

玉石沟铬铁矿区位于祁连县北西西向约160千米的托勒山中段。矿区便道与省道二尕公路连接。矿区地处海拔4300米以上的高山区，多年冻结层厚150～180米，附近无人定居。矿区处于北祁连加里东地槽褶皱带托勒山复向斜西段，玉石沟及其外围超基性岩体群，受该复向斜轴部断裂带控制，属北祁连超基性岩带托勒山亚带的主要超基性岩体群。矿区资源保有储量16万吨。

3. 红沟铜矿

红沟铜矿位于门源县西南约55千米的达坂山北坡，国道西（宁）张（掖）公路岔口至矿区31千米，有矿区专用公路相连。红沟矿区位于北祁连加里东褶皱带南缘与中祁连隆起带接壤处，二者以达坂山深大断裂为界，为一中等规模的黄铁矿型富铜矿床，并伴生可供综合回收利用的金、银、硒、碲等贵重金属及稀有分散元素矿产。矿区水文地质条件简单，顶底板围岩一般致密坚硬，稳定性好。矿区铜矿资源保有储量为9454吨，矿石质量铜3.66%，银5.46克/吨，金0.375克/吨。

4. 郭密寺多金属矿

郭密寺多金属矿区地处祁连县扎麻什乡境内，位于祁连县北西向17～25千米，走廊南山南坡，包括郭密寺、下柳沟、湾阳河、下沟4个多金属矿区。省道二尕公路通过矿区。矿区位于北祁连山加里东造山带，走廊南山南坡拴羊沟至白柳沟倒转背斜北翼，区内圈定呈北西向平行展布的南、中、北3个蚀变带群，多金属矿体和黄铁矿体即赋存于蚀变带内的白云石绢云母片岩、绢云母石英片岩、次生石英岩、炭质绢云千枚岩、白云岩中。此矿床工业类型为火山沉积黄铁矿型多金属矿床，除铜、铅、锌外，尚共（伴）生金、银、镓、镉、锑、硒、硫等多种有用组分。矿区水文地质条件简单，郭密寺、下柳沟矿区适于露天开采，湾阳河、下沟矿区宜斜井坑道开采。多金属矿区由地方开采。矿区铜资源保有储量3849吨。

5. 松树南沟金矿

松树南沟金矿地处门源县青石咀镇境内，位于门源县城西南30千米处的达坂山西段北坡松树南沟-金子沟之间，距国道西（宁）张（掖）公路22.5千米，交通便利。金矿产于上奥陶统中基性火山岩中的中型金矿床，矿区面积5.6平方千米。矿区金矿资源保有储量7082千克，矿石质量金3.2克/吨。

6. 热水煤矿

热水煤矿地处刚察县哈尔盖乡境内，位于刚察县北东向40千米，矿区范围呈北西向长条状，长26千米，宽4千米。省道二尕公路穿过矿区，青藏铁路哈尔盖-柴达尔支线柴达尔火车站至矿区公路运距10千米，交通便利。矿区处于中祁连山中间隆起带大通河中上游中新生代拗陷盆地。侏罗系中下统陆相沉积含煤建造为该区主要含煤地层，呈北西-北西西向展布，厚220～480米。煤矿牡丹沟井田（弱粘煤）资源储量3046万吨；先锋露天矿（贫煤）资源储量699.7万吨；天鹅泉区段（弱粘煤）资源储量532万吨；柴达尔井田（贫煤）资源储量10344.2万吨，年产原煤38.9万吨，损失量13万吨。

7. 香子沟硫铁矿

香子沟硫铁矿区地处祁连县扎麻什乡境内，位于祁连县城北西向30千米，走廊南山南坡黑河北岸，省道二尕公路纵贯矿区南侧，交通便利。矿区西起石头沟（卧龙沟），东至香子沟，东西长4.75千米，南北宽2.1千米，面积约10平方千米。矿区处于北祁连加里东褶皱带中段走廊南山复背斜南翼。出露地层主要为中寒武统黑刺沟群上岩组绿片岩，为矿区主要含矿岩组，厚大于1897米，以中酸性火山碎屑岩及熔岩为主，夹有硅质岩及少量板岩等。矿床成因为火山气液类型，工业类型为火山岩系中的黄铁矿矿床。矿产水文地质条件简单，宜进行地下开采。矿区黄铁矿保有资源储量为1200.6万吨，矿石质量硫16.02%。

8. 黑刺沟石棉矿

黑刺沟石棉矿地处祁连县野牛沟乡境内，位于祁连县城以西托勒山北坡近分水岭处，自矿区向北31千米处与省道二尕公路相接，交通便利。此矿床以石棉为主，为共（伴）生有化肥用蛇纹岩、滑石、菱镁矿和镍的超基性岩型蛇纹石石棉矿床，含棉超基性岩体与玉石沟含铬超基性岩体属同一岩体。祁连县黑刺沟石棉矿保有石棉资源储量为1024.4吨，含棉量5%；化肥用蛇纹岩资源保有储量19488.4万吨。

9. 小八宝石棉矿

小八宝石棉矿地处祁连县阿柔乡境内，位于祁连县城东南约30千米小八宝河上游托勒山北坡近分水岭处，矿区面积24.4平方千米。省道峨（堡）祁（连）公路与小八宝矿区专用公路连接，交通便利。矿田处于北祁连山加里东褶皱带中段托勒山复向斜北翼近东段。矿田东西长10.5千米，宽2.3千米。矿床类型为超基性岩蛇纹石石棉矿床。矿田Ⅰ矿床保有石棉资源储量11.5万吨，矿石质量含棉量2.97%；Ⅱ矿床保有石棉资源储量212.3万吨；Ⅲ矿床保有石棉资源储量14.6万吨，矿石质量含棉量8.23%。

（三）海西地区

海西地区主要成矿区（带）有：柴达木盆地石油、天然气和盐类成矿区；柴达木北缘有色金属、煤成矿带；祁漫塔格-察汗乌苏铁、多金属成矿带；阿尔金石棉成矿带；小唐古拉铁、多金属成矿带。共发现铁、铅锌、金、银、钨、锡、铌、钽、锂、钾盐、镁盐、石盐、硼、溴、碘、芒硝、石膏、天然碱、自然硫、压电水晶、天青石、硅灰石、石棉、化工灰岩、石油、天然气、煤等矿产80种，产地近千处。其中，探明储量的矿产有52种，产地270处，占全省探明产地数的40%。探明储量潜在经济价值占全省总潜在经济价值的90%以上。

此区以钾盐为主的盐类矿产是省内的优势矿产。矿床主要赋存于第四纪现代盐湖中，固液并存，以液为主，伴生有铯、铷、溴、碘等多种有益组分。主要的大、中型矿床有：察尔汗、大浪滩、昆特依钾镁盐矿床，大、小柴旦湖硼矿床，一里坪、东台吉乃尔、西台吉乃尔湖锂矿床，茶卡、柯柯石盐矿，察汗斯拉图芒硝矿。

锡铁山铅锌矿亦以其储量大、品位高、伴生多种稀有、贵金属元素，现已成为国家重点开发项目之一。

铁矿床一般规模较小，富矿少，但集中分布在格尔木和都兰地区，且储量占全省铁矿总储量的80%以上。肯德可克、尕林格等部分铁矿床共（伴）生有色和贵金属矿产。

石油、天然气分布于盆地中西部，已知有三个时代的生油层，查出地面构造143个，潜伏构造43个，共发现油田17个（其中大型油田1个、中型油田6个、小型油田10个），气田9个（大型3个、中型1个、小型5个）。

柴达木北缘和天峻木里地区是青海省内的主要产煤区，成煤时代以早、中侏罗世为主，其次为石炭纪，煤质较好，类型基本齐全。硅石、化工灰岩、黏土矿、长石、蛇纹石、滑石等非金属矿产也很丰富，还发现有绿松石、蔷薇辉石等玉石矿点和岩金矿床。大柴旦滩间山、都兰县沟里等有岩金矿开采。

柴达木矿产资源的开发利用，已形成盐湖化工、石油天然气、有色金属三大支柱产业和冶金、建材业两大优势产业。2005年10月，柴达木循环经济试验区被列入首批13个国家级循环经济试验区。2010年3月，国务院批复实施《青海省柴达木循环经济试验区总体规划》，柴达木发展循环经济由地方发展战略上升为国家发展战略。柴达木循环经济试验区逐步搭建起油气-盐化工、煤-焦-盐化工、煤化工-盐化工-建材、有色金属-天然气-盐化工、铁矿-焦炭-钢铁及新能源六大循环产业链基本架构。

1. 肯德可克铁矿

肯德可克铁矿区地处格尔木市乌图美仁乡境内，位于格尔木市北西向290千米，矿区有便道连接格（尔木）茫（崖）县际公路。矿区地处东昆仑褶皱带西段北缘的喀雅克登塔格复式背斜北翼。此矿床以铁为主，共生、伴生铅锌、铜、硫、金、钴、铋、银、镉等矿产的矽卡岩-热液型矿床。肯德可克铁矿区铁资源保有储量7199万吨，矿区附近有野马泉、尕林格、五龙沟铁矿床等。

2. 锡铁山铅锌矿

锡铁山铅锌矿区地处大柴旦境内，位于柴达木盆地北缘，巴嘎柴达木湖以南20千米处。矿区北距大柴旦60千米，南距格尔木市131千米。国道红（柳园）格（尔木）公路、青藏铁路分别从矿区西侧和东南方向通过，至矿区有专用支线相通，交通便利。锡铁山矿区保有铅资源储量79998.2吨。

3. 尕林格铁矿

尕林格铁矿区地处格尔木市乌图美仁乡境内，位于柴达木盆地西南缘。格茫县际公路从矿区北部通过，距矿区直线距离约30千米，尕林格铁矿区经肯德可克矿区公路、甘森油泵站、乌图美仁乡至格尔木市全程318千米。矿床探明储量：铅锌283万吨，伴生组分金大于10吨、银1276吨、锡3735吨、铟670吨、镉9108吨、硫380吨，为一大型铅锌矿床。

4. 一里坪锂矿

一里坪锂矿区位于柴达木盆地中西部，地处冷湖境内。矿区北距冷湖行委139千米，东距大柴旦行委230千米，向东至青藏铁路饮马峡车站310千米，西距茫崖行委180千米，国道西（宁）莎（车）公路（亦称青新公路）纵贯全区，交通便利。矿区地处柴达木盆地中部盐湖带的中西部，矿区面积360平方千米。矿区无地表水体及地下水天然露头，亦无潜水补给，古近系油田水因与盐类沉积间有巨厚的泥岩、淤泥、黏土层相隔，对矿床补给的可能性不大，故属水文地质条件简单的类型。卤水埋藏浅，适宜露天抽取。矿区锂矿资源保有储量1799420吨。

5. 西台吉乃尔湖锂矿

西台吉乃尔湖锂矿区地处大柴旦西部境内，位于柴达木盆地中西部，一里坪锂矿区以南30千米处。国道西莎公路由矿区北部通过，东距大柴旦226千米，西距茫崖300千米，交通尚方便。矿区内锂矿主要赋存于地表卤水（湖水）和地下晶间（石盐）与孔隙（细砂）卤水中，共生有丰富的硼、钾、镁、钠等有用元素，固体矿产为石盐。西台吉乃尔湖为特大型锂矿床，共生有硼、镁、湖盐三个大型矿床，一个钾盐中型矿床。矿床在勘探期间未采样进行提锂工艺试验。水文地质条件简单，仅在南部有地表水（河水）补给。西台吉乃尔湖锂矿区锂资源保有储量2829218吨，当年开采锂矿42618吨；盐（固体）资源保有储量466806.9万吨，盐（液体）资源保有储量22665.2万吨；镁盐（固体）资源储量2325.3万吨；镁盐（液体）资源储量17195.3万吨；钾盐（固体）资源保有储量2126万吨；钾盐（液体）资源保有储量2449.6万吨；硼矿（液体）资源保有储量150.3万吨。

6. 尕斯库勒油田

尕斯库勒油田地处茫崖境内，位于茫崖镇东南向85千米，花土沟镇南约20千米，尕斯库勒湖东畔。国道西莎公路从油田北侧通过，输油管道由矿区直通格尔木，交通便利。尕斯库勒油田确证为一个具有多套含油层系地质储量上亿吨的大型油田。1978年，尕斯库勒油田开始试采，1987年正式投入开发，现已建成120万吨原油年生产能力，其产量占青海省原油总产量的80%～90%。

7. 花土沟油田

花土沟油田地处茫崖花土沟镇境内，西距茫崖镇约65千米，东北距冷湖镇290千米，东距大柴旦镇485千米，南距格尔木市441千米，国道西莎公路和省道当黄公路及格茫县际公路均通往矿区，交通便利。1954年，青海石油勘探局在石油普查时发现，至1996年底，油田累计生产原油154.91万吨，累计产油田伴生气11856万立方米。之后，油田原油年产量大致稳定在6万吨左右。

8. 台南气田

台南气田地处格尔木市境内西北、台吉乃尔湖西南约10千米处，国道西莎公路从气田北缘通过，可直通台南气田，交通便利。气田位于柴达木盆地东部坳陷区台南涩北构造带台南潜伏构造，在柴达木盆地的9个气田中，台南气田是天然气储量最丰、地层最全、最具代表性的完整的背斜构造生物气藏。1987年，首钻台中1号井获高产工业气流而发现，台南气田探明含气面积23.4平方千米，探明天然气地质储量198.91亿立方米。

9. 涩北气田

涩北气田地处格尔木市境内西北、东台吉乃尔湖东约10千米处，国道西莎公路直通矿区，交通便利。涩北气田勘探工作始于20世纪60年代，青海石油管理局在地面详查时发现涩北气田地面构造，涩北一号气田探明含气面积29.7平方千米，探明天然气地质储量283.74亿立方米。涩北二号气田探明含气面积27.7平方千米，探明天然气地质储量108.19亿立方米。1996年，涩北气田开始开发，开通涩(北)格(尔木)输气管道，建成2万千瓦燃气轮发电机组，天然气应用进入工业性实施阶段。2000年，涩(北)西(宁)兰(州)输气管道建设开通，西气东输进入实施阶段。

10. 聚乎更煤矿

聚乎更煤矿地处天峻县木里乡境内、大通河上游南岸，全长150千米的天(峻)木(里)专用公路和全长195.24千米的哈(尔盖)经柴(达尔)至木(里)地方铁路直通矿区，交通便利。聚乎更煤矿规模巨大，煤层稳定，主要可采煤层平均厚度大。聚乎更煤矿一号井田开采矿区焦煤资源保有储量37559.9万吨，二号井田开采矿区焦煤资源保有储量13068.5万吨，三号井田资源保有储量17876万吨，四号井田资源保有储量23201万吨；聚乎更煤矿一号露天开采矿区焦煤资源保有储量14928.5万吨，二号露天焦煤资源保有储量2999.6万吨，三号露天焦煤资源保有储量15531.3万吨。

11. 鱼卡煤矿

鱼卡煤矿地处大柴旦境内西北部、鱼卡河两侧，国道西莎、红格公路从矿区通过，矿区距大柴旦镇46千米，东距德令哈市245千米，南距格尔木市239千米，距青藏铁路饮马峡车站116千米，交通便利。鱼卡煤矿位于柴达木北缘台缘褶皱带之中生代坳陷带中。煤层赋存在中下侏罗统大煤沟组煤系地层中，岩性主要为砂岩、砂砾岩、页岩、砂质页岩及黏土岩等。全矿区累计探明资源储量达16547.8万吨，鱼卡矿区遂成为海西地区又一个重要的煤炭基地。鱼卡煤矿第一井田开采矿区长焰煤资源保有储量1945.6万吨，第二井田长焰煤资源保有储量1128.8万吨，西部井田长焰煤资源保有储量409.5万吨；煤田尕秀区段不粘煤、长焰煤资源保有储量12919.4万吨。

12. 察尔汗盐湖钾镁盐矿

察尔汗盐湖钾镁盐矿区地处格尔木市境内北部，南距格尔木市区65千米，北距大柴旦镇129千米，红格公路、青藏铁路及格察高速公路纵贯矿区，交通十分便利。察尔汗盐湖东西长168千米，南北宽20～40千米，面积5856平方千米，液体矿：按卤水赋存状态分为地表湖水、晶间卤水和孔隙卤水三种类型，且以晶间卤水为主。察尔汗矿区固体钾矿资源保有储量为1818万吨，液体钾矿资源保有储量5925.2万立方米；别勒滩开采矿区液体钾矿资源保有储量11206万立方米；达布逊湖地表开采矿区液体钾矿资源保有储量46.6万立方米；察尔汗矿区液体碘矿资源保有储量999.6立方米；别勒滩开采矿区液体碘资源保有储量795万立方米；察尔汗矿区锂矿资源保有储量153401.3万立方米；别勒滩开采矿区锂矿资源保有储量794775.1万立方米；察尔汗矿区溴矿资源保有储量15368万立方米；别勒滩开采矿区溴矿资源保有储量12456万立方米；察尔汗矿区硼矿（液体）资源保有储量238.2万立方米；别勒滩开采矿区硼矿资源保有储量339.8万立方米；察尔汗矿区盐矿（固体）资源保有储量1044749.7万吨；别勒滩开采矿区盐矿资源保有储量3160933.2万吨；察尔汗矿区盐矿（液体）资源储量77290.6万立方米；别勒滩开采矿区盐矿（液体）资源保有储量64336.9立方米；达布逊湖地表开采矿区盐矿（液体）资源保有储量353万立方米。

13. 大浪滩钾矿田

大浪滩钾矿田地处柴达木盆地西北部的茫崖境内，省道当（金山）黄（瓜梁）公路和国道西莎公路从矿区东、南通过，矿区至老茫崖约80千米，南至格尔木432千米，东距大柴旦370千米，北至冷湖140千米。各矿床间均有汽车便道相通，交通较方便。大浪滩矿田为一个以钾镁盐为主的大型综合性矿床，矿田处于柴达木盆地西北部的古近系褶皱带中，呈北西向延伸，长约100千米，宽约50千米，面积约5000平方千米。钾矿主要赋存于第四系上更新统至全新统的盐类沉积层及其晶间卤水中。卤水化学类型以硫酸盐为主，其次为氯化物型。共生矿产有石盐、芒硝。矿区无地表水体，水文地质条件简单。液体矿可用抽卤、盐田蒸发工艺开采；固体钾矿主要层埋藏浅，剥采比1.14，可露采。芒硝、石盐矿杂质含量较高，无独立开采价值，但可用水采法液体钾矿一并开采，综合利用。矿田梁中开采矿区固体矿资源保有储量2041.7万吨，当年开采量23.5万吨；风南矿区钾矿资源保有储量299万吨；梁中开采矿区浓钾矿资源保有储量18011.4万立方米；黄瓜梁矿床液体钾矿资源保有储量419.9万立方米；田双泉矿床液体钾矿资源保有储量1618.1万立方米；田风南矿床液体钾矿床资源保有储量80.7万立方米。

14. 大柴旦湖硼矿

大柴旦湖开采硼矿区固体硼矿资源保有储量491.6万吨，液体硼矿资源保有储量43.5立方米；溴矿资源保有储量1129.3万立方米；钾盐矿资源保有储量265万立方米；镁盐（液体氯化镁）矿资源保有储量1422.3万立方米；固体盐矿资源保有储量12567.6万吨，液体盐矿资源保有储量4471.3万立方米。

15. 茶卡盐矿

茶卡盐矿地处乌兰县茶卡镇南约4千米处，丹（东）拉（萨）公路从矿区北侧通过，青藏铁路察汗诺至茶卡支线直通矿区，行程43千米；茶卡东至西宁302千米，西北至乌兰县77千米，交通便利。矿区位于盆地西南边缘最低处的盐池中，沉积物产状基本水平，自上而下为：盐壳，分布于盐滩顶部，呈层状，厚1～10厘米；石盐、芒硝矿各有两层，与硼矿相伴产出。1950年，青海茶卡盐厂建成，进行小规模露天开采，年产原盐不足3万吨。20世纪70年代，修建铁路专线直通盐厂，1976年，茶卡盐矿开采基本实现机械化，年产原盐50万吨。1982年，开始扩建年产20万吨洗涤盐和10万吨粉洗盐精加工车间，1986年正式建成投产。1991年，年产原盐达52万吨。至1996年，共采出原盐739万吨。此后，原盐产量随市场需求增减，年产原盐达到75.4万吨。乌兰县茶卡盐矿（固体）资源保有储量43605.4万吨。

16. 柯柯盐矿

柯柯盐矿区地处乌兰县柯柯镇境内，东距乌兰县城30千米，距西宁市400千米，西北至德令哈市80千米，国道西莎公路和青藏铁路沿矿区北侧通过，交通便利。柯柯盐湖属第四纪内陆湖泊化学沉积，为固液并存的石盐矿床。盐湖位于阿木尼克山-阿里根山-阿干大里山-阿移项山-牦牛山山间闭流盆地中，矿区地质构造简单，盐层水平，出露主要地层为第四系砾石层、砂砾层、亚黏土、亚砂土细砂层，石盐主要沉积在全新统上部化学沉积中。柯柯盐矿蕴藏量大，总储量达10.26亿吨，氯化钠品位高，杂质少，平均含量达到85％～90％，每平方千米可产750万吨氯化钠，且便于露天开采。

17. *硫磺山自然硫矿*

位于天峻县苏里乡尕河村硫磺山，交通便利。硫磺山自然硫矿田布鲁斯矿床资源保有储量15.8万吨；波罗沟矿床资源保有储量2.3万吨；干沟西矿床资源保有储量5.2万吨；干沟矿床资源保有储量4000吨；硫磺山矿区资源保有储量1.9万吨；无名沟矿点资源保有储量3000吨。

18. *茫崖石棉矿田*

矿区地处茫崖镇境内，东距茫崖花土沟镇70千米，东南距格尔木市512千米，东距西宁市1272.39千米，交通尚属方便。随着石棉的持续开发，此区已成为中国最大的石棉生产基地之一。矿区处于阿尔金山褶皱带中部的苏巴里克复向斜东段，出露地层主要是下奥陶统蚀变玄武岩、碎屑岩夹大理岩。此矿自1959年建材工业部茫崖石棉矿初建投产，小型规模开采，年产石棉1万吨。1989年，选矿能力达到2.1万吨每年，1996年，石棉产量达到4.68万吨。1997年4月，3万吨每年石棉选矿厂扩建工程建成投产，石棉选矿能力达到5万吨每年左右。1966—1984年，青海、新疆两省(区)的近20家矿山企业在巴州矿和若羌矿开采，由于生产工艺、设备落后，生产成本过高及产品销路不畅等原因而停产闭坑。矿田东开采矿区资源保有储量1461.7万吨，当年开采157万吨；西开采矿区资源保有储量2377.3万吨，当年开采2000吨。

19. *大风山锶矿(天青石)*

大风山锶矿区位于柴达木盆地西北部，茫崖境内。省道当(金山)黄(瓜梁)公路从矿区中部通过，于黄瓜梁与国道西莎公路相接，西距茫崖花土沟镇166千米，东北距冷湖镇128千米，东至青藏铁路饮马峡车站468千米，交通较为便利。矿田由四个矿带组成，东西长13千米，南北宽5千米，面积65平方千米。矿区内无地表水，水文地质条件简单。矿体产状平缓，大部分裸露地表；大部分地区围岩稳定性良好，剥采比小于1，适宜露天开采。矿田Ⅰ、Ⅱ、Ⅲ开采矿区资源保有储量2431.4万吨；Ⅳ开采矿区资源保有储量10.2万吨。

20. *六五沟白云母矿*

矿区地处大柴旦多罗尔什六五沟境内，西距冷湖镇65千米。由矿区向西南行14千米简易公路便与省道当-黄公路相接，交通尚便利。矿区处于阿尔金山褶皱带东段，多罗尔什前震旦纪凸起的中部。区内出露地层除少量第四系外，均为前震旦系变质岩，按岩性分成角闪质条痕状混合岩及少量条纹状眼球状混合岩，石榴黑云母石英片岩和大理岩。1970年，冷湖镇与省云母矿筹建处在六五沟建矿开采，开采中发现矿体变化太大，于1974年被迫下马闭坑，累计采出白云母原矿250～300吨。矿区云母矿资源保有储量1054吨。

21. *吴曼通洞水晶矿*

矿区地处格尔木市唐古拉乡境内，位于唐古拉山脉主峰东侧。矿床规模巨大，水晶质量甚佳，水文地质条件简单(无地下水)，适宜阶梯状露天开采，但矿区位处边远，地势高峻，冰川广布，气候严寒，交通不便，对矿床开发带来一定困难。唐古拉吴曼通洞水晶矿压电水晶资源保有储量29382千克，矿石单晶含量61.83克每立方米；吴曼通洞水晶矿熔炼水晶资源保有储量352吨，熔炼水晶含量1320克每立方米。

22. *昆仑玉*

矿区地处格尔木市纳赤台万宝沟境内，位于东昆仑成矿带昆中断裂南侧前震旦纪隆起带边部，国道丹拉公路和青藏铁路通过矿区东、南缘，距格尔木市区南约90千米，交通便利。

青海昆仑玉开发历史悠久，品种多样、质地细腻、油脂光泽、耐磨抗震，适合加工成各种装饰品。大灶火西南山青玉矿开采矿区资源保有储量

17041吨，矿石质量摩氏硬度6级，透闪石93%；纳赤台三岔口软玉矿开采矿区资源保有储量17725吨，硬度6.5级。

23. 滩间山岩金矿

矿区地处大柴旦境内，位于赛什腾山脉东段至滩间山东段。沿红格公路至391号公路里程碑西行16号公路即可抵矿区，交通便利。矿床地处柴达木北缘残山断陷带，由金龙沟和细金沟两个矿区组成，面积约2平方千米。矿床成因属构造蚀变岩型。矿区各矿体均在潜水面以上，地层内无层间水和裂隙水。围岩坚硬，稳定性好。主要矿体埋深200米以内，适宜洞采，部分可露天开采。金龙沟矿区（岩金）资源保有储量30476千克；银矿（伴生矿产）资源保有储量3吨。

24. 五龙沟金矿

矿区位于都兰县宗加镇诺木洪西南的五龙沟地区，地处柴达木盆地南缘，东昆仑中段北坡，海拔3300～4500米，地形复杂，山势陡峭，气候干旱，属高原荒漠区。国道109线从矿区北部穿过。在区内发现岩金沟、萤石沟-红旗沟、三道梁-苦水泉三条脆韧性剪切带，带内分布有15条含矿蚀变带；发现岩金沟、淡水沟、红旗沟-深水潭等各类金矿（床）点60余处，可提交金资源量90余吨级的大型金矿床。五龙沟金矿区资源量1966千克；红旗沟-深水潭金矿区资源量33680千克，矿石质量金3.47克每吨。

（四）海南地区

海南地区地质构造处于东昆仑海西褶皱带东端与西秦岭印支造山带相毗邻地带，区内主矿带有拉脊山南缘铜、镍、贵金属成矿带，青海南山铁、铜成矿带，鄂拉山有色金属成矿带，河卡南山金、锑、钨成矿带，苦海-河南汞、锑、钨、金成矿带等。全区共发现矿种32种、产地148处，其中有20处矿产地探明储量。主要有兴海县赛什塘铜矿、铜峪沟铜矿、什多龙铅锌矿、同德县穆黑沟汞矿、沙尔诺汞矿、克穆达、龙沟铜镍矿、共和县钨锑矿、石乃亥铌钽铷稀有金属矿等。

1. 赛什塘铜矿

矿区位于东昆仑海西地槽褶皱带与西秦岭印支地槽褶皱带相衔接的鄂拉山南东边缘，成矿区属鄂拉山多金属矿带赛什塘-日龙沟亚矿带。矿产包括5个中型矿床（铜、金、银、镉、砷）和6个小型矿床（铅、锌、硫、铁、镓、硒），此矿以铜为主，包含多种有益组分的综合性矿床。矿床位处青海南山冒地槽带，属巴颜喀拉成矿区昆南成矿带，矿床赋存于下二叠统的大理岩、变质（泥质）粉砂岩、黑云母千枚岩和石英闪长岩中。矿区水文地质条件为简单-中等，矿体均为隐伏矿体，适宜坑硐开采，顶底板为稳固和较稳固的差石，坚实系数4～14，仅在断裂破碎带附近，开采时须预防垮塌。矿区铜矿（主要矿产）资源保有储量39.29万吨；铅矿（共生矿产）资源保有储量3.6万吨；锌矿（共生矿产）资源保有储量10.05万吨；金矿（伴生矿产）资源保有储量11948千克；银矿（非伴生矿）资源保有储量511吨；镓矿（伴生矿产）资源保有储量331镓吨；镉矿（伴生矿产）资源保有储量1545镉吨。

2. 铜峪沟铜矿

矿区地处兴海县温泉乡境内，位于县城（子科滩）西南，由县城经河泽公路拉干坡沿兴温县乡道路南行，经那尔干、赛什塘至铜峪沟，全程95千米。矿区位处青海南山冒地槽带，与赛什塘铜矿同属巴颜喀拉成矿区昆南成矿带。矿床赋存于下二叠统的海相碎屑岩系的钙质千枚岩、钙质粉砂岩、大理岩及黑云母千枚岩中。矿区水文地质条件为简单-中等，属以岩溶裂隙含水充水为主、顶底板直接或间接进水的矿床类型。矿体顶底板围岩坚硬，为稳固-很稳固。矿体走向东西，倾向由北向南往深部延伸；主矿倾向与地形坡度相反，浅部宜用平巷开采。矿区铜矿（非伴生矿）资源保有储量29.89万吨；铅矿（共生矿产）资源保有储量48858吨；锌矿（共生矿产）资源保有储量36407吨；锡矿（伴生矿产）资源保有储量18438吨；金矿

(伴生矿产)资源保有储量3050千克;银矿(伴生矿产)资源保有储量415吨;镓矿(伴生矿产)资源保有储量190镓吨;镉矿(伴生矿产)资源保有储量2219镉吨;硒矿(伴生矿产)资源保有储量122硒吨。

3. 什多龙铅锌矿

什多龙铅锌矿区地处兴海县大河坝乡境内,位于青根河上游支流都龙昂措处。矿区距国道西(宁)景(洪)线56千米,有专用公路连通,交通便利。该矿区为铅、锌、镓等的大型综合性矿床。矿区位处青海南山冒地槽带,与赛什塘铜矿同属巴颜喀拉成矿区昆南成矿带。矿区共查明16个矿带、63个矿体,其中60个为铜矿体,3个为硫矿体。矿区水文地质条件简单-中等,矿体顶底板围岩坚硬,稳固-很稳固。矿体走向东西,倾向由北向南往深部延伸;主矿倾向与地形坡度相反,浅部宜用平巷开采。矿区铜矿(非伴生矿)资源保有储量29.89万吨;铅矿(共生矿产)资源保有储量48858吨;锌矿(共生矿产)资源保有储量36407吨;锡矿(伴生矿产)资源保有储量18438吨;金矿(伴生矿产)资源保有储量3050千克;银矿(伴生矿产)资源保有储量415吨;镓矿(伴生矿产)资源保有储量190镓吨;镉矿(伴生矿产)资源保有储量2219镉吨;硒矿(伴生矿产)资源保有储量122硒吨。

4. 穆黑沟汞矿

矿区地处同德县秀麻乡境内,位于同德县东南50千米处,交通较便利。矿床位于西秦岭印支造山带西端。矿区位于中铁断裂南侧,江前复背斜南翼,穆黑沟次级倒转向斜北翼的含矿裂隙带中,含矿地层以中三叠统岩组砂板岩(局部夹砾岩及灰岩透镜体)为主。矿床主要储量地段位于当地侵蚀基准面以上,水文地质条件简单,工程条件较差,主矿体均赋存于构造破碎带中,开采需要支护。此矿开采初期以露采富矿为主,后期利用勘探坑道开采浅部二中段以上富矿体。穆黑沟汞矿区汞矿资源保有储量1119吨。

5. 沙尔诺汞矿

矿区地处同德县唐干乡境内,位于穆黑沟汞矿东8千米处。矿区海拔3760～3950米,其自然地理、区域地质、矿床地质及开发利用条件等,均与穆黑沟汞矿基本相似。矿区水文地质条件中等,矿体围岩较坚固,但在破碎带内开矿需要支护。矿石易选冶,可供边探边采,与穆黑沟汞矿一起,统一规划开发。同德县沙尔诺汞矿区汞矿(单一矿产)资源保有储量744吨。

6. 索拉沟多金属矿

矿区地处兴海县大河坝乡境内,至国道西景公路7千米,与矿区专用公路相接,交通便利。矿床位处青海南山冒地槽带,属巴颜喀拉成矿区昆南成矿带。矿体位于当地侵蚀基准面以上,水文地质工程地质条件简单,矿体为单斜层,且与主要赋矿地段地形坡向一致,适于巷道开采。矿区铜矿(主要矿产)资源保有储量58526吨;铅矿(共生矿产)资源保有储量20280吨;锌矿(共生矿产)资源保有储量37455吨;锡矿(伴生矿产)资源保有储量403吨;镓矿(伴生矿产)资源保有储量313镓吨;镉矿(伴生矿产)资源保有储量1288镉吨。

(五)黄南地区

黄南地区内由北而南可划分出兴海-同仁(银、铜、铁、砷)多金属成矿带、同德-河南汞锑(钨、金)成矿带、西倾山汞锑(钨、金)成矿带。在三个成矿带内,已发现的矿产种类有煤、油页岩、铀、钍、铁、铅、锌、铜、钼、钨、锡、汞、锑、金、银、砷、泥炭、石膏、芒硝、石灰石、硅石、黏土、萤石、白云母、陶粒原料及地热水等28种,产地或矿化线索153处。经勘查证实具工业价值的中、小型矿床有同仁县双朋西铜矿、夏布楞多金属矿,泽库县老藏沟多金属矿、夺确壳金砷矿、瓦勒根金矿、多朗尕日寨多金属矿,河南县赫格楞汞锑矿、李卡如山泥炭矿等。

1. 老藏沟多金属矿

矿区地处泽库县多福屯乡境内，位于泽库县城北东，距麦秀林场7千米，省道阿(岱)赛(尔龙)公路接简易公路直通矿区，交通便利。矿区位于吉浪-多福屯-多哇断裂以北，夏琼复背斜南翼。矿床受走向近南北火山机构控制，主矿体产于老藏沟火山机构东侧，分为拨雾沟和史赫郎卡两个矿段，有矿体96个。矿区内矿体多为“盲矿”，围岩坚固，宜用坑硐式开采。矿区铅矿(主要矿产)资源保有储量80763吨；锡矿(共生矿产)资源保有储量432吨；锌矿(伴生矿产)资源保有储量49785吨；银矿(伴生矿产)资源保有储量262吨；硫铁矿(伴生矿产)资源保有储量26.2万吨；铟矿(伴生矿产)资源保有储量10铟吨；镉矿(伴生矿产)资源保有储量191镉吨；砷矿(伴生矿产)资源保有储量19771砷吨。

2. 夺确壳金砷矿

矿区地处泽库县和日乡境内，位于和日乡东南直距15千米处。泽(库)和(日)县乡公路可连接矿区公路，交通尚方便。矿床地处西秦岭印支造山带西段，兴海-同仁复背斜南翼。矿体产于中三叠统千枚状粉砂岩、泥质板岩和变粉砂岩与花岗闪长岩的接触带上。矿石自然类型分为氧化物型、石英脉型和金属硫化物型3种。矿区金矿资源保有储量696千克，砷矿资源保有储量24574砷吨。

3. 多朗尕日寨多金属矿

矿区地处泽库县多福屯乡境内，位于多福屯乡西北28千米处，有简易公路通达矿区，与省道阿赛公路相接，交通较方便。矿床地处西秦岭印支造山带西段，兴海-同仁复背斜南翼。矿床由130多条含金属硫化物石英脉群组成。此矿是青海省内唯一以砷为主的矿床，具一定规模，但矿体较小。矿脉倾斜陡立，顶岩板围岩坚固，矿脉与围岩界限清楚，水文地质条件简单，适于坑硐分段开采。矿区砷矿(单一矿产)资源保有储量19466砷吨。

4. 李卡如山北侧泥炭矿

矿区地处河南蒙古族自治县境内，位于河南县城(优干宁)东南约30千米(直线距离)，有公路相通，交通较为方便。矿床地处西倾山东延部分的李卡如山北侧沼泽化丘陵区内。此矿宜露天开采，但泥炭尚未利用。矿区泥炭(单一矿产)资源保有储量787万吨，发热量2131千卡每千克，腐殖酸总量22.48%。

5. 瓦勒根金矿

矿区位处泽库县麦秀镇境内，地处西秦岭西段，海拔3320～4635米，山高谷深，峰锐坡陡，自然条件严酷。矿区西南到泽库县城直线距离60千米，东北至黄南州府隆务镇40千米，由省道阿(岱)赛(尔龙)公路连接，交通方便。矿床地处西秦岭成矿带西段，区内出露地层主要为早中三叠世隆务河组杂砂岩、板岩、结晶灰岩。矿床为属产于沉积岩容矿岩系中的受断裂破碎带控制的微细粒浸染型金矿床。矿区金矿资源保有量18607千克，矿石品位金2.87克每吨。

(六)玉树、果洛地区

玉树、果洛地区地质构造位置从北到南横跨东昆仑海西冒地槽褶皱带，西秦岭、松潘甘孜、三江和唐古拉印支冒地槽褶皱带。区内已知重要的成矿带有：积石山金铜钴成矿带，巴颜喀拉山金锑汞成矿带，当江-直门达多金属成矿带，多彩-巴塘铁、多金属成矿带，杂多-囊谦多金属成矿带，小唐古拉铁、多金属金成矿带。已发现的矿产有煤、油页岩、地热水、泥炭、铁、锰、铜、铅、锌、汞、钴、金、银、硫、水晶、萤石、重晶石、白云母、池盐、钾盐、石膏、石灰岩、采石等47种，产地或矿化线索289处。其中经勘查证实具工业价值的大、中型矿床有：玉树县赵卡隆铁铜多金属矿，囊谦县冶金山铁矿，杂多县纳日贡玛铜钼矿，治多县尕龙格马多金属矿，称多县扎朵砂金矿，曲麻莱县大场砂金、岩金矿，玛沁县德尔尼铜钴矿，玛多县苦海汞矿、班玛县多卡、吉卡砂金矿，久治县年保滩泥炭地等。

1. 德尔尼铜钴矿

矿区地处玛沁县境内，位于玛沁县大武镇西南直线距离20千米处。矿区至大武镇有简易公路相通，行程35千米，交通较方便。矿区包括5个大型矿床（铜、钴、硫、金、硒）和2个中型矿床（锌、银），是省内以铜、钴为主的大型综合矿床。矿床位于阿尼玛卿地槽褶皱带东段。矿床内主要矿体均处于当地侵蚀基准面以上80～120米处，宜于坑硐开采。矿区铜矿资源保有储量12.33万吨；钴矿资源保有储量2.34万吨；锌矿（共生矿产）资源保有储量7.32万吨；金矿（伴生矿产）资源保有储量16788千克；银矿（伴生矿产）资源保有储量152吨；硒矿（伴生矿产）资源保有储量895硒吨。

2. 多卡砂金矿

矿区地处班玛县达卡乡境内，省道西（宁）久（治）公路至多贡麻，由县乡公路经马可河、吉卡、达卡至多卡砂金矿区全长108千米，交通便利。矿床位于巴颜喀拉山印支冒地槽褶皱带东南部，杜柯河背斜南翼。至1996年，累计生产黄金699.464千克，创产值5269.89万元。多卡金矿遂成为班玛县财政支柱企业。2002年，青海省人民政府发布《关于在全省范围内禁止开采砂金的通知》后，班玛县多卡砂金停采。矿区砂金资源保有储量2415千克。

3. 苦海汞矿

矿区地处玛多县与兴海县的交界处，位于西景公路167千米里程碑处，经14千米简易公路可直抵矿区。矿区距玛多县城（玛查里）152千米，距兴海县城（子科滩）167千米。矿区面积约10平方千米，矿床规模较大，地处东昆仑海西地槽褶皱带与巴颜喀拉山印支地槽褶皱带相衔接地带，苦海（豆措）-赛什塘隆起池塘拗陷间的热深儿向斜东南翼。玛多县苦海汞矿区汞矿资源保有储量2317汞吨。

4. 年保滩泥炭

矿区地处久治县境内，位于久治县城（智清松多）西49千米处，有公路通过矿区，交通较方便。泥炭地位于北西走向的巴颜喀拉山系支脉年保山北坡，属于久治县索乎日麻-则格日阿尼炭富集带的一部分。年保滩属沟谷型泥炭地，矿区面积约500平方千米，圈定工业矿体9个。矿体一般可作肥料和优质燃料。泥炭层分布点多、面广、埋藏浅，泥炭层上覆盖物薄，可露天开采。久治县年保滩泥炭资源储量981.2万吨，腐殖酸总量36.91%，干容重0.27克每立方米，灰分27.15%。

5. 赵卡隆铁铜多金属矿

矿区地处玉树县巴塘乡境内，玉树县城（结古镇）至巴塘乡有国道西景公路可通达；巴塘至矿区有简易公路相通；总行程65千米，交通较方便。矿床地处三江造山带乌丽-囊谦褶皱带东段，矿床受北西-南东向的向斜构造控制，主要含矿层产于向斜南西翼巴塘群上部碎屑岩夹安山岩层内。矿区地势陡峻，矿体大部出露地表，部分可露采，围岩坚固，矿石含银高，铅锌矿物颗粒粗，易选。矿区铁矿（主要矿产）资源保有储量2019.6万吨；铜矿（共生矿产）资源保有储量5.4万吨；铅矿（共生矿产）资源保有储量4.02万吨；锌矿（共生矿产）资源保有储量2.4万吨。

6. 扎朵砂金矿

矿区地处称多县扎朵-尕朵乡之间，位于通天河下段北侧支流细曲的中上游及其支沟昂然切和夏嵩河谷中，清（水河叉口）曲（麻莱）公路通达矿区，交通便利。矿床位于巴颜喀拉山印支地槽造山带的中段南侧，矿石属不冻结砂砾岩型，易选，工程地质、水文地质条件简单，宜用船采。矿区赛柴沟、昂然切矿段（停采矿区）砂金资源保有储量2182千克；扎朵金矿区细曲、夏蒿矿段（停采矿区）砂金资源保有储量2448千克。

7. 大场金矿

矿区地处曲麻莱县麻多乡境内，位于麻多乡

西北30千米处。西北距格尔木市300千米，东北距都兰县260千米，东距玛多县250千米，交通方便。矿区位于巴颜喀拉山成矿带北缘（特提斯北峰），北以布青山南坡断裂为界与阿尼玛卿海西期缝合带毗邻，南东以巴颜喀拉主峰北侧断裂为界，与中南巴颜喀拉造山亚带相邻。大场金矿为构造蚀变岩性金矿，含矿岩性主要为黄铁矿化毒砂矿化构造角砾岩，矿石工业类型为微细粒浸染型硫化金矿石，为一个超大型金矿田，累计金资源量达222.85吨。

二、主要矿产资源

（一）能源矿产

1. 煤炭

全省分布有西宁煤田、祁连煤田、木里煤田、鱼卡煤田、昆东煤田、大武煤田等煤炭矿区（井田）91处，按矿区或井田/露天/区段划分，其中大型12处、中型4处、小型75处。煤炭资源保有储量480106.9万吨，资源储量占全国总储量的0.36%，居全国煤炭资源储量排名的第16位。

2. 石油

全省有花土沟、尕斯库勒石油矿区等17处，其中大型矿区1处、中型矿区6处、小型矿区10处。石油资源保有储量43573.08万吨，资源储量占全国总储量的1.39%，居全国石油资源储量排名的第13位。

3. 天然气

至2010年，全省有涩北等天然气矿区9处，其中大型矿区3处、中型矿区1处、小型矿区5处。天然气资源保有储量3068.43亿立方米，资源储量占全国总储量的3.36%，居全国天然气资源储量排名的第8位。

4. 油页岩

至2010年，全省有互助小峡油页岩矿区1处，保有储量1657.2万吨，为全国总储量的0.02%，居全国油页岩资源储量排名的第13位。

（二）金属矿产

1. 黑色金属矿产

至2010年，全省发现铁、铬、锰、钒、钛矿5种。其中，锰矿分别在北祁连、柴达木北缘成矿带中，勘查矿点12处，共探明储量155万吨，多属低品级矿石；钒矿经勘查发现与煤共生矿点1处，不具备工业价值；钛矿仅发现矿点3处。黑色金属矿产主要有铁矿、铬矿2种。

（1）铁矿。全省有格尔木尕林格、都兰等铁矿矿区41处，其中，中型矿区9处，小型及以下矿区32处，保有储量35389.9万吨，为全国总储量的0.49%，居全国铁矿资源储量排名的第25位。

（2）铬矿。全省有祁连百经寺、格尔木绿梁山等铬铁矿矿区6处，保有储量41万吨，为全国总储量的3.68%，居全国铬矿资源储量排名的第7位。

2. 有色金属矿产

全省发现铜、铅、锌、镁、镍、钴、钨、锡、铋、钼、汞、锑矿12种，计有矿区155处，其中大型矿区7处、中型矿区29处、小型及以下矿区119处。

（1）铜矿。全省有化隆拉水峡、循化谢坑洞、门源红沟、兴海赛什塘等铜矿矿区40处，保有储量213.89万吨，为全国总储量的2.66%，居全国铜矿资源储量排名的第12位。

（2）铅矿。全省有祁连郭密寺、兴海什多龙、玉树赵卡隆、格尔木肯德可克、大柴旦锡铁山、双口山、茫崖虎头崖等铅矿矿区39处，保有储量231.92万吨，为全国总储量的4.21%，居全国铅矿资源储量排名的第10位。

（3）锌矿。全省有门源银灿、祁连下柳、同仁夏布楞、大柴旦锡铁山等锌矿矿区39处，保有储量390.96万吨，为全国总储量的3.37%，居全国锌矿资源储量排名的第10位。

（4）镁矿（白云岩）。全省有民和平沟、乐都老鸦、湟中小石门、互助南门峡镁矿（白云岩）矿区4处，保有储量3543.7万吨，为全国总储量的

4.04%，居全国镁矿资源储量排名的第9位。

(5)镍矿。全省有平安元石山、化隆拉水峡、祁连玉石沟、共和裕龙沟镍矿矿区4处，保有储量16.72万吨，为全国总储量的1.78%，居全国镍矿资源储量排名的第11位。

(6)钴矿。全省有平安元石山、化隆拉水峡、玛沁德尔尼、格尔木肯德可克、都兰督冷沟、格尔木驼路沟钴矿矿区6处，保有储量3.17万吨，为全国总储量的4.65%，居全国钴矿资源储量排名的第9位。

(7)钨矿。全省有大通大黑山、互助白家坡、同德克穆达等钨矿区5处。保有储量2.26万吨，为全国总储量0.38%，居全国钨矿资源储量排名的第15位。

(8)锡矿。全省有泽库老藏沟、兴海日龙沟、大柴旦锡铁山、格尔木牛苦头、都兰沙柳河、兴海铜峪沟锡矿区6处，保有储量3.25锡万吨，为全国总储量的0.75%，居全国锡矿资源储量排名的第8位。

(9)铋矿。全省有兴海日龙沟、格尔木肯德可克铋矿区2处，保有储量4679铋吨，为全国总储量的0.94%，居全国铋矿资源储量排名的第8位。

(10)钼矿。全省有杂多纳日贡玛、格尔木它温查汉、都兰热水钼矿区3处，保有储量24.53钼万吨，为全国总储量的1.75%，居全国钼矿资源储量排名的第16位。

(11)汞矿。全省有河南赫格楞，同德穆黑沟、沙尔诺，玛多苦海汞矿区4处，保有储量4376汞吨，为全国总储量的5.72%，居全国汞矿资源储量排名的第5位。

(12)锑矿。全省仅有同德县的克穆达、显龙沟和石藏寺锑矿区3处，保有储量2473.41锑吨，为全国总储量的0.11%，居全国锑矿资源储量排名的第16位。

3. 贵金属矿产

全省发现贵金属矿产有铂族金属、铂、钯、金等矿区79处，其中大型矿区6处、中型矿区24处、小型及以下矿区49处。

(1)铂族金属(原生矿)。全省有祁连玉石沟铬铁矿区V矿群(伴生矿产)1处，铂族金属资源储量48千克，为全国总储量的0.01%，居全国铂族金属资源储量排名的第10位。

(2)铂矿。全省有共和裕龙沟铜镍矿(伴生矿产)、祁连洪水梁砂“101”金矿区(伴生矿产)、祁连酸刺沟砂“101”金矿区(伴生矿产)3处，其中共和裕龙沟为铂矿(原生矿)，祁连二矿为铂矿(砂矿)。保有储量35千克，为全国总储量的0.35%，居全国铂矿资源储量排名的第8位。

(3)钯矿。在共和县裕龙沟铜镍矿(伴生矿产)发现钯矿(原生矿)，保有储量577千克，为全国总储量的0.93%，居全国钯矿资源储量排名的第8位。

(4)金矿。岩金矿全省有门源松树南沟、门源中多拉、祁连川刺沟、泽库瓦勒根、曲麻莱加给陇洼东、大柴旦滩间山、大柴旦青龙沟、都兰五龙沟、都兰红旗沟-深水潭等26处，保有储量141878.69千克，为全国总储量2.9%，居全国岩金资源排名的第13位。砂金矿全省有乐都洪水梁、班玛多卡、班玛吉卡、称多扎朵、称多多曲、曲麻莱大场等16处，保有储量28452千克，为全国总储量的5.55%，居全国砂金资源储量排名的第6位。伴生金矿全省有门源红沟铜矿区(伴生矿产)、兴海赛什塘铜矿区(伴生矿产)、兴海铜峪沟铜矿区(伴生矿产)、玛沁德尔尼铜钴矿区(伴生矿产)、大柴旦锡铁山铅锌矿锡铁山矿区(伴生矿产)、大柴旦锡铁山铅锌矿中间沟矿区(伴生矿产)6处，保有储量51201.43千克，为全国总储量的3.49%，居全国伴生金资源储量排名的第9位。

(5)银矿。全省发现门源红沟铜矿区(伴生矿产)、祁连大二珠龙西段多金属矿(伴生矿产)、泽库夺确壳金砷矿区(伴生矿产)、泽库老藏沟多金属矿区(伴生矿产)、兴海赛什塘铜矿区(伴生矿产)、兴海什多龙铅锌银矿床Ⅲ、Ⅳ矿带(伴生矿产)、玛沁德尔尼铜钴矿区(伴生矿产)、治多藏麻西孔铜银矿(主要矿产)、大柴旦锡铁山铅锌矿锡铁山矿区(伴生矿产)、茫崖虎头山多金属矿(共生矿产)、格尔木牛苦头矿区(伴生矿产)、杂多纳日贡玛铜钼矿区(伴生矿产)等银矿 26 处,保有储量 6097.81 吨,为全国总储量的 3.44%,居全国银资源储量排名的第 9 位。

4. *稀有金属矿产*

全省发现铌钽、锂、锶、铷等矿种 4 种。

(1)铌钽。全省有共和石乃亥铌钽铷稀有金属矿(主要矿产)、乌兰沙柳泉铌钽矿区(单一矿区)2 处,保有储量铌、钽 205 吨,为全国总储量的 4.98%,居全国铌钽矿资源储量排名的第 2 位。

(2)锂矿。全省有柴达木一里坪、西台吉乃尔湖、东台吉乃尔湖、伊克柴达木湖、巴嘎柴达木湖、察尔汗盐湖、茫崖大浪滩、茫崖尕斯库勒湖等 10 处锂矿矿区,保有储量 1746.38 (氯化锂)万吨,为全国总储量的 84.86%,居全国锂资源储量排名的第 1 位。

(3)锶矿(天青石)。全省有花土沟尖顶山锶矿床、花土沟大风山锶矿田Ⅲ矿区、花土沟大风山锶矿田Ⅳ矿区、柴达木盆地西部碱山锶矿 4 处,保有储量 2648.04 万吨,为全国总储量的 60.73%,居全国锶(天青石)资源储量排名的第 1 位。

(4)铷矿。全省仅发现在共和石乃亥铌钽铷稀有金属矿(共生矿产)吨,为全国总储量的 3.24%,居全国铷资源储量排名的第 5 位。

5. *稀土金属矿产(轻稀土氧化物)*

全省仅有平安县上庄磷矿区东段和西段两处,保有储量 34.61 万吨。

6. *稀散元素矿产*

全省发现锗、镓、铟、镉、硒等矿产,呈伴生有益元素赋存在硫化铜、铅锌或多金属矿床中。

(1)锗矿。全省仅有兴海铜峪沟铜矿区(伴生矿产)1 处,保有储量 16 锗吨,为全国总储量的 2.58%,居全国锗资源储量排名的第 9 位。

(2)镓矿。全省有兴海赛什塘铜矿区(伴生矿产)、兴海铜峪沟铜矿区(伴生矿产)、兴海索拉沟多金属矿区(伴生矿产)、大柴旦锡铁山铅锌矿锡铁山矿区(伴生矿产)、大柴旦锡铁山铅锌矿中间沟矿区(伴生矿产)5 处,保有储量 1085.91 镓吨,为全国总储量的 0.57%,居全国镓资源储量排名的第 10 位。

(3)铟矿。全省有泽库老藏沟多金属矿区(伴生矿产)、大柴旦锡铁山铅锌矿锡铁山矿区(伴生矿产)、大柴旦锡铁山铅锌矿中间沟矿区(伴生矿产)3 处,保有储量 1617 铟吨,为全国总储量的 13.79%,居全国铟资源储量排名的第 2 位。

(4)镉矿。全省有泽库老藏沟多金属矿区(伴生矿产)、兴海赛什塘铜矿区(伴生矿产)、兴海日龙沟矿区(伴生矿产)、兴海索拉沟多金属矿区(伴生矿产)、玉树赵卡隆铁铜多金属矿区(伴生矿产)、大柴旦锡铁山铅锌矿锡铁山矿区和中间沟矿区(伴生矿产)、格尔木牛苦头地区铁多金属矿(伴生矿产)8 处,保有储量 17252.17 镉吨,为全国总储量的 5.79%,居全国镉资源储量排名的第 5 位。

(5)硒矿。全省仅有门源红沟铜矿区(伴生矿产)、兴海铜峪沟铜矿区(伴生矿产)、玛沁德尔尼铜钴矿区(伴生矿产)3 处,保有储量 1025.38 硒吨,为全国总储量的 7.34%,居全国硒资源储量排名的第 5 位。

7. *放射性矿产*

全省发现铀和铀钍矿区(点)数十处,主要分布在北祁连、阿尔金山、柴达木北缘等成矿带中。

8. *冶金辅助原料非金属矿产*

全省发现菱镁矿、普通萤石、熔剂用灰岩、冶金用白云岩、冶金用石英岩 24 处,其中大型矿产地 1 处、中型矿产地 12 处、小型矿产地 11 处。

(1)菱镁矿。全省仅有祁连草达坂滑石菱镁矿(伴生矿产)1 处,保有储量 186.9 万吨,为全国总储量的 0.05%,居全国菱镁资源储量排名的第

9位。

(2)萤石矿。全省有海晏三联萤石矿、大通花石掌萤石矿中段和南段、大通其美萤石矿、门源红沟萤石矿单一矿产5处,保有储量41.99万吨,为全国总储量的0.26%,居全国萤石资源储量排名的第18位。

(3)熔剂用石灰岩。全省仅有门源大梁石灰岩(单一矿产)、格尔木雪水河矿区(共生矿产)2处,保有储量3184.3万吨,为全国总储量的0.23%,居全国熔剂用石灰岩资源储量排名的第25位。

(4)冶金用白云岩。全省有乐都老鸦白云岩(共生矿产)、湟中门旦峡矿大杯口矿区(单一矿产)、湟中小石门白岩(共生矿产)、湟源梁子白云岩(单一矿产)、互助南门峡白云岩北段(单一矿产)、德令哈黄梁白云岩(单一矿产)6处,保有储量4344.3万吨,为全国总储量的0.39%,居全国冶金用白云岩资源储量排名的第26位。

(5)冶金用石英岩。全省有大通斜沟石英岩(主要矿产)、大通门洞滩矿区石英岩(共生矿产)、民和宽都兰沟石岩(单一矿产)、乐都李家昂硅石(单一矿产)、乐都下黑岭石英岩(单一矿产)、湟中李家山矿金跃石英岩(单一矿产)、互助扎坂山石英岩(单一矿产)、互助松多夹道沟石英岩矿区(单一矿产)、化隆尕磨滩石英岩(单一矿产)、海晏柳湾硅石矿区(单一矿产)10处,保有储量30949.42万吨,为全国总储量的29.64%,居全国冶金用石英岩资源储量排名的第1位。

9. 化工原料非金属矿产

全省发现自然硫、硫铁矿、芒硝、重晶石、天然碱、电石用灰岩、制碱用灰岩化肥用蛇纹岩、泥炭、盐矿、镁盐、钾盐、碘矿、溴矿、砷矿、硼矿、磷矿等矿产213处,其中大型矿产地65处、中型矿产地62处、小型矿产地86处。

(1)自然硫。全省仅有天峻县硫黄山6处自然硫矿床,保有储量25.9硫万吨,为全国总储量的0.08%,居全国自然硫资源储量排名的第5位。

(2)硫铁矿。全省有互助罗藏沟硫铁矿(单一矿产)、互助上加克硫铁矿北段和南段(单一矿产)、祁连香子沟黄铁矿(单一矿产)、格尔木肯德可克铁矿区(共生矿产)、玛沁德尔尼铜钴矿区(伴生矿产)、杂多纳日贡玛铜钼矿区(伴生矿产)、格尔木尕林格铁矿区东段(伴生矿产)、大柴旦锡铁山铅锌矿(伴生矿产)、都兰沙柳河南区有色金属矿(共生矿产)等22处,保有储量5442.8万吨,为全国总储量的0.96%,居全国硫铁资源储量排名的第16位。

(3)芒硝。全省有西宁北山寺-泮子山石膏钙芒硝(共生矿产)、平安三十里铺钙芒硝矿(主要矿产)、互助硝沟钙芒硝矿区(单一矿产)、伊克柴达木湖硼矿区(共生矿产)、巴嘎柴达木湖硼矿区(共生矿产)、茫崖察汗斯拉图芒硝矿(单一矿产)、茫崖大浪滩钾矿田(共生矿产)、冷湖昆特依钾矿田大盐滩矿床(共生矿产)等12处,保有储量98.28亿吨,为全国总储量的11.55%,居全国芒硝资源储量排名的第2位。

(4)重晶石。全省仅有祁连油葫芦重晶石(单一矿产)、大柴旦锡铁山重晶石矿(单一矿产)2处,保有储量116.3万吨,为全国总储量的0.31%,居全国重晶石资源储量排名的第17位。

(5)天然碱。全省有都兰柴达木河北岸土碱矿(单一矿产)、都兰哈鲁乌苏河土碱矿(单一矿产)和都兰宗家-巴隆天然碱矿3处,保有储量48.2万吨,为全国总储量的0.43%,居全国天然碱资源储量排名的第4位。

(6)电石用石灰岩。全省有湟中门旦峡石灰岩矿区(主要矿产)、互助柏木峡光山石灰岩(共生矿产)、德令哈曼提石灰岩矿(主要矿产)、天峻天青石灰岩(单一矿产)4处,保有储量211586.53万吨,为全国总储量的37.84%,居全国电石用石灰岩资源储量排名的第1位。

(7)制碱用石灰岩。全省有德令哈曼提石灰岩矿(共生矿产)、德令哈柏树山石灰岩矿区(单一矿产)2处,保有储量52933.55万吨,为全国总储量的24.6%,居全国制碱用石灰岩资源储量排名的第1位。

(8)化肥用蛇纹岩。全省有祁连双岔沟石棉矿东中段(伴生矿产),祁连小八宝石棉矿田Ⅰ矿床、Ⅱ矿床、Ⅲ矿床(共生矿产),祁连玉石沟铬铁矿区蛇纹岩(单一矿产),祁连黑刺沟石棉矿(共生矿产),茫崖石棉矿田西矿区(共生矿产)7处,保有储量819893.54万吨,为全国总储量的68.3%,居全国化肥用蛇纹岩资源储量排名的第1位。

(9)泥炭。全省有河南李卡如山北侧泥炭(单一矿产)、久治年保滩泥炭(单一矿产)2处,保有储量1768.2万吨,为全国总储量的6.34%,居全国泥炭资源储量排名的第4位。

(10)盐矿。全省有囊谦达改矿区盐矿(单一矿产)、一里坪锂矿(共生矿产)、西台吉乃尔湖锂矿矿区(共生矿产)、东台吉乃尔湖锂矿矿区(共生矿产)、伊克柴达木湖硼矿区(共生矿产)、巴嘎柴达木湖硼矿区(共生矿产)、察尔汗盐湖钾镁盐矿察尔汗矿区(共生矿产)、茫崖大浪滩钾矿田(共生矿产)、冷湖昆特依钾矿田(共生矿产)、茫崖尕斯库勒钾矿(共生矿产)、大柴旦马海钾矿区(共生矿产)、乌兰柯柯盐矿(单一矿产)、乌兰茶卡盐矿(单一矿产)等48处,保有储量3216.25亿吨,为全国总储量的24.44%,居全国盐资源储量排名的第2位。

(11)镁盐。全省有茫崖大浪滩钾矿田(共生矿产)、伊克柴达木湖硼矿区(共生矿产)、冷湖昆特依钾矿田(共生矿产)、大柴旦马海钾矿区(伴生矿产)等镁盐固体矿产16处,保有储量162774.77万吨,为全国总储量的76.81%,居全国镁盐(固体)资源储量排名的第1位;全省范围内有西台吉乃尔湖锂矿矿区(共生矿产)、东台吉乃尔湖锂矿区(共生矿产)、察尔汗盐湖钾镁盐矿区(共生矿产)、一里坪钾矿(共生矿产)、大柴旦巴仑马海钾矿(伴生矿产)、冷湖牛郎织女湖钾矿(伴生矿产)等镁盐液体矿产28处,保有储量420314.82万吨,为全国总储量的93.52%,居全国镁盐(液体)资源储量排名的第1位。

(12)钾盐。全省有西台吉乃尔湖锂矿区(共生矿产)、察尔汗盐湖钾镁盐矿察尔汗矿区(主要矿产)、茫崖察汗斯拉图钾盐矿(主要矿产)、茫崖大浪滩钾矿田(主要矿产)、冷湖昆特依钾矿田(主要矿产)、茫崖尕斯库勒钾矿(主要矿产)、大柴旦马海钾矿区(主要矿产)等钾盐固体矿产11处;省境内有一里坪锂矿(共生矿产),东、西台吉乃尔湖锂矿区(共生矿产),伊克柴达木湖硼矿区(共生矿产)、巴嘎柴达木湖(共生矿产),察尔汗钾镁盐矿别勒滩矿区(主要矿产),察尔汗钾镁盐矿达布逊湖地表(主要矿产),茫崖大浪滩钾矿田(主要矿产),冷湖昆特依钾矿田(主要矿产)等钾盐液体矿产24处。保有固、液体钾盐资源储量73496.81万吨,为全国总储量的79.02%,居全国钾盐资源储量排名的第1位。

(13)碘矿。全省有察尔汗盐湖钾镁盐矿察尔汗矿区(伴生矿产)、察尔汗盐湖钾镁盐矿别勒滩矿区(伴生矿产)2处,保有储量17946碘吨,为全国总储量的11.69%,居全国碘资源储量排名的第2位。

(14)溴矿。全省有伊克柴达木湖硼矿区(共生矿产)、察尔汗盐湖钾镁盐矿察尔汗矿区(伴生矿产)、察尔汗盐湖钾镁盐矿别勒滩矿区(伴生矿产)3处,保有储量289532.7溴吨,为全国总储量的6.6%,居全国溴资源储量排名的第2位。

(15)砷矿。全省有泽库夺确壳金砷矿区(伴生矿产)、泽库多朗尕日赛多金属矿(单一矿产)、泽库老藏沟多金属矿区(伴生矿产)、兴海赛什塘铜矿区(伴生矿产)4处,保有储量7.03砷万吨,为全国总储量的2.9%,居全国砷资源储量排名的第9位。

(16)硼矿。全省有伊克柴达木湖硼矿区(主要矿产)、巴嘎柴达木湖硼矿区(主要矿产)、柴达木开特米里克硼矿(单一矿产)、柴达木雅沙图居红土硼矿(单一矿产)、柴达木雅沙图靠条灶火硼矿(单一矿产)、柴达木马海-南八仙盐类沉积区硼矿(单一矿产)6 处固体硼矿;全省有一里坪锂矿(共生矿产),西台吉乃尔湖锂矿矿区(共生矿产),东台吉乃尔湖锂矿矿区(共生矿产),伊克柴达木湖硼矿区(共生矿产),巴嘎柴达木湖硼矿区(主要矿产),察尔汗盐湖钾镁盐矿察尔汗矿区、别勒滩矿区,达布逊湖地表(共生矿产)和茫崖尕斯库勒钾矿(共生矿产)9 处液体硼矿。保有储量 1617.57 万吨,为全国总储量的 22.13%,居全国硼资源储量排名的第 3 位。

(17)磷矿。全省有平安上庄磷矿区东段(主要矿产)和上庄磷矿区西段(主要矿产)2 处,保有储量 5.11 亿吨,为全国总储量的 2.74%,居全国磷资源储量排名的第 9 位。

(三)建筑材料及其他非金属矿产

全省发现的建材和其他非金属矿产有石墨、压电水晶、熔炼水晶、硅灰石、滑石、石棉、云母、长石、透辉石、石膏、玉石、水泥用灰岩、玻璃用石英者、建筑用砂、陶粒用黏土、水泥配料用黄土、水泥配料用泥岩、饰面用蛇纹岩、铸石用玄武岩、岩棉用玄武岩、饰面用花岗岩、饰面用大理岩、水泥用大理岩、水泥配料用板岩等矿产 29 种,有上表矿产地 82 处,其中大型矿产地 28 处、中型矿产地 35 处、小型矿产地 19 处。

(1)石墨(晶质石墨)。全省仅有都兰看巴勒木特尔石墨矿(单一矿产)1 处,保有储量 12.8 万吨,为全国总储量的 0.07%,居全国石墨资源储量排名的第 20 位。

(2)压电水晶。全省仅有唐古拉山吴曼通洞水晶矿(主要矿产)1 处,保有储量 29382 单晶千克,为全国总储量的 16.35%,居全国压电水晶资源储量排名的第 2 位。

(3)熔炼水晶。全省仅有唐古拉山吴曼通洞水晶矿(共生矿产),约占全国的 4.91%,居全国熔炼水晶资源储量排名的第 6 位。

(4)硅灰石。全省仅有都兰海寺硅灰石(单一矿产)1 处,约占全国的 11.37%,居全国硅灰石资源储量排名的第 4 位。

(5)滑石。全省 2 处,全省仅有祁连草达坂滑石菱镁矿(主要矿产)、茫崖石棉矿田西矿区(共生矿产)2 处,保有储量 4222.2 万吨,为全国总储量的 15.82%,居全国滑石资源储量排名的第 3 位。

(6)石棉。全省有祁连双岔沟石棉矿东中段(主要矿产)、祁连小八宝石棉矿田Ⅰ矿床(主要矿产)、祁连小八宝石棉矿田Ⅱ矿床(共生矿产)、祁连小八宝石棉矿田Ⅲ矿床(主要矿产)、祁连黑刺沟石棉矿(主要矿产)、茫崖石棉矿田东矿区(单一矿产)、茫崖石棉矿田西矿区(主要矿产)7 处,保有储量 5337.22 万吨,为全国总储量的 59.47%,居全国石棉资源储量排名的第 1 位。

(7)云母。全省仅有大柴旦多罗尔什六五沟白云母矿(单一矿产)1 处,保有储量 1054 吨,为全国总储量的 0.23%,居全国云母资源储量排名的第 10 位。

(8)碎云母。全省仅有大通大三岔长石矿(共生矿产)1 处,保有储量 36.78 万吨,为全国总储量的 16.95%,居全国碎云母资源储量排名的第 2 位。

(9)长石。全省有大通大三岔长石矿(主要矿产)、乌兰沙柳泉长石矿(单一矿产)2 处,保有储量 6265.12 万吨,为全国总储量的 2.85%,居全国长石资源储量排名的第 5 位。

(10)透辉石。全省仅有平安上庄透辉石矿(单一矿产)1 处,保有储量 4017 万吨,为全国总储量的 10.56%,居全国透辉石资源储量排名的第 4 位。

(11)石膏。全省有西宁北山-泮子山石膏·钙芒硝矿(主要矿产)、平安三十里铺钙芒硝矿(共生矿产)、平安韭菜沟石膏矿(单一矿产)、民和新庄-马家垭壑石膏矿(单一矿产)、乐都裴家顶-药水沟石膏矿(单一矿产)、湟中谢家石膏矿(单一矿产)、互助硝沟钙芒硝矿区外围(共生矿产)7处,保有储量30.55亿吨,为全国总储量的3.97%,居全国石膏资源储量排名的第5位。

(12)玉石。全省有祁连玉石沟东坡绿玉矿(单一矿产)、祁连武松塔拉玉石矿(单一矿产)、格尔木大灶火西南山青玉矿(单一矿产)、格尔木纳赤台三岔口软玉矿(单一矿产)4处,保有储量45944.11吨,为全国总储量的0.86%,居全国玉石资源储量排名的第6位。

(13)水泥用石灰岩。全省有大通毛家沟石灰岩矿区(单一矿产)、大通西坡峡石灰岩(单一矿产)、湟中上峡门石灰岩矿(单一矿产)、湟中门旦峡石灰岩矿区(共生矿产)、湟源巴汉石灰岩矿区(单一矿产)、互助柏木峡石灰岩矿区(主要矿产)、门源黄草坡石灰岩(单一矿产)、祁连阿力克石灰岩(单一矿产)、刚察达拉沟石灰岩(单一矿产)、玉树尺候矿区石灰岩(单一矿产)、格尔木雪水河矿区(主要矿产)、德令哈桃斯图石灰岩矿(单一矿产)、德令哈曼提石灰岩矿(共生矿产)、德令哈旺尕秀石灰岩(单一矿产)、天峻南山石灰岩(单一矿产)等19处,保有储量14.98亿吨,为全国总储量的1.47%,居全国水泥用石灰岩资源储量排名的第24位。

(14)玻璃用石英岩。全省有大通斜沟石英岩(共生矿产)、大通卧牛掌石英岩(单一矿产)、大通柏木沟石英岩(单一矿产)、大通门洞滩矿区石英岩(主要矿产)、乐都湾塘石英岩(单一矿产)5处,保有储量164625.3万吨,为全国总储量的50.7%,居全国玻璃用石英岩资源储量排名的第1位。

(15)粉石英。全省仅有大通大三岔长石矿(共生矿产)1处,保有储量634.12万吨,为全国总储量的14.01%,居全国粉石英资源储量排名的第3位。

(16)建筑用砂。全省仅有海晏托勒建筑砂石(单一矿产)1处,保有储量1704.2万立方米,为全国总储量的3.81%,居全国建筑用砂资源储量排名的第7位。

(17)陶瓷土。全省仅有大通石山滴水滩矿区黏土矿(主要矿产)1处,保有储量214.6万吨,为全国总储量的0.19%,居全国陶瓷土资源储量排名的第23位。

(18)砖瓦用黏土。全省仅有西宁沈家寨砖瓦用黏土矿(单一矿产)、大柴旦泉吉河矿区砖瓦黏土矿(单一矿产)2处,保有储量1713.2万立方米,为全国总储量的8.69%,居全国砖瓦用黏土资源储量排名的第3位。

(19)陶粒用黏土。全省仅有互助柏木峡陶粒板岩矿(单一矿产)1处,保有储量933.3万立方米,为全国总储量的4.5%,居全国陶粒用黏土资源排名的第4位。

(20)水泥配料用黏土。全省有大通石山滴水滩矿区黏土矿(共生矿产)、大通新田堡黏土矿(单一矿产)、湟中甘河滩黏土矿(单一矿产)、互助水湾黏土矿(单一矿产)、门源黄草坡黏土矿(单一矿产)、祁连阿力克黏土矿(单一矿产)、玉树隆宝湖矿区黏土(单一矿产)、格尔木五道梁黏土矿(单一矿产)、德令哈柏树山黏土矿(单一矿产)、乌兰尕海南黏土矿(单一矿产)10处,保有储量6335.67万吨,为全国总储量的2.69%,居全国水泥配料用黏土资源储量排名的第18位。

(21)水泥配料用黄土。全省有大通后子河尕庄黄土(单一矿产)、大通毛家沟黄土(单一矿产)、湟源拉拉口南山泥岩(共生矿产)3处,保有储量1833.6万吨,为全国总储量的5.54%,居全国水泥配料用黄土资源储量排名的第4位。

(22)水泥配料用泥岩。全省仅有湟中甘河滩泥岩(单一矿产)、湟源拉拉口南山泥岩(主要矿产)2处,保有储量424.2万吨,为全国总储量的6.29%,居全国水泥配料用泥岩资源储量排名的第11位。

(23)饰面用蛇纹岩。全省仅有乐都中坝玉石台玉石矿区(单一矿产)1处,保有储量549万立方米,为全国总储量的41.21%,居全国饰面用蛇纹岩资源储量排名的第2位。

(24)铸石用玄武岩。全省仅有大通毛家寨黑沟屏玄武岩(单一矿产)、大通水泉湾玄武岩(单一矿产)2处,保有储量2081万吨,为全国总储量的15.31%,居全国铸石用玄武岩资源储量排名的第2位。

(25)岩棉用玄武岩。全省仅有化隆庄子湾玄武岩(单一矿产)1处,保有储量11万吨,为全国总储量的1.02%,居全国岩棉用玄武岩资源储量排名的第6位。

(26)饰面用花岗岩。全省有湟源寺脑饰面花岗石材矿(单一矿产)、循化相玉矿区花岗岩(单一矿产)、共和切吉哇洪河矿区花岗岩(单一矿产)3处,保有储量1806.3万立方米,为全国总储量的0.83%,居全国饰面用花岗岩资源储量排名的第18位。

(27)饰面用大理岩。全省仅有共和沟后大理岩矿区(单一矿产)、格尔木纳赤台硅质大理岩石材矿区(单一矿产)2处,保有储量2414万立方米,为全国总储量的1.76%,居全国饰面用大理岩资源储量排名的第14位。

(28)水泥用大理岩。全省有民和娄子沟矿区大理岩(单一矿产)、民和北山水泥大理岩矿(单一矿产)、乐都德尔箱老虎嘴大理岩(单一矿产)、乐都水泉沟大理岩(单一矿产)、乐都小泉石沟大理岩(单一矿产)5处,保有储量5365.04万吨,为全国总储量的1.31%,居全国水泥用大理岩资源储量排名的第14位。

(29)水泥配料用板岩。全省仅有格尔木驼路沟板岩(单一矿产)1处,保有储量764万吨,为全国总储量的6.65%,居全国水泥配料用板岩资源储量排名的第3位。

(四)其他水气矿产

全省的矿泉水、地下水、地下热水共51处。矿泉水20处,其中中型矿产地2处、小型矿产地18处;地下水27处,其中大型矿产地7处、中型矿产地14处、小型矿产地6处;地下热水4处,其中大型矿产地1处、小型矿产地3处。

第二节　地质遗迹及地质公园

一、地质遗迹概述

青海地史具有天文-地质-古生物演化体系的宏观统一性。复杂的地质、地貌演化历史,留下了一系列具有特殊科学意义和美学价值、能够代表本地区地质历史和地质作用的地质遗迹。具备国家级对比意义的地质遗迹更是星罗棋布、鳞次栉比。青海的地质遗迹资源十分丰富,按照《重要地质遗迹调查技术要求(暂行)》对地质遗迹分类标准,基础地质(地层剖面、岩石剖面、构造剖面、重要化石产地、重要岩矿石产地)、地貌景观(岩土体地貌、水体地貌、冰川地貌、峡谷地貌)、地质灾害(地震遗迹、其他地质灾害遗迹)等三大地质遗迹资源青海省全都有。

2003年10月28日至11月4日,由青海省国土资源厅牵头,组织了省地质环境监测总站、省地质调查院、省国土资源博物馆、海西州国土资源局、大柴旦行委国土资源局、都兰县国土资源局等多家单位参加的联合调查组,分别对柴达木盆地的南八仙钙化木、诺木洪贝壳化石、怀头他拉贝壳化石地质遗迹进行了调查。初步了解化石产地概况、分布范围,提出评价意见(科学研究、科普教育、观赏价值等)。这些遗迹具有典型性、代表性和独特性。2003—2005年,青海先后向国土资源部申报批准坎布拉、察尔汗、年宝玉则、昆仑山、互助北山、贵德为国家地质公园。这些公园内地质遗迹类型众多，分布相对集中，科研与科普价值高，具有奇、特、险等特点和一定的对比性和代表性。

二、地质公园建设

（一）坎布拉国家地质公园

坎布拉国家地质公园位于黄河之畔的黄南藏族自治州尖扎县坎布拉镇。地理坐标为东经101°38′～101°49′，北纬36°04′～36°10′，面积154平方千米。其自然属性涵括典型性、稀有性、自然性、系统性、完整性，环境资源的美学价值和地学价值高。

1997年7月，全国“丹霞”地貌旅游学术研讨会在坎布拉举行。会议认为：在国内外135个地质公园中，红层地貌类有13个。其中，中国有7个“丹霞”地貌类型，6个丹霞地貌地质公园均属干旱-半湿润性气候环境，由白垩系红层构成。坎布拉丹霞地貌是典型的干旱气候环境下唯一由新近系红层构成的“丹霞”地貌景观。该区是全国乃至世界迄今发现新近系红色砂砾岩层中发育最典型、最完整的“丹霞”地貌区，有很高的旅游观赏价值和科研价值。

坎布拉“丹霞”地貌遗迹形成时间距现代较近，其地貌集中体现在其原始、纯真的自然美。区内至今受人类活动干预极少，完整地保留着自然界固有的粗犷美。坎布拉“丹霞”地貌景观形成、演化的历史，完整而系统地记录了新生代以来青藏高原隆升、气候演化、区域沉积环境、黄河发育历史。坎布拉“丹霞”地貌景观雄险奇秀，具阳刚之气、震撼之力、奇异幻化、秀媚万千、造型多变，雄浑与精巧兼备，是一处天然红色砂砾岩形成的地质、地貌遗迹。坎布拉“丹霞”地貌景观及黄河峡谷、阶地地貌景观的形成，集中反映了中国西北地区、青藏高原和黄土高原气候演变、黄河发育历史进程与侵蚀剥蚀等地质作用和地质事件，具很高的科学研究和保护价值。

2001年以来，青海省国土资源厅、省环境地质勘查局、尖扎县人民政府等单位联合调查，纳入国家地质公园统一管理，开展前期调研和总体规划。2004年1月19日，国土资源部批准坎布拉丹霞地貌景观区为国家地质公园。由国家财政部、国土资源部先后四次拨款890万元，对坎布拉国家地质公园进行建设及地质遗迹保护工作。建设面积120平方米展示厅、演视厅1座，长35米、高3.8米的景点展示廊1座，标志性山门1座，标志牌1座，综合说明栏10块，景点说明牌12块，交通引导牌10块，地质公园界桩7块，旅游示意图2块，立柱式广告宣传牌1座（216平方米），刻制宣传光盘2000份；并对一些基础设施进行了必要的修复和整理。2005年9月10日，坎布拉国家地质公园揭牌开园，结束了青海省无国家级地质公园的历史。

（二）察尔汗盐湖国家矿山公园

察尔汗盐湖国家矿山公园位于格尔木市北的东达布逊湖（又名察尔汗盐湖）上，地理坐标为东经94°00′～96°00′，北纬36°40′～37°10′，主要包括别勒滩、达布逊、察尔汗和霍鲁逊4个盐湖区，距格尔木市区60千米，面积5856平方千米。矿山公园位于盐湖区西部，以青海省盐湖集团实际取得采矿权并进行储量计算边界为界，园区南部为河谷沼泽地带，矿山公园面积5856平方千米。

察尔汗作为中国最大的钾肥生产基地，具有独特的地质构成和特殊的自然环境。受青海省国土资源厅盐湖管理局暨格尔木市盐湖管理局的委托，青海省水文地质工程地质勘察院王宁、龚西民、张陆军、金家琼等承担了“格尔木市察尔汗盐湖国家矿山公园”调查论证任务。2005年1月10日至4月29日，考察人员利用现有的地质资料、企业发展规划，结合实地考察了“国家矿山公园”的地质、矿业开发、自然、人文遗迹和景观。认为：格尔木市察尔汗盐湖是中国著名、世界第二大盐湖矿山，规模巨大，矿床盐湖地貌、生态景观及矿床成因和开采工艺独特，盐湖开采及盐湖城建设国内一流；位于中国西部重镇格尔木市，自然地理区位优势显著；盐湖矿山的自然与人文景观已具备游览观赏、科学考察、科普教育等多项社会功能；盐湖矿山公园建设不存在土地复垦，生态建设已具规模；部分矿业遗迹亟须得到妥善保护。将察尔汗建设成国家级矿山公园，是新的地质资源利用方式，也是发展地方经济的需要。青海省向国土资源部提交呈报了《青海察尔汗盐湖国家矿山公园综合考察报告》《青海察尔汗盐湖国家矿山公园总体规划报告》《青海察尔汗盐湖国家矿山公园典型矿业遗迹景观展示图》《青海察尔汗盐湖国家矿山公园综合考察照片册与录像光盘》等成果资料。2005 年 8 月 3 日，国土资源部批准察尔汗盐湖矿山为国家矿山公园。

省水文地质工程地质勘察院协同格尔木市政府、市盐湖管理局、青海省盐湖工业集团公司，新建博物馆一座（面积 2530 平方米，总投资 800 万元），制作电子沙盘 1 个、浮雕 68 平方米、展板 132 幅、公园主碑 1 座、标志牌 10 块、大型宣传牌 4 个、景点说明牌 6 个、道路引导牌 20 个，并开展了开园前的导游专项培训和科普宣传物的出版印发等准备工作。盐湖区旧的建筑物、生产车间、生产工具及生产场所得到了有效保护；察尔汗盐湖矿业生产过程中探、采、冶、加工等活动遗迹、遗址和史迹得以保存，2008 年 8 月 1 日，察尔汗盐湖国家矿山公园揭牌开园。形成以“盐湖矿业文化”为主要特色，集观光旅游、工业科普为一体的大型主题旅游目的地。

（三）年宝玉则国家地质公园

年宝玉则国家地质公园地处青、甘、川三省交界，位于青海省久治县西南 40 千米处巴颜喀拉山脉的年宝玉则山，属于典型高原大陆性“冰雪世界”。地理坐标为东经 100°50′～101°20′，北纬 33°00′～33°27′，面积 2338 平方千米，主要地质遗迹面积 800 平方千米。北临黄河，东接四川若尔盖，距西宁市 654 千米、兰州市 530 千米、成都市 500 千米。

年宝玉则是藏传佛教发祥地之一，完整地保留着高原腹地冰河时期以来地质作用遗留的地质遗迹和地貌景观。具有冰斗峰林地貌、冰川作用的遗迹。地质公园内地貌形态多变，地质造型雄浑精巧，山谷溪流间发育，峰顶洁白而又雨雾缭绕，众多静卧的“卧牛石”嶙峋林立、峰林凸起，冰川、湖泊、河流、瀑布众多，是一座冰川园林。

主峰年宝玉则峰海拔 5369 米，发育有典型的高原半干旱性气候环境中的现代冰川，留存有 65 万年以来的冰川遗迹。发育以花岗岩为主的角峰、刃脊、冰斗、冰槽谷等冰蚀地貌。

在距今 3.8 亿—1.95 亿年前，这里曾发生过古、新特提斯两次海进海退的演变历史，沉积有厚均逾万米的二叠系、三叠系海相碎屑岩。距今 1.95 亿年前后的燕山运动，伴随火山喷发和岩浆侵入，造就了规模宏大的年宝玉则花岗岩体。在经历距今 3.6 百万—1.6 百万年的青藏运动、1.2 百万年以来的昆黄运动后，年宝玉则持续隆升，并于距今 70 万年前后进入高原冰冻圈范围，导致年宝玉则地区发育有距今 65 万年以来的多期冰川及与之相关的冰川地质遗迹。除现代冰川及冰川地质遗迹外，还有热矿泉、古火山遗迹、蚀变岩带及多样性很强的高原生态组合。年宝玉则地质公园是一座天然的特提斯海沉积环境及第四纪以来环境演变的地史教科书。

2004 年以来，青海省国土资源厅、省环境地质勘查局、久治县人民政府等单位联合调查，将年宝玉则纳入国家地质公园统一规划管理，开展了前期调研和总体规划。2005 年 9 月 19 日，国土资源部批准年宝玉则为国家地质公园。由国家财政部、国土资源部先后五次拨款 1290 万元，对年宝玉则国家地质公园进行建设及地质遗迹保护工作。建设地质公园大门 1 座，1560 平方米的地质公园博物馆 1 座，标志牌 3 块，综合说明牌 32 块，地质景点标示牌30块，地质景点说明牌5块，永久性大幅广告宣传牌4块，公园导游牌3块，景点交通引导牌13块，景区围栏10000米，整修景区道路5000米，建设博物馆广场5000平方米，宣传警示牌10块，12平方米公园沙盘一座，界桩4块，收集整理标本44件，以及印制导游指南、导游手册等。2008年7月26日，年宝玉则国家地质公园揭碑开园，为青藏高原第四纪冰川地质作用科学研究和科学知识普及提供了基地。

(四)昆仑山国家地质公园

昆仑山国家地质公园位于格尔木境内的纳赤台至昆仑山口段，地理坐标为东经94°00′～94°40′，北纬35°36′～35°52′。沿青藏铁路、青藏公路线两侧分布，由瑶池、西大滩、东大滩和南山口四个部分组成，面积90平方千米。园区内的昆仑山活断裂地震遗迹、昆仑山口羌塘组湖积层、昆仑山石冰川、泥火山型冰丘、纳赤台岩溶大泉等地质遗迹确认为国家级地质遗迹。园区内自然生态结构复杂，自然景观古朴原始。

2001年昆仑山口西8.1级大地震遗留的地震裂缝，是迄今为止国内震级最大、保存最完整的地震遗迹。昆仑山世界地质公园将博大精深的昆仑文化、雄伟壮丽的自然景观、丰富罕见的地质地貌融为一体，是青藏高原重要的地学博物馆。

2004年10月至2005年8月，青海省水文地质工程地质勘察院王宁、龚西民、张陆军、金家琼等，开展了“格尔木昆仑山地质公园专项调查与论证”。调查区西起布喀达坂峰，东至玉珠峰以东，东西长400千米，南北宽10千米，控制面积4000平方千米。查清了地质遗迹类型及其地质环境条件，对区内发育的昆仑山活断裂、古地震遗迹、2001年11月14日里氏8.1级地震遗迹、昆仑山口第四系羌塘组湖积层、第四纪古冰川、玉珠峰现代冰川、泥火山型冰丘和石冰川冻土地貌、昆仑神泉、昆仑玉等地质遗迹和古人类活动遗迹、野牛沟岩画等自然和人文景观进行了较详细的调研；初步确定了地质遗迹保护区的范围及主要地质景观。编制完成《青海格尔木昆仑山国家地质公园综合考察报告》《青海省格尔木昆仑山国家地质公园总体规划报告书》，并制作青海省格尔木昆仑山地质科普宣传影像光盘一张。2005年9月19日，国土资源部批准青海格尔木昆仑山为国家地质公园。同年，启动昆仑山地质遗迹保护工程。先后6次投入资金1160万元，进行了地质遗迹保护标示系统和基础设施建设。在格尔木市慕生忠将军纪年馆旁新建一座1300平方米的昆仑山国家地质博物馆，在海拔4767米的昆仑山口新建公园主碑一座，在纳赤台青藏公路旁新建公园副碑一座。同时，新建公园界碑2块。景区内的昆仑泉、昆仑白、昆仑玉、移动沙丘、玉珠峰矿泉水、古地震鼓包、古地震地质剖面遗迹、现代地质裂缝、泥火山型冰丘、石冰川、玉珠峰现代冰川、第四系羌塘组湖积层12个重要地质遗迹景点设立石质说明牌(碑)。此外，园区景点交通引导牌6块，单立柱广告塔1块，多媒体演示设备1套，制作宣传光盘2000张，并进行了园区交通、基础设施建设。

(五)互助北山国家地质公园

互助北山国家地质公园位于青海省互助土族自治县东北部的大通河畔的加定镇，地理坐标为东经102°06′～102°43′，北纬36°42′～37°06′，面积1127平方千米，距西宁110千米。园区集丹霞地貌、溶岩地貌和冰川地貌为一体，是青海省地质、地貌、森林、水体景观观赏地之一。

2005年5—6月，青海省地质环境监测总站赵家绪、刘红星、毕海良、谢宗英等，对互助北山地质遗迹进行了调查，共调查控制面积1127平方千米，拍摄照片300余张，新发现地质景点百余处。编写《互助北山国家地质公园综合考察报告》《互助北山国家地质公园总体规划报告》《借助北山国家地质公园景点集》。同年7月2日，将《互助北山国家地质公园中报书》等8份申报专题报告上报国土资源部审查。同年9月19日，国土资源部批准青海互助北山为国家地质公园。2005年底，互助北山地质遗迹保护工程启动，先后争取国家专项资金投入1050万元，并在地方资金配套的基础上开展了地质遗迹保护标示系统和基础设施建设。新建400平方米北山国家地质公园博物馆1座，公园主、副碑各1座，公园界碑4块，地质景点说明牌17块，园区景点交通引导牌9块，警示牌8块，大型广告牌3块，观景台1座，制作宣传光盘150张，印制导游手册500册、宣传折页2000份，并进行了园内交通、基础设施建设。

（六）贵德阿什贡国家地质公园

贵德国家地质公园位于贵德县境内的黄河北岸，地理坐标为东经101°10′～101°40′，北纬35°47′～36°20′，面积554平方千米，主要地质遗迹面积113.6平方千米。

阿什贡主要地层以白垩纪至新近系红色砂砾岩层为主，是由于沉积于贵德盆地的地层物质在黄河贯通后河流的切蚀，地层出露，经过风化、降水和风的雕凿，赤壁丹崖广泛发育，形态险峻，多为顶平、身陡、麓缓的方山、石墙、石峰、石柱等。阿什贡形成丹霞的地层是一种在内陆盆地沉积的红色碎屑岩，由于当时氧化、还原等沉积环境的差异，岩层呈现红、绿、黄、紫、棕、灰、白七种不同颜色，其色彩多样，形态各异，为国内外罕见的丹霞地貌。该地质遗迹反映了地质历史时期青藏高原的演化过程，也记录了黄河的发育史和贵德自然环境的变迁。2005年6月被国土资源部批准为国家地质公园。

（七）青海湖国家地质公园

青海湖国家地质公园位于刚察县、共和县及海晏县交界处，距西宁150千米。地理坐标为东经99°36′～100°16′，北纬36°32′～37°15′。青海湖国家地质公园有着丰富多样的地质景观和种类繁多的野生动物资源。青海湖地质公园是以湖泊水体景观为代表的地质公园，公园内地质遗迹和景观类型多样，是集湖泊、河流、湿地、沙漠于一体的地质公园。

青海湖属构造断陷湖，湖盆边缘多以断裂与周围山相接。在距今20万—200万年前的成湖初期，青海湖原是一个大淡水湖泊，与黄河水系相通，那时气候温和多雨，湖水通过东南部的倒淌河泄入黄河，是一个外流湖。至13万年前，由于新构造运动，周围山地强烈隆起，从上新世末，湖东部的日月山、野牛山迅速上升隆起，使原来注入黄河的倒淌河被堵塞，迫使它由东向西流入青海湖，青海湖正式封闭变为内流湖，后来由于水位的涨落，先后出现了尕海、耳海，后又分离出海晏湖、沙岛湖等子湖。青海湖滨有着丰富多样的地质景观和种类繁多的野生动物。

地质公园内已调查有34处地质遗迹资源，其中世界级2处、国家级17处、省级15处，2005年以前多次进行地质调查，并于2010年申报了国家地质公园。

第三章 地 貌

青海全省地势总体呈西高东低，南北高中部低的态势，西部地势高峻，向东倾斜，呈梯形下降，东部地区为青藏高原向黄土高原过渡地带，地形复杂，地貌多样。青海省东北部为祁连山脉，中部为东昆仑山-巴颜喀拉山脉，南部为唐古拉山脉，各大山脉构成全省地貌的基本骨架。全省平均海拔3000米以上，省内海拔高度3000米以下地区面积为11.1万平方千米，占全省总面积的15.9%；海拔高度3000～5000米地区面积为53.2万平方千米，占全省总面积的76.3%；海拔高度5000米以上地区面积为5.4万平方千米，占全省总面积的7.8%。青南高原平均海拔超过4000米，面积占全省总面积的一半以上；河湟谷地海拔较低，多在2000米左右。最高点位于昆仑山的布喀达坂峰，海拔6860米，最低点位于海东市民和县马场垣乡境内青海省最东端与甘肃交界处，海拔1644米。省内平原面积为19.7万平方千米，占全省总面积的28.3%；山地面积为34.1万平方千米，占全省总面积的48.9%；丘陵面积为10.2万平方千米，占全省总面积的14.6%；台地面积为5.7万平方千米，占全省总面积的8.2%。

第一节 地貌发育过程及其格局

一、地貌发展概述

青海省位于青藏高原东北部，是青藏高原的重要组成部分。青海省地貌的发展演化，是在青藏高原地貌演变的大背景下进行的。青藏高原是由冈瓦纳大陆向北分离的若干小板块与欧亚大陆相继拼接而成，由北到南大陆增生，并愈来愈新。当始新世中晚期（约距今4000万年）印度板块经过长途漂移，与欧亚大陆终于沿雅鲁藏布江缝合线发生大陆对大陆的碰撞之后，青藏地块完全形成，印度板块与欧亚大陆碰撞后汇聚速率越来越小，但仍以平均每年5厘米的速度向北挤压。冈底斯山首先隆起，有广泛的火山活动和熔岩溢流、花岗岩侵入，藏北地区形成一些新的盆-山构造，这是青藏高原的第一期隆升，即喜马拉雅运动第一期。经长期剥蚀，山地的碎屑充填盆地，地面起伏降低，最后形成广阔的夷平面。各地自然环境基本一致，没有大山阻隔，呈现夷平面广泛分布的环境。

喜马拉雅运动第二期，发生于中新世初期，有强烈褶皱、断裂、岩浆活动和变质作用等，形成大规模的逆冲断裂和推覆构造，导致地壳大幅度隆起和岩浆侵入，造成老第三纪夷平面解体并分割剥蚀成零星片段，喜马拉雅运动第二期使青藏高原经历了比第一期强烈得多的隆升。

从更新世至现在，是喜马拉雅运动第三期，主要表现为主夷平面停止发育，青藏高原发生最强烈的上升，周围盆地大幅度沉降，以及老断裂继续活动，部分地区有第四纪火山喷发活动。由于上升幅度大，地形反差迅速增加，因而在高原四周普遍堆积山麓扇砾岩，祁连山北麓的玉门砾岩和新疆昆仑山北麓的西域砾岩分别厚达 1000 米和 2000 米，这次剧烈的隆升构造运动被命名为青藏运动。青藏运动又分为 A、B、C 三幕：A 幕发生于距今 3.6 百万年，表现为青藏高原向外仰冲，凹陷盆地的新生代沉积被褶皱，削平并堆积山麓砾岩；B 幕发生于距今 2.6 百万年，包括山麓砾岩在内又一次被褶皱断陷，临夏盆地再度形成湖盆，接受与华北泥河湾类似的湖相沉积，风成黄土也开始堆积；C 幕发生在距今 1.7 百万年，古湖宣泄一空，黄河形成泱泱大川，金沙江可能也是这时贯通诸昔格达组充填的分散湖盆而成为长江上源的。在距今 3.6 百万年青藏运动开始到 1.7 百万年黄河贯通之前的大约 2 百万年中，高原内外不仅形成山麓扇砾岩沉积和湖相沉积，同时还形成了山足剥蚀面。这一级剥蚀面由于形成时代很新，表面形态仍很完整，经常保持着沿山麓向盆地中心倾斜的状态。在河西走廊东段黄羊河、杂木河一带的祁连山北坡，山足剥蚀面与更高的二级夷平面均保存完好且关系清楚，其中最低的山足剥蚀面面积最大，海拔高度稳定在 2400～2600 米，向北缓倾，形成若干平行的顺向河。这级山足剥蚀面后缘以陡坡方式与主夷平面相接，高差 400～600 米。主夷平面海拔 3000 米左右，以冬青顶为代表，不仅在夷平面上发现残留的红色风化壳，也见到岩性复杂的河流卵石，显示了河流在主夷平面形成中的重要作用。最高的黑鄂博掌夷平面（山顶面）海拔高度由东向西升高，西段已高出海拔 4000 米，有石环和高夷平阶地发育，盛夏尤见雪堤，冰缘作用正在进行，地面的改造很强。山足剥蚀面分布很广，上有黄土覆盖，最厚近 200 米。黄汲清先生早年在大通河享堂附近曾指出，高出河面 300～400 米存在着一个准平原，命名为阿喇古准平原。同时帕弗林诺夫也在祁连山东段辨认出两级夷平面，一级高度在海拔 3000 米，另一级则为海拔 2400 米，相当于主夷平面和山足剥蚀面。兰州附近的山足剥蚀面分布高度很稳定，保持在海拔 1950～2100 米，上覆碎屑层有时厚达 20 米，中夹石膏磷灰石裂变径迹测年（FT）测年为 1.79 百万年。黄河等大型水系是在青藏运动 C 幕之后（约距今 1.7 百万年）随着高原隆升组织成新的河谷系统。兰州黄河阶地发育与青藏高原的构造隆升密切相关。

青藏高原隆起和地貌演化历史可总结如下。

（1）大陆对撞形成雅鲁藏布江缝合线，存在距今 7 千万年、6.5 千万年、5.5 千万年、5 千万年、4.5 千万年和 4 千万—3.4 千万年等多种观点。为 4 千万年左右，冈底斯山为碰撞造山带，山麓有冈底斯磨拉石堆积，长期的夷平作用导致形成夷平面。

（2）喜马拉雅山主中央断层活动形成大规模的推覆构造，花岗岩侵入，板内造山带形成高喜马拉雅山，整个高原经南北挤压地壳缩短加厚，古近系夷平面解体，开始时间约为距今 2.2 千万年。又经长期剥蚀夷平，形成主夷平面，残留的古近系夷平面在山顶保留成山顶面。主夷平面有深厚的红色风化壳，岩溶洞穴中新生的方解石裂变径迹测年落在距今 1.5 千万—0.7 千万年时间段。相关沉积分析得出主夷平面的结束年代为距今 3.6 百万年。

（3）距今 3.6 百万年青藏运动开始，平均海拔数百米(不超过1000米)的主夷平面大幅度抬升，高原周边逆冲断层活动强烈，山麓扇砾岩强盛堆积。距今2.6百万年青藏运动B幕发生，临夏东山古湖形成，高原升到海拔约2000米的高度，黄土开始堆积，东亚冬季风稳定出现。山足剥蚀面发育，喜马拉雅山南麓波特瓦尔高原形成(距今1.9百万年)，上覆砾岩。

(4)青藏运动C幕于距今1.7百万年发动，临夏东山古湖消失，黄河干流形成，当时上源应在祁连山(湟水)，形成黄河的高阶地。

(5)昆仑-黄河运动(距今1.2百万—0.6百万年)，昆仑山上升，黄河切穿积石峡。黄河中阶地形成，包括循化黄河的最高阶地(河拔850米，距今0.8百万年)。

(6)共和运动，0.15百万年以来，黄河低阶地形成。黄河切穿龙羊峡，近10万年下切深度达800～1000米，共和组褶皱变形。若尔盖盆地则仅只是在2万年之前才被切穿的。

青藏高原隆升事件的时间序列，说明青藏高原尽管在距今4千万年(大陆碰撞)和2.2千万年(板内俯冲)均曾有过强烈的造山运动(喜马拉雅运动的第一期和第二期)，但均为其后长期的地壳相对宁静期的夷平作用所抵消，即两次被夷平。仅只有发生在距今3.6百万年的青藏运动才使整个青藏高原不断地和阶段式地上升，最后达到当前世界屋脊的高度。图3-1-1给出了上述不同时间青藏高原的高度。

二、地貌格局与特征

(一)地貌格局

青海省现代地貌所反映的基本结构和形态，是长期以来在内外营力综合作用下的产物。内营力的地壳运动控制了整个地表外部总的态势，如青海全省西高东低的地势，从北向南依次为山地-盆地-谷地-高原，几乎东西走向的地域配置，构成了全省地貌的基本框架结构；太阳辐射、流水、风力、冰雪寒冻、生物等外营力的综合作用，在各个

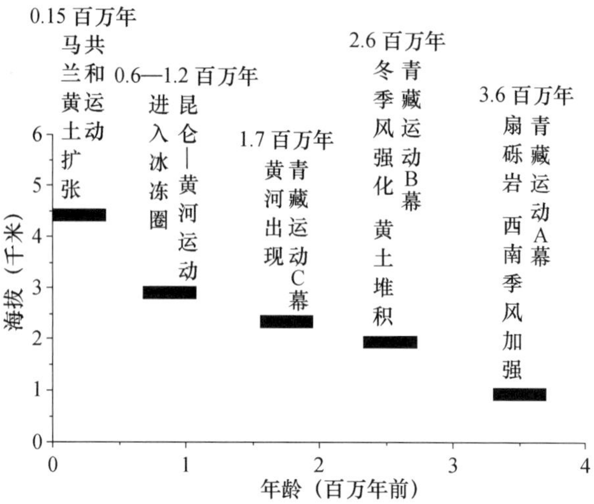

图3-1-1 青藏高原隆升过程示意图

地域的不同时期，对地表物质不断风化、剥蚀、搬运和堆积，从而形成了现代地表的各种形态。它是在内营力基础上，对地表进行不断再塑造的一个全新过程。

青海大地貌与大地构造单元紧密联系，地貌轮廓结构和特征主要受地质构造基础的控制。在大地构造上，大致以昆仑山南麓-玛沁深大断裂为界，可分两部分：

北部为祁昆古生代褶皱区，具有前寒武系变质岩基底，是一个古老的陆块，早古生代曾解体为三部分，北为祁连地槽系，中为柴达木地块，南为昆仑地槽，晚古生代末逐渐褶皱闭合；

南部则属康藏中生代褶皱区，是巨型古地中海构造带的组成部分，属中生代褶皱隆起带，是特提斯海在印度板块向北漂移挤压下逐渐封闭并隆升而成的。巴颜喀拉地槽造山带是印支构造带，唐古拉地槽造山带则是早燕山构造带。青海省内陆壳的演化是由北向南逐步发展的。

大地构造特征构造线的走向控制了青海大地貌的基本格局。祁连造山带呈北西西向狭长延伸，构造运动强烈，具有复杂的线形构造。经褶皱断隆形成一系列北西西走向的巨大线状山脉，相间以断陷盆地和谷地。柴达木地块的基底是太古代和元古代的结晶变质岩系，块体坚硬而稳定，燕

山运动以后则总体下降，形成大型内陆盆地。盆地西北角新、古近系红层褶皱形态也较舒缓。青南高原南北分别屹立着昆仑山和巴颜喀拉山，它们分别由昆仑海西造山带和唐古拉山早燕山造山带断隆而成。高原东部的巴颜喀拉山印支造山带组成了阿尼玛卿山和巴颜喀拉山的地质骨架。

青海东北部构造比较复杂，位于不同构造体系在东西向和北西西向构造带的基础上，发育了北北西向的构造，控制了许多中、新生代盆地和山地。

大地构造特征一定程度上决定了新构造运动。在不同大地构造上，新构造运动的特点往往不同，新构造布局常常遵循古老构造格局，新构造活动大都利用老构造的形迹。新构造的继承性特点，使青海现代地貌格局和老地质构造关系也较密切。

新构造运动是形成现代地貌的主要内营力，而较老地质构造主要通过新构造运动对现代地貌产生影响。青海省新构造运动复活了不同构造期的褶皱造山带，使之成为断块山地突起，盆地则做继承性陷落，因而大大增加了地形的起伏，决定了青海地貌的基本特征。

新构造运动首先表现为大面积的整体断块上升，使青海高原成为平均海拔4000米左右的大高原，其内部在高原总体抬升背景下，又有差异性断块升降运动，因而造成青海境内北山地、中盆地、南高原的地貌格局。

青海省活动大断裂广布，它们控制了地貌发育。大地貌单元的接壤界线多受近时期活动大断裂控制，因而造成大山系多为断块山地，大盆地、谷地多为断陷盆地和断陷谷地，活动大断裂还控制了大地貌形态的平面轮廓。

祁连山造山带的活动断裂发育，其中祁连山北麓深断裂是海拔4000～5000米的走廊南山与海拔1500～2000米的河西走廊接壤地带的断裂。祁连山脉内的其他断裂控制了祁连山系的脉络和山系内部山间谷地的展布。

鄂拉山由一系列北北西走向的断块山地组成，大约于中新世初共和盆地开始沉降，鄂拉山抬升，分隔了柴达木盆地和共和盆地。断块活动中哇洪山上升幅度最大，向西逐渐递减，其内部有许多北北西向的新近系红色盆地。

阿尔金山是柴达木地块和塔里木地块间的断块山地，其界线是由阿尔金断裂带控制的。

青海中部大型盆地（如柴达木盆地、共和-茶卡盆地、青海湖盆地）都呈菱形格局，长轴大致呈北西西走向。柴达木盆地的周边基本上受活动大断裂控制，北界为柴达木北缘断裂带和阿尔金南麓大断裂，南界为东昆仑-布尔汗布达北坡断裂带。

青海东北部许多中、新生代盆地在北北西和北西西两组断裂的共同制约下，呈菱形块体产出。纵向上呈雁形排列，从东到西可分为三列：东列为白垩纪形成的陇中诸盆地（在甘肃境内）；中列为古近系形成的门源-西宁-贵德-循化盆地；西列为以第四纪沉积为主的青海湖-共和-兴海盆地。

昆仑山南麓断裂线平直，延长数百千米，断层崖清楚，是昆仑山和长江源高平原的界线。东段阿兰克湖-托素湖形成一系列断裂谷，控制了山间谷地的展布。其东延的托素湖-玛沁弧形断裂控制了青海省第二高峰——玛积雪山的断块上升。

玛多-甘德断裂分隔了巴颜喀拉山与阿尼玛卿山，乌兰乌拉湖-治多-玉树断裂、曲麻莱-清水河断裂、色吾沟-班玛断裂和杂多南部断裂带均为北西-北西西向，它们及其派生的次一级断裂造成了果洛-玉树地区平行岭谷的地貌脉络。

唐古拉山断裂带控制了唐古拉山地及山地内部断陷谷地的展布。其最北的雁石坪断裂及东延部分控制了唐古拉山与长江源高平原的界线。

青南高原的湖盆（如可可西里湖、卓乃湖、沱沱河盆地、北麓河盆地等）轮廓反映了区域北西西向的构造线方向。

此外，与区域构造走向相直交的断裂亦控制了河流的走向，如祁连山脉内的黑河、疏勒河、党河、北大河等横断祁连山地，流向河西走廊。昆仑山脉内的较大河流那陵格勒河、格尔木河、诺木洪河、柴达木河等横穿昆仑山地，流向柴达木盆地。这些河流均沿次级横向断裂发育。

新构造运动在总体抬升背景下有明显的差异运动叠加其上，在南北方向表现为压缩的断块升降，出现断块山地与断陷盆地、谷地相间排列的格局，且山地多以逆断层逆冲于低地之上，每个山地内部也可见到这种差异运动。从北向南可列出：阿尔金-祁连断块山地、柴达木-共和断陷盆地、昆仑断块山地、青南高海拔平原、唐古拉断块山地，见图 3-1-2。

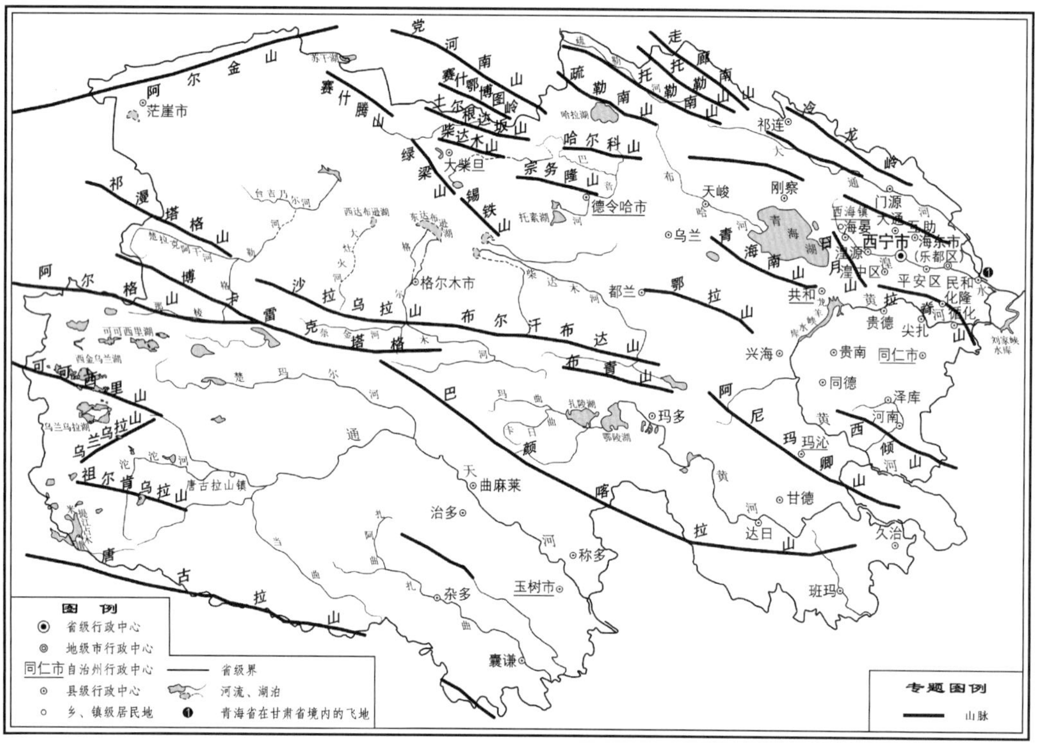

图 3-1-2 青海山脉分布图

在南北压应力作用下，东西方向不仅表现有走向滑动，而且有明显的拉伸。山脉在东西向上出现南北向的地堑谷和地垒山相交替的现象，以唐古拉山最为显著。唐古拉山在总体上呈北西-南东展布。但具体则是一系列北北东（或近南北）向的地垒山和地堑谷相间又相连而成。

祁连山脉内以北西西向为主形成了一系列断陷盆地、山间谷地及块断山地。

新构造运动的差异运动在青海省中部表现最为明显，南部昆仑山和北部祁连山脉强烈上升形成了海拔 4000～5000 米以上高山，中部盆地海拔 3000 米左右。柴达木盆地第四纪以来继承性相对下陷，昆仑山北麓山前沉积了巨厚的第四纪沉积物，新、古近系则发育较差，如达布逊湖-车台吉乃尔湖一带第四系厚达 2400 米，诺木洪一带厚达 1000 米，直接超覆在古老变质岩上。昆仑山山体南北不对称，北坡地形陡峻，表现出俯临盆地的雄伟气势；而南坡则地形和缓，逐渐向长江源高平原过渡。

长江源高平原第四纪以来主要表现为相对沉降及剥蚀夷平，但盆地沉降的幅度较小，一般不超过数百米，有一部分则是剥蚀平原，是高原内部较为平静的表现。

唐古拉山南以安多断裂、北以雁石坪断裂为

界，第四纪以来断块抬升。其较北侧的青南高原多上升了800米，较南侧的藏北高原多上升了500米。山地内部的升降差异达700米，同时还表现了拱曲性质，以致唐古拉主脊轴部较两侧山顶有300米左右的上升幅度。

此外，青南高原西南部大山活动较活跃，形成熔岩台地、方山等地貌。柴达木盆地西北部穹曲作用使新近系、中下更新统形成舒缓的穹丘和构造洼地。

（二）地貌特征

1. 地貌基本格局以纬向为主，呈北西西-南东东走向

由于受地质构造运动控制，地貌基本格局呈北西西-南东东走向，大地貌单元基本上沿纬线方向带状分布。自北向南依次为祁连山-阿尔金山、柴达木盆地-共和盆地-河湟谷地及黄南低地、东昆仑山脉、青南高原、唐古拉山脉。这些纬向山脉构成青海省地貌的基本骨架，山脉之间填充了山间盆地、深切河谷或高原宽谷。北部为山地，中部为盆地、谷地和低地，南部为高原，使高大山脉、山间盆地、高原相间排列，呈现马鞍型地貌格局。这些近乎东西走向的高大山脉，成为重要的自然地理分界线和行政区划的界山，见图3-1-2。

经向地貌差异不如纬向明显，但也很有特色，主要表现为东部以高山深谷地貌为主，西部以高原宽谷或宽广的盆地地貌为主。

2. 地势高耸，高差悬殊，自西向东倾斜

青海省是青藏高原的重要组成部分，平均海拔3500米以上，青南高原超过4200米，高原西部在4700～4800米以上，最高峰布喀达坂峰海拔6860米，也是青海省的最高点。省东部海拔大都在3000米以下，最低点位于黄河支流湟水在民和县下川口出省处，海拔1644米，这比东岳泰山还高100多米，使全省地势呈现自西向东倾斜的状态，高差达5000多米。

西高东低，而且地势高差悬殊，使得省内大河自西向东流；还由于水量充沛，蕴藏着十分丰富的水力资源，成为中国水力资源丰富的省份之一。这种地势有利于东南气流和西南气流伸入东部地区，形成一定的降水量。

3. 地貌类型复杂多样

青海省地质构造和各地自然地理条件差别悬殊，在内外营力的作用下，地貌类型复杂多样，有高耸挺拔的山脉、辽阔的高原、大小高度不等的盆地、和缓起伏的丘陵以及宽展的谷地、幽深的峡谷等。其中，盆地面积约占全省总面积的30.0%，河谷为4.8%，山地为59.0%，戈壁荒漠为4.2%，其他为2%左右。另外，在风、水等众多外营力作用下，由于各地岩性不同，形成的地貌类型丰富多彩、千姿百态。

4. 外营力地貌类型具有明显的地域性

青海东部地区降水相对丰沛，是外营力以流水作用为主区域，侵蚀和堆积作用活跃。省内降水量自东向西递减，使地表切割深度和密度表现出东南部强、向西北逐渐变弱的特点；西部是在干旱、极干旱条件下的风化、风力作用强烈区域；南部广大区域地势高亢，年平均气温大都在0℃以下，是冰缘和寒冻作用强烈区。因各地外营力不同，东部以流水地貌为主，如黄土地貌、河流地貌、丹霞地貌等；西部以风力地貌为主，如风沙地貌、雅丹地貌；南部为高山和高原冰缘地貌、冰川地貌、冻土地貌；湖泊分布区为湖泊地貌等，使地貌类型的地区分布具有明显的地域差异，也有叠加和交织的现象，造成了全省自然环境的复杂多样性。

5. 地貌类型具有垂直地带性

由于地势高差悬殊，不同高度水热条件不同，导致了外营力在垂直方向上的分带与相应地貌形态成层分异的特点。例如，从一个深切的河谷地段向上至极高山顶部，往往在最底部流水作用下，河谷地形成冲积平原、阶地、台地，西部干旱区域发育干燥地貌类型，如风积、风蚀地貌等；向上则

流水、风力作用减弱,冰缘、冻土地貌有所加强;至山体顶部或一定高度,冰缘、冻土作用强烈,冰川发育,形成典型的冰缘地貌、冻土地貌、冰川地貌等类型。大部分地域表现出的地貌外营力在垂直方向上具有成层分异规律和水平方向上成片分异规律相结合,是造成青海省各种地貌类型复杂多样的重要因子之一。

第二节 地貌类型

按形态进行分类,青海地貌可分为山地和平原两大类。按海拔高度和形态,山地可分为极高山、高山和中山,平原可进一步分为高海拔平原、中海拔平原、台地等类型。

(1)极高山。山顶海拔在5000米以上,相对高度均大于1000米,基本沿各大山脉的主脊线断续分布,平面上为孤立山峰。青海省境内北部仅见于祁连山脉的主峰——岗则吾结峰周围。在青南高原,东、西有所不同:东部只见于阿尼玛卿山脉主峰——玛卿岗日周围;西部则较多,有近40座极高山,主要分布于东昆仑山和唐古拉山脉的主脊,其中唐古拉山脉面积最大,东经93°30′以西几乎全是极高山。

(2)高山。山顶海拔在3500～5000米,是青海省地貌的主要骨架,山地规模最大。祁连山的支脉走廊南山、冷龙岭、托来山、党河南山、土尔根达坂山、青海南山、拉脊山,东昆仑山的支脉祁漫塔格山、布尔汗布达山、沙松乌拉山、唐格乌拉山,唐古拉山东经93°30′以东的瓦尔公、过热加切,阿尔金山脉、巴颜喀拉山脉均属于高山;阿尼玛卿山脉和可可西里山脉除最高峰外也属高山之列。

(3)中山。山顶海拔在1000～3500米,该类地貌在青海省内零星分布,山地规模小,海拔高度多在2300～3500米。主要位于中部,即湟水谷地、黄河谷地的循化、尖扎盆地的两侧,柴达木盆地边缘、共和盆地南北两侧高山的山前地带。其次是祁连山地的宽谷盆地和青南高原那陵格勒河上游宽谷地带,也有零星分布。

(4)平原和台地。高海拔平原、台地是青藏高原特有的地貌类型,海拔为4000～6815米,青南高原西部地区和以哈拉湖为中心的祁连山地河源地区集中分布此地貌类型。中海拔平原、台地是青海境内特有的地貌类型,是集中分布于青海高原强烈隆起过程中差异运动的产物,大都是高原相对于周围高山强烈下沉的部分,海拔在1700～4000米。此种地貌主要分布在青海省中部的大小盆地和青南高原东部的长江、黄河、澜沧江三大河流的宽谷中,以及祁连山脉内部和东昆仑山脉北侧河流下游宽谷中。

青海省地貌按成因及其形成的地貌形态和组成物质等特点,可分为构造地貌、外营力地貌和高原特殊地貌类型。

一、构造地貌

青海省地质构造和各地自然地理条件差别很大,在内、外营力的共同作用下,构造地貌类型复杂多样,主要有熔岩台地、方山、构造穹丘和构造洼地等。

在青南高原西部的可可西里山西段和祖尔肯乌拉山一带分布熔岩台地和方山。上部为熔岩被,下部为沉积岩,呈现“二元结构”,覆盖最新层位为中世纪地层,主要为平顶方山或台地地貌类型。

在柴达木盆地的西北部分布构造穹丘和构造洼地。新近系和中更新世地层在这里形成许多北西走向的反“S”形排列及雁形展布的舒缓褶皱,呈穹丘状地貌形态,构造洼地分布于丘间。穹丘长轴数千米至数十千米,高数十米到百余米。在风蚀作用下,丘顶大部分形成许多细沙和长丘状红岩丘岗,以及小砾石组成的土丘层。

二、外营力地貌

青海省内现代主要外力作用类型有流水、冰缘、冰川、干燥剥蚀与风力、湖蚀等，这些外营力作用在地域上具有不同的组合，从而构成了特殊的外力作用水平地带性和垂直地带性分布规律。

山地地区的外营力作用垂直分带现象十分明显，不仅不同气候区内山地外营力作用垂直带谱不同，就是在同一气候区内的垂直带谱结构也有较大差别，即使垂直带谱结构相同的山地，其垂直带的宽度也不完全相同。一般来说，相对高差大的山地，垂直带谱结构较复杂，如祁连山脉走廊南山从上部到下部由冰川作用带、冰缘作用带、河流作用带和干燥剥蚀作用带四个带组成；相对高差较小的山地由 2～3 个作用带组成，如中吾农山是由冰缘作用带、河流作用带和干燥剥蚀带 3 个作用带组成，拉脊山仅由冰缘作用带和河流作用带组成。山体高度差别不大的仅有 1 个作用带。

根据外营力作用性质的不同，可将青海省地貌划分为流水地貌、冰缘地貌、冰川地貌、风力地貌和湖水地貌等多种成因类型。

(一)流水地貌

塑造地貌最重要的外动力是陆地上的地表流水，地表流水在流动过程中不仅能侵蚀地面，形成各种侵蚀地貌，而且能把侵蚀的物质经搬运后堆积起来，形成各种堆积地貌。青海高原流水地貌分为流水侵蚀地貌和流水堆积地貌。

1. 流水侵蚀地貌

侵蚀作用可分为坡面上的片蚀作用和沟谷、河流的线蚀作用，而线蚀作用又分为溯源侵蚀、侧向侵蚀和下切侵蚀。青海省内高地的顶部和平缓斜坡的上部主要为片蚀作用产生的地貌。沟谷主要为线状侵蚀，呈现多种形态的河谷类型。流水侵蚀地貌类型如下。

(1)河谷地貌

河谷地貌是流水侵蚀作用所塑造的一种负地貌形态。青海境内主要的河谷地貌有湟水谷地、黄河谷地、大通河谷地、隆务河谷地、玉树通天河谷地、澜沧江谷地等。河谷地带大都地势较低且较平坦，土层厚且较肥沃，水量较充足，是省内主要经济发展区。

①湟水谷地。位于青海省东北部祁连山系支脉达坂山与拉脊山之间，是由黄河支流湟水作用下形成的谷地。西起湟源峡东多巴，东至湟水出青海省的甘肃-青海交界处，长 170 千米，地势自西向东倾斜，海拔 1650～2600 米。地质构造属祁连地槽褶皱系，为中新生代山间断陷谷地。

湟水流经不同岩性和构造区，因抗蚀力不同，出现了盆峡相间串珠式地貌形态，自西向东依次为扎马隆峡-西宁盆地-小峡-平安盆地-大峡-乐都盆地-老鸦峡-民和盆地。峡谷一般长 1～5 千米，宽 50～100 米不等，岩层多为紫色砂岩、砂页岩、泥灰岩、花岗岩、结晶灰岩，两岸绝壁陡立，河水迂回曲折，谷窄而深，自古以来成为青海省内通往省外的交通要道。盆地多呈宽谷形，长 10～30 千米，宽 1.5～4 千米不等，其中西宁盆地面积最大。

盆地边缘和峡谷地带有新近系红层出露，形成较为典型的丹霞地貌，第四纪黄土遍布谷地，其中浅山和高位阶地上为风成黄土，厚度可达数十米至 200 米，低位阶地上为次生冲积黄土。经过流水的侵蚀切割作用，多数成为黄土梁、峁和黄土低山丘陵，地表支离破碎，水土流失严重，时有滑坡等地质灾害发生。

湟水两岸有 3～7 级阶地，阶地发育普遍是湟水河谷地貌的特征之一。上游区阶地有 7 级，最高阶地距河面 180～230 米，阶地面覆盖黄土，其下为厚度不等的砾石层；中下游一般可见 5 级阶地，最低位阶地下伏红层，上有数米厚的次生冲积黄土，其中第二级阶地面积宽广，为盆地主要农耕区。

②黄河谷地。位于青海省东部祁连山系支脉拉脊山与东昆仑山系支脉鄂拉山向东延伸的黄南山地之间，是由黄河流水作用形成的谷地。西起

龙羊峡东端，东至甘青交界处的寺沟峡，长160千米，底部海拔1760～2400米。地质构造为中新生代山间断陷盆地。

黄河流经不同岩性和构造区，抗蚀能力的差异，使得谷地内地貌呈一束一放、宽窄相间、峡谷与盆地相间的串珠式形态，龙羊峡以下依次为龙羊峡、贵德盆地、李家峡、尖扎盆地、公伯峡、循化盆地、积石峡、官亭盆地、寺沟峡。峡谷一般长10～15千米，宽仅百余米，甚至数十米，其中积石峡有个叫野孤跳的河面仅宽四五米。河床比降大，水流湍急，水流量大且稳定，谷坡陡峭，水力资源十分丰富，成为中国水电资源的"富矿区"和水电能源重点开发区。

黄河谷地内的山间盆地大都长15～30千米，宽2～4千米，其中贵德盆地面积最大。峡谷和盆地边缘地带新近系红层出露，在长期流水作用下形成连绵不断的红色丘陵、中低山、劣地。岩层条件好的部位发育了十分典型的丹霞地貌，如尖扎坎布拉、循化盆地边缘和积石峡、官亭盆地边缘等，成为丹霞地貌的长卷画廊，具有旅游观赏价值。第四纪黄土在河谷内广泛分布，山体上部为原生黄土，下部为次生黄土，水土流失严重，地面支离破碎，在谷坡陡峭处地面缺乏稳定性，滑坡灾害较多。盆地水流较缓处泥沙沉积，河床多形成心滩，以贵德盆地最为典型。源自于南北两侧的山地河流呈羽状水系流入黄河干流，在干支流交汇处形成冲积平原。黄河有多级阶地发育，低阶地下伏第四纪河床砾石层或在新近系红层之上，大都是川水农耕区，水热条件优越，成为青海省的粮食、蔬菜、瓜果生产基地。

③大通河谷地。位于祁连山系支脉冷龙岭与大通山-达坂山之间，西起大梁，东至克图，是从西北向东南延伸并中部向南突出的弧形盆地。东西长90千米，宽15～30千米，西北高，东南低，海拔2500～3200米，大通河自西北向东南流贯其间。下古生界砂岩、板岩、千枚岩及结晶灰岩构成谷地北部界山；二叠、三叠系的紫红色砾岩、泥岩、砂岩、页岩构成谷地南部界山；前寒武系及下古生界从西部深入谷地内部；新近系分布在南北山前及大滩、青石咀一带，为新生代构造断陷盆地，中晚更新世的冰碛、冰水堆积分布在山前，形成冰碛丘陵。

大通河谷地年均温0摄氏度以上，年降水量超过500毫米，山麓地带牧草茂盛，成为优良的牧场，还分布有森林。谷地内地势平坦，土质肥沃，盛产油菜籽，是青海省内菜籽油生产基地。克图以下进入峡谷，形成5级基座阶地，阶地上的河流砾石层有丰富的沙金资源。

(2)台地和山地地貌

流水侵蚀作用形成的正地貌形态有台地和山地，根据它们的形态特征、绝对高度和相对高度差异分为如下几种。

①流水侵蚀台地。分布于青海湖周围、共和盆地周围、祁连山北翼前缘山地的东部及大通河上游宽谷盆地中。其中以青海湖西北侧分布面积最广，组成大通山南翼的山前台地，沿布哈河至青海湖北面断续延伸150千米，南北最宽达20千米，海拔3400～3500米，台地表面平坦，微向南倾斜，台面被南北向河流切割。台地岩层由古生代、中生代砂岩、石英砂岩和灰岩、不同时代花岗岩和新近系红色砂岩组成。

②流水侵蚀丘陵。相对高度200米以下，呈走向不甚明显的正地貌形态，在日月山南侧、大通河等上游宽谷盆地中零星分布。

③流水侵蚀低山。主要分布于青海东部河湟谷地以及由古近系地层组成的夷平面，海拔2800～3000米，相对高度在500米左右，由黄土、砂、粉砂及泥岩为主的新近系地层组成，岩性松软，侵蚀作用强烈，水土流失严重。另外，祁连八宝河上游宽谷盆地、青海湖盆地东北部、共和盆地南部一些高山的前山带都有零星侵蚀低山分布，相对高度200～500米，山体较小，宽度一般在数

千米范围以内。

④流水侵蚀中山。分布于东昆仑山东部山前、青海南山东段、拉脊山北翼、日月山西侧、大通山和托勒山北侧、祁连山北侧等，位于高山与盆地的过渡地段，南部海拔 3500 米，北部河西走廊最高海拔达 3000 米左右，相对高度 500～1000 米。中山一般由古近系以前地面形成，即构成古近系盆地分水岭。

⑤流水侵蚀高山。主要分布在海拔 3500 米以上、相对高度 1500 米以上的山体，山地沟谷发育，下部降水较少，植被条件较差，沟谷较密集，上部降水较多，植被条件较好，侵蚀较弱。

2. 流水堆积地貌

堆积地貌主要是指河水携带泥沙物质在一定条件下沉积形成的地貌。以其地貌形态和堆积过程，可分为冲积平原、洪冲积平原、洪积平原、干燥洪积平原、河流阶地和洪冲积台地等。

①冲积平原。省内各大河流在流经的宽谷盆地中形成的河谷冲积平原分布普遍，冲积物厚度较大，具有二元结构的特征，上部为黏性土，下部为河床相砂砾层。

②洪冲积平原。在青海省内主要分为两类，一类是分布于柴达木、茶卡盆地洪积扇前缘潜水溢出带以下区域，河流由潜水补给，水流较稳定，河流两侧形成较宽阔的冲积平原，相邻河流的冲积平原相连，形成宽广的冲积平原带，大致区域位于干森、塔尔丁、乌图美仁、大灶火、格尔木、诺木洪、香日德一线附近和茶卡盆地东南部。这类冲积平原地面宽阔平坦，地面坡度一般小于 1°，以粉细砂物质组成为主，河道多分汊。平原上段一般水分较多，植物生长较好；平原下段盐渍较重，常有盐沼。另一类在省境内小型山间盆地和山区河谷两侧断续零星分布，往往与大河冲积物或大河支沟洪积物犬牙交错，组成物质较粗，地面坡度略大。

③洪积平原。青海境内的洪积平原主要分布在盆地、河流宽谷、河道平直的地区，青南高原西部大湖周围可以见到宽达十至数十千米的洪积平原。柴达木盆地、黄河流域以及湟水流域比较发育，洪积平原的表面由山麓向外微微倾斜。从山口向外的组成物质逐渐变细、变薄，粗细均匀分布，呈现多元相结构特征，顶部坡度较大，其余坡度一般为 1°～3°。青南高原西部的洪积平原坡度往往小于 1°。

④干燥洪积平原。主要分布于柴达木盆地四周边缘，原为山区河流出口，后形成大型洪积平原，地表物质以黏土和较细砂砾为主，受风力吹蚀，致使地面被砾石覆盖。砾石一般厚 5～20 厘米，多棱角状，为砾漠，也称为“戈壁”。柴达木盆地北缘的干燥洪积平原，一般长 10～20 千米，最宽达 30 千米，盆地南缘格尔木以西多为 20～30 千米，最宽达 40～50 千米，格尔木以东相对较窄，约 10 千米。

⑤河流阶地。青海省境河流阶地主要发育于东半部（青南高原东部和祁连山区）的河流两侧，分布较广。黑河上游支流八宝河在祁连县附近有 4 级阶地，相对高度分别为 2～3 米、13～16 米、30～40 米和 100 米左右。黄河在共和盆地、兴海唐乃亥附近有 10 级阶地，相对高度分别为 12 米、70～80 米、130～140 米、160 米、180 米、190 米、260 米、310 米、500 米、550 米。最高的两级阶地为海南州一、二塔拉，宽达 10 千米，其余的阶地较窄。湟水在湟源县阿家图村附近有 7 级阶地，相对高度分别为 3 米、30～40 米、50 米、85 米、125 米、160 米和 180～230 米，在西宁附近也有 6～7 级阶地。大通河在克图以东有 5 级阶地。恰卜恰河在共和附近有 3 级阶地，高出河床数十米至五六百米不等。长江在玉树直门达附近有 3 级阶地，最高阶地相对高度 24 米。青南高原西部的河流阶地数较少，只有 1～2 级。

此外，在一些注入较大湖泊的河流两岸也有数级阶地分布，其中以青海湖周围各河两岸的阶地发育程度较好（表 3-2-1）。

青海湖流域主要河流阶地

表 3-2-1

地区 级	西部布哈河区			东部倒淌河区	
	天棚乡	黑山南麓	莱挤河	倒淌河镇	将军台
1	1.5	1	1	0.6	4.5
2	2.3	3	2.2	4.6	6.2
3		5～6	11.3	16.2	28.7

⑥洪冲积台地。位于山麓冲、洪积平原之上的老台地。山麓洪积台地在祁连山北麓、共和盆地两侧山前及湟水上游谷地、大通河谷地、疏勒河谷地等宽谷中都有分布，其相对高度数十米至100米以上，其上往往有薄土覆盖的砂砾组成，地面缺水，饮水也很困难，因而十分干旱。

（二）湖泊地貌

青海省境内湖泊分布广且类型复杂多样，地质历史时期湖岸线多次变迁，对湖区地貌的影响极其深刻。湖水作用形成的地貌类型主要有湖蚀地貌和湖积地貌。

1. 湖蚀地貌

青海境内湖泊众多，湖水在风力等作用下，湖浪冲击边岸，形成了以侵蚀作用为主的湖蚀地貌，如湖蚀崖、湖蚀穴、湖蚀阶地等。在青海省内，主要以湖蚀崖和湖蚀阶地两类地貌为主。湖蚀崖在省内较大湖泊的周围均可见到。例如：托素湖东北岸和西南岸有高达50米左右的岸边陡坎；青海湖东南岸渔场两侧的湖蚀崖长约10千米，陡坎高出湖面5～10米，西北岸沙陀寺水文站以西的湖蚀崖长约2千米，高出湖面10～15米。

在青海湖滨较普遍的为湖蚀阶地地貌，呈零星状分布，主要集中分布在沙陀寺、海西山、石乃亥山、铁卜卡、海心山、黑山等地。海西山和鸟岛有两级湖蚀阶地，分别高出湖面25米和45米。青海湖南岸黑山斜坡上有5级阶地，高出湖面分别为50米、75米、100米、150米和175米。

2. 湖积地貌

湖泊沉积分为湖积平原、湖积冲积平原、盐湖沉积平原和湖积冲积台地等。

①湖积平原。湖积平原在青海境内主要有两大分布区域。一是现代湖泊周围的平坦开阔湖滨地带，如青海湖、可鲁克湖、苏干湖、扎陵湖、鄂陵湖、乌兰乌拉湖、冬给措纳湖等湖的湖滨，宽度不等，一般数百米至数千米。二是已经干涸且不受或很少受到河流影响的古湖平原，常见于柴达木盆地洪冲积平原的下部，面积较大，如那陵格勒河北岸的古湖积平原，东西长达60千米，南北宽20千米。湖积平原的沉积地质层主要是第四系湖相砂砾层、黏土层、化学沉积层以及湖相和河流相的泥沙层和砂砾层。

在湖积平原上还可以看到许多古湖遗迹，主要为湖积阶地和古湖岸沙堤地貌类型。青海湖尕海以东的湖积平原分布有3级湖积阶地，分别高出湖面11～15米、25米和48米，其中第一级宽约0.5千米，前沿有5米左右的阶坎，阶坎面向湖面微微倾斜。第二级较宽平，最宽处约2千米。第三级呈台地状，阶面宽约0.5千米。青海湖滨的平原，古湖岸沙堤垄垄成行，湖堤由湖滨砾石组成，砾径在0.5～0.6厘米，多呈扁圆状，堤宽5～8米。在海晏湾东湖积平原有6条明显的砂砾堤。长1～2千米，分别高出湖面5米（距湖0.2千米）、30米（距湖2千米）、35米（距湖2.4千米）、40米（距湖3千米）、45米（距湖3.5千米）和50米（距湖3.8千米）。湖东北岸与尕海之间以及尕海以东也有3～4条砂砾堤。湖南岸二郎剑一带有8条砂砾堤，其中3条分别为高出湖面1.5～1.7米(距湖10米)、3.5米(距湖20米)、11米(距湖50米)。湖东南岸与马海之间以及耳海以东的湖积平原上，可见到9条明显的砂砾堤。第一条长约7千米，宽为100米，高出两侧平原面约5米，是分割青海湖和耳海的一条主要砂砾堤。其余8条在耳海东侧，距耳海最近(2.5千米)的长4千米，最远(4千米)的一条只有1.2千米，高出两侧平原2～3米，高出青海湖湖面约30米。青海湖周围的砂砾堤详见表3-2-2。

青海湖周围的砂砾堤

表3-2-2

地点	东岸			南岸		西岸		北岸	
	尕海	海晏湾	耳海	二郎尖	黑马河	石乃亥河	哈达湾	哈尔盖河	沙柳河
条数	4	6	9	3	3	3	3	3	3
最高一条的拔湖高度(米)		50	40	11	4	5	10	85	80
最高一条距湖距离(米)		3800	4000	50	200	20	800	700	13000

②湖积冲积平原。又称河湖沉积平原，由河湖物质堆积而成，河流注入湖泊的三角洲地区分布较多，如注入青海湖的布哈河三角洲、沙流河三角洲、泉吉河三角洲、哈尔盖河三角洲等，其中布哈河水量大、含沙量高，三角洲规模最大。布哈河每年平均有约9万吨泥沙沉积在河口，三角洲每年平均约100米的速度向湖区推进。这些河流河网较密集，呈辫状水系分布，各河三角洲往往连成一片，虽然地面受到轻微切割，但仍很平坦，坡度比湖积平原要大。另一种是宽谷盆地中河流串珠湖泊地区时形成在串珠湖泊群上的平原，常见于干森湖南、巴音郭勒洪积冲积扇前缘和长江源、黄河源的一些宽谷地内。其中，位于柴达木盆地中部，东起宗加附近，西止西台吉乃尔湖的湖积冲积平原，长约400千米，南北宽20～50千米，地势平坦。

湖积冲积平原上往往看到有许多砂砾，形成古湖岸沙堤，在哈拉湖北岸有5条古砂堤，宽80～140米，最高一条高出湖面10～15米。

③盐湖沉积平原。是在干燥环境下由盐类在地表积聚而形成的平原，故又称“盐土平原”“盐渍平原”，省内主要分布于一些低洼地区，如柴达木盆地的西台吉乃尔湖、达布逊湖、霍鲁逊湖等盐湖周围，以及从西台吉乃尔湖至阿尔金山脉的山前地带。由湖相泥沙和化学沉积物组成，东西具有差异性。西台吉乃尔湖以西主要含石膏，以东主要含食盐、光卤石、芒硝、天然碱、钠硼解石、水氯镁石等。柴达木盆地盐湖沉积平原具有如下特点：地表起伏较小，只有极小的坡度从四周向湖岸微缓倾斜；组成物质较细小，以黏土、粉砂和细土为主，夹少量小砾石；地下水位高，故盐化、沼泽化现象比较普遍，平原地表发育盐壳后，成为坚硬的参差地面(盐壳地)；部分地面被风沙掩盖，在平面上发育有风沙堆积；植被稀疏，地表盐化程度很高的盐湖沉积平原往往成为不毛之地，只在某些沼泽化地段生长少量耐盐植物。

④湖积冲积台地：古湖相堆积平原在现代河流切割的作用下形成一种湖积冲积台地貌，这种地貌在省内面积最大、最典型的分布位于共和盆地三塔拉。该台地平面呈喇叭形，海拔3000米以上，东西向延伸150千米，位于黄河东、西两侧。三塔拉顶面高出黄河水面550～650米，东段台地

前沿有高出恰卜恰河 400～500 米的陡坡，在台地的西部，褡裢海以西的哇玉河及其支沟，均从台地面切下，形成二三十米的陡坡。台地面上还有许多底部平坦的盆地，在一些盆地中分布有小湖泊，如英德海、西更尕海、东更尕海、南褡裢海和北褡裢海等。虽然台地并不十分平坦，但其顶面是一个完整面，从尕海滩向西，海拔 3100～3200 米的平坦台面相连，中间只有一些个别的河流河谷穿过。在长江河源区的宽谷盆地边缘湖积冲积台地分布也较广，但面积较小，台地的相对高度不大，台坡不陡峻。组成台地的物质是早中更新统共和组，以灰黄色沙尘为主，边缘地区有砂砾石层。

（三）风成地貌

青海位于内陆高原，寒冷干燥，常年受西风带控制，盛行高空西风，风力强劲，多形成植被稀疏或多裸露的沙质地面，是中国大风和沙尘暴日数最多的省份之一。全省风速大于 5 米每秒（起沙风）的天数一般在 150 天以上，地面大面积分布第四纪疏松物，在强劲风力作用下，广泛发育各种类型的风成地貌。青海风成地貌主要集中在柴达木盆地、共和盆地、青海湖盆地和茶卡盆地，其他地区也有零星分布，可分为三种类型。

1. 风蚀地貌

风蚀地貌主要集中在柴达木盆地的西北部，成为柴达木盆地最为主要的地貌类型之一。敦格公路以西，茫崖-甘森-东西台吉乃尔湖-东西达布逊湖一线以北地区，主要类型为风蚀残丘和风蚀洼地，雅丹地貌分布较少。

垄岗状风蚀丘、风蚀劣地、风蚀长丘的统称为风蚀残丘。风蚀垄岗是经过复杂的演化形成各种风蚀残丘，大型风蚀槽内有坚硬岩层出露相对隆起部分。根据外部形态可分为垄岗状残丘、鼻状残丘、覆舟状残丘、峁状残丘、桌状残丘、麦垛状残丘、锥状残丘、柱状残丘、城堡状残丘、鳍脊状残丘。茶冷口可见到垄岗状残丘，丘高 10～30 米，顺风向延伸为百米至 1000 米以上，顶部浑圆。一里坪、南八仙比较常见似鼻状残丘，丘高 10～20 米，长 10～300 米不等。大风山一带多为似桌状残丘。那陵格勒河以北、诺木洪农场北 30 千米处有密集的风蚀长丘。

风蚀洼地是新近系地层在盛行风的作用下形成构造垄岗和穹丘，在其迎风坡的上部受到侵蚀形成风蚀浅洼地，洼地形态随着细粒物质被风吹蚀且沿风的方向伸长，最后形成与风的方向一致的风蚀槽，这种槽形低地长度从数百米至数千米，宽度从数米至数百米，深数米至数十米不等。大型的风蚀槽内有坚硬岩层出露，往往形成槽中槽的形态。

风蚀洼地主要分布在冷湖地区，在其山前平原地带有一系列平面上呈长椭圆形、宽数百米到上千米、深度不超过 10 米的平坦洼地。

“雅丹地貌”主要在柴达木盆地西北部南八仙、开特米里克等地典型发育，分布范围很广。

2. 风积地貌

主要是在风力的作用下形成的各种沙丘和沙堆。青海省内主要分布在柴达木盆地的西南部和东部、青海湖东岸、共和盆地以及青南高原和一些大河河谷中。包括新月形沙丘及沙丘链、格状沙丘及沙丘链、梁窝状丘、金字塔沙丘、复合型链状沙丘和沙堆等类型。

（1）柴达木盆地风积地貌区

柴达木盆地西南边缘祁漫塔格山北麓沙区，平均宽度 10～12 千米，长约 300 千米，以新月形沙丘、新月形沙丘链、格状沙丘链和固定沙丘为主要类型。沙丘比较密集，高度一般为 15～20 米，在强劲的西北风作用下，向东南方向移动。三湖沙区，长 40～50 千米，呈不连续状，发育有新月形沙丘、沙垅和固定沙丘，新月形沙丘一般高 10～20 米，最高可达 40 米，固定沙丘以柽柳包为主，沙粒较细并因基部为盐渍地而受到强烈盐化，是这个沙带中沙丘和沙垄的特征之一。东南边缘沙区是盆地沙漠集中分布区，不仅分布于低平地带，而且分布在高阶地上，有的新月形沙丘高17米，由于风向不同，形成典型的格状沙丘链，平面形态为网格状，沙丘纵横交错，丘间距离数十米至百余米。铁圭沙漠、塔尔丁南沙漠和灶火河、托拉海河两河下游之间的格状沙丘较为典型。这里的沙流主要是分选佳、磨圆度高的河流冲积物，与盆地西部沙粒完全不同。此外，盆地西北部风蚀槽形区也有沙丘发育。在柴达木盆地西南部尕斯库勒湖东南侧和那陵格勒河上游可见到一些巨大新月形沙丘链的迎风坡，还叠置有次一级的沙丘链，称之为复合型链状沙丘。在大片沙地的边缘以及山前洪积平原分布有沙堆类型，青海省内主要集中于乌图美仁-大灶火-格尔木-诺木洪-香日德一线两侧，宽约数千米，沙堆呈圆形或椭圆形，高度一般为数米至10米。

(2)共和盆地风积地貌区

此种地貌类型主要分布在沙珠玉、龙羊峡库区沿岸、木格滩等地，沙丘类型主要以沙堆、新月形沙丘、沙丘链、沙垄为主，沙丘一般高5～20米，最高可达80米。一种是现代活动沙丘，近5000年以来才形成；还有一种已被流水、风化和风力所改造，顶部有腐殖质层或古土壤发育，或被更新的堆积物所覆盖，但其剖面上仍清晰保留着一系列风成沉积相特征，已停止活动的古沙丘距今已有6000～17000年。如果开发利用不合理，古沙丘也将复活，对生态环境将是严重的破坏。

(3)青海湖盆地风积地貌区

主要分布于青海湖与同宝山-达坂山之间的滨湖平原上，南北近60千米，东西10～15千米，面积约320平方千米。虽然面积不大，但沙丘分布密集且形体高大，尤以金字塔形沙丘最为引人注目。金字塔形沙丘在尕海西缘、海晏湾北侧和达坂山西麓形成三条链状集中分布带，其走向与湖岸和山地延展方向一致。沙丘有尖削的丘顶和狭窄的脊线，呈角锥形。沙丘高度在尕海西缘为40～60米，海晏湾北侧为80～120米，达坂山前高达100～140米，敖包沟口名为大仑干的沙丘高达160米，丘顶海拔3592米，高出青海湖面近400米，越向东南方向沙丘越呈高大的分布趋势。在形体上该类沙丘呈角锥形，具有尖削的丘顶和狭窄的脊线，迎风坡上还叠置着次一级的新月形沙丘和沙丘链，使沙丘呈复合形态。金字塔形沙丘植被稀疏，是一种流动沙丘，但由于沙丘十分高大，一般情况下每年向前移动不足1米。

大量流沙不仅在滨湖平原上形成沙丘，而且大量降落到水中形成水下风沙堆积物，并使水下的沙岛与沙堤高度不断增加，有的已露出水面，有的造成堰塞湖脱离母体而成为子海。

除上述外，山区的一些谷地，如青南高原昆仑山西大滩、果洛甘德县西部、玛多县境内有流沙河沙丘的形成，往往是形成于冰期后而固定的沙地，但由于现代人类不合理的活动导致草原植被破坏后复活的沙地。

3. 黄土地貌

省内黄土地貌主要集中于黄河湟水流域，范围西起日月山东麓，东至乌鞘岭，南起拉脊山，北至达坂山，是中国黄土高原分布的最西缘，成为中国黄土高原的重要组成部分。面积2.48万平方千米，占全国黄土总面积的3.9%。另外，在祁连山地区、柴达木盆地区也有黄土零星分布。黄土厚度从几十厘米到260多米不等，位于湟水6级阶地上的大墩岭黄土厚达261.3米。黄土分布的高度主要集中在海拔1700～2800米，明显具有高海拔的特点。

湟水流域的黄土集中分布于达坂山和拉脊山之间的湟水谷地，地貌表现为黄土所掩盖的新近系红岩低山丘陵，按地貌形态特征划分，自盆地边缘至湟水干流两岸可划分为3个地貌带。

(1)边缘宽谷浅沟梁状丘陵

分布在盆地南北两侧边缘地带，海拔2900～3000米，高出河床150～200米，地貌上表现为低缓的梁状丘陵，为宽坦的谷地所分隔，黄土覆盖厚度不大，地面起伏较小，地面多以片蚀为主，侵蚀作用微弱，为尚未被剥蚀破坏的古代剥蚀夷平面。

(2)中部深谷梁茆状低山丘陵

分布在盆地中部近湟水主干流之低山丘陵地带，是现代侵蚀作用最为强烈地带。这里的黄土被切割为峁状或脊状形态，峁状一般高出湟水河床水面400～500米，黄土冲沟发育，水土流失严重，许多冲沟深深切入新近系红色岩层中。一般沟道短促、坡降大，沟道底部溯源侵蚀到峁顶，沟底呈槽状，谷坡大都在40°以上，其上新生的悬沟林立，滑坡、崩塌等块体运动极为发育，在强烈的现代侵蚀作用下，红色岩层裸露，黄土仅见于山坡上部和峁顶。深谷梁峁状低山丘陵是湟水谷地最为显著的地貌景观，占谷地总面积的60%以上。在西宁、乐都和民和一带，此种地貌类型最为典型。

(3)中部深谷齿状低山丘陵

位于上述两种黄土地貌类型之间，地貌形态上具有上述两种类型的交错过渡特征，这里分布的黄土厚度最大。

湟水阶地上广泛分布有黄土和黄土状土，厚度一般在河流上游较薄，向下游逐渐变厚，如上游海晏县麻皮寺黄土厚3～5米，湟源巴燕峡附近厚度为10～15米，西宁则厚达15～20米。

黄河沿岸的黄土和黄土状土分布在三级及其以上河流阶地上，下部由砾石层和上覆黄土状细沙和粉沙组成，局部可见交错层。砾石层的分选性和磨圆度较差，成分复杂，并常具洪积特征。上覆黄土类沉积，沿黄河向东黄土有增厚的趋势，黄土特征也渐趋明显。

柴达木盆地边缘地区黄土亦有部分出露，其中香日德及布尔汗布达山一带，断续覆盖在海拔2900～3400米的山顶、山脊、山坡和山前低缓丘陵等不同地貌单元之上。黄土状土主要分布在海拔2900米以下的山前洪积平原的外缘或近大河两侧的高阶地上。

祁连山也有零星黄土状土分布，门源县纳龙沟黄土状土厚4～6米，纳龙村黄土层厚14米。祁连县城附近黄土厚达20米。

青海东北部的黄土首先具有类型多样的特点，大墩岭黄土剖面自上而下为全新世黄土、马兰黄土、离石黄土和午城黄土层，其中晚更新世马兰黄土和全新世黄土分布广，主要沉积于河流1、2级阶地河流冲积砾石、砂黏土之上或超覆于离石黄土之上，马兰黄土一般厚20～30米。其次，中更新世离石黄土分布亦广，且厚度大，主要沉积在河谷3～5级阶地的河流冲积砾石、砂黏土之上或超覆于午城黄土之上，其厚度在门源盆地为40米，大通盆地为50米，保安盆地为80米，西宁-民和盆地为70～220米，其间发育古土壤达10多层。

青海东北部黄土厚度普遍比较大，如西宁地区厚度达260米左右，其中马兰黄土22米、离石黄土227米、午城黄土12米、全新世黄土1米，黄土总厚度是洛川黄土的2倍，马兰黄土和离石黄土的厚度是洛川相应时代黄土厚度的3倍。

青海境内黄土塬并不多见，少量的黄土塬大都面积也不大；黄土梁、峁、沟谷、陷穴等分布很广泛。这些地貌均由黄河、湟水及其众多支流侵蚀切割所形成。另外，黄土台地分布于河流两侧，顶部平坦，面积规模不及黄土塬。

4. 重力地貌

滑坡和崩塌为青海重力地貌的主要类型。

滑坡又称“走山”，主要在省内东北部共和盆地黄河沿岸及贵德、尖扎、循化和西宁盆地的新近系红层和第四纪河湖相地层及黄土中分布，这主要是由于黄土和下部红层透水性能有较大的差异，易沿两者的层面发生滑动。滑坡体的规模有数十米至数千米不等，对交通、人身安全、水库等均有很大影响。相关文字记载中发生的滑坡主要有：西宁北山寺滑坡(2001年7月)，滑坡体长约67米，宽23米，围谷形态清楚；西纳川滑坡，发生于100多年以前，将一座寺庙埋没在滑体之下；循化查汗都斯乡比塘沟滑坡(1961年11月14日)，滑坡体长约1.5千米，宽数百米；1943年初，龙羊峡上游查纳滑坡，堵塞黄河一昼夜，毁灭了一个村庄等。

崩塌，常见于水库回水区、湖岸和山岳地带，在龙羊峡水库回水区内及曲沟河地段极为发育。

5. 丹霞地貌

青海东部诸多中新生代断陷盆地中广泛分布着陆生红色碎屑岩地层。受构造活动影响，在以流水侵蚀为主的外力作用下，形成了具有高原过渡地域特色、形态各异的丹霞地貌景观，从形态上初步可分为“陡崖式”“象形式”“宫殿式”和“蜂窝式”等几种类型。青海省内丹霞地貌集中分布于东部河湟谷地两侧以及黄河、湟水支流所形成的次级谷地两侧。青南高原的河谷地带亦有零星分布。位于黄河谷地尖扎县境内的坎布拉地区是中国新近系地层发育的一处丹霞地貌区。黄河积石峡长约25千米，两侧红崖陡壁，丹霞地貌绚丽多彩发育。

丹霞地貌是以方山、奇峰、洞穴、峭壁为主体，山体形似城堡、陡峭直立等形态各异的造型地貌，具有中国西北干旱半干旱和黄土高原向青藏高原过渡所具有的丹霞地貌特征。青海丹霞地貌类型复杂多样，有类丹霞地貌以及宫殿式、麦垛式、窗棂式、帷幕式、峰林式、蜂窝状等丹霞地貌类型。

(1)类丹霞地貌。青海东部是中国黄土高原的西部地带，黄土厚度从数米至数十米，甚至200米以上，所以在红色岩层之上有第四系砾岩和黄土覆盖，坚硬的砾岩形成凸檐状，形成盖顶保护以下红层，延缓风化剥蚀及崩塌的进程，而顶部的黄土和砾岩被风化、侵蚀，形成圆状顶，成为顶圆、身陡、麓缓的类丹霞地貌，外部形态同顶平、身陡、麓缓的典型丹霞地貌有点不同，但本质是相同的。类丹霞地貌在河湟谷地分布亦广。

(2)宫殿式、麦垛式类丹霞地貌。黄河及其支流湟水流域普遍有5～7级阶地，大都具明显的二元结构，下面为粗砂砾石层，上部为黄土覆盖，在高位阶地的砂砾石大都胶结成“砾岩”状，十分坚硬，其胶结成分中以SiO_2、Al_2O_3、CaO居多。红色岩层主要是中生代白垩纪和新近系形成，其中新近系形成的红色岩层大都表现为松散，一般情况下只能形成坡度和缓的红色丘陵，但在上部“砾岩”盖层的保护下，红色的垂直节理明显发育，崩塌作用仍很强烈，陡壁出现，形成顶圆、檐突、身陡、麓缓的宫殿式或麦垛式类丹霞地貌。

(3)窗棂式丹霞地貌。薄层红色砂岩、砾岩、红砂岩及泥岩形成的互层，在半干旱大陆性气候环境下，遭受强烈的风化、剥蚀作用，尤其沿坡面的片流对不同岩层的差别侵蚀作用，在悬崖赤壁的垂直剖面上沿水平方向上出现凹凸不平的微地貌形态，这些含有大量泥质的片流在凹处堆积、填平，缓和凹凸不平的形态，然后在峭壁上冲刷出一些垂直小悬沟，在悬崖赤壁表面上形成纵横交错的凹槽、凸棱，使陡壁呈现出窗棂状，故称之为窗棂式丹霞地貌，这也是西北干旱、半干旱地区特有的丹霞地貌类型，在青海东部河湟谷地各盆地边缘均多有可见。

(4)帷幕式丹霞地貌。规模宏大的红色陡立崖壁，倾角多为80°～90°，“壁立千仞，犹如巨幅”的红色帷幕，有的山体两面或三面均为悬崖，一般高达数十数、百余米或数百米。帷幕式丹霞地貌多见于黄河谷地的中川盆地寺沟峡附近以及尖扎盆地的李家峡附近。

(5)峰林式丹霞地貌。此类丹霞地貌同喀斯特地貌的石林区有一些相似之处。在近乎水平且垂直节理发育的红色岩层区，由于强烈的流水作用，沟谷发育，崩塌作用强烈，地面破碎，多形成岩峰、石柱、石墙、石针等形态，有的石峰直插云霄，形成峰林式丹霞地貌。主要分布于青海尖扎的坎布拉等地。

(6)蜂窝状丹霞地貌景观。这类地貌景观不仅具备了丹崖赤壁的基本特征，而且在丹崖赤壁上又发育有成群的岩穴，岩穴群在崖壁上呈蜂窝状分布。这一丹霞地貌类型在景观区域上既具有陡崖式丹霞地貌景观的特征，又犹如象形式丹霞地貌，似景似物，崖壁上又附有形态各异、大小不一的岩穴，岩穴长轴在崖壁上顺岩层倾向，满布岩壁，小的如锅盆，大的似窑窟，穴内多有磨圆较好的砾卵石残留。蜂窝状丹霞地貌在多处红色碎屑岩分布区均可见到，但形成规模景观资源的当属贵德麻吾峡。

6. 岩溶地貌

省内东部和南部地区，古气候经历过多次暖湿和温湿阶段，在新近系时形成的岩溶地貌和岩溶现象，虽然经过后期多次冰缘作用的破坏，至今仍有残留或较完整保留，唐古拉山温泉断陷谷地下游方向的布曲河谷底曾用钻孔揭露过溶洞。黄南州泽库县境内的“仙人洞”是一处颇有宗教神秘色彩的岩溶洞穴，这种洞穴在黄南州发现多处。互助县境内的佑宁寺、天门寺岩溶地貌较为典型，天门寺所谓的“天门”是一处溶岩洞口。

三、高原特殊地貌类型

由于青海境内大部分地区海拔高，气候严寒，常年气温低于0摄氏度以下，在高大的海拔、独特的地质地貌和特殊的自然环境下，终年积雪不化，广泛发育冰川和冻土。大多数山体顶部或一定海拔高度，形成典型的冰缘地貌、冻土地貌、冰川地貌等类型。

（一）冰川地貌

青海冰川地貌可分为冰蚀、冰碛和冰水堆积地貌三种类型。

1. 冰蚀地貌

在冰川的侵蚀下会形成冰蚀地貌。在雪山之上或附近有冰斗、刃脊和角峰等。在雪线以下发育“U”形谷、悬谷。

冰斗是一种三面环以峭壁，呈半圆形、剧场形状或圆椅状的洼地。是位于雪线附近由雪蚀凹地演化成的斗状基岩冰川侵蚀地貌，同时也成为指示现代雪线和古雪线高度的重要标志。青海省内的冰斗地形主要分布在东部现代冰川前缘，侧碛、终碛的外围地区，其发育程度和海拔高度在省境东、西部及同一山体南、北两坡差异较大。冷龙岭北坡、西北坡分别在海拔3900～4000米和海拔4100～4200米处发育，其他发育冰斗地貌的海拔高度为：疏勒南山在海拔4700～4800米，青海南山北坡在海拔4200～4300米，鄂拉山北坡在海拔4500～4800米，布尔汗布达山北坡西段在海拔5000～5100米，中峰北坡在海拔4670米、东南坡在海拔4840米，唐古拉山在海拔5300米左右，昆仑山脉在海拔4800米左右。

刃脊由冰斗或两条相邻冰川的槽谷不断扩大、后退，使相邻的冰斗或槽谷间的山脊变成刀刃状，多半分布在阴坡或半阴坡上。

角峰是指由几个冰斗所围成的山峰，因冰川的拔蚀作用，周围形成凹形陡坡，峰顶突出如尖角。青海境内海拔高度超过3800米以上的裸露山峰基本都存在或大或小、或多或少的角峰和刃脊，一般比较峭立的山体均发育有角峰和刃脊。

冰川谷又称冰川槽谷或“U”形谷，是由冰川侵蚀作用形成的谷地。比较平直，谷坡陡，并有明显的谷肩、冰蚀三角面和冰川擦痕。谷底一般宽平，横剖面呈“U”字形，纵向呈槽形。它分布于冰斗地貌的外围，特别是在省境东部，年保玉则、玛积雪山南面的吾和玛、鄂拉山、巴颜喀拉山及祁连山的疏勒南山、哈克吐蒙克山、贵德扎马日岗等中生代花岗岩组成的高山上冰川槽谷发育最为典型。冰川槽谷内保存有完好的羊背石和冰坎，在其两侧又有明显的悬谷，谷壁多被融冻泥流和岩屑坡所掩盖。古冰川槽谷多，形成谷中谷的地貌形态。冰川槽谷由于槽谷近东西走向使阴、阳坡所遭受的寒冻风化作用不同，形成具有冰缘不对称谷的特征。

2. 冰碛地貌

冰碛地貌主要发育在古代冰川和现代冰川前缘，是由冰川堆积形成的地貌，冰碛物堆积的各种地形总称冰碛地貌，是研究古冰川和恢复古地理环境的重要依据。主要的冰碛地貌有冰碛平原、冰碛台地、冰碛漂砾等。

冰碛平原主要分布在海拔 4000 米以上的唐古拉山北麓长江河源地区的宽谷盆地、高海拔盆地及古冰川作用的青南高原东部和祁连山等高山区槽谷底部，组成物质主要有寒冻风化物，质地粗，砾质比例大。

冰碛台地是一种古老的冰碛地貌，常常出现在谷底 100 米以上，保存较好的主要分布于唐古拉山口西北、东昆仑山西部那陵格勒南山等地的现代冰川前缘。

冰碛垄在青海境内冰碛地貌中广泛发育，在各拉丹冬山峰下的姜古迪如冰川前缘有大小十余个现代冰川作用下的终碛垄和侧碛垄，大多数现代冰川前缘或侧部均发育有冰碛垄。除此之外，青海境内海拔 3600 米以上的地区往往伴随古冰斗前端或出现古冰碛垄，现代虽然为浑圆山丘，覆盖有植被，但在冰期时期形成发育的古冰碛垄。

冰碛漂砾在祁连山地分布较广。如大通河谷地、北大河谷地等海拔 3000 米以上均有分布，说明祁连山早更新世时就已有冰川发育。

3. 冰水堆积地貌

冰水堆积形成最典型的地貌为冰水平原，省内分布在唐古拉山北坡、东昆仑山、祁连山等现代冰川外围都有分布。

冰水平原分布于现代冰川堆积前缘的河谷或盆地底部，冰水沉积物质以山坡上寒冻风化岩屑为主，砾质磨圆度差。该地貌类型主要分布在祁连山地西段和昆仑山口以西。

（二）冰缘地貌

青海省内冰缘地貌主要分布在雪线与多年冻土下界之间的高山冰缘作用带内，是在冻土地区以冻融和寒冻作用为其显著特征，又与冻土的发育和分布密切相关的一种特殊地貌类型。冰缘作用跨度不一，一般在 1000 米左右（表 3-2-3），此带约占全省面积的一半。在高山冰缘作用带下，冰缘地貌类型丰富多样，上部地貌类型主要为冰缘突岩、石海、石河等，中部以冰冻结构土、泥流阶地等类型占优势，下部有冰丘热融滑塌、热融洼地等类型发育。

高山冰缘作用带垂直跨度表

表 3-2-3　　　　单位：米

地点		冰缘作用上界	冰缘作用下界	冰缘带垂直跨度
祁连山脉	冷龙岭	4400	3450～3500	950～1100
	走廊南山	4400～4600	3520	900～1080
	当金山口	4850～5200	3650	1200～1500
	哈萨克蒙克	5100	3800～3900	1200～1300
青南高原	昆仑山西大滩	5250～5500	4150～4200	1100～1300
	玛积雪山	4950～5200	4000～4300	950～1200
	唐古拉山	5400～5700	4640～4780	800～1000

省内祁连山地、阿尔金山地、青南高原的广大地域年均温在 0 ℃以下，多年冻土发育，成为冰缘作用及冰缘地貌广泛分布区。雪线以下至多年冻土下界之间为冰缘作用及冰缘地貌分布区。冰缘

现象主要有雪蚀洼地、冰缘突岩、融冻夷平面、石冰川、冻土多边形、冻胀草丘、古冰丘、冻胀石林、岩屑坡(石流坡)、石海、热融洼地、融冻蠕流、冰缘对称宽谷等。世界上冰缘类型有50余种,在青海就有40多种。

融冻夷平面主要分布在青南高原海拔4000米以上夷平面上,大部分属连续多年冻土区域,也有岛状冻土区;祁连山地有岛状冻土区分布,其中冻胀草丘、融冻泥流及融冻沼泽等分布较广。雪融凹地分布在积雪时间长、雪融作用强的青海省东部山体阴坡。冰缘凸岩又称寒冻风化岩堡、岩柱等,广泛分布于山地冰缘作用带上,是因山体不同岩体抗寒冻风化能力不同所致,抗寒冻风化能力强的基岩蛇立于山体而形成凸岩。冰缘作用下的主要地貌类型有如下几种。

1. 冰缘作用台地

山地夷平面是冰缘作用台地的地貌基础,受到河流的切割,表现为台地形态。由于河流水量、地质条件等诸多因素的影响,全省各地台地高度、面积、形态等均有很大差异。台地在基岩夷平面上有薄层松散沉积物覆盖,发育有厚层多年冻土,地表冰缘冻土现象众多,现代地貌的外营力主要为冰缘作用。

2. 冰缘作用丘陵

省内分布面积不大,主要分布在一些山前盆地的边缘地带,由古老基岩或新生代红层所组成。这些丘陵高差一般在200米以下,但海拔高度各地变化较大,西部地区在海拔4500米以上,东部地区则不足海拔4000米,冰缘作用以冻融风化和融冻蠕流为主。

省内冰缘丘陵常见于青南高原长江、黄河河源宽谷盆地和大通河河源的木里-江仓盆地等,冰丘一般直径数米,高1米左右。已知最大的冰丘位于东昆仑山口北部山间盆地62道班附近,海拔4680米处,该冰丘长180米,宽60～90米,高16米,表面有0.5米或更厚的砂土、砂石,核部为冰,长年存在,冰丘南、北各有一个塌陷洼地,周围被土堤所围,冰丘所在处冻土厚25米。

在东昆仑山东、西大滩分水岭地带和冰水岛的前缘,海拔4300米左右,近东西方向线上也有许多古冰丘体分布,断续分布长达25千米,古冰丘相对高度5米左右,宽20～30米。

3. 冰缘作用低山

省内分布面积很小,主要分布于祁连山地托勒山南麓和托勒南山北麓托勒河谷两岸山前等地。海拔3000～4700米,与相邻谷地的相对高差为300～500米,最大不超过700米。从谷地到山顶的寒冻强度不同:河谷平原为冻融作用的冰丘、冻胀草丘、多边形土;山坡下部为融冻泥流阶地、寒冻剥蚀山麓面;山坡上部则为雪蚀洼地、冰缘突岩和基岩坡、基屑坡等。

4. 冰缘作用中山

这一类型在全省海拔4000～4800米的中山带广泛分布,西部地区在海拔4500～4800米,东部地区在海拔4000～4500米,一般均低于现代雪线,无发育现代冰川的条件。山地冰缘带结构亦可分为上、中、下三带,上带以寒冻风化和冻融剥蚀为主,中带以融冻蠕流和冻胀作用为主,下带以融冻分选和热融作用为主。大通山东段冰缘带垂直结构如下。

上带为寒冻风化和冻融剥蚀带,年均温−4.5～5 ℃,冰缘形态以突岩、高夷平台地、雪蚀洼地、融冻岩屑锥、石海、多边形等为主。冰缘突岩也称寒冻风化岩堡、岩柱等,主要分布于冰缘作用带上部,以青南高原东部地区(如玉树至囊谦一线)屡见不鲜,其周围常有十米至数十米,甚至超过100米的陡壁。石海常见于宗务隆山北坡海拔4100～4500米的整个山麓剥蚀面和其他山地夷平面。

中带为融冻蠕流和冻胀作用带,年均温−3.5～4.5 ℃,冰缘形态以融冻泥流阶地、泥流舌、冻胀丘、冻胀斑土等为主。省内冻胀斑土以石环和多边形土为主,分布于冰缘作用带的中部,海拔4000

米以上，在粗细物质相混的平原、阶地、台地和平缓的山顶地区。在走廊南山肃南公路达坂垭口（海拔 4200 米）、托勒山热水达坂垭口（海拔 4100 米）、托勒山大冬树垭口（海拔 4100 米）、托勒南山冬库尔捏阿垭口（海拔 4340 米）以及青南高原西部均有石环和多边形土分布。石环规模较小，一般直径 10～20 厘米。多边形土的规模差异较大，唐古拉山南坡山前冰川槽谷中，高海拔平原和台地上分布有大规模的多边形土，直径50～150 米，其他地区一般直径在 1 米至数米之间。

下带为冻胀和热融作用带，年均温－3.5～0 ℃，有较弱的冻胀和融冻泥流作用，产生浅层泥流和冻胀草丘，也有较广泛的热融作用，产生热融滑塌和热融沉陷，形成小型热融湖沼和沼泽化湿地。多出现在冰缘作用带下部或临近融区地带。青藏公路沿线的高原宽谷盆地中，西雅措西侧及不冻泉以西分布较为集中。热融滑塌和热融洼地平面形态多呈圆形、椭圆形或围椅形，直径数十米至数百米，深度一般小于 5 米。

5. 冰川-冰缘作用高山

在全省海拔 4800～5000 米以上的祁连山、东昆仑山、唐古拉山高山带广泛分布。该类山地在雪线以上有现代冰川发育，雪线以下很大一段垂直带属于冰缘作用带。

冰川-冰缘作用带中，冰缘作用以寒冻风化、融冻分选、重力作用及冰水作用为主。在无雪覆盖的山顶夷平面上以及平坦的基岩裸露的地面上形成广泛的石海，石海中的物质经过融冻分选，可形成石环、石圈等石多边形。在山坡上寒冻风化造成的岩屑顺坡滑动，造成掩覆山坡的石流坡，石流坡上的岩屑被搬运到沟谷，成为石河和石冰川。

6. 冰缘河谷沼泽平原

分布于省内一些高海拔地区平坦河谷地段。由于地势平坦，水流平缓，水流侵蚀能力微弱，加上高海拔气候严寒而多年冻土发育，水分排泄不畅，使地表沼泽化严重，冰缘现象如冰丘、冻胀草丘等广泛发育。

第三节　主要地貌单元

一、山系

青海境内山地分布十分广泛，山地面积约占整个青海省面积的 50％以上。在青海省境内，众多山脉排布有序，不仅筑造了全省自然地貌的基本框架轮廓，而且还成为十分重要的自然地理分界线以及青海省行政区划的边界山。依据地质构造演化体系，将青海省境内众多山脉细划分为三大山系。

（一）祁连山-阿尔金山系

祁连山-阿尔金山系位于青海省北部和东北部，并且以阿哈提山-安南坝山-党河南山-赛什腾山-宗务隆山-大通河源-大通山-达坂山成一线，作为界线与柴达木-黄湟中海拔盆地区分开。祁连山系和阿尔金山系以当金山口为分界点，两大山系共同组成了分隔塔里木盆地-河西走廊以及柴达木盆地-共和盆地的边界山。

1. 祁连山系

“祁连”一词来源于古代匈奴语，匈奴部落称天空为“祁连”，意为高耸可达天空的山。还因祁连山坐落于河西走廊南部边缘，中国历史上曾经称其为南山，还有雪山、白山等名称。

祁连山是青藏高原东北部边缘山地，地理坐标为东经 90°10′～103°04′，北纬 35°50′～39°19′，祁连山脉在青海省境内东西长 870 千米，南北宽 200 千米，大部分海拔高度在 4000 米左右，西南部可以达到海拔 5000 米以上，其中，最高峰是疏勒南山主峰岗则吾结峰，其海拔达到了 5826.8 米（又一说法为海拔 5808 米）。祁连山脉东至乌鞘岭，南邻柴达木盆地以及湟水谷地的北部边缘地带，西至当金山口与阿尔金山相邻，北靠河西走廊地带。祁连山由一系列大致相互平行的北西西或者北西走向的山脉和山间谷地相间排列而成。

祁连山系西、中、东三段格局表

表 3-3-1

西段	中段	东段
党河南山（海拔 4100 米） 大哈尔腾河谷地（海拔 3000 米） 察汗鄂博图岭（海拔约 5000 米） 小哈尔腾河谷地（海拔 3200 米） 土尔根达坂山（海拔 5200 米） 鱼卡河谷地（海拔 4000 米） 柴达木山（海拔 5700 米） 大小柴旦盆地（海拔 3000 米）	走廊南山（海拔 5000 米） 黑河谷地（海拔 3500 米） 托勒山（木垒山海拔 4600 米） 北大河谷地（海拔 3500 米） 托勒南山（海拔 5000 米） 疏勒河谷地（海拔 3700 米） 疏勒南山（海拔 6000 米） 哈拉湖-布哈河谷地（海拔 4100 米） 哈尔科山-青海南山（海拔 3700 米） 茶卡-共和盆地（海拔 3200 米）	冷龙岭（海拔 4800 米） 大通河谷地（海拔 3000 米） 大通山-达坂山（海拔 4000 米） 湟水谷地（海拔 2300 米） 拉脊山（海拔 3500 米） 黄河谷地（海拔 2000 米）

地理学上根据祁连山系高度和外部形态特征差异，将其分为西、中、东段三部分。三部分的海拔高度、相对位置均有不同，导致各自拥有独特的自然景观，三段部分自然景观差异性大，区域特点十分明显。

(1)西段主要山脉

①党河南山。也称为乌兰达坂山，蒙古语寓意为“红色的岭”，其坐落于祁连山系西段最北部，属于青海省和甘肃省的界山，因为其位于党河的南部，所以得名党河南山。党河南山西端以当金山口为界与阿尔金山脉相接，东南部经过吉穆博里达岭、克普腾蒙克，到巴音泽尔肯乌拉-野牛脊山与哈拉湖南端相接，呈西北-东南走向。党河南山全长约 300 千米，宽 20～30 千米，海拔大约在 4000 米以上，其中，最高峰为古尔班保热达拢峰，海拔 5620 米，党河南山海拔在 4800 米以上的山峰一般发育有现代冰川。党河南山也是党河和大哈尔腾河的分水岭，野牛脊山、古尔班保为其东段的次一级山岭。

党河南山地质构造属于南祁连山褶皱带，山体东段由奥陶系砾岩、砂岩、灰岩、板岩以及石炭纪与二叠至三叠纪浅海相沉积组成；西段由震旦系结晶灰岩、片岩、石英岩、千枚岩组成。山峰的高度东段大于西段，党河南山上的现代冰川主要分布于东经 95°以东的平均海拔在 5000 米以上的山地顶部。东部地貌垂直变化较为明显：海拔 3500～4000 米为山前戈壁带；4000～5000 米为寒冻风化带；5000 米以上则属于现代冰川及冰川作用带；角峰和刃脊残留在坚硬的基岩上，并且前端伴随有现代冰碛垄发育。党河南山上的冰雪融化后主要汇入党河和哈尔腾河。

②察汗鄂博图岭。位于柴达木盆地北部边缘，是大哈尔腾河与小哈尔腾河的分水岭，由下古生代砂岩、板岩、结晶灰岩片岩组成的北西向山地。察汗鄂博图岭长 120 千米，宽 10～20 千米，平均海拔 4000～5000 米，其最高峰位于东段部分，海拔 5249 米。察汗鄂博图岭的东南方向为海拔 5000 米以上的冰川，海拔高度在 4000～4400 米则为寒冻剥蚀山地，灰岩、大理岩形成陡峻的山峰，山地上部为基岩坡和岩屑坡，下部有微弱的泥流作用，山麓发育有冻胀草丘、小型石环等高原特有的地貌类型。西部地势高差 400～500 米，大多

为干燥剥蚀中山，山前分布有广阔的戈壁滩，西北坡被风沙覆盖，植被稀疏。

③土尔根达坂山。位于柴达木盆地北部，祁连山系西段的南支山脉。大致同察汗鄂博图岭平行近东西走向的干燥剥蚀中山，向东与哈克吐蒙克雪山连在一起，长 200 千米，宽 10～20 千米。蒙古语意为“陡峻的山”。地势西低东高，西部海拔 4800～4900 米，向东上升为海拔 5100～5200 米以上，相对高差 800～900 米，主峰为果青合通夏哈尔格峰，海拔 5592 米。山体西段以石炭纪砂岩、页岩和石灰岩为主体；东段由早古生代花岗岩和花岗斑岩组成，山体垂直变化：海拔 4000～5000 米谷地为寒冻剥蚀过程形成的堆积地貌，山麓迎风坡有风沙堆积物；海拔 4500～6000 米为寒冻剥蚀地貌；海拔 5000～5700 米发育有大面积现代冰川，属平顶冰川类型，冰舌延伸到海拔 4700 米的谷地中，冰川面积 870 多平方千米，是祁连山系中现代冰川作用中心之一。南坡冰雪融水汇入马海河和塔塔棱河，分别注入马海湖和小柴旦湖。北坡融水汇入哈尔腾河，注入苏干湖。

④柴达木山。又名达肯达坂山，坐落于柴达木盆地北部地带，西北至东南走向，长 210 千米，为鱼卡河和塔塔棱河分水岭，平均海拔 4500～5000 米，最高峰为柴达木蒙克峰，海拔 5656 米。山体主要由三叠系砂岩、石灰岩和变质岩组成。海拔 5000 米以上，终年积雪，南坡积雪则较少，有现代冰川分布，西部山地局部有风沙覆盖，东部山顶低而宽平。

⑤宗务隆山。是绵亘在柴达木盆地北部的一条近东西向的高山，西接库尔雷克山，东与天峻山相连，北方是阿让郭勒河谷地，南临柴达木盆地。其名称蒙古语意为“左面的山”，因位于德令哈盆地左侧得名。长 220 千米，宽 20～30 千米，平均海拔高度 4500～5000 米，自西向东由科克西里山（海拔 4747 米）、巴音山（海拔 4840 米）、宗务隆山（海拔 4965 米）、拜勒奇尔山等组成，主峰巴音山，海拔 5030 米，相对高差 1500 米。山体主要由中侏罗系砂岩、砾岩、灰岩组成。海拔 4500 米以上常年积雪覆盖，海拔 4000 米以下生长有圆柏和灌木林。冰雪融水、泉水成为巴音郭勒河、巴勒根郭勒河的主要水源。地貌垂直分异明显：海拔 2900～3500 米为山前砂砾戈壁带；海拔 3500～4000 米的南坡有小片森林，山坡陡峻；海拔4000～5000 米以寒冻剥蚀为主；海拔 4500 米以上的山体顶部较平坦，可能是古近系的夷平面。

（2）中段主要支脉

①走廊南山。祁连山系最北一列山脉为甘肃、青海两省界山，因位于河西走廊之南得名。走廊南山在青海省境内雄踞黑河之北，北至青海省界；西起镜铁山，与托勒山相连；西北起于昌马盆地附近，东南止于峨堡河源，呈西北至东南走向，全长 360 千米，青海境内长 160 千米，宽 10～20 千米，海拔 4500～5000 米。主峰为素珠链峰（祁连峰），海拔 5647 米。

走廊南山有深大断裂发育，北部的深大断裂将山地与河西走廊分开，这条断裂带西起玉门市以西，东部与冷龙岭山前的大断裂带相接，地势西高东低，北陡南缓，北坡地貌垂直分布带十分明显。海拔 2500 米以下为山前冲积洪积扇；海拔 2500～3000 米以流水侵蚀地貌为主；海拔3500～4500 米为冰缘作用带，形成了巨大的岩屑坡，沟谷比较发育，巨大的岩屑坡上部寒冻作用强烈，基岩裸露；海拔 4500 米以上，现代冰川广布。特别是在海拔 3500 米以上的地带，还保留有古冰川的遗迹——冰斗、悬谷、刃脊和角峰，这说明古冰川的规模比现在要大得多。北坡雪线海拔高度4700～5000 米，以冰水侵蚀切割为主，形成“U”形谷和阶梯状陡坡。

走廊南山构造属北祁连加里东褶皱带的主要组成部分，寒武纪结晶灰岩及片岩构成山脉的主体，奥陶系及志留系从西北向东南方向呈长条状分布，构成该山体的主要岩组。走廊南山以南的黑河谷地，干流黑河与支流八宝河处在同一条构造纵谷中。黑河谷地主要部分在西北部黑河主干流分布区，海拔3500米以上，野牛沟宽约30千米，地貌上表现为地堑式箱状谷地。

②托勒山。亦称作木雷山、托莱山、讨赖山等。“托勒”蒙古语意为“兔子”，因这里野兔分布多得名。山体呈西北-东南走向，长280千米，宽20千米，平均海拔4500米，最高峰海拔5159米。托勒山西起昌马盆地东部的火神庙山，东至门源盆地的大梁，其地势自西向东倾斜，东段没入峨堡镇以南的大通河谷地内。

地质构造上是北祁连山加里东褶皱带的南翼，褶皱轴线为北西向或者北西西向，其中北西西向断层控制着主体山脉的走向，前寒武纪结晶岩系和加里东期岩浆岩构成山体主脊，下古生代变质砂岩、板岩、结晶灰岩构成山体的主要部分。托勒山东段北坡地貌垂直变化明显：海拔4000米左右为山前冰水扇地；海拔4000～4500米为寒冻剥蚀高山，发育典型的基岩坡和岩屑坡；海拔4500米以上为冰川作用高山，山坡上有古冰斗和古冰碛物分布；海拔4800米以上有现代冰川发育。南坡则冰川较少，山前主要为冲积扇或冲积平原。托勒山向东延伸为大通山和达坂山。

山体南侧的北大河谷地，东西长约200千米，南北宽15～20千米，是被洪积物质和冰川沉积物覆盖平原，因牧草资源丰富，成为祁连山地重要的牧业区，东端的大通河谷地，底部宽阔，覆盖有黄土冲积物，海拔较低，良好的水热条件使之成为祁连山地重要的河谷农业区。

③托勒南山。因为其位于托勒山之南，故名托勒南山。山体走向大致为西北-东南走向，长250千米，宽10～20千米，海拔4500～5000米，主峰吾德勒钦，海拔5294米。海拔4500米以上山峰多积雪，有现代冰川发育，但是冰川规模较小，托勒南山的冰雪融水成为托勒河、疏勒河、大通河的主要水源。

地质构造为中祁连山地隆起带，前震旦系和震旦系的结晶岩系构成了山体的主部。主要断层有北西西向及北西向，前者控制着中新统的沉积厚度，后者切断了中新统，反映了托勒南山在新构造时期的活动性。现代冰川大都发育于北坡和北东坡，现代雪线海拔4500米，山前冰水扇较为发育。地貌垂直变化：海拔4000米为山前低山，有高山草甸分布，地面多边形冻土较发育；海拔4000～4500米为寒冻作用带；海拔4500米以上为冰川作用带，冰川前缘“U”形谷中分布冰碛地貌。北坡因受冰雪融水强烈切割，地形较破碎。南坡雪线海拔4800～5000米，冰舌下伸的海拔高度为4100米，主要是山麓冲积扇。

托勒南山以南为疏勒河上游谷地，海拔3800～4000米，长约65千米，宽仅7千米，地貌上表现为箱状谷地。谷地南北两侧沿断层有泉水露出，明显地展示了构造控制河流的特征。谷地北岸有冲积扇阶地出现，下部新近系出露，山前形成丘陵，顶部平坦；南岸阶地保存少，阶面窄。

④疏勒南山。位于疏勒河以南，党河、哈拉湖以北，是祁连山系中最高的一条山脉，位于祁连隆起带的南缘，呈西北-东南走向，西端同大雪山相连，东端与沙果林那穆吉木岭雪山连在一起，后者在构造上是前者的东延部分，在青海境内东西长240余千米，南北宽处为35千米，窄处仅5千米，疏勒南山西段在甘肃省境内叫作野马南山，中段和东端在青海省境内。构成该山脉的地层为前震旦纪结晶片岩、震旦系结晶灰岩与早古生代花岗岩、花岗斑岩，它是中祁连山的南翼，山体南部由海相三叠系砂岩和板岩构成。平均海拔4500～5000米，中段多在海拔5000米以上。最高峰为岗则吾结峰，海拔5826.8米，同样也是祁连山系最高峰。藏语意为“八峰雪山”，是由数个相对高差不大的山峰聚集在一起组成的块状山体，故又称“团结峰”。

活动的深断裂对于山地南北坡地势有很大影

响，南坡陡峻，北坡平缓。疏勒南山是祁连山系中现代冰川最为发育的一条山脉，根据中国第二次冰川编目数据集，2006 年分布有 419 条山谷冰川，冰舌下伸到海拔 4600 米处，形成弧形冰碛缓丘，南坡冰川规模比北坡大，北坡冰川大部分位于 5000 米以上的高度。在 419 条冰川中，最长者位于哈拉湖北岸的岗纳楼冰川，长 8.4 千米，是祁连山系在青海一侧最长的山谷冰川。海拔 4800 米以上冰蚀地貌发育，角峰、"U"形谷、刃脊等广泛分布。哈拉湖西面山地终年积雪覆盖。丰富的冰雪融水成为托勒河、大通河、疏勒河的主要水源补给。疏勒南山成为疏勒河与党河、哈拉湖水系的分水岭。

⑤哈尔科山。坐落于哈拉湖之南，又称哈拉湖南山。西端与党河南山东延部分野牛脊山相连，东到阳康曲西支流艾热盖河分水岭。大致呈近东西方向分布，长约 80 千米，海拔 5000～5100 米，呈现出一个略向西部倾斜的夷平面，最高山峰哈尔科峰，海拔 5161 米，山地顶部发育有现代冰川，具有平顶冰川的性质，冰雪融水北坡补给哈拉湖，南坡冰雪融水流入阿浪郭勒河，南麓有泉群出露，显示了活动断层存在的特征。

哈尔科山北面是哈拉湖盆地，是祁连山地海拔最高的一个内陆盆地，四周被海相二叠系、三叠系地层组成的山地所包围，只在东部和西部零星分布新近系，从而被研究者认为是新生代的构造盆地。哈拉湖东、西两侧海拔 4100～4200 米，地势开阔平坦，为低一级的基岩剥蚀面；湖北岸有大片古冰碛丘陵，证明了第四纪中晚期疏勒南山冰川曾以宽尾冰川或山麓冰川形式抵达湖岸。湖东岸和西岸分布有现代新月形沙丘，南部及东部较低地带发育现代冰缘多边形、石环等。

组成该山体的岩层主要为下古生界砂岩、板岩、结晶灰岩及二叠纪海相石灰岩。从山麓至山体顶部以寒冻剥蚀作用占优势，下部表现为融冻泥流作用，上部寒冻风化作用占优势，发育有基岩坡和岩屑坡；海拔 4500～4800 米的山地顶部发育有石环、石海和一部分冰缘作用而产生的突岩。

⑥青海南山。青海南山因位于青海湖以南而得名，又叫库库诺尔岭。坐落于青海湖、布哈河、哈拉湖之南，沙珠玉盆地、德令哈盆地以北，是祁连山系中最南的一条山脉。西北部起于天峻布哈河南岸，东南至倒淌河与拉脊山分界处，呈西北-东南走向。长 350 千米，西端宽且高，最宽处达到 45 千米左右，东端窄而低，成为青海湖盆地与共和盆地的天然界山。平均海拔 3500～4000 米，最高峰位于西部的哈尔科山，海拔 5139 米。整个山地以巴音郭勒河干流分为东西两段：东段位于青海湖南岸，东西长 300 千米，宽 20～40 千米，山脊脉络清楚，山峰海拔一般在 4000～4500 米，东段最高峰为塔漫山，海拔 4592 米；西段由于水系切割呈现出较为破碎的状态，又可以分为南、北两支，南支为宗务隆山，北支为哈尔科山。

山体岩层由下古生界砂岩、板岩、结晶灰岩、变质岩和花岗岩组成，山势陡峭，剥蚀强烈，而且南、北坡具有明显的不对称性。南坡高差大，自山麓至黄河滨有多级阶地，并发育有宽度 3～5 千米的山麓洪积倾斜平原，山坡具有阶状结构。北坡短且和缓，没入青海湖畔。

青海南山地貌垂直变化明显：海拔 3800～4200 米沟谷下部发育重力作用为主的石河和岩屑坡，上部为寒冻崩解-重力作用的基岩坡，平坦的剥蚀面上普遍发育冻胀丘和小型多边形，还有的地方有古冰斗、冻胀草丘、寒冻沼泽地，下部还有中-晚更新世的冰碛垄和冰水阶地；海拔 4200 米以上山峰尖峭，岩体突兀林立。

(3)东段主要支脉

①冷龙岭。位于祁连山系东北部，藏语意为"黄牛岭"，以山形似黄牛得名，又称为老龙岭。西以童子坝河同走廊南山分开，东至乌鞘岭，冷龙岭在青海境内长 280 千米，宽 30～40 千米，山体走向大致为西北-东南走向。平均海拔 4500 米，最高

峰位于青石嘴以北，海拔5254米。地质构造上属于北祁连山加里东褶皱背斜的一部分。山体主要由下古生界火山岩、千枚岩、板岩、砾岩、砂岩和粉砂岩构成主体，这些岩体均沿北西西向分布。因主脊南侧有一条东西向活动断裂带，不时有地震灾害发生。山体深大断裂规模宏大，古冰川遗迹明显。在东大河与西大河上游，均有宽敞的围谷、槽谷以及古冰斗、羊背石、冰碛丘陵、冰水阶地等；南坡流水侵蚀较为强烈，低海拔地区形成红色低山丘陵、黄土丘陵和冲积倾斜平原。

冷龙岭地处东南季风迎风坡，降水较丰沛，河流较发育。地貌在垂直方向上因外营力的差异其形态成层分异明显：海拔2600～3000米以下为流水作用带，形成红色低山丘陵、黄土丘陵和冲积倾斜平原；海拔3000～3500米为流水作用与冰冻风化作用带，河谷两岸有4～5级基座阶地，向上为黄土丘陵，逐渐过渡为寒冻风化的各种微地貌；海拔3500～4500米多裸露基岩坡和岩屑坡，古冰川遗迹如古冰斗、羊背石、冰碛丘陵、冰碛垄和冰水基座阶地明显，还保存有冰川湖；海拔4500～5000米为强烈寒冻风化作用带，新冰碛物广布；海拔5000米以上为现代冰川作用带。冷龙岭中下部植被茂盛，以云杉、桦树等为主的森林分布，广阔的高寒草甸草原，野生动物种类较多。

②大通山。坐落于大通河与布哈河之间，是青海湖内陆水系与大通河外流水系的分水岭。山体大致呈西北-东南走向，西北起于察汗鄂博山，向东延伸与达坂山相连，长300千米，宽50～60千米。海拔3000～3500米以上，最高峰桑斯扎峰，海拔4755米。构造上属于一个北西西向到北西向延伸的背斜褶皱带，山体结构主要由古老震旦亚界海相砂质碎屑岩和碳酸盐岩组成。地貌垂直分层明显：海拔3000～3600米以湖积、洪积、冲积平原为主，间有丘陵分布，为天然优良牧场；海拔3600～4000米地势较平缓，沟谷地带开阔，有“U”形谷发育，牧草生长旺盛，适合畜牧业发展；海拔4000米以上以冰缘地貌为主，坡陡谷深，岩石裸露，间有冰川分布；布哈河、吉尔孟河、沙柳河、哈尔盖河均发源于该山南麓，并且均注入青海湖。

③达坂山。蒙古语意为“可以翻越的山岭”，又被称为达坂山或者青石岭。西北起于卡当山，东南至青海省界同冷龙岭交汇，位于湟水和大通河之间，是大通河与湟水之间的一条山脉，北以门源盆地为界，山体呈西北-东南走向，长约200千米，宽15～30千米。地质构造上是一个向西端尖灭的北西西向的条形山脉，岩石层由下古生代基性岩及中酸性火山碎屑岩、绿岩、砂岩、千枚岩、板岩及灰岩构成。海拔3500～4000米，最高峰是仙米达坂峰，海拔4353米，西面的平顶山为一比较平坦的山地夷平面。降水较多，地貌外营力以流水作用为主，地面切割强烈，沟谷纵横。海拔4000米以上以冰缘作用的地貌形态为主。植被茂密，现为青海省的主要林区之一。

④拉脊山。拉脊山曾经被称为小积石山或唐述山，是祁连山系东段最南一条支脉，藏语意为“湟水南面的山”，为黄河干流及其支流湟水的分水岭，是一座从西北向东西延伸的条形断块山，拉脊山总体走向大致为北西西-南东东，东段近东西向是拉脊山的主体部分，西段近西北-南东向叫作日月山，并且向东南部延伸至民和南部黄河之畔的青海省界地区。拉脊山东西长170千米，最宽10千米，海拔3500～4000米，最高峰为马场山，海拔4484米。山岭一般较为平缓，乐都以南的山峰则较为陡峭。海拔在4000米以上的山峰有古冰川遗迹分布。

拉脊山的岩层主要由寒武系碎屑岩与结晶灰岩组成。山势一般较平缓，中间发育有小型山间盆地。由花岗岩等坚硬岩石组成的山脊和山峰表现陡峭、高耸，如青阳山（海拔4217米）、拉脊山（海拔4469米）、青沙山（海拔4328米）、马阴山（海拔4303米）、尕长峡山（海拔4209米）等都在海拔4200米以上。

拉脊山南、北两翼有明显不对称的特征，北翼濒临湟水谷地南侧，流水作用相对不显著，切割较浅，地势显得较为平缓；南翼为黄河谷地北侧，切割程度比北翼相对强烈，地势显得陡峻。地貌垂直分异明显：海拔4000米以上有古冰川地貌如冰斗、角峰、刃脊等遗迹，一年中大部分时间有积雪覆盖；海拔3600～4000米普遍发育有多年冻土，分布有冰缘柱和多边形土等冰缘地貌；海拔3500米以下的中下部覆盖黄土，新、古近系红层广泛出露，黄土地貌发育，泥石流、滑坡等灾害时有发生。

拉脊山年降雨量在400～500毫米，河网密度大，多呈树枝状-梳状水系；自然条件较好，植被茂密，还有零星森林分布；高山草甸带是优良的牧场，适合发展畜牧业。中低山带是重要的旱作农业区。北侧沿拉北断裂带有多处低温碳酸盐矿泉水出露地表，具有良好的医疗保健价值与经济价值。

⑤日月山。位于青海省东部，西北部与大通山相连，东南部与拉脊山相接，是一座整体走向为北北西向的断块山。长90多千米，宽10～20千米。藏语称“尼玛达娃”，蒙古语称“纳喇萨喇”，即太阳和月亮的意思。因山体红层出露，古时称“赤岭”。

构成日月山的主要地层为前震旦纪和震旦纪结晶岩系，古近系形成丘陵，主要断层为北北西向及北西西向，它们切割的最新地层为中新统。日月山平均海拔4000米左右，最高阿勒大湾山海拔4455米，野牛山（海拔4832米）、恰合日（海拔4617米）、达坂山（海拔4389米）等均在海拔4000米以上。海拔4400米以上有古冰川作用、冰缘作用普遍存在。日月山间歇性的上升广泛发育了山地夷平面，海拔4200～4600米、3500～3600米发育有较大规模的山地夷平面。

日月山是中国重要的一条自然地理分界线，为中国季风区与非季风区、外流区域与内流区域的分界线，是传统观念上黄土高原最西缘、青海省内农业区与牧业区的分界线，东、西两侧的自然景色在较短距离内截然不同。青藏公路从日月山垭口穿过，海拔3520米，为青海进藏的门户。唐朝文成公主进藏时经过这里，今建有日亭、月亭、公主纪念堂，自然风光秀丽，旅游资源丰富，成为享誉国内外的一座历史文化名山。

2. 阿尔金山系

阿尔金山，蒙古语意为“有柏树的山”，因昔日生长有柏树而得名，位于青海、新疆两省（区）的边界地区，坐落于柴达木盆地和塔里木盆地之间，是两盆地之间的界山，山系大致走向呈北东-南西向绵延于青海省西北部。东北端在当金山口与祁连山系相接，西端在东经87°附近与昆仑山系北部祁漫塔格山相交，阿尔金山脉全长500千米，其中青海境内的阿尔金山长约370千米，宽15～20千米。平均海拔4000米，个别高峰海拔达到5000米。阿尔金山系是由一系列雁形山脉和谷地组成，地貌上呈现为祁连山系与昆仑山系之间的联系地带。

阿尔金山系主体构造呈北西西走向，而山系却呈北东东走向，这两者的不一致性在国内罕见。阿尔金山系主体地质基础属塔里木和柴达木地块，具有元古代岩系构成的基底和震旦系盖层，在整个后期地质发展过程中，基本保持稳定的隆起状态，北东东断裂乃是后期地质发展过程的决定性因素，山脊在多处不连续形成山口，如茫崖、索尔库里、柴达木大门口、当金山口，都是重要的交通要道，并且有青海省通往新疆、甘肃的公路通过。

阿尔金山系深居内陆腹地，气候干旱，降水极少，现代雪线海拔高达5000米，但终年积雪较少，多数积雪分布在东经86°～87°与东经93°～94°两个地区的山峰上，低温、极干旱的较恶劣自然气候条件，使得干燥剥蚀作用非常强烈，岩体裸露，山坡多为岩屑坡，形成了典型的高山荒漠自然景观。

主要支脉如下。

①安南坝山。东北起于当金山口,西南至于冷湖西北,长100千米,平均海拔4000米,最高峰为阿尔金山峰,海拔5798米,呈金字塔形状,是阿尔金山系主峰。常年积雪,有冰川发育。

山体地质构造主要由云母片岩、石英岩等变质岩、花岗岩、绿色火成岩组成,大都为中等切割的中低山。山坡普遍覆盖岩屑与黄土混杂物。南麓宽浅谷地和低矮山岭相间分布,在强烈的干燥剥蚀作用下形成众多岛山。

②安极尔山。坐落于安南坝山西南部,平均海拔4000米以下,西部有5000米以上的高峰。因断层使纵向谷地发育,宽约1000米,成为柴达木盆地与塔里木盆地和河西走廊之间的重要通道。

③阿哈堤山。又名金雁山,位于安极尔山西南部,平均海拔3500～4000米,最高峰海拔4758米,是阿尔金山系中最低矮的部分。北部隔索尔库里谷地为金雁山,索尔库里谷地海拔3000米,主要由山麓洪积倾斜平原和粉砂质的洪积冲积平原组成,广泛分布干燥剥蚀残丘,并有若干小湖分布。

(二)东昆仑山系

昆仑山是世界著名的山脉,也是中国山系的总骨架之一。"昆仑山"之名早在春秋战国时期的地理著作《山海经》《禹贡》等书中就有记载,《山海经》对古昆仑描述为:西昆仑源于帕米尔高原的葱岭,东为昆仑山。《史记·大宛传》中记载有:"汉使穷河源,河源出于阗,其山多玉石……名河所出山曰昆仑云"。民国时期所指的昆仑山范围十分广大,如民国十九年(公元1930年)出版的《中国古今地名大辞典》中的昆仑山条目称:"中国之千山,西起帕米尔高原,东至海滨,长七千余里,为中国最长之山……"。还记载了包括中国的横断山、南岭、秦岭、阴山、祁连山、唐古拉山、兴安岭、中国台湾以及日本等地的主要山岭。

中华人民共和国成立之后出版的著作对昆仑山的认识基本同以前相同,但其范围特别是内部的划分不尽一致。1980年上海辞书出版社出版的《辞海》中的昆仑山条目称:"西起帕米尔高原东部,横贯新疆、西藏间,东延入青海省境内。长约2500千米。古老褶皱山。西段为塔里木盆地,藏北高原的界山,西北-东南走向……东段呈东西走向,分三支:北支为祁漫塔格山,东延为布尔汗布达山及布青山,南支为可可西里山,东延为巴颜喀拉山。"

1979年人民教育出版社出版的《中国自然地理》中写道:"在塔里木盆地西南缘的西昆仑山,走向北西,平均海拔6000米,公格尔山、慕士塔格山等高峰都在海拔7500米以上。位于塔里木盆地东南和柴达木盆地南缘的中昆仑山,东西走向,山势稍低,海拔5000米左右,为一系列平行山脉组成,北支为祁漫塔格山,中支为阿尔格山,南支为可可西里山。东昆仑山也分为两支,北支为布尔汗布达山和积石山(阿尼玛卿山),南支为巴颜喀拉山。"

《辞海》和《中国自然地理》中昆仑山脉所包括的范围基本相同,但是其内部划分却不同,前者把昆仑山脉分为东、西两段,后者把昆仑山脉分为西昆仑山、中昆仑山和东昆仑山。

昆仑山系西起帕米尔高原东部,向东延伸入青海省境内至四川省西北部,横贯中国新疆、西藏、青海、四川4省(区),全长2500千米,平均海拔5500～6000米,有许多海拔超过7000米的山峰,最高峰为公格尔峰,海拔7720米。在东经89°20′进入青海境内,称之为东昆仑山,东起约格柔曲,向西至苏鲁贝提力克达里亚河源头,横贯于柴达木盆地以南、青南高原以北,长约1200千米,呈西北-东南走向,成为柴达木盆地和青南高原的界山。地势自西向东倾斜,位于西部的布喀达坂峰,海拔6860米,是青海省的最高点,海拔6000米以上多为雪峰和冰川,寒冻风化作用强烈。山岭北坡长而陡峭,群峰挺拔,雄伟壮观。南坡较短而和缓，相对海拔在500～1000米。昆仑山口海拔4772米，是青藏公路的交通要塞。

进入青海省境内的东昆仑山又由北、中、南三列东西向山脉组成，北列为阿喀祁漫塔格山、祁漫塔格山、楚拉克塔格山、沙松乌拉山、布尔汗布达山、鄂拉山；中列为阿尔格山、博卡雷克塔格山、唐格乌拉山、布青山、阿尼玛卿山；南列为可可西里山、巴颜喀拉山，向东延伸至四川西北部与岷山、邛崃山相接。这三列山脉构成了青南高原地貌的基本框架。

东昆仑山系地势异常高峻，南、北坡呈明显不对称性，北坡陡峭，与柴达木盆地之间形成1500～2500米的高差，源自于北坡的诸多河流注入柴达木盆地；南坡平缓，与青南高原高差仅500～1000米，源自于南坡的河流汇入青南高原内陆盆地和长江、黄河等外流水系。东昆仑山系横亘于青海省中部和中南部，南、北部自然地理环境具有明显的差异性，因而成为青海省内一条非常重要的自然地理分界线。昆仑山系雄浑博大，被称之为“亚洲的脊柱”，为中华民族的象征，被称为“万山之祖”。藏族同胞称“闷摩黎山”，意为“紫山”，被认为神山而崇拜。

主要支脉如下。

①阿喀祁漫塔格山。是东昆仑山系最北一列山脉，西端在新疆塔里木盆地东南部，向东伸入柴达木盆地西南部。蒙古语意为“开花山岭”。呈西北-东南走向，青海境内长150千米，海拔4500～5000米，最高峰为滩北雪峰，海拔5675米，有小规模冰川发育。北坡以1700～2000米的高差屹立于柴达木盆地南缘大沙带，风沙灾害可袭击到海拔3500米以上地段，山麓带多有泉水出露，但无常年性河流发育。

②祁漫塔格山。只有东端延伸入青海省境内，西北段在新疆境内，东南部止于那陵格勒河谷地，位于柴达木盆地西南角那陵格勒河与尕斯库勒盆地之间，平均海拔从西北部新疆境内的5500米，至青海省境内降至5000米以下，山峰海拔多在4000～5000米，最高峰位于青海、新疆两省（区）边界，叫作滩北雪峰，海拔5675米。祁漫塔格山在地质构造上为下古生代褶皱带，组成山体的岩石以花岗岩和石灰岩为主。发源于祁漫塔格山北麓的河流注入柴达木盆地，成为内陆河，对山体切割深邃，并且形成宽谷。因新生代山体的不断隆升，河流强烈下切，在宽谷中又形成了深切河床，出现了两级以上的河流阶地，在山的南麓因河流切割微弱，形成了较为宽展的谷地。

南侧的楚拉克阿拉干河为那陵格勒河上游西支，自西北向东南流入干流。楚拉克阿拉干河谷地海拔3200～4000米，有新月形沙丘和小沙堆发育，谷地南北两侧均由倾斜的山麓洪积平原和狭窄的带状冲积平原组成，谷地宽15～20千米，有零星的残丘突立在倾斜平原上。

③楚拉克塔格山。位于柴达木盆地西南部，西北起于青海、新疆两省（区）边界，东南止于东经92°30′附近，全长约170千米，海拔5400～5500米，最高峰海拔5972米，有求勉雷克塔格（海拔5866米），雪山峰（海拔5804米）等海拔在5000米以上的山峰。山体由二叠系砂岩夹石灰岩和花岗岩侵入体组成。山脉主脊被楚拉克阿拉干河支流切穿，因而地面显得较破碎，山间盆地和纵谷较发育，现代冰川广泛分布。

④沙松乌拉山。坐落于那陵格勒河与格尔木河之间，山体大致呈北西西-南东东走向，平均海拔5300米，最高峰为开木棋陡里格，海拔5621米。北坡与柴达木盆地相邻而无地势屏障，虽然地势很高，但是固态降水不多，没有现代冰川发育，山体上部的寒冻风化作用和下部的干燥剥蚀作用为主要外营力。南侧的昆仑河谷地长约180千米，宽3～10千米，上游拓展为黑河盆地，分布有零星沙地。

⑤布尔汗布达山。坐落于柴达木盆地南缘，蒙古语意“神山”。西北部起于格尔木河与沙松乌

拉山相接处，东南至托素湖北岸，南以秀沟、灭格滩根郭勒、乌兰乌苏河与唐格乌拉山、布青山分界，北至柴达木盆地东南边缘。长360千米，宽50千米左右，山脊较为连续，海拔在5200～5300米，最高峰为舒尔干乌拉峰，海拔5731米，大部分山地处于冰缘环境下，寒冻风化作用强烈，山地中多有宽阔的平底谷，多季节性河流。地质构造属于昆仑造山带和柴达木地块的过渡地带，岩层结构主要为震旦系片麻岩和片岩，以及大面积海西期细粒花岗闪长岩和细粒花岗岩。

布尔汗布达山地势自西向东倾斜，托素湖北岸降至海拔5000米以下。北侧同柴达木盆地高差2000～2500米，显得格外高耸、挺拔。南侧濒临格尔木河东支流舒尔干河和柴达木河上游西支流乌兰乌苏郭勒河谷地，海拔3800～3400米，谷宽平坦，沼泽发育，河网密集，泉水出露众多。大格勒河、五龙沟、诺木洪河等河流上游发育山间盆地、湖泊。许多横向河谷切穿山脉通向柴达木盆地，自古以来成为沟通柴达木盆地南北的交通要道。

⑥鄂拉山。该山坐落于布尔汗布达山以东、共和盆地以南，藏语意为“青色的山”。山体大致呈西北-东南走向，长150千米，宽20～30千米，西段海拔在4500～5000米，中部海拔在5000米以上，东南部海拔在4500米以下，最高峰为虽根尔岗，海拔5305米。高海拔地带终年积雪，但无现代冰川发育；海拔4000米以上以寒冻风化作用为主，并有多年冻土发育，中低山带干燥剥蚀作用显著。高山融雪流入柴达木盆地的察汗乌苏河、夏日哈河、沙柳河，流入共和盆地的格亥河、漠日河、切吉河等，这些河流均发源于鄂拉山地，其流经地形成了乌笼滩、独龙、洼龙格日尔、切吉那果等宽谷盆地，地面平坦，全部由第四系覆盖，一般以较粗的砂砾层物质为主，有的则为沙地。

鄂拉山的地质构造属于昆仑造山带的北缘，与祁连造山带和共和断陷盆地之间以深大断裂分开，断裂走向为北西西-南东东，断裂及多次岩浆活动使鄂拉山山地成为长期隆起的构造复杂的高山。组成鄂拉山的主要地层为古生代变质岩及沉积岩，以及海西期和印支期花岗岩和花岗闪长岩。

⑦阿尔格山。是东昆仑山系中段最西部的一条山脉，位于青海、新疆、西藏3省（区）交界处，在青海省境内位于勒斜武担措以北，北至省界；东以苏鲁贝提力克达里亚河河源与博卡雷克塔格山毗邻，西至省界。西北部在新疆境内，向东南在青海境内延伸50余千米，海拔5000～5500米，由雪莲山（5598米）、巍雪山（5814米）、黑驼峰（5561米）、平台山（5364米）等组成，其中巍雪山海拔最高，为5814米，并且发现有现代冰川发育。

⑧博卡雷克塔格山。位于柴达木盆地西南，属于东昆仑山系主脉，为柴达木盆地西南部与青南高原的界山。蒙古语意为“西山梁”。西以苏鲁贝提力克达里亚河源头与阿尔格山过渡，东止于格尔木河与布尔汗布达山毗邻，近东西走向，青海境内东西长500千米，海拔5000～5500米，南北宽100千米，西端最宽达130千米。南北坡明显不对称，南坡短且缓，北坡长且陡。山体主要以花岗岩、石灰岩组成。

博卡雷克塔格山山峰海拔多在4500～5500米，西部有较多山峰海拔在5800米以上。最高峰为布喀达坂峰，又叫新青峰，海拔6860米，是一个巨大的山结，为青海省境内最高点。山岭北坡长而陡峻，南坡短而缓和。海拔5500米以上的山峰多发育有现代冰川。

位于东部的昆仑山口是格尔木至西藏的主要交通要隘，有公路通过。博卡雷克塔格山分别以额而滚赛埃图河上游-雪山河-昆仑河一线和太阳湖-库赛湖一线为界，分别有北、中、南三支。

北支以红河水干流为界分为东、西两段，西段以极高山为主，东段全是高山。西段位于红河水干流以西。山岭近东西走向，山脊并不连续，主要由求勉雷克塔格、塔鹤托坂日、雪山峰组成，均发育有现代冰川。其中塔鹤托坂日海拔最高，海拔大约为5972米。东段位于红河水干流与格尔木河干流之间，叫作沙松乌拉山，山岭呈东西走向，山脊较为连续，山峰海拔5000～5500米，最高峰开木棋陡里格，海拔5621米。

中支是东昆仑山的主脊，多为极高山，冰川十分发育，分别以红河水干流和昆仑山为界，分以西、中、东三段。西段由布喀达坂峰、化石山、群山包组成，其中布喀达坂峰最高。中段由圆头山、圆顶山、狼牙山、湖北冰峰等山峰组成，其中湖北冰峰最高，海拔5933米。东段唐格乌拉山，由可可赛根孟克、阿青岗欠日旧、尕义生都、岗切曲昌纳邹、扎拢阴桑等山峰组成，其中尕义生都海拔最高，海拔5785米。

南支主要由极高山——马兰山、五雪峰、大雪峰等山峰组成，其中大雪峰最高，海拔大约5863米。南支在库赛湖附近与中支合并。

博卡雷克塔格山地势自西向东倾斜，西段由于那陵格勒河源头众多支流的侵蚀切割，主分水线大大偏离到南麓，那陵格勒河正源红水河切穿主脉，袭夺库赛湖以西水源，那陵格勒河的河源伸入布喀达坂峰西南部，使这个巨大冰川作用中心的冰雪融水大都纳入柴达木内陆水系，给干旱的柴达木盆地提供了宝贵的水资源。东段海拔多在5000米以上，出现了海拔5500米以上的众多山峰。东昆仑山口海拔4772米，是青藏公路通过的要隘，以东有岗欠查鲁马(海拔5785米)、阿青岗欠日旧(海拔5642米)，海拔5000米以上冰川广布。

⑨唐格乌拉山。是昆仑山系中列山脉中最低矮的部分，海拔4600～4800米。山间盆地和谷地范围较大，高原面特征明显。

⑩布青山。位于黄河源头的鄂陵湖和扎陵湖北面，是柴达木盆地内流区域和黄河外流区域的界山，分水岭平坦，谷地和山间盆地宽广，海拔约5000米，最高峰海拔约5400米，山脊多处被黄河切割，在托素湖以南逐渐倾没。

⑪阿尼玛卿山。亦称大积石山、玛积雪山，“阿尼”是安多藏语的译音，意为先祖老翁，并且包含有美丽幸福与坚强无畏的意思，“玛卿”藏语的意思为黄河源头最大的山，当地群众称阿尼玛卿山为神山。阿尼玛卿山脉位于玛多、达日一线黄河干流的北东方向，茶卡、沙珠玉盆地的西南方向，三面被黄河包围，西北靠近柴达木盆地东南边缘地带。阿尼玛卿山脉在青海省境内的地理坐标为东经97°00′～101°00′，北纬33°35′～36°50′。

阿尼玛卿山是昆仑山系中列最东部的一条山脉。西起花石峡，东南止于黄河出青海省的九曲黄河第一曲处，山脉总体呈北西-东南走向，阿尼玛卿山脉主体在青海省境内，只有东南端延伸入甘肃省。山脉在青海境内长220千米，宽40～50千米，海拔5000～5500米，一般山脊在海拔4000米以上，山顶起伏不大，与谷地之间的高差超过1000米。海拔达到6000米以上的山峰有三座，主峰是海拔6282米的玛卿岗日，终年积雪，非常壮观。阿尼玛卿山山体相对高差达到了2700米，并且在海拔5000米以上发现孕育有现代冰川，主峰周围冰层的厚度达到了10米，维格拉、当雄一带有长约4000米的山谷冰川。

阿尼玛卿山山体地质构造主要由砂岩、石灰岩及花岗岩侵入体构成，是由海拔在5000米以上的13座山峰组成，周围冰川发育，形成南北长约30千米、东西宽约11千米的冰川区，冰川面积125.7平方千米，共有57条冰川，主要分布在东坡和北坡，其中位于东北坡的哈龙冰川长7.7千米，面积23.49平方千米，冰川末端海拔4350米，冰川垂直高差1800米，是黄河流域最长、最大的冰川。

玛卿岗日峰是自1980年以来我国先后开放的著名山峰之一，是科学考察、野外探险、挑战极限登山运动的旅游地之一。

阿尼玛卿山体岩层主要为三叠系砂岩、板岩

夹石灰岩、花岗岩侵入体组成。地质构造属巴颜喀拉造山带的一部分,印支板块的运动褶皱成山,喜马拉雅运动强烈隆升,形成今日之高大海拔的山脉。

阿尼玛卿山北坡雪线海拔高度4900～5000米,南坡海拔5050～5200米,雪线以上有现代冰川发育,雪线以下有古冰川地貌遗迹大量分布;海拔4100～4300米以下植被发育茂盛,其中海拔3200～3600米生长有青海云杉、桦木等乔木,林下生长有灌木和草本植物;海拔3600～4300米的山地内部和阳坡,生长高山柳、金露梅、密枝杜鹃等灌木及草甸植物。植物多样性较为丰富。

⑫可可西里山。蒙古语意为"青或绿色的山梁",是东昆仑山系南列最西部山脉。广义的可可西里山脉在青海省境内北以勒斜武担措-可可西里湖-卓乃湖一线充当与昆仑山的自然界线,南至乌兰乌拉湖-沱沱河一线与唐古拉山分界;西起青海省省界,东至楚玛尔河下游与巴颜喀拉山脉相接。地理坐标为东经89°25′～94°55′,北纬34°87′～35°45′。

可可西里山脉在青藏高原内部,横亘于青海省西南部和西藏自治区东北部,山脉大体呈西北-东南走向,长约300千米,宽20～30千米,地质构造属于断块山。平均海拔5000～6000米,山岭绝对高度大,相对高度较小,多为高海拔丘陵和小起伏高山,少数为中起伏高山,个别大、中起伏极高山,山脊不甚连续。最高峰岗扎日东峰,海拔6136米。

冬布里山位于日阿尺曲与勒玛曲之间。长约200千米,宽近50千米,山峰海拔大多在4700～5300米,山脊断续延伸,最高峰巴音赛若峰,位于可可西里东部,海拔5661米。

可可西里山脉主要由中生代地层构成的褶皱山脉。山体构造主要由三叠系灰色砂岩、板岩及白垩纪紫色砂岩、粉砂岩夹杂色砂岩、砂质页岩和泥灰岩组成,并伴随有中生代早期辉长岩侵入体零星分布。新近系末期准平原化,地貌表现为宽浅低山,坡度平缓,相对高差500～700米。海拔5600米的山地夷平面上发育有零星的平顶冰川,如天台山(海拔5647米)、汉台山(海拔5713米)的平顶冰川面积分别为3平方千米和6平方千米。青海、新疆两省(区)交界处山峰冰川发育很广泛,最大面积可达1000平方千米,冰川积雪融水成为长江支流楚玛尔河的补给源。

⑬巴颜喀拉山。坐落于青海省中南部,位于楚玛尔河-通天河与黄河干流之间。蒙古语意为"富饶而青(黑)色的山",藏语称"茶拉",意为"华丽的山"。山体大致呈西北-东南走向,西北部接可可西里山,东南部接邛崃山、岷山。巴颜喀拉山脉在青海省境内长750千米,宽100～150千米,海拔4000～5000米,多为小起伏的高山或高海拔丘陵,最高峰为雅拉达泽山,海拔5442米,主峰为勒那冬则,海拔5267米,整个山峰没有明显的主山脊线,山峰多为断续展开分布状态,自西向东海拔5200米以上的山峰有:扎日尕那、热合扎茶达、贡果亚陇岗、哈格扎马、雅拉达泽、尼采扎母那九、若亚那足、巴窝打则、勒纳冬则、窝格若热娘杂日、赞布杂日、年保贡什则等。

巴颜喀拉山是黄河的发源地,黄河正源卡日曲(有说玛曲)发源于西部的各姿各雅山东麓,也是长江和黄河源头的分水岭。巴颜喀拉山口位于山脉中部,自古以来就是西宁市(古时称为西平)至玉树的交通要道。

巴颜喀拉山脉主要是由中生代地层构成的褶皱山脉,山体构造岩性由三叠纪灰色砂岩、板岩以及中生代早期闪长岩和古近系红色岩层组成,因长期构造剥蚀作用趋准平原化,峰岭低缓,沟谷切割不深,山体浑圆,呈现出山原地貌形态。在主峰一带的山脊线两侧,海拔4700～5000米处有夷平面,其中查拉坪夷平面最为典型,发育有宽浅的冰川"U"形谷,谷宽2～5千米,湖泊密布,这与多年冻土层的存在有直接关系。无现代冰川发育,更新世中、晚期冰川遗迹明显，海拔 5300 米以上有终年不化的积雪覆盖。山体南北翼明显不对称，北麓为黄河源区，坡度平缓，地势平坦，南坡因长江水系强烈下切而显得非常陡峻，多形成峡谷，并出现袭夺黄河水系的现象。

（三）唐古拉山系

①唐古拉山。又称当拉山或者当拉岭，藏语意为“台阶形的山”。唐古拉山位于青海省西南部，是青海省与西藏自治区的分界山，西起赤布张湖，北向东绵延 700 千米后呈北西走向，与横断山脉相接，大致呈北西西-南东东走向，海拔 5400～5700 米，宽约 160 千米。山体北坡平缓，与高原面高差 1000 米左右，山地地势自西北向东南倾斜。是长江、怒江、澜沧江的发源地，同时也是长江与怒江水系的分水岭。

唐古拉山主脉位于青藏边界，地势西高东低，查吾曲（当曲支流）以西主要以极高山为主，以东则为高山和极高山。主要山峰有：最高峰各拉丹冬峰，海拔 6621 米，是长江正源沱沱河的发源地；嘎尔肯日，海拔 6513 米；姜古迪如，海拔 6564 米；巴斯唐根，海拔 6022 米；龙亚拉，海拔 6104 米；昂普玛，海拔 5921 米；南拉窝玛，海拔 5821 米；瓦尔公，海拔 5664 米等。

位于玉树州中部的扎纳日根山，是唐古拉山主脉以北的次级山岭，也是长江和澜沧江水系的主要分水岭，扎纳日根山主要由各地果瓦拉、高云拉、科久拉、子当代拉、色吾臣吉拉、扎乌拉、熊拉、果拉、朝午拉等主要山岭组成，海拔 5876 米，属于极高山，是澜沧江的发源地。

唐古拉山年均气温－4 ℃以下，气候异常寒冷，多年冻土广泛发育，最厚可达 100 米。雪线高度由东部的 5300 米向西上升为 5800 米，冰川规模也由东向西逐渐增大，各拉丹冬和尕恰迪如岗成为冰川分布最集中地段。沿断裂带多处有热泉水出露，如华台温泉等。复杂的地质过程形成了铁、铜、铅锌、钼等多种矿床和质地优良的唐古拉水晶，其中水晶无色透明，质地优良，是中国电子工业、国防工业、光学仪器的珍贵原料。

早在距今 1.4 亿年以前，唐古拉山地区还是一片广阔的海洋，氧气充足并且气候温暖湿润，有大量的海洋系生物生存。早期海底地质活动较为强烈，组成了海相沉积岩层（灰岩）夹火山岩地层。之后由于发生了大规模的地壳运动，海水逐渐退出，并且逐渐形成了内陆高山，即唐古拉山山脉的雏形。自古近系以来的喜马拉雅造山运动，使得唐古拉山再次大规模断块隆升，形成现如今的高大山脉。地面岩层以下由中侏罗统雁石坪群海相砂岩、粉砂岩和泥质岩为主组成，构造组合形态上是一个复式向斜，北为雁石坪大断裂，南为藏北安多大断裂。

②各拉丹冬雪峰。藏语意为“高高尖尖的峰”，在南北长 50 千米、东西宽 30 千米的区域内，有以各拉丹冬为首的海拔 6000 米以上雪峰 30 余座，面积 790.4 平方千米，冰川约 130 条。南支姜古迪如冰川长 12.8 千米，宽 1.6 千米，尾部有 5 千米长的冰塔林；北支冰川长 10.1 千米，宽 1.3 千米，尾部有 2 千米长的冰塔林，堪称“冰晶园林”的艺术佳境。

③祖尔肯乌拉山。蒙古语意为“像心脏的山”。西发起于青藏边界，东至青藏公路，大致呈近东西走向。全长 240 千米，宽 40 千米，海拔 4500～5000 米，海拔在 5000 米以上山峰就有 10 余座，主峰海拔 5887 米，最高峰岗钦扎仲海拔 6137 米。岩层主要由中侏罗系紫色和灰色砂岩、粉砂岩、泥质灰岩组成。主脊带有平顶冰川发育。

（四）秦岭山系

秦岭山系在青海省境内部分被称作西倾山，向西经陕西省中部、甘肃省西南部延伸到青海省东南部地区，属于秦岭山脉的最西端。

西倾山在古籍《北史・吐谷浑传》中被称作西强山，《水经注》《元和郡县志》中称其为“强台山”。西倾山坐落于青海省东南部河南县与黄河干流之间,蒙藏混合语意为“西面的大鹏山”。青海省境内东西长270千米,宽30～50千米,海拔4200～4500米,最高峰位于甘肃、青海边界的哲合尔拉布肖,海拔4510米。山体主要由三叠系灰岩、砂质类板岩、泥质灰岩组成。山地上部多有古冰川遗迹,冰缘冻土地貌发育广布。北坡平缓,南坡濒临黄河谷地,受河水侵蚀切割作用明显而陡峻。山体主脊多处被河流切穿,多形成峡谷。

二、盆地

青海省的盆地主要有柴达木盆地、青海湖盆地、哈拉湖盆地、茶卡盆地、河南-泽库盆地、星宿海盆地等,也有在河谷中盆峡相间,形成规模不等的小型盆地,例如:黄河谷地内的共和盆地、贵德盆地、循化盆地等,湟水谷地有西宁盆地、乐都盆地,大通河谷地有门源盆地等。其中,柴达木盆地是全国四大盆地之一。这些盆地大都是构造断陷盆地,与青海省的大地构造运动息息相关。

(一)柴达木盆地

柴达木盆地蒙古语意为“盐泽”,因柴达木盆地内盐湖资源极为丰富而得名。位于青海省西北部,地理坐标为北纬35°13′～39°18′,东经90°07′～99°20′,行政区划包括海西蒙古族藏族自治州。四周被阿尔金山-祁连山和东昆仑山及其支脉所环抱,东西长700千米,南北宽150～200千米,面积约20万平方千米,约占全省总面积的1/3。盆地平均海拔2700～3500米,是中国地势最高的内陆山间大盆地。

柴达木盆地是青藏高原内部相对差异运动最强大的地区,也是高原内部面积最大的内陆盆地。盆地的西北部有一系列近北西向的新构造穹丘和洼地,在洼地内发育了晚更新世的盐湖沉积。盆地的东部为霍鲁逊湖、达布逊湖,附近有宽阔的盐湖沉积平原、冲积平原和冲洪积平原、风积沙丘。盆地中部属于干旱地貌类型,因为柴达木盆地四周高山封闭,湿润气候难以进入,风力作用、干燥流水作用、机械风化等各种干燥荒漠地貌作用都十分强烈,地貌类型非常典型,成为柴达木盆地地区最主要的地貌特征,形成环带状结构,自盆地边缘至中心依次有冰川、冻土、流水地貌和干燥洪积平原、洪冲积平原以及盐湖沉积平原。

在干燥的洪积平原和冲洪积平原接触地带有泉水冒出,海拔在2700米左右,发展农业前景较好,盆地的主要农场和城市都集中于此。柴达木盆地已成为青海省黑、红品种枸杞的种植地区,枸杞种植业已经成为柴达木地区的经济产业。盆地中心的盐湖是中国重要的采盐基地,这里盐矿储量丰富,品种类型多样,并且质量较好。除了丰富的盐湖资源以外,茫崖的石棉矿,冷湖、花土沟的石油、天然气,锡铁山的铅锌矿等都有较大的规模。

柴达木盆地的地貌是构造断陷内营力和河湖相沉积物在干燥条件下强劲风力共同作用下的产物,主要有如下几种主要地貌类型。

(1)干燥剥蚀中低山与山间盆地。是指盆地北部由古老变质岩系组成的山地,如赛什腾山、绿梁山、锡铁山、阿木尼克山、牦牛山等,海拔大都在4000米左右,相对高度1000米以上。因深居内陆,降水稀少,植被条件差,没有冰川发育,岩石物理风化作用强烈,地表岩石裸露,冲沟发育。这些中低山之间形成一连串次级山间小型盆地,如大、小柴旦盆地,马海盆地,德令哈盆地,希里沟盆地等,盆地内具有良好的水热条件,而且拥有大面积可利用的草原,土壤结构为灰钙土和漠钙土,适合牧草的生长,绵羊为该地区主要的畜牧业产品,另外还有牦牛、骆驼等。另外,在柴达木盆地的东南部和东部,海拔3000米以下水热条件充足,粮食产量较高,成为重要的农牧业生产基地。

(2)风成地貌。盆地内为干燥荒漠环境,加上风力强劲,干旱多风,风成地貌发育典型而且分布很广,是盆地地貌最显著的特点之一。其中风蚀地貌是以盆地西北部新近系湖相地层上经过强劲西北风的不断吹蚀剥蚀作用,形成形态各异的风蚀残丘，称之为“雅丹地貌”，柴达木盆地称“开特米里克”。

(3)山麓冲洪积倾斜平原。主要分布在柴达木盆地南缘那陵格勒河、乌图美仁河、格尔木河、诺木洪河、柴达木河等强烈流水作用区。山前洪积物和冲积物形成的冲洪积倾斜平原，沿昆仑山北麓东西向延伸数百千米，波状起伏，平均宽度在25千米左右。山前倾斜平原因新构造运动抬升，加上流水强烈切割形成台地。盆地北部流水条件差，冲洪积倾斜平原发育不充分，阿尔金山南麓则几乎没有得到发育。还有沟谷洪积物堆积成的许多山前洪积平原，以及湖积物堆积成的湖积平原。

(二)共和盆地

共和盆地地处青海省东部青海南山和鄂拉山之间，盆地东部是瓦里关山和龙羊峡库区，向西延伸至茶卡盐湖，东西全长160千米，南北宽30～40千米，地势上属于西窄东宽地带，面积5400平方千米，底部海拔3000米左右，因地处青海省海南藏族自治州共和县境内得名，是省内较大盆地之一。

共和盆地风成地貌分布十分广泛，因气候干燥且多风沙，流动沙丘对农业和人类居住环境的影响非常大，带来了严重的威胁，还有盆地内部早已停止活动的古沙丘的存在，如果出现开发利用不合理的情况，依然会对周围地区的生态环境造成破坏。

黄河由西南方向进入共和盆地地区，由于黄河水流湍急，强烈侵蚀下切作用显著，使得两岸形成宽展的冲积平原，组成物质多以砾石、砂、粉砂为主，有三级高阶地(台地)，形成明显的阶梯状地貌特征，蒙语称“塔拉”，意为草原。头塔拉(第一阶地)高出河面380米，上有沙丘、砂砾石；二塔拉(第二阶地)高出河面500米左右，土层较厚，土质稍细；三塔拉(第三阶地)高出河面550～850米，有低缓丘陵存在，在流水和风力的共同作用下稍有起伏，并且对发展农牧业有着较大潜力。青海东部著名的龙羊峡长约37千米，相对高差500米左右，河宽不足百米，峡谷岩石为中生代早期花岗闪长岩、闪长岩及火山岩夹砂页岩组成，天然落差近240米，著名的龙羊峡水电站就建在这里。

茶卡盆地位于青海南山以南、鄂拉山以北，东与沙珠玉河相接，西与希里沟山间盆地为邻，周边山地海拔大约为3500米。茶卡盐湖南北宽10千米，东西长23千米，是青海省重要的钾盐生产基地，现如今旅游资源开发力度大，每年能吸引很多游客前往参观旅游，带动当地经济可持续发展。以盐湖为中心向四周地域延伸，地貌类型依次呈现出湖积平原和山麓砾石带等不同的地质景观。

(三)青海湖盆地

青海湖盆地是祁连山系中最大的内陆山间盆地，面积约3.5万平方千米，盆地四周被海拔4000～4500米的大通山、日月山、阿木尼克山和青海南山所环抱。中间地势平缓，平均海拔3200～3500米，最低处有中国最大湖泊——青海湖，也因此而得名青海湖盆地。

青海湖盆地地貌类型多样，由盆地最底部到山顶部依次为水面、滨湖平原、冲积平原、河谷平原、丘陵以及低、中、高山，呈阶梯状上升。青海湖西、北面河漫滩、三角洲及河流阶地和堆积阶地发育；东部多为固定和半固定型；东北部有大面积风沙地貌发育，有沙丘、沙堆、沙垄；由于湖水的侵蚀、退缩，在湖滨平原上发育有多级湖蚀阶地和湖堤，一般高出湖面数米，最高可达50多米；湖西多见湖蚀基岩阶地，湖东有连岛沙坝、沙咀，沙堤以湖东耳海一带最为发育。平原与山麓接触带多见坡积裙和洪积、冲积扇。盆地内高、中、低山与该地区存在的三级夷平面相当。高山地区有冰川分布，发育冰蚀地貌和冰积地貌，下部还有古冰川地貌遗迹。近1万年来，由于世界性气候变暖和人类活动，湖面缩小，湖水面在下降，从母体青海湖分离出尕海、耳海、新尕海、海晏湾泻湖等。

大通丘陵盆地主要指达坂山以南至大通老爷

山一部分地带，平均海拔 2800 米，由一系列大小不一的盆地组成，如大通县盆地、互助县西北丘陵盆地、大通河下游的连城盆地等。青海省著名的大通老爷山景区即位于此。

大通丘陵盆地地层多为新近系红层，其上覆盖黄土，经过流水侵蚀而形成各种侵蚀地形。盆地中有湟水支流——北川河，自北向南流动，在西宁地区汇入湟水，河谷较为宽展，形成有较大的冲积平原，是大通地区主要的农业区。另外，大通盆地的煤炭储量也很丰富。

三、河谷

河谷地貌是因流水侵蚀作用而形成的一种地貌形态。整个青海省由于不同的气候分区、地质结构构造区和不相等的水系条件，使得省境内各河谷地貌类型差异比较大。其中在青海省境内，主要的河谷地貌有湟水谷地、黄河谷地、大通河谷地、隆务河谷地、玉树通天河谷地、澜沧江谷地等。这些河谷地带大多地形平缓，且海拔较低、土壤厚度大且肥力充足，并且由于靠近水域，水资源充足，适合发展农业生产，个别河谷地带现如今已经成为青海省的主要经济发展区。

（一）黄河谷地

黄河谷地位于青海省东部祁连山系支脉拉脊山与东昆仑山系支脉鄂拉山向东延伸的黄南山地之间，是由黄河流水作用形成的谷地。西起龙羊峡东端，东至甘肃、青海两省交界处的寺沟峡，黄河在本区自西向东流至甘肃省永靖县，又转向北流。该区域长 160 千米，底部海拔 1760～2400 米。地质构造为中新生代山间断陷盆地。

黄河在青海省境内泥沙含量较小，河水较为清澈，流经了不同的地质构造区，所流经区域的岩石和构造皆有不同，导致河两岸地带的抗蚀能力有所差异，谷地内地貌呈一束一放、宽窄相间、峡谷与盆地相间的串珠式形态，龙羊峡以下依次为龙羊峡、贵德盆地、李家峡、尖扎盆地、公伯峡、循化盆地、积石峡、官亭盆地、寺沟峡。峡谷一般长 10～15 千米，宽仅百余米，甚至个别地区只有数十米。水流量大且稳定，谷坡陡峭，水力资源十分丰富，成为中国水电资源的“富矿区”和水电能源的重点开发区。

黄河谷地内的山间盆地大都长 15～30 千米，宽 2～4 千米，其中贵德盆地面积最大。峡谷和盆地边缘地带新近系红层出露，在长期流水作用下形成连绵不断的红色丘陵、中低山、洼地。岩层条件好的部位发育了十分典型的丹霞地貌，如尖扎坎布拉、循化盆地边缘和积石峡、官亭盆地边缘等，成为丹霞地貌的长卷画廊，旅游观赏价值高。第四纪黄土在河谷内广泛分布，水土流失严重，地面支离破碎，在谷坡陡峭处地面缺乏稳定性，滑坡灾害较多。盆地水流较缓处泥沙沉积，河床多形成心滩，以贵德盆地最为典型。源自于南、北两侧山地河流呈羽状水系流入黄河干流，在干支流交汇处形成冲积平原。黄河有多级阶地发育，低阶地下伏第四纪河床砾石层或在新近系红层之上，大都是川水农耕区，水热条件优越，成为青海省的粮食、蔬菜、瓜果生产基地。由于黄河谷地地形平坦，气候湿润，水热条件良好，农业发达，具有“青海江南”的美称。

（二）湟水谷地

湟水发源于海晏包呼图山，是黄河上游的一条重要支流。湟水谷地位于青海省东北部祁连山系支脉达坂山与拉脊山之间，由黄河支流湟水作用下形成的谷地。西起湟源峡，东至湟水出口的青海省甘青交界处，全长 170 千米，省会西宁市便在河湟谷地之上，地势自西向东倾斜，海拔 1650～2600 米。

在地质构造上，湟水谷地属于祁连山结晶轴，黄河谷地为三叠纪地槽带。湟水流经不同岩性和构造区，因河流两岸阶地的抗蚀力不同，出现了盆峡相间的串珠式地貌形态，自西向东依次为扎马隆峡、西宁盆地、小峡、平安盆地、大峡、乐都盆地、老鸦峡、民和盆地。盆地多呈宽谷形，长 10～30

千米，宽1.5～4千米，其中数西宁盆地最大。

盆地边缘和峡谷地带有新近系红层出露，形成较为典型的丹霞地貌，在湟水谷地两侧的新近系地层上普遍覆盖着黄土，其中浅山和高位阶地上为风成黄土，厚度可达数十米至200米，低位阶地上为次生冲积黄土。经过流水的侵蚀切割作用，多数成为黄土梁、峁和黄土低山丘陵，地表支离破碎，水土流失较为严重，时有重力滑坡等地质灾害发生。

湟水两岸由于河水长期侵蚀，形成有3～7级阶地，阶地发育普遍是湟水河谷地貌的特征之一。上游区阶地7级，最高阶地距河面180～230米，阶地面覆盖黄土，其下为厚度不等的砾石层；中下游一般可见5级阶地，最低位阶地下伏红层，上有数米厚的次生冲积黄土，其中第二级阶地面积宽广，交通方便，城镇众多，加之自然条件优越，气候类型属于季风性气候，水热条件充足，使之成为盆地主要的农耕区，另外该区域工业发展较好，是青海省经济发展的中心地区。

（三）大通河谷地

位于祁连山系支脉冷龙岭与大通山-达坂山之间，西起大梁，东到克图，从西北向东南延伸并中部向南突出的弧形盆地。大通河从西流向东，河谷地势低平，四周群山对峙，气候湿润，森林茂密，牧草丰盛。东西长90千米，宽15～30千米，西北高，东南低，海拔2500～3200米。

大通河谷地年均气温0℃以上，年降水量超过500毫米，山麓地带牧草茂盛，成为优良的牧场，还分布有森林。谷地内地势平坦，土质肥沃，盛产油菜籽，是青海省内菜籽油生产基地。克图以下进入峡谷，形成5级基座阶地，阶地上的河流砾石层有丰富的沙金资源。

第四节 地貌分区

青海省地域辽阔，地貌类型复杂多样，空间差异大，因而在地貌分区上有多家观点和分区方案。归纳起来，主要有如下几种方案。

1956年周廷儒等人在《中国地形区划草案》中，第一级区把中国划分为东部区、蒙新区和青藏区，第二级（基本区）中把青藏区划为7个区，在青海境内为祁连高山地、柴达木盆地、青南高原3个基本区。

1959年，中国科学院地理研究所在《中国地貌区划（初稿）》中提出方案，把中国划分为18个一级区，其中青海占了3个，即祁连山地与阿尔金山地，柴达木-恰卜恰（共和）平原与山地，青藏高原、昆仑山与横断山系。第一个和最后一个一级区都是跨省（区）的，阿尔金山西部伸入新疆和西藏境内，省内的青南高原、昆仑山和横断山（只占整个昆仑山和横断山的一部分）均属上述最后一个一级区。

1989年，伍光和等人在《青海省综合自然区划》中基本采用了中国科学院地理研究所《中国地貌区划（初稿）》中提出的方案，为使青海省地貌区划同全国地貌区划保持一致，一、二级区划仍依据全国区划原则，第三级区的划分则依据青海省具体情况进行修订，全省划分为3个一级区：祁连山-阿尔金山地（冰川冻融作用和干燥剥蚀褶皱断块山地）、柴达木-共和盆地与山地（流水和风力作用的盆地和干燥剥蚀的山地）、青南山原（冰川、冻融及流水作用的高原和褶皱断块山）。二级地貌区8个，三级地貌区18个。这一地貌区划方案较全面地反映了青海省地貌的分布特征，是省内有影响的地貌区划方案之一。

青海省地质局第四地质队和中国科学院地理研究所联合完成的《青海省地貌图》将全省划分为3个一级地貌区，即阿尔金-祁连高山山原区、柴达木-黄湟中海拔盆地区、青南高原区，以及10个二级地貌区、23个三级地貌小区。

青海省综合农业区划编写组在《青海省综合农业区划》一书中将青海省地貌划分为祁连山区、柴达木盆地区和青南高原区。

李炳元等根据青藏高原从北至南、由东向西、从内到外，基本地貌类型及其组合、地貌格局和气候地貌的区域差异，将全省划分为阿尔金山-祁连山高山区、柴达木-黄湟亚高山海拔盆地区、昆仑山高山极高山区、横断山高山峡谷区、江河上游高山峡谷地区、江河源丘状山原区、羌塘高原湖盆区、喜马拉雅山高山极高山区和喀喇昆仑山极高山区9个地貌区。

青海省地质局第四地质大队等单位在地貌分区时，按照高级地貌分区是以内营力形成的大地貌类型为依据，低级地貌分区则以大地貌类型中的次级差异和外营力形成的中小地貌类型组合为依据这一原则，将青海省可划分为3个大地貌区、10个中地貌区、25个小地貌区。所划分的地貌类型区域，比较全面地反映了各区的实际和特征。本志重点介绍该地貌区划方案。具体区划方案如图3-4-1所示。

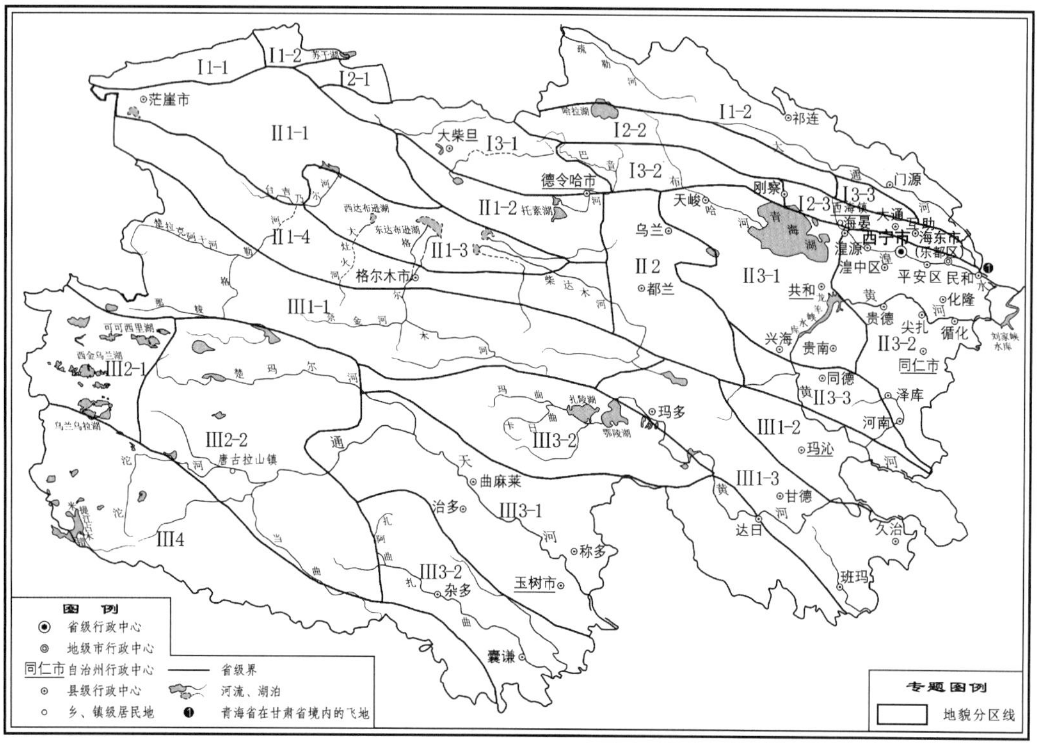

图3-4-1 青海省地貌区划图

注：(Ⅰ)阿尔金-祁连山高山山原大区；(Ⅰ$_{1}$)东阿尔金-北祁连高山宽谷区；(Ⅰ$_{1-1}$)阿哈提中起伏中山高山小区；(Ⅰ$_{1-2}$)安南坝-北祁连大起伏高山宽谷小区；(Ⅰ$_{2}$)哈拉湖-大通河盆地宽谷区；(Ⅰ$_{2-1}$)苏干湖干旱中海拔盆地小区；(Ⅰ$_{2-2}$)哈拉湖-大通河源寒冻盆地宽谷小区；(Ⅰ$_{2-3}$)大通河中游中海拔宽谷盆地小区；(Ⅰ$_{3}$)南祁连高山山原区；(Ⅰ$_{3-1}$)赛什腾-宗务隆干旱高山宽谷小区；(Ⅰ$_{3-2}$)大通山中起伏山原小区；(Ⅰ$_{3-3}$)达坂山大起伏高山小区；(Ⅱ)柴达木-黄湟中海拔盆地大区；(Ⅱ$_{1}$)柴达木盆地区；(Ⅱ$_{1-1}$)茫崖-冷湖风蚀残丘古湖盆小区；(Ⅱ$_{1-2}$)德令哈干燥中海拔丘陵台地平原小区；(Ⅱ$_{1-3}$)达布逊盐湖沉积平原小区；(Ⅱ$_{1-4}$)昆仑山前干燥洪积平原小区；(Ⅱ$_{2}$)鄂拉山大起伏高山区；(Ⅱ$_{3}$)青海东部中海拔盆地区；(Ⅱ$_{3-1}$)青海湖-共和中海拔盆地小区；(Ⅱ$_{3-2}$)黄、湟谷地及中山小区；(Ⅱ$_{3-3}$)兴海-泽库中山盆地小区；(Ⅲ)青南高原大区；(Ⅲ$_{1}$)昆仑山大起伏高山区；(Ⅲ$_{1-1}$)祁漫塔格-布尔汗布达高山小区；(Ⅲ$_{1-2}$)西倾山大-中起伏高山河谷小区；(Ⅲ$_{1-3}$)阿尼玛卿高山、极高山山原小区；(Ⅲ$_{2}$)江河源高海拔波状平原区；(Ⅲ$_{2-1}$)羌塘内流湖盆山原小区；(Ⅲ$_{2-2}$)长江源丘状高原小区；(Ⅲ$_{2-3}$)黄河源丘状山原盆地小区；(Ⅲ$_{3}$)江河上游大起伏高山和河谷区；(Ⅲ$_{3-1}$)通天河-黄河上游中-大起伏高山河谷小区；(Ⅲ$_{3-2}$)澜沧江源大-中起伏高山河谷小区；(Ⅲ$_{4}$)唐古拉高山、极高山区。

一、阿尔金-祁连高山山原大区

阿尔金-祁连高山山原大区位于青海省北部，以阿哈提山-安南坝山-党河南山-赛什腾山-宗务隆山-大通河源-大通山-达坂山成一线作为界线，与柴达木-黄湟中海拔盆地大区分开。该区域地貌特征主要是一系列北西西-南东东走向的平行山脉以及山脉之间的谷地。

(一)祁连山山脉

祁连山西起阿尔金山脉东端的当金山口，东达贺兰山脉与六盘山脉之间的香山一带，北靠河西走廊地区，南临柴达木北部边缘地带。在青海省境内的祁连山脉大约 800 千米，山峰海拔大多在海拔 4000 米以上。祁连大地构造单元主要包括北祁连加里东褶皱带、中祁连山前寒武纪褶皱带和南祁连山加里东褶皱带。

祁连山西段主要山脉分别是党河南山、察汗鄂博图岭、土尔根达坂山、柴达木山以及宗务隆山；中段主要山脉有走廊南山、托勒山、托勒南山、疏勒南山、哈尔科山以及青海南山；东段主要山脉有冷龙岭、大通山、达坂山、拉脊山以及日月山。

祁连山高海拔地区由冰川作用形成的地貌类型丰富，有古代冰川和现代冰川作用，祁连山高海拔地段年均温度 0 ℃以下，多年冻土发育，祁连山区由于常年冻土层的下界海拔高程一般为3500～3700 米，致使祁连山脉大多数山地和一些主要河流的上游都发育有冰缘地貌，成为冰缘作用和冰缘地貌广泛的分布区。在冻土带以下的地貌作用中，东部以流水作用为主，西部则以风成作用为主。世界上认证的 50 多种冰缘类型中，在青海省就有 40 多种。

祁连山素有“八宝山”之称，这里矿藏丰富，蕴藏着种类繁多、品质优良的矿藏，诸如石棉矿、黄铁矿、烙铁矿以及铜、铅、锌等多种矿产，最著名的八宝山石棉矿是中国国内稀有的“湿纺”原料。祁连山区植被较好，有许多天然牧场。自海拔 2000 米向上，植被垂直带分别为荒漠草原带(海拔 2000～2300 米)、草原带(海拔 2300～2600 米)、森林草原带(海拔 2600～3200 米)、灌丛草原带(海拔 3200～3700 米)、草甸草原带(海拔 3700～4100 米)和冰雪带(海拔＞4100 米)。祁连山储水以冰川为主，冰川融水出流形成祁连山水系。据第二次中国冰川编目数据集，祁连山区发育冰川 2683 条，面积 1597.81 平方千米。祁连山水系呈辐射-格状分布，其中森林草原带和灌丛草原带是祁连山的水源涵养林，大通河、石羊河、黑河等河流均发源于此，是河西走廊绿洲的主要水源。祁连山区的气候变化会直接影响其周围植被的好坏，从而影响当地经济的发展。

(二)阿尔金山山地

阿尔金山平均海拔在 3500～4000 米，个别高峰海拔超过 5000 米。阿尔金山全长约 500 千米，其中约有 370 千米坐落于青海省西北部，其余部分则位于新疆境内。阿尔金山是塔里木盆地与柴达木盆地的天然分界线。阿尔金山在当金口与祁连山相接，平均山地海拔在 4000 米左右，有现代冰川分布。因为这里地处中国内陆，现代冰川分布在较高海拔山地，海拔较低的山地则主要以风成作用为主。

阿尔金山脉深居内陆腹地，气温低，气候干旱且降水极少，干燥剥蚀作用十分强烈，岩体裸露，山坡多为碎屑坡，形成了典型的高山荒漠景观。阿尔金山脉主要支系有安南坝山、南极尔山和阿哈提山。

阿尔金-祁连山高山山原大区在一系列平行山地中，南、北两侧和东部相对起伏较大，山间盆地和宽谷海拔平均在 3000～4000 米，山间谷地面积较宽，且两侧均为冲积平原或台地发育。

二、柴达木-河湟中海拔盆地大区

本区位于祁连山与东昆仑山之间，横贯青海省中部，是青藏高原内差异运动强烈的地区，形成了一系列封闭、半封闭的盆地地区。本区被鄂拉山、哇洪山分成东、西两个部分，西部是柴达木内流盆地区，东部是以黄河水系为主的河谷盆地区。

（一）柴达木盆地

柴达木盆地位于青海省西北部，东西长约800千米，南北最宽处约为350千米，面积24万多平方千米。盆地北依阿尔金-祁连山南侧，南靠昆仑山脉，四面环山，周围山地平均海拔都在3500～4500米，最高峰为布喀达坂峰(海拔6860米)。柴达木盆地属于高海拔盆地区，其内部平均海拔2600～3200米，但是却是整个青藏高原上地势最低的断陷盆地区。

柴达木盆地地貌具有从盆地边缘到中心依次为高山、风蚀丘陵、戈壁、平原、湖泊五个环带状地貌特征。特别是柴达木盆地地处中国荒漠半荒漠地带，沙漠和戈壁分布很广，除此之外，还有大片的盐荒漠，但是柴达木盆地的荒漠又和别处的荒漠有所不同，原因是柴达木盆地地势较高，气候寒冷，是世界上少有的高原荒漠。

柴达木盆地的西北部为一系列近北西向的新构造穹丘和洼地，在洼地内发育了晚更新世的盐湖沉积；穹丘和洼地受风蚀作用而形成了千姿百态并且具有旅游观赏价值的独特地貌景观，特别是在茫崖附近，风蚀土丘和风积沙丘相当发育。盆地四面环山，再加上山麓倾斜，冲洪积平原面积广阔，主要分布在柴达木盆地南缘那陵格勒河、乌图美仁河、格尔木河、诺木洪河、柴达木河等强烈流水作用区域，成为柴达木盆地另一主要地貌类型。这种相对倾斜的平原的形成，主要是长期以来的地质构造运动、昆仑山的隆升和盆地南部边缘的沉降导致。盆地四周高山封闭使湿润的气候难以进入柴达木盆地，同时，强烈的风作用、干燥流水作用、机械风化作用等各种干燥荒漠地貌作用都十分强烈，类型非常典型，成为本区地貌最主要的特征，形成环带状结构，自盆地边缘到盆地中心依次有冰川、冻土、流水地貌和干燥洪积平原、洪冲积平原以及盐湖沉积平原。

该地区的农业主要集中于海拔2700米左右的干燥洪积平原和冲洪积平原的接触地带，这里泉水、高山流水资源相对充足，是主要城镇和农场的集聚区。盆地中心区域的盐湖是中国西部重要的采盐基地，这里盐类矿产种类繁多并且储量大、质量好，该地区还有石棉矿、石油、天然气等矿石资源，储量也很丰富。

（二）河湟中海拔盆地

鄂拉山、哇洪山以东的黄、湟中山谷地是指位于日月山以东、达坂山-同仁南山之间的黄河、湟水谷地及其两侧山地。本区处在青藏高原东部边缘，属于季风气候类型，四季分明。该区域地貌类型以流水侵蚀作用下的台地和山地地貌以及流水堆积地貌类型为主，主要有流水侵蚀台地、流水侵蚀低山、流水侵蚀中山、流水侵蚀高山和山麓冲积（洪积）平原、冲积平原以及山麓冲、洪积台地。

湟水流经区域地貌上表现为黄河和湟水串珠状河谷，以及其两侧黄土覆盖的中山。黄河流经不同岩性和构造区，抗蚀能力差异不同，谷地内地貌呈一束一放、宽窄相间、峡谷与盆地相间的串珠式形态。该大区土壤适宜农业种植，并且水资源充足，农业种植业相对于青藏高原其他地区较为发达。

河湟谷地谷底海拔1700～2400米，河谷呈串珠状，宽窄相间。宽谷段低阶地属于堆积阶地，高阶地以新近系红土层为基座的基座阶地，阶地上覆黄土。海拔相对较低的阶地是青海省东部农业和经济活动中心，西宁市、海东市等主要城镇均坐落于此，这里也是未来青海省经济发展的关键地带。

黄河谷地有天然的坝址资源，峡谷较深，水流量大，是建设大型水电站的理想基地，是水电资源“富矿区”。除此之外，湟水谷地的西宁、乐都、民和等地芒硝、石膏资源也较为丰富。

黄、湟谷地是青海省境内海拔最低(最低点为海东市民和县下川村)、水热条件最好的地区，是青海省主要的农业区。但是必须要面对的问题是，谷地两侧山地流水侵蚀作用强烈，水土流失严重。

三、青南高原大区

青南高原包括昆仑山及其南部的广大地区，平均海拔在4500米以上，相对起伏达到了1500～2000米，远高于省内其他地区。在这个大高原上，耸立着昆仑山、可可西里山、唐古拉山、巴颜喀拉山、阿尼玛卿山和布尔汗布达山。该地区最重要的地貌特征是冰川和冰缘地貌发育，现代冰川主要分布于西部海拔5500米以上的高山，如高原东部的玛积雪山为现代冰川发育；古冰川作用也很普遍，在青南高原海拔5000米以上的山地都有古冰川活动遗迹；冰缘地貌大多分布于海拔4000米以上的地区。青南高原南部的唐古拉山山地海拔较高，其西段山顶是青海省内现代冰川最集中的地区之一，东段一般海拔在5500米以下，由于多种原因，基本上没有现代冰川。

青南高原大区上大小山脉很多，尤其是几组大山脉横贯东西，构成青南高原的骨架。地貌为近东西走向的宽缓河谷、湖盆及和缓的高海拔丘陵和小起伏高山组成的波状高原面，除了西部一部分为羌塘高原内陆湖区外，几乎都为长江、黄河、澜沧江的发源地，被称为三江源地区。西部的江河源地区河流溯源侵蚀尚未到达，属于高原宽谷湖盆。东部江河上游受河流溯源侵蚀影响呈山原谷地。青南高原地区受海拔和气候影响，除了大河沿线为融区外，其余江河源高原盆地大多都为永久冻土。

青南高原地质构造自北向南分别是东昆仑海西地槽造山带、巴颜喀拉印支早期地槽造山带、巴塘-结扎印支地槽造山带、唐古拉燕山期地槽造山带，是古地中海（特提斯海）构造带的重要组成部分。中生代以后，青南高原处于轻微上升和剥蚀作用阶段，地貌特征上表现为近似准平原化。进入新近系以后，特别是上新世晚期到早更新世喜马拉雅第二幕运动中，高原北部沿以昆仑山主脊带南侧的断裂带，南部则以唐古拉褶皱带北侧的雁石坪断裂带，致使差异性整体上升，是中国第一阶梯的腹心部分。

青南高原虽然整体海拔较高，但是地势起伏较小，坡度平缓，加之寒冷的气候，使西部地区发育草甸和沼泽，寒漠广布。青南高原西部地区是中国主要的冬虫夏草产地，冬虫夏草贸易日渐成为该地区甚至是整个青海省经济发展中的重要一环。东部地区则以灌丛和草甸为主，是青海省主要牧区之一，也是藏系羊、牦牛的主要产地，这里的河谷和山间盆地地势较为低平，气候相对温和，非常适宜发展高原河谷农业。

第四章 河　　流

青海省境内河流众多，流域面积50平方千米及以上河流3518条，河长100千米以上的有128条，多年平均年径流量在1亿立方米以上的有122条。长江、黄河、澜沧江、黑河等均发源于青海，因而青海素有“江河源”的美称。青海境内的河流分外流与内流两大系统。外流河主要分布在东部和南部，属黄河、长江、澜沧江流域，具有河网密度大、流程长、径流量大的特点。内陆河主要分布在西部和北部，具有水流分散、流程短、径流量相对较小以及多为季节性河流等特点。外流区流域总面积36.5万平方千米，约占全省面积的50.5%，内流区流域总面积35.8万平方千米，约占全省面积的49.5%。

第一节 河流概况

青海省地处青藏高原东北部，是中国主要的水源地之一。据《青海省水资源公报2010》，青海全省水资源总量为741.11亿立方米，其中，地表水资源量715.77亿立方米，地下水资源量340.13亿立方米（地下水中与地表水资源量不重复量为25.34亿立方米）。

青海省是长江、黄河、澜沧江、黑河的发源地，素有“中华水塔”“江河源头”之美称。外流河主要分布在东部和南部，属黄河、长江、澜沧江流域，有河网密度大、流程长、径流量大的特点。内陆河主要分布在西部和北部，有水流分散、流程短、径流量相对较小、多为季节性河流等特点。由卓玛措编著的《青海地理》记载，青海境内外流河和内流河的主要分界线大体上从各拉丹冬雪山东南部青藏边界起，经祖尔肯乌拉山、乌兰乌拉山、博卡雷克塔格山、布青山、鄂拉山、青海南山、日月山、大通山，直到冷龙岭的青海-甘肃边界，构成一条贯穿青海东北与西南的蛇形水域分界线。界线东南部为外流区，西北部为内流区。《青海河湖概览》记载，青海省境内流域面积50平方千米及以上河流3518条，其中外流河2009条，包括黄河流域917条、长江流域878条、澜沧江流域214条，内流河1509条；流域面积100平方千米及以上河流1791条；流域面积1000平方千米及以上河流200条；流域面积10000平方千米及以上河流27条。长度大于100千米的河流总数为128条，其中黄河流域28条、长江流域28条、西南诸河6条、西北诸河66条。跨省界河流共144条，其中黄河流域28条、长江流域10条、西南诸河18条、西北诸河88条（表4-1-1）。

青海不同流域河流面积统计表

表 4-1-1　　　　　　　　　　　　　　　　　　　　　　　　单位:条

流域	不同流域面积对应的河流数量							
	≥50 平方千米	≥100 平方千米	≥200 平方千米	≥500 平方千米	≥1000 平方千米	[illegible]3000 [illegible]千米	≥5000 平方千米	≥10000 平方千米
黄河流域	917	437	207	86	43	[illegible]7	9	4
长江流域	878	462	223	97	49	[illegible]9	13	8
西南诸河	214	118	60	23	11	[illegible]	4	3
西北诸河	1509	774	420	174	97	[illegible]	19	12
合计	3518	1791	910	380	200	[illegible]	45	27

按流域来划分,青海省河流水系分为黄河、长江、西南诸河和西北诸河四个一级区(表 4-1-1)。外流水系主要包括黄河、长江、澜沧江三大水系,分别注入渤海、东海和南海,为太平洋水系。其中,澜沧江为国际河流,下游为中南半岛的湄公河。外流水系总面积 36.5 万平方千米,约占全省面积的 50.5%。内流水系共分 6 个内陆水系,分别为柴达木水系、青海湖水系、哈拉湖水系、茶卡-沙珠玉水系、祁连山地水系、可可西里水系,均属于西北诸河水系。内流水系总面积 35.8 万平方千米,约占全省面积的 49.5%。《青海省水资源公报 2010》公布,2010 年青海省外流水系(黄河、长江、[illegible]沧江)的地表水资源量为 623.6 亿立方米;内[illegible]水系(西北诸河)的地表水资源量为 175.56 亿[illegible]方米;2010 年全青海省出境水量为 650.06 [illegible]立方米,其中,黄河流域 292.84 亿立方米、[illegible]流域 210.86 亿立方米、澜沧江流域 115.71[illegible]立方米、西北诸河 30.65 亿立方米。

《青海省流域特[illegible]值资料》记载,青海省共有 11 条内流水系:苏干[illegible]德宗马海湖、伊克柴达木湖、巴嘎柴达木湖、[illegible]雷克湖、都兰湖、霍鲁逊湖、达布逊湖、台吉[illegible]湖、尕斯湖、青海湖、达连海(表 4-1-2)。

青海内流河水系特征统计表

表 4-1-2

水系	河名	流入何处	集水面积(平方千米)	[illegible]道长度(千米)	河道平均比降(千分率)
苏干湖	哈尔腾河	苏干湖	5967	—	—
	苏干河	苏干湖	5967	—	—
德宗马海湖	鱼卡河	德宗马海湖	13603	121.8	15.7
伊克柴达木湖	八里沟	伊克柴达木湖	97.[illegible]	69.5	—
巴嘎柴达木湖	塔塔棱河	巴嘎柴达木湖	116[illegible]	—	—
库尔雷克湖	巴勒更河	库尔雷克湖	[illegible]	—	—
	巴音河	库尔雷克湖	[illegible]5	—	—

续表 1

水系	河名	流入何处	集水面积（平方千米）	河道长度（千米）	河道平均比降（千分率）
都兰湖	都兰河	都兰湖	4196	83.1	12.5
霍鲁逊湖	沙柳河	素陵郭勒	936	77.4	13.6
	夏日哈河	察汗乌苏河	8818	80.0	13.3
	察汗乌苏河	柴达木河	—	—	—
	托索河	香日德河	1002	119.3	6.67
	香日德河	柴达木河	12339	231.4	6.76
	柴达木河	南霍鲁逊湖	—	—	—
	乌兰乌苏河	托索河	4098	135.1	—
	卡可特尔河	托索河	1949	79.3	10.9
	宜克光河	查汗果勒	305	29.6	44.2
	哈图河	查汗果勒	613	53.9	27.7
	清水河	哈鲁乌苏河	346	41.8	39.3
	西西河	哈鲁乌苏河	—	—	—
	诺木洪河	南霍鲁逊湖	3773	123.0	13.2
	大格勒河	南霍鲁逊湖	1009	52.5	21.3
	舒尔干河	格尔木河	10723	316.6	5.58
	格尔木河	东达布逊湖	186488	357.2	6.27
	奈金河	格尔木河	5973	219.8	6.22
达布逊湖	奈金河	格尔木河	7527	248.5	6.42
	南沟	奈金河	1206	58.3	18.4
	托拉海河	西达布逊湖	525	39.4	36.3
	大灶火河	西达布逊湖	571	40.0	31.4
	小灶火河	西达布逊湖	1116	72.9	20.8
	乌图美仁河	西达布逊湖	1613	120.0	11.3
台吉乃尔湖	那陵格勒河	台吉乃尔湖	21898	396.0	5.67
尕斯湖	斯巴利克河	铁木里克河	8970	227.9	3.99
	阿达滩河	斯巴利克河	5033	157.9	6.88
	铁木里克河	尕斯河	15821	298.6	5.05
青海湖	布哈河	青海湖	7840	286.2	3.98
	夏日格曲	布哈河	14384	90.2	8.58
	江河	布哈河	3048	108.9	6.59
	吉尔孟河	布哈河	10925	112.2	8.21
	乌哈阿兰河	青海湖	567	64.8	12.1

续表 2

水系	河名	流入何处	集水面积（平方千米）	河道长度（千米）	河道平均比降（千分率）
青海湖	伊克乌兰河	青海湖	1442	105.8	8.76
	哈尔盖河	青海湖	1425	43.1	5.68
	察拉河	哈尔盖河	146	26.7	16.2
	洪呼日河	察拉河	162	29.4	20.0
	哈等曲	察拉河	138	20.4	20.6
	黑马河	青海湖	112	18.8	52.1
	尕海	青海湖	48.8	—	—
	措果	青海湖	6.29	—	—
	一郎剑小湖	青海湖	0.99	—	—
达连海湖	沙珠玉河	达连海湖	4552	188.0	3.72
	大水河	达连海湖	486	38.4	16.3
	哇洪河	沙珠玉河	432	38.4	25.8
	切吉河	沙珠玉河	319	—	28.3
	达连海湖	沙珠玉河	8173	—	—

水系分布受地形影响显著。外流河干支流的流向不仅与山脉走向一致，而且与地势的倾斜方向一致，多从西北流向东南，水系多呈树枝状或羽毛状。内流河受盆地地形影响，以局部湖泊低洼地为中心，构成向心辐合状水系。

青海省河流的补给形式多样。河流主要补给方式有降雨补给，冰川融水补给，地下水补给以及混合补给。降水是径流的主要补给来源。降水随地理位置和地形条件而异，总体而言，东南部相对丰沛，且集中于 6—9 月，为该地区河流的主要补给源；并形成伏汛；西北部少雨雪，河流亦少，其补给主要靠雪山冰川之消融水，水文特性大异于东南地区河流。冰川消融期主要在 5—9 月。外流河的补给以雨水为主，冰雪融水为辅；内流河多数是冰雪融水和地下水的综合补给，少数为雨水补给。

第二节　主要河流水系

一、黄河水系

黄河是世界第五长河、中国第二长河，是青海省最长的河流，在青海省境内河长 1983 千米（含大拐弯段流经四川、甘肃两省的河长和青海、甘肃两省共界段河长），其中完全在青海境内河道长 1517 千米，与邻省共界的有 145 千米，在邻省境内的有 321 千米，流域面积 16 万平方千米。干流流经青海省曲麻莱、玛多、玛沁、达日、甘德、久治、河南、同德、兴海、贵南、共和、贵德、尖扎、化隆、循化、民和 16 个县。

青海省黄河流域水系发育，省内流域面积大于等于 50 平方千米的各级支流共有 894 条，流域面积大于 500 平方千米的支流达 77 条，1000 平方千米以上的支流 38 条，多年平均年径流量大于 1 亿立方米的支流 38 条。河长大于 100 千米的支流有 24 条，河长大于 200 千米的支流有 4 条，即泽曲、曲什安河、湟水、大通河。

黄河发源于青海省南部玉树藏族自治州(以下简称玉树州)曲麻莱县境东北部,巴颜喀拉山北麓的约古宗列盆地西南隅,源头分水岭名为玛曲曲果。青海省玛多县花石峡以上地区为河源区,面积为2.28万平方千米,属湖盆宽谷带,海拔在4200米以上。1952年黄河水利委员会组织黄河河源查勘队,进行黄河河源及从通天河调水入黄可能性的查勘,历时4个月,确认历史上所指的玛曲是黄河正源。1978年青海省人民政府和青海省军区邀请有关单位组成考察组,进行实地考察,提出卡日曲作为河源的建议。1985年黄河水利委员会确认玛曲为黄河正源,并在约古宗列盆地西南隅的玛曲曲果,东经95°59′,北纬35°01′处树立了河源标志。1999年10月,水利部、青海省人民政府及黄河水利委员会在玛曲曲果竖立了“黄河源”碑。2008年青海省人民政府邀请中国科学院遥感应用研究所、武汉大学、青海省测绘局、青海师范大学对三江源头进行考察勘定,以“河源唯远”的原则,勘定卡日曲为黄河正源,卡日曲上源为那扎陇查河。黄河源区的玛曲起始于约古宗列盆地西南隅卡日扎穷山的玛曲曲果,山坡前有泉群分布,泉群汇集成东、中、西三股泉流,东股最大,冬季不结冰、不断流,当地牧民称它是玛曲曲果(黄河源头)。三股泉流汇合后,串联许多大小水泊,逐步形成了6～9米宽的小河,缓缓向东北流入约古宗列。穿行在约古宗列盆地的河段又称约古宗列曲,它串联大小水泊,蜿蜒东北行,穿过第一个峡谷——茫尕峡进入玛涌,玛涌即黄河滩。自茫尕峡出口至扎陵湖,东西长40千米,南北宽约20千米,黄河滩的西半部分就是星宿海。

黄河流经星宿海,先后接纳左岸支流扎曲和右岸支流卡日曲,水量大增,继续东流约20千米,进入扎陵湖。出扎陵湖东流20多千米入鄂陵湖,其间有较大支流多曲和勒那曲先后从右岸汇入。黄河干流在青海省黄南藏族自治州河南蒙古自治县多松乡附近又流入青海省境内,后改向北流,经黄南藏族自治州河南县,果洛藏族自治州玛沁县,海南藏族自治州同德县、兴海县,至兴海县唐乃亥乡改向东北流,流经贵南县、共和县进入龙羊峡,其间有泽曲、切木曲、巴曲、曲什安河、大河坝河、茫拉河等支流汇入。黄河干流经龙羊峡后转向东流,经海南藏族自治州贵德县、黄南藏族自治州尖扎县和海东市化隆县、循化县、民和县,于积石峡进入甘肃、青海界河段,于寺沟峡入口下游约5千米处进入甘肃省境内。

在龙羊峡以上,峡长川少,龙羊峡以下,川峡相间,形如串珠,水流湍急,落差集中,河宽100米左右,最窄处位于兴海县羊曲乡野狐峡,河宽仅为10余米,且水量丰沛,构成了水能梯度开发的良好河段。唐乃亥水文站位于黄河上游青海省兴海县唐乃亥乡,设站于1955年8月13日,控制流域面积121972平方千米,占黄河流域面积的16.2%,目的是为了探索黄河干流唐乃亥水文站以上流域水文要素变化规律及水文水资源时空变化规律。黄河上游唐乃亥水文站径流在年内分布表现出强烈的不均匀特性,径流不均匀系数为0.64,径流主要集中在夏季,其中7—9月的径流量占全年径流量的比例为46.75%,12月至翌年3月这4个月的径流量仅占全年径流量的10.06%(图4-2-1)。黄河上游多年平均径流量为627.9立方米每秒,径流在年际间表现出较大的差异性;年径流量总体呈下降趋势,下降率为每年2.65立方米每秒(图4-2-2)。

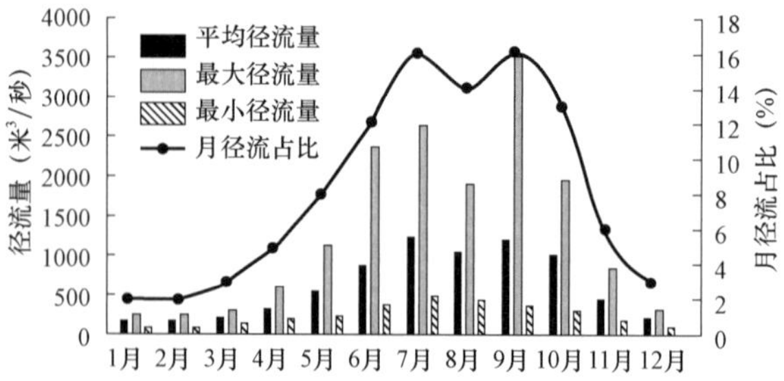

图4-2-1 黄河唐乃亥站径流量年内分布

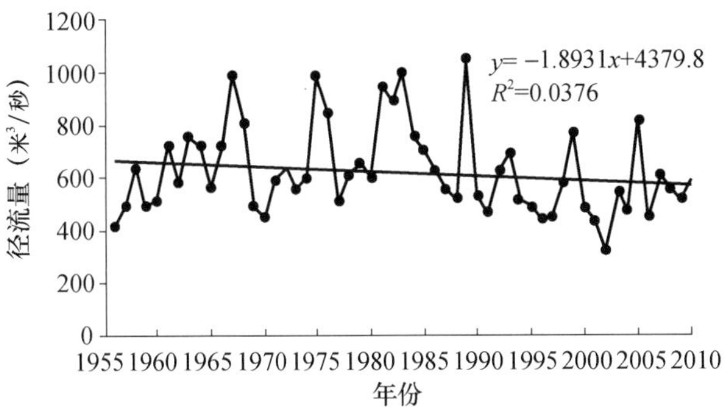

图 4-2-2　黄河唐乃亥站径流量年际变化

黄河上游年径流量在 1992 年发生突变，突变前后年平均径流量分别为 666.05 立方米每秒和 545.75 立方米每秒，相差 120.3 立方米每秒（图 4-2-2）。黄河上游径流变化存在着多层次的时间尺度结构，径流演变的第一和第二主周期分别为 12 年和 22 年，它们控制了流域径流的演变过程。

黄河龙羊峡以上地区的径流以降水、冰雪融水补给为主。吉迈（达日县）至尼玛（玛曲县）区间，由于地形条件有利，降水量丰沛，为黄河上游主要产流区。尼玛以下至羊曲坝址区间，降水量逐步减少，径流量增加较少。龙羊峡以下地区的径流以降水补给为主，由于处于干旱区，产流量较小。青海境内黄河流域多年平均天然年径流量为 206.8 亿立方米。径流年内分配主要受降水的影响，季节性变化剧烈。径流在地区上的分布总趋势是由南向北、由山地向川谷递减，东南部的径流深为 400 毫米，到西北部河湟和唐乃亥以下河谷地区分别减至 50 毫米以下（表 4-2-1）。

黄河干流及主要支流流量对比表

表 4-2-1　　　　单位：亿立方米

河流	本区水量	入境水量	合计
黄河干流	156.00	72.10	228.10
湟水	21. 50	—	21. 50
大通河	25. 50	—	25. 50
洮河	3. 76	—	3. 76
大夏河	1. 79	—	1. 79
合计	208. 55	72. 10	280. 65

资料来源：青海省水利水电勘测设计院资料。

黄河径流年内分配，除黄河沿站由于受湖泊调节作用较均匀且秋季水量大于夏季外，其他干流站径流年内分配不均匀，径流量主要集中在夏、秋季，占全年的 77%～79%，夏季水量大于秋季。径流年际变化从上游向下游减小。

黄河是世界上含沙量最大的河流，而在青海境内含沙量不大。黄河源（唐乃亥水文站以上流域）的多年平均年输沙量为 0.1 亿吨（1956—2010 年），占黄河多年平均输沙量（7.1 亿吨，利津站）的 1.7%。以湟水流域含沙量为最大，民和站达 11.30 千克每立方米，相当于干流唐乃亥站的 20 倍。这主要是由于低山丘陵为深厚黄土覆盖、坡度陡、人类活动频繁，加之暴雨集中、水土流失严重造成的。黄河源区悬移质输沙率与年径流量密切相关，但直接受源区的流水侵蚀、风蚀和冻融侵蚀等决定。黄河源区干流的 4 个代表性水文站中，黄河沿站、吉迈站、玛曲站和唐乃亥站在 1956—2010 年系列的多年输沙量分别为 9.2 万、111 万、504 万和 1202 万吨，相应的平均含沙浓度分别为 0.11、0.26、0.13 和 0.6 千克每立方米，相对于黄河中下游的高含沙水流，黄河源区是典型的水多沙少。输沙量具有明显的季节性变化特点，11 月至次年 5 月为少沙期，6—9 月为主要产沙期，其中唐乃亥的 6—9 月产沙量占全年的 84.7%，月输沙量最大值出现在 7 月和 9 月，1—3 月处在枯水冰冻期，产沙量只占全年的 0.6%。

湟水是黄河上游一条重要的支流，发源于青海省海北州海晏县境内肯特达坂山的洪呼日尼哈，河源海拔 4353 米，干流河道全长 371 千米，流经海晏、湟源、湟中、西宁、平安、互助、乐都、民和等县市，于甘肃省兰州市西固区达川乡河嘴村汇入黄河。湟水流域面积为 32878 平方千米，湟水干流在其最大支流大通河汇入前断面民和站的多年平均流量为 68.43 立方米每秒，多年平均年径流量 21.58 亿立方米。按自然地形和河道形态，可将湟水划分为上游、中游、下游三段：上游段（河源至湟源峡东口)，河道长127.7千米；中游段(湟源峡东口至民和享堂大通河入口)，河道长172.3千米；下游段(民和享堂大通河口至入黄口)，河道长71千米。流域内面积大于50平方千米的支流有92条，其中流域面积大于100平方千米的有44条。流域面积500～1000平方千米的支流分别为哈利涧河、药水河、西纳川河和黑林河、东峡河，流域面积大于1000平方千米的支流依次为北川河、沙塘川河和大通河。

湟水河1966—2010年的年平均径流量变化率为每10年减少0.1亿立方米，说明总体呈减少趋势(图4-2-3)。年径流量经历了1989年之前的增多阶段和之后的减少阶段，在增多阶段丰枯年份基本相当，分别为11年和13年，而在减少阶段枯水年份和丰水年份分别为15年和6年，说明径流减少的程度严重。

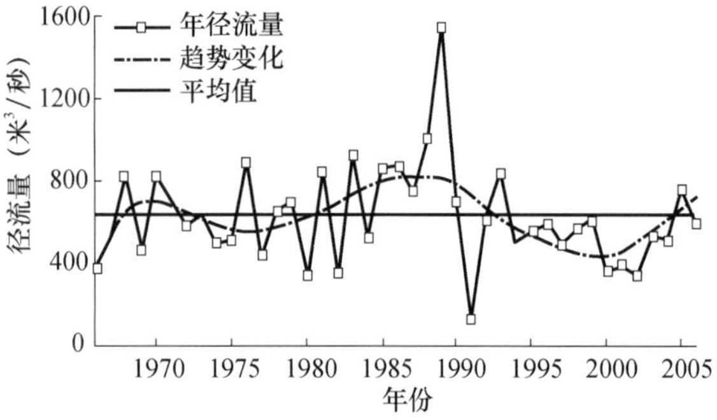

图4-2-3 湟水河出口径流量年际变化

湟水流域是青海省政治、经济、文化和交通中心，流域内人口约占全省的60%，工农业总产值约占全省的54%。长期以来，湟水河作为沿线城镇生活污水、工业废水以及农村面源污染的受纳水体，水资源利用率超过60%，化学需氧量、氨氮等主要污染物的排放量远大于河流的环境容量，导致湟水河流域水质一度呈现重度污染。经过几年的治理，黄河上游最大一级支流——湟水河水质已由重度污染逐渐转化为轻度污染。

二、长江水系

长江是世界第三大河、中国第一大河，是青海省内第二大河流，青海境内干流长1206千米，省境内流域面积约1.68万平方千米。长江干流上段囊极巴陇(当曲河口)以上称沱沱河，河长约346千米，下段囊极巴陇至巴塘河口称通天河，河长约860千米，流经海西州格尔木市的唐古拉山镇，玉树州的治多县、曲麻莱县、称多县、玉树县，至玉树县的赛拉附近进入四川、西藏境内。

长江有三源，正源沱沱河发源于唐古拉山主峰各拉丹冬雪山西南侧的姜古迪如冰川，它与尕恰迪如岗雪山融出的水流在巴冬山汇合后切穿祖尔肯乌拉山，在葫芦湖南约30千米处急折向东，至囊极巴陇与当曲合流，始称通天河。当曲是长江南源，藏语意为“沼泽河”，发源于唐古拉山脉东段霞舍日阿巴山东麓，2008年在青海省人民政府组织的三江源科学考察中，勘定当曲为长江正源，当曲上源为且曲。北源楚玛尔河发源于玉树州治多县境内可可西里湖东南30千米山地，由西向东经多尔改措，在色吾曲以西约70千米处汇入通天河。通天河在楚玛尔河口以上流向为东-东北，以下则转向东南流，至直门达附近接纳巴塘河，巴塘河汇口以下干流向东南流10余千米出青海境，此段河名称金沙江。长江中源沱沱河位于长江源区西部，唐古拉山主峰各拉丹冬雪山姜古迪如冰川。1999年，国家环保局、中国科学院、国家测绘局在各拉丹冬雪山西南侧的姜古迪如冰川脚下的沱沱河源头建立了长江源头标志碑。1999年6月，上述三个单位又会同青海省和四川省人民政府在沱沱河沿竖立了由江泽民(时任中华人民共和国主席)题写的“长江源”的环保纪念碑，认定了长江源头。自源头至当曲河口，沱沱河长约346千米，流域面积17616平方千米，地处青藏高原腹地，南北两侧雪山夹持，地形封闭。沱沱河水文站记录的多年平均流量为29.1立方米每秒，年均径流量9.18亿立方米，径流补给主要为降水和冰川融水。长江南源当曲又名阿克达木河。位于长江源区南部，干流全长352千米，流域面积3.01万平方千米。流域形状近似三角形，东南部多沼泽湿地，西南部多雪山冰川，水系发育，河道曲折，支流众多，呈扇状水系。干流沿途共接纳200余条支流，其中较大的一级支流有绕德曲、吾钦曲、查吾曲、玛日阿达州曲、郭组曲、庭曲、布曲等，较大的二级支流有尕日曲、冬曲等。径流除天然降水外，主要为冰川融水补给，径流的年际变化主要受气候影响，而年内变化则主要受气温和降水过程的影响，夏、秋暖季水量较大。多年平均径流量约44.71亿立方米，多年平均流量141.79立方米每秒。1978年7月13日实测河口流量220.6立方米每秒，含沙量1.92千克每立方米。长江北源楚玛尔河位于长江源区北部，主要特点是河湖相连、河床宽浅、水流散乱、心滩首尾相连，多风积沙丘。楚玛尔河发源于昆仑山脉南支可可西里山东麓，河道全长541千米，流域面积2.08万平方千米。楚玛尔河水系不甚发育，流域面积大于50平方千米的一级支流共有57条，其中流域面积大于500平方千米的较大支流有11条。

长江源区（直门达水文站以上）地处青藏高原腹地，北起昆仑山脉，南抵唐古拉山脉，西至乌兰乌拉山、祖尔肯乌拉山，东临巴颜喀拉山，总面积13.8万平方千米。源头区海拔高，各拉丹冬雪峰海拔6621米，四周山峰海拔也多在5000米左右，其他地区海拔多在4000米以上。源区水系主要包括沱沱河、当曲和楚玛尔河。

长江源区庞大的扇状水系由长江中源沱沱河、南源当曲、北源楚玛尔河以及通天河上段组成，一级支流有114条，二级及以下的支流纵横密布。流域面积大于50平方千米的支流868条，流域面积大于1000平方千米的支流有47条，流域面积大于5000平方千米的支流有9条，流域面积5000～10000平方千米的支流有6条，即莫曲、北麓河、色吾曲、聂恰曲、雅砻江及大渡河，流域面积大于10000平方千米的支流有3条，即当曲、布曲及楚玛尔河。河长大于100千米的支流有26条，其中河长100～200千米的支流有21条，河长大于200千米的支流有5条：河长大于500千米的支流有1条，即楚玛尔河，河长为541千米；河长300～500千米的支流有1条，即当曲，河长为352千米；河长200～300千米的支流有2条，即布曲和北麓河，河长分别为231千米、209千米；此外，大渡河（玛柯河）青海省境内河长约210千米。

1959—2010年，沱沱河、五道梁气象站的平均气温每10年升高0.29℃，年平均气温上升非常显著（图4-2-4）。年降水量在20世纪60、70、80、90年代相差不大，均在270毫米左右，但在21世纪前10年平均年降水量增加到342毫米，较前偏多69毫米，偏多幅度为25.4%（图4-2-5）。

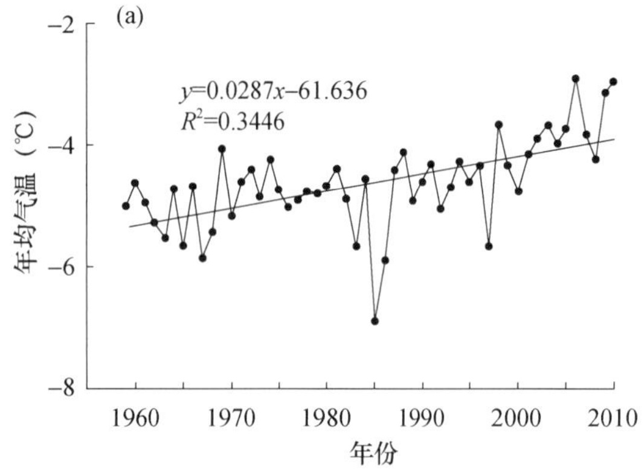

图4-2-4　1960—2010年长江源区年均气温变化

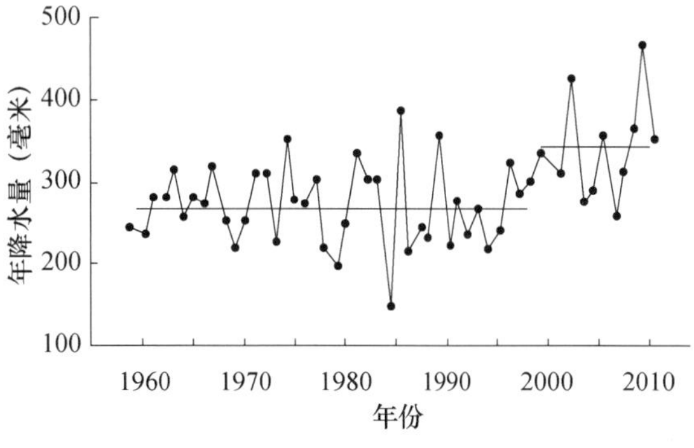

图4-2-5　1960—2010年长江源区年均降水量变化

水面蒸发量1959—1970年最高，其次是1971—1980年，自20世纪60年代到2010年，水面蒸发量经历了“高→高→低→高→低”的变化。1959—1980 年蒸发量明显下降，但 1981—2001 年未再持续下降(图 4-2-6)。沱沱河 1959—1997 年平均年径流量 7.70 亿立方米，1998—2010 年 13 年连续偏丰，期间平均年径流量达到 13.21 亿立方米，水量较前偏多 71.6%(图 4-2-7)。自 1998—1999 年开始，长江源区降水量、河川径流量显著增加，持续时间之长超过 1959 年以来的任何时期，表现出强烈的暖湿化特征。

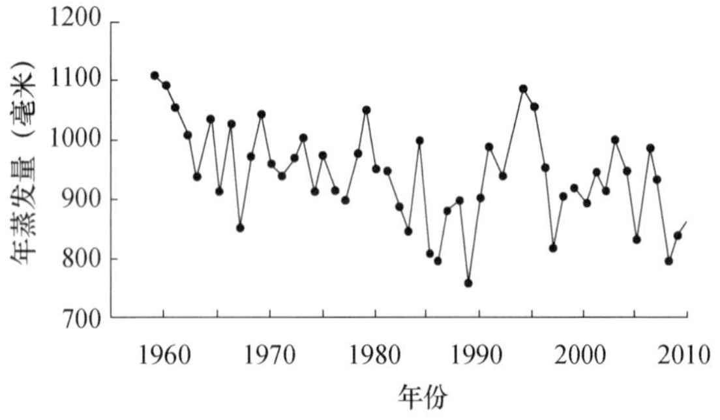

图 4-2-6　1960—2010 年长江源区水面蒸发量变化

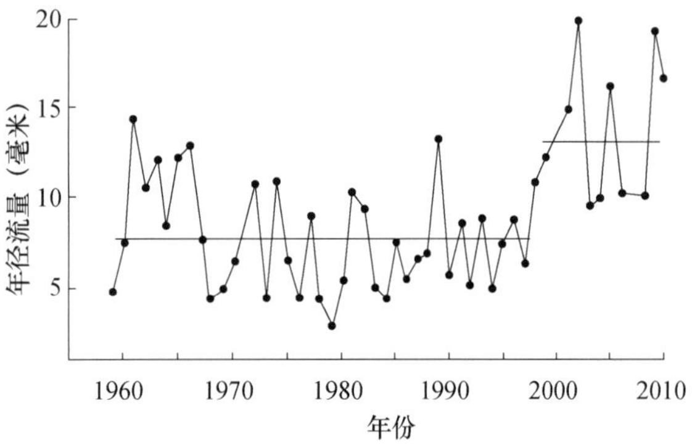

图 4-2-7　1960—2010 年长江源区径流量年际变化

长江源区直门达水文站 2000—2010 年的年径流数据以及年降水量数据得出的年径流系数整体呈增长的趋势(图 4-2-8)，但增长趋势不显著。平均径流系数由 2000—2004 年的 0.25 增加至 2005—2010 年的 0.30。径流与降水呈正相关关系，2000—2004 年相关系数为 0.28，而 2005—2010 年相关系数达 0.89，长江源区陆面降水产流能力增加，降水直接形成径流的概率增大。长江源区河流径流形成中，沼泽湿地占据主要地位，其次为冰川融水和降水。长江源区冰川面积为 1276.02 平方千米，冰储量 104.41 立方千米，主要集中在唐古拉山北坡、昆仑山南坡、色的日峰，其中唐古拉山各拉丹冬地区的冰川面积最大。在全球气候变暖背景下，冰川、冻土消融呈加速趋势，冰川融水量不断增加，长江源区冰川萎缩对径流的总体影响估计为 0.19 亿立方米，水量较小。流域冰川融水补给量只占 8%左右，而气候变化及其影响下的植被覆盖变化对径流的贡献率为 11.26%。尤其自 2005 年实施保护区措施以后，源区径流系数的增加、水源涵养指数的增加，表示源区地表产流能力逐渐增强。长江源地区水体基本处于天然状态，尚未受到有机物污染或有机物污染程度非常低，水环境状况主要受地理、气候、降水等因素影响。

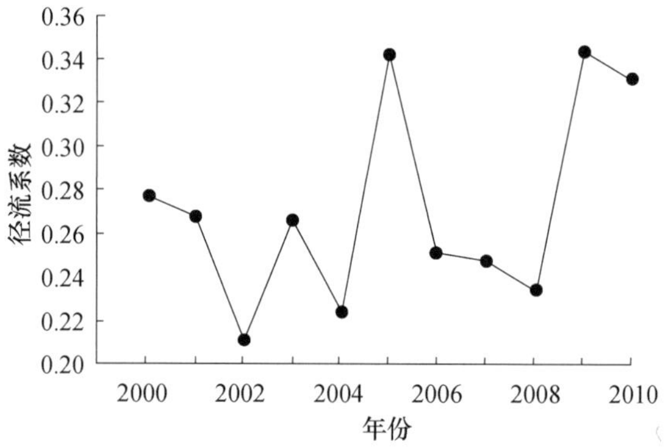

图 4-2-8　2000—2010 年长江源区降水径流系数年际变化

长江源区沱沱河、楚玛尔河等河流具有干旱盆地内流河的特征，水化学类型复杂，矿化度高，为咸水河。沱沱河干流段至上游玛章措钦外流河交汇段以北的白垩系、古近系和新近系出露区，河流水质普遍较差，水化学类型多为氯-钠型，矿化度为1～5 克每升，为咸水；楚玛尔河河流流程长，流经地段多出露古近纪、新近纪含膏盐红层，流经区多在干旱盆地区，矿化度较高，且上游吞吐湖措仁德加为蒸发、浓缩强烈的咸水湖，矿化度为2.5克每升。因而，常流状态下河流干流和大部分支流为矿化度大于1克每升的咸水、微咸水河。以青藏公路为界，通天河上游大部分地区水质较好，矿化度小于1克每升；以下沱沱河、莫曲和北麓河矿化度大于1克每升的较差水和南侧支流冬曲、当曲、牙曲、口前曲矿化度小于1克每升的淡水汇合，故此段河流常流状态下为水质相对较好至较差之间的水，矿化度为1克每升左右。

三、澜沧江水系

澜沧江是湄公河上游在中国境内河段的名称，藏语"拉楚"，意思为"獐子河"。它是著名的国际河流，是世界第七长河、亚洲第三长河、东南亚第一长河，源于青海，经西藏、云南出国境，向南流经柬埔寨于越南的南部注入南海。中国境内干流长2194千米，流域面积约16.48万平方千米。青海省境内干流长457千米，流域面积3.7万平方千米。

澜沧江发源于青海省玉树州杂多县北部拉宁查日山，2008年勘定扎曲为澜沧江正源，扎曲上源为谷涌曲。青海省境内澜沧江干流称扎曲，又作杂曲，系藏语音译，意为"从山岩中流出的河"。扎曲流经玉树州杂多县和囊谦县，于囊谦县打如达村以南进入西藏自治区境内，省界处河道海拔高程3516米。流域包括玉树州杂多县的东部、囊谦县全部和玉树县的西南部。流域北与治多县相邻，南、东南与西藏自治区毗邻。

青海省境内澜沧江流域河网密集，水系发育。水系由干流扎曲和200多条大小支流组成，其中一级支流46条。青海省内流域面积大于1000平方千米的支流有9条，其中一级支流6条。流域面积大于5000平方千米的支流有吉曲和子曲，在青海省境内流域面积分别为9461.4平方千米、8211.7平方千米，河长分别为258千米、277千米。

干流扎曲是澜沧江上游段右岸一级支流，发源于玉树州杂多县境内中部加果空桑贡玛山，河长89千米，河道平均比降4.64‰。干流扎曲流经地区地形复杂，景象万千，有平川、险滩、深谷，有丹霞地貌、有原始森林、有大片沼泽和广袤的草原。流域上游高山区多冰川雪岭，河道宽浅，河宽一般可达100～200米；下游囊谦县城以下河流在高山峡谷中穿行，坡陡流急，河床下切深，河宽30米左右，河床多为砂砾石质。

子曲是澜沧江上游段扎曲左岸一大支流，发源于青海省玉树州杂多县东北端扎格俄玛拉山口东北2千米处的无名山地，由西北向东南流经青海省玉树州的杂多县、玉树县、囊谦县和西藏自治区昌都县。子曲干流全长299千米，河道平均比降3.35‰，青海省境内干流长277千米，流域面积8212平方千米。其东以得实普山-拉无茄山为界与金沙江分水，南以子散赛拉-查拉-夏拉-多吉直赛-浪俄拉山与干流扎曲相隔，西接布当曲，北与通天河各大支流的源区相邻。青海省子曲流域呈条状、羽状水系。流域面积在50平方千米以上的各级支流有50条，其中一级支流有24条。流域面积在500平方千米以上的有德曲、日青曲、隆曲、赞曲、盖曲5条。径流以降水和冰雪融水补给为主。

吉曲是澜沧江（扎曲）右岸一级支流，又称解曲，流出青海省后称昂曲。发源于青海省与西藏自治区交界的唐古拉山瓦尔公冰川。吉曲源头西距长江二级支流绕德曲源头约1.5千米。干流上段名松曲，长73.6千米，流经西藏自治区巴青县东北部；中段名吉曲，长258千米，流经青海省杂多县、囊谦县；下段名昂曲，长188.4千米，流经西藏自治区类乌齐县、昌都县。吉曲干流全长520千米，其北部、东部与澜沧江（扎曲）干流流域相连，南部、西部与西藏自治区毗邻。流域处于高原温带半湿润季风气候区，日照充足、干湿季分明、年无霜期短等特点。径流由降水、地下水、冰雪融水补给。洪水期以降水补给为主，枯水期以地下水和融水补给为主。

四、柴达木水系

柴达木盆地的河流均为内流河。发源于周围高山，以发源于昆仑山脉的为多。柴达木盆地是由多个次一级盆地组成的，它们分别形成了各自的辐合向心水系，主要包括察尔汗盐湖水系、东台吉乃尔湖水系、西台吉乃尔湖水系、尕斯库勒湖水系、苏干湖水系、托素湖水系、希里沟湖水系、伊克柴达木湖水系、巴嘎柴达木湖水系等。各水系由独立出山的河流和其所注入的湖泊组成。青海省境内流域面积在1000平方千米以上的河流有那陵格勒河、格尔木河、柴达木河、巴音河、大哈尔腾河、素陵郭勒河、乌图美仁河、蒙古尔河、塔塔棱河、呼伦河、鱼卡河等58条，其中多年平均年径流量大于1亿立方米的有15条，水力资源理论蕴藏量大于1万千瓦的有13条。柴达木盆地的河流都发源于四周山区，总体呈辐合状分布，径流主要靠冰雪融水、雨水和泉水补给，流经戈壁滩渗漏严重，有的完全变成潜流，进入草原地带后又以泉水形式出露，河道多呈扇状或辫状分流，归宿于湖泊。

那陵格勒河又名那仁郭勒。“那陵格勒”系蒙古语，意为“细长的河”，因河道狭窄细长而得名，位于柴达木盆地西南部，流经玉树藏族自治州治多县西北部和海西州格尔木市西部，是柴达木盆地流域面积最广、流量最大、流程最长的内陆河。

那陵格勒河发源于昆仑山脉阿尔格山的雪莲山（峰顶海拔高程5598米）南麓，河长575千米，流域面积2.7671万平方千米。河源至格茫公路河长438千米，流域面积2.19万平方千米。源头海拔高程5200米，河宽20米左右，水深0.4～1.6米，为砂砾石质河床。河道弯曲，水系较发育。流域面积大于50平方千米的支流有121条，其中流域面积500平方千米以上的支流有10条。径流由降水、冰雪融水和地下水补给。那陵格勒河流域广阔，从西南到东北依次为高山、丘陵、戈壁、沙漠、细土绿洲带和沼泽。

格尔木河是柴达木盆地的第二大河流，发源于唐格乌拉山的刚欠查鲁马雪山南麓，河源段称刚欠曲，沿唐格乌拉山南麓东流54千米达卡巴纽尔多湖，穿湖继续东流，河名霍兰郭勒，又名多纳东宰曲。格尔木河干流长483千米，流域面积约2.06万平方千米，河流出山口后，穿过格尔木市城区流向东北，经过盐沼泽、盐渍沙丘和湖积平原，蜿蜒流淌80多千米，最终注入察尔汗盐湖中南部的达鲁逊湖。格尔木水文站设在距源头357.2千米处，控制流域面积约1.96万平方千米。多年平均流量为24.64立方米每秒，多年平均年径流量为7.77亿立方米，年均输沙量247万吨，河水年结冰期5～7个月。

柴达木河又称香日德河、巴彦河，为察尔汗盐湖水系的一条最大的内陆河。干流全长534千米，发源于玛多县东北部的阿尼玛卿山西段的长石头山，源头海拔高程4846米，于都兰县西北部注入察尔汗盐湖东南部的南霍鲁逊湖，入湖河口海拔高程2676米，河道落差2170米，平均比降2.41‰。中、下游河道平缓，河宽水浅，河床砂砾石覆盖深厚。香日德水文站实测记录显示，多年平均流量为28.4立方米每秒，多年平均年径流量为8.96亿立方米，年均输沙量143.1万吨，年结冰期5～6个月。流域面积大于50平方千米的支流共112条，其中一级支流26条、二级支流53条，均分布在上中游地区。流域面积大于500平方千米的一级支流有察汗乌苏河、乌兰乌苏河、卡可特尔河、柯尔河、查卡曲、歇马昂里河、莫格尔加河7条。

巴音河是托素湖水系的主要河流，又称巴音郭勒、阿让郭勒。“巴音郭勒”为蒙古语音译，意为“富饶的河”。位于柴达木盆地东北部，海西州德令哈市境内，流域面积约9530平方千米。巴音河发源于喀克图蒙克山伊克达坂山口以西约9千米的高地，干流长 323 千米。径流来自降水、冰雪融水和地下水补给。上游水系较发育，众多支流来自野牛脊山、哈尔科山南坡，形成梳状水系，右岸支流少且短小。较大的支流有东荡格尔郭勒、拜兴沟、哈勒特尔河、夏尔郭勒和老泽令沟等。德令哈水文站控制流域面积 7800 多平方千米，该站流域断面多年平均流量为 10.24 立方米每秒，多年平均年径流量为 3.23 亿立方米，年均输沙量 26.7 万吨。河水年结冰期 5～6 个月。

柴达木盆地主要河流的补给形式主要有冰雪消融水、大气降水、基岩裂隙水等。南部山区基岩裂隙水发育，河川径流以地下水补给为主，水量稳定，年际、年内变化不大。西北部发源于阿尔金山的河流以冰雪消融水补给为主，年际变化不大，水量稳定，但年内变化较大，常有春汛发生。柴达木盆地主要河流泥沙含沙量、输沙量具有明显的纬度地带性分布规律，自北向南、自上游至下游逐渐增大。含沙量、输沙量年内分配不均匀，连续最大 3 个月含沙量、输沙量出现在 6—8 月；最小月平均含沙量、输沙量出现在 11 月至次年 1 月。

柴达木盆地河水的化学组成虽各具特色，但大部分河流阴离子中以碳酸氢根离子占优势，阳离子中以钙离子为主。以每升水中的毫克浓度为单位，阴离子碳酸氢根离子＞氯离子＞硫酸根离子，阳离子钙离子＞钠离子＋钾离子＞镁离子，只有部分河流，如察汗乌苏河、夏日哈河和那陵格勒河在离子组成上是氯离子＞碳酸氢根离子＞硫酸根离子，钠离子＋钾离子＞钙离子＋镁离子。

五、青海湖水系

青海湖是中国面积最大的内陆咸水湖泊，也是国际重要湿地和国家级自然保护区。青海湖位于青藏高原的东北部，大通山、日月山、青海南山之间，地理范围为北纬 36°15′～38°20′，东经 97°50′～101°20′，是中国最大的内陆封闭湖。其中，流域总面积为 2.96 万平方千米，湖面东西长约 106 千米，南北宽约 63 千米，略呈椭圆形，地势西北高、东南低。《青海省水资源公报 2010》公布，2010 年青海湖年均水位为 3193.56 米，湖面面积 4348.62 平方千米。

青海湖流域为四周群山环抱的封闭式山间内陆盆地，整个流域呈近似织梭形，呈北西西-南东东走向。该流域内有 10 多个大小不同的湖泊，主要有青海湖、尕海、海晏湾和耳海等，均为咸水湖。该流域注入青海湖的河流主要有布哈河、沙柳河、哈尔盖河、倒淌河、黑马河等，其中西面的布哈河是青海湖流域集水面积最大的子流域，入湖处河道曲折而分散，形成冲积三角洲。流域内河流呈明显的不对称分布，西面（布哈河）和北面（沙柳河）河流多且流长水大，东面（哈尔盖河、甘子河和倒淌河）和南面（黑马河）则相反。河流主要以降水和冰雪融水补给为主。

作为青海湖流域内长度最长、流域面积最大的河流，布哈河全长 278 千米，流域面积为 1.45 万平方千米。河流位于青海省天峻县境内，发源于疏勒南山，从西北向东南方向流动，最终在鸟岛附近注入青海湖。布哈河河口多年平均流量为 37.45 立方米每秒，多年平均年径流量为 11.81 亿立方米。沙柳河又称伊乌克兰河，为青海湖流域的第二大河流，发源于大通山的克克赛尼哈，上游河道走向从西北向东南，山陡谷深，流域形状为长条形。河长 107 千米，流域面积 1536 平方千米，流向由西向东南流入青海湖，多年平均流量为 7.74 立方米每秒，多年平均年径流量为 2.44 亿立方米。哈尔盖河是该流域第三大河流，发源于刚察县赞宝化久山和青达坂山之间的台布希山东北麓，河长 110 千米，流域面积 1482 平方千米，多年平均年径流量为 1.47 亿立方米。

青海湖河水和湖水都是碱性水质，湖水电导率变化范围为 3930～5160 微西门子每厘米，河流水电导率变化范围为 320.7～528.3 微西门子每厘米，pH 值分别在 8.9～9.1 和 8.6～9.4 间变化。钠离子是青海湖湖水中最主要的阳离子，占总离子浓度的30.44%；钙离子是青海湖河水中最主要的阳离子，占总离子浓度的39.17%；氯离子均是湖泊和河流水中最主要的阴离子，分别占总离子浓度的44.73%和21.97%。青海湖湖水温度较低，在夏季，表水平均温度为10 ℃左右，湖底平均温度为4 ℃左右，湖面通常在12月至次年3月结冰。

六、祁连山水系

祁连山是石羊河、黑河和疏勒河三大内陆河的发源地，位于欧亚大陆腹地的西北内陆干旱区。祁连山水系主要由南、北两大水系组成。祁连山南坡水系由东部的黄河水系和西部的柴达木内陆河水系组成。祁连山北坡水系主要为河西内流水系，包括黑河、石羊河、北大河、疏勒河和党河；柴达木内流水系包括祁连山南坡的哈尔腾河、鱼卡河、塔塔棱河、巴音郭勒河和布哈河等。黄河水系主要是大通河水系。

黑河，古名弱水，上游称甘州河，它是中国第二大内陆河，源出祁连山脉走廊南山与托来南山间的分水梁，东南流经纵谷草地，至青海省祁连县黄藏寺纳东南来的峨博河后，转向西北，穿走廊南山80千米横谷，水深流急，至莺落峡口出山。莺落峡为黑河干流出山口，莺落峡以上为径流形成区，以下为径流消散区，下游额济纳旗为无流区。黑河流域由南向北流经青海、甘肃和内蒙古3省（区），途经南部祁连山地、中部走廊平原和北部阿拉善高原3个地貌类型区。

疏勒河位于祁连山西部，是中国第三大内陆河，其上游地处青藏高原东北缘的青海省天峻县与甘肃省肃北县和玉门市内，平均海拔3885米，面积约1.14万平方千米。疏勒河上游干流多年平均径流量为10.83亿立方米，流量年季分配不均，全年径流总量的53%集中在7—9月，冬、春两季径流量只占全年径流量的8.5%和10%，且总径流量年际间变化也很大。

大通河是黄河的二级支流，是湟水河的一级支流，发源于青海省天峻县托勒南山，自西北向东南流经青海省的天峻、祁连、刚察、海晏、门源、互助、乐都、民和以及甘肃省的天祝、永登、红古11个县（区），在民和县享堂镇汇入湟水。大通河流域地处青藏高原东北部边缘，发源于青海省天峻县托勒南山的岗格尔肖合力冰峰东麓，河源海拔4520米，流域面积约1.5万平方千米，干流全长572千米。流域呈一狭长地带，地形西北高、东南低。河源至尕大滩为上游段，尕大滩至连城为中游段，连城以下为下游段。河流水系呈羽状分布，上游主要支流有唐莫日曲、江仓曲、呼达斯曲、萨拉沟、莱日图河、永安河、扎麻图河；中游主要支流有白水河、老虎沟、讨拉沟、塔里华沟、初麻沟、珠固沟、甘禅沟、郎士当沟、朱岔沟、扎龙沟、金沙峡沟、土路沟、皮袋沟等；下游河段主要有截龙沟等几条小支流。

大通河上游径流以降水和冰川、沼泽混合补给，中下游径流以降水补给为主。大通河径流年内分配不均但年际变化较小，径流的年内分配与降水相一致，6—9月径流量占年径流量的63%～72%。大通河流域是湟水河流域水土流失较轻微的地区，水沙集中在7—8月，大洪水主要来自尕大滩以上，涨、落较慢，沙量主要来自天堂寺以下。尕大滩站多年平均径流量为16.24亿立方米，天堂寺站多年平均径流量为25.34亿立方米，享堂站（流域出口控制站）多年平均径流量为28.48亿立方米，多年平均输沙量为322万吨。

第三节　河流保护与治理

青海省环保部门为维护好国家重要水体水环境和水生态安全，以湟水流域水污染治理为重点，全力推进各项工作的开展，主要包括湟水流域污染治理、饮水护源确保饮水安全以及重点流域和重要水库水环境保护三方面。

一、湟水流域污染治理

青海省委、省人大常委会、省政府高度重视湟水流域水污染防治工作，于1992年2月通过《青海省湟水流域水污染防治条例》，此后又分别于1998年5月、2005年4月作了修订。省人民政府及有关部门先后出台一系列文件规定，积极贯彻落实水污染防治方面的法律法规，为依法加强湟水流域的水污染防治工作打下了良好的基础。

自《青海省湟水流域水污染防治条例》实施以来，尤其是2006年全国水污染防治工作电视电话会议后，湟水流域各级人民政府做了大量工作，加大治污力度。一是受青海省政府委托，青海省环保局与各州、地、市政府签订"十一五"水污染物总量控制目标责任书，湟水流域有9家企业实施污水处理和中水回用工程；二是全面推进排污许可证制度，2007年底，湟水流域累计发放水污染物排污许可证48家，到2009年所有排污单位实现持证排污。三是积极推进重点企业清洁生产审核制度，将23个重点企业列为强制清洁生产审核企业名单。四是完成水污染治理项目15个，其中西宁市第一、第二污水处理厂和城南新区污水处理厂已建成运行。五是对130余家企业进行了集中整治，就威胁饮用水源安全和春灌期间防治水污染事故做了专项检查，确保饮用水源和春灌期间农业用水安全。六是加大执法力度，共淘汰关闭了66个水污染严重企业，没收、销毁混汞磨100多盘，捣毁氰化池50座。2009年，青海省政府作出"早日还青海人民一条干净的母亲河"的庄严承诺，提出推行污染物"全收集、全处理、全测控"的目标要求。同年，青海省政协人口资源环境委员会组织部分委员，围绕湟水流域水污染治理进行视察，并形成《关于对我省湟水河流域污染治理情况的视察报告》，提出了问题和对策建议。省委书记强卫在视察报告上批示：湟水河污染治理还存在不少困难和问题，有关地区和部门仍要提高对湟水河流域污染治理工作重要性和紧迫性的认识，加大污染防治力度，加快提高湟水河流域污染防治工作能力和水平。2010年1月，省委书记强卫在听取全省环保工作汇报时，指示环保部门要认真履行环境监管职责，在湟水河污染治理上，要加强环境基础和治污设施建设，加大污染防治力度，推动环境质量的改善。2010年4月，省政府领导在带领相关地区和部门负责同志实地查看湟水流域西宁段污水口排污情况的基础上，主持召开了湟水流域西宁段排污口整治工作专题会议，针对污水处理厂建设进度缓慢、管网建设滞后、排污口直排现象严重等问题，要求必须下大力气予以扭转，污染不治、人心难安，并决定由沿湟各地环保部门对流域所有排污口进行全面清查，彻底查清污染源。同时要求西宁市对重点排污口进行全面规划整治，尽快开工、截流、改造、建设。认真研究污水处理厂产业化运营的方式，确保污水处理厂"建得起、转得起、管得起"。截至2010年，流域内建成投运污水处理厂12座，设计日处理能力30万吨，西宁市城市生活污水集中处理率达80%。流域内共设18个水质监测断面，其中有10个达到水环境功能区划目标，断面达标率为55.6%。《青海省水资源公报2010》指出，2010年全年共对湟水河上12条河流37个断面进行了水质监测，湟水干流海晏至扎麻隆、湟水支流哈利涧、水峡河、药水河、引胜沟、黑林河、大通河享堂以上水质符合或优于Ⅱ类水质标准；湟水干流新宁桥至民和段，湟水支流北川长宁桥至朝阳桥段、南川六一桥至南川河口段、沙塘川沙塘川段、小南川王家庄段、巴州沟水质为Ⅳ类～劣Ⅴ类。

湟水流域大部分低山丘陵和阶地广泛分布着黄土和黄土状土。黄土质地疏松且垂直节理发育，极易被水流冲刷、切割，因而造成沟壑纵横和严重的水土流失。青海省自1981年起分期分批安排实施对该流域内的100多条小流域进行综合治理。从1989年开始实施西宁市南北山绿化工程。青海省人民政府于1999年印发《青海省生态环境建设规划》,该规划明确境内黄河流域生态环境建设的重点之一是治理河湟谷地和黄土丘陵水土流失,恢复建设水源涵养林草植被,明确了生态环境建设的目标和主要措施。从2002年起先后在湟源、互助、湟中、乐都等县开展水土保持生态修复项目建设,有计划地对西宁市区河道和沿湟重要城镇的河道进行防洪治理,水土流失严重的状况得到有效而明显的遏制。

二、饮水护源保护工程

青海省环保部门积极开展并完成水源地保护立法调研、论证、听证等相关工作,编印《青海省饮用水水源保护立法研究报告》,被省法学会评为立法前期工作的一项研究成果。随后施行的《青海省饮用水水源保护条例》,为青海省饮用水水源地保护提供了坚实的法制保障。同时,按照水利部的相关要求,青海省相继开展青海省城市饮用水水源地安全保障规划工作,对全省县级以上城镇饮用水水源地调查评价。其间,先后编制完成《青海省城市饮用水水源地安全保障规划》《青海省重点城镇饮用水水源地保护"十二五"规划》《全国重要饮用水水源地安全保障达标建设总体计划(青海省)》,为水源保护有序推进提供了技术基础。另外,还开展了饮用水水源地保护区划定工作。西宁市、海东市和海西蒙古族藏族自治州重点城镇也完成了集中式饮用水水源地保护区的划定。各重点水源地均设置保护区标志和隔离防护设施。同时,结合农村环境连片整治工作,对全省115个集中式饮用水水源地进行整治,有效保障群众饮水安全。2010年实施了海南州贵南县及玉树州玉树县、囊谦县、称多县等城市饮用水水源地保护建设项目。2010年8月,国家发展和改革委员会批准青海省引大济湟调水总干渠工程可行性研究报告。该工程是青海省大型综合水利工程,由黑泉水库、湟水北干渠扶贫灌溉一期、调水总干渠、湟水北干渠二期、石头峡水库等工程组成。

三、重点流域和水库水环境保护

1995年3月,国家环保局颁发《关于发布国家重点保护湿地名录(第一批)的通知》,省环保局、省农林厅、省畜牧厅联合发出通知,对列入名录的隆宝滩、长江河源、黄河河源提出了具体保护要求,确定了长江河源、黄河河源湿地保护范围。1995年7月,省环保局执法检查组对沿湟流域内的一些重点污染源和建设项目的环保情况进行了执法检查。1996年,"引大济湟"工程中的黑泉水库工程加速建设。1997年"两会"期间,省委、省政府在京召开了"黄河、长江源头地区生态建设与青海资源开发座谈会"。到1997年底,全省工业废水处理率达68%,工业重复用水率达64%。1998年1月,省委书记田成平召集青海省环保局等有关单位的负责同志,专题研究长江、黄河源区的生态环境保护问题。1999年7月省环保局完成《青海湖流域生态功能区建设项目可行性研究报告》编制论证工作。8月,受国家环保总局、德国驻华使馆委托,中国环境科学研究院、青海省环保局、中国科学院西北高原生物研究所、中国科学院地理研究所等单位的13名专家赴黄河源头区进行为期6天的中德合作黄河源头项目考察。2000年2月,由青海省环保局承担的《黄河源特殊生态功能区保护和建设前期工作实施方案》《长江源特殊生态功能区保护和建设前期工作实施方案》编制完成;4月,《黄河流域水污染防治规划》《长江流域水污染防治规划》编制完成;5月,省环保局组织有关单位和专家对沿湟灌区(5县1市)农作物受水污染危害一事进行为期一个多月的调查,初步查明污染物种类及污染源区,并及时向省政府作了专题汇报;8月,青海省三江源自然保护区正式设立;10月,省政府颁布实施《青海省黄河、长江源头重要生态功能区生态环境保护纲要》(青政〔2000〕79号)。

2001年开始,青海省先后启动黄河、长江源区水土流失预防保护工程和预防保护监督工程。2002年省水利厅完成《青海省水功能区划》编制，经黄河水利委员会和长江水利委员会审查通过后，2003年2月经省政府批复同意，组织实施。各级行政主管部门根据水功能区划中对不同水域的功能定位，实行分类保护与管理。2005年，经国务院批准，《青海三江源自然保护区生态保护和建设总体规划》开始实施，禁牧封育、以草定畜、易地搬迁等措施得以推广。2005年9月，青海省环保局编制完成《全国重点流域黄河流域(青海段)水污染防治"十一五"规划》；11月，省人大代表农牧环保专业小组就湟水流域污染与治理情况进行专题调研，这是青海省人大代表第一次以专业形式开展的调研活动。同月，省环保局组织编制完成《青海湖流域生态监测体系建设专项规划》和《青海湖流域环境保护与综合治理专项规划》。2006年，完成《青海湖流域生态监测体系建设规划》和《青海湖流域环境污染治理规划》，组织开展了黑河源区生态功能保护区建设的前期工作。认真推行污染物排放许可证制度，加强湟水流域水污染防治工作，初步完成排污单位排污量的核定工作，陆续开始向具备条件的排污单位颁发污染物排放许可证。2008年3月，团省委、省环保局、省三江源办公室联合组织的"关爱三江源、保护母亲河"启动仪式在西宁举行；5月省环保局组织在全省开展湟水流域环境综合整治百日督查专项行动；6月，省政府办公厅批准印发《关于加强重点湖泊水环境保护工作的实施意见》。2009年11月，《青海湖流域生态环境保护与综合治理工程生态监测体系建设项目2010年度实施方案》通过省发改委评审。2010年3月由中纪委驻环保部纪检组组长傅雯娟带队组成的国家重点流域水污染防治规划考核组，对全省实施《黄河中上游流域水污染防治规划》情况进行督导、检查与考核。

2010年对全省33条河流的70个水质监测断面进行监测，总评价河长6049.8千米，年度评价水质符合或者优于Ⅲ类水质标准的河长为5669.6千米，占总评价河长的93.7%，劣于Ⅲ类水质标准的河长为380.2千米，占总评价河长的6.3%。《青海省水功能区划》将全省共划分为91个一级功能区、42个二级功能区。2010年监测的一、二级功能区有52个(按二级水功能区评价的，不再计算一级水功能区个数)。52个水功能区中，达到水质目标的有39个，达标率75.0%，达标河长5287.4千米，达标率93.5%。其中，保护区、保留区、缓冲区、饮用水水源区达标率为100%；工业用水区、排污控制区达标率比较低，分别为25.5%、33.8%；景观娱乐用水区达标率为0。

第五章 湖 泊

青海省是多湖泊的省份之一，0.5 平方千米以上的湖泊共有 439 个，总面积达 1.34 万平方千米，为全省土地面积的 1.85%，占全国湖泊总面积的 17.3%；仅次于西藏自治区，居全国第二位。其中，内流区共有湖泊 212 个，外流区有湖泊 227 个，淡水湖 286 个，主要分布在青南高原的外流区及柴达木盆地东北部，有扎陵湖、鄂陵湖、可鲁克湖等，咸水湖和盐湖 153 个，咸水湖主要分布在可可西里地区、柴达木盆地和青海湖盆地，有青海湖、可可西里湖等，盐湖主要分布在柴达木盆地，占全国盐湖面积的近 90%，有察尔汗盐湖、茶卡盐湖、柯柯盐湖等。青海的盐湖除含有氯化钠、氯化钾和氯化镁等资源外，还伴生有镁、锂、硼等矿产资源，是青海经济发展的优势资源。

第一节 湖泊概述

青海境内地质环境挤压、碰撞等构造运动形成的断裂带，为众多湖泊的发育创造条件，同时高寒环境冰川的侵蚀作用所形成的侵蚀洼地，为湖盆储水创造了条件，大量的冰川融水和地表径流汇集之后，形成了大大小小、星罗棋布的湖泊，是青海特有的自然景观。青海境内有永久性淡水湖 0.33 万平方千米、季节性淡水湖 14 万平方千米，另外还包括人工湿地库塘 0.056 万平方千米、永久性咸水湖 1.12 万平方千米、季节性咸水湖 0.016 万平方千米、盐田 0.087 万平方千米。青海众多湖泊是极其宝贵的自然资源，湖泊内不仅赋存大量水资源，而且蕴藏有极为丰富的矿产资源、水产资源。

青海境内的湖泊数量众多，局部地区分布密集，全省湖区面积 0.05 平方千米以上的湖泊有 29168 个，面积 14528.1 平方千米，占全国湖泊总面积的 17.3%，仅次于西藏。境内可可西里地区陆地面积 4.52 万平方千米，但湖水面积大于 0.5 平方千米以上的湖泊有 121 个，面积 3349.8 平方千米，湖泊率达 7.4%，与世界“千湖之国”之称的芬兰湖泊率相近，是全国湖泊分布最密集的地区。

青海境内的绝大多数湖泊均分布在海拔较高的地区，位于海拔 4000 米以上的湖泊有 395 个，占全省面积大于 0.5 平方千米以上湖泊总数的 86.24%，湖水面积 6737.8 平方千米，占全省面积大于 0.5 平方千米湖泊面积的 52.41%；海拔 3000 米以上的湖泊有 417 个，占全省面积大于 0.5 平方千米湖泊个数的 91.27%，面积占

88.59%；海拔5000米以上湖泊个数及湖水面积所占比重小，最高湖泊雪莲湖，湖面海拔5274米，湖水面积50平方千米，另一高海拔湖泊是雪莲西湖，湖面海拔5310米，湖水面积0.5平方千米。由于湖面海拔高，导致水温低、封冻期长、冰层厚，如扎陵湖、鄂陵湖有半年左右封冻期；可可西里封冻期长达七八个月之久。青海湖最大冰厚60～80厘米，封冻期也在4个月左右，直接影响湖水的物理化学过程。湖泊较深，夏季水温分层现象明显，有些湖泊的深水区有温跃层的存在，制约着湖泊水生生态系统。高原湖泊湖水清澈，湖面洁净，湖水透明度远高于中国东部低地湖泊，如青海湖透明度在10米左右。

青海境内的绝大多数湖泊均属于构造断陷湖，多呈狭长形或者串珠状排列，湖水一般比较深，青海湖、扎陵湖、鄂陵湖、黑海、哈拉湖、托素湖等这些大型湖泊都是在古近系末喜马拉雅运动中构造断陷形成；柴达木盆地的众多湖泊是新近系柴达木古湖泊的构造残留湖，均受到盆地构造方向的控制，形成一系列东西相接的大湖，湖的伸展方向与构造方向基本一致，湖泊集中分布在构造带的最低部，如霍鲁逊湖、达布逊湖以及东、西台吉乃尔湖等都表现得非常明显。还有受到各种外营力作用，如水流、冰川、波浪、风力等的侵蚀、搬运、堆积作用，使湖盆的轮廓和深度均有较大变化。

青海境内的湖泊由于深居内陆，加之干旱和半干旱气候的影响，降水量少而蒸发量大，湖泊普遍存在湖水面下降、湖水不断盐化的趋势。青海湖自1956年至1981年的26年间湖水面下降2.76米，面积缩小400多平方千米，储水量减少112.7亿立方米，湖水面平均每年下降10.6厘米，青海湖畔如今还能看到湖体收缩而遗留的十数条古湖岸堤。在早更新世，可可西里地区的湖泊以淡水湖为主，至今已演变为以咸水湖为主。青海省内内陆区淡水和微咸水湖泊湖水面积大于1平方千米的只有53个，面积87.2平方千米，占内陆湖区总面积的8.4%，而且在急剧退缩和不断向咸化方向发展。柴达木盆地的湖泊在面积缩小的同时还普遍存在湖泊的迁移现象，盆地中部的湖泊向盆地沉降中心（达布逊湖）迁移，盆地边缘湖泊向其内部迁移。

青海是全国盐湖分布最集中的省份之一，境内又集中分布在柴达木盆地，湖水水化学性质组成极其复杂。盆地内的盐湖和干盐湖有75个，是新近系、第四纪地质时期沉积而成，地表盐类化学沉积面积1.56万平方千米，约占盆地面积的13%。柴达木盆地的盐湖与干旱、极干旱的气候条件关系密切，湖水大量蒸发，使湖水含盐浓度不断加大，流域内的盐分又通过径流等方式向盆地低部湖中输送、汇集，最终形成丰富的盐类物质资源。柴达木盆地盐湖水化学类型复杂多样，有氯化物型、硫酸盐型、硼酸盐型、钾镁型、碳酸盐型等。在通常情况下，水化学类型顺次由碳酸盐型向硫酸盐型和氯化物型演变。碳酸盐型有方解石、文石、白云石等矿物；硫酸盐型有石膏、芒硝、钾盐镁矾、天青石等矿物；氯化物型有石盐、光卤石、水石盐等矿物。

青海境内湖泊的水源补给条件差异极大，有地表水、地下水、降水、冰雪融水等多种补给形式。但不同地区、不同时期补给形式有一定差别。外流区湖泊除降水补给外，以地表水补给为主，地下水次之，冰雪融水补给少。内流区湖泊水源补给情况比较复杂，不同水系就有较大区别（表5-1-1）。柴达木盆地水系湖泊地下水补给占总补给量的近60%，地表水补给与冰雪融水补给量几乎相等；哈拉湖水系和可可西里水系湖泊以地表水补给为主，其次是地下水补给，再次是冰雪融水补给；青海湖水系湖泊以地表水与地下水混合补给为主，但地表水所占比重稍高，冰雪融水补给比重极小。高海拔地区的湖泊补给以表水为主，低海拔地区以地下水补给为主，但由于地表水与地下水的相互转化,最终以河川径流的形式补给湖泊。

内流区湖泊补给类型比例

表 5-1-1　　单位:%

流域	地表水补给	地下水补给	冰雪融水补给
柴达木流域	19.82	59.50	20.68
青海湖流域	56.09	43.37	0.54
哈拉湖流域	56.09	23.03	20.09
可可西里流域	68.30	17.71	13.99

资料来源:《青海省综合自然区划》。

青海境内的湖泊由于海拔高、水温低,湖水营养物质贫乏,生物种类少。与全国其他湖泊相比较而言,青海湖、扎陵湖和鄂陵湖的生物营养物 Fe(总铁)、NH_4^+、NO_2、NO_3^-、PO_4^{3-}、SO_2以及有机物耗氧量含量普遍较低(表 5-1-2)。

青海部分湖泊营养物质含量

表 5-1-2　　单位:毫克每升

湖泊	Fe	NH_4^+	NO_2	NO_3^-	PO_4^{3-}	SO_2
青海湖	0.02	0.05	0.01	0.16	0.02	0.35
鄂陵湖	0.01	0.02	0	0.40	0.03	0.98
扎陵湖	0.02	0.03	0	0.40	0.01	0.61

资料来源:《中国湖泊概论》。

青海境内分布的各类湖泊,在水源涵养、调蓄洪水、调节气候、水土保持、净化环境、鸟类栖息、生物多样性保育等方面具有重要的生态作用。

青海境内的湖泊主要分布在可可西里、三江源、柴达木盆地、祁连山地以及河湟谷地区湖库区。可可西里区湖泊群主要是指青藏公路以西,昆仑山和唐古拉山之间的可可西里内流区的广大湖泊群,面积 0.30 万平方千米,占全省湖泊总面积的 20.68%。三江源区湖泊群包含了长江源区、黄河源区和澜沧江源区的湖泊群,其中,长江源区湖泊群是指唐古拉山以北、雀莫山以南的长江流域湖泊群,湖泊面积 0.21 万平方千米,占全省湖泊总面积的 14.52%;黄河源区湖泊群是指分布在巴颜喀拉山以北玛多县境内的主要湖泊,主要以淡水湖为主,湖泊面积 0.19 万平方千米,占全省湖泊总面积的 12.66%;澜沧江源区湖泊群主要是指玉树地区杂多、囊谦县境内的湖泊,湖泊面积 0.80 平方千米,占全省湖泊总面积比例较小。祁连山地区湖泊群是指日月山以西、祁连山山地的湖泊群,湖泊面积为 0.44 万平方千米,占全省湖泊总面积的 29.63%;柴达木盆地区湖泊群主要是指柴达木盆地中的所有湖泊,主要以盐湖为主,是青海省盐湖、咸水湖集中分布的地区,湖泊面积 0.27 万平方千米,占全省湖泊总面积的 18.22%。河湟谷地湖库区是指日月山以东、龙羊峡以下黄河干流的湖泊和库塘,湖库面积为 744.72 平方千米,占全省湖泊总面积的 0.05%。

第二节　三江源区湖泊群

一、长江源区

(一)玛章措钦

位于沱沱河北岸的通江湖泊,上源斜日贡尼曲,源出海拔 5727 米斜日贡尼山地西侧望牲山。该湖为相连的东、西两湖,西湖长形,西北-东南长约 9 千米,最宽处 1.5 千米,面积约 11 平方千米;东湖圆形,东西宽约 8 千米,南北长约 10 千米,面积约 49 平方千米。东湖南部有一岛屿,面积约 2.2 平方千米,高出湖面约 20 米。湖区属青南高寒草原半干旱气候,年均气温为-6.0 ℃,年降水量为 200~300 毫米。湖水主要依赖地表径流补给,入湖河流 2 条,其中斜日贡尼曲最大,长 100 千米,源于乌兰乌拉山,流域面积 1430 平方千米;中下游有多条以泉水汇集而成的河流,下游河道坡降变缓，河曲发育。次为长 17 千米无名河，水量较小，出流经南部长 10 千米小河，丰水期有湖水泄入沱沱河。集水面积 1630 平方千米，补给系数 27.7。湖水密度 1.001，pH 值 7.7，矿化度 6.95 克每升，属硫酸钠亚型季节性外流微咸水湖。

玛章措钦湖水位季节性变化幅度在 1 米左右，湖水颜色呈微红色，水质浑浊，湖底沉淀有薄层红色淤泥。湖水与沱沱河虽然相通，但表现为间歇性或季节性，湖水在丰水期外泄注入沱沱河，在枯水期则断流。湖边多盐碱土分布，湖周草地发育不良，野生动物分布不多。

（二）雅西措

又名雅兴措，地处青海玉树治多县境内，是长江源头沱沱河左岸外流的一个淡水湖。属古近系断陷盆地，滨湖西部为沱沱河汉河形成的砂砾质三角洲平原，面积 92 平方千米，东部滨岸带为砂砾覆盖。水位海拔 4492 米，长 8.1 千米，最宽处 4.7 千米，平均宽 2.38 千米，面积 19.3 平方千米。湖区属青南高寒草原半干旱气候，年均气温为 −6.0～4.0 ℃，年降水量为 200～300 毫米。集水面积 490 平方千米，补给系数 25.4(不含沱沱河汉河)。湖水主要依赖地表径流补给，入湖河流 5 条，长 20～32 千米，汇纳东、西、北三面来水，出流经南端宽 100～400 米、长 7.0 千米小河注入沱沱河。湖中有小头裸裂尻鱼和高原鳅栖息。

雅西措湖面萎缩和扩张变化剧烈，1992 年以前以萎缩为主，萎缩面积近 3%；而 1992 年以后湖泊以面积扩张为主，尤其以 2007—2010 年扩张强度最大，湖泊面积的扩张主要由降水增多所致。

（三）尼日阿措改

位于玉树藏族自治州杂多县境内，唐古拉山北麓长江源头当曲宽谷中。滨湖地势平坦，沼泽发育，藏嵩草生长良好。水位海拔 4708 米，长 9.2 千米，最宽处 7 千米，平均宽 3.82 千米，面积 35.1 平方千米。湖区属阿坝-那曲高寒灌丛草甸湿润半湿润气候，平均气温约 −4.0 ℃，年降水量 300～400 毫米。集水面积 430 平方千米，补给系数 12.3。湖水主要依赖确赛曲、巴侧措尼曲和侔莫曲补给，流经东部鄂阿玛纳草原河汇入当曲，属长江源头外流淡水湖。

（四）年吉措

又名野鸭海。位于玉树县境内唐古拉山脉东端与横断山脉北段接合部一山间盆地内，为海拔 4600～4800 米山地，长江源头通天河的多条支流上溯到湖盆分水岭，但无切穿痕迹。水位海拔 4443 米，长 9.2 千米，最宽处 3.3 千米，平均宽 2.27 千米，面积 20.9 平方千米。湖区属阿坝那曲高寒灌丛草甸湿润-半湿润气候，年均气温 2.0 ℃，年降水量 400 毫米左右。集水面积 47 平方千米，补给系数 2.2。湖水主要依赖 1 条长 4 千米的小河补给。夏、秋有牧民来湖区放牧，野鸭成群。仅有乡间小路与外界相遇，交通闭塞。

（五）措江钦

位于玉树藏族自治州治多县境内，长江源头通天河河谷中，系通天河河床摆动，支溪河谷被堰塞，经积水而成的堰塞湖，北距通天河 1.4 千米。滨湖北部为通天河被堵后，潴水形成的盲肠状河道和沼泽湿地。水位海拔 4488 米，长 12.5 千米，最宽处 1.8 千米，平均宽 0.9 千米，面积 11.5 平方千米。湖区属青南高寒草原半干旱气候，年均气温 −6.0～−4.0 ℃，年降水量 200～300 毫米。集水面积 250 平方千米，补给系数 21.7，入湖河流为南岸长 32 千米的小河，河源有沼泽湿地和串珠状小湖分布。

（六）多尔改措

又名加德仁措、叶鲁苏湖，属长江源头楚玛尔河上的外流淡水湖，位于在玉树藏族自治州治多县境内，巴音山与巴音查乌马山间的新近系陆相断陷盆地中。滨湖除北部巴音山紧邻湖岸外，其他方位为宽阔的第四系全新统冲洪积平原，其中西南部楚玛尔河入湖口形成了面积近 60 千米的三角洲平原，堤间洼地残留着许多面积 0.02～1.0

平方千米的咸水小湖。水位海拔4688米，长31.5千米，最宽处7.1千米，平均宽4.75千米，面积144.1平方千米。湖区属青南高寒草原半干旱气候，年均气温－6.0～－4.0℃，年降水量200毫米左右。集水面积4660平方千米，补给系数32.3。湖水主要依赖楚玛尔河补给，河流穿湖而过。20世纪50—70年代中期曾一度扩大，面积增加了43.8平方千米，但近20年又呈退缩之势。湖水矿化度约1.0克每升，湖中有小头裸裂尻鱼栖息。

（七）宰日子下湖

由北部宰日子下沙丘得名，又名野马川湖，系引西部河谷平原之名。位于玉树藏族自治州治多县境内，新近系陆相断陷盆地中，滨湖为冲积-洪积砂砾地和沙丘。长轴呈东西向延伸，水位海拔4787米，长8.8千米，最宽处2.3千米，平均宽1.42千米，面积12.5平方千米。湖区属青南高寒草原半干旱气候，年均气温为－6.0～－4.0℃，年降水量为150～200毫米。集水面积580平方千米，补给系数46.4。湖水主要依赖西部地表径流补给，入湖河流3条，最大的长26千米，出流仅夏季经东部小河注入楚玛尔河。该湖属长江源头楚玛尔河上的季节性外流湖。

（八）波涛湖

位于海西藏族蒙古族自治州格尔木市唐古拉山乡，羌塘高原东部一山间盆地内。湖盆外围为海拔5600～6500米的祖尔肯乌拉山、唐古拉山、尕恰迪如岗山和普若岗日山环抱，滨湖分布大片砂砾地。水位海拔4983米，长11.9千米，最宽处9.9千米，平均宽5.9千米，面积70.2平方千米。湖区属羌塘高寒草原半干旱气候，年均气温约－6.0℃，年降水量200毫米左右，集水面积1860平方千米，补给系数25.5。湖水主要依赖冰雪融水径流补给，入湖河流中北部的兰丽河最大，长82千米，集水面积1296平方千米，源于祖尔肯乌拉山梅花雪山，汇冰雪融水，出流经南部节节河注入燕子湖。湖水pH为8.6，矿化度2.75克每升，属硫酸镁亚型内陆吞吐湖。

（九）诺多湖

又名劳日特措，跨海西藏族蒙古族自治州格尔木市唐古拉山乡和西藏自治区班戈县，羌塘高原东部的一山间盆地内。水位海拔4955米，长13.5千米，最宽处7.5千米，平均宽4.2千米，面积57.3平方千米，其中青海省境内面积44.3平方千米。湖区属羌塘高寒草原半干旱气候，年均气温为－6.0℃，年降水量为200毫米。集水面积1217平方千米，补给系数20.2。湖水主要依赖尾巴河纳燕子湖水和巴日根曲补给，巴日根曲长74千米，流域面积740平方千米，源于祖尔肯乌拉山。出流经东南部邦陇陇巴河注入玛巧措，湖水pH值8.6，矿化度3.02克每升，属硫酸钠亚型内陆吞吐湖。

（十）雪莲湖

位于海西藏族蒙古族自治州格尔木市唐古拉山乡，祖尔肯乌拉山西部一山间盆地内。盆地外围群山环抱，湖带狭窄，湖岸砂堤高出现湖面6米。水位海拔5274米，长10.5千米，最宽处8.8千米，平均宽4.92千米，面积51.7平方千米。湖区属羌塘高寒草原半干旱气候，年均气温为－6.0℃，年降水量约200毫米。集水面积245平方千米，补给系数4.7。湖水主要依赖地表径流补给，入湖河流1条，长11.0千米，余为短小时令河。

（十一）加木称措

位于海西藏族蒙古族自治州格尔木市唐古拉山乡，祖尔肯乌拉山-岗钦雪山南部山间盆地内。盆地南部与米提江占木措水系切尔恰藏布相距不足1千米，其间以残丘和岗地相隔。第四纪时期，古湖面高于现湖面约10米。水位海拔4995米，长9千米，最宽处5.5千米，平均宽3.39千米，面积30.5平方千米，湖区属羌塘高寒草原半干旱气候，年均气温－6.0℃左右，年降水量200～300毫米。集水面积390平方千米，补给系数12.89。湖水主要依赖地表径流补给，较大的入湖河流有2条，长分别约23千米和16千米；另有10多条泉集时令河入湖，出流经切尔恰藏布注入米提江占木措。

（十二）葫芦湖

因形似葫芦而得名。位于海西藏族蒙古族自治州格尔木市唐古拉山乡，乌兰乌拉山和祖尔肯乌拉山一构造盆地内。盆地外围为高100～180米低山，滨湖南部与沱沱河支流半咸河河谷相连，河湖分水岭海拔约4815米，垭口处有12个面积为0.01～0.20平方千米的小湖。水位海拔4800米，长13.3千米，最宽处4.4千米，平均宽2.19千米，面积29.1平方千米。湖区属青南高寒草原半干旱气候，年均气温为－6.0℃，年降水量为200～300毫米。集水面积250平方千米，补给系数8.6。湖水主要依赖冰川融水和地下渗流补给。湖水密度1.003，pH值7.18，矿化度3.33克每升，阳离子有Na^{+}，K^{+}，Mg^{2+}，属硫酸镁亚型微咸水湖。湖中有小头裸裂尻鱼和高原鳅栖息。

（十三）玛巧措

位于海西藏族蒙古族自治州格尔木市唐古拉山乡，羌塘高原东部一山间盆地内。第四纪时期是米提江占木措的一部分，后因气候变干，湖泊退缩，逐步分离成独立湖泊。水位海拔4940米，长6.7千米，最宽处5.5千米，平均宽4千米，面积26.8平方千米。湖区属羌塘高寒草原半干旱气候，年均气温为－6.0℃，年降水量为200毫米左右。区间入湖径流很少，湖水主要依赖诺多措补给；出流经长2.5千米、宽20.0～60.0米的水道注入米提江占木措，属内陆吞吐湖。

（十四）日居措

位于海西藏族蒙古族自治州格尔木市唐古拉山乡，羌塘高原东部一山间盆地内。第四纪时期与米提江占木措相连，现两湖分离。水位海拔4935米，长11.2千米，最宽处3.9千米，平均宽2.3千米，面积25.9平方千米。湖区属羌塘高寒草原半干旱气候，年均气温为－6.0℃，年降水量为200毫米。集水面积491平方千米，补给系数17.9。湖水主要依赖波陇音巴曲补给，波陇章巴曲长32千米，流域面积280平方千米，源于北部祖尔肯乌拉山，以冰雪融水径流为主，出流经长约12千米的曲郎岛日曲注入米提江占木措，属内陆吞吐湖。

（十五）欧措

位于海西藏族蒙古族自治州格尔木市唐古拉山乡，岗钦雪山南部一山间盆地内。滨湖东北部为冰缘倾斜平原，北部分布有小面积沼泽，地势较开阔，近似圆形，水位海拔5047米，长5.4千米，最宽处4.6千米，平均宽3.02千米，面积16.3平方千米，岸线长15.5千米，湖岸发展系数1.08。湖区属羌塘高寒草原半干旱气候，年均气温为－6.0℃左右，年降水量为200～300毫米。集水面积265平方千米，补给系数16.3。湖水主要依赖冰雪融水径流补给，入湖河流3条，最长21千米，冰雪融水较丰。沿湖水草茂盛，野生动物较多。

（十六）燕子湖

位于海西藏族蒙古族自治州格尔木市唐古拉山乡，羌塘高原东部一山间盆地内。水位海拔4973米，长7千米，最宽处3.3千米，平均宽2.3千米，面积16.1平方千米。湖区属羌塘高寒草原半干旱气候，年均气温约－6.0℃，年降水量为200毫米左右。集水面积360平方千米，补给系数22.4。湖水主要依赖季节河及少量区间地表径流补给，出流经南部的尾巴河注入诺多措，属内陆吞吐湖。

（十七）日九措

又名措阿日玛。位于海西藏族蒙古族自治州格尔木市唐古拉山乡，滨湖东部分布众多古湖泊退缩后形成的面积仅0.01～0.04平方千米的残留小湖。水位海拔4654米，长7.2千米，最宽处3.3千米，平均宽1.7千米，面积12.3平方千米。湖区属青南高寒草原半干旱气候，年均气温约

－6.0 ℃，年降水量为 200～300 毫米。集水面积 860 平方千米，补给系数 69.9。湖水主要依赖地表径流补给，入湖河流中吾果曲最大，水系呈树枝状，长 62 千米，流域面积 760 平方千米，泉眼较多，出流经东部长 13.5 千米小河入沱沱河。日九措属长江源头季节性外流淡水湖。

（十八）乌兰乌拉湖

又名马池湖。位于海西藏族蒙古族自治州格尔木市唐古拉山乡，乌兰乌拉山与祖尔肯乌拉山之间。滨湖北部为屏湖岭，湖岸陡峭，东、西部为狭长状河谷冲积平原，南部为宽阔的山麓冲积-洪积扇，沿湖有 2 级古湖岸砂堤和一些残留湖。形态独特，湖岭原是湖中岛屿，后因砂堤发育形成半岛，将湖体分割成仅以狭窄水道相通的北、南、东 3 部分。水位海拔 4854 米，长 46.4 千米，最宽处 18.5 千米，平均宽 11.73 千米，实测水深 6.9 米，面积 544.5 平方千米。岸线长 296 千米，湖岸发展系数 3.57。湖中有 7 个小岛，面积 0.01～0.6 平方千米。湖区属羌塘高寒草原半干旱气候，年均气温－6.0 ℃，年降水量 150～200 毫米，年蒸发量约 1250 毫米；年均相对湿度 55％，气压 566.3 百帕，沸点约 83.0 ℃。集水面积 4980 平方千米，补给系数 9.1。湖水主要依赖地表径流和湖面降水补给，入湖河流 6 条，其中东岸的等马河最大，长 84 千米，源于祖尔肯乌拉山，冰帽面积 2.5 平方千米，河口发育有特大洪积扇，水量较丰。湖坪上有季节性石盐沉积。湖区高寒草原覆盖率为 20％～35％，植物主要有紫花针茅、藏扇穗茅、莫氏苔草及豆科的棘豆、黄芪等；伴生植物为藏西风毛菊、矮火绒草、梭罗草、垫状驼绒藜等。湖中有裂腹鱼、小头裸裂尻鱼和高原鳅，以及水草生长，水禽见有赤麻鸭、斑头雁、灰鸥，野生动物常见有藏野驴、野牦牛、藏羚羊等。

（十九）米提江占木措

又名赤布张措。跨海西藏族蒙古族自治州格尔木市唐古拉山乡和西藏自治区班戈县，羌塘高原东部新近系以来形成的山间盆地内。湖盆外围为海拔 5600～6500 米祖尔肯乌拉山和唐古拉山环抱，滨湖为大片砂砾地，并分布多条古湖岸砂堤，河流入湖口为广袤的冲积-洪积平原，原与西南部的多尔索洞措相通，后因湖泊退缩，现已分离。水位海拔 4931 米，长 66 千米，最宽处 16 千米，平均宽 7.2 千米，面积 476.8 平方千米，其中青海省境内面积 297.6 平方千米。湖区属羌塘高寒草原半干旱气候，年均气温为－6.0 ℃，年降水量约 200 毫米。集水面积 6137 平方千米，补给系数 11.9。湖水主要依赖冰川融水径流补给，入湖河流有 7～8 条。其中切尔藏布长 60 千米，流域面积 1150 平方千米，源于尕恰迪如岗雪山，冰雪覆盖面积 96 平方千米；曾松曲长 86 千米，流域面积 1860 平方千米，源于唐古拉山各拉丹冬雪山，冰雪覆盖面积约 92 平方千米；措纳查曲，长 29 千米，流域面积 248 平方千米，源于唐古拉山。

（二十）雀莫措

位于海西藏族蒙古族自治州格尔木市唐古拉山乡，祖尔肯乌拉山和各拉丹冬山一山间盆地内。长江河源沱沱河从湖盆西部自南向北流过，河湖分水岭为比高 200～280 米的祖尔肯乌拉山支脉，南部与沱沱河支溪间为宽 1 千米岗地相隔。滨湖西部有一半岛，面积约 4.9 平方千米，东南部泉眼密布，形成大片沼泽。湖泊近似方形，水位海拔 4923 米，长 14 千米，最宽处 8.6 千米，平均宽 6.17 千米，面积 86.4 平方千米。湖区属青南高寒草原半干旱气候，年均气温－6.0 ℃左右，年降水量为 200～300 毫米。集水面积 580 平方千米，补给系数 6.7。湖水主要依赖冰雪融水径流和泉水补给，入湖河流有 5～6 条，其中波尔藏陇巴最大，长 30.0 千米，次为夏里陇巴、仁艾当陇等，长 15～20 千米，汇冰雪融水和泉水，入湖河口有三角洲和洪积扇发育。雀莫措属微咸水。

（二十一）豌豆湖

位于海西藏族蒙古族自治州格尔木市唐古拉

山乡，乌兰乌拉山新近系陆相断陷盆地内，西北距乌兰乌拉湖约为18千米，两湖间乌兰乌拉湖退缩后的残留小湖星罗棋布，面积大多在0.01平方千米以下，豌豆湖是其中最大的残留湖。滨湖发育沙梁沙堤，地势平坦开阔。水位海拔4860米，长8.9千米，最宽处3.3千米，平均宽2.01千米，面积17.9平方千米。湖中有3个小岛，面积0.02～0.24平方千米。湖区属羌塘高寒草原半干旱气候，年均气温为－6.0℃，年降水量200毫米左右。集水面积320平方千米，补给系数17.8。湖水主要依赖2条时令河补给，长分别为29、26千米，夏季汇水入湖。该湖属微咸水湖。

二、黄河源区

（一）鄂陵湖

又名措鄂朗，古称鄂灵海，位于青海省果洛藏族自治州玛多县境内。“措鄂朗”系藏语音译名，意为“青蓝色之湖”，因湖水清澈蔚蓝得名。清代地理学家齐召南在所撰《水道提纲》中载：“鄂灵海在查灵海东五十里，周三百余甲，形好匏瓜，西南广而东北狭”。鄂陵湖距西侧扎陵湖直线距离约10千米，两湖东西相望，俗称黄河上游的“姐妹湖”。1953年1月21日《人民日报》刊登《黄河河源勘查记》一文中，与其西部的扎陵湖相互易名，一度出现“西鄂东扎”错讹。至1978年夏，为地名的标准化、彻底弄清两湖泊的名称问题，青海省组织省内外有关科技工作者到湖区进行实地调查，并查阅了大量历史文献，结论认为应恢复历史传统名称，即扎陵湖在西、鄂陵湖在东。不久，国务院正式采纳这一结论，决定把两湖的名称再倒换过来，统一为“西扎东鄂”。

鄂陵湖为更新世断陷盆地形成的构造湖，盆地边缘为湖成阶地、山前台地和洪积扇。北面为布尔汗布达山及其支脉布青山，南面为巴颜喀拉山，海拔多在4600米以上，中间形成宽阔盆地。主要土壤类型为泥炭土、泥炭沼泽土和草甸沼泽土。鄂陵湖湿地区气候为典型的内陆性气候，具有干旱、多风、少雨的气候特征。近湖地带有局部小气候，夏秋温暖、潮湿，夜雨较多。年平均气温为－4.1℃，最热月7月平均气温为7.4℃，最冷月1月平均气温为－16.9℃，年平均降水量为298.5毫米，年蒸发量为1208.06毫米，无绝对无霜期，年日照时数为2481.5～2747.1小时。该区气候总的特点是雨热同期、日照时间长、昼夜温差大、蒸发大于降水、风多沙大。冬、春季节寒冷干燥，且雪灾较多。土壤为寒漠土、草甸土、黑钙土、沼泽土、盐土和褐土等，植被稀疏低矮。

鄂陵湖湖面海拔4272米，东西窄、南北长，南北长约32.3千米，东西宽约31.6千米，湖面面积610平方千米，平均水深17.6米，湖心偏北处最深达30.7米，蓄水量107亿立方米，湖区集水面积1.82万平方千米，补给系数29.8。湖水主要依赖地表径流和降水补给，入湖河流有黄河、勒那曲等，其中黄河干流呈西-北东向穿湖而过。多年平均年入湖径流量为12.57亿立方米，最大月径流量出现在9、10月，多年出湖径流量约6.36亿立方米，水量收支平衡。多年平均含沙量为0.1千克每立方米，年出湖输沙量6.37万吨。湖水透明度为2.0～5.0米，夏季表层水温为9.0～14.0℃。

鄂陵湖和扎陵湖湿地生物多样性丰富，水生植物仅在湖湾浅水处见有细叶水毛茛、狐尾藻、荇菜、篦齿眼子菜等，浮游藻类主要有湖沼色球藻、微色球藻、飞燕角藻、钟罩藻、睫毛针杆藻和单棘盘星藻等，平均数量38144个体每升。浮游动物数量不多，底栖动物中的钩虾分布较普遍，湖中栖息有花斑裸鲤、极边扁咽齿鱼、骨唇黄河鱼、厚唇裸重唇鱼等8种高寒湖泊特有鱼类和一些条鳅等，深水层为鳅科鱼类，中上水层为鲤科鱼类。环湖周围常见的主要鸟类有赤麻鸭、棕头鸥、渔鸥、鸬鹚、斑头雁、黑颈鹤等，哺乳动物有藏野驴、藏原羚、喜马拉雅旱獭、兔狲等，该区域动物多为青藏高原特有或中亚特有种。

（二）扎陵湖

又名措加郎，古称柏海、查灵海。“措加郎”系藏语音译名，意为“灰白色长湖”，因湖区风力强劲，白浪翻滚，故名。《新唐书·吐谷浑传》称侯氏于唐贞观九年（公元635年）“达柏海，望积石山，观览河源”，贞观十五年（公元641年），文成公主入藏，藏王松赞干布“率兵至柏海迎亲”，清《水道提纲》称“泽周三百余里，东西长，南北狭，河亘其中而流，土人呼白为查，形长为灵，以其水色白也”，故名查灵海。20世纪50年代初，曾一度与东部的鄂陵湖易名，出现错讹，70年代末，复归今名。

扎陵湖西北角跨玉树藏族自治州曲麻莱县，大部分在果洛藏族自治州玛多县境内，位于巴颜喀拉山北部，布青山南的黄河上游宽谷中，呈不对称菱形，水位海拔4292米，长35千米，最宽处21.6千米，平均宽15千米，面积526平方千米。东部较深，最大水深13.1米，平均水深8.9米，蓄水量46.7亿立方米。

湖区气候、地形、土壤、植被等与鄂陵湖相似。湖水主要依赖地表径流和湖面降水补给，集水面积8161平方千米，补给系数15.5。入湖河流有黄河和卡日曲等，水系特点是“支强干弱”，右侧支流较多，且源远流长；左侧支流较少，水量不大，其中由100多个小湖组成的湖沼湿地（星宿海）亦为重要补给源，出流于东南黄河宽谷，约经30千米曲折流程，途中汇纳多曲和勒那曲来水，下注鄂陵湖。多年平均年入湖径流量为11.84亿立方米。

湖水透明度为1.0～3.0米，夏季表层水温为9.0～14.0 ℃，湖水矿化度为500毫克每升，pH值7.7，属吞吐型淡水湖。湖东南有一子湖，名茶木措，湖水矿化度为98.2克每升，pH值9.4，属闭流类氯化物盐湖，湖泊氮、磷浓度较低，属贫营养类型湖泊。

扎陵湖湖区水生植物仅分布在黄河入口水下三角洲地带，丛生茂密，以细叶水毛茛、狐尾藻、荇菜、篦齿眼子菜为优势种，浮游藻类见有湖沼色球藻、微色球藻、飞燕角藻、钟罩藻、睫毛针杆藻和单棘盘星藻等，浮游动物见有枝角类和桡足类，底栖动物见有甲壳动物中的钩虾，分布很普遍，鱼类有花斑裸鲤、极边扁咽齿鱼、骨唇黄河鱼、厚唇裸重唇鱼和一些条鳅。深水层为鳅科鱼类，中上水层为鲤科鱼类，花斑裸鲤和极边扁咽齿鱼是主要经济鱼类，单产达15千克每公顷左右。北部湖岛有斑头雁、棕头鸥、赤麻鸭、鸬鹚等候鸟栖息，数量很大。此外，湖区常见白唇鹿、黄羊、旱獭和高原鼠兔活动。

（三）星星海

又名阿涌贡玛措。位于果洛藏族自治州玛多县境内，西距鄂陵湖1.5千米，北距县治驻地8千米。湖盆外围群山环抱，滨湖南、北部分布河流、谷底，其中南部点缀着36个残留小湖，总面积4.7平方千米，最大的有3.2平方千米。水位海拔4220米，长13.5千米，最宽处4.1千米，平均宽2.17千米，面积29.3平方千米。湖区属青南高寒草原半干旱气候，年均气温为－4.1 ℃，年降水量为303.9毫米（玛多县气象站）。集水面积130平方千米，补给系数4.4。湖水主要依赖南部残留湖泊渗流补给，出流经北部长约3.0千米的小河注入黄河。湖中多有花斑裸鲤栖息。星星海属黄河上游右岸外流淡水湖。

（四）玛多湖

玛多湖主要由4个面积为20～30平方千米的淡水湖泊和几个更小的湖泊组成，总面积110平方千米。位于果洛藏族自治州玛多县境内的黄河上游。

地貌类型为高原湖盆类型，四周为山地、中间低平的地区，平均海拔4240米。主要土壤类型为草甸土、黑钙土、沼泽土、盐土、风沙土和褐土等。该区气候总的特点是干旱少雨、雨热同期、降水少、蒸发大、日照时间长、多风、昼夜温差大，冬、春季节寒冷干燥，湖滨雪灾危害较大。年平均气温为－4.1 ℃，最冷月平均气温为－16.8 ℃，极端最低气温为−53.0 ℃，最热月平均气温为7.4 ℃，极端最高气温为22.9 ℃，年平均降水量为303.9毫米，6—9月降水量占全年的76%，年蒸发量1318.6毫米，牧草正常生长期为123～125天，无绝对无霜期，全年日照时数2481.5～2747.1小时。

玛多湖鸟类以雁鸭类水禽为主，有国家一级重点保护鸟类黑颈鹤、玉带海雕和金雕，国家二级保护物种有大天鹅、纵纹腹小鸮、秃鹫、红隼、大鵟等，常见种有赤麻鸭、棕头鸥、渔鸥、鸬鹚、绿翅鸭、赤嘴潜鸭、风头潜鸭、灰雁、普通秋沙鸭等。湖中盛产鱼类，主要有花斑裸鲤、极边扁咽齿鱼、骨唇黄河鱼、厚唇裸重唇鱼和拟鲶高原鳅等。兽类有国家一级保护动物藏野驴、国家二级保护动物藏原羚，常见种有喜玛拉雅旱獭、高原兔和高原鼠兔等。

（五）岗纳格玛措

岗纳格玛措位于青海省果洛藏族自治州玛多县境内，黄河干流穿湖而过，面积2.54平方千米，平均海拔4440米。

岗纳格玛措系黄河受地列山和狼青卡欧山约束，河道突然变狭，河水下泄不畅，泛滥后在河漫滩低凹处积水成湖。滨湖西部黄河分汊河道入湖口，堆积了大量泥沙，形成三角洲泛滥平原，发育大片沼泽和河间积水凹地，并向湖体延伸。

岗纳格玛措水位海拔4180米，长10.1千米，最宽处6千米，平均宽3.28千米，湖区面积33.1平方千米，湖水水源主要依赖黄河补给，丰水期时黄河来水入湖，调节洪峰，枯水期时湖水回流黄河，还有长11千米小河从南部山区入湖，水量甚微，区间集水面积0.014平方千米，属外流淡水湖。

区域内地貌复杂多样，形成了独特的动物区系，野生动物资源丰富。动物资源类型和玛多湖相同，有国家一级、二级保护动物十余种。主要植物群系5个，即河柳群系、金露梅群系、藏沙棘群系、西藏嵩草群系、西伯利亚蓼群系。湖滨沼泽为西藏嵩草沼泽草甸，常见伴生种有洮河柳、金露梅、西藏沙棘、西伯利亚蓼、黑褐苔草、圆囊苔草、矮生嵩草、珠芽蓼、圆穗蓼、海韭菜、花葶驴蹄草、水葫芦苗等，植被覆盖度80%以上。

（六）龙日阿措

又名隆热措，位于果洛藏族自治州玛多县境内，西距鄂陵湖8千米，东距星星海约5千米。滨湖群山环抱。水位海拔4213米，长9.4千米，最宽处4.1千米，平均宽2.02千米，面积19.0平方千米。湖区属青南高寒草原半干旱气候，湖区年均气温−4.1 ℃，年降水量303.9毫米左右。集水面积209平方千米，补给系数11。湖水主要依赖地表水径流补给，入湖河流有3条，其中最长的17千米，从南部入湖，河流谷地下游分布66个残留湖，总面积3.3平方千米，最大的面积1.3平方千米。

（七）日格措

又名日格措岔玛。在果洛藏族自治州玛多县境内，滨湖山地环绕，西南部以比高2～3米岗地与岗纳格玛措相隔，高水位时两湖连成一体，北部为狼青卡欧山。水位海拔4180米，长6.2千米，最宽处5千米，平均宽2.42千米，面积15平方千米。湖中有3个石质小岛，最大的面积约0.65平方千米。湖区属阿坝那曲高寒灌丛草甸湿润、亚湿润气候，年均气温−4.0～2.0 ℃，年降水量400～500毫米。集水面积216平方千米，补给系数14.4，枯水期时湖水主要依赖南部入湖的康玛让河补给，洪水期时黄河水从汊河分流岗纳格玛措，并漫岗地、入日格措，洪水过后，湖水回注黄河，属黄河源头右岸外流淡水湖。

（八）苦海

又名豆措。跨果洛藏族自治州玛多县和海南藏族自治州兴海县交界处，位于阿尼玛卿山西段一山间盆地内。滨湖东、北部为山麓坡积-洪积平原，岸线平整，西、南部山体紧临湖岸，岸线曲折、陡峭。湖略呈椭圆形，水位海拔4128米，长10.6千米，最宽处6.6千米，平均宽4.19千米，面积44.4平方千米。湖中有4个石质小岛，最大的面积为0.73平方千米，余为0.01平方千米。湖区属青南高寒草原半干旱气候，年均气温0.0～2.0℃，年降水量300～400毫米，集水面积560.0平方千米，补给系数12.6。湖水主要依赖泉水和地下水补给，措泥河长12.0千米，汇泉水入湖。湖区交通方便，距青藏公路花石峡5道班2千米，汽车可达湖边。

（九）阿涌吾尔玛措

又名阿涌哇玛措。在果洛藏族自治州玛多县境内，西距星星海4千米，北距县城8千米。滨湖南部谷底分布18个残留小湖，总面积2.9平方千米，最大的面积为1.9平方千米。水位海拔4210米，长12.4千米，最宽处5千米，平均宽3.03千米，面积37.6平方千米。湖区属青南高寒草原半干旱气候，年均气温－4.1℃，年降水量303.9毫米。集水面积94.0平方千米，补给系数2.5，属黄河上游右岸外流淡水湖。

（十）阿涌尕玛措

位于果洛藏族自治州玛多县境内，西与阿涌吾尔玛措相邻。滨湖南部分布83个残留小湖，总面积6.6平方千米，最大的面积为2.1平方千米。水位海拔4200米，长8.9千米，最宽处4.8千米，平均宽2.55千米，面积22.7平方千米。湖区属青南高寒草原半干旱气候，年均气温－4.1℃，年降水量303.9毫米。集水面积145平方千米，补给系数6.4。湖水主要依赖地表径流补给，入湖河流有2条，最长的7千米，从南部入湖，属黄河上游右岸季节性外流湖。

（十一）冬草阿龙

位于果洛藏族自治州玛多县境内，黄河上游左岸，系黄河河床摆动形成的牛轭湖，湖体南部为黄河形成的天然堤和泛滥平原，其他方位为山地。泛滥平原低凹处分布有许多小湖，大水时与冬草阿龙连成一体。水位海拔4180米，长4.5千米，最宽处4千米，平均宽2.33千米，面积10.5平方千米。湖中有10个岛屿，最大的面积约2平方千米。湖区属阿坝那曲高寒灌丛草甸湿润-亚湿润气候，年均气温－4.0～－2.0℃，年降水量400～500毫米。集水面积很小，无任何地表水径流入湖，湖水通过天然堤水道与黄河相通，丰水期时黄河入水湖，枯水期时湖水回流黄河，属黄河上游外流淡水湖。

（十二）尕拉拉措

位于果洛藏族自治州玛多县，巴颜喀拉山主峰勒那冬山北麓一山间盆地内；滨湖东、西侧山体紧临湖岸。近似矩形，长轴呈东西向延伸，水位4412米，长7.4千米，最宽处4.6千米，平均宽3.04千米，面积22.5平方千米。湖区属青南高寒草原半干旱气候，年均气温－4.0℃，年降水量300～400毫米。集水面积400平方千米，补给系数17.8。湖水主要依赖南岸入湖的尕拉曲补给，尕拉曲长约46千米，流域面积374平方千米；出流由北部流入黑曲，汇入黄河，属黄河上游外流淡水湖。

（十三）寇察湖

位于果洛藏族自治州玛多县境内，巴颜喀拉山中段，长江、黄河两大流域的接合部，湖南部分水岭与长江上游扎曲相距仅2～3千米。湖盆外围北部地势较平坦，余为山地环绕，滨湖分布14个残留小湖，面积最大为0.3平方千米，最小为0.01平方千米。水位海拔4530米，长6.7千米，最宽处4千米，平均宽2.61千米，面积17.5平方千米。湖区属阿坝那曲高寒灌丛草甸湿润-亚湿润气候，年均气温－4.0℃，年降水量500毫米左右。集水面积80平方千米，补给系数4.6。湖水季节性外泄经阿木措（面积2.7平方千米）注入多曲后，汇入鄂陵湖。该湖属黄河流域鄂陵湖水系多曲上游季节性外流湖。

三、澜沧江源区

澜沧江源头湖泊较少，杂多县境内的5个湖

泊中，有 4 个属于长江源头，仅有 1 个属于澜沧江源头。

眼睛湖位于青海省玉树州杂多县扎青乡红色村的托乎曲大草原的托乎曲旁边，距离杂多县城 110 千米，湖面海拔 4470 余米。湖水深 30 余米，湖面积 220 多平方米。眼睛湖在夏季丰水季时是一个大湖，在冬、春季枯水季时成为两个独立的小湖，犹如眼睛，被当地群众称为眼睛湖。

第三节 可可西里湖泊群

可可西里湖泊众多，湖水面积大于 0.5 平方千米以上的湖泊有 121 个，湖水多以咸水湖、半咸水湖为主，有少量淡水湖，这里仅记录部分主要湖泊。

一、盐湖与咸水湖

（一）西金乌兰湖

在玉树藏族自治州治多县境内，位于可可西里山与乌兰乌拉山间的新近系陆相断陷盆地内。滨湖为第四系全新统冲积-洪积砂砾层，分布着湖泊退缩后残留的面积为 0.01～3.3 平方千米的许多小湖，局部为新近系中新统地层构成的山地残丘。形似蟹状，水位海拔 4769 米，长 49.3 千米，最宽处 15.5 千米，平均宽 7.02 千米，实测最大水深 4.7 米，面积 346.2 平方千米，半岛和砂堤将湖体分为西、中和东湖三部分，中、西湖间和中、东湖间以宽约 100 米的水道相连；中、西湖各有 2 个小岛，大的面积为 0.6 平方千米，小的面积为 0.12 平方千米，半岛有 12～14 个，最大的鹰头半岛，面积约 32.0 平方千米，岸线长 252 千米，湖岸发展系数 3.8。湖区属羌塘高寒草原半干旱气候，年均气温－6.0～－4.0 ℃，年降水量 150～200 毫米，集水面积 5752 平方千米，补给系数 13.5(包括永红湖)。湖水主要依赖地表径流补给，入湖河流有还东河、洪水河、山口河、倒流沟等，长 40～70 千米；另外，永红湖湖水通过长 4 千米的永红河流入西金乌兰湖。湖区植被以紫花针茅为主。野生动物有牦牛、藏羚羊、藏野驴、黄羊、盘羊和水禽赤麻鸭等。

（二）勒斜武担湖

位于玉树藏族自治州治多县，昆仑山东段和可可西里山间一狭窄的断陷盆地内。滨湖为第四系全新统冲积-洪积砂砾层，其中东部分布由湖泊退缩后形成的许多残留小湖，面积 0.01～2.5 平方千米。水位海拔 4867 米，长 29.0 千米，最宽处 11.3 千米，平均宽 7.83 千米，面积 227 平方千米。湖区属羌塘高寒草原半干旱气候，年均气温－4.0～－2.0 ℃，年降水量 100～150 毫米。集水面积 1680 平方千米，补给系数 7.4。湖水主要依赖冰雪融水径流和泉水补给，入湖河流中东泉河最大，长 30 千米，源于马兰雪山，冰雪覆盖面积约 13 平方千米，汇入冰雪融水和泉水，次为西岸入湖的无名河，长 38 千米，源于东岗扎日冰川北坡，上游汇入冰川融水，下游纳泉水，水量较丰。湖区优势植被为苔草和紫花针茅。

（三）盐湖

以产盐而得名。位于玉树藏族自治州治多县，昆仑山中段古近系陆相断陷盆地内，东距青藏公路 68 道班 10 千米。盆地外围为新近系上新统陆相地层构成的残丘，滨湖为第四系全新统湖沼沉积，面积约 20 平方千米，沼泽中有 10 余个小湖，最大的面积为 1.1 平方千米。水位海拔 4440 米，长 14.8 千米，最宽处 5.1 千米，平均宽 2.22 千米，面积 32.8 平方千米。湖中有 2 个石质小岛，面积分别为 0.2、0.01 平方千米。岸线长 54 千米，湖岸发展系数 2.7。湖区属青南高寒草原半干旱气候，年均气温－4.0～－1.0 ℃，年降水量 150～200 毫米。湖水系灰白色，透明度 0.5～1.0 米，密度 1.150，pH 值 6.85，矿化度为 221.35 克每升，属硫酸镁亚型盐湖，湖底有石盐沉积，厚约

0.5 米，东岸石盐层厚 2.5 米，裸露地表。

（四）明镜湖

位于玉树藏族自治州治多县境内一构造盆地内。盆地外围东部盼来沟河谷为第四系全新统冲积-洪积砂砾层，其他方位为由上三叠统地层构成的比高 100 米左右的岗丘。滨湖分布有 10 余个因湖泊退缩残留的小湖，大的面积为 2.75 平方千米，小的面积为 0.01 平方千米。湖形不规则，多半岛、沙咀和湖湾，水位海拔 4790 米，长 20 千米，最宽处 6.5 千米，平均宽 4.47 千米，最大水深 1.5 米，面积 88.1 平方千米，湖中有 7 个小岛，最大的面积为 1.2 平方千米，高出湖面 23 米，最小的面积为 0.02 平方千米。岸线长 95 千米，湖岸发展系数 2.9。湖区属羌塘高寒草原半干旱气候，年均气温－6.0～－4.0 ℃，年降水量 150～200 毫米。集水面积 1150 平方千米，补给系数 13.1。湖水主要依赖地表径流补给，入湖河流有 5～6 条，其中盼来沟最大，长 70 千米，源于乌兰乌拉山，流域面积 800 平方千米。此外，丰水期有节约湖水泄入。湖底有石盐沉积，厚 0.3 米左右。

（五）涟湖

位于玉树藏族自治州治多县境内，在晚印支造山带与古近系陆相断陷盆地接合部，受北东、南西两个方向构造线控制，滨湖为新近系地层构成的残丘，丘间洼地小湖星罗棋布，大的面积为 2～4 平方千米，小的面积仅 0.01～0.1 平方千米。呈“L”形，水位海拔 4915 米，长 29 千米，最宽处 2.1 千米，平均宽 0.9 千米，面积 26.3 平方千米。岸线长 73 千米，湖岸发展系数 4.0。湖区属羌塘高寒草原半干旱气候，年均气温－4.0～－2.0 ℃，年降水量 100～150 毫米。1989 年 7 月调查得知，湖水略呈淡红色，属硫酸镁亚型咸水湖。

（六）月亮湖

位于玉树藏族自治州治多县，可可西里大湖群之间，滨湖为比高 200 米左右的山地环绕，西部有干沟与涟湖相通。水位海拔 4915 米，长 8.3 千米，最宽处 2.9 千米，平均宽 1.81 千米，面积 15 平方千米。湖中有 3 个石质小岛，面积分别为 0.20、0.26、0.03 平方千米。湖区属羌塘高寒草原半干旱气候，年均气温－6.0～－4.0 ℃，年降水量 100～150 毫米。集水面积 110 平方千米，补给系数 7.3。湖水主要依赖东部的一条时令河补给，6—10 月汇水入湖。

（七）措达日玛

位于玉树藏族自治州治多县境内，在可可西里地区新近系陆相拗陷盆地内。系由陨石撞击形成的陨坑湖，湖盆三面群山环抱，东部为措达日玛河开阔谷地。水位海拔 4775 米，长 14.1 千米，最宽处 11.3 千米，平均宽 6.38 千米，面积 89.9 平方千米。湖由两部分组成，北部为主湖，呈椭圆形，面积 76.3 平方千米，南部为次湖，成弧条状，面积 13.6 平方千米，两湖之间由长约 5 千米、宽 700～1000 米的沙洲半岛相隔，并以半岛西部狭窄水道相通。湖区属青南高寒草原半干旱气候，年均气温－6.0～－4.0 ℃，年降水量 150～200 毫米。集水面积 560 平方千米，补给系数 6.2。湖水主要依赖地表径流补给，入湖河流除长约 22 千米的措达日玛河外，还有多条小河呈向心状从北、西、南岸汇入。湖水透明度约 10 米。湖区植被以紫花针茅、羽柱针茅为主。

（八）海丁诺尔

位于玉树藏族自治州治多县，昆仑山中段古近系陆相断陷盆地内，南距青藏公路 71 道班 45 千米。滨湖为新近系中新统紫红、灰紫色砾岩质残丘，残丘外围为大片第四系晚更新统和全新统冲积-洪积砂砾层。形态港湾状，多处湖湾通道狭窄，呈半封闭状潟湖，水位海拔 4470 米，长 8.6 千米，最宽处 4.9 千米，平均宽 4.15 千米，面积 35.7 平方千米。湖中有 2 个石质小岛，面积分别为 0.37、0.11 平方千米，高出湖面约 23 米。岸线长 72 千米，湖岸发展系数 3.4。湖区属青南高寒草原半干旱气候，年均气温－4.0～－2.0 ℃，年降水量150～200毫米。集水面积660平方千米，补给系数18.5。湖水主要依赖1条入湖河流补给，长66千米，中、上游为长43千米的时令河，湖水密度1.019，pH值8.60，矿化度为27.57克每升，属硫酸钠亚型咸水湖。湖中见有苔藓、浮游动物繁衍。

（九）特拉什湖

又名苟鲁山克措。位于玉树藏族自治州治多县，巴音查乌马山、苟鲁重饮马山之间的拗陷盆地内。滨湖西部为由时令河形成的冲积-洪积平原，其上由河水渗透汇集而成和湖泊退缩残留的小湖星罗棋布。水位海拔4808米，长14.8千米，最宽处8.8千米，平均宽4.51千米，面积66.8平方千米，湖区属青南高寒草原半干旱气候，年平均气温－6.0～－4.0℃，年降水量200～300毫米，集水面积720.0平方千米，补给系数10.8。湖水主要依赖4条时令河夏季汇水入湖补给。

（十）苟仁措

又名苟鲁措。位于玉树藏族自治州治多县境内，在乌兰乌拉山东段古近系断陷盆地内，东距青藏公路84道班28千米；滨湖北部湖岸较陡，其他方位为宽阔的山麓倾斜平原。水位海拔4666米，长12.1千米，最宽处3.5千米，平均宽1.94千米，面积23.5平方千米。湖中有7个小岛，最大的面积为0.14平方千米，最小的不足0.01平方千米。湖区属青南高寒草原半干旱气候，年均气温为－6.0～－4.0℃，年降水量200～300毫米。集水面积510平方千米，补给系数21.7。湖水主要依赖地表径流补给，入湖河流以西岸入湖的苟鲁重钦玛曲最大，长36千米；次为时令河桑恰曲，长21千米，夏季汇水入湖。湖水密度1.07，pH值8.4，矿化度为33.72克每升，属硫酸镁亚型咸水湖。湖区牧草生长良好，野禽较多，并有藏羚羊、藏野驴、狐、狼出没。

（十一）库赛湖

在玉树藏族自治州治多县境内，古近系陆相断陷盆地与晚印支造山带接合部上。滨湖南、北为上三叠统深灰、灰黑色板岩、砂质板岩质山体，断层面清晰可见，陡峭山崖紧逼湖边，东部为第四系晚更新统冲积、洪积和冰水堆积砂砾层，并分布一些湖泊退缩后残留的面积为0.01～1.20平方千米的小湖。水位海拔4475米，长42.5千米，最宽处13千米，平均宽5.98千米，面积254.4平方千米。湖区属青南高寒草原半干旱气候，年均气温0～2℃，年降水量100～150毫米。集水面积3700平方千米，补给系数14.5。湖水主要依赖库赛河补给，库赛河长140千米，源于昆仑山大雪峰、雪月山，汇冰雪融水和地表径流；余为时令河，以地下渗流形式汇水入湖。湖水密度1.017，pH值8.3，矿化度为28.54克每升。属硫酸镁亚型微咸水湖。

二、半咸水湖

（一）可可西里湖

位于玉树藏族自治州治多县，昆仑山与可可西里山间一断陷盆地内。湖盆外围为新近系和三叠系地层构成的山地；滨湖为第四系全新统冲积-洪积平原和山麓洪积扇，分布着面积为0.01～0.04平方千米的许多小湖。水位海拔4878米，长37.7千米，最宽处14.4千米，平均宽7.95千米，面积299.9平方千米。岸线长140千米，湖岸发展系数2.28。湖中有11个面积为0.02～2.20平方千米的小岛。湖区属羌塘高寒草原半干旱气候，年均气温－4.0～－2.0℃，年降水量150～200毫米。集水面积1570平方千米，补给系数5.2。湖水主要依赖冰川融水径流补给，入湖河流有2条，冷水河最大，长28千米，源于可可西里汉台山，有5平方千米终年冰雪区，水量较丰；次为无名时令河，长16千米，源于马兰雪山。湖水呈浅绿色，密度1.008，pH值8.8，矿化度为13.41克每升，属硫酸钠亚型微咸水湖。底质灰褐色，有水草生长。湖区大型野生动物少见。

（二）卓乃湖

又名霍鲁诺尔。位于玉树藏族自治州治多县

境内的可可西里无人区，属于昆仑山东段新近系陆相盆地内。滨湖北部为晚三叠系地层构成的湖中北山，山体紧临湖边；余为第四系全新统冲积-洪积砂砾层，其中西部卓乃河冲积-洪积扇上分布着一些湖泊退缩后形成的面积仅为 0.01～0.05 平方千米的残留小湖。形似蝌蚪，水位海拔 4751 米，长 30 千米，最宽处 15.9 千米，平均宽 8.55 千米，面积 256.4 平方千米。岸线长 91 千米，湖岸发展系数 1.6。湖区属青南高寒草原半干旱气候，年均气温－4.0～－2.0 ℃，年降水量 150～200 毫米。集水面积 1520 平方千米，补给系数 5.93。湖水主要依赖卓乃河补给，卓乃河长 65 千米，源于五雪峰冰川南缘，汇冰雪融水，在下游渗漏砂砾之中以潜流形式入湖。第四纪时期，出流经东端库赛河注入库赛湖，后因气候变干，湖泊退缩，演变为闭流类湖。湖中有水草生长。湖区野生动物资源丰富。

（三）永红湖

位于玉树藏族自治州治多县，可可西里山南麓新近系陆相断陷盆地内。湖盆四周为第四系全新统洪积-冲积砂砾层和新近系地层构成的低山残丘。湖体被一岛屿分隔成北湖、东湖两部分，多湖湾、沙咀，水位海拔 4775 米，长 20.1 千米，平均宽 3.48 千米，面积 69.9 平方千米。湖区属羌塘高寒草原半干旱气候，年均气温－6.0～－4.0 ℃，年降水量 150～200 毫米。集水面积 2090 平方千米，补给系数 29.8。湖水主要依赖冰雪融水径流和泉水补给，入湖河流有 3 条，其中陷车河最大，长 55.0 千米，流域面积 950.0 平方千米，水量较丰；次为涟水河、羚羊沟，长 30～38 千米，涟水河串连小湖，调节汇入永红湖的水量和盐量。出流由东部泄入西金乌兰湖。湖水略呈淡红色，密度 1.004，pH 值 7.4，矿化度为 7.40 克每升，属氯化物型内陆微咸水湖。

（四）可考湖

原无名，1990 年中国科学院可可西里科学考察队考察后命名为可考湖。位于玉树藏族自治州治多县，属于昆仑山东段新近系陆相拗陷盆地内。滨湖东、南、北三面为新近系和上三叠系地层构成的比高 200～300 米低山，西、西北部为第四系全新统冲积-洪积砂砾层，滨岸带较宽。水位海拔 4882 米，长 17.5 千米，最宽处 7.1 千米，平均宽 3.56 千米，面积 62.3 平方千米。湖区属羌塘高寒草原半干旱气候，年平均气温－4.0～－2.0 ℃，年降水量 100～150 毫米。集水面积 590 平方千米，补给系数 9.5。湖水主要依赖冰雪融水、泉水和地下水补给，湖水呈浅绿-浅蓝色，密度 1.002，pH 值 9.0，矿化度为 10.3 克每升，属硫酸镁亚型微咸水湖，淤泥底质，水草繁茂。

（五）库水浣

位于玉树藏族自治州治多县可可西里无人区，东昆仑魏雪山与黑驼峰间一盆地内。湖滨带为第四系冲积-洪积和冰水堆积的砂砾层。水位海拔 5007 米，长 12.6 千米，最宽处 4.1 千米，平均宽 2.67 千米，面积 33.6 平方千米。湖区属羌塘高寒草原半干旱气候，年均气温－4.0～－2.0 ℃，年降水量 100～150 毫米。集水面积 246 平方千米，补给系数 7.3，无常年性河流注入，湖水主要依赖 2～3 条短小时令河，夏季汇冰雪融水补给。

（六）移山湖

位于玉树藏族自治州治多县境内的可可西里山东段，西距西金乌兰湖 20 千米，东距长江源头楚玛尔河 2 千米，分水岭为海拔 4860 米的岗地，并分布有面积 0.01～0.20 平方千米的 9 个小湖。滨湖东部与楚玛河谷地相通，地势开阔。形似葫芦，芦颈处水域狭窄，宽仅十几米，将湖体分成东、西两部分。水位海拔 4850 米，长 9.3 千米，最宽处 4.7 千米，平均宽 1.99 千米，面积 18.5 平方千米。湖区属羌塘高寒草原半干旱气候，年均气温－6.0～－4.0 ℃，年降水量 150～200 毫米，集水面积 170 平方千米，补给系数 9.2，湖水主要依赖地表径流和山麓泉水补给，入湖河流 1 条，长 20

千米，水量较小。沿湖牧草生长良好，有牦牛等大型野生动物出没。

（七）节约湖

位于玉树藏族自治州治多县一山间盆地内。湖盆外围为上三叠统地层构成的山地，高出现湖面约200米。水位海拔4815米，长7.4千米，最宽处3.1千米，平均宽2.3千米，面积17平方千米。湖中有1个小岛，面积约0.08平方千米。湖区属羌塘高寒草原半干旱气候，年均气温－6.0～－4.0℃，年降水量150～200毫米。集水面积610平方千米，补给系数34.88。湖水主要依赖西部地表径流补给，入湖河流有1条，长52千米，流域面积560平方千米，出流经东部的时令河外泄入明镜湖。属硫酸镁亚型、季节性内陆吞吐微咸水湖，湖中有大量浅黑色咸水蟹生长。

（八）饮马湖

位于玉树藏族自治州治多县一狭窄断陷盆地内，盆地外围北部为马兰山，南部为大如山，山体均有冰川发育，滨湖为带状分布的第四系全新统冲积-洪积砂砾层，东部由涟水河与可可西里湖相连。水位海拔4918米，长28千米，最宽处9.7千米，平均宽3.83千米，面积107.2平方千米。湖中有3个小岛，面积小于0.03平方千米，由沙咀形成的半岛将湖体分割成多个半封闭湖湾，最大的面积为5.7平方千米。岸线长110千米，湖岸发展系数3.0。湖区属羌塘高寒草原半干旱气候，年均气温－4.0～－2.0℃，年降水量100～150毫米。集水面积600平方千米，补给系数5.6。湖水主要依赖冰雪融水径流补给，入湖河流短小，大多为时令河，长19～22千米，夏季汇入冰川融水。湖水呈淡绿色，密度1.00，pH值8.7，矿化度为2.55克每升，属碳酸钠亚型微咸水湖。湖中水草茂盛，滨湖草地稀疏，野生动物较少。

三、淡水湖

该区域淡水湖主要分布在南部的长江源区，北部可可西里地区的太阳湖为淡水湖。该湖位于玉树藏族自治州治多县布喀达坂峰和马兰山间一构造盆地内，北与新疆维吾尔自治区若羌县仅一山之隔。滨湖西部为第四系全新统冲积-洪积砂砾层，地势开阔，南、北部为冰川、冰水堆积砂砾层，湖岸陡峭。近似矩形，长轴呈东西向延伸，水位海拔4882米，长14.7千米，最宽处8.6千米，平均宽6.86千米，实测水深43米，面积100.9平方千米，岸线长43千米，湖岸发展系数1.21。湖区属羌塘高寒草原半干旱气候，年均气温－4.0～－2.0℃，年降水量100～150毫米。集水面积890平方千米，补给系数8.8。湖水主要依赖冰雪融水补给，南部入湖的十多条小河汇集马兰雪山北坡52平方千米冰雪融水，并在入湖口形成沼泽；西部入湖的无名河长15千米，汇集冰雪融水和戈壁地下渗流；出流由东部泄入布南湖，尔后经洪水河流入那陵格勒河，转注东台吉乃尔湖，湖水呈黛绿至浅蓝色，水质清澈，口感良好，是优质饮用水源。青灰色淤泥底质，有水草生长，冬季湖水结冰。

第四节 柴达木盆地湖泊群

柴达木盆地周边高山地区以淡水湖为主，而盆地内部则以盐湖为主，盆地内盐湖和干盐湖有75个，这里主要记录几个比较重要的湖泊。

一、盐湖

（一）大柴旦湖

又名大柴达木湖，蒙语称“依克柴达木湖”。位于海西蒙古族藏族自治州大柴旦境内，柴达木盆地东北边缘一盆地内，距大柴旦镇西南5千米。第四纪时期与小柴旦湖属同一大湖，后因气候变干，湖泊退缩，库尔雷克山山麓形成的冲积扇露出水面，遂演变为独立湖泊。滨湖为第四纪洪积-冲积平原和沼泽、盐碱地，面积200平方千米。呈

“弓”形，水位海拔3148米，长15.4千米，最宽处3.9千米，平均宽2.23千米，面积34.3平方千米。湖区属柴达木荒漠干旱、极干旱气候，年均气温1.6℃，年降水量80.8毫米，年蒸发量2031.8毫米。集水面积1614平方千米，补给系数47.1。湖水主要依赖泉水补给，入湖河流中八里沟河最大，长35千米，源于柴达木山，在大柴旦镇东北1千米处渗漏潜入地下，穿过大柴旦镇区以泉水出露汇成2条小河汇入湖泊，其他入湖河流均为短小的泉集河，集水域内泉眼80多个。湖水中硼、锂含量较高，是中国境内富硼盐湖之一。滨湖北部硼矿呈鸡窝状、条带状分布，埋深很浅，便于露天开采，是大柴旦化工厂主要矿源，西部干盐滩石层厚6.0～8.0米。有公路可达湖边盐田。

（二）茫崖盐湖

位于海西蒙古族藏族自治州茫崖境内，属昆仑山茫崖拗陷带内，东南距老茫崖镇12千米。滨湖北侧为新近系茫崖背斜构造带，南侧为昆仑山支脉祁漫塔格山山前冲积-洪积平原，第四纪时期湖面较大，后因气候变干，湖水浓缩沉积了石盐、石膏，湖面也随之缩小。有沼泽、盐滩和2个时令小湖组成，沼泽面积约92平方千米，盐滩面积33.6平方千米。水位海拔2866米，时令小湖面积分别为1.5、1.3平方千米，水深0.15米。湖区属柴达木荒漠干旱、极干旱气候，平均气温1.6℃，年降水量50.3毫米，湖水主要依赖泉水补给。盐类矿床主要是石盐、石膏、芒硝，石盐层直接露出地表，石膏芒硝层平均厚5.22米。

（三）尕海

位于海西蒙古族藏族自治州德令哈市境内，柴达木盆地东北缘，宗务隆山南坡德令哈盆地内，西距托素湖、可鲁克湖43千米，北距德令哈农场10千米。滨湖为第四系洪积-冲积砂砾层和风积沙丘。水位海拔2849米，长7.9千米，最宽处5.4千米，平均宽4.05千米，面积32平方千米，水深8.0～13.0米，最大水深15米。湖区属柴达木荒漠干旱、极干旱气候，年均气温2.0～4.0℃，年降水量100毫米左右，集水面积1925平方千米，补给系数61。湖水主要依赖地下水补给，属硫酸镁亚型盐湖，中、细沙及淤泥底质。青藏铁路、公路从湖区东部穿过。

（四）柴凯盐湖

位于海西蒙古族藏族自治州乌兰县境内，柴达木盆地东部的希里沟盆地边缘，东邻柯柯盐湖，距县治驻地约44千米。第四纪时期与柯柯盐湖、希里沟湖属同一湖泊，后因湖泊退缩而分离成独立湖泊。滨湖为洪积-冲积砂砾地。水域面积约18平方千米，水深仅有数厘米，湖面海拔2935～2945米，面积25～30平方千米。湖区属柴达木荒漠干旱、极干旱气候，年均气温2.0～4.0℃，年降水量150毫米左右，年蒸发量2000～3000毫米。该湖属干盐湖，湖内为粉砂、黏土和石盐沉积，石盐、石和砂质黏土、黏土成层分布，最上层为层厚0.7～3.17米石盐，面积约3.8平方千米，氯化钠储量约1000万吨。

（五）甘森泉湖

位于海西蒙古族藏族自治州格尔木市境内，柴达木盆地西南部。滨湖为第四系湖积盐碱地和风积沙丘，地势开阔、平坦。水位海拔2737米，长6.4千米，最宽处4.2千米，平均宽2.5千米，面积16平方千米。湖区属柴达木干旱、极干旱气候，年均气温4.0℃，年降水量小于25毫米，蒸发量2300毫米。集水面积约1218平方千米，补给系数75.13。湖水pH值7.9，矿化度为51.44克每升，属硫酸钠亚型盐湖。

（六）茶卡盐湖

又称茶卡盐池，“茶卡”藏语意为“盐滩”，已有300多年的开采历史，清乾隆年间设有盐律。湖宽9.2千米，湖面近似椭圆形，面积105平方千米，水位海拔3060米。茶卡盆地为祁连山南缘新生代构造断陷盆地，茶卡盐湖在茶卡盆地自流小盆地内最低洼处，为封闭的内陆湖泊，在晚冰期时为淡水湖，自全新世开始萎缩，出现盐类沉积，气候属于高原干旱气候，沉积相对连续稳定。湖水靠入湖径流、降水和泉水补给，有莫河、黑河、尕巴河等向心状季节性溪流入湖，湖周多泉眼，年均降水量197.6毫米，河流将蚀源区含盐岩系的风化物汇集湖内，湖区蒸发作用强烈，年均蒸发量为2074.1毫米，湖水的矿化度高达320克每升，强烈的蒸发作用使湖水中的盐分沉积成盐湖矿床，处于氯化钠析盐阶段，水化学类型为硫酸盐型硫酸镁亚型，化学沉积盐层厚度较大，一般为4～8米，最厚可达10米，每平方千米储盐量在370万吨以上，而且再生能力很强，总储量达3.89亿吨以上。湖区水深在丰水季节为50厘米左右，枯水季节仅为5厘米左右，缺乏水生生物，卤水底层泥质沉积物中有机质应该主要来自陆生生物。茶卡盐湖靠近青藏公路，又有铁路专用线连接青藏铁路，运输便利，是青海省内工业旅游景点之一。

（七）德宗马海湖

位于海西蒙古族藏族自治州大柴旦境内，柴达木盆地北缘马海盆地内，是马海干盐湖内残留的两个较大的卤水湖之一。水位海拔2740米，长5千米，最宽处3.1千米，平均宽1.8千米，面积9平方千米，水深在0.15～0.20米。湖区属柴达木荒漠干旱、极干旱气候，年均气温约1.5℃，年降水量25～50毫米。湖水主要依赖鱼卡河补给，鱼卡河长172.16千米，流域面积3986.07平方千米，源于土尔根达坂雪山，冰川覆盖面积64.74平方千米，多年平均径流量0.87亿立方米，其中冰川融水径流量0.30亿立方米。干盐湖面积1000平方千米，盐层厚约300米，其中0～50米盐类沉积最发育，主要盐类矿床有石盐、光卤石、方硼石、钠硼解石、芒硝、石膏方解石、白云石等，干盐滩上部赋存的晶间卤水构成硼、锂、钾等液体矿床，埋深0～1米，水层厚6～7米，分布面积约80平方千米。南缘为面积53平方千米硼酸盐矿区，东北缘为面积5～6平方千米的钾镁盐矿区，埋深0～0.5米，主要为钾石盐和光卤石。储量氯化钾约800万吨，石盐超过10亿吨。湖水密度1.236，pH值7.4，矿化度为55.16克每升，属硫酸镁亚型盐湖。

（八）察尔汗盐湖

位于海西蒙古族藏族自治州格尔木市与都兰县交界地带，是中国境内最大的固、液相并存盐湖。柴达木盆地中部新生代沉降中心，由涩聂湖、达布逊湖、北霍鲁逊湖、南霍鲁逊湖、大别勒湖、小别勒湖、达西湖、协作湖、团结湖、东陵湖10个常年性卤水湖和季节性卤水湖，以及大片干盐滩组成。地面海拔2678～2683米，长168千米，宽20～40千米，面积4704.8平方千米。从淡水湖或微咸水湖演变为盐湖的漫长过程中，经历了成盐与淡化多次交替，大致可分为5个自析成盐期和5个碎屑沉积淡化期。大约在距今1.5万年，湖泊发展到鼎盛阶段，沉积了遍布全湖区的第4盐层，在距今5000年，部分湖区沉积了第5盐层，尔后湖水范围逐渐缩小，除河流入湖口附近保留，一些卤水湖外，大部分湖区演变为干盐滩，成为干盐滩与卤水湖并存的盐湖。其中涩聂湖面积48.4～103.4平方千米，水深0.36～0.45米，密度1.237，矿化度411.98克每升，洪水期密度1.169，矿化度267.95克每升；达布逊湖面积184～1001平方千米，水深0.36～1.02米，密度1.253，矿化度371.05克每升，洪水期密度1.190，矿化度285.80克每升；北霍鲁逊湖面积56.8～441.48平方千米，水深0.09～0.32米，密度1.212，矿化度383.10克每升，洪水期密度1.163，矿化度257.65克每升；南霍鲁逊湖面积8.24～74.7平方千米，水深0.08～0.29米；小别勒湖面积0.12～6.25平方千米；大别勒湖面积7.38～85.45平方千米，水深0.03～0.07米；协作湖面积0.0～31.92平方千米，水深0.0～0.03米，洪水期密度1.361，矿化度527.15克每升；团结湖面积0.36～8.64平方千米，水深约0.14米；东陵湖面积0～6平方千米,水深约0.02米。

湖区属柴达木荒漠干旱、极干旱气候。年均气温5.2℃,1月平均气温-10.3℃,极端最低气温-29.7℃,7月平均气温19.2℃,极端最高气温35.5℃,多年平均降水量24.7毫米,最大降水量66.6毫米,最小2.7毫米,蒸发量3543.1毫米,最大3770.2毫米,最小3285.2毫米,年均风速4.3米每秒。集水面积13.2万平方千米,其中山区6.2万平方千米,湖水主要依赖地表径流补给,入湖河流18条,实测16条河流的多年平均流量62.4立方米每秒,径流量19.8亿立方米,由于沿程蒸发等消耗,净入湖径流量约8.2亿立方米。格尔木河、乌图美仁河、大灶火河、小灶火河、诺木洪河、托拉海河、泉集河等为主要入湖河流。其中,格尔木河最大,长447千米,流域面积23104平方千米,河源有刚欠查鲁马雪山和黑海、卡巴纽尔多等湖泊,多年平均径流量8.0亿立方米;乌图美仁河多年平均流量2.67立方米每秒,径流量0.842亿立方米;大灶火河多年平均流量1.3立方米每秒,径流量0.410亿立方米;小灶火河多年平均流量0.135立方米每秒,径流量0.043亿立方米;诺木洪河多年平均流量4.89立方米每秒,径流量1.542亿立方米;托拉海河多年平均流量1.54立方米每秒,径流量0.486亿立方米;泉集河多年平均流量0.094立方米每秒,径流量0.03亿立方米。

湖区液体矿床以钾矿为主,是已探明的中国地区最大的钾、镁液体矿床。

(九)昆特依干盐湖

位于海西蒙古族藏族自治州茫崖境内,柴达木盆地北缘一构造盆地内,北靠阿尔金山南麓,东距冷湖镇10千米。湖盆第四纪沉积了厚约500米的沉积物,晚更新世晚期演化为盐湖,开始沉积了厚约300米含盐地层,晚更新世晚期-全新世早期,绝大部分湖区演变成干盐湖,盐层裸露地表,仅湖区北部残留的小型卤水湖泊中继续有新的盐类沉积。由昆特依干盐湖和残存的昆特依湖、钾湖、冷湖等卤水湖泊组成。干盐滩海拔2730~2760米,面积1680平方千米,昆特依湖水位海拔2728.9米,水深0.06米,面积1.5平方千米;钾湖区由12个0.01~0.80平方千米的小湖组成,水位海拔2728米,水深0.05米,面积约1.9平方千米;冷湖水位海拔2744米,面积1.4平方千米,湖水由南部外泄入昆特依湖、钾湖,消失在盐碱滩中。湖区属柴达木荒漠干旱、极干旱气候,年均气温2.6℃,年降水量17.6毫米。钾湖湖水密度1.319,pH值5.25,矿化度为469.12克每升,属氯化物型盐湖,盐类矿床以石盐、芒硝为主,呈层状分布,单层厚2~5米,面积约1670平方千米,氯化钠储量约190亿吨,属特大型石盐矿床,石盐层中赋存有大量晶间卤水,最大埋深150米左右,面积与干盐湖相同,氯化钾含量3.81~7.63克每升,最高30.29克每升,氯化锰含量45~70克每升,最高103.78克每升,是柴达木盆地大型富钾、锰卤水矿床之一。

(十)大浪滩干盐湖

位于海西蒙古族藏族自治州茫崖花土沟镇境内。第四纪早期为统一大湖盆,后被背斜构造继承性隆起分割,形成包括黑北盐滩、梁西盐滩、大浪滩、梁东盐滩、梁南盐滩、风南盐滩、咸水泉盐滩和油泉子盐滩等多个小盐湖。地面海拔2690~2700米,长44千米,宽6~15千米,面积约500平方千米。湖区属柴达木荒漠干旱、极干旱气候,年均气温2~4℃,年降水量25~50毫米。第四纪沉积了厚500~600米碎屑含盐岩系,其中大浪滩干盐湖钾盐矿形成始于晚更新世晚期,石盐和芒硝矿形成始于早、中更新世,大浪滩干盐湖钾镁盐固体矿床,面积74平方千米,氯化钾储量超过1000万吨,石盐储量超过10亿吨,液体矿床赋存于晶间卤水中。湖区交通不便,尚未开发。

(十一)一里坪干盐湖

位于海西蒙古族藏族自治州茫崖冷湖镇,柴

达木盆地中部、西台吉乃尔湖西北，北西-南东向延伸的新生代拗陷带内。地面海拔2683米，长45千米，宽约8千米，面积360平方千米。湖区属柴达木荒漠干旱、极干旱气候，年均气温2～4℃，年降水量25～50毫米。第四纪以来沉积了厚约900米的碎屑含盐岩系，以砂质黏土、黏土质粉砂、淤泥为主，间夹石膏、芒硝、石盐，形成众多沉积旋回。至全新世湖水干涸，沉积了厚4～6米的石盐，石盐储量约30亿吨，表层为现代风积砂覆盖。干盐滩有埋深分别为4～6米和40米两层晶间卤水，其中表层晶间卤水密度1.215，pH值7.32，矿化度327.24克每升。氯化锂、氯化钾、氯化锰、氧化硼含量分别为1.3～3.0、12～25、50～170、0.4～1.2克每升，晶间卤水中锂矿品位最高。

（十二）西台吉乃尔湖

位于海西蒙古族藏族自治州大柴旦境内，柴达木盆地腹地。湖滨为第四系洪积、冲积、风积、湖相碎屑沉积和盐类化学沉积，其中沙质干盐滩湖相化学沉积面积110平方千米，东距东台吉乃尔湖35千米，两湖原同属一湖泊，后因湖泊退缩而分离成独立湖泊。湖区水位海拔2679米，长18.6千米，最宽处13千米，平均宽6.77千米，面积126平方千米。湖区属柴达木荒漠干旱、极干旱气候，年均气温约2.0℃，年降水量不足25毫米。湖水主要依赖夏季少量冰雪融水补给。湖水密度1.217，pH值7.7，矿化度336.33克每升，属硫酸镁亚型盐湖。锂、硼含量分别为136.72、217.39毫克每升，湖底有石盐沉积，资源丰富。

（十三）尕斯库勒湖

位于海西蒙古族藏族自治州茫崖境内，柴达木盆地西南端，距花土沟镇约20千米的阿尔金山、祁漫塔格山间的尕斯库勒凹陷内。滨湖除少量残丘外，余为第四纪洪积-冲积砂砾层，风积沙丘，湖相黏土和石盐、芒硝等沉积，石盐直接出露地表，厚10～20米，最厚29.45米，水位海拔2853米，长17.9千米，最宽处12.5千米，平均宽6.92千米，面积123.8平方千米。水深0.5～0.8米，平均0.65米，中南部可达1.3米。湖区属柴达木荒漠干旱、极干旱气候，年均气温0～1℃，年降水量约75毫米，集水面积24790平方千米，补给系数200.2。湖水主要依赖地表径流补给，入湖河流有3条，西部入湖的铁木里克河最大，长290千米，为一条由多支流、明河、潜流（戈壁、干沟）、时令河、泉水等组成的水系，多年平均流量2.95立方米每秒，径流量2.7亿立方米。湖区卤水密度1.221，pH值7.56，矿化度为333.28克每升，属硫酸镁亚型盐湖。湖区东南部分布广阔的干盐滩，面积140平方千米，盐层中赋存晶间卤水，其中氯化锰含量为94.49～242.87克每升，平均192.7克每升，氯化钠含量为71.69～208.96克每升，平均115.45克每升，盐类储量达到特大型矿床，干盐滩内发现工业油田，青新公路可抵湖边。

（十四）东台吉乃尔湖

位于海西蒙古族藏族自治州大柴旦境内，柴达木盆地腹地。湖盆外围为第四系洪积、冲积、风积和湖相黏土及化学类型沉积，滨湖大多为湖积和湖相化学沉积，盐碱地广布，东部为近50平方千米的沙质干盐滩，厚15～20米，湖底沉积盐厚2～3米，湖区水位海拔2681米，长24千米，最宽处8.7千米，平均宽5.05千米，面积121.3平方千米。湖区属柴达木荒漠干旱、极干旱气候，年均气温2.0℃，年降水量不足25毫米。集水面积38500平方千米，补给系数156.0（包括西台吉乃尔湖），湖水主要依赖东台吉乃尔河补给，东台吉乃尔河上源为那陵格勒河和洪水河，源于昆仑山鹤托坂日雪山和布喀达坂雪山，那陵格勒河多年平均流量为33.83立方米每秒，径流量为10.35亿立方米，其中冰川融水径流量3.07亿立方米。湖水密度1.210，pH值7.75，矿化度为331.53克每升，属硫酸镁亚型盐湖。固体盐类矿床以石盐为主，储量巨大，上层为湖底新盐层，下层为含泥砂质石盐，卤水和晶间卤水中锂具有综合开发利用价值。

（十五）柯柯盐湖

又名达乌苏诺尔，位于海西蒙古族藏族自治州乌兰县境内，柴达木盆地东部希里沟断陷盆地中部，东距县治驻地约30千米。第四纪时期与希里沟湖属同一大湖，后因湖泊退缩，遂分离成为独立湖泊。滨湖为第四系洪积、冲积、风积、湖积砂砾沉积，由干盐滩和2个卤水小湖组成，地面海拔2932～2945米，干盐滩面积90～95平方千米，水位海拔高程为2931米。湖区属柴达木荒漠干旱、极干旱气候，年均气温2～4℃，年降水量150毫米左右，年蒸发量2000～3000毫米，湖水主要依赖地下径流补给。盐类矿床主要是石膏、芒硝、石盐沉积，其中石膏、芒硝层厚0.24～8.58米，平均为4.5米，石盐层厚0.30～19.84米，平均约17.9米，面积近95平方千米，储量约9亿吨。柯柯盐厂年产石盐5万吨，晶间卤水密度1.217，pH值6.75，矿化度为326.38克每升，属硫酸镁亚型盐湖水。

（十六）小柴旦湖

又名小柴达木湖，蒙语称巴嘎柴达木湖。位于海西蒙古族藏族自治州大柴旦境内，柴达木盆地东北边缘，与大柴旦湖原属同一大湖，后因湖泊退缩分离成两个独立湖泊。滨湖为第四纪洪积-冲积砂砾层，古湖岸砂堤随处可见，水位海拔3172米，长13.2千米，最宽处8.2千米，平均宽5.42千米，面积71.5平方千米，最大水深0.69米，平均水深0.26米。湖区属柴达木荒漠干旱、极干旱气候，年均气温1.1℃，年降水量82.8毫米，年蒸发量2031.8毫米，集水面积6154平方千米，补给系数86.1。湖水主要依赖塔塔陵河、泉水和地下水补给。塔塔陵河长202.54千米，流域面积5141.24平方千米，源于土尔根达坂雪山，年均流量3.68立方米每秒，多年平均径流量1.16亿立方米。湖水密度1.227，pH值7.80，矿化度为339.07克每升，属硫酸钠亚型盐湖。湖水中硼、锂含量较高，富硼矿层分布面积近10平方千米，厚约4米，埋深1～5米，氧化硼储量数十万吨，20世纪60年代投入开采，年产硼砂达2000吨，青新公路、敦格公路分别从湖区北、西部通过，公路支线可直抵湖南岸。

二、咸水湖

（一）小苏干湖

位于海西蒙古族藏族自治州茫崖境内，阿尔金山南麓新近系陆相盆地西北缘，西南距苏干湖约25千米。滨湖北部为山前洪积扇，东、南部为湖积沼泽湿地。水位海拔高程2808米，长6.3千米，最宽处3.2千米，平均宽1.68千米，面积10.6平方千米。湖水属柴达木荒漠干旱、极干旱气候，年均气温2.0℃，年降水量50～75毫米。集水面积2100平方千米，补给系数198.1。湖水主要依赖大、小哈尔腾河和阿尔金山南麓洪积扇缘出露的大量泉水补给，出流经西南部的外泄口注入苏干湖。湖水pH为7.4，矿化度为1.63克每升，属硫酸钠亚型内部微咸水湖。

（二）苏干湖

位于海西蒙古族藏族自治州茫崖境内，阿尔金山、党河南山南麓一断陷盆地内部，第四纪时期与北部的小苏干湖属同一大湖，后因气候变干，湖泊退缩，遂分离成独立湖泊，近似肾形，现小苏干湖水仍向南流入苏干湖。滨湖为第四纪洪积、冲积、风积砂砾层和湖积盐碱地、沼泽，东部为大量泉水出露，淡水丰富，牧草茂盛，是良好的草场。水位海拔高程2795米，长21.2千米，最宽处7千米，平均宽5千米，面积106平方千米，岸线长50千米，湖岸发展系数1.36。湖区属柴达木荒漠干旱、极干旱气候，年均气温2.0℃，年降水量50～75毫米，集水面积17754平方千米，补给系数167.5。湖水主要依赖大、小哈尔腾河补给，大、小哈尔腾河长分别为310千米、80千米，源于喀克图蒙克雪山和土尔根达坂山，流域面积8792平方千米，河源区冰川覆盖面积 332.26 平方千米，冰川储量 185.82 亿立方米，冰川融水径流量 4.27 亿立方米，水源充足，但因流程长，入盆地后即进入广阔的砂砾地，河水被大量蒸发、渗漏面中途断流，及至湖滨低洼处，复以泉水形式再次出露汇集成河，流入湖泊。集水域内有 20～25 个泉眼。湖水 pH 为 8.9，矿化度为 32.25 克每升，属硫酸钠亚型微咸水湖。

（三）希里沟湖

又名都兰湖，位于海西蒙古族藏族自治州乌兰县境内，柴达木盆地东北部、祁连山山前新近系形成的西北西向山间盆地内。滨湖均为第四系洪积、冲积、风积砂砾层和湖相黏土、砂质黏土，局部地段有少量石盐沉积。湖区面积 19.5 平方千米，水深 0.5 米，水位海拔 2936 米，长 7.6 千米，最宽处 3.4 千米，平均宽 1.53 千米，面积 11.6 平方千米。湖区属柴达木荒漠干旱、极干旱气候，年均气温 2～4 ℃，年降水量 150～200 毫米，年蒸发量 2000～3000 毫米。集水面积 2623 平方千米，补给系数 226.1。湖水主要依赖地表径流补给，入湖河流有 2 条，其中沙柳河长 23 千米、赛什克河长 54 千米，河水大部分西流入柯柯盐湖，少部分注入希里沟湖。湖水密度 1.176，pH 为 7.62，矿化度为 213.32 克每升，属硫酸镁亚型咸水湖。

（四）托素湖

位于海西蒙古族藏族自治州德令哈市境内，柴达木盆地东北部。湖滨为第四系洪积-冲积砂砾层、湖积盐碱地和风积沙丘，水位海拔高程 2808 米，长 19.9 千米，最宽处 17.5 千米，平均宽 8.34 千米，面积 165.9 平方千米，湖中有 2 个小岛，大的面积 3.4 平方千米。湖区属柴达木荒漠干旱、极干旱气候，年均气温 2～4 ℃，年降水量 50 毫米左右，湖水主要依赖北部长 7 千米涟水河和可鲁克湖水补给。湖水 pH 为 8.9，矿化度为 15.86 克每升，属硫酸镁亚型微咸水湖。

三、淡水湖

（一）可鲁克湖

又名克鲁克湖、库尔雷克湖。位于海西蒙古族藏族自治州德令哈市，宗务隆山前德令哈盆地内。湖滨东部为巴音河谷底，地势低洼，河曲发育，沼泽湿地灌丛密布，西部为大片刺灌丛林，南、北湖滨为盐碱地和砂砾地，西北部有长 13 千米、宽 100 米的沙堤，与岸相距不足 100 米，局部与岸相连。水位高程 2817 米，长 11.3 千米，最宽处 10.5 千米，平均宽 5.02 千米，面积 56.7 平方千米，最大水深 13.3 米，平均水深 2.94 米，蓄水量 1.67 亿立方米。湖区属柴达木荒漠干旱、极干旱气候，年均气温约 3.7 ℃，极端最低气温－27.2 ℃，多年平均无霜期 96 天，年日照时数 3182 小时。年降水量 176.1 毫米，年蒸发量 2000～2500 毫米，年均风速 3.0 米每秒。集水面积 12360 平方千米，补给系数 218.0。湖水主要依赖地表径流补给，入湖河流有 2 条，其中巴音河最大，长 268.4 千米，流域面积 9157.89 平方千米，源于祁连山支脉野牛脊山和哈尔科山，源区有 11 条小冰川，冰川面积 2.87 平方千米，进入德令哈盆地后，大量河水被引入农场、村镇，供工业生产和人畜用水，少量河水注入盆地低洼处，自东向西流入湖泊，年均降水量 11 立方米每秒，最大流量 140 立方米每秒，年均径流量 3.19 亿立方米；次为巴罗根河，长 70 千米，源于宗务隆山脉的埃斯肯山北坡，年均流量 0.87 立方米每秒，年均径流量 0.216 亿立方米，河流上建有水库，引水灌溉，仅有小部分河水注入湖泊，出流经西部涟水河入托素湖。湖水 pH 值 8.0，矿化度约 800 毫克每升，属硫酸钠亚型淡水湖。湖内近岸水域芦苇丛生，湖中水生植物遍布，以被毛轮藻为主，另有轮生杂、篦齿眼子菜、抱茎眼子菜、小眼子菜等。浮游藻类数量 4 万～8 万立方米个每升，浮游动物数量 400～500 个体每升，有底栖动物中的摇蚊科幼虫 25 种，以及寡毛类、软体动物和端足类等；生物量方面，端足类为4.76克每平方米，摇蚊幼虫为0.84克每平方米，软体动物为0.59克每平方米。湖中从事养殖渔业生产，已引进的种类有青、草、鲢、鳙、鲫、鲂、鲤等。

（二）卡巴纽尔多

位于海西蒙古族藏族自治州格尔木市，东昆仑山脉宽阔的山间河谷盆地内。滨湖东、西部地势较开阔，尤其西部刚欠河入湖口，三角洲发育，开阔平坦，南、北部地势陡峭，长轴呈东西向延伸，水位海拔高程4575米，长15.2千米，最宽处4千米，平均宽1.95千米，面积29.7平方千米。湖区属青南高寒草原半干旱气候，年均气温－2.0℃，年降水量100～150毫米。集水面积800平方千米，补给系数26.9。湖水主要依赖刚欠河补给，刚欠河长42.0千米，流域面积640平方千米，出流经北部山间峡谷流入霍兰郭勒河，属达布逊湖水系格尔木河源头内陆吞吐湖。

（三）章江头木措

位于海西蒙古族藏族自治州格尔木市，巴颜喀拉山一山间盆地内。水位海拔高程4396米，长6.7千米，最宽处6.6千米，平均宽2.98千米，面积20平方千米。湖区属青南高寒草原半干旱气候，年均气温－4.0～－2.0℃，年降水量100～150毫米，集水面积400平方千米，补给系数20.0。湖水主要依赖泉集小河补给，水量较小，丰水期，出流经格涌曲汇入格尔木河，该湖属达布逊流域格尔木河上游季节性内陆吞吐湖。

（四）措拉巴鄂阿东

位于海西蒙古族藏族自治州格尔木市，昆仑山东端一山间谷地内，系格尔木河上游霍兰郭勒河携带的砂砾堵塞支流出口堰塞而成。滨湖东、西部有小型洪积扇分布，呈长条状，水位海拔高程4485米，长13.2千米，最宽处3.5千米，平均宽1.12千米，面积14.8平方千米。湖区属青南高寒草原半干旱气候，年均气温－2.0℃左右，年降水量100～150毫米，集水面积280平方千米，补给系数18.9。湖水主要依赖南部几条时令河补给，水源不足，湖泊仍处在逐渐退缩之中，出流原经北部长约0.7千米的小河注入霍兰郭勒河，因湖泊退缩而断流。

（五）黑海

位于海西蒙古族藏族自治州格尔木市，东昆仑山一山间盆地内。湖滨为第四系全新统湖相沉积，地势平坦，平原上残留8个小湖，最大的面积为0.27平方千米，最小的不足0.01平方千米，水位海拔高程4431米，长10.2千米，最宽处5.5千米，平均宽3.79千米，面积38.7平方千米。湖区属青南高寒草原半干旱气候，年均气温0～2℃，年降水量75～100毫米，集水面积730.0平方千米，补给系数18.9。湖水主要依赖2个泉水溪流和地下渗流补给，出流由东部泄入昆仑河，汇入格尔木河，属达布逊湖水系格尔木河上游内陆吞吐湖。

（六）阿拉克湖

位于海西蒙古族藏族自治州都兰县境内，布尔汗布达山南麓，东西向延伸的河谷盆地内。水位海拔高程4094米，长9.1千米，最宽处6.8千米，平均宽3.96千米，面积36平方千米。湖区属青南高寒草原半干旱气候，年均气温0～2℃，年降水量100～150毫米，集水面积1320平方千米，补给系数36.7。湖水主要依赖地表径流补给，入湖河流有5条，其中乌苏屋矮河最大，长43千米，有哈拉河和日诺乌拉河两支流汇入，水量较丰。次为长31千米的时令河，夏季汇水入湖。出流由东部注入乌兰乌苏河，尔后汇入柴达木河，属南霍鲁逊湖水系柴达木河上游的内陆吞吐湖。

（七）冬给措纳湖

又名托素湖、黑海。位于果洛藏族自治州玛多县，布青山、布尔汗布达山间断陷盆地内。滨湖东部为湖泊退缩后形成的软质淤泥带，面积6平方千米，地势开阔，其他方位山体紧逼湖边，仅河流入湖口有小型洪积扇发育，湖岸陡峭。水位海拔4082米，长32.2千米，最宽处9.5千米，平均宽7.21千米，面积约232.2平方千米，现已建闸控制。湖中有2个石质小岛，面积分别为0.30、0.07平方千米。湖区属青南高寒草原半干旱气候。集水面积3040平方千米，补给系数13.1。湖水主要依赖地表径流补给，入湖河流有3～4条，其中东曲最大，长83千米，中、上游水量较丰，下游河水渗漏严重成为干沟，近湖滨以泉水形式出露汇水成河入湖；次为北部入湖的歇马昂里河，长27千米。出流经西北隅的托索河流入柴达木河，尔后注入南霍鲁逊湖。距青康公路花石峡站24千米，仅有乡间小路可达，交通不便。

第五节　青海湖盆地湖泊群

一、青海湖

又名库库诺尔、措鄂博，古称西海、鲜水、鲜禾羌海和措温波。中国第一大微咸水湖。湖水清澈碧蓝，湖面广袤如海，故名。“库库诺尔”系蒙语译名，意为“青色的海”，“措鄂博”系藏语音译名，意即“西海”。青海得名于北魏，《魏书》卷一零一之《列傅》“吐谷浑”条中载：“青海周回千余里，中有小山……东西对峙。水色青绿，冬夏不枯不溢。自日月山望之，如黑云冉冉而来”；唐代继续延用西海和青海称谓；《资治通鉴》卷二一五之天宝七年（公元748年）十二月条记：“哥舒翰筑神武军于青海上……又筑城于青海中龙驹岛（即今海心山）”；《资治通鉴》卷二二四之大历八年（公元773年）九月条载：“每岁盛夏，吐蕃畜牧青海”；唐《敦煌吐蕃古藏文文书》称青海湖为“措温波”，意为“青色的湖”。青海湖跨海北、海南藏族自治州海晏、刚察、共和3县，祁连山的东南部、北部以大通山、东部以日月山、南部以青海南山、西部以阿尼尼可山为界，形成一内陆盆地，青海湖位于盆地最低洼处。青海湖似梨形。

湖区处于几个地质构造单元的交汇地带。东南部属加里东期的南部祁连山槽背斜，东部和东北部属前震旦纪的中祁连槽背斜，南缘为海西-印支期的青海南山槽向斜，西南面与柴达木台块和北昆仑槽向斜东端相连接。距今20万～200万年前青海湖属于外流淡水湖，与黄河水系相通。13万年前，由于新构造运动，周围山地强烈隆起，中新生代由断块陷落成为内陆断陷湖盆，由于湖东部日月山的强烈上升隆起，使原来注入黄河的倒淌河被堵塞，从而成为内流湖泊盆地。湖周山地山麓地带的洪积扇、洪积阶地及入湖河流阶地相当发育。滨湖地带分布有多条新、老环湖堤。湖东甘子河口到海晏湾以南分布有金字塔形和新月形沙丘群。

青海湖中有岛屿6座：鸟岛、鸬鹚岛、海心山、新沙岛、老沙岛和三块石岛。鸟岛又名小西山或蛋岛，位于布哈河口以北4千米处，属布哈河冲积滩地堆积物，鸟岛全长1500米，三面环水，东段宽大，西段狭窄，形似蝌蚪，岛坡度平缓，地表由沙土、石砾覆盖，西南边有几处泉水涌流，为鸟类提供了优越的栖息繁殖环境，是亚洲特有的鸟类繁殖地，中国八大鸟类保护区之首，1978年以后北、西、南三面湖底外露，与陆地连在一起成半岛。鸬鹚岛又名海西皮，位于布哈河口以北6千米处，属于典型的下古生界变质岩湖蚀崖柱，距离湖岸10余米，鸬鹚岛屹立于湖中，高出湖面7.6米，是鸬鹚的繁殖场所。海心山位于青海湖中心略偏南，为中、晚更新世后断块抬升露出水面的花岗岩、片麻岩组成的湖中孤岛，高出湖面32米，距鸟岛约25千米，岛屿长2.3千米，宽0.8千米，中部宽而两端窄，面积1.14平方千米，岛上最高点海拔3266米，南部岛缘整齐陡立，东、西、北为平缓滩地，鸬鹚和鱼鸥集中栖息在岛崖边及碎石滩地，岛上有三级浪蚀阶地，与鸟岛间以断续沙岗和暗礁相连,岛上有1座藏传佛教宁玛派尼姑寺,沿袭古时苦修方式,有三百余年历史,岛东缘有一泉眼,可供饮用。新、老沙岛位于青海湖东北部,曾是湖中最大的岛屿,长约13千米,最宽处约2.8千米,面积18平方千米,岛上最高点海拔3252米,是湖中砂垄露出水面后经风沙堆积而成。1980年沙岛东北端与陆地相连成为半岛,表面均由沙砾覆盖,无植被,原先是鱼鸥栖息繁殖地,现开发成沙雕观光旅游基地。三块石又名孤插山,位于湖西南,是宗务隆山向湖区的延伸部分,由7块三叠统石灰岩、礁石组成,高约17米,面积约0.056平方千米,是湖区诸岛中面积最小的岛屿,距鸟岛、海心山20千米。由于人迹少至,是青海湖鸟类的重要繁殖地。

1950年以来,由于受气候暖干化和人类活动加剧的共同影响,湖泊水位波动变化明显,总体呈现持续下降,湖泊萎缩加剧。1981年实测水位海拔3193.92米,长109千米,最宽处67千米,平均宽39.8千米,面积4340平方千米,最大水深27米,平均水深17.9米,蓄水量778亿立方米。若与1961年中国科学院兰州地质研究所等单位所测的湖泊形态数据比较,20年间减少湖泊面积295平方千米,蓄水量损失76亿立方米。青海湖形成于早-中更新世,成湖初期属外流淡水湖,水流经东南倒淌河穿野牛山与曲乃河相连,尔后入黄河。晚更新世初,盆地东部地壳强烈上升,堵塞古青海湖出口演变成为闭流类湖泊,倒淌河随之倒流入湖。全新世冰后期高温期(距今1.21万年)湖面最高,彼时青海湖水位比现在约高100米,尔后随气候变化湖面出现多次波动,形成四级湖积阶地。在距今3500—3000年前存在一次更强的冷波动,湖盆进入新的演化阶段。以后,湖盆周围地势继续上升,气候复趋干燥,湖面缩小,水位下降。原在湖内的黑山、将军台,因此开始脱离湖体成为滨湖孤山。建于湖滨的汉代察汗城,现已距湖东岸25千米。2005年以来,青海湖水位则由于受到降水、入湖水量增加的影响,持续呈现增加态势,累积上升幅度达0.57米。

湖区属高寒半干旱气候,年均气温1.2℃,1月平均气温-12.6℃,极端最低气温-30℃,7月平均气温5℃,极端最高气温28.0℃。多年平均降水量336.6毫米,5—9月降水占年降水量的85%以上。蒸发量950.0毫米,6—9月约占年蒸发量的60%以上。日照时数3040.0小时,日照百分率70%～80%。盛行西北风,最大风速22米每秒,年均风速3.1～4.3米每秒,9月至翌年4月为大风期,月最大风速16～22米每秒,5—8月风力最小,平均风速16米每秒以下。土壤类型从东南往西北依次分布风沙土、栗钙土、山地草甸土、高山草甸土和高山寒漠土等,另有沼泽土广布于低洼积水处及山前潜水溢出带。植被类型主要为荒漠草地、草原、草甸、沼泽草地及灌丛草地等。集水面积29661平方千米,补给系数5.83。湖水主要依赖地表径流和湖面降水补给,入湖河流40余条,西、北部较多且源远流长,水量较大,东、南部则相反。主要入湖河流有布哈河、巴戈乌兰河、沙柳河、哈尔盖河、甘子河、倒淌河和黑马河等,其径流量约占入湖总径流量的95%。布哈河最大,长286千米,流域面积14384平方千米,多年平均年径流量7.98亿立方米,约占入湖总径流量的45%。径流年内分配主要集中于夏、秋两季,5—9月占年径流量的70%～85%。

湖水呈蓝绿色,透明度逾5米,最大10米。夏季水温呈正温层分布,表层最高为18.9℃,底层最低为6.0℃,秋季水温呈同温层分布,冬季受封冻影响,水团强烈冷却,湖水出现逆温层分布,表、底层水温相差3～4℃,表层水温9.2～22.81℃,北部较低;底层水温6.0～22.6℃,沿岸带高、中间低,春季开冻不久,表层水增温和风力搅动促进了水团对流,逆温层逐渐消失。每年11月进入冰封期,12月上旬形成稳定覆冰,至翌年3月覆冰开始解冻,封冻期100～129天,冰厚

0.5 米，最大冰厚 0.7 米。湖流以风生流为主，次为重力流和密度流，其中围绕海心山所形成的顺时针环流为主体湖流，湖湾区常形成次一级回流。水深 2 米处实测流速为 5.5～7.7 厘米每秒，水深 6 米处流速为 5.0～6.3 厘米每秒，水深 13 米处流速为 2.2～4.2 厘米每秒。在布哈河、巴戈乌兰河、沙柳河与哈尔盖河的入湖河口，河口射流区最大流速为 10～15 厘米每秒。底质近岸区为粗砂及砾石，敞水区为细砂及粉砂，湖心以灰黑色及黑色淤泥为主，局部湖底有鲕状砂沉积。

湖区有浮游藻类 35 属，其中常年出现 9 属，优势种为圆盘硅藻，年平均数量 58847 个体数每升。有浮游动物 17 属，以原生动物为主，有底栖动物 19 属，种类以摇蚊为主，其密度与生物量均占 80%以上，尤其以回转摇蚊种群的幼虫占优势，大多分布在淤泥质浅水区及某些河口地区，平均密度 400 个体每平方米，生物量 0.973 克每平方米，西南部多于东北部。水生植物极度贫乏，偶见少量的篦齿眼子菜和一些大型轮藻等沉水植物，其中轮藻的生物量为 4～52 克每平方米。鱼类计有青海湖裸鲤、硬鳍条鳅、尖头条鳅和背斑条鳅 4 种，其中裸鲤的个体较大，每尾体重 0.5 千克左右，大的 3～5 千克也很常见。裸鲤一般分布在深水区，喜栖底层，仅繁殖季节或索饵时才洄游到入湖河口和岛屿附近，是一种杂食性鱼类，除食圆盘硅藻、新月硅藻、曲壳硅藻等浮游藻类外，还食有刚毛藻、植物碎屑、大型浮游动物和甲壳动物的肢体及小条鳅等。

青海湖是水禽的集中栖息地和繁殖育雏场所，也是极度濒危动物普氏原羚的唯一栖息地。1975 年，青海湖建立保护区；1992 年被列入《关于特别是作为水禽栖息地的国际重要湿地公约》国际重要湿地名录；1997 年 12 月经国务院批准，晋升为国家级自然保护区。

二、尕海

位于海北藏族自治州海晏县境内，西南距离青海湖 3.5 千米，以波状沙丘相隔，系青海湖退缩过程中残留的子湖之一。呈长椭圆形，水位海拔 3196.8 米，长 11.9 千米，最宽处 5.8 千米，平均宽 3.96 千米，水深 8.0～9.5 米，面积 47.2 平方千米。湖区属青东山地草原半干旱气候，年均气温 2.0 ℃，年降水量 300～400 毫米。集水面积 393 平方千米，补给系数 8.3。无地表径流汇入。湖水密度为 1.023 克每立方厘米，pH 值 9.25，矿化度为 31.73 克每升。青藏铁路、公路从湖东岸穿过，距托勒火车站 2～3 千米。

三、哈拉湖

位于海西蒙古族藏族自治州乌兰县境内，祁连山西南部新近系形成的断陷盆地内，盆地外围北部为疏勒南山，南部为哈拉湖南山，东、西部为低矮丘陵。滨湖为第四系洪积、冰水冲积物，由 5 级砂堤和堤间砂滩低地相间组成，第 1 级砂堤高出湖面 0.5～1.0 米，第 5 级砂堤高出湖面 10～15 米，河流入湖口为洪积扇。湖近似圆形，水位 4077 米，长 34.6 千米，最宽处 23 千米，平均宽 17.39 千米，面积 601.7 平方千米，最大水深 65 米，平均水深 27.4 米。岸线长 100 千米，湖岸发展系数 1.15。湖区属青东山地草原半干旱气候，年均气温－4.0 ℃，年降水量 200～300 毫米。集水面积 4107 平方千米，补给系数 6.8。湖水主要依赖地表径流和冰川融水径流补给，入湖河流 20 余条，年径流量 3.2 亿立方米，其中苏令河长 28 千米，流域面积 280 平方千米，源于海拔 4400 米山地，水系呈树枝状，中游有 23 眼泉水汇入，入湖洪积扇面积近 8 平方千米；音德尔特河长 36 千米，流域面积 410 平方千米，源于海拔 4400～3500 米山地，中游有泉水汇入，入湖口沼泽发育。北部祁连山冰川面积 89.27 平方千米，冰川融水径流量约 0.35 亿立方米。

第六节　河湟谷地人工湖库群

一、黄河干流湖库群

（一）龙羊峡水库

龙羊峡水电站位于黄河上游青海省海南藏族自治州共和县和贵南县交界的龙羊峡谷，上距黄河发源地1684千米，下至黄河入海口3376千米。龙羊峡谷形成于距今12.5万年以来的共和运动，使本河段强烈下切侵蚀、切穿贯通。龙羊峡谷全长40千米，黄河穿越其间，河谷宽9千米，河谷两岸，一边是起伏峻险的茶纳山，一边是青藏高原的高夷平面，上游是宽阔平坦的共和盆地的宽谷，使整个峡谷上游成为一个巨大的天然库区。

龙羊峡水电站坝高178米，坝底宽80米，坝顶宽15米，主坝长396米，左右两岸均高附坝，大坝全长1140米，装机容量128万千瓦，水库设计最高蓄水位海拔2600米，是一座具有多年调节性能的大型综合利用枢纽工程。

（二）拉西瓦水库

拉西瓦水电站位于青海省海南藏族自治州贵德县与贵南县交界处的拉西瓦镇境内，是黄河上游龙羊峡至青铜峡河段第二座大型梯级电站。

拉西瓦水电站区为高山峡谷地貌，河谷两岸基本对称，坝址岩体为中生代印支期灰白色中粗粒块状花岗岩，岸顶至谷底相对高差达700米，水库正常蓄水位海拔2452米，坝顶海拔高程2460米，最大坝高250米，拱冠梁底部厚49米，坝顶宽10米，坝顶中心线弧长466.4米。总装机容量为420万千瓦，多年平均发电量102.23亿千瓦时，电站于2004年河床截流，2009年4月，首批两台机组投产发电，其中6号机组是中国电力装机容量8亿千瓦的标志，2010年8月，拉西瓦水电站一期五台机组全部正式并网发电。

（三）李家峡水库

李家峡水电站位于青海省尖扎县和化隆县交界处的黄河干流李家峡河谷中段，坝址区河谷断面呈“V”形，两岸基本对称，坝址基岩岩性为前震旦系变质岩，由较坚硬的条带状混合岩、斜长片岩相间组成，并穿插有花岗岩脉。上距黄河源头1796千米，下距黄河入海口3668千米，是黄河上游水电梯级开发中的第三座大型水电站。李家峡水库周边由红色砂岩形成的丹霞地貌的群山围绕，海拔近4000米，水面深处逾180米。

李家峡水电站大坝为三心圆双曲拱坝，坝长414.39米，坝高155米，坝顶宽8米，坝底宽45米，正常蓄水位海拔2180米，坝顶海拔高程2185米，总装机容量为200万千瓦，设计年发电量59亿千瓦时。电站4台机组分别于1997年2月13日、12月10日，1998年6月6日、1999年12月10日投产发电。

（四）尼那水电站

尼那水电站位于青海省海南藏族自治州贵德县境内，距离上游拉西瓦水电站坝址8.6千米，距龙羊峡水电站41千米，距西宁市公路里程124千米，至下游贵德县公路里程约20千米。

尼那水电站是一座中型、日调节的河滩式电站，库容较小而来沙较多。设计正常蓄水位海拔2235.5米，坝顶海拔高程2238.2米，最大坝高50.9米，总装机容量16万千瓦，年发电量7.6亿千瓦时。1996年开工建设，2003年2月28日下闸蓄水，2004年1月1日四台机组全部投产发电。

（五）直岗拉卡水电站

直岗拉卡水电站位于青海省黄南藏族自治州尖扎县境内，距离上游李家峡水电站7千米，距西宁市公路里程109千米。

直岗拉卡水电站是一座中型、日调节的河床

式电站，是以发电为主，兼有灌溉效益的中型水利枢纽工程。电站由河滩式电站厂房、平底泄洪闸及左岸堆石坝组成，电站左岸河床土石坝坝顶长280.29米，坝顶海拔高程2052米，坝顶宽10米，最大坝高19米，正常蓄水位海拔高程2050米。电站设计5台3.8万千瓦贯流式水轮发电机组，总装机容量为19万千瓦，年平均发电量为7.62亿千瓦时。2003年5开工建设，2005年10月30日全部机组投产发电。

（六）公伯峡水电站

位于青海省海东地区循化县与化隆县交界的黄河干流上，距西宁153千米，坝址区主要岩性为片岩、片麻岩、花岗岩及新近系砾砂岩。

公伯峡水电站为日调节水库，主要是发电，兼顾灌溉及供水，枢纽工程由混凝土面板堆石坝、右岸引水发电系统和泄水建筑物三大部分组成，最大坝高132米，水库正常蓄水位海拔2005米，总装机容量150万千瓦，年平均发电量51.4亿千瓦时。2001年8月8日正式开工建设，2004年8月下闸蓄水，10月全部机组投产发电。

二、湟水流域湖库群

湟水流域湖库群诸湖湖区面积、蓄水量均不大，主要用于饮用和灌溉，早期兼有发电功能。湟水流域人工湖库主要集中在湟水干流和大通河干流，其中湟水河干流主要有东大滩水库、盘道水库、黑泉水库、大南川水库、南门峡水库等；大通河流域的水库有纳子峡水库、石头峡水库、雪龙滩水库等一系列小水电站水库。

第六章　气　　候

青海省属于高原大陆性气候，日照时间长、太阳辐射强，冬季漫长、夏季凉爽，平均气温低，青海省境内各地区年平均气温在－5.1～9.0 ℃，气温日较差大、年较差小，气温受地形影响显著，年平均气温在 0 ℃以下的区域占全省面积的 2/3 以上，青海东部的河湟谷地相对较暖，年平均气温在 6～9 ℃，其空间分布呈北高南低、东高西低。青海地区降水量少，绝大部分地区年降水量在 400 毫米以下，东部雨水较多，西部干燥多风，由东南向西北逐渐减少，祁连山区降水在 450 毫米左右，降水最多的地区在青海南部的久治一带，达到 745 毫米每年，降水最少的地区在柴达木盆地冷湖地区，年降水量小于 50 毫米，降水地域差异大。青海由于海拔高，空气稀薄，含氧量低，气象灾害多，危害严重。

第一节　气候特征和形成因素

一、气候总体特征

青海省深居内陆，远离海洋，气候受地形、地貌影响显著，属高原大陆性气候。

（一）太阳辐射强、光照充足

大部分地区海拔高而空气干燥，云量少，晴天多，太阳辐射量大。年总辐射量在 5862～7411 兆焦每平方米，仅次于西藏，居全国第 2 位。年辐射量空间分布呈西高东低，柴达木盆地普遍高于 6900 兆焦每平方米，年日照时数达 3500 小时以上，其中冷湖地区高达 7411 兆焦每平方米。青海湖以东地区年太阳总辐射量一般在 5900～6200 兆焦每平方米，大通是青海省年总辐射量最小的地区。此外，祁连山地和青海省东南部，年总辐射量值较低。

（二）平均气温低，四季不分明，垂直变化明显

多年平均气温在－5.4（五道梁）～8.7 ℃（民和），比国内东部同纬度地区低 8～20 ℃。年平均气温在 0 ℃以下的祁连山区、青南高原面积占全省面积的 2/3 以上，较暖的东部湟水、黄河谷地年平均气温 6～8 ℃。最热月（7 月）平均气温在 5.5～20 ℃，最冷月（1 月）平均气温－18.3～－4.7 ℃。国内多年平均气温的最低值（－5.4 ℃）和 7 月平均气温的最低值（5.5 ℃）都出现在青海省。按通常的气候标准划分四季，绝大部分地区长冬无夏、春秋相连。除青南高原和某些山地“六月暑天犹着棉，终年多半是寒天”之外，其他地区则冬天不严寒、夏天不炎热，如西宁市有“凉爽城市”之称。

青海省幅员辽阔，地形复杂，地势高低悬殊，各地气候表现出明显的差异。海拔2000米以下的河湟谷地为暖区，亦是青海省重要的农业区；海拔3000米左右的柴达木盆地为次暖区，是新垦区，春小麦为优势作物，获得平均亩产1013.05千克的世界高产纪录；青南高原南部的囊谦、班玛的河谷，北有高山屏阻，冷空气难以侵入，南迎孟加拉湾暖湿气流，降水多，为相对暖区，春小麦、青稞均可成熟，森林茂密；海拔4000米以上的青南高原和祁连山地为冷区，白雪皑皑，冰川广布。在上述四个气候区的基础上因地形影响，又形成各具特色的地方气候和小气候，气候分布复杂，气候的垂直变化显著。

（三）降水量少，季节变化明显，多夜雨

由于距离海洋遥远，绝大部分地区年降水量在400毫米以下，属半干旱、干旱气候区。夏季70%的降水来自于印度洋孟加拉湾的西南季风，少量来自太平洋的东南季风，冬季的微量降水则主要来自西风环流，降水分布总体趋势是由东南向西北逐渐减少，多年平均降水量在746.9（久治）～16.2毫米（冷湖）。东部达坂山、拉脊山两侧及东南部的久治、班玛、囊谦一带超过600毫米，柴达木盆地少于100毫米，盆地西北部少于20毫米。降水不但空间分布不平衡，且季节分配亦不均匀，一般夏季最多，冬季最少，秋雨多于春雨。大部分地区5月中旬以后进入雨季，至9月中旬前后雨季结束，持续4个月左右，占年降水量的80%以上，雨热同期，但降水强度不大。此外，多夜雨，夜间降水量占总降水量的60%以上。

（四）空气稀薄、气压低、含氧量少

多年平均气压在580～820百帕，大部分地区气压在650百帕以下，为海平面的2/3；空气密度大多在0.72～1.20千克每立方米，是海平面的56%～80%，水的沸点仅为85～94 ℃；含氧量为0.17～0.23千克每立方米，比海平面低20%～40%，青南高原和山地地区缺氧反应剧烈。空气密度小，加剧了空气增温和降温的强度，使气温日较差增大；空气浮力和风压降低，空气干洁，含尘量少。

（五）气象灾害多，危害严重，生态环境脆弱

主要的气象灾害有干旱、冰雹、霜冻、雪灾和大风。其中干旱频繁且严重，受灾面积大，尤其是春旱，农区和牧区出现频率均较高，有“十年九旱”之说；降雹次数多，主要集中在祁连山、唐古拉山和鄂拉山地区，雹路线程长，持续时间长；广大牧区的雪灾和大风雪时有发生，主要发生在青海南部高原，有“三年一小灾，九年一大灾”之说；霜冻，尤其是山区的早霜冻，严重威胁着农牧业的生产。

二、气候的形成因素

影响气候形成的因素是多方面的，主要有太阳辐射、地理位置、大气环流、地形等。

（一）高原地形对气候的影响

地形是影响青海气候形成的主导因素，其对气候影响的因子很多，首先是地形的几何特征，如平原、高原、盆地、高山、峡谷等；其次是地形的地理特征，主要指地形的海拔高度、走向和方位、所处的地理纬度和气候环境等。

青藏高原平均海拔在4000米以上，高原面处于大气对流层中部，是天气、气候变化的敏感区，对大气环流的影响非常显著。青海境内的高原面上高山、极高山众多，基本走向为东西向，将高原主体又分割成许多盆地和谷地，地形十分复杂，形成高原特有的天气、气候系统。地形对气候的影响一般分热力作用和动力作用。

1. 青藏高原的热力作用

大气运动的根本能源来自太阳辐射，青藏高原由太阳辐射引起的冷热源问题一直是学者们讨论的热点。比较普遍的看法是：高原3—9月平均为热源，10月至翌年2月平均为冷源。叶笃正等认为，隆冬季节高原近地面为冷高压控制，冷高压南侧为低压带；自2月开始，随季节的变暖，这一冷高压逐渐减弱并消失，到盛夏季节则为热低压

所代替，热低压的南、北两侧分别为高压带，引起地面风场随季节而变化，形成“高原季风”。高原季风不仅造成青海省风向的季节变化，也导致降水有明显的季节特征，对雨季的开始、降水持续长短都有重要影响。

高原的热源作用也易造成大气层结不稳定，青海省是国内对流云和对流天气出现最多的地区之一，仅次于西藏，强烈的对流运动使青海地区成为雷暴和冰雹天气的高发区。但由于海拔高，水汽含量少，因而对流云的水平和垂直尺度小、时间短，降水量与其他地区相比也小得多。此外，由于高原夜间云顶辐射降温冷却较强，致使云中不稳定度增大，形成多夜雨的降水特征，青南高原和环青海湖地区年平均夜间降水量占总降水量的70%以上。

2. 青藏高原的动力作用

因为青藏高原处于对流层的中部，和四周平原相比，如同一个巨大的孤岛。高原对大气的动力影响集中体现在对气流的阻挡、爬坡、绕流和摩擦作用，进而对高空槽脊的强弱变化产生重要影响。

青海所处的青藏高原对空气南北交换的阻挡作用十分明显。当北方冷空气南侵时，迫使其南下路径偏东，侵入省内的冷空气主要受到阿尔金山、昆仑山、祁连山和巴颜喀拉山的影响，出现在山脉的迎风面停留或滑向下游的现象。自新疆南下的冷空气，由于特殊的地形，一般有两条路径影响青海。路径之一：冷空气受阿尔金山的阻挡，在南疆堆积形成冷空气湖，势力较强时，翻越阿尔金山进入柴达木盆地影响青海；路径之二：冷空气向东南方移动，达到河西走廊后，常顺道祁连山北麓迅速东移，大部分冷空气沿黄河、湟水河谷倒灌青海东部。在5500米高空有明显西北气流时，冷空气才会直接翻过祁连山而达到青海东部，这种情况多发生在夏季，并造成雷雨、冰雹、阵性大风等强烈天气现象，但持续时间一般不长。青海中、南部的昆仑山、阿尼玛卿山和巴颜喀拉山对冷空气有着强烈的阻挡作用，势力弱的冷空气很难侵入巴颜喀拉山以南地区，但可沿黄河谷地进入黄河上游地区。只有在冷空气势力极强时，可以侵入整个青藏高原，造成高原上大风、降雪、降温，甚至寒潮。高原、山脉对冷空气的阻挡致使寒潮天气比西北其他地区少。

冬季青藏高原位于西风带中，高大凸起的高原使500百帕以下西风环流发生分支、绕流和汇合，在高原背风坡形成弱风的“死水区”，如四川、贵州地区；西风绕流作用形成北脊和南槽，并对南、北两支西风起稳定作用。此外，青藏高原对大气的地面摩擦作用影响高度比平原地区要高得多。

3. 青藏高原对青海气候的影响

青藏高原对东亚乃至全球的气候都有明显的影响，作为其组成部分的青海省，其影响首当其冲。首先，地势的抬升使其成为高寒气候区；其次，青海省的各种气象要素都与高原巨大的地形有关。

夏季高原主体为热低压，高原上均盛行偏东风，即高原夏季风，一般5月下旬开始，7、8月达到鼎盛阶段，10月初消失，冬季风开始。

青藏高原大地形地势较为平坦，小地形复杂，所以对风的影响也呈多样性和复杂性。当高空风速较大时，海拔高的地区就会受到高层空气动量下传的影响而造成地面大风，如唐古拉山和巴颜喀拉山地区，使得青海境内大风日数多、平均风速大。由于受局地小地形的影响，茫崖、茶卡、杂多等地的年大风日数也超过100天。高原大风日数比其他同纬度地区多几倍甚至几十倍。

地形对风向、风速的影响在青海各地随处可见，地方性风明显。当冷空气自河西走廊向东南方向移动时，受祁连山阻挡，青海省内东部地区盛行东南风或东风，有时甚至会影响到黄河上游的玛多县。湟水流域则至湟源西部的日月山东麓，与国内大部地区冷空气入侵，盛行西北风或北风有所不同。此外，东南风和东风由低海拔向高海拔运移所产生的气流爬坡作用，往往造成降水量增大，在湟水河谷中上游尤为明显，如湟中、湟源、互助等地。

由于地形的作用，山谷风、焚风、湖陆风在很多地方出现，茶卡因地处柴达木盆地东部的峡口，大风日数很多。茫崖地处当金山口的东侧，盛行西北风，是全省平均风速最大的地区，沙尘危害严重。贵德、同仁地处拉脊山东南侧，春、夏之交时有焚风作用产生干热风，危害农作物生长。此外，黄河谷地、通天河谷地、湟水谷地、柴达木盆地等地的山谷风，青海湖等湖盆周围的湖陆风等。

（二）高原大气环流对气候的影响

青海地处中纬度西风带内，高原面对西风环流产生分支、绕流、屏障等动力作用，扩大了西风带的影响范围。省内西部各地主要以偏西风为主，不仅风速大，而且持续时间长。

由于青藏高原的热力作用形成的高原季风，不仅造成省内风向的季节变化，也造成省内降水具有明显的季节特征。此外，北部有两个地方性的气压系统，即祁连山高压和柴达木低压。祁连山高压冬季较强，中心位于山地西段，山地东段仅为弱的高压脊；夏季由于热力作用，其势力大大减弱，这使得湟水谷地从民和到西宁全年都盛行偏东风。柴达木低压所达高度夏季比冬季高得多，但仍未达到水汽凝结高度，全年为干热低压，加剧了柴达木盆地的干旱程度。

（三）地理位置对气候的影响

青海处于 31°～39°N，西风环流是影响和控制气候的重要因子之一。此外，由于深居西北内陆腹地，距各大洋远，加之地形层层阻挡，因此，省内受海洋气流影响小，普遍干旱少雨，为干旱、半干旱地区。

青海南部的囊谦、班玛、玉树等河谷地带，虽然海拔大都在 3500 米以上，但这些地区纬度较低，比同样海拔高度的北部祁连山地热量条件好，成为青南高原河谷农业区。

第二节　主要的气候要素

一、光照

（一）太阳辐射

青海境内太阳辐射强度较高，柴达木盆地普遍高于 6900 兆焦每平方米，其中冷湖是全省年总辐射量最大的地区，年太阳辐射总量达到 7300 兆焦每平方米，部分地区可达到 7411 兆焦每平方米，青海湖以东地区年辐射总量一般为 5900～6200 兆焦每平方米，祁连山大部分地区太阳年总辐射量也较小，普遍低于 6200 兆焦每平方米，太阳辐射最低的地区主要在祁连山地的大通县境内，约为 5900 兆焦每平方米，大部分地区为 6800 兆焦每平方米，太阳年辐射总量空间分布由西北向东南递减，高于同纬度东部地区 1700～1900 兆焦每平方米，是国内辐射资源最丰富的地区之一。省内降水最多的东南部，年总太阳辐射量也较小，有些地区低于 6100 兆焦每平方米，如久治，年总太阳辐射量只有 5975 兆焦每平方米（图 6-2-1）。

青海境内的总辐射量的年内分布存在明显差异（表 6-2-1）。各地以 4—8 月最多，月总辐射量大部分地区超过 600 兆焦每平方米，占年总量的 49%～55%。乐都、西宁、贵德、共和等地及海东西部、海南北部、海北西部与柴达木盆地的香日德以及大柴旦西北部为单峰型，一般 5 月为峰（个别在 6 月），12 月为谷（个别在 1 月），其余多数地区为双峰型，以 5、7 月为峰，6 月稍低。太阳总辐射量与全省气温、降水量分布基本一致，利于农牧业生产的发展。

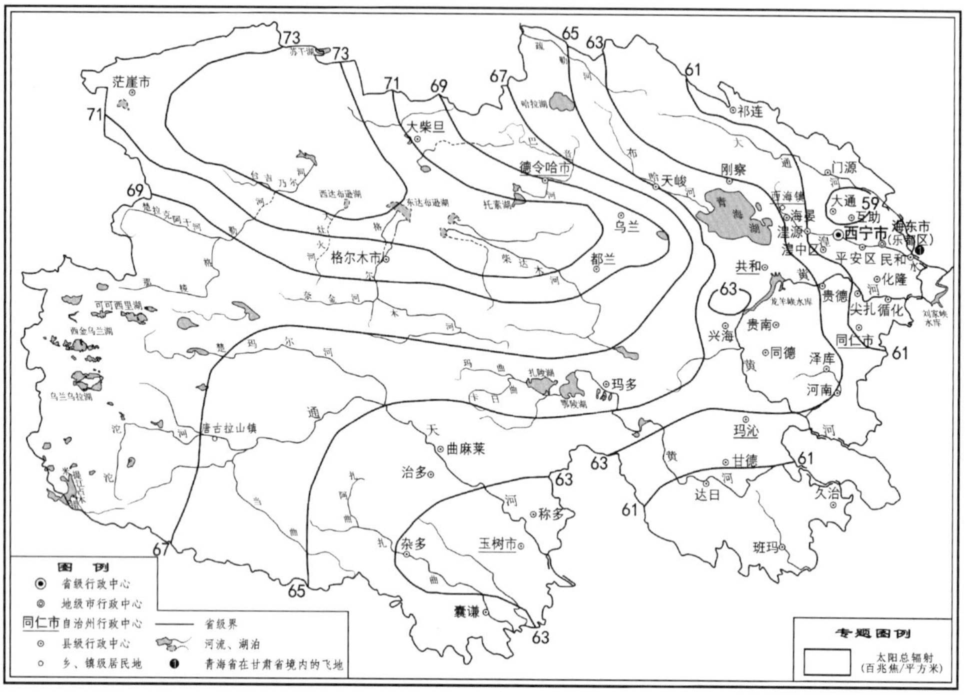

图 6-2-1　青海省太阳年辐射总量空间分布图

青海省部分地区月辐射总量

表 6-2-1　　　　　　　　单位:兆焦/平方米

地点	1月	4月	7月	10月	全年
西宁	339	607	670	431	6125
格尔木	360	691	762	540	6988
玉树	385	615	653	469	6276

(二)日照

各地日照时数多在 2328～3575 小时,年日照时数比相近纬度的中国东部地区多,空间分布与年总辐射量分布基本相似,日照时数由东南向西北递增。柴达木盆地日照时数多在 3000 小时以上,盆地西部和西北部多于 3200 小时,冷湖为全省日照时数之冠。青海湖周围地区为 3000 小时左右,祁连山地、青南高原和东部大部分地区在 2600～3000 小时,互助和湟中两地是低值区,不足 2600 小时,玉树的杂多、果洛州的东南部在 2500 小时以下,久治仅 2328 小时,为全省年日照时数最少的地区。青海省大部分地区日照时数最多出现在 5 月,最少月出现在 2 月和 9 月,前者是因为天数少,后者由阴雨天气、太阳高度角较低所致。

各地日照百分率为 53%～81%,空间分布规律仍是西北高、南部和东部低。柴达木盆地普遍在 70%以上,西北部高于 80%;东部地区一般在 60%左右,久治仍为青海省日照百分率最低的地区。全省日照百分率一般冬季高于夏季,6—9 月的雨季是年内日照百分率的低值期,11—12 月天空晴朗,是年内日照百分率的高值期。

(三)紫外线辐射

紫外线辐射量在太阳总辐射中所占比例少,为 4%～7%。青海省年紫外线总辐射量为 350～445 兆焦每平方米,空间分布与太阳总辐射趋势基本一致。青海湖以东的为 350～372 兆焦每平方米,果洛、玉树与海西州、格尔木市为 366～438 兆焦每平方米,柴达木盆地的小灶火至冷湖间为紫外线辐射高值区,在 436 兆焦每平方米以上,玉树州的治多至称多为次高中心,年总紫外线辐射量大于 376 兆焦每平方米。

在青海境内海拔 4000 米以上的高原地区，波长 250～400 纳米的紫外线照射量比平原地区多 2.5 倍；同时，高原大气密度小，空气干洁，加之高原雪盖的反射，使辐射强度更大。皮肤炎症、皮肤癌、白内障、红斑狼疮等疾病的发病率明显高于低海拔地区。此外，紫外线辐射通常对植物也有影响，靠近可见光的紫外辐射影响植物的形态，常使植物长得低矮、粗壮，叶片增厚，抗倒伏。

二、气温

青海省境内绝大部分地区是长冬无夏，春、秋相连，冬季漫长，每年有 4～6 个月及以上时间的日平均气温低于 0 ℃。

（一）年平均气温

年平均气温低，空间差异明显。全省各地年平均气温在－5.4～8.7 ℃。空间分布上主要受地形影响，具有南北低、中部高的特征（图 6-2-2）。黄河、湟水谷地与柴达木盆地为年平均气温较高的地区，青南高原和祁连山区为低温区。年平均气温最高为循化盆地，达 8.7 ℃，柴达木盆地中部为次高中心区，年平均气温在 5 ℃以上。青南高原黄河源头的玛多、清水河至唐古拉山的五道梁及以西地区，是年平均气温最低的地区，多在－4 ℃以下，其中五道梁为－5.4 ℃，是全省实测气温值最低的地方。祁连山区的托勒、野牛沟是次低中心区，气温在－2 ℃以下。年平均气温0 ℃以上的地区有海东、黄南（不包括泽库）、海南、海北的门源与祁连局部、海西大部以及果洛南部、玉树南部。

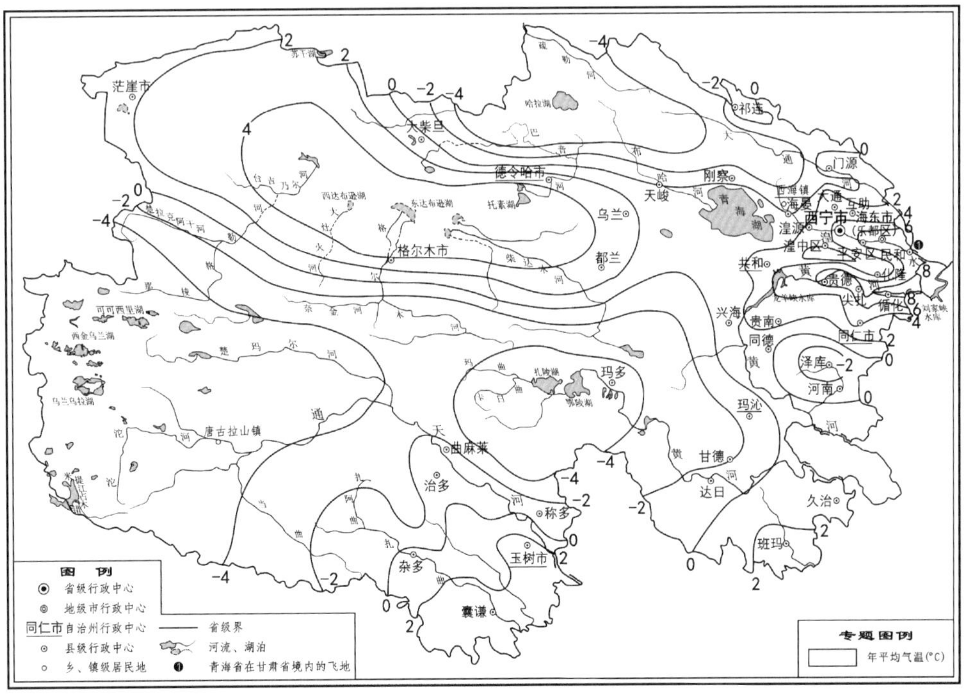

图 6-2-2 青海省年平均气温空间分布图

气温的四季变化具有春季升温迅速、秋季降温显著、夏季凉爽和冬季寒冷的特征。春季 4 月全省气温多在－5.5～10.9 ℃，月平均升温幅度为 5.4 ℃，柴达木盆地和青海湖周边升温最快，达 6.0 ℃，青南高原最小，为 4.6 ℃。秋季是降温最剧烈的季节，10 月全省平均气温在－4.9～9.2 ℃，秋温普遍低于春温，以春、秋两季各 3 个月的平均气温相比较，柴达木盆地和青海湖南岸的春温高于秋温 2 ℃以上，黄河、湟水谷地和北部祁连山地多为 2 ℃左右，青南高原不足 1 ℃。夏季 7 月是全省最暖月，平均气温 5.5～20 ℃，黄河、湟水谷地与柴达木盆地中部的察尔汗地区在 18 ℃以上，黄河源头至唐古拉山腹地与祁连山区为低温区，气温在 8～10 ℃，五道梁仅为 5.4 ℃，也是国内 7 月平均气温最低的地区。冬季 1 月气温最低，平均气温在－18.2(托勒)～－4.7 ℃(循化)，全年冷期虽较长，但冬季不是国内最寒冷的地区。

极端最高气温出现在青海境内东部农业区黄河谷地的尖扎，达 40.3 ℃，西部为柴达木盆地的小灶火，为 36.4 ℃，察尔汗、格尔木也达到了 35.5 ℃。极端最低气温在青南高原和祁连山地，一般介于－30～－40 ℃，玛多为－48.1 ℃，为省内极低值。

历年极端最低气温和平均最低气温并没有出现在海拔最高的唐古拉山地区，也没有出现在纬度最高的祁连山地区，而是在巴颜喀拉山地区，即果洛西北部和玉树的东北部，如玛多、五道梁。其主要原因是，北方南下的冷空气经常会侵入该地区，造成短时间的气温急剧下降，此外，巴颜喀拉山地区冬季降雪量大，地面积雪日数较多，积雪面对太阳辐射的反射较强，所以近地面温度很低，是高原地形影响的结果。

气温垂直变化显著。海拔 2000 米以下的河湟谷地，其冷期(日平均气温≤0 ℃)少于 4 个月，海拔 2000～4000 米地区冷期为 4～6 个月，海拔 4000 米以上的地区冷期长达 6 个月以上。柴达木盆地南缘，即格尔木-诺木洪-香日德一线向南每 10 千米气温递减 1 ℃多；海东的湟中、化隆与其南北两侧相比，因地形影响年平均气温明显偏低。湟中与西宁直线距离不足 25 千米，年均气温比西宁低 2.5 ℃；化隆与尖扎、循化的直线距离分别约为 30 千米和 40 千米，年平均气温分别比尖扎、循化低 5.4 ℃和 6.2 ℃。

(二)气温年较差和日较差

青海境内年较差小而日较差大是气温的显著特征之一。气温年较差普遍不大，不仅比国内北方的新疆、内蒙古、东北大部分地区少 10～15 ℃，而且比同纬度的东部地区少 3～6 ℃(表 6-2-2)。青海境内年较差最大的地区是柴达木盆地中西部和祁连北部，多超过 28 ℃，果洛、玉树南部的囊谦、班玛不到 20 ℃，是全省气温年较差最小的地区，东部大部分地区在 25～26 ℃。

西宁与同纬度地区气温年较差对比表

表 6-2-2　　　　单位:℃

地点	西宁	兰州	银川	西安	北京	太原	济南
年较差	25.6	29.7	32.7	28.0	30.7	30.7	29.3

青海境内气温日较差大，柴达木盆地中西部地区是气温日较差最大的地区，多在 17 ℃以上，而东部河湟谷地、青南高原大部分地区及祁连山地的部分地区，气温日较差在 14 ℃以下，全省其他地区介于 14～17 ℃。此外，青海境内的日较差季节变化明显，冬季日较差大都在 16 ℃以上，不少地区超过 20 ℃，如同德 1 月平均日较差为 21.6 ℃，属于世界上气温日较差最大的地区之一。春、秋季日较差次之，春季稍大于秋季，夏季多在 13～14 ℃。

(三)≥0 ℃、≥10 ℃的积温和无霜期

≥0 ℃、≥10 ℃气温是青海省农牧业常用的界限温度。日平均气温稳定≥0 ℃的初日，标志着土壤开始解冻，牧草开始萌动，大地呈现明显的春来迹象，多种作物开始播种，农耕期开始。初日时间青海东部及柴达木盆地早，祁连山地和青南高原晚(表 6-2-3)。从全省看，初日的早、晚前后相差两个多月。日平均气温稳定≥0 ℃的终日，其地区分布与初日相反，即初日开始早的地区，终日出现晚，初日开始晚的地区，终日则来得早，终日的先后在各地也相差两个多月。

青海各地区日平均气温稳定≥0 ℃的初日、终日、持续天数及期间积温

表 6-2-3

地点	初日	终日	持续天数	期间积温
东部河湟谷地	3 月 10 日前	11 月 10 日左右	250 天以上	3000 ℃·天以上
柴达木盆地	4 月 10 日前	10 月底	200～250 天	2000～3500 ℃·天
青南高原北部、祁连山地区	4 月 20 日后	10 月 10 日前	170 天以下	500～1500 ℃·天
青海湖区、青南南部谷地	4 月 20 日后	10 月 10 日后	180～200 天	1500～2000 ℃·天

分析青海境内日平均气温≥0 ℃的持续日数可知，超过 250 天的地区主要分布在河湟谷地，其中循化盆地可长达 265 天；日平均气温≥0 ℃的持续日数在 200 天以上的，主要有柴达木盆地及青南高原南部谷地的久治、班玛、玉树、囊谦等部分地区；青南高原和祁连山地不足 180 天，清水河、玛多、沱沱河、五道梁少于 150 天，其中五道梁仅有 109 天，是青海境内日平均气温≥0 ℃的持续日数最少的地区。

日平均气温≥0 ℃积温，河湟谷地在 3000 ℃·天以上，循化达 3476 ℃·天；湟水和黄河之间的拉脊山，因海拔高，积温较少，在 2000 ℃·天以下；青南高原和祁连山地大部分在 1000 ℃·天以下。通天河源及其以西地区是青海省≥0 ℃积温最少的地区，普遍在 500 ℃·天以下，五道梁仅有 450.6 ℃·天。

气温≥10 ℃时，作物开始进入旺盛的生长期。日平均气温≥10 ℃的初日最早在青海东部河湟谷地（表 6-2-4），贵德、尖扎、循化、民和 4 月中、下旬开始；日平均气温≥10 ℃终日最早的是青南高原，唐古拉至果洛西部的终日在 7 月下旬。

青海各地区日平均气温稳定≥10 ℃的初日、终日、持续天数及期间积温

表 6-2-4

地点	初日	终日	持续天数	期间积温
东部河湟谷地	4 月中、下旬	10 月上旬	150 天以上	2500 ℃·天以上
柴达木盆地	5 月中、下旬	9 月中、下旬	100 天以上	2000 ℃·天
青南高原北部、祁连山地区	7 月中、下旬	8 月上、中旬	20 天以下	200 ℃·天以下
青海湖区、青南南部谷地	7 月中旬	8 月初—8 月底	30～50 天	300～500 ℃·天

日平均气温≥10 ℃的日数较少，青南高原和祁连山地少于 20 天，唐古拉至果洛西部最少，不足 5 天，河湟谷地≥10 ℃日数在 75（化隆）～170 天（循化），柴达木盆地在 80（都兰）～130 天（格尔木）。≥10 ℃期间的积温，河湟谷地在 2000～2900 ℃·天，柴达木盆地中部略高于 2000 ℃·天，青海湖周围地区一般少于 500 ℃·天，青南高原和祁连山地一般少于 200 ℃·天，海拔 4500 米以上的地区，没有≥10 ℃的积温天数。

无霜期短。河湟谷地始于 4 月中下旬，终于 10 月中旬，无霜期 150 天以上，其中循化、民和等地超过 180 天，是全省无霜期最长的地区；柴达木盆地、海南等地区始于 5 月下旬前后，止于 9 月中、下旬，无霜期 100 天以上，其中格尔木、香日德等地在 150～160 天；青南高原东南部的部分谷地，如班玛、玉树、囊谦等地仅为 30～50 天；祁连山和青南高原大部分地区没有绝对的无霜期。

三、降水

青海地区的降水量偏少，地域差异显著，而且在季节分布上也不均匀，一般降水均集中在每年

的6—9月。年际间降水量较稳定，降水种类、降水日数较多，且多夜雨。

(一)降水量的空间分布

青海地区多年平均降水量为16.2～746.9毫米，空间分布由东南向西北递减(图6-2-3)。青南高原的东南部离本省主要的水汽源地——孟加拉湾相对较近，受西南季风影响较明显，同时由于青藏高原本身的作用，造成这一带低涡和切变活动比较频繁，加之地形由东南向西北升高，利于气流的抬升，成为省内降水量最多的地区。河南-大武-清水河-杂多一线以南大部分地区年降水量在500毫米以上，其中玛多、囊谦平均在600毫米以上，久治达746.9毫米，1981年曾达1030.8毫米降水极值，是省内降水量最多的地方；祁连山东部地区受来自太平洋暖湿气流的影响，加之地形对气流的抬升作用，使得拉脊山、达坂山附近的门源、大通、互助、湟源、湟中等地，年降水量在400～500毫米，成为省内年降水量的次多区；河湟谷地降水偏少，一般在400毫米以下，贵德、循化仅250毫米左右，是省内东部降水量最少的地区，主要因四周山地的相对高度高，成为“锅底小盆地”；祁连山地的中段和西段，湿润的东南风难以到达，降水少，一般在200毫米以下；青海湖周边地区年降水量一般在300～400毫米；青南高原中部、三江源头一带，年降水量在300毫米左右，可可西里降至150毫米以下，青海、新疆交界处的昆仑山地区，降水量只有100毫米；柴达木盆地四周山高，地形封闭，多以下沉气流为主，盆地东部年降水量为150～200毫米，如德令哈、茶卡、香日德等地，盆地中、西部年降水量大部在50毫米以下，察尔汗至冷湖的西北部不足25毫米，冷湖只有16.2毫米，是全省降水量最少的地区，也是全国最干旱的地区之一。

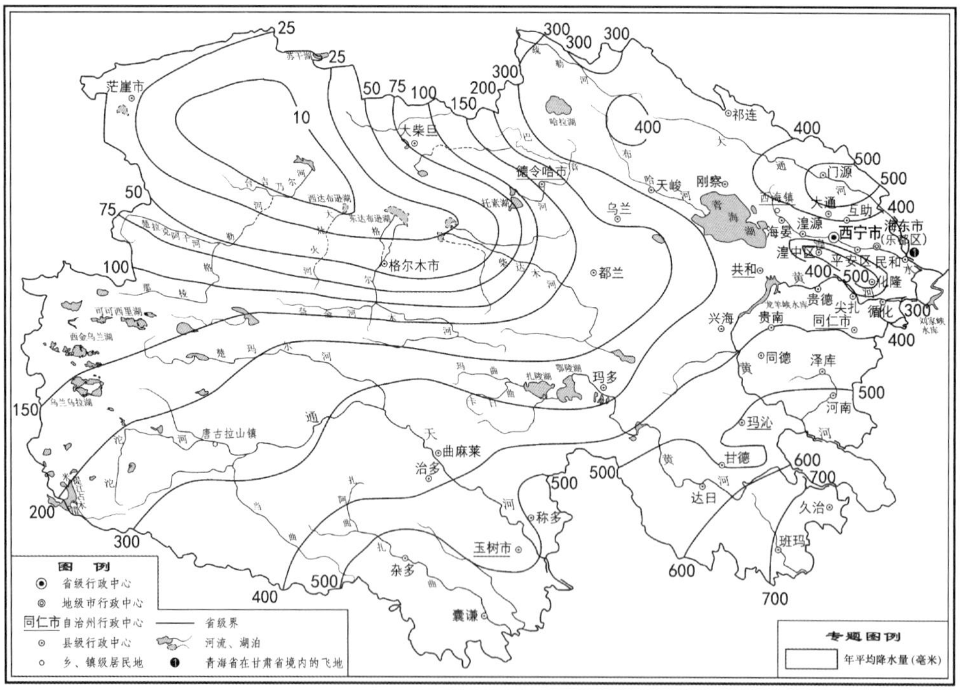

图6-2-3　青海年平均降水量空间分布图

(二)降水量的季节分布

降水量季节分配不均衡，夏季多，冬季少，秋季多于春季。夏季(6—8月)，各地降水量占年降水量的50%以上，海西、玉树、海北、果洛、海南大部分及唐古拉地区超过 60%，个别地方在 70%以上，雨热同期，有利于农牧业的发展；冬季（12 月至翌年 2 月），全省处在北方干冷空气控制下，干燥少雨，期间降水量仅占年降水量的 3%左右，且均为固态降水；秋季（9—11 月）各地降水量一般占年降水量的 20%以上，多于春季，但柴达木盆地的都兰、香日德、大柴旦等地，秋雨少于春雨；春季（3—5 月）降水量占年降水量的 20%以下，由于春季气温回升快、大风日数多、蒸发旺盛，因而春旱现象十分普遍和频繁。

（三）降水量的年内变化和年际变化

降水量的年内变化呈单峰型，绝大部分地区最大雨量在 7 月，久治因处在华西秋雨区的边缘，9 月为雨量次多月；降水量最小月绝大部分地区出现在 12 月，在东经 97°以西的柴达木地区及祁连山西段冬季会有一个小雨峰，出现在 1 月。

降水的年际变化较小。除柴达木盆地外，大部分地区降水相对变率比中国同纬度东部地区小，一般在 20%以下，其中青南高原、祁连山地、青海湖周围低于 15%，东部河湟谷地在 15%～25%，柴达木盆地一般超过 30%，如格尔木地区年降水量最多年份是最少年份的 8.9 倍，察尔汗、冷湖高达 50%。

（四）降水日数和降水强度

大部分地区年降水量虽较少，降水强度亦不大，但相对来说，降水日数较多。

日降水量≥0.1 毫米的降水日数在 11.7 天（冷湖）～173.4 天（久治）。青南高原、祁连山地中-东段及拉脊山地超过 100 天；果洛州东南部在 150 天以上，久治是省内降水日数最多的地方；东部农业区最多的是大通、互助，为 126～132 天，最少的是贵德，仅为 72 天；柴达木盆地多在 50 天以下，其中盆地西部少于 25 天，冷湖是省内降水日数最少的地方，仅为 12 天。除柴达木盆地外，降水日数相对较多，是省内降水方面的一个显著特点，如久治的年降水量只是南京的 75.5%，而降水日数比南京多 50 多天。

降水强度是指单位时间内的降水量。全省降水强度一般较小，日降水量＞5 毫米的日数超过 30 天的仅出现在果洛、玉树两州的东南部，达坂山两侧及拉脊山地、黄南州的南部，超过 40 天的地区很少，仅在河南外斯、久治、班玛等地；日降水量≥10 毫米的天数，除河南、班玛、久治外，普遍在 15 天以下；日降水量≥25 毫米的日数更少，少于 2 天。

此外，除柴达木盆地德令哈、格尔木以西外，各地夜间降水量（当日 20 时至次日 08 时）都大于白天降水量，从乌兰向东南延伸至海东、黄南、海南的大部分地区及玉树、果洛南部，夜间降水量占全年降水量的 60%以上。夜雨量多是省内降水方面的另一个显著特点，也是优势气候资源。

四、风

由于青海省处于西风带的控制下，偏西风就成为省内盛行风的背景，同时还存在青藏高原冷热源作用形成的高原季风，加之地形的影响，风向复杂、季节变化大、地区差异大。

（一）风向

由于青海境内青南高原中西部和柴达木盆地大部分地势起伏不大，东西走向山脉与西风方向一致，终年盛行偏西风，且风力强劲，但冷湖、德令哈多为偏东风，香日德、都兰多为东南风。6—8 月，青南高原东部受副热带高压带影响，多静风或偏东风。省内东部地区由于处于高原边缘，加上地形影响，盛行风向复杂多变，如偏东风为主的西宁、湟源、循化、同仁、化隆等河湟谷地；风向最复杂的果洛州，玛多、久治多东北风，大武、班玛多偏北风，达日多西风，东北风也占较大比例；海北州托勒西北风多，刚察以北风为主，祁连多东南风，门源多东风；海南北部的共和以北风为主，南部西北风多，江西沟受青海湖水体和山脉共同影响，以南风为主。

（二）风速

青海境内多年平均风速在 1.0～5.1 米每秒，

西部大而东部小，北部大而东南部小。风速最大的地区位于柴达木盆地中西部和唐古拉山，多在4.0米每秒以上，其中茫崖为5.1米每秒，五道梁达4.5米每秒；祁连山区到青海湖一带一般在3～4米每秒；东部河湟谷地、青南高原东南部大都在2米每秒以下，年均风速最小的地方是玉树的结古镇，只有1.0米每秒。

风速的年内变化较复杂。全省大部分地区上半年风速大，下半年风速小，春季风速最大，在2～6米每秒，但柴达木盆地中部和玉树州西部等局地最大风速却分别出现6月和2月；年内最小风速方面，柴达木盆地、海北州、海南州和黄南州北部及西宁地区多出现在冬季，其余各地多出现在7月和10月。风速的日变化方面，通常以午后至晚22时较大，24时至次日上午10时较小。不同地区、不同季节的风速日变化有较大差异，如柴达木盆地格尔木、诺木洪最大风速春季出现在16时左右，秋季在12时左右，冬季在14时左右，最小风速春季和夏季在21时，秋季和冬季在20时左右。

（三）大风

大风在气象学上指8级（风速17.2米每秒）以上的风。青海省是国内大风日数较多的地区之一，但省内各地差异悬殊，地域分布具有西部多、东部少，山地多、谷地少，高原多、盆地少的特征。西部年均大风日数多在100天以上，茫崖为110天，五道梁达136天，沱沱河为168天，为省内大风日数最多的地方；柴达木盆地的冷湖及以西地区、祁连山区至青海湖的年大风日数均在50天以上；果洛州中部的大武至达日在75天以上，玉树州不到40天；海北州东部、海东地区、黄南州泽库以北、海南州的贵德与贵南等地在30天以下，尖扎、民和只有4～5天。

省内平均风速虽然较大，但由于海拔高，空气密度小，风能密度较小。柴达木盆地中西部和青南高原中西部是省内风能资源最优的地区。东部、南部的河谷、山谷，属风能资源贫乏的地区。

五、蒸发量和湿度

（一）蒸发量

青海境内年均蒸发量在1100～3562毫米，蒸发量最大的地区位于柴达木盆地，年均蒸发量在2500毫米以上，其中察尔汗、冷湖、茫崖在3000～3562毫米；青南高原中部、海北州东部、东部农业区东北部年均蒸发量在1110～1250毫米，其中清水河、门源、久治等地在1102～1196毫米，是全省蒸发量最小的地方；海西东部、海北西部、海南、黄南大部、果洛北部、玉树大部及唐古拉山区年均蒸发量为1250～1750毫米。

青海草地面积广大，草地年蒸发力均在600毫米以上，柴达木盆地在全省最高，除大柴旦、都兰、茶卡外，均在1000毫米以上，其中，中部和西北部高于1200毫米；其次是东部的河湟谷地，超过800毫米，循化达1029毫米；青海湖周围地区、海南台地、玉树大部以及同仁、班玛、沱沱河等地，在700毫米以上；果洛大部、祁连山地、拉脊山和五道梁等地，在700毫米以下；称多、清水河和祁连的野牛沟仅为600毫米左右，为全省草地年蒸发力最小的地方。年内各月草地蒸发力的最大值，东部地区一般出现在6月，其余各地除大通、循化出现在5月外，普遍在7月；最小值除兴海、五道梁在1月外，大部分均出现在12月。

（二）湿润系数

湿润系数是指降水量与同期蒸发力之比，反映一个地区的干湿程度。

湿润系数空间分布自东南向西北递减，青海东南部、祁连山地东部年湿润系数在0.75以上，其中久治为1.19，属于湿润地区；祁连山大部、果洛西北部、玉树大部、青海湖周围、拉脊山和达坂山两侧在0.5～0.75，属半湿润地区；青海东部河湟谷地、海南大部、唐古拉山地区在0.25～0.5，属半干旱地区；柴达木盆地在0.25以下，属干旱地区，盆地中、西部低于0.05，属极干旱地区。

年湿润系数0.5等值线与年降水量390毫米

等值线分布大致吻合，亦可将降水量390毫米等值线作为全省半湿润与半干旱地区的分界线。

六、气压和含氧量

(一)气压

青海境内的气压主要受海拔高度的影响，自由大气的气压垂直变率约为12百帕每百米，即海拔每升高100米，气压下降12百帕，青海省绝大部分海拔在2000米以上，各地平均气压比同纬度大致低20%～40%。

青海地面平均气压为667百帕左右，地区差异明显。最高的地方是河湟谷地，平均气压在750～829百帕，民和为819百帕；柴达木盆地是气压次高区，平均气压为700～735百帕；气压最低区是青南高原，一般小于670百帕，黄河源头与唐古拉山小于600百帕，青海湖及其周边地区平均气压为670～710百帕。

气压年内变化的地域差异较大。一般规律是：海拔2000米以下，基本呈单峰型，气压最低值出现在7月，最高值在11月；海拔在2000～3000米，双峰特征较为显著；到海拔4000米以上，又表现为单峰型，最低值出现在2月，最高值在8月。河湟谷地的民和、乐都与贵德、尖扎、循化及柴达木盆地的察尔汗，最高气压出现在11月，月均气压739～823百帕；位于33°～35°N间的青南高原与祁连山地及青海湖周边，最高气压出现在9月，唐古拉8月最高，月均气压582～700百帕；海西大部、青南高原的南部、海南大部、海北东部，最高气压出现在10月，月均气压622～799百帕。最低气压除湟水谷地西宁、乐都、民和与黄河谷地的贵德、尖扎、循化出现在7月外，其余地区多出现在2月，月均气压为571～818百帕。

(二)含氧量和缺氧率

青海境内高原空气中氧的相对浓度与平原相同，但由于空气密度减小和总大气压降低，空气中的氧含量和氧分压也相应下降，全省平均大气压仅及海平面的2/3，空气密度为海平面的56%～80%，含氧量在173～233克每立方米，比海平面少20%～40%，即使在本省东部地区，空气中的氧含量也仅为海平面的70%～80%。吸入低氧含量、低氧分压的空气，使得高原上人的肺气泡和动脉血所能达到的氧分压低于平原。

含氧量的空间分布与气压的分布相似。含氧量最多的地区是河湟谷地，平均为210～230克每立方米，民和达247.7克每立方米；柴达木盆地平均为200～210克每立方米，为次高中心；青南高原平均为173～200克每立方米，是含氧量的低值区，随海拔由东南向西北的升高，含氧量逐渐减少，最低中心在唐古拉地区，7月含氧量不足170克每立方米；祁连山区年均195～202克每立方米，哈拉湖西侧的祁连山西段为低值区，平均不超过200克每立方米；青海湖及周边年均含氧量为200～208克每立方米。含氧量的年内变化表现为：1月高，7月低。全省1月平均含氧量在179～248克每立方米，7月在166～221克每立方米，含氧量的变化与气温变化有关。

青海由于高海拔的自然环境，导致空气稀薄，大气含氧量很低。一般情况下，一个标准大气状况下的含氧量为283.8克每立方米，而青海境内的缺氧率在13%～41%(表6-2-5)，五道梁常年缺氧率近40%，有明显的地区差异和时间变化，与含氧量分布相同。

青海主要气象台站的缺氧率

表6-2-5　　单位：%

站名	西宁	民和	格尔木	冷湖	五道梁	兴海	玉树	玛多	班玛	刚察	同仁
1月	17	13	22	21	37	26	31	34	29	26	20
7月	25	22	30	29	41	33	36	39	35	33	27
年均	22	18	26	25	39	30	33	37	32	29	24

第三节 气候区划

青海省的气候区划先后划分过较多的版本，主要有1985年青海省综合农业区划编写组的《青海省综合农业区划》，1985年青海省气象科学研究所、青海省气象局农牧业气候区划办公室编写的《青海省农牧业气候资源分析及区划》，1990年戴加洗主编的《青藏高原气候》(气象出版社)，2004年张忠孝编著的《青海地理》(青海人民出版社)，以及2004年王江山主编的《青海天气气候》(气象出版社)等，本志主要介绍2004年张忠孝在《青海地理》中对青海省的气候区划方案，该区划结果是志书修编年限中最新的区划成果，而且也参考了前面几个区划版本。

一、区划指标

该区划结果主要依据青海省的地理环境地势高、温度低的特征，气候区划时，首先考虑温度，采用了日平均气温≥0 ℃积温、持续天数和最暖月(7月)平均气温来划分气候温度带，即地理学中的热量带划分，作为一级区划(表6-3-1)，在区划过程中，≥10 ℃的年积温日数若少于50天，麦类作物难以成熟，因此将其作为高原温带和高原亚寒带界限的参考。

青海气候带划分指标

表6-3-1

气候带	主要指标	辅助指标	
	≥0 ℃积温(℃·天)	≥0 ℃天数(天)	最暖月平均气温(℃)
Ⅰ高原温带	≥1500	≥195	12～18
Ⅱ高原亚寒带	500～1500	120～195	6～12
Ⅲ高原寒带	<500	<120	<6

青海境内高原温带和高原亚寒带界限有两条：一条大体为阿尔金山东段-宗务隆山-青海南山-日月山，向北再沿大通山至冷龙岭中段，是高原温带的北界；另一条大体为东昆仑山-布尔汗布达山-鄂拉山-麦秀山，是高原温带的南界。其间包含了柴达木盆地、河湟谷地、共和盆地等地理单元，高原温带的温度条件一般达不到国内东部温带的热量水平，特别是最暖月的温度较低，只能满足喜凉作物一年一熟。青海南部高原中、东部地区，以及祁连山地的西、中段地区以及青海湖盆地为高原亚寒带，这些地区较东北黑龙江最北部寒温带的温度条件差，农作物不能成熟，只能以牧业为主。

将不出现或不稳定出现≥10 ℃的天数、最暖月<6 ℃作为高原寒带和高原亚寒带的参考界限。高原亚寒带与高原寒带界限分青海南部高原和祁连山地两个区域，青海南部高原西部大体从布喀达坂峰-卓乃湖以南-五道梁附近折向南至唐古拉山主峰，以西为高原寒带，主要包含通天河河源、可可西里内流区和楚玛尔河河源；祁连山地区的高原寒带和高原亚寒带界限从阿尔金山东段-宗务隆山南麓-哈拉湖东缘山地向北至疏勒南山，宗务隆山和疏勒南山之间为高原寒带，主要包括哈拉湖盆地。

在青海高原温度带划定的基础上，再根据年湿润系数和6—8月湿润系数(表6-3-2)，划定水分主导的气候亚区。

青海气候区划分指标

表 6-3-2

气候区	主要指标	辅助指标
	年湿润系数	6—8 月湿润系数
A 湿润	＞0.75	＞1.10
B 半湿润	0.75～0.50	1.10～0.70
C 半干旱	0.50～0.25	0.70～0.50
D 干旱	0.25～0.15	0.50～0.20
E 极干旱	⩽0.15	⩽0.20

最终结合植被和作物分布，考虑地形因素，经过综合分析判定，将青海省气候区划分为 3 个气候带、8 个气候亚区(图 6-3-1)。

二、气候分区概述

(一)高原温带半干旱气候区(Ⅰc)

该区域位于青海省东部、日月山以东，东、北至甘肃、青海两省边界，南至黄南山地。该区属黄土高原向青藏高原的过渡地带，黄河、湟水自西向东流贯其间，大通河从西北流入本区，流水侵蚀作用强烈，地面破碎。谷地海拔 1750～2700 米，周围山地海拔 4000 米左右。

该区域气候要素垂直变化明显，以湟水流域为例(表 6-3-3)，气温随海拔升高逐渐降低，年平均气温的递减率为 0.62 ℃每百米；年降水量除民和等地外，均随海拔升高而增加。

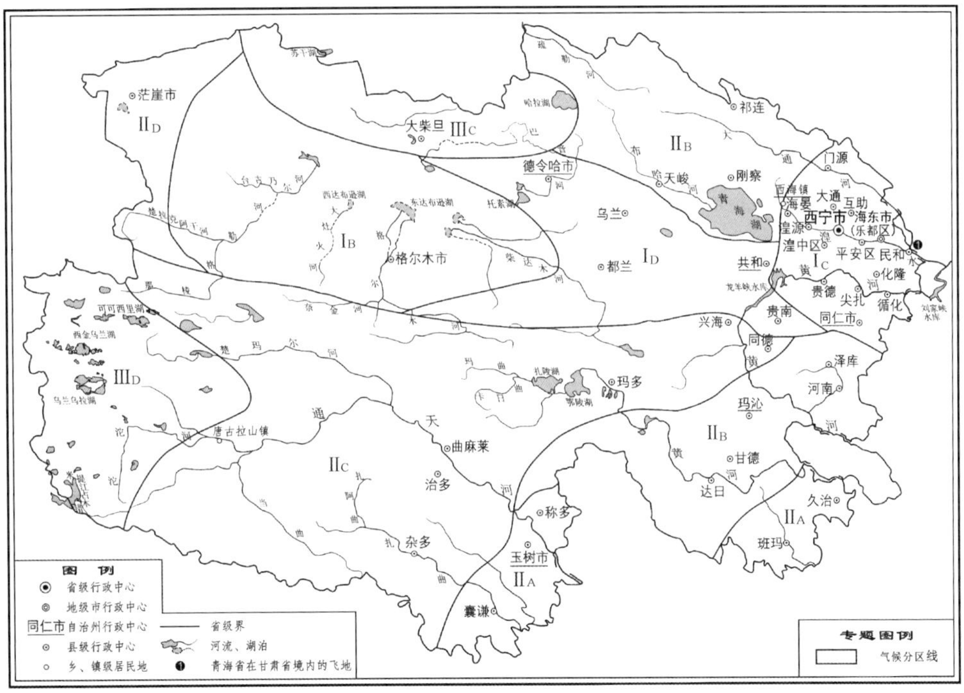

图 6-3-1　青海省气候区划图

青海高原温带半干旱气候区主要站点气象要素一览表

表 6-3-3

地点	海拔(米)	平均气温(℃)			⩾0 ℃积温(℃·天)	⩾10 ℃积温(℃·天)	年降水量(毫米)	年蒸发量(毫米)	相对湿度(%)	年均大风日数(天)	最大风速(米/秒)	缺氧率(%)
		全年	7 月	1 月								
民和	1814	7.9	19.7	−6.2	3218.4	2730.9	344.2	1525.8	59	5.0	18.0	18
乐都	1980	7.3	18.7	−6.3	3083.0	2423.0	329.8	1613.8	58	9.4	17.0	20

续表

地点	海拔(米)	平均气温(℃)			≥0 ℃积温(℃·天)	≥10 ℃积温(℃·天)	年降水量(毫米)	年蒸发量(毫米)	相对湿度(%)	年均大风日数(天)	最大风速(米/秒)	缺氧率(%)
		全年	7月	1月								
西宁	2261	6.4	17.5	−7.0	2632.8	2037.3	367.2	1683.1	54	38.9	16.2	22
互助	2480	3.7	14.8	−10.2	2218.5	1449.0	490.2	1188.0	63	4.1	15.3	24
湟中	2668	2.8	14.3	−10.9	2065.0	1258.5	535.4	1245.6	61	13.8	20.0	25
却藏滩	2871	1.6	12.8	−11.8	1734.1	725.8	592.1	—	—	—	—	—
湟源	2634	3.1	13.9	−10.3	1950.1	1299.3	407.7	1325.5	61	22.9	21.3	25
大通	2450	4.6	15.6	−9.3	2068.2	—	518.7	1217.9	63	14.6	19.3	24
门源	2850	0.8	12.1	−13.3	1463.2	—	522.4	1102.0	61	26.2	22.0	26
化隆	2835	2.5	13.6	−10.0	1755.5	—	445.3	1246.5	60	13.9	40.0	26
循化	1870	8.7	19.6	−4.7	3510.8	2914.1	266.6	2066.0	54	24.4	24.0	19
同仁	2491	5.6	16.2	−7.3	2437.4	—	401.4	1397.3	56	17.1	20.7	24
尖扎	2085	7.9	19.2	−5.6	3120.8	2691.9	342.3	1736.5	51	3.9	16	21
贵德	2237	7.3	18.2	−6.2	2926.2	2517.7	252.3	1904.1	57	24.5	18.0	22

该区域气候要素的水平差异也较显著。首先,南北方向上存在较大差异,热量条件南部优于北部,尖扎、贵德、循化等黄河谷地最好;西宁、乐都等所处的湟水谷地次之;门源所处的大通河谷地相对较差,门源年平均气温为0.3 ℃,≥0 ℃积温1463.2 ℃·天,是农牧交错地区。降水量变化则相反,北部多于南部,北部降水日数也较多。南北气候状况的差异是纬度、海拔、地形综合影响的结果。其次,东西方向上也有明显差异,湟水谷地东部的民和年均气温为7.9 ℃,是纯农业区,西部的湟源年均气温是3.1 ℃,属半农半牧区。

该气候区属省内自然条件优越、开发历史悠久、人口密集、城镇分布集中、经济较发达地区。河谷阶地和低山丘陵已开垦为农田,依地势自下向上为川水、浅山、半脑山、脑山农业区。农作物以春小麦占优势,青稞、油菜、马铃薯、蚕豆、豌豆等作物种植普遍,果树以苹果、梨、杏为主,蔬菜种植面积和种类随大棚建造不断增多,已成为本省蔬菜基地。天然植被大多已被栽培作物所取代,海拔3000米以下局部阴坡有青海云杉和山杨林为主的森林,海拔3200米以上的山区,大面积分布着以嵩草为主的高寒草甸,属天然牧场。

人类活动强度大,水土流失严重。冬、春多大风,春旱、冰雹、霜冻等气象灾害频繁。

(二)高原温带干旱气候区($Ⅰ_D$)

该区域范围大致位于柴达木盆地东部,青海南山以南,黄河以西,鄂拉山以北。年平均气温在1.5~4.1 ℃,7月气温为14.2~16.4 ℃,≥0 ℃积温为1853.0~2242.5 ℃·天,持续日数200天左右,热量条件在本省较好,主要气象要素见表6-3-4。

该区域大部分地区年降水量在200毫米以下,年蒸发量在1900毫米以上,湿润系数在0.25以下,干旱少雨。此外,雷暴、冰雹出现少,霜日也不多。

该区域年平均风速较大,大风日数较多。平均风速一般在3~3.5米每秒,年大风日数15~68天不等。与这种气候条件相适应,植被以草原荒漠占优势,土壤以灰钙土为主,其中掺杂着盐土。德令哈、香日德、都兰、乌兰等地土层较厚,自1950年相继建起一批国营农牧场,曾获得春小麦高产纪录,种植马铃薯、油菜、枸杞等,品质较好,具有发展农业和多种经营的巨大潜力。

青海高原温带干旱气候区主要站点气象要素一览表

表 6-3-4

地点	海拔(米)	平均气温(℃)			≥0 ℃		≥10 ℃		年降水量(毫米)	年蒸发量(毫米)	相对湿度(%)	年均大风日数(天)	最大风速(米/秒)	缺氧率(%)
		全年	1月	7月	积温(℃·天)	日数(天)	积温(℃·天)	日数(天)						
德令哈	2982	4.0	−10.9	16.4	2242.5	218.6	1484.9	99.9	182.3	2092.5	38	31.3	17.7	28
香日德	2905	3.9	—	16.0	2345.0	219.8	1489.9	101.7	163.0	—	—	—	—	—
都兰	3191	3.2	−9.8	14.8	1951.5	206.0	1189.4	84.9	193.9	1949.5	39	15.4	25.9	29
茶卡	3088	1.5	—	14.2	1853.0	199.0	116.7	82.8	201.1	1909.6	43	67.6	27.0	28
共和	2835	4.1	−9.8	15.6	2144.8	—	—	—	315.7	1692.1	50	38.3	20.0	26

(三)高原温带极干旱气候区(Ⅰ$_\mathrm{E}$)

该区域位于柴达木的中、西部，干燥、少雨是本区气候最突出的特点。年降水量大都在 50 毫米以下，西北部不足 20 毫米，年蒸发量在 2200 毫米以上，其中冷湖高达 2800 毫米以上，年湿润系数低于 0.15，相对湿度在 30%左右，是青海省境内最干、相对湿度最低的地区之一。主要气象要素见表 6-3-5。

高原温带极干旱气候区主要站点气象要素一览表

表 6-3-5

地点	海拔(米)	平均气温(℃)			≥0 ℃		≥10 ℃		年降水量(毫米)	年蒸发量(毫米)	相对湿度(%)	年均大风日数(天)	最大风速(米/秒)	缺氧率(%)
		全年	1月	7月	积温(℃·天)	日数(天)	积温(℃·天)	日数(天)						
冷湖	2733	2.6	−12.5	17.0	2307.3	199.0	1728.3	112.1	16.9	2888.8	30	58.2	32.0	25
茫崖	3139	1.4		13.5	1810.2	193.2	911.4	67.6	46.1	2627.2	30	110.4	26.0	27
大柴旦	3173	1.2	−13.4	15.1	1947.3	191.2	1209.5	85.5	82.1	2167.1	35	22.4	24.3	29
乌图美仁	2771	2.3		15.7	2117.5	200.4	1481.3	102.5	25.2			13.5		
察尔汗	2678	5.1		19.1	2821.3	221.1	2292.5	138.5	23.4			41.1		
诺木洪	2790	4.4		17.2	2563.0	223.3	1920.5	126.2	38.9	2239.4	35	52.4	31.0	26
格尔木	2808	4.2	−9.1	17.6	2570.0	221.0	2009.8	130.2	38.8	2504.1	32	22.0	22.0	26

该区域太阳年辐射总量、日照时数、日照百分率均为国内高值区，年日照时数 3000 小时以上，冷湖高达 3550.5 小时，为全国之冠，年日照百分率均在 70%以上，该区光能资源丰富，是青海省境内光能资源开发的潜在区域。

该区域因地处盆地，海拔较低，热量状况与东部的高原温带干旱区相近，大部分地区可种植喜凉作物，但受水分条件制约，仅在格尔木、诺木洪、乌图美仁、小灶火等地种植有春小麦、油菜、蔬菜、枸杞等，均为绿洲农业。

该区域年平均风速大，大部分地区在 3 米每秒以上，由于地形作用，茫崖可达 5.1 米每秒；大风日数多，大部分在 40 天以上。雷暴、冰雹日数少，一般年平均雷暴日数在 5 天以下。

该区域的植被以旱生、超旱生灌木、半灌木、盐生灌丛为主,多为荒漠、半荒漠草原。此外,分布着大片风蚀地、沙漠、戈壁和盐湖、盐滩。

(四)高原亚寒带湿润气候区($Ⅱ_A$)

该区域位于青南高原的东南部,高原平均海拔 3500~4200 米,山地平均海拔 5000~6000 米,地势由西北向东南降低,长江、黄河及众多支流侵蚀切割,高山深谷相间,自然条件复杂,气候要素垂直变化明显。

冷湿是本区域气候的基本特征。热量条件差,年均温为−5~2 ℃,南部河谷地带高于 2 ℃,在班玛、玉树、囊谦等地,7 月平均气温 6~13 ℃,1 月平均气温−7~−18 ℃。气温在地区分布上有较大差异,总体东部优于西部,南部优于北部,主要因海拔高度不同造成差异,班玛热量条件要明显好于甘德。降水受西南季风影响明显,加之地势和青藏高原自身的作用,使得本区域是全省降水量最多的地区,年降水量在 500~600 毫米以上,且降水量较稳定,变率较小,大部分地区在 10%以下;从地区分布差异来看,东部多于西部,南部多于北部,东部久治年降水量达到 764.9 毫米,向西至清水河则减少至 500 毫米左右,南部班玛年降水量为 671.5 毫米,向北至甘德境内则减少至 490 毫米左右。海拔 4000 米以上的地带,降水量一般随高度增加而减少。夜间降水量多,普遍占总降水量的 60%以上。主要气象要素见表 6-3-6。

青海高原亚寒带湿润气候区主要站点气象要素一览表

表 6-3-6

地点	海拔(米)	平均气温(℃)			≥0 ℃		≥10 ℃		年降水量(毫米)	年蒸发量(毫米)	相对湿度(%)	年均大风日数(天)	最大风速(米/秒)	缺氧率(%)
		全年	1月	7月	积温(℃·天)	日数(天)	积温(℃·天)	日数(天)						
外斯	3414	1.1	—	10.7	1437.2	196.9	288.1	24.6	615.5	—	—	—	—	—
玛沁	3917	−0.6	—	9.7	1210.3	180.8	164.9	14.4	513.2	—	—	—	—	—
甘德	4050	−2.7	—	7.6	858.5	160.0	78.5	7.2	492.9	1261.8	66	75.7	27.0	35
久治	3629	0.6	−10.3	10.1	1247.6	185.5	173.6	15.4	746.9	1196.2	67	49.0	20.0	32
班玛	3750	2.7	−7.7	11.8	1665.1	211.3	424.3	35.5	671.5	1264.7	61	52.9	23.0	32
清水河	4415	−4.8	−17.3	6.4	579.3	124.9	—	—	508.6	1127.4	67	73.5	24.0	38
玉树	3681	3.2	−7.6	12.4	1782.6	211.4	660.2	52.9	485.8	1302.9	55	39.3	26.0	33
囊谦	3644	4.1	−6.5	13.2	1890.0	223.9	947.2	74.1	520.9	1606.4	54	37.9	15.7	33

该区域属青海省境内多雹地区,年降雹日数均在 15 天以上,其中清水河为 25 天左右;同时亦是多大风的地区,年大风日数一般超过 50 天,其中甘德达 75.7 天。

该区域的土壤与气候条件相适应,以高山灌丛草甸土和高山草甸土为主,其上分布着高寒灌丛和高寒草甸,为天然牧场。玛柯河流域分布有较大面积的天然森林,是全省的主要林区之一。海拔 3500 米以下的河谷阶地零星分布有耕地,主要种植耐寒的青稞作物,但产量很低。

该区域因热量条件差,温度低,牧草返青期晚,青草期短,枯草期长,造成畜草的季节不平衡;西部及西北部地区冬季严寒,多大风雪,给牲畜越冬造成很大困难。

(五)高原亚寒带半湿润气候区($Ⅱ_B$)

该区域包括黄南州南部、海南州的南部、果洛州的北部、玉树州的中东部、祁连山中段和青海湖盆地等。地形复杂,海拔高度变化大,河流较多,地形切割破碎，气候要素垂直变化明显。

该区域的位置、地形和海拔高度是本区气候差异变化的主要因素。兴海、江西沟等海拔高度在3300米左右的盆地和谷地，年平均气温多在0 ℃以上，祁连县城所在地海拔高度2787米，≥0 ℃积温1658 ℃·天，持续天数190天，附近有春小麦种植；海拔3600米以下的山地阳坡，局地分布着祁连圆柏疏林。北部的野牛沟、托勒，尽管海拔只有3300米左右，但由于所处纬度位置较高，且又向西北方向开口，利于冷空气的侵袭，也利于冷空气的停留，所以冬季温度低，托勒地区12月平均气温为－17.7 ℃，比青南高原西部的五道梁、沱沱河还低1 ℃左右，而后者的海拔在4500米以上。其余大部分地区年平均气温在0 ℃以下，日均温≥10 ℃的积温很少，约在300 ℃·天以下，多数地方不足100 ℃·天，持续时间短暂，最长也仅有25天左右。昼夜气温变化剧烈，日较差大。主要气象要素见表6-3-7。

青海高原亚寒带半湿润气候区主要站点气象要素一览表

表6-3-7

地点	海拔（米）	平均气温（℃）			≥0 ℃		≥10 ℃		年降水量（毫米）	年蒸发量（毫米）	相对湿度（%）	年均大风日数（天）	最大风速（米/秒）	缺氧率（%）
		全年	1月	7月	积温（℃·天）	日数（天）	积温（℃·天）	日数（天）						
泽库	3663	－1.8	－14.1	8.8	877.3	158.8	85.0	7.6	472.3	1269.5	64	45.3	21.0	32
兴海	3323	0.9	—	12.1	1560.0	186.4	592.4	47.5	344.9	1526.7	50	46.2	28.0	30
曲麻莱	4175	－2.2	－14.2	8.6	879.1	155.7	73.8	6.7	407.0	1373.3	55	113.2	26.3	36
杂多	4066	0.5	－11.5	10.6	1269.1	86.9	277.6	24.6	535.4	1457.0	57	63.5	26.3	35
祁连	2787	1.0	－13.2	12.8	1658.0	190.2	812.5	65.0	406.8	1449.9	54	26.7	19.0	25
刚察	3302	－0.3	－13.7	10.9	1269.4	181.5	378.5	22.0	371.1	1454.4	54	46.8	26.7	29
江西沟	3239	0.5	—	—	1518.3	197.3	—	—	381.1	1361.2	57	54.4	29.0	29
托勒	3367	－2.7	－17.7	10.4	1073.2	160.4	292.8	19.0	273.0	1419.8	52	63.8	27.7	30
野牛沟	3320	－3.3	—	9.0	963.9	156.0	94.0	8.4	394.6	1248.1	59	60.3	26.0	30

该区域年降水量地区差异较明显，多年平均降水量在400毫米左右，杂多地区降水最多，达535.4毫米，托勒最少，为273毫米。年降水量多集中在5—9月，此外，本区亦是冰雹和雷暴多发区。

该区域风速较大，冬、春季多出现大风，尤以2、3月为多，8—10月平均风速最小，如泽库平均风速为4.1米每秒，年大风日数一般在50天以上，其中曲麻莱地区高达113天。

该区域的植被主要以矮嵩草、蓼及柳、杜鹃组成的高山草甸、亚高山灌丛草甸，是青海省内主要牧区。地势较低的河谷地带可种植春小麦、青稞、油菜、马铃薯等作物。海拔5000米以上的地段终年积雪覆盖，现代冰川发育；最北部的走廊南山和冷龙岭，其上的冰川融水流入河西走廊，是河西走廊的重要水源地。

（六）高原亚寒带半干旱气候区（$Ⅱ_C$）

该区域位于长江、黄河源头地区，海拔4000～4500米，地表切割微弱，高原面保存完整，地势平坦和缓，湖泊较多，有扎陵湖、鄂陵湖、星宿海等重要湖泊，自然生态条件差。

该区域年均气温低，为－4 ℃左右，热量条件差，≥10 ℃的积温极少，日较差和年较差大，分别达到14 ℃以上和23 ℃以上。主要气象要素见表6-3-8。

青海高原亚寒带半干旱气候区主要站点气象要素一览表

表 6-3-8

地点	海拔(米)	平均气温(℃)			≥0 ℃		≥10 ℃		年降水量(毫米)	年蒸发量(毫米)	相对湿度(%)	年均大风日数(天)	最大风速(米/秒)	缺氧率(%)
		全年	1月	7月	积温(℃·天)	日数(天)	积温(℃·天)	日数(天)						
玛多	4272	−3.9	−16.8	7.4	682.9	130.8	45.3	4.1	321.7	1322.5	59	68.1	30.0	37
沱沱河	4533	−4.2	−16.7	7.5	683.7	136.8	21.8	2.0	275.6	1599.6	54	146.2	32.0	39

该区域大风日数多，年均风速大，沱沱河的年均大风日数高达 146.2 天，风速最大出现在 3 月。

该区域植被相对简单，主要以紫花针茅组成的高山草原和硬叶苔草，为纯牧区。

(七)高原寒带半干旱气候区($Ⅲ_C$)

该区域位于祁连山西段，海拔大部分在 4000 米以上。地面气象台站缺乏，零星的气象资料和考察结果显示，该区域年均气温在−5 ℃以下，最暖月仅 4～5 ℃。东部的温度低于西部，北部的温度低于南部，该区域热量条件以哈拉湖最低，哈拉湖南部年平均气温在−6.5 ℃左右。

该区域的干湿程度东西有较大差异，年降水量由东部的 500 毫米向西减少为 200 毫米以下。

该区域植被东部以高寒草甸、高寒灌丛为主，中部为山地草原为主，西部属荒漠化草原。

(八)高原寒带干旱气候区($Ⅲ_D$)

该区域主要包括可可西里地区，是青藏高原腹心地带，羌塘高原的重要组成部分，海拔 4500～5100 米，地势起伏和缓，高原面保存完整，以寒冻剥蚀作用为主，有多年冻土分布，西部高山海拔多在 6000 米以上，现代冰川发育。

该区域气候严寒干燥，热量条件极差，五道梁年平均气温为−5.4 ℃，最暖月气温仅 5.5 ℃，极端最低气温在−40 ℃左右，太阳辐射较强。主要气象要素见表 6-3-9。

青海高原亚寒带干旱气候区主要站点气象要素一览表

表 6-3-9

地点	海拔(米)	平均气温(℃)			≥0 ℃		年降水量(毫米)	年蒸发量(毫米)	相对湿度(%)	年均大风日数(天)	最大风速(米/秒)	缺氧率(%)
		全年	1月	7月	积温(℃·天)	日数(天)						
五道梁	4612	−5.4	−16.7	5.5	391.2	—	274.6	1300.8	57	121.6	31.0	39

该区域降水自西向东逐渐增加，东部五道梁为 274.6 毫米，西部仅为 30～50 毫米，降水以固态降雪形式为主，夜雨量占 50%以上，5—9 月降水量占全年降水量的 90%以上；冬、春多大风，五道梁年均大风日数为 121.6 天。

该区域土层浅薄而贫瘠，植被稀疏，主要为以紫花针茅和青藏苔草为主的高寒草原与沙生针茅和垫状驼绒藜组成的高寒荒漠草原。

第四节　近 50 年来的气候变化

一、气温变暖趋势明显

1961—2010 年青海省内大部分气象台站的平均气温均呈明显上升趋势，为每十年上升 0.38 ℃，明显高于同期全球的 0.13 ℃每十年和全国的

0.22 ℃每十年的水平。

气温变暖呈现出较明显的阶段性变化，20 世纪 60 年代至 80 年代中期，气温低于 1961—2010 年的平均值；20 世纪 80 年代中期以后，气温开始上升，尤其是 20 世纪 90 年代中后期以来增温明显；气温变暖也表现出季节上的差异，秋、冬两季升温高于春、夏两季；气温变暖亦表现出地区差异，东部农业区、环青海湖区、柴达木盆地、三江源区气温变化率分别为增温 0.37 ℃每十年、0.48 ℃每十年、0.50 ℃每十年、0.35 ℃每十年，其中气温升温幅度最大的地区是柴达木盆地。

二、降水存在增加趋势，但增幅不明显

1961—2010 年青海境内降水量呈现微弱增加趋势，为每 10 年增加 6.0 毫米。各季节降水量均呈增加趋势，其中夏、秋季增幅较明显。

青海境内的年降水量具有非常明显的阶段性变化，20 世纪 60 年代至 70 年代初为少雨期，70 年代中期至 80 年代末期为多雨期，90 年代降水量明显偏少，进入 21 世纪降水量又开始增多；年降水量也存在地区差异，其中，三江源地区、柴达木盆地降水量增加的趋势较明显，东部农业区、环青海湖地区降水量增加的幅度相对较小。

三、相对湿度总体略微减少

1961—2010 年平均相对湿度呈略微减少趋势，但阶段性变化明显。20 世纪 60 年代至 90 年代末相对湿度较大，其中 20 世纪 80 年代初至 90 年代末增加幅度最大，20 世纪 90 年代末开始呈现较明显的减少趋势。从空间分布来看，西宁、平安等东部地区以及柴达木盆地的西缘减少趋势较为明显，其他地区呈现增加趋势。

四、日照时数总体呈减少趋势

1961—2010 年平均日照时数呈减少趋势，减少率为每 10 年减少 10.4 小时。其中，柴达木盆地的东、西部减少最为明显，但三江源地区的玛多及沱沱河等地却呈增加趋势。

四季平均日照时数变化趋势不尽相同，夏、秋、冬季呈减少趋势，其中，夏季减少最大，春季表现为增加趋势。年平均日照时数也具有较明显的阶段性变化，20 世纪 60 年代至 80 年代末日照时数多，21 世纪初开始减少，其中 1989 年、2009 年是 1961 年以来平均日照时数最少的两年。

五、蒸发皿蒸发量呈明显减少趋势

1961—2010 年蒸发皿蒸发量呈明显减少趋势，减少率为每 10 年减少 24.1 毫米，与全球和全国大部分地区趋势相同，但具有明显的阶段变化，20 世纪 60 年代比 50 年代的平均值要高，进入 70 年代蒸发量开始逐年减少，至 1989 年降到最低值，之后缓慢上升，20 世纪 90 年代仍低于平均值，至 21 世纪初上升至平均值以上。四季均呈减少趋势，春、夏两季蒸发量占总蒸发量的 70%。空间分布上，柴达木盆地减少趋势最显著，但三江源区和青海湖盆地南部的小部分地区有轻微的增加趋势。

第七章 土 壤

青海省成土因素复杂多样，发育的土壤类型丰富多样，共有土壤类型22个，土壤面积65.47万平方千米，占全省土地面积的90.67%，其中高山草甸土、亚高山草甸土、山地草甸土占36.52%，高山草原土占23.94%，耕种土壤以栗钙土为主，占全省土壤的49.8%。其中，牧草地土壤面积占全省土壤面积的97.35%，耕作业土壤面积占全省土壤面积的1.85%，林地土壤面积仅占全省土壤面积的0.8%，青海境内的土壤表层养分总体表现为有机质含量高、钾素多、磷素少，土壤中微量元素呈现少硒、缺钼及硼、锰、铜、铁富足的特点，由于土壤受地形等因素的影响，土壤侵蚀较重，土层和可耕作层薄，生产能力低，次生盐渍化和沙化严重。

第一节 土壤类型及特征

一、土壤类型

青海境内的土壤受地貌、水文、气候、生物和人类活动的影响，并综合其成土条件、成土过程和土壤属性，将青海的土壤分为10个土纲、16个亚纲、22个土类。

（一）高山土纲

青海省的高山土纲占全省总土壤面积的63.52%，面积达41.6万平方千米，是全省分布面积最广泛的土纲。高山土纲可以划分为4个亚纲：寒冻高山土亚纲，含有高山寒漠土一个土类；干寒高山土亚纲，含有高山漠土一个土类；湿寒高山土亚纲，含有高山草甸土、亚高山草甸土二个土类；半湿寒高山土亚纲，含有高山草原土一个土类。

1. 高山寒漠土

高山寒漠土亦称高山寒冻土，土壤剖面分化不明显，土体表层可出现融冻结壳的现象。主要发育在冰缘地带，脱离冰川影响最晚，成土年龄最短，呈现独特的高山寒漠景观，所处地形陡峻，地表岩石裸露，土壤发育较弱，土体厚度为10～30厘米，土层较薄。高山寒漠土主要分布于青藏高原的阿尼玛卿山、唐古拉山、巴颜喀拉山、昆仑山等高山的上部。由于高山寒漠土所处海拔位置高，其分布范围气候寒冷严酷，故其分布地区的植被稀疏且种类较为单一，农业生产利用价值低，主要生长红景天、蚤缀等垫状植物。

2. 高山漠土

高山漠土亦称高山荒漠土，土体干燥，冻融作用影响较弱，属于干冻土。冻融交替现象时常发生，地表常松软多孔，具片状层理的结皮层，孔状结皮层在暂时性地表径流产生的地方发育明显。高山漠土表面与一般漠土壤相比更加紧实，黏化层缺失或发育不明显。高山漠土主要分布在青海省西北部的阿尔金山西段海拔 3800～4500 米的干、寒山地，分布区范围内降水稀少，蒸发强烈，气候极端干旱。受气候和土体严酷条件的影响，区域内的植物覆盖度极低，其覆盖度小于 5%，其分布区域的植物具有耐干寒特征，物种贫乏，主要以单丛散生的藜科或垫状植物为主，高山漠土在农业上无利用价值。

3. 高山草甸土

高山草甸土是青海境内主要的土壤类型之一，薄弱性、粗骨性特征显著，亚土层发育不明显，土壤有机质丰富，粗有机质多，土壤相对年龄亦较年轻。主要发育在高寒、低温地区，这些地区生物与化学风化过程的强度小，随海拔升高或气候干寒程度增加而变弱，矿物风化速率低，物质释放少、迁移弱。高山草甸土受母质影响，土体以细砂粒和粗粉粒为主，黏粒较少。其粒级相对含量在土壤剖面（图 7-1-1）分布中有差异，粗粒在剖面上部，含量低于下部，而细砂及粗粉砂在下层的分布不低于上部；黏粒则在剖面中部最高。高山草甸土主要集中于青南高原和北部的祁连山地，西宁地区及各州县也有一定分布。由于其分布区气候条件严酷、热量不足，限制了种植业的发展，以发展草地畜牧业为主。高山草甸土可分成高山草甸土、高山草原草甸土、高山灌丛草甸土及高山湿草甸土 4 个亚类。

图 7-1-1　高山草甸土剖面图

4. 亚高山草甸土

亚高山草甸土属高山带土壤之一，其土壤剖面结构受地形影响大，因地形部位的不同，其土体厚度差异较大，其剖面类型一般为表土层-亚土层-母质层等构成。亚高山草甸土的成土条件与高山草甸土相似，主要发育于高山地带，地处高山带下部，水热条件较其他高山土壤相对具有优越性，主要分布在森林郁闭线以上区域，下接灰褐土、土地草甸土，上承高山草甸土。亚高山草甸土在青海北部的祁连山东段、东部农业区的脑山以上地段、东南部河谷地区森林郁闭线以上均有分布。亚高山草甸土是草地生产力较高的土壤类型，在牧业生产上主要作为冬春草场利用。亚高山草甸土按其坡向、植被、剖面性态及理化性质的差异分为亚高山草甸土、亚高山灌丛草甸土两个亚类。

5. 高山草原土

高山草原土是青海主要的土壤类型，面积仅次于高山草甸土。其质地粗疏，土层浅薄，肥力低，与栗钙土、棕钙土等有较大差异，因为高山草原土地处高寒地区，水热条件差且气候变化强烈，质地粗疏，土壤肥力弱，缺少种植业的发展条件。高山草原土是森林郁闭线以上和无林山原高山带较干旱区域发育的土壤，在青海广泛分布于唐古拉山以北、昆仑山以南的广大山地及高平原区、柴达木盆地东南高山区及北部高山带。高山草原土成土过程具有腐殖质积累作用和钙积作用，由于分布范围广大,水热条件及植物生长情况有所不同,腐殖质积累及灰质淋溶强度有所差异,可分成高山草原土、高山草甸草原土及高山荒漠草原土三个亚类。

(二)半水成土土纲

青海境内半水成土土纲面积为4.23万平方千米,占全省土壤总面积的6.46%,包括暗半水成土亚纲和淡半水成土亚纲,其中暗半水成土亚纲可以分成山地草甸土和草甸土2个土类,淡半水成土亚纲可以分为潮土土类。

1. 山地草甸土

山地草甸土剖面发育较为完整,呈腐殖质层-表土层-亚土层-母质层等构型,土壤有机质含量大,腐殖质层深厚,其发育条件与高山草甸土类似。土壤因冻融作用导致土体内形成片状结构,阴坡的土体潮湿,淋溶作用弱,可以发现锈纹、锈斑。山地草甸土主要分布于山体中部,上承亚高山草甸土或高山草甸土,下接黑钙土和栗钙土,属于山地寒温针叶林层带高度范围内。山地草甸土下分3个亚类,即山地草甸土、山地草原草甸土、山地灌丛草甸土。山地草甸土的自然土壤占该土类的98.7%,主要植被为草甸和灌丛,天然牧草生长良好,产量丰富,覆盖度大,营养价值高,宜作为畜牧四季草场。

2. 草甸土

草甸土主要由薄草皮层以及腐殖质层构成,土体有机质含量整体较高,尤其是表层有机质含量丰富。草甸土的土壤剖面构型为腐殖质层-表土层-亚土层-母质层,或表土层-表土淋溶层-母质层,或表土层-表土母质过渡层等(图7-1-2),成土年龄较短,发育弱是其剖面的特点,并且伴有一定量的盐过程。该土为隐域土壤,呈斑块和条带状分布,主要分布在河流两岸的河漫滩地、湖滨洼地,以及季节性渍水的洼地或沼泽退化迹地等,但青海境内的草甸土冻结期长,通气不良。青海境内草甸土主要分布在海西州、海北州、玉树州和果洛州等地区。草甸土下划可以分为草甸土、石灰性草甸土和盐化草甸土3个亚类。由于草甸土多分布于湖水旁,土壤水分条件和土壤养分状况较好,热量也较好,其天然牧草产量也较高,因此是良好的畜牧草场地。

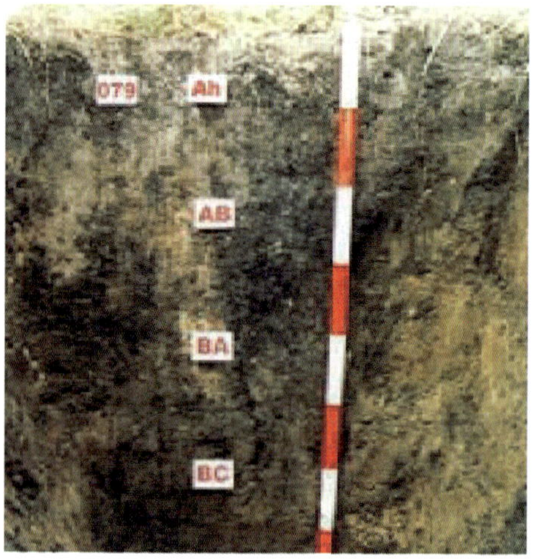

图7-1-2 草甸土剖面图

3. 潮土

潮土也俗称夜潮土、下湿土等,是河流洪积、冲积的沉积物,长期受地下水影响而孕育形成的土壤,其剖面形态一般由耕种熟化层、心土层和母质层三个基本层段所组成(图7-1-3)。青海省潮土主要分布在河流的河漫滩及一级阶地上,在湖滩地边缘和山前坡麓地带的冲积洪积扇缘与洼地均有分布。潮土大部分还具有地形平坦、土层较厚、灌溉力强、地下水位高、不易受旱的特点,适合长期灌溉及耕种,对处于高原地区的青海省是不可多得的土壤资源。潮土受水文地质、气候、人为活动等综合作用影响显著,土壤特征易发生变化,土壤剖面形成具有肥力较高的耕作层和氧化还原的心土层。潮土可划分为潮土和盐化潮土两个亚类。

(三)半淋溶土纲

半淋溶土纲在青海省仅有半湿温半淋溶一个亚纲、灰褐土一个土类,面积很小,仅有0.52万平方千米,占全省土壤面积的0.8%。

图 7-1-3　潮土剖面图

灰褐土属干旱半干旱地区山地森林土壤，成土母质复杂多样，土壤剖面层次分化明显。土壤表层大部分剖面是薄的枯枝落叶层和苔藓层，向下是厚达 30～50 厘米的有机质层，其土壤的有机质和养分含量都很高，土壤酸碱性呈现中性或弱碱性，风化淋溶作用较为强烈。灰褐土与山地草甸土处在同一个高程地带即中低山地带，但它的分布范围局限在半湿润半干旱的河谷避风的山坡地带，或河谷两岸的峡谷中。植被覆盖度达 80%～90%，主要植被有青海云杉、西藏云杉、西川云杉、青杨等。青海省灰褐土分布有淋溶灰褐土和石灰性灰褐土两个亚类。灰褐土在土地利用上主要用于林业生产，并且在林间空地草本植物生长也很繁茂，以生产木材等为主，也作为冬春牲畜的放牧地。

（四）钙层土纲

钙层土纲面积 3.21 万平方千米，占全省土壤面积的 4.9%，是青海省发展种植业的主要土壤类型，下划分有半湿温钙层土亚纲、黑钙土土类，以及半干旱温钙层土亚纲、栗钙土土类。

1. 黑钙土

黑钙土的土壤剖面（图 7-1-4）特点为腐殖质层深且松软，土体表层有机质含量多，土壤颜色呈现褐色或暗黑棕色，多为耕种土，土体中、下部多具有明显或不太明显的石灰反应，其成土过程主要为腐殖质积累和钙化过程。其主要分布范围为青海省东经 99°30′以东，北纬 34°以北，位于环湖海北、海南、黄南三州的山体下部，山前冲积、洪积平原以及台地、缓坡、滩地等地区。土壤分布区植被覆盖度较高，可达到 80%～90%，植被为草原草甸，多生长紫花针茅、异针茅、草地早熟禾、线叶嵩草等植被。黑钙土又可划分为黑钙土、淋溶黑钙土、石灰性黑钙土三个亚纲。土壤用途主要为耕种用土，土壤分布区的水热条件有利于草甸草原植物生长，其产草量较好，天然牧草营养成分高。

图 7-1-4　黑钙土剖面图

2. 栗钙土

栗钙土是青海省农业生产面积最大的土壤，是温带半干旱草原地区的地带性土壤。由于气候干燥，淋溶作用弱，土壤钙化作用较强，土体均有石灰反应，碳酸钙的淀积层位与含量均较黑钙土类要高些。栗钙土的典型剖面是腐殖质层-亚土层-母质层构型，表层腐殖质层为黄褐色、浊黄褐色或灰棕色，呈粒状结构，疏松、质地均匀。栗钙土的植被属草原型，主要由旱生多年生草本组成，覆盖度 30%～70%。栗钙土主要分布在青海省环湖各州县及海东地区，是青海省分布面积比较广泛的土类之一。

栗钙土类可划分为暗栗钙土、栗钙土、淡栗钙土、草甸栗钙土和盐化栗钙土5个亚类。

（五）干旱土纲

干旱土纲含1个亚纲，即干旱温钙层土亚纲，2个土类，即灰钙土和棕钙土，面积1.56万平方千米，占全省土壤面积的2.28%。

1. 灰钙土

灰钙土是青海省东部地区的地带性土壤，属温带半干旱-干旱大陆性气候。由于气候干旱、气温较高，土壤质地偏砂，通透性好，有机制分解强烈，不利于腐殖质累积。土壤为季节性弱淋溶，故易溶盐类，碳酸钙与石膏淋溶较弱，钙积层层次也较高，呈假菌丝状和斑点状石灰新生体。通体富含碳酸钙，呈碱性，灰钙土土体风化程度较低。该区自然植被属荒漠草原、干草原类型，以多年旱生的禾本科群落及旱生灌木、半灌木组成，覆盖度一般在20%以下。灰钙土主要分布在西宁市郊、海东地区、黄南藏族自治州和海南藏族自治州贵德县的黄河主干流的山前阶地、谷地及低山丘陵区。灰钙土可划分灰钙土和淡灰钙土两个亚类。青海省东部是省内热量最优的地区，日照充足，昼夜温差大，适于种植和发展多种作物、蔬菜和果树。

图7-1-5　灰钙土剖面图

2. 棕钙土

棕钙土属柴达木盆地东部温带半荒漠条件下形成的一种地带性土壤，棕钙土具有明显荒漠土壤特征，伴有一定盐分聚积过程，地表常具砾质化、沙化和荒漠假结皮，剖面构型为表土层-亚土层-亚土层母质层过渡层-母质层，剖面分异不太明显，腐殖质或腐殖质染色层厚度为10～20厘米，有机质含量偏低，心土层为钙积层，可见粉末状假菌丝体，个别剖面底部可见石膏结晶体，全剖面呈强石灰反应，pH为8.1～8.7，棕钙土各亚类均有不同程度的盐化现象。植被属荒漠化草原和草原化荒漠类型，植物主要为芨芨草、盐爪爪和红砂等，覆盖度为10%～15%。棕钙土主要分布于青海省柴达木盆地东经96°40′以东，即脱土山到怀头他拉一线以东，以及海南藏族自治州共和县、兴海县西部地区的山间盆地、洪积扇、河流两岸阶地和茶卡盆地。棕钙土下划分为棕钙土、淡棕钙土、盐化棕钙土、棕钙土性土四个亚类。

（六）漠土土纲

漠土土纲主要分布于柴达木盆地，仅有温带漠土一个亚纲、灰棕漠土一个类，面积4.003万平方千米，占全省土壤面积的6.11%。

1. 灰棕漠土

灰棕漠土是温带荒漠地区的地带性土壤，青海柴达木盆地为其唯一的分布地区。剖面发育原始，土壤物质组成近似母质，地表砂砾质化、结皮化、石灰表聚化，亚表层铁质化，土体普遍积累较多石膏和易溶盐，或形成石膏无机盐盘层（图7-1-6），是灰棕漠土的主要特征。养分贫瘠，有机质含量低，土壤胡敏酸含量自然土壤小于耕作土壤，石膏含量多。植被生长稀疏，多呈单丛状，为深根、耐旱的肉质灌木或小、半灌木，种类是梭梭、柽柳、红砂、沙拐枣、白刺、木本猪毛菜和驼绒藜等，覆盖度<10%或构不成覆盖度。主要分布于青海柴达木盆地怀头他拉至脱土山以西，即棕钙土带以西的山前洪积扇、山前坡积裙、风蚀残丘、洪积扇中

上部海拔3600米以下的广泛地区。灰棕漠土划分为灰漠土、石膏灰棕漠土和石膏盐盘灰棕漠土3个亚类。本土类的3个亚类除灰棕漠土亚类中的耕灌灰棕漠土土属外，在农牧业上还无法利用，仅在靠近河流的微地域可饲养骆驼等高大牲畜。

图 7-1-6　灰棕漠土剖面图

(七)人为土纲

人为土纲在青海省仅有灌耕土亚纲、灌淤土土类，面积0.05万平方千米，仅占全省土壤总面积的0.075%。

1. 灌淤土

灌淤土是在灌溉条件下经过灌淤、耕作、培肥而形成的高度熟化的耕作土壤，其物理性好，具有良好的土体构型，犁底层不甚明显，有利作物根系生长发育，因黏粒受淋溶作用在心土层淀积聚集，有一定托水肥之功能。质地壤土，通透性强，土块较松软发暄，宜耕性好，水、气、热协调，灌淤层深厚，养分总储量多，耕层速效养分含量高，土壤具有创造高额丰产的条件。灌淤土主要分布在青海省东部农业区的海东地区、西宁市郊和黄南州尖扎、同仁县的老川水地区，以及海南藏族自治州贵德县等地。灌淤土划分为灌淤土和潮灌淤土两个亚类。灌淤土是引黄、湟灌区川水地区的中、高产土壤，主要种植小麦。

(八)盐碱土纲

盐碱土纲在青海省境内也仅有盐土一个亚纲、盐土一个土类，面积2.7万平方千米，占全省土壤总面积的4.12%，其中分布在柴达木盆地的盐土面积占全省盐土总面积的98.05%；果洛藏族自治州玛多县、环湖地区盐土面积仅占全省盐土总面积的1.95%。

1. 盐土

盐土剖面分异不明显，无明显发生层次，受地下水位高和干湿交替作用影响，表层常具盐霜和盐壳，一般残积盐土和碱化盐土盐壳厚度在2～5厘米，而沼泽盐土和草甸盐土多聚盐霜。土壤有机质层不明显，颜色浅，多呈青灰或灰白色，结构粒状，土质疏松，在剖面中下部常见粉粒状结晶盐，土壤常具备潜育特征，还有较明显锈纹、锈斑(图7-1-7)。盐土划分为残积盐土、草甸盐土、沼泽盐土和碱化盐土4个亚类。除草甸盐土外，其他盐土上植被生长稀疏，全剖面根系极少，石灰反应强烈，pH为8.12～8.64。青海省碱化盐土和残余盐土在农牧业上还无法利用，仅供工业上进行钾、碱矿的开采利用。

图 7-1-7　盐土剖面图

（九）水成土纲

水成土纲系隐域性土壤，青海省仅有水成土亚纲，以及沼泽土和泥炭土2个土类，面积4.03万平方千米，占全省土壤总面积的6.16%。

1. 沼泽土

沼泽土是青海省最主要的隐域性土壤，青海的沼泽土类面积大、分布广，土壤有机质丰富，水分充分，牧草繁茂，是对农牧业发展良好的土壤资源。由于沼泽土是一个隐域性土壤，其利用不但受本身特征的影响，亦受所在区域生态环境条件的制约。沼泽土上植物种类丰富，但随区域生态环境不同而有差异。多数地区为高寒沼泽化草甸，以耐寒湿中生多年生地面芽和地下芽植物为主，或混生湿生多年生草本植物，覆盖度为80%～95%以上，嵩草属植物根系发达，耐放牧践踏，营养价值高。其分布从东部黄土高原到西部青藏高原中心部位的可可西里地区，从南部的青南高原到北部的祁连山地及干旱的柴达木盆地，只要是常年或季节性积水的地方及过度潮湿的地区均可出现。沼泽土分成草甸沼泽土、沼泽土、泥潭沼泽土、腐泥沼泽土、盐化沼泽土5个亚类。

图7-1-8　沼泽土剖面图

2. 泥炭土

泥炭土最显著的特征是泥炭层发育深厚，氧化还原交替常在泥炭层的中下部，有大量的铁锈斑纹及分解很差的苔草根系，向下逐渐过渡到青灰、灰蓝或黑色潜育层。其pH呈微酸性至微碱性，无石灰反应至中石灰反应，底土母质层常是永冻层，有机质丰富，但泥炭层以下明显减少。植被生长茂密，覆盖度90%以上，以藏嵩草、苔草为主，伴生长花马先蒿、驴蹄草、海韭菜、苔藓等。青海泥炭土主要分布在青南高原的玉树、果洛州及北部祁连山地的海北藏族自治州。青海省泥炭土地处黄河、长江源头的负地形部位，生长嵩草属和苔草属天然牧草，适宜作为家畜的夏季牧场，易牧牦牛。

（十）初育土纲

初育土纲顾名思义乃土壤处于幼年阶段，土壤肥力低下，植物生长种类简单，地上生物量极低。地处高寒、干旱，种植业得不到发展，草地畜牧业也难以利用。此土纲下划分为土质和石质初育土2个亚纲。土质初育土亚纲含风沙土、新积土2个土类；石质初育土亚纲含石质土、粗骨土两个土类。面积3.59万平方千米，占全省土地面积的5.48%。

1. 风沙土

风沙土虽不是地带性土壤，但在青海省面积之大，仅次于高山草甸土和栗钙土等的面积，在22个大类中其处于第7位。风沙土是最瘠薄的土壤之一，因成土时间短，又不稳定，剖面发育很弱，或没有发育，有机质等养分含量很低，而且在剖面内分布也很分散，碳酸钙在剖面中分布均匀，淋溶淀积过程很不明显，淋溶层和淀积层很难区分。风沙土地区处于干旱和荒漠地带，生境条件差，在风蚀和沙压搬运和堆积作用下，植物生长困难，植物种类单一，生长稀疏，覆盖度低。其分布范围东到海南藏族自治州贵南县的黄沙头，南到果洛藏族自治州巴颜喀拉山北麓黄河附近的面纱岭，西延伸到唐古拉山地区，北到大通山南麓青海湖北岸。风沙土可续分为草原风沙土和荒漠风沙土两个亚类。至2010年，青海省的风沙土面积仍在不断扩大，但农、林、牧业都很少利用，也很难利用。

2. 新积土

新积土是幼龄的隐域性土壤，是在近期内因河流涨水，将携带的泥沙及其他物质沉积下来，或因人工治河造田将其他的土壤搬运至河岸或低阶地堆垫而形成的土壤。因此，它属于隐域性、非地带性的土壤。新积土自身发育不全，土体内呈沉积层理或无层理的堆垫，无发育或层次发育极弱。在剖面中各种物质分布比较均匀，土体中的上下各层含量近似，土体发育层次不明显，人工堆垫土则层次混乱，但是母质层的鹅卵石和粗砂很明显。该土分布区内植物很少，或没有植物生长，一般构不成覆盖度。所处地区多在河漫滩、低阶地，常和草甸土、潮土等共处于低阶地地区，是青海省土类中面积最小的土类之一，仅比高山漠土、潮土、灌淤土的面积略大些。青海省新积土只划分为新积土1个亚类，下划分为新积土和堆垫土2个土属。

3. 石质土

石质土在青海分布范围很广，但很分散，它镶嵌于其他山地土壤类型中，面积不大。多处于山区的山脊、山梁、陡坡及刃脊处。在柴达木盆地见于祁连山、昆仑山向盆地倾斜的山体中。石质土分布地区的岩石在物理风化的特定条件下，岩石多崩裂成碎石块。山虽不高，但坡陡，冲刷严重，土层浅薄，土层厚度一般都小于20厘米，局部地区岩石裸露于地表，粗骨性强，土体内多含石块和砾石，碎石和石块遍地于地表，土粒积累于石块和碎石之间，土壤属于初期改良阶段，土体发育不全，剖面无明显分异，不显物质的淋溶和积累，石灰含量高，全剖面呈强石灰反应，pH为7～8。石质土分布区内植被稀疏，植物种类随地带土壤而变，覆盖率低。青海省石质土仅有钙质石质土一个亚类。

4. 粗骨土

粗骨土主要受物理作用，经干燥剥蚀、崩解、重力、风力迁移和水力搬用而成，土龄短，成土作用弱，剖面无明显分异，粗骨性极强，富含砾石，多为原母质，土体浅薄，呈表土层-母质层简单构型，该土为隐域性土壤，生长植物以其分布区域而异，但特点是植被稀疏、覆盖度低，生化成土作用微弱，表层有机质含量低，钙质表聚，通体呈强石灰反应。粗骨土主要分布在青海省海西蒙古族藏族自治州境内的山地，其他各州也有零星分布，粗骨土土类仅有一个钙质粗骨土亚类，下分一个土属。该类土壤多位于陡坡地带，水热条件差，养分贫瘠，不利于植物生长，生产价值极低，改良利用困难。

按全国土壤普查办公室标准要求，土纲和亚纲的按土类、亚类、土属予以阐述。青海土壤基本分类系统及面积如表7-1-1、表7-1-2所示。

青海省土壤分类

表7-1-1

土纲	亚纲	土类	亚类	土属
高山土	寒冻高山土	高山寒漠土	—	—
	干寒高山土	高山漠土	—	—
	湿寒高山土	高山草甸土	高山草甸土	原始高山草甸土 高山草甸土 侵蚀高山草甸土
			高山草原草甸土	高山草原草甸土 淋淀高山草原草甸土 侵蚀高山草原草甸土

续表 1

土纲	亚纲	土类	亚类	土属
高山土	湿寒高山土	高山草甸土	高山灌丛草甸土	高山灌丛草甸土 假潜育高山灌丛草甸土
			高山湿草甸土	—
		亚高山草甸土	亚高山草甸土 亚高山灌丛草甸土	—
	半湿寒高山土	高山草原土	高山草原土 高山草甸草原土 高山荒漠草原土	—
半水成土	暗半水成土	山地草甸土	山地草甸土 山地草原草甸土 山地灌丛草甸土	山地草原草甸土 淋淀山地草原草甸土 侵蚀山地草原草甸土 耕种山地草原草甸上
		草甸土	草甸上 石灰性草甸土 盐化草甸土	石灰性草甸土 灌丛石灰性草甸上
	淡半水成土	潮土	潮土 盐化潮土	泥澄土 泥澄沙土
半淋溶土	半湿温 半淋溶土	灰褐土	淋溶灰褐土 石灰性灰褐土	—
钙层土	半湿温钙层土	黑钙土	黑钙土	山地黑钙土 滩地黑钙土 耕种黑钙土
			淋溶黑钙土	山地淋溶黑钙土 滩地淋溶黑钙土 耕种淋溶黑钙土
			石灰性黑钙土	山地石灰性黑钙土 滩地石灰性黑钙土 耕种石灰性黑钙土
	半干旱温钙层土	栗钙土	暗栗钙土	山地暗栗钙土 滩地暗栗钙土 耕种暗栗钙土
			栗钙土	山地栗钙土 滩地栗钙土 耕种栗钙土
			淡栗钙土	山地淡栗钙土 滩地淡栗钙土 耕种淡栗钙土
			草甸栗钙土 盐化栗钙土	—

续表 2

土纲	亚纲	土类	亚类	土属
干旱土	干旱温钙层土	灰钙土	灰钙土	灰钙土 耕灌灰钙土
			淡灰钙土	淡灰钙土 耕灌灰钙土
		棕钙土	棕钙土	棕钙土 耕灌棕钙土
			淡棕钙土 盐化棕钙土 棕钙土性土	—
漠土	温漠土	灰棕漠土	灰棕漠土	灰棕漠土 耕灌灰棕漠土
			石膏灰棕漠土 石膏盐盘灰棕漠土	—
人为土	灌耕土	灌淤土	灌淤土	薄层灌淤土 厚层灌淤土
			潮灌淤土	薄层潮灌淤土 厚层潮灌淤土
盐碱土	盐土	盐土	残积盐土 草甸盐土 沼泽盐土 碱化盐土	—
水成土	水成土	沼泽土	沼泽土 腐泥沼泽土 泥炭沼泽土	—
			草甸沼泽土	草甸沼泽土 耕灌草甸沼泽土
			盐化沼泽土	盐化沼泽土 耕灌盐化沼泽土
		泥炭土	低位泥炭土	—
初育土	土质初育土	风沙土	草原风沙土	流动草原风沙土 半固定草原风沙土 固定草原风沙土
			荒漠风沙土	流动荒漠风沙土 半固定荒漠风沙土 固定荒漠风沙土
		新积土	新积土	新积土 堆垫土
	石质初育土	石质土 粗骨土	钙质石质土 钙质粗骨土	—

青海省各土壤类型面积

表 7-1-2

土类			亚类			土属		
名称	面积（万平方千米）	比例（%）	名称	面积（万平方千米）	比例（%）	名称	面积（万平方千米）	比例（%）
高山寒漠土	4.95	7.56	—	4.95	7.56	—	—	—
高山漠土	0.14	0.21	—	0.14	0.21	—	—	—
高山草甸土	20.35	31.07	高山草甸土	8.45	12.91	原始高山草甸土	1.31	2.00
						高山草甸土	7.02	10.72
						侵蚀高山草甸土	0.13	0.19
			高山草原草甸土	9.03	13.80	高山草原草甸土	4.59	7.01
						淋淀高山草原草甸土	1.20	1.83
						侵蚀高山草原草甸土	3.25	4.96
			高山灌丛草甸土	1.23	1.87	高山灌丛草甸土	1.18	1.80
						假潜育高山灌丛草甸土	0.05	0.07
			高山湿草甸土	1.63	2.49	—	—	—
亚高山草甸土	0.49	0.74	亚高山草甸土	0.29	0.44	—	—	—
			亚高山灌丛草甸土	0.20	0.30			
高山草原土	15.68	23.94	高山草原土	5.10	7.79	—	—	—
			高山草甸草原土	3.83	5.85			
			高山荒漠草原土	6.75	10.30			
山地草甸土	3.57	5.45	山地草甸土	1.17	1.78	—	—	—
			山地草原草甸土	1.80	2.75	山地草原草甸土	1.63	2.49
						淋淀山地草原草甸土	0.10	0.15
						侵蚀山地草原草甸土	0.03	0.05
						耕种山地草原草甸上	0.04	0.06
			山地灌丛草甸土	0.60	0.92	—	—	—
草甸土	0.64	0.98	草甸土	0.06	0.10	—	—	—
			石灰性草甸土	0.48	0.74	石灰性草甸土	0.48	0.73
						灌丛石灰性草甸土	0.007	0.01
			盐化草甸土	0.09	0.14	—	—	—
潮土	0.02	0.031	潮土	0.02	0.029	泥澄土	0.005	0.008
						泥澄沙土	0.01	0.021
			盐化潮土	0.001	0.002	—	—	—
灰褐土	0.52	0.80	淋溶灰褐土	0.26	0.39	—	—	—
			石灰性灰褐土	0.27	0.41			

续表 1

土类			亚类			土属		
名称	面积(万平方千米)	比例(%)	名称	面积(万平方千米)	比例(%)	名称	面积(万平方千米)	比例(%)
黑钙土	0.71	1.09	黑钙土	0.30	0.45	山地黑钙土	0.01	0.12
						滩地黑钙土	0.07	0.11
						耕种黑钙土	0.14	0.22
			淋溶黑钙土	0.22	0.33	山地淋溶黑钙土	0.12	0.18
						滩地淋溶黑钙土	0.03	0.04
						耕种淋溶黑钙土	0.07	0.11
			石灰性黑钙土	0.20	0.31	山地石灰性黑钙土	0.05	0.07
						滩地石灰性黑钙土	0.04	0.06
						耕种石灰性黑钙土	0.01	0.18
栗钙土	2.49	3.806	暗栗钙土	0.79	1.204	山地暗栗钙土	0.39	0.597
						滩地暗栗钙土	0.21	0.323
						耕种暗栗钙土	0.19	0.284
			栗钙土	1.10	1.68	山地栗钙土	0.37	0.57
						滩地栗钙土	0.41	0.63
						耕种栗钙土	0.32	0.48
			淡栗钙土	0.60	0.913	山地淡栗钙土	0.11	0.168
						滩地淡栗钙土	0.39	0.593
						耕种淡栗钙土	0.10	0.152
			草甸栗钙土	0.001	0.002	—	—	—
			盐化栗钙土	0.005	0.007	—	—	—
灰钙土	0.19	0.293	灰钙土	0.14	0.21	灰钙土	0.10	0.14
						耕灌灰钙土	0.04	0.07
			淡灰钙土	0.05	0.083	淡灰钙土	0.02	0.035
						耕灌灰钙土	0.03	0.048
棕钙土	1.37	2.093	棕钙土	0.30	0.456	棕钙土	0.24	0.364
						耕灌棕钙土	0.06	0.092
			淡棕钙土	0.14	0.210	—	—	—
			盐化棕钙土	0.26	0.397			
			棕钙土性土	0.67	1.030			
灰棕漠土	4.01	6.112	灰棕漠土	1.62	2.478	灰棕漠土	1.61	2.455
						耕灌灰棕漠土	0.02	0.023
			石膏灰棕漠土	1.61	2.459	—	—	—
			石膏盐盘灰棕漠土	0.77	1.175			

续表 2

土类			亚类			土属		
名称	面积(万平方千米)	比例(%)	名称	面积(万平方千米)	比例(%)	名称	面积(万平方千米)	比例(%)
灌淤土	0.05	0.075	灌淤土	0.05	0.072	薄层灌淤土 厚层灌淤土	0.003 0.04	0.005 0.067
			潮灌淤土	0.002	0.003	薄层潮灌淤土 厚层潮灌淤土	0.001 0.001	0.002 0.001
盐土	2.7	4.12	残积盐土 草甸盐土 沼泽盐土 碱化盐土	0.77 1.38 0.54 0.02	1.17 2.11 0.82 0.02	—	—	—
沼泽土	3.08	4.70	沼泽土 腐泥沼泽土 泥炭沼泽土	0.24 0.08 1.61	0.37 0.12 2.45	—	—	—
			草甸沼泽土	1.04	1.59	草甸沼泽土 耕灌草甸沼泽土	1.04 0.001	1.589 0.001
			盐化沼泽土	0.11	0.17	盐化沼泽土 耕灌盐化沼泽土	0.11 0.001	0.169 0.001
泥炭土	0.95	1.45	低位泥炭土	0.95	1.45	—	—	—
风沙土	1.97	3.01	草原风沙土	0.37	0.56	流动草原风沙土 半固定草原风沙土 固定草原风沙土	0.07 0.17 0.13	0.10 0.26 0.20
			荒漠风沙土	1.61	2.45	流动荒漠风沙土 半固定荒漠风沙土 固定荒漠风沙土	1.04 0.38 0.19	1.58 0.59 0.28
新积土	0.18	0.27	新积土	0.18	0.27	新积土 堆垫土	0.17 0.01	0.25 0.02
石质土 粗骨土	0.32 1.09	0.54 1.66	钙质石质土 钙质粗骨土	0.32 1.09	0.54 1.66	—	—	—
总计	65.49	100	22 个土类,56 个亚类					

二、土壤特征

土壤的基本属性和本质特征是具有肥力。土壤肥力是指土壤供应与协调植物正常生长发育所需要的养分、水分、空气和热量的能力,这四大因素是相互联系、相互制约的,同时,土壤的物理、化学性质和生物学特征也决定着土壤具有容纳、降解、过滤、缓冲和固定有毒的无机物、有机化合物及城市污染物质的功能。

青海境内的土壤具有母质多样、质地差异性显著、温度偏低、淋溶作用较弱、孔隙度良好、含水率较低、有机质含量差异巨大、土壤矿物化学成分受母质影响大等特征，利用难度相对较大。

(一)土壤的物理性质

土壤物理性质是土壤肥力的重要因子，它包括土壤质地、结构、结持性、颜色、通透性、水分、地温、土壤电磁性质及放射性状，以及整个土体的特征。主要表征性指标有土壤质地、容重、孔隙度、含水量、地温、土层厚度等基本性质。

1. 土壤质地

土壤质地也称土壤颗粒的机械组成，即土壤颗粒的粗细、粒径大小及其组成比率。它对土壤的水、热、气、肥状况以及各种物理、化学性质都起着巨大的作用。农业上耕作、施肥、灌溉、排水，以及肥力高低、作物生长的好坏，都与质地直接或间接有关。

青海省除东部农业区外，绝大部分地区地势高耸，地形复杂，母质多样，水热条件相差悬殊，风化程度高低不一，各类土壤质地具有很大的差异性。

青海省境内各类土壤质地按土壤普查测定的结果，并按卡庆斯基制予以分类，其统计如表7-1-3所示。

青海省土壤质地统计表

表7-1-3

土壤类型	层次	粒径(毫米，克/千克)			质地
		>1	>0.01	<0.01	
高山寒漠土、高山漠土	表土	371.4	709.0	291.0	轻砾石土
	心土	427.0	899.0	101.0	轻砾石土
	底土	928.0	873.0	127.0	重砾石土
高山草甸土、亚高山草甸土	表土	87.7	662.7	337.3	中石质中壤土
	心土	100.7	672.5	327.5	重石质中壤土
	底土	171.7	643.9	356.1	重石质中壤土
高山草原土	表土	177.0	711.3	288.7	重石质轻壤土
	心土	61.8	677.0	323.0	中石质中壤土
	底土	58.7	667.9	332.1	中石质中壤土
山地草甸土	表土	96.9	663.8	336.2	中石质中壤土
	心土	131.7	720.5	279.5	重石质轻壤土
	底土	175.1	619.9	380.1	重石质中壤土
灰褐土	表土	112.5	573.1	426.9	重石质中壤土
	心土	106.6	578.4	421.6	重石质中壤土
	底土	182.1	595.8	404.2	重石质中壤土
黑钙土、栗钙土、棕钙土、灰钙土	表土	17.5	664.0	336.0	轻石质中壤土
	心土	24.3	627.0	373.0	轻石质中壤土
	底土	57.9	653.1	346.9	中石质中壤土
灰棕漠土	表土	145.5	791.1	208.9	重石质轻壤土
	心土	193.1	830.0	170.0	重石质砂壤土
	底土	170.2	900.6	99.4	重石质紧砂土

续表

土壤类型	层次	粒径(毫米,克/千克)			质地
		>1	>0.01	<0.01	
盐土	表土	53.2	758.8	241.2	中石质轻壤土
	心土	30.6	781.6	218.4	轻石质轻壤土
	底土	2.2	596.7	403.3	中壤土
草甸土、沼泽土、泥炭土、潮土、灌淤土	表土	14.8	621.7	378.3	轻石质中壤土
	心土	24.9	610.3	389.7	轻石质中壤土
	底土	49.3	555.4	444.6	轻石质中壤土
石质土、粗骨土、积土、风沙土	表土	199.4	760.4	239.6	重石质轻壤土
	心土	297.7	781.5	218.5	重石质轻壤土
	底土	18.4	785.8	214.2	轻石质轻壤土

注:表内数据系平均值;高山寒漠土仅有表层。

2. 土壤容重、孔隙度和水分

土壤容重是指土壤在自然状态下单位体积烘干土的重量。与土壤有机质、质地、孔隙度、结构均有关。青海境内的主要土壤类型容重与有机质、质地、孔隙度、水分的关系大致如下:表层容重<1毫克每立方米的土壤有高山草甸土、山地草甸土、沼泽土、泥炭土等,面积占全省土壤面积的43.42%;容重为1~1.29毫克每立方米的土壤有高山草原土、灰褐土、黑钙土、栗钙土、草甸土、灌淤土等,面积占全省土壤面积的30.68%;容重>1.29毫克每立方米的土壤有棕钙土、灰钙土、潮土、风沙土,面积占全省土壤面积的5.43%。另青海境内有耕种黑钙土、栗钙土、灰钙土、棕钙土,容重多在0.9~1.3毫克每立方米,适宜农作物生长。

土壤孔隙是按比重2.65系数和实测容重数据换算而得。青海省主要土壤类型的表层孔隙度均在50%以上,通气性良好。耕种土壤由于耕作施肥影响,其孔隙度有所变化。

青海土壤自然水分表层含量>300毫克每立方米的有高山草甸土、亚高山草甸土、山地草甸土、沼泽土、泥炭土、草甸土等,占全省土壤面积的42.68%,这些土壤水分能满足天然植物的需求;土壤水分表层含量>140毫克每立方米的有高山草原土、灰褐土、黑钙土、栗钙土、灌淤土、潮土等,占全省土壤面积的36.87%;土壤水分含量极少的有棕钙土、灰钙土、灰棕漠土等。

3. 土壤温度

土壤中的热量状况具体表现在土壤温度上。土壤的温度直接影响着土壤形成过程以及土壤中许多化学和生物作用,天然牧草和农作物的生长和发育以及种子的发芽、微生物的活动、繁殖都和土壤温度有密切关系。青海境内地温的高低与生物发芽天数长短呈正相关。土壤温度与纬度、海拔高度、地形、土壤类型、质地和土壤含水量以及地面覆盖和土壤颜色等有关。青海省地处北纬31°39′~39°21′;海拔高度1600~7720米,牧区海拔一般均在3000米以上;土壤质地较粗,土壤水分少,地面植物覆盖面积仅有36.47万平方千米(按全省草地总面积计)。因此,青海境内地处高原,大部分地区降水量少,植被覆盖度低,地表干燥,质地较粗,白天太阳辐射强烈,地表接收的辐射较少部分用于水分蒸发,大部分用于提高自身的温度,土壤的地面平均温度高于气温,由于海拔高，空气稀薄、干燥，地表长波辐射强，散热多，导致地面日较差、年较差大，地面温度年内变化的剧烈程度甚于气温，黄河、湟水谷地年地面温度一般比气温高 2～3 ℃，其他地区在 3～4 ℃。从季节变化状况来看，夏季差值最大，春季次之，秋季差值较小，冬季较为复杂，各地的地面温度年较差一般比气温大 4 ℃以上，柴达木盆地部分地区可达 6 ℃以上。土体内温度高低与深度有关，也与导热率、导温率的机械组成和含水量有关，5 厘米深的土壤年平均温度大都在 4 ℃以上，黄河、湟水谷地和柴达木盆地南部超过 8 ℃，而天峻、泽库仅为 1.6 ℃和2.1 ℃，5 厘米深的年平均温度也比相应地区的年平均气温高得多。10、15、20 厘米深的土壤温度与 5 厘米深的土壤温度较接近，但 3—9 月土体内愈深，地温愈低，10 月至次年 2 月则相反，土体内土层愈深，地温愈高。

(二)土壤化学性质

土壤化学性质是指土壤胶体、土壤溶液、土壤电荷特性、土壤吸附性能、土壤酸度、土壤缓冲性、土壤氧化还原性等，它们之间相互联系、相互制约，以土壤矿物和有机质等居主导地位。

1. 主要土壤的化学组成

(1)土壤的化学组成特征

青海地势高寒，热量不足，降水偏低，温差大，岩石以物理风化为主，生物、化学风化次之。而土壤矿物来源于母质的风化物，土壤的矿物化学组成受成土母质影响较大，除淋溶灰褐土和高山灌丛草甸土外，均为钙质土。

钙、镁、磷、钾、锰含量受母质、淋淀和生物积累作用所左右，它们在剖面中垂直分布，一般是上层高于中下层。镁在残积盐土、棕钙土、草甸土和部分灰钙土、高山草原土剖面内差异不明显，或出现上层略低于中下层的趋势；钙在黑钙土、棕钙土、灰钙土、高山草原土、高山草甸土、山地草甸土受淋淀影响，1 米土层内含量呈金字塔状，栗钙土钙含量呈大肚子状。由于东部农业区水土流失较严重，在坡顶处钙积层裸露，出现钙含量呈上高下低的现状，而在非钙质土或淋溶较强的淋溶灰褐土、淋溶黑钙土、高山灌丛草甸土等五类的土壤表层才出现钙镁含量明显高于中下层。风沙土、高山寒漠土、石质土、粗骨土、新积土和灌淤土等钙含量垂直变化不大或受母质成分严重影响，规律性不强。磷、钾、锰的生物积累作用明显，而灰棕漠土、草甸土、潮土由于生物生长量或成土时间短，生物积累作用不够明显。

(2)土壤在成土过程中的风化度和淋溶度

土壤和岩石一样，是由多种元素组成多种矿物而存在，土壤和岩石不同之处在于成土过程中很多母质中的原生矿物逐渐风化为次矿物和氧化物，通过土壤矿物元素组成数量的变异就可阐明土壤化学性质在成土过程中的演变情况，用土壤或黏粒中氧化硅及氧化铝的全量分别除以它们各自的分子量和土壤黏粒中的氧化硅与氧化铝、氧化铁的莫耳比率的分子比率可以说明土壤矿物的风化程度，比值越小，风化程度越深。钙、镁、钾、钠在土壤演变过程中变化最大，铝变化较小，将氧化物分子数之和与铝的氧化物分子数之比作为土壤风化淋溶系数。土壤风化淋溶系数值越小，淋溶越强。各层土壤风化淋溶系数值与母质土壤风化淋溶系数值之比为风化淋溶指数，指数小于 1 时为淋溶，指数越小，淋溶程度越强；指数＞1 时为淀积，其值越大，淀积过程越强。

2. 土壤的黏土矿物

(1)土壤黏粒的矿物组成

黏粒的矿物组成方面，淋溶灰褐土是青海省发育最深、淋溶最重的土壤，但受其母质的影响稍有不同。除淋溶灰褐土发育于石灰岩上，以蛭石为主、伊利石为辅外，其余各个剖面的黏粒均以伊利石组成为主，在淋溶灰褐土亚类中，其含量为 30%～61%；在石灰性灰褐土上，其含量高达 60%～74%，其次为绿泥石和蛭石。蒙脱石含量很少，而高岭石含量一般仅占 10%左右。仅毛庄发育于砂岩上的石灰性灰褐土高岭石可达20%～30%。

(2)黏土矿物的分布

青海省对黏土矿物的分析研究有限，以仅有的资料来看，黏土矿物组合、分布大致状况是：高山漠土、高山寒漠土以石英为主，以水化云母为辅；高山草甸土、高山草原土以石英为主，以水化云母、伊利石为辅；灰棕漠土以伊利石、硅石为主，以绿脱石、蒙脱石为辅；山地草甸土、黑钙土以伊利石、硅石为主，以绿脱石、蒙脱石为辅，并含有少量高岭石；栗钙土、灰钙土以伊利石、硅石为主，以绿脱石、高岭石为辅；灰褐土以伊利石、硅石为主，以绿脱石、高岭石为辅。

3. 土壤有机质

有机质含量是土壤肥力高低的重要指标之一，是指土壤本身含有的氮、磷、钾、钙、镁、硫、有机碳和微量元素等，是植物矿质营养和有机营养的源泉，也是土壤微生物的能源物质，同时也是形成土壤结构的重要因素。土壤有机质含量的高低直接影响着土壤的耐肥性、保墒性、缓冲性、耕性、通气状况和土壤温度等。

青海省自然土壤有机质含量因土壤的不同而差异甚大，有机质含量极值最高可达400克每千克，最低仅2.5克每千克。有机质含量由高到低的排列次序为：泥炭土＞沼泽土＞灰褐土＞高山草甸土＞山地草甸土＞草甸土＞黑钙土＞高山草原土＞栗钙土＞盐土＞风沙土＞高山寒漠土＞棕钙土＞灰钙土＞灰棕漠土＞粗骨土＞高山漠土。同一类型土壤，耕地表土层有机质含量明显低于自然土壤。仅灰棕漠土由于施肥、浇水增加了植物产量和残留的根茬量，有机质含量高于自然土壤。

有机质在土壤剖面中的垂直分布规律是表土层＞亚土层＞母质层。在山地汇水坡面中下部，泥炭土和泥炭沼泽土往往是泥炭层＞生草层＞底土层，但受水冻融和重力作用塌方、滑坡而堆垫及江河两岸阶地受洪水淤积作用出现埋藏剖面时例外。

全省耕地有机质含量大于30克每千克的约占31.84%；含量在10～30克每千克的占58.05%；含量低于10克每千克的占10.11%，且集中于海东的灰钙土和淡栗钙土中。自然土壤有机质含量大于30克每千克的占45.23%；含量在10～30克每千克之间的占25.34%；低于10克每千克的占29.43%，且集中于海西的灰棕漠土、棕钙土和风砂土等土类。

4. 土壤腐殖质

土壤腐殖质层是指各种散落在土壤表面的动植物残体，经过分解完全失去原来性质而具有特殊性能的有机质层。该层所测得的有机质总量，称为腐殖质总量。

土壤腐殖质最显著的特征是含有氮素，约占5%～7%，含碳为58%，腐殖质又是磷、硫等元素的贮藏库。碳：氮：磷：硫的比值一般是100～120：10：1：1。

青海境内土壤的腐殖质层一般较薄，基本分布特征是湿润的地区厚、干燥的地区薄，温暖的地区厚、寒冷的地区薄，但是在高寒草甸和高寒沼泽湿地地区虽然气温低，但腐殖质层相对累积较厚。

5. 土壤代换性能

土壤代换能力主要受腐殖酸含量、组成芳构化程度和土壤黏粒含量、类型以及酸碱度所左右。

青海土壤阳离子交换量有由南向北、由西向东逐渐增多的趋势，这与土壤黏粒类型和土壤质地差异以及腐殖质芳构化程度有关。青海地区土壤代换量受土壤垂直分布规律制约，土壤代换量较低，北部和南部高，中部较低，中东部高于西部，与降水等值线基本一致，与年均等温线略呈负相关，腐殖质含量高的高山土壤代换量高，而腐殖质含量低的高山土壤最小。

6. 土壤酸碱度与碳酸钙

(1)土壤酸碱度

青海的淋溶灰褐土和少数的泥炭土、高山灌

从草甸土、高山草甸土呈现微酸性-中性外，其余土壤均呈微弱碱性-强碱性，pH 多在 7.1～9.0，pH 由低到高次序为：泥炭土＜高山草甸土＜沼泽土＜山地草甸土＜灰褐土＜风沙土＜黑钙土＜灰钙土＜栗钙土、棕钙土、灰棕漠土＜灌淤土、盐土。

由于受青海降水格局的影响，降水多在 500 毫米以上地区广泛分布的高山草甸土、山地草甸土和灰褐土，土壤淋溶较强，pH 显中性或弱酸性；降水在 200 毫米以下地区的棕钙土、灰棕漠土、盐土，由于淋溶弱而显中碱性或强碱性。其次受成土母质和水源碳酸钙含量的影响，随土壤中碳酸钙含量的增加，碱性逐渐增强。碳酸钙含量在 4 克每千克以下的土壤，pH 为 7.0～7.3；碳酸钙含量在 10 克每千克左右的土壤，pH 为 7.3～7.6；碳酸钙含量在 20～40 克每千克的土壤，pH 为 7.6～8.0；碳酸钙含量大于 40 克每千克的土壤，pH 在 8.0 以上。除此之外，青海省土壤钙质含量高的土壤类型，在发育上表现为：有机质越多的土壤，越接近中性；同时受黏土矿物组成的影响，云母类黏粒吸收氢离子多，在有大量碳酸钙存在时，云母类吸收性酸显示不出来；在土壤层次上，一般是表土层为中性，心土层为弱碱性，底土层为中碱性。

(2)土壤碳酸钙含量

土壤中碳酸钙的含量是土壤性质的一个标志。青海省土壤中碳酸钙含量多在 50～130 克每千克，依土类不同，其表层含量由多到少的次序是：灰钙土＞栗钙土＞盐土、灌淤土＞沼泽土＞棕钙土＞高山寒漠土＞高山草原土＞灰棕漠土＞黑钙土＞风沙土＞山地草甸土＞灰褐土＞高山草甸土＞泥炭土。其中，灌淤土年年垫淤，碳酸钙含量在各层的变化不大或不规则；灰棕漠土、荒漠风沙土和盐土由于降水稀少、蒸发量大，碳酸钙有表聚现象外，其余各个土类均有不同程度的淋淀情况发生。

青海境内土壤中碳酸钙含量一般呈现出母质层高于亚土层、亚土层高于表土层的特征。产生这种现象的原因是：①降水稍丰富，为 400～800 毫米；②土壤多为坡积、残积、湖积、冲积等母质，土壤厚度多数不足 1 米；③土壤质地多数是轻壤土或中壤土。另外在栗钙土剖面上碳酸钙淋溶、淀积最为明显，在表层及亚表土平均含量为 122、164 克每千克，淀积层含量为 197 克每千克，底土层为 141 克每千克，碳酸钙沉积呈明显的大肚状。灰钙土淋淀也有类似情况，但不太明显。

三、土壤成土过程

青海省的成土条件复杂，土壤形成过程的内容、性质及表现形式多种多样，土壤形成方向也就不一样，由此在成土过程中发生发展了不同类型的土壤。青海境内的成土过程和其他地区的成土过程一致，但大部分所处的土壤过程相对年轻，主要包括原始成土过程、生草和腐殖化过程、黏化过程、钙积过程、盐碱化过程、潜育和泥炭化过程以及熟化过程等，现分述如下。

（一）原始成土过程

青海境内的原始成土过程主要是：母质岩石经物理风化，其碎土和少量细粒土蓄少量水分，适应地衣、苔藓等低等植物生长，细石缝中存在的少量水分和微弱细菌作用，使得岩石分解少量矿物质，变成极少量的可给态养分供给雪莲、景天等垫状植物生长，形成高山寒漠土；风积流动沙丘上，接纳适量雨水后，可以生长先锋植物——虫实，然后逐渐生长耐旱、耐瘠的沙蒿等植物，借此积累有机质，经过分解，增加土壤养分，可供粗壮嵩草、赖草、针茅等植物生长，逐渐扩大植被覆盖度，形成半固定和固定风砂土，原始土壤的成土过程基本完成。青海境内的高山寒漠土、沙土均属于原始成土过程的初级阶段产物。

（二）生草和腐殖化过程

青海境内土壤的生草和腐殖化过程主要发生发育高山草甸土等高山土壤和黑钙土等钙积土壤，以及水成、半水成土壤等，它是经过原始成土过程后，随着有机营养物质的增加，自然土壤生长一定数量的植物，其残体和根系以及动物粪便进入土体内，经过微生物作用，促使土中有机物质腐殖化，形成腐殖质，导致土壤表层具有明显的腐殖质层。由于植被类型、盖度差异，以及其他成土因素不同，其腐殖质特色即腐殖质组成也有很大差别，从而形成不同类型的土壤。经过生草过程产生有机质的积累和腐殖化过程，在青海境内不同的地区发育成为高山草甸土等高山土壤和黑钙土等钙积土壤，以及水成、半水成土壤等。

（三）黏化过程

青海省东部农业区暖温带的生物气候条件下，在土体内表层发生黏粒向下的机械性淋洗，土体中的矿质颗粒由粗变细而形成黏粒，以及黏粒在剖面中积聚的过程，使心土沉淀为黏粒聚积，形成黏重的层次，称为黏化层，青海的土壤黏化过程主要有残积黏化和淀积黏化两种。

（四）钙积过程

土壤中的碳酸盐在青海省干旱、半干旱气候的黑钙土、栗钙土、灰钙土、棕钙土等钙积土壤中发生碳酸盐在土体内淋溶和淀积过程，尤其是雨季，在土壤内的矿物经风化过程后，释放出的易溶性盐大部分被淋失。其硅铁铝氧化物在土体内基本上不移动，而最活跃的钙、镁元素则在土体中发生淋溶，淀积在心土层内形成钙积层。经此钙积过程，可导致形成黑钙土等土壤。

（五）盐碱化过程

青海境内土壤的盐碱化过程主要集中在柴达木盆地、青海湖、扎陵湖、鄂陵湖等湖滨的水分蒸发量较大的地区，这些地区分布有较大规模的盐碱化过程的产物——盐碱土。在柴达木盆地宗巴滩地的西西河与柴达木河之间地段的土壤胶体中，含有较多的交换性钠离子，土壤是碱性的碱化过程，表土层碱化度达80%以上，总碱度100.41百分之一摩尔每千克，但未脱盐，含盐量高达240克每千克，土壤中含盐风化壳通过径流移动而浸渍，或风力搬运而聚积，因气候干旱、蒸发严重，通过毛细管上升，使盐分表聚，形成盐化层，这些盐碱土就是盐碱化过程的产物。

（六）潜育和泥炭化过程

青海境内的潜育和泥炭化成土过程主要发生在柴达木盆地、环湖和青南湖滨洼地、杂多县旦荣之西南当曲河流两岸洼地以及高山倒石堆下沿坡折地的低洼处，由于常年积水，土体内空气缺乏，几乎处于闭气状态，有机质在分解过程中产生较多的还原性物质，氧化铁发生去氧作用，变为亚铁化合物，从而变成蓝灰或青灰色的还原层次——潜育层，通过潜育化过程，可发生发育为沼泽土。在低洼地稍高处的土壤或河漫滩，经常受地下水浸润的土层中，因地下水在雨季升高、旱季下降，导致该土层干湿交替，经季节性的氧化还原作用，形成有锈纹、锈斑的土层，可发生发育草甸土或沼泽草甸土，以及阴坡的高山灌丛草甸土和山地灌丛草甸土。此外，在青海省青南高寒区、祁连山地的洼地，气候寒冷，降水多，地下水位高或地表积水，生长藏嵩草等湿生植物，因嫌气和低温环境，残根不能很好分解，有机残体累积表层，形成具有很厚泥炭层的泥炭土，可形成水成、半水成土壤。

（七）熟化过程

青海境内土壤的熟化过程主要发生在河湟谷地等耕作区，熟化过程是指在人为干预下，土壤兼受自然因素和人为因素的综合影响下进行的土壤发育过程。自然土壤经过人为垦种，采用农业技术措施——施肥、灌水、耕耙等定向培肥调节土体内水、肥、气、热后，提高可给态养分，满足农作物对养分需要。青海境内的黑钙土、栗钙土、棕钙土、灰钙土等自然土壤，经过熟化过程后，演变为耕种土壤，但是土壤熟化过程也会带来不利影响，在陡坡耕种，可引起水土流失；采用烧灰施肥，可破坏草皮，损耗有机质和氮素养分；或者常年施化肥，易使土壤板结等，致使土壤肥力下降，农作物则逐年减产。

第二节　土壤分区与分布规律

一、土壤分区

青海境内的土壤可分为四个大区，各分区状况介绍如下。

(一)东部黄土高原温暖半干旱栗钙土、黑钙土农林牧区

1. 基本情况

该区位于青海省东部，土地面积3.96万平方千米，占全省总面积的5.49%，包括西宁、大通、湟源、湟中、互助、平安、民和、乐都、循化、化隆、贵德、尖扎、同仁、门源14个市(县)。可利用草地面积3.18万平方千米，有林地0.061万平方千米、疏林地0.013万平方千米、耕地0.39万平方千米，占全省耕地面积的62.86%，是青海省的主要粮食产区。

2. 地域特点

该区海拔1650～3900米，年均气温0～8.6 ℃，无霜期30～180天，≥0 ℃积温1601～3510 ℃·天，≥10 ℃积温536～2901 ℃·天，年降水量300～527毫米，春旱概率为34%，年湿润系数0.3～1.0，夏旱概率为18%，日照时数2568～2913小时，昼夜温差大，气候垂直变化明显，具有农、林、牧、副、渔全面发展的有利条件。

土壤以黑钙土、栗钙土、灰钙土、灌淤土、潮土、新积土为主，母质以黄土、新近系红土(红砂土)为主，质地为粉砂壤、轻壤或黏壤质，有机质含量为10～50克每千克，结持力差，是青海省水土流失的主要地区。

本区地处黄土高原最西部，为黄土高原向青藏高原过渡地带，兼具两大高原的自然风貌，地势复杂，山大谷深，随着海拔升高，气温渐低、降水增多，产生水热状况垂直带谱的明显变化，使农业及其他各行各业的生产活动呈现立体格局。长期以来，人们对土地开发利用也因此把本区划分为川水、浅山、脑山等类型区。

该区由于中小地貌对光、热、水等气候要素的影响，形成了不同的生态环境。使农、林、牧各业的发展方向、布局和对土地的利用改良均具有其自身的多样性和复杂性。该区水利资源丰富，但分配不均，地区间分布极不平衡且开发困难，利用率低，供需脱节，污染严重。该区开发历史悠久，技术、经济条件比较优越，全省60%以上商品粮、油均来自该区。由于自然特点和技术、经济条件的差距，农、林、牧各业生产水平很不平衡。该区草场资源相当丰富，可利用草山草坡有2.05万平方千米，占全区土地面积的一半，部分可利用草场面积减少、退化。

该区生物资源丰富，适生树种多，是全省林木最多的地区，森林覆盖度为10.4%，占全省有林地总面积的60%，宜林地面积占全省的68%，是发展林业潜力最大的地区，该区生产的瓜果、蔬菜居全省之冠，水面网箱养鱼潜力亦大。

(二)环湖温凉半干旱栗钙土、高山草甸土牧农林渔区

1. 基本情况

该区位于海东黄土高原与柴达木盆地之间，南与果洛的玛多、玛沁县以及玉树的曲麻莱县相接；北与甘肃省酒泉地区为界，包括祁连、天峻、刚察、海晏、共和、贵南、兴海、同德共8个县，土地面积为8.73万平方千米，占全省土地总面积的12.1%，全区有可利用草地面积5.39万平方千米，占全省可利用草地面积的17.04%，耕地为0.16万平方千米，占全省耕地总面积的25.68%；有林地为0.06万平方千米，疏林地为0.06万平方千米。

2. 地域特点

境内祁连山、昆仑山呈西北-东南走向，纵贯全境，形成独特的高原地貌，地形复杂多样，高山、丘陵、盆地、滩地、台地、河谷、沙漠、湖泊交错分布，中国最大的咸水湖——青海湖坐落其中，既有巍峨的高山和坦荡的滩地，又有平展的盆地和肥沃的河谷阶地。海拔较低的滩地及河谷地区为小块农业区。

本亚区地势复杂多样，海拔高低差异较大，气候条件分异明显，气温变化剧烈，四季交替不分明，仅有冷季和暖季之分，属高原寒干气候型，一般年平均气温为 0～3.3 ℃，1 月最低气温为 −15～−11 ℃，7 月最高气温为 10.7～13.4 ℃，≥0 ℃积温为 600～1900 ℃·天，年降水量 310～450 毫米，年蒸发量为 1500～2100 毫米，年日照时数 3000 小时左右；无霜期短，个别地方无绝对无霜期，降水量由低往高、由东向西逐渐减少，蒸发量由东向西、由高到低逐渐增加，蒸发量为降水量的 2～6 倍，最高的共和地区为 6 倍。

该区热量低，气温年较差在 15～25 ℃，7 月极端最高气温 31.3 ℃（共和）～25.0 ℃（刚察），≥0 ℃积温最高为 2236.4 ℃·天（共和），比同纬度的其他地区低。

该区干旱、风大，环湖地区全年平均风速在 2.1～4.4 米每秒，大风日数一般在 15～85 天。

（三）柴达木盆地温暖干旱极干旱灰棕漠土、盐土农牧林区

1. 基本情况

柴达木盆地地处青藏高原北坡，属海西蒙古族藏族自治州柴达木内陆流域范围，地理上东起库库诺尔岭，西至茫崖镇，南依昆仑山，北屏祁连山与阿尔金山，东西长约 800 千米，南北宽达 300 多千米，土地总面积 25.75 万平方千米，占青海省土地总面积的 35.68%。

盆地内有乌兰县、都兰县、格尔木市和大柴旦、茫崖镇、冷湖镇等，共 26 个乡、7 个国营农场，聚居着 30 多个民族，共 30 多万人口，有耕地面积 0.05 万平方千米，有林地面积 0.005 万平方千米，疏林地面积 0.02 万平方千米，可利用草地面积 5.26 万平方千米，水利建设有效灌溉面积达 0.07 万平方千米，有各类电站 30 多座，随着生产条件的改善，农、林、牧、副、工各业均得到较快发展。

2. 地域特点

盆地气候干燥、温凉，日照强烈，冬季寒冷、漫长，夏季凉爽、短促，是典型的大陆性气候，年平均气温 1.1 ℃（大柴旦）～5.1 ℃（察尔汗）；>80%保证率的年降水量为 10～200 毫米，多年平均降水量为 20～250 毫米，≥0 ℃的积温为 1228～2570 ℃·天，昼夜气温变化大，平均日较差为 12.6～17.7 ℃，暖期日均温≥10 ℃的持续天数少（最低的茫崖镇为 67.7 天，最高的格尔木为 130.2 天），积温低（茫崖为 911.4 ℃·天，格尔木为 2009.8 ℃·天）；≤0 ℃的气温持续天数长，负积温高，降雨甚少，且从东南向西北递减，都兰县年均降水量 179.1 毫米，西北冷湖镇只有 17.6 毫米；日照时数平均长达 3000 小时以上，蒸发强烈，年平均蒸发量为 2152.2 毫米（茶卡）～3505.6（察尔汗），干旱指数最低为 7.58，最高达 121.8，所以无水即无种植业。盆地内戈壁、沙丘广布，风大风多，年均风速为 3～5 米每秒，平均大风日数西部茫崖镇高达 110 天。

盆地内河川径流均产于山区，属内陆闭流水系，盆地内河流年径流量 97.233 亿立方米，矿化度 0.3 克每升，径流塑造流水地貌、搬运成土物质、分选土壤母质，同时径流运动促使化学物质的迁移和富积，从而使盆地形成了大面积的冲洪积扇倾斜平原和广泛分布的盐壳、盐湖和盐沼。

盆地四周高山环绕、水系闭流，呈干旱荒漠景观，地形呈西北高、东南低，海拔高度在盆地底部为 2600～3200 米；盆地北侧为祁连山系的疏勒南山、党河南山、土尔根达板山和宗务隆山等一系列北西走向的山脉组成，海拔均在 3500～4500 米以上；西北部为阿尔金山，是柴达木盆地与塔里木盆地的分水岭，海拔均在 4000 米左右；盆地南侧是昆仑山系的祁漫塔格山和布尔汗布达山，海拔

4500～6860米，这些山脉在海拔5000米以上，终年积雪，并有现代化冰川分布，盆地北部断续分布有赛什腾山、绿梁山、锡铁山和牦牛山等，自西向东把盆地间隔在花海子-冷湖、马海、大柴旦、小柴旦、德令哈、希里沟等连续的闭流山间小盆地和谷地，地形比较复杂。一般的规律是，小盆地四周高山向盆底依次为山地-戈壁-丘陵-平原-沼泽-湖泊，呈环形向心分布。盆地南部地势开阔平缓，沿昆仑山北麓向盆地底部依次为山前戈壁-细土平原-盐沼，形成三大狭长地貌带，盆地西北部属极干旱含盐荒漠地带，多为风蚀残丘、风沙岗地，无植被、无径流、无飞鸟。

盆地土壤自东向西依次有棕钙土、灰棕漠土、石膏灰棕漠土、石膏盐盘灰棕漠土、盐土和风沙土。在海拔4000米以上的高山带有高山寒漠土、高山荒漠草原土、高山草原土，在海拔4000米以下中山地带有灰褐土、山地草原草甸土和山地灌丛草甸土。可农业开发利用的仅限于棕钙土和灰棕漠土。

盆地水资源总量为46.181亿立方米，主要分布在盆地南部昆仑山前的格尔木到乌图美仁一带，共有水资源20亿～301亿立方米，占盆地水资源总量的44%，其次分布在东部乌兰与都兰地区，水资源量为17.340亿立方米，占水资源总量的37.5%，而在察汗乌苏和希赛地区，水资源尤为缺乏，西部和西北部风沙土区是水资源最缺乏的地方，其量仅占盆地水资源总量的18.5%。

(四)青南高原寒冷湿润高山草甸土、高山草原土牧区

1. 基本情况

本区位于青海省境南部，自西向南依次和新疆、西藏、四川、甘肃等省(区)接壤，东西长1059千米，南北宽约522千米，总面积33.73万平方千米，占全省土地面积的46.73%。全区包括玉树、果洛两州全部和黄南的泽库县、河南县，以及格尔木市的唐古拉山乡，共有14个县112个乡(其中半农半牧乡16个)，有国营农场1个、牧场11个、林场4个；可利用草地面积17.78万平方千米，占全省可利用草地面积的56.25%，耕地0.03万平方千米，占全省耕地的4.16%。

2. 地域特点

本区地势自西北向东南倾斜，南部唐古拉山与西藏自治区为邻，北部昆仑山与海南藏族自治州、环湖地区为界。可可西里山、巴颜喀拉山、布青山、阿尼玛卿山等横贯其间，将全区分成许多滩地、盆地、丘陵和沼泽。北部和西部海拔平均在4500米以上，基本处于永冻地带，中国著名的黄河、长江和澜沧江均发源于此。北部为丘状和平坦高原，东部和东南部由于河流下切、谷大沟深，形成岭谷相间的独特高原地带。由于河道迂回曲折、山高谷深，相对高差在800～1000米，形成了明显的生物垂直带谱，在海拔3800米以下的地区有小片农田分布。

本区中部为江河源头，河流密布，有大小河流百余条，水力资源丰富，湖泊众多，水质良好，适于饮水、灌溉和发展渔业生产。

高寒缺氧是该区自然环境的主要特点，气候四季不分明，夏冷冬寒，热量条件很差，冬、春多大风雪，年均气温－5.9 ℃(五道梁)～－3.7 ℃(香达)，7月平均气温5.4 ℃(五道梁)～13.1 ℃(香达)，1月平均气温－17.3 ℃(五道梁)～－6.9 ℃(香达)，≥0 ℃的积温为451～1986 ℃·天，≥5 ℃的积温为200～1812 ℃·天，≥10 ℃仅在囊谦、玉树、班玛、杂多等县的河谷地区出现46～92天，积温为487～1128 ℃·天，但无绝对无霜期。年降水量260～760毫米。总的趋势是从东(南)向西(北)气温更加严寒，降水逐渐偏少。

种植业处于从属地位，东南部河谷地区、通天河、澜沧江及黄河沿岸海拔3800米以下的地区有小片农田分布，可种植青稞、春小麦、油菜、芫根等作物，在海拔3750～4000米的局部地区还可以种植青稞、燕麦等。该区现有耕地0.03万平方米。

本区为青海省主要牧业地区，草场面积大，多为高山草甸和高山草原草场。由于地势高寒，牧草种类少，只占当地植物种类的20%～30%，且植株低矮，属低草型草场；一般载畜量为0.3～0.9公顷每羊，而较差的则需1.0～1.3公顷每羊。产草量因草场类型不同变化幅度较大，一般每公顷产可食青草450～2550千克。就全区而言，西部以草甸和沼泽草甸为主，而东部则以草甸和灌丛草甸占优势。此外，西部可可西里地区尚有一定面积的由高山寒漠和高山草原组成的草场类型。牧草种类单一、低矮，但有营养价值高、适口性好、耐牧性强的特点。本区东南部边缘高山峡谷地带断续分布着一定面积的原始森林，它和茂密的草原植被组成江河源头的第一道生态屏障。有林地面积0.07万平方千米，疏林地面积0.05万平方千米。

二、土壤分布规律

（一）纬向分布规律

青海省内东、西部自然地理条件有着极大的差异性，使东、西部土壤纬向分布规律形成了各自的特点。

1. 东半部纬向分布

从省东南部向北经果洛草原、黄南山地、河湟谷地至祁连山地东段，土壤带依次是暗棕壤-高山灌丛草甸土-高山草甸土-温性草原土（灰钙土、栗钙土）-棕壤（图7-2-1）。

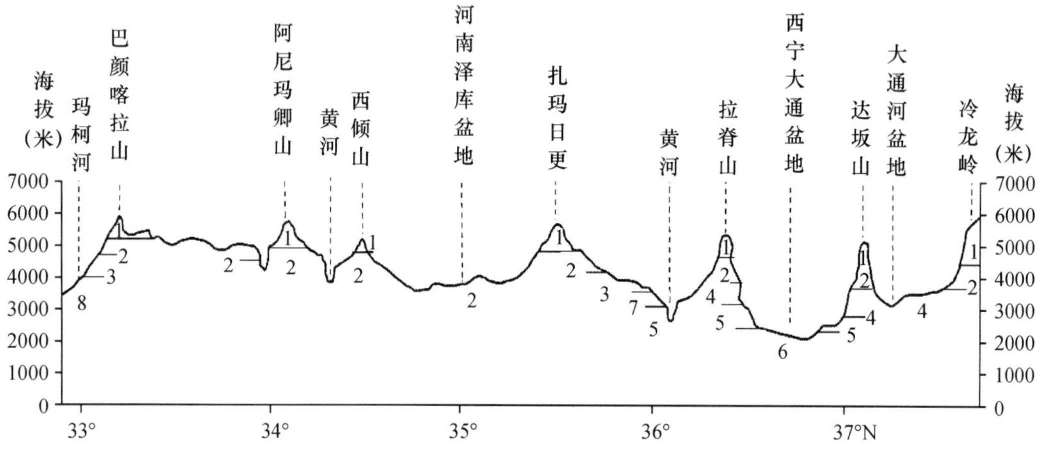

图7-2-1 青海玛柯河-冷龙岭土壤分布图

注：1. 高山寒漠土；2. 高山草甸土；3. 高山灌丛草甸土；4. 黑钙土；5. 栗钙土；6. 灰钙土；7. 灰褐土；8. 棕壤

2. 西半部纬向分布

从青南高原中南部向北经江河源头区，翻越东昆仑山，经柴达木盆地至祁连山西部，唐古拉山与昆仑山之间的高旷高原面，从南向北植被土壤带依次是高寒草甸-高山草甸土、高寒草甸草原-高山草原土、温性荒漠-荒漠土（灰棕漠土）、高山寒漠-高山寒漠土（图7-2-2）。

（二）经向分布规律

1. 北部阿尔金山-祁连山地区经向分布

祁连山从东部向西经当金山口至阿尔金山，随山体高度不断变化和内陆化程度的加强，降水量从500毫米至西部阿尔金山降至50毫米以下，使气候由东部湿润或半湿润，向西逐渐过渡到半干旱、干旱、极干旱。土壤带依次是：暗棕壤带-栗钙土带-高山草原土带-高山漠土带。

2. 中部盆地和谷地区经向分布

从东部河湟谷地向西经青海湖盆地、共和盆地和茶卡盆地，至西部的柴达木盆地，随着地势不断升高和内陆化程度的加强，干旱程度不断增强。土壤带依次是：灰褐土带-栗钙土带-棕钙土带-灰棕漠土带。

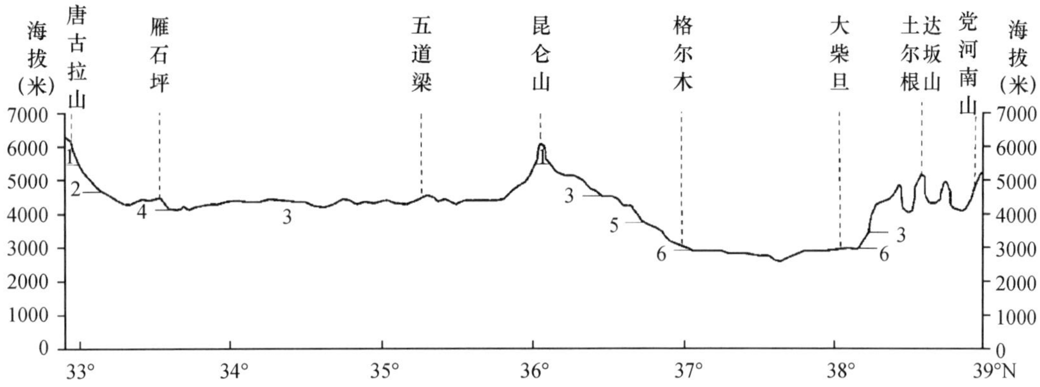

图 7-2-2　青海唐古拉-党河南山土壤分布图

注:1. 高山寒漠土;2. 高山草甸土;3. 高山草原土;4. 高山草甸草原土;5. 棕钙土;6. 灰棕漠土;7. 盐土

3. 南部青南高原区经向分布

从东南部的班玛、久治,向西北部经玉树、曲麻莱、五道梁,至西北部可可西里山地,随着地势升高,气温和降水量出现从东向西递减态势,土壤带依次是:暗棕壤带-高山灌丛草甸土带-高山草甸土带-高山草原土带-高山漠土带。

(三)垂直分布规律

全省各地所处地理位置不同,其土壤带的基带产生较大差异,形成了不同的垂直带谱结构。高原边缘地区高差大,带谱结构表现较为复杂,高原内部相对高差小,带谱结构相对简单。还由于全省各地湿润状况差异悬殊,影响到土壤垂直带谱结构类型。全省可分为 4 种土壤垂直分带结构类型。

1. 湿润、半湿润地区土壤垂直带谱结构类型

此种类型分布在省东南部,气候温和湿润。山地海拔 4500 米,从下向上土壤垂直带谱结构表现明显,依次是山地暗棕壤带-高山灌丛草甸土带-高山草甸土带-高山寒漠土带。

高原腹地唐古拉山地、巴颜喀拉山海拔 5500～6000 米,海拔 4600 米以上的高原面高山草甸草原土带成了基带,向上是高山草甸土带、高山寒漠土带。垂直带谱结构趋于简单化。

2. 干旱、半干旱地区土壤垂直带谱结构类型

此种类型以东祁连山地为代表,由于山体高度不同,基带不同,使大通河流域、湟水流域、黄河流域的土壤垂直带谱结构有较大差异(表 7-2-1)。

祁连山东段植被-土壤垂直带谱结构示意表

表 7-2-1

植被-土壤垂直带	海拔高度(米)		
	大通河流域	湟水流域	黄河流域
灰钙土带	—	1650～2300	1800～2500
栗钙土带	2200～2700	2300～2800	2500～2900
黑钙土带	2600～3200	2700～3200	2800～3300
灰褐土带	3200～3300	2600～3400	2800～3500
高山灌丛草甸土带	3300～3900	3300～4000	3500～4000
高山寒漠土带	3900～4200	4000～4300	4100～4500

3. 极干旱地区土壤垂直带谱结构类型

此类型土壤垂直带谱见于柴达木盆地东昆仑山北坡、阿尔金山和祁连山地南坡。柴达木盆地是极度干旱荒漠化内陆封闭盆地，它强烈影响着周围山地的旱化进一步加深，使其荒漠自然景观从山麓向山地高处不断扩展延伸，灰棕漠土带成为该地区土壤带谱结构的基带。在这个基带之上，北侧山地的垂直带谱结构为：高寒荒漠草原土带-高山草原土带-高山漠土带。南侧山地在这个基带之上的垂直带谱结构为：棕钙土带-高山草原土带-高山草甸土带-高山寒漠土带。

第三节　土壤生态功能、问题与防治

青海境内的土壤资源是青海地区农、林、牧业赖以生存和发展的物质基础，土壤资源的开发利用，不单是垦荒种地的种植业，而且还有牧业、林业和其他开发利用，但同时也考虑土壤利用的适宜性、可能性和必要性，综合开发，改良利用，统筹安排土壤资源在农、林、牧业生产上的合理利用，发挥土壤资源更好的经济效益。

一、主要土壤生态功能

土壤是物质循环和能量转换的重要场所，具有为植物生长提供水分、养分、空气和物理支撑等生态功能。同时土壤又形成了自己特殊的生态系统，土壤生态系统的生物多样性最丰富，生物地球化学的能量交换、物质循环(转化)活跃，对环境污染物具有缓冲和过滤作用，具有生物生长能力和可持续性等。

青海境内的土壤生态系统主要功能包括如下几个方面。

(一)是青海自然环境有机组成部分

土壤不连续覆盖于地球陆地的表面，青海境内不连续分布的土壤，是青海自然地理环境的有机组成部分，它将大气环境、水文环境、地质环境、生物环境有机地联系在一起，成为连接它们的纽带，构成了联系无机界和有机界、生命和非生命系统的中心环境。

(二)是青海多样生态系统的基础

青海境内的土壤多样，发育程度差异较大，因此，不同的土壤条件下发育了不同的生态系统。在陆地生态系统中的作用包括：①保持生物多活性、多样性和生产性；②对水体和溶质流动起调节作用；③对有机、无机污染物具有过滤、缓冲、降解、固定和解毒作用；④具有储存并循环生物圈及地表的养分和其他元素的功能等。

(三)是青海农业生产的基地

农业生产主要依赖于农作物、牧草和林地，而自然界中这些植物的生长繁育必须以土壤为基础，土壤在植物生长中起着特殊作用：①营养库的作用；②养分转化和循环作用；③雨水涵养作用；④生物的支撑作用；⑤稳定和缓冲环境变化的作用。

青海省分布面积最多的土壤类型为高山草甸土，总面积有20.39万平方千米，约占高山带土壤总面积的48.92%，热量条件虽较差，但水分条件较好，牧草生长低矮但繁茂，每公顷产青草平均数2700～3750千克。高山草甸土所处环境地势高耸，气候凉爽，蚊蝇少，是藏羊、牦牛的理想放牧草场，高山灌丛草甸土灌丛较稀时，不影响放牧利用；灌丛稠密时，仅能作为夏季辅助草场，放牧以牦牛为主。灌丛的水源涵养作用及水土保持功能较强，生态效益明显。

青海境内的高山草甸土土壤全量养分丰富，全氮达3.4～6.1克每千克，全磷为1.4～2.0克每千克，全钾为20～23.7克每千克，保肥能力强，生产潜力大。但因地势高寒，土壤微生物种类少、数量低、活动弱，养分的释放率低、周转慢，碱解氮含量虽高，但植物能直接吸收利用的速效氮（铵态氮及硝态氮）及有效磷不足，在牧草吸收强度较大的生长旺盛期土壤含量下降明显。

高山草原土是青海主要的土壤类型，面积仅次于高山草甸土，占全省土壤的23.94%，作为草原土壤，其生态环境与栗钙土、棕钙土等有较大差异，特别是水热条件严酷，温度低，持续时间长，虽太阳辐射强、光照时间长，但由于低温的制约，暖季短，有效积温不足，牧草生长期短，产草量低，季节牧场极不平衡，不同亚类间差异较大，土壤质地粗疏，土层浅薄，肥力低，加之地处高寒，气候变化强烈，自然灾害频繁，冬、春易遭雪灾，牧业生产亦不稳定。在水热条件相对较好的高山草甸草原土及高山草原土带，产草量较高，优良牧草较多，是青海重要的夏季牧场。

青海境内的森林土壤类型也具有很丰富的生态功能，森林土壤的固碳功能强，是一个巨大的碳库，在森林土壤中，森林枯落物是土壤有机碳的主要来源，枯落物中有机碳经过土壤生物化学转化固存在土壤层中，参与森林生态系统的碳循环。同时青海境内的森林土壤具有较强的保水功能。森林土壤通过入渗和吸持作用改变着降水分配格局，是联系地表水与地下水的纽带。森林土壤的保水性与降水的年际变化有关。在降水量较大的年份，森林土壤的保水功能越强，相反，如果降水量较少，植物会大量吸收森林土壤中的水分来生长，则土壤的保水性较弱。

青海境内分布相对稀疏的森林，其森林土壤在局地具有营养物质支持功能及生态价值。虽然大气及降水也可以提供森林植物生长所需的少量养分，但森林土壤始终是提供植物生长所需营养物质的主要来源。森林土壤能够提供大量的氮、磷、钾三种肥料要素，从而促进植物生长。

二、面临的土壤生态问题

（一）农业用地土壤

青海省东部农业区耕地已有2000余年的历史，由于受自然条件限制，耕地主要集中分布在青海省东部，在海西柴达木盆地和青南、青北的小块农业区也有零星分布。其地貌为河谷阶地、低山丘陵、中山、盆地和平原，海拔较低、气候条件较好的河湟谷地是开发较早的农业区；海西柴达木盆地和其他小块农业区大多系1949年以后开垦，耕种年代较短，耕地土壤类型主要为栗钙土、黑钙土，其次是潮土、灌淤土、棕钙土、灰棕漠土、山地草甸土。

青海耕地中土壤存在的主要问题如下。

1. 土壤退化严重

青海境内由于植被稀疏，土壤发育年轻，土层薄，再加之人类不合理利用，没有贯彻宜农则农、宜林则林、宜牧则牧的土地利用原则，1949年以前毁林开垦和陡坡开荒很普遍，直到现在还未完全禁止，在山区造成植被破坏严重、森林覆被减少、土壤侵蚀加剧，土壤由于水土流失而失去了原有的自然肥力。浅山地区耕地开垦到山顶，土地垦殖率达到50%左右，森林、草地已不复存在或残存无几，水土保持能力大大下降，土壤受侵蚀使耕层和土层变薄，有机质和各种养分流失，鸡粪土、僵土、砂土和砾质土等低产土壤的面积增大。

2. 中、低产土壤面积大

青海省境内耕地中，中、低产土壤所占比例大。水浇地低产土壤农田中，水利设施不配套，不能保灌，盐碱地比重大，土壤本身条件差，土壤肥力低下。旱地中低产土壤农田中，干旱瘠薄、坡度大、水土流失严重，高寒低温，热量不足，土壤本身肥力低下。按地区分，东部农业区有中、低产土壤农田0.28万平方千米，占该区耕地面积0.41万平方千米的68.3%。其中川水地区有中、低产土壤农田0.033万平方千米，占该区耕地面积0.09万平方千米的37%，主要低产土壤为下湿潮土、盐化潮土、砂土、僵土，因水利设施不配套或年久失修设备破坏，水源不足，不能保灌的面积有0.02万平方千米，盐碱地面积0.001万平方千米，质地过砂、过黏，土体结构不良的面积有0.014万平方千米。浅山地区有中低产土壤农田有0.19万平方千米，占该区耕地面积0.25万平方千米的75%，造成低产的障碍因子主要是干旱少雨、土壤贫瘠和水土流失。脑山地区有中、低产土壤农田0.065万平方千米，占该区耕地面积0.08万平方千米的81%，主要生产障碍因子为地势高、无霜期短、低温霜冻危害，在土壤方面，部分土壤土层浅薄、质地过砂过黏和存在钙积层深厚等障碍土层。柴达木盆地绿洲农业区，有中、低产土壤农田0.036万平方千米，占该区耕地面积的83%，生产和土壤障碍因子主要是气候极干旱少雨，虽有一定的水利资源，但利用程度大，部分农田不能保灌，此类面积约0.011万平方千米；其次是地下水位上升，土壤次生盐渍化严重的农田面积0.01万平方千米；风沙大，耕作粗放，草荒严重，广种薄收的农地面积0.016万平方千米。青南、青北半农半牧区共有耕地0.11万平方千米，绝大部分为高寒旱地，一般每公顷产量在1875千克以下，有中、低产农田面积0.102万平方千米，占该区耕地面积的95.4%。生产障碍因子为热量不足、低温霜冻频繁，部分地区还沿袭原始的种植方式，耕作粗放，草荒严重，科学种田水平低。

3. 耕地肥力下降

主要表现在有机肥料不足，施用的农家土粪量少质差，普遍存在重化肥、轻家肥，以增施化肥来满足增产的需要，追求近期效益，用地与养地结合差，改良和培肥土壤的措施未跟上，如水地和浅山地小麦连年重茬，作物品种单一，部分脑山和半脑半浅山区，施农家肥的面积一般为30%～50%，仍以大量施用草木灰灰来代替农家肥，土壤普遍缺乏有机质，氮素和磷素等养分含量很低。

4. 经营方式落后，耕作措施粗放

青海省东部川水地区农业土壤集约经营程度较高，其余分布在山地和小块农业区约0.47万平方千米，这些地区的耕地由于干旱、水土流失、地势高寒等不利自然因素以及地多人少，劳力负担面积大，耕作制度、生产方式落后，科学种田水平低，土地生产潜力未能发挥，广种薄收。

5. 土壤盐渍化与沙化突出

青海柴达木盆地的耕地，其地下水位较高，属内陆干涸湖盆，排水不畅，土壤含盐量高，开垦种植后，其水利工程无健全的排水系统，有灌无排，渠道渗漏严重，加之管理不善，造成地下水位不断上升，土壤次生盐渍化面积大，土壤盐渍化弃耕面积达0.02万平方千米，采取措施改良盐碱地的约0.001万平方千米。在东部农业区的湟水流域河漫滩地和一级阶地，长期大水漫灌，抬高了地下水位，土壤发生次生盐渍化，有0.2万余平方千米重盐碱地已弃耕，尚有6.67万平方千米盐渍化土壤存在不同程度的盐害。柴达木盆地和共和盆地、海南台地分布有大量沙源，固沙植被遭到破坏后，风蚀加剧了土地沙漠化，使土地沙化严重，危害耕地和草地。

6. 耕地面积减少，开发利用不充分

青海境内可利用土地面积不大，尤其是耕地比重小，耕地只占土地总面积的0.8%，随着人口的增长，人均占有耕地大幅度下降，1949年人均耕地面积0.31公顷，至2010年降到0.13公顷，平均每年递减2.2%，高于全国同期递减的1.6%的速度。由于自然和地理环境条件的限制，青海省复种指数较低，人均播种面积只有0.12公顷，比全国平均水平少0.02公顷，农业生产基础薄弱，境内还有相当数量的可垦土壤资源至今尚未得到合理开发和利用。

（二）林业用地土壤

青海境内林业土壤主要为灰褐土类，其下有淋溶灰褐土和石灰性灰褐土两个亚类。在非天然林区，其他土壤类型上散布有人工林，各有一定比例的林业用地。森林的分布受地貌的影响，地形在很大程度上影响着气候条件、成土过程及土壤类型。在江河两岸的峡谷地带，海拔较低，能承受季风带来的暖流气流,使局部气候发生变化,温度较高,降水量较多,土壤已经发育,形成一定森林生长环境,是青海省天然森林分布区。

青海境内自古森林稀少,加之历代统治阶级的掠夺、长期的过度采伐、毁林开荒和火灾等原因,原有森林景观逐步演变成高山草原和高寒荒漠。

林地土壤存在的主要问题如下。

1. 林地土壤侵蚀加重,生态环境恶化

青海境内的森林被破坏后,天然林减少,迫使疏林地、灌木林地、未成林造林地、迹地面积增加,森林郁闭度减小,造成一些土地裸露,失去屏障和被覆,使土壤受风力、水力侵蚀,土壤肥力下降,土壤保蓄水分、养分能力降低,水土流失加剧,天然林区的涵养水源、调节气候和维护生态平衡的作用减弱。

2. 林地比重小,森林覆盖率低

青海境内森林覆盖率仅为 2.5%,为全国最低的省份;有林地面积只占全省总面积的 0.26%,占全国有林地面积的 0.16%,人均只有 0.05 公顷,同全国平均有林地占土地总面积的 12.7%、人均有林地面积 0.13 公顷相比,差距大,与全世界有林地 22%、人均 0.65 公顷相比,其差距更远,全省活立木总蓄积量为 2978 万立方米,仅占全国活立木总蓄积量的 0.3%。

3. 造林速度慢,发展很不平衡

全省平均年造林面积约 0.007 万平方千米,每人平均年造林面积 20 平方米,仅为全国人均年造林面积 200 平方米的 10%,是造林速度最慢的省份之一。青海省平均造林保存率只有 27.3%,出现造林不见林、年年同一地点造林、管理养护工作未跟上的现象,造成严重的浪费和损失。人工造林主要集中在东部农业区的河谷地带,有灌溉条件,造林容易成活,生长迅速,而在干旱的山区,造林普遍缓慢,多是一片光山秃岭,森林植被极为稀少,易造成严重的水土流失。

4. 森林资源破坏严重

造林少、砍伐多,森林消耗大于生长量,青海省虽林地面积少,林木生长率低,至今造林营林工作未成规模,存在破坏森林资源、乱砍滥伐的现象。全省破坏森林面积达 0.087 万平方千米,对自然生态的影响极为严重,原始森林中的老龄成熟林多数生长衰弱,腐朽率一般达 15%~30%,每年因此损失蓄积量 6 万余立方米;森林资源的采伐利用率也很低,出材率一般只有 60%左右。

(三)牧业用地土壤

青海省属全国四大牧区之一,畜牧业历史悠久,3000 多年前,当地生活的羌人就开始在草原上过着“逐水而居”的游牧生活。青海境内牧区主要土壤类型为高山草甸土、高山草原土、山地草甸土,其次为黑钙土、栗钙土、棕钙土和沼泽土等,分布范围面积大,牧区面积占全省土地总面积的 97.04%。

牧业用地土壤存在的主要问题如下。

1. 草场类型多,生产力地区差异大

青海不同的土壤类型孕育了不同的天然草地类型,全省分为 9 个草地类,加上约 0.08 万平方千米的人工草地,全省可利用草地面积为 31.61 万平方千米。按地区分,青南区(玉树、果洛)平均产鲜草 2561.55~3363 千克每公顷;环湖区(海北、海南、黄南)平均产鲜草 2203.35~4516.2 千克每公顷;柴达木荒漠区平均产鲜草 1371.75 千克每公顷;东部农业区(海东地区)天然草地产青草 2783.55 千克每公顷。

2. 草地退化严重

由于畜均草地减少、草场过牧、掠夺式的利用草地,天然草地面积正在逐年减少,退化草地不断扩大,牧草单位面积产量下降,土壤变得板结干燥,土壤侵蚀加重,秃斑地——“黑土滩”面积逐渐扩大。在玉树、果洛两州由于过度放牧、灌丛砍伐、老鼠危害和冻裂现象等多种原因,造成牧草退化,出现草皮脱离、牧草死亡、地表板结、砾石表露的大面积裸地和生产性能极低的草地，群众称其为“黑土滩”，面积达3.33万平方千米。三江源地区因过度放牧利用造成土壤沙化，沙化草地面积达1.33万平方千米。草地鼠害面积全省约有5.40万平方千米，虫害面积约0.97万平方千米，致使草地退化，草地生产力下降，是影响全省畜牧业发展的主要问题。

3. 草地经营技术落后

青海省对天然草地的利用仍处于原始落后的状态，实行的还是粗放、靠天养畜。主要表现在对草地的管理使用不合理，草地的所有权和使用权未能很好解决，未实行划区分片轮牧，抢牧乱牧现象很普遍，牧草的利用率只有70%左右，牧草浪费十分严重；交通方便、水草较好的地方则重牧，草地退化严重。人工草地建设迟缓，天然草地生长期短，植株低矮，产草量低，不能作为割草地和打贮青干草，一般只能放牧利用，极不利于抗灾保畜，冬、春缺草严重，稍有风雪便会成灾。

三、防治与恢复

青海境内土壤类型复杂多样，海拔由低到高依次分布着灰钙土、栗钙土、黑钙土、棕钙土、灰棕漠土、山地草甸土、灰褐土、高山草原土和高山草甸土等地带性土壤，同时还散布潮土、灌淤土、沼泽土、盐土等非地带性土壤。海拔较低的河谷、盆地和丘陵山地，气候较温和，水利条件好，适宜于发展农业；面积辽阔的高海拔地带，分布有大面积的天然草地，为发展畜牧业提供了物质基础；在高山带以下森林及宜林地资源散布省境，具有发展林业的基础和条件。只要因地制宜、合理开发利用土壤资源，农业、林业、畜牧业、渔业、工副业均能得到全面发展。

（一）提高复种指数，合理利用土壤

随着生产条件的改善和生产发展的需要，青海自20世纪80年代以来就进行间作、套种和复种，提高单位面积产量，发展农业生产。青海境内的民和、乐都、平安、互助、循化、化隆、贵德等县的黄河、湟水沿岸地区，复种面积发展很快，城镇郊区复种指数已达到了150%以上，复种面积已达一万余公顷。复种方式由过去的复种荞麦、糜子、谷子，小麦地套种黄豆、胡萝卜为主，发展为复种豌豆、箭筈豌豆等绿肥作物和马铃薯、油菜、蔬菜等作物。复种能充分利用土地和生长季节，比之单作有更大的增产潜力，能够提高单位面积产量；复种马铃薯、豌豆和豆科绿肥，可增加土壤有机质和养分含量，改善土壤理化性状，收到用地与养地结合、恢复和培养地力的效果。这些地区耕地少，在安排粮、油、菜种植面积上有许多困难，复种能在一定程度上解决争地矛盾。东部农业区河谷川水地少、人多，劳力、畜力和肥料充足，大力推行耕制改革，扩大复种面积及间套种面积，可实现“一年两熟”“两年三熟”和“一地多收”，提高单产。在耕制改革中，克服重头茬、轻二茬的倾向，应选用早熟、高产、耐低温冻害的良种；抢种抢收，不误农时，使二茬作物有足够的生育期；精细整地，施足底肥，适时灌溉、追肥和中耕除草，加强田间管理，提高复种作物的产量。

（二）改良低产土壤，建设高产农田

1. 川水和灌耕土壤区

本区耕地集中分布，水利资源有限，往往因水源不足，或灌溉工程设施不配套，常不能保证浇灌用水，造成水变旱或贻误农时。本区兴修蓄水工程，增加灌溉水源，进行水利工程配套建设，以改善灌溉条件，扩大保浇水地面积。进行田、渠、林、路的综合治理，做好土地平整，完善田间灌溉渠系，营造田间防护林带，修筑田间道路，建设高标准的基本农田，实行耕作园田化。采取人工堆垫、淤泥澄地、客土等办法，改造河滩地、薄地、僵土、黏土和砂土。对盐碱地和盐渍化土壤，采取适时灌溉、泡洗压盐、挖排水沟和合理灌溉、增施有机肥料、种植耐盐作物措施，因地制宜地对海西柴达木盆地、海南盆地以及东部农业区黄河、湟水流域沿岸的盐渍化土壤进行了改良。

2. 山地旱作土壤区

本区农田基本建设的重点是平整土地、兴修水平梯田,变坡地为平地。有条件地开发小型水利,变旱地为水地。坚持工程措施与生物措施相结合,草、灌、乔相结合,建立草、林、田互补的生态结构,绿化山区,建立良好的自然生态系统,走生态农业的道路。采取深翻土地、粮草轮作、增施有机肥等措施,改良贫瘠土壤。通过以上措施和途径,改变了现有耕地的生产条件和生态条件,增强抗御干旱的能力,培肥和改良土壤,农业稳产高产。

(三)开垦宜农土壤资源,提高利用率

在开垦农业土壤资源时,按照自然规律和经济规律,避免盲目开荒造田,破坏草原、沙生植被,引起草地退化、土壤沙化和次生盐渍化的现象。在开荒利用宜农土壤资源时,首先做好勘测调查和规划设计,制定合理的利用方案,从大农业出发,结合当地实际,把立足点放在实行农牧结合,农、林、牧、副、渔业全面发展上,做到土地利用结构与布局合理,因地制宜地发展粮食、油料、饲料和其他作物,建立新的粮油和畜产品生产基地,保证农、林、牧、副各业用地比例合理,提高经济效益,促进生态平衡。全省宜农潜在土壤资源还有0.46万平方千米,加大对这些宜农土壤资源的缺水、缺肥问题的解决,减小开发难度,提高开发效益。

(四)合理利用草地土壤资源

青海省以草地畜牧业为主,天然草地的保护和草原基本建设是重要任务,充分合理利用现有草地资源,是进一步发展牧业生产的前提条件。针对草地土壤资源利用存在的问题,对草地土壤资源的利用和开发应采取以下措施。

1. 合理利用天然草地

合理利用天然草地资源,是保护草地的最有效措施。青海省根据不同草地类型与载畜能力,调整畜种、畜群比例,合理组群,确定各类草场放牧的最佳畜种与载畜量,做到“以草定畜”和“因草养畜”,同时将草场使用权固定到队到户,落实草场管理责任制,调动牧民群众管护和建设草场的积极性。根据草场资源,合理调配畜群,在草地围栏建设的基础上,推行分季分区和划片轮牧,使天然牧草有良好的生息繁衍机会,防止草地退化,保护和合理利用天然草场。推行季节性草原畜牧业,从传统的“头数畜牧业”中解脱出来,顺应自然和经济规律,发挥暖季草场优势,实行“效益畜牧业”,缩短放养周期,减少过冬牲畜,减轻冬、春草场负荷,加快畜群周转,提高单位面积草场的产品和产值,以提高草地生产能力,缓和畜草矛盾,稳定发展草原畜牧业。

2. 改良退化草地

对已退化的草地进行改良,恢复和提高草地生产力,根据退化草地的实际情况,因地制宜地采取如下措施:①对轻度退化的草地从合理利用入手,推行分区轮牧,将草地划分成若干轮牧区,有计划地进行轮流放牧,让牧草有繁衍生息的机会;②进行草地围栏建设,恢复草地生产力,经过封育的草地一般产草量提高一倍以上;③有条件的地区,如有水源和地势比较平坦的草地,可采用灌溉、施肥、松耙和补播多年生优良牧草,提高草地生产力和逐步更新草原;④防止鼠害和虫害,鼠类、蝗虫、草原毛虫危害牧草,破坏草地土壤,开展群众性的草原灭鼠活动,选用高效、低毒、无残留、无二次中毒的药物进行灭鼠除虫,消灭鼠害、虫害和保护鼠虫的天敌;⑤清除草地杂草、毒草,采取重牧、药物灭草和人工挖除等办法,抑制和根除杂毒草;⑥对“黑土滩”和裸地要建立自然保护区,补播适合当地生长的多年生优良牧草种子,辅之以适当的栽培管理措施,草地恢复植被形成草皮层后再度利用。

3. 建设人工草地

根据各地区的自然条件,选择海拔较低、气候较温暖的河谷、滩地和坡麓地带,土壤条件较好、宜于耕种的土地,建立种植型人工草地,生产和贮存饲草饲料,解决冬、春冷季和牲畜繁殖季的严重缺草局面,是解决牲畜"秋肥、冬瘦、春死亡"的措施,提高草原生产能力。

(五)保护森林植被,大力发展林业

青海省森林资源稀少,林地面积所占土地总面积的比例低,但森林的破坏却十分严重,有林地面积急剧减少,大面积的宜林地尚未得到开发利用,自然森林生态趋向恶化。为了维护生态平衡,防治水土流失,防风固沙,保护土壤资源和农牧业生产,也为青海省经济建设提供木材,解决农村能源,支援国家建设和改善人民生活,应保护好森林植被,搞好宜林地建设,合理利用宜林土壤资源。

在开发利用林地土壤资源中,青海从实际出发,重点抓好以下几项工作。

1. 调整林业布局和结构

在高寒、干旱为主要生态特征的青海高原,全省林业建设布局把保护生态环境、发挥森林的防护效益作为重要前提,突出防护林体系的建设,搞好水源涵养林、水土保持林、农牧防护林、防风固沙林的建设。

2. 建设国有林区

青海省国有林区的有林地和蓄积量占全省的90%以上,是林业生产的基地,也是保护生态平衡的主体,全面推行育苗选林、迹地更新、幼林抚育和疏林地、灌木林地的改造工作,不断扩大造林面积,加速培养森林的速度,加强林区公路、护林防火设施和木材加工利用等设施建设,恢复和发展森林资源。

3. 营造速生丰产林和薪炭林

选择适合各地气候、土壤条件的速生优良树种,采取积极培育管理措施,发挥经济和生态效益,在方法上采取集中连片与小片分散结合,新造林和迹地更新结合,营造新的速生丰产林和现有林培育成速生丰产林结合,积极培育速生丰产林,建立新的用材林基地,缓和木材的供需矛盾,营造薪炭林,解决农村燃料,扭转生态恶性循环。

4. 严格执行林业政策与法令

严格贯彻和执行《森林法》,制止对森林和灌丛植被的破坏行为,确保以法治林,保护好现有森林,建立林区的护林机构同发动群众护林相结合,做到国法与民约结合,落实林业政策,不断完善林业生产责任制,调动个人、集体、国家三者兴办林业的积极性,大力植树造林,加快绿化速度,利用好青海省有限的林业用地土壤资源。

(六)非农林牧用地的利用

青海省非农林牧业用地面积比重大,土地潜力未得到充分发挥。在重视现有耕地、草地、林地合理利用的同时,开发利用非农林牧用地土壤资源,开辟非农林牧业用地的新领域,促进青海省农、林、牧、副、渔业生产全面发展。

1. 东部农业区荒山荒坡的开发利用

青海省东部农业区有荒山荒坡1.07万平方千米,由于干旱和放牧过度等原因,植被生长稀疏矮小,覆盖度极低,这部分土地多数未很好开发利用。青海在山区建设中,结合水土保持,坚持生物措施与工程措施相结合的方针,建成林业、畜牧业和多种经营的基地,改变自然面貌,推进山区群众治穷致富。

2. 弃耕盐碱土壤的耕种和利用

青海省因次生土壤盐渍化的加重,土壤含盐量增加,农作物难以生长,通过土壤改良措施,降低地下水位和土壤含盐量,恢复耕种,或种植耐盐碱的树木和牧草,作为牧业与林业用地,这些地域主要分布在柴达木盆地。

3. 开发利用湖泊水面和沼泽地、河滩低洼地,发展水产业

青海省水生养殖业起步晚,基础很薄弱,但水域辽阔,发展水产的潜力很大。青海利用部分咸水和淡水水面,发展水产养殖业,进行合理捕捞,保护鱼类繁殖,防止资源枯竭,定期封湖控制捕捞数量,开展水库养鱼,改进水库捕捞技术,大力发

展池塘精养，提高水面单位面积产量，同时开展养虾、养蟹、养鸭、养貂，使水面资源得到充分合理的开发利用。

4. 开发利用沼泽地区的泥炭资源

泥炭在农业上的利用方面，可直接利用上地、垫圈、制造堆肥、制造颗粒肥、制造腐殖酸类肥料。泥炭还可用作牲畜饲料、医药原料、建筑材料和其他工业上的用途。已开展初步利用，进行合理的开采。

（七）采取有效措施，保护土壤资源

1. 贯彻《土地管理法》，保护土壤资源

土地是国家的宝贵财富，是一切生产建设和人民生活不可缺少的活动基地。1981 年国务院在政府工作报告中提出："中国人口多，耕地少，随着人口的增长，这个矛盾越来越尖锐，十分珍惜每寸土地，合理利用每寸土地，应该是我们的国策"。青海先后建立健全各级土地管理机构，严格执行国家《土地管理法》，依法强化土地管理工作，保护耕地，节约建设用地，运用行政、经济和法律手段，加强对土地的统一管理，使极为宝贵的土壤与土地资源得到合理利用。

2. 搞好环保工作，防止土壤污染

由于工业的发展，城镇人口的增多，工厂"三废"和生活废水、垃圾的排放对农田的污染日益扩大，灌溉水的污染使农业土壤已受到不同程度的重金属污染。青海通过加强环境保护工作，凡排放废气、废水和废渣的企业，按照有关规定要求，建立防止污染的设施，采取有效的防治措施，以保护周边土壤资源。

3. 防止掠夺式经营，提高土壤肥力

在农业生产中，制定和实施土地保养条例，用地与养地相结合，采取合理轮作倒茬，增施有机肥料和其他改良土壤措施，提高土壤肥力，山地地区开展修梯田、培地埂、植树种草、增加植被，坚持以生物措施为主，工程措施与生物措施并举，结合耕作栽培措施，保持水土，防止土壤侵蚀，保护好现有耕地，制止山地烧灰、不施有机肥、连年重茬连作、在耕地内取土烧砖瓦等破坏土壤、降低土壤肥力的现象，保护土地资源不遭到自然侵蚀和人为的破坏。

4. 搞好村镇规划和土地利用总体规划

各城镇市区的迅速发展和扩大，使得建设用地扩张严重，优势耕地的占有面积日益增大，各级政府和有关部门在国家宏观政策和集约土地利用思想指导下，制定合理的城市、村镇建设规划，管紧近郊近村土地，强化基本农田保护，新建厂房、住宅以改造旧城镇和旧村庄为主，在城乡均提倡盖楼房，向空间发展，尽量不占或少占良田耕地。

第八章　生　　物

青海省地处亚热带常绿阔叶林，温带草原，亚、非荒漠和青藏高原高寒植被交汇的特殊位置，海拔高度的垂直变化和南、北方向水分条件的变化，使得青海境内从湿生生物到旱生生物，从喜温的高大乔木到耐旱寒的生物种群都有分布，植被类型复杂多样。青海省境内有种子植物约2700种，其中蕨类植物约41种、裸子植物30种、被子植物2629种；野生脊椎动物约476种，其中鱼类约55种、两栖类9种、爬行类7种、鸟类约293种、哺乳动物103种。青海省有15%～20%的物种受到威胁，截至2010年，有国家重点保护动物67种(类)，省级重点保护动物36种(类)。青海省动植物资源十分丰富，是青海生态环境保护的重要资源。

第一节　植物区系及其分布

一、植物区系

植物区系和动物区系是生物区系的两大组成部分，青海境内的生物区系和中国区域的生物区系关系极为密切。

(一)中国植物的分布和分区

同一生物区系的分布范围大体与具有某一特征的自然环境相联系，生物区系发展进程与古地理或现代自然条件有着极为密切的关系。全球范围内，陆地生物区系可划分为：世界植物区系、世界动物区系和世界陆地动植物区系，三个标准是根据地理学基础区系形成和早期的生物分布为参考依据，比较接受的是大陆格局的变化。据地层对比和古生物方法，把地质相对年代划分为五大代，其下分纪、世、期，相应的底层单位为界、系、统、层。从古至今，地质年代划分为：太古代、元古代、古生代、中生代和新生代。因此，全球陆地植物区系分区分为泛北极植物区、古热带植物区、新热带植物区、好望角植物区、澳大利亚植物区和南极植物区(表8-1-1)。青海省从植物生态地理角度来看，分布与本省所处的地理位置及其复杂地形所引起的温度、降水和土壤有密切联系。青海境内东北部的大通河、湟水和黄河流域植物种类比较丰富，植物区系成分复杂，具有汇集性质；青南高原植物种类较少，除东部高山峡谷外，植物区系成分比较年轻，成为迁移或派生类型；柴达木盆地植物种类比较贫乏，但表现出一定的古老特征。

中国植物区系

表 8-1-1

植物区系	植物亚区	分布大区	分布亚区
泛北极植物区	欧亚森林植物亚区	阿尔泰地区	—
		大兴安岭地区	—
		天山地区	—
	亚洲荒漠植物亚区	中亚西部地区	塔城、伊犁亚地区
			准格尔亚地区
		中亚东部地区	喀什亚地区
			西、南蒙古亚地区
	欧亚草原植物亚区	蒙古草原地区	东蒙古亚地区
			东北平原亚地区
	青海高原植物亚区	唐古特地区	—
		帕米尔、西藏地区	前、后藏亚地区
			羌塘亚地区
			帕米尔亚地区
		西喜马拉雅地区	—
	中国-日本森林植物亚区	东北地区	—
		华北地区	辽东、山东半岛亚地区
			华北平原、山地亚地区
			黄土高原亚地区
		华东地区	—
		华中地区	—
		华南地区	—
		滇、黔、桂地区	—
	中国-喜马拉雅森林植物亚区	—	—
古热带植物区	马来亚植物亚区	台湾地区	—
		南海地区	—
		北部湾地区	—
		滇、缅、泰地区	—

(二)植物区系

构成青海省植物区系的主要地理成分包含了旧大陆温带成分、中国-日本成分、中国-喜马拉雅成分、北极-高山成分、地中海成分等,具体可划分为以下 4 种典型区系成分。

1. 欧亚草原成分

由蒙古国进入我国内蒙古、宁夏、甘肃东部,沿大通河、湟水和黄河干热河谷进入青海省内。青海境内东北部的大通河、湟水和黄河流域,属于青藏高原向黄土高原的过渡地区,海拔较低,年平均降水量为350～500毫米，周围山地由于受地形影响，降水略多，年平均降水量在500毫米以上。但山地顶部受西伯利亚-蒙古干冷气团控制，气候寒冷。在此种气候条件下，最终成为多种植物区系交错分布地区，植物种类丰富多样。河谷及其两侧低山、丘陵常见针茅属物种分布，如针茅族长芒草，羽状组沙生针茅、短叶针茅、冷蒿、铁杆蒿、阿尔泰狗娃花、扁穗冰草、苔草、赖草、二裂叶委陵菜、大花飞燕草。

2. 中国-日本森林植物华北区系成分

这类区系成分在青海境内占有很重要的位置，其中木本植物区系比较丰富，草本植物区系较少。常见的有辽东栎、山杨、红桦、白桦、油松、胡榛子、云杉、山杏、花叶海棠、陇东海棠、华西忍冬、桦叶荚蒾、八仙花、陕西荚蒾、野山楂、湖北花楸、太白花楸、黄蔷薇、峨眉蔷薇、羽叶丁香、毛脉槭、茶条槭、甘肃小檗、栾树、花冠果、小叶鼠李、柳叶鼠李、紫丁香、醉鱼草、水金风、山梅花、珍珠梅、灰栒子、扁核木、东陵绣球花、沙柳、大叶三七、水杨梅、龙牙草、地榆、阔叶独行菜、二叶午鹤草、猫头刺、华桔竹、七筋茹、重楼、北重楼、刺旋花、远志、黄花杓兰等。多分布在气候温暖、避风的山地下部，其中辽东桦、山杨、红桦、白桦分别组成青海省的落叶阔叶林；油松林和虎榛子灌丛等是中国华北落叶阔叶林区的典型代表，虽然在青海分布面积小，但说明该地区与华北落叶阔叶林的联系密切。

3. 亚热带区系成分

亚热带区系成分侵入青海境内东部边缘的局部地区，在黄河谷地的循化县孟达地区，该地海拔较低，受东南季风影响，加之河谷热效应作用，气候比较温暖，为亚热带区系成分侵入创造条件。它们沿甘肃南部白龙江干热河谷向西延伸至循化孟达等地，在山地下部发育着以华山松为优势种的森林植物群落；林下及边缘地区还出现大叶钓樟、绢毛木姜子、四萼猕猴桃、楤木、台湾桧、红瑞木、穿龙薯蓣等，成为亚热带区系分布的最西北部界限。

青海境内海拔3200米以上的山地，终年受西伯利亚-蒙古冷高压控制，气候较湿冷，普遍分布有北极-高山成分和中国-喜马拉雅成分，如金露梅、毛枝山居柳、百里香叶杜娟、头花杜鹃和各种嵩草等，沿山地分布到该地，并构成了山地高寒灌丛和高寒草甸。

4. 青南高原植物区系成分

青南高原植物区系成分是随着青藏高原隆起，周围地区迁徙而来和特殊气候条件下转化、演生的类型，具有一定年轻性。自西倾山以南，沿本省东部边缘向南的弧形地区，虽然河流切割较深，形成高山峡谷地貌，谷地的山地气候条件差异较大，西南季风影响强烈，降水略多，群落类型也较复杂，植物种类丰富，但最终因海拔升高至3000米以上，温度较东北部的大通河、湟水和黄河流域更低，因而使许多喜温植物种不能生存而退出历史舞台，植物种类成分匮乏，植物区系简单，以中国-喜马拉雅成分为主，华北和亚热带区系成分渐趋减少。在海拔3800米以下的山地阴坡和阳坡，广泛分布寒温性山地针叶林，建群种以中国-喜马拉雅成分云杉、川西云杉以及青藏高原特有的大果圆柏为主，川西云杉是丽江云杉在高寒气候条件下发生变异而形成的变种，它以其耐寒性而在高原得到生存和发展，林下植物种类比较丰富，植物区系成分比较复杂。在森林植被带以上分布着高寒灌丛和高寒草甸，其区系成分与欧亚高山植物区系成分基本相似，以北极-高山区系成分和中国-喜马拉雅区系成分为主。

青海境内海拔4000米以上的地区，高原面保持相对完整，宽谷、湖盆地貌发育，夏半年受西南季风控制，形成高冷半湿润的气候环境，而冬半年受西伯利亚-蒙古冷高压影响，气候寒冷干燥，风大，强劲的高空西风急流长驱直入抵达横断山脉，高大的乔木种类因无力抵抗强劲西风的侵入而基本绝迹，被适应高寒气候的耐寒耐湿的中生灌木和多年生草本植物所代替，植物种类较前者贫乏，其地理成分以北极-高山成分为主。灌木主要有百里香叶杜鹃、头花杜鹃、积石山柳、毛枝山居柳等青藏高原特有种类，以及中国-喜马拉雅成分金露梅和温带山地成分鬼箭锦鸡儿等。

自青南高原西部至西藏的羌塘高原中部广大地区，平均海拔4500米以上，山地由于强烈的寒冻风化作用，地形多呈浑圆状态，山地相对高差很小，形成宽阔坦荡的高平原，终年在高空西风急流和高原季风的控制之下，气候严寒，少雨多风，且温度变化无常。在严酷的气候条件下，植物种类已趋于贫乏，以帕米尔高原、青藏高原和亚洲中部高山成分紫花针茅为优势种的高寒草原为主，群落结构简单，草层稀疏，生物生产量较低，高原特色突出。同欧亚大陆草原相比，既具有一定的联系，又具有明显的差异。

在高寒草甸和高寒草原带以上以及青南高原西部高海拔地区，出现了以垫状植物为主的群落植被类型，这是青藏高原以及周围高山特有的一种植物类型。在高寒气候的影响下，植物种类虽然非常稀少，但使高原植被更具有特色。垫状植被是新近系末、第四纪初喜马拉雅造山运动以后，在特殊的高原高寒气候作用下形成的。常见的植物种类有苔状蚤缀、垫状点地梅，它们分别为西喜马拉雅-西藏和青藏高原的特有成分。甘肃蚤缀为中国-喜马拉雅成分，簇生柔籽草为中亚-喜马拉雅高山成分。其他常见种有钻叶风毛菊、治多虎耳草、青海虎耳草、寒地虎耳草、棘豆、高山葶苈、胎生早熟禾、头花蓼、穗花大黄、高山唐松草、红桂竹香、喜山葶苈、黑蕊虎耳草、鼠麹风毛菊等，其中多数为北极-高山成分、中国喜马拉雅成分以及适应高寒气候而分化出的特有种。

二、植物群落

群落是在相同时间聚集在一定地域或生境中全部植物种群的集合。青海省的植物群落划分为群丛（低级）、群系（中级）和植被型（高级）3种类型。在植被型之上有植被型组，在植被型与群系之间有植被亚型和群系组等辅助单位（表8-1-2）。

青海植被类型

表8-1-2

<table>
<tr><th>植被型</th><th>植被亚型</th><th>群系组</th><th>群系</th><th>群丛组</th></tr>
<tr><td rowspan="13">森林</td><td rowspan="8">针叶林</td><td rowspan="2">暖温性常绿针叶林</td><td rowspan="2">松林</td><td>油松林</td></tr>
<tr><td>华山松林</td></tr>
<tr><td rowspan="5">寒温性常绿针叶林</td><td rowspan="3">云杉林</td><td>青海云杉林</td></tr>
<tr><td>川西云杉林</td></tr>
<tr><td>青杆林</td></tr>
<tr><td rowspan="2">圆柏林</td><td>祁连圆柏林</td></tr>
<tr><td>大果圆柏林</td></tr>
<tr><td>寒温性落叶针叶林</td><td>—</td><td>大果红杉林</td></tr>
<tr><td rowspan="5">落叶阔叶林</td><td rowspan="5">—</td><td rowspan="5">—</td><td>辽东栎林</td></tr>
<tr><td>山杨、白桦混交林</td></tr>
<tr><td>青杨林</td></tr>
<tr><td>冬瓜杨林</td></tr>
<tr><td>青海杨林</td></tr>
</table>

续表1

植被型	植被亚型	群系组	群系	群丛组
灌丛	高寒灌丛	高蜀常绿灌丛	—	百里香叶、头花杜鹃灌丛
				陇蜀杜鹃灌丛
		高寒落叶灌丛	—	金露梅灌丛
				毛枝山居柳灌丛
				积石山柳灌丛
				窄叶鲜卑花灌丛
				箭叶锦鸡儿灌丛
				黑刺灌丛
				西藏沙棘灌丛
	温性灌丛	—		虎榛子灌丛
				直穗小檗灌丛
				匙叶小檗灌丛
				河柏灌丛
草原	温性草原	—		长芒草草原
				沙生针茅草原
				大针茅草原
				青海固沙草原
				铁杆蒿草原
				芨芨草草原
	高寒草原	—		紫花针茅草原
				青藏苔草、垫状驼绒藜草原
荒漠	小乔木荒漠	—		梭梭荒漠
	灌木荒漠	—		多花柽柳、常穗柽柳荒漠
				膜果麻黄荒漠
				长毛白刺荒漠
				山拐枣荒漠
	半灌木、小灌木荒漠	—		琵琶柴荒漠
				驼绒藜荒漠
				木本猪毛菜荒漠
				合头草荒漠
				蒿荒漠
				沙蒿荒漠

续表 2

植被型	植被亚型	群系组	群系	群丛组
草甸	高寒草甸	高寒草原化草甸	—	小嵩草、异针茅草原化草甸
				小嵩草草原化草甸
		典型高寒草甸	嵩草草甸	矮嵩草甸
				线叶嵩草草甸
			披碱草草甸	垂叶披碱草草甸
	草甸	—		蕨菜草甸
	盐生草甸	—		芦苇盐生草甸
				盐角草、盐地碱蓬盐生草甸
				黑海、细枝盐爪爪盐生草甸
				大花罗布麻盐生草甸
垫状植被	—			簇生柔籽草垫状植被
				垫状点地梅植被
				高寒棘豆垫状植被
				钻叶风毛菊垫状植被
高山流石坡稀疏植被	—			
沼泽和水生植被	沼泽植被	—		杉叶藻沼泽
				紫果蔺、矮藨草盐生沼泽
	水生植被	—		毛柄水毛茛群落
				芦苇群落

(一)森林

青海省的森林覆盖率为0.26%,约0.17万平方千米,分布零散,呈断续条带或片状。主要分布在青海省东部山地,北起东北部的祁连山东端向南,经西倾山、积石山、巴颜喀拉山至唐古拉山东端,呈弧形围绕在东半部的高山峡谷地区。柴达木盆地东部南、北两侧山地亦有小片森林生长。全省森林分为针叶林和落叶阔叶林。针叶林是青海省森林植被的主体,北起祁连山东端,南至唐古拉山东端,从东部大通河湟水流域到西部柴达木盆地东部均有分布。落叶阔叶林分布面积较小,其中部分属于山地针叶林次生类型。

1. 针叶林

针叶林是由裸子植物乔木树种为建群种形成的植物群落。已知全省裸子植物有2科5属28种,但能够形成天然森林的仅有8种。针叶林分为3个亚型8个群系。

(1)温暖性常绿针叶林

由比较喜温的常绿针叶乔木层片所组成,一般分布在寒温性常绿针叶林下部。青海省境内温暖性常绿针叶林比较单一,以松林为主,主要分布在东北部的大通河、湟水和黄河流域下端谷地两侧的山地阴坡,分布面积小,仅在气候较温暖的局部河谷和海拔1700~2100米的山地,超出此高度,则单株生长在避风地段。①油松林主要分布于大通河下游、湟水下游和黄河流域的山地阴坡，在海拔1700～2100米成纯林，而在海拔2100～2600米的局部避风地段，多单株生长在寒温性针叶林下缘。油松林占据陡峭的山地下部，上部与青海云杉林相连，林下发育山地棕色森林土。群落外貌整齐，具有明显的乔木-灌木-草本-苔藓四层结构。灌木层种类稀少，植被生长稀疏，优势种不明显。组成草本层的植物种类因林冠郁闭度的大小不同而有所差异。郁闭度较大的林下，形成比较阴湿的环境，草本层植物种类稀少，覆盖度也小，林下低灌层比较发育。②华山松林主要分布在东北部黄河谷地循化县孟达。华山松林在山地垂直带谱结构处于青海云杉林的下方，一般分布在海拔1800米左右的山地阴坡，土壤为棕壤。乔木层一般可分为两层，第一层除了建群种华山松林以外，常伴生其他阔叶树种及青海云杉，第二层有高度较低的五裂槭、陇东海棠、山杏、湖北花楸等。灌木层发育很好，草木层植物种类较多，主要由中生多年生草本组成，在局部阴湿地段常由藓类植物构成地被层。

(2)寒温性常绿针叶林

由耐寒的常绿针叶乔木组成，一般分布在温性常绿针叶林的上部，分布在海拔高度为2000～4100米的山地，自北而南分布高度逐渐抬升，上接高寒灌丛或高寒草甸带。①青海云杉林，青海的云杉共有5种1变种，其中建群种3种1变种，主要分布于青海东北部祁连山东段的祁连、门源、互助、民和、乐都、循化，黄南州的尖扎、同仁和柴达木盆地东部的布尔汗布达山等地。海拔2500～3950米，阴坡，坡度较陡，土壤为山地棕壤，除建群种青海云杉外，伴有紫果云杉等生长。群落可分为乔、灌、草三层，林下灌木稀疏无明显优势种，草本层以禾本科和莎草科植物为主，局部阴湿和郁闭度较大的地段，地被层比较发育。②川西云杉林主要分布在青海省东南部的囊谦、玉树、班玛等地的山地阴坡。在囊谦县通常占据海拔3600～4100米的山地阴坡，向北到班玛县分布上限逐渐降低到海拔4000米以下的山地阴坡。山地坡度较大，土壤为山地棕壤。个别地段乔木层混生有粗皮桦、川西白桦等。群落可分为乔、灌、草、地被等层。灌木层，无明显优势种类。草本层较发育，种类丰富，以多年生草本植物为主，地被层通常较厚、疏松，主要由苔藓组成。③青杆林主要分布于青海省东部海拔2000～2500米的黄河谷地和大通河下游谷地山地阴坡，上接青海云杉林，下接油松林，呈带状或块状分布，土壤为山地褐色森林土。主林层以青杆单种为优势，伴生少量的青海云杉、山杨、白桦、红桦等。群落垂直分层可分为乔木层、灌木层、草地被层。林下灌木稀少，草本植物较多，以中生植物为主。④祁连圆柏林主要分布在祁连山东段的门源、祁连、互助，湟水流域的乐都以及黄河谷地的尖扎、同仁，向西分布到柴达木盆地东部的都兰以及江西沟等地的山地阳坡。海拔2000～3600米，分布地区坡度较陡，土壤为山地碳酸盐灰褐色森林土。群落结构简单，层次分化明显，一般仅分乔、灌、草三层。乔木层以低温耐寒的祁连山圆柏为建群种，灌木层植物种类较少，优势种类不明显，林下草本植物种类较多，一般都以旱生和旱中生植物为主。⑤大果圆柏林主要分布在西倾山以南至唐古拉山以北的玛沁、久治、班玛、称多、杂多、玉树和囊谦等地，海拔3600～4100米的山地阳坡，向南升高到海拔4600米，坡度较大，土壤为碳酸盐灰褐色森林土。群落结构简单，乔木层以大果圆柏为建群种，林下灌木稀疏，草本层植物种类繁多，一般由旱中生或中生多年草本组成。

(3)寒温性落叶针叶林

大果红杉林分布在班玛县马柯河河谷，是青海省唯一的落叶针叶林，在海拔3800米以上，一般只居于半阳坡干燥瘠薄、粗糙母质的土壤上。群落结构简单，仅分为乔、灌、草三层，乔木层以大果红杉为建群种，伴生种类稀少，林下有以杜鹃为主的灌木层,草本层植物种类少,多为高山草甸成分。

2. 落叶阔叶林

落叶阔叶林是由冬季落叶的阔叶乔木形成的植被类型,分为5个群系。

①辽东栎林主要分布于黄河南岸循化县孟达山海拔2000米以下的山地阴坡,林下发育着棕壤。群落结构复杂,乔木层可分为两层,第一层除建群种辽东栎以外,伴生有华山松、山杨、油松、红桦、白桦等;第二层乔木有五裂槭、甘肃海棠、山杏、野山楂等,灌木层植物较多,生长杂乱,无明显优势种,草本层以中生植物为主。

②山杨、白桦混交林是云杉和松林破坏以后自然更新起来的次生类型,主要分布在祁连山东段的祁连、门源、湟源、大通、互助、民和、乐都、尖扎、同仁和南部的班玛、囊谦等地的山地阴坡,海拔1800～3600米,土壤为山地棕壤。群落结构简单,除共建种山杨、白桦外,伴生种类较少,林下灌木发育较好,种类较多,草本植物较多,以粗糙苔藓为优势种。

③青杨林是人工林的主要树种,全省各地都有零星分布,海拔高度1800～3900米,宜林地是河漫滩和河谷低阶地及水分较好的地段。群落结构较简单,一般分两层,即乔木层和以中生草本植物为主的草本层。

④冬瓜杨林主要分布在大通河、黄河下段和隆务河谷林区河岸,在湟水流域和祁连林区亦有零星分布。林下多系河流冲积土。群落结构简单,乔木层除建群种冬瓜杨外,有时伴生小叶杨、红桦等。林下灌木层较发育,优势种不明显、草本层发育较好。

⑤青海杨树天然林现存很少,仅见于柴达木盆地的乌拉斯泰地区。适应严酷的干旱、贫瘠环境。群落结构简单,主林层多为单种,林下植物多由极端旱生和旱生半灌木组成。

(二)灌木

灌丛是青海省分布比较广泛的植被类型之一。它分布在森林带以内,为森林破坏后的次生类型,也存在于森林以上的高山带,成为原生类型。灌丛集中分布于青海省东部、东南部海拔3600～4500米的山地阴坡和局部地区的滩地、山地阳坡。组成灌丛的种类繁多,区系地理成分比较复杂,生活型多种多样,有常绿的、落叶的、喜温的、耐寒的、匍匐的、高大的、垫状的等。有强烈的适应特性,能够在各种环境中生长发育,分为高寒灌丛和温性灌丛两类。高寒灌丛是耐寒的中生或旱生灌木为建群层片形成的植物群落,广泛分布于青藏高原及其邻近地区森林限以上的高山带,包括高寒带常绿灌丛和高寒落叶灌丛。

1. 高寒常绿灌丛

高寒常绿灌丛主要由杜鹃属中低温的中生植物为建群种,构成植物群落,可分为2个群系。①百里香叶杜鹃、头花杜鹃灌丛主要分布在祁连山东段的祁连、门源、互助,西倾山东段的尖扎、同仁、河南,阿尼玛卿山区的玛沁、久治,以及唐古拉山东段的玉树、囊谦等地的山地阴坡和半阴坡,分布高度自北而南逐渐升高,北部山地一般占据海拔3000～3800米,南部山地在海拔3800米以上才有分布。该类型灌丛发育假潜育高山灌丛草甸土。灌丛外貌整齐,季相明显,具有灌木、草本和苔藓三层结构,除建群种外,伴生种种类较贫乏,草本层植物种类较少,覆盖度小,其优势种类因地而异,苔藓层植物生长发育良好。②陇塞杜鹃灌丛主要分布在祁连山东段的祁连、门源、海东地区,以及黄南和玉树等地海拔2900～4700米的山地阴坡,分布高度自北而南逐渐升高,一般呈块状分布,土壤为高山灌丛草甸土。外貌一般较稀疏,可分为灌木和草本二层,除建群种陇塞杜鹃外,伴生种较少,草本植物分布稀疏、覆盖度小。

2. 高寒落叶灌丛

高寒落叶灌丛主要由具有冬眠期和冬季落叶

的耐寒中生和旱生灌丛为群层片所构成的植物群落，可分为7个群系。①金露梅灌丛省内北起祁连山，南至唐古拉山，呈东北-西南向带状分布。青南高原多分布在海拔3500～4000米，祁连山山地多分布在海拔3200～3700米，占据着山地阴坡、半阴坡和半阳坡及平缓阶地、坡麓和河谷地区，土壤为高山灌丛草甸土。群落结构简单，由灌木和草本二层组成，灌木层中伴生种因地而异。组成草本层的植物种类较多，以寒冷中生植物为主，其优势种因水热条件的差异而有所不同。②毛枝山居柳灌丛主要分布于东半部的高山峡谷地区。北起祁连山东段，经祁连、门源、海东地区、黄南、果洛至玉树地区的山地阴坡和坡麓，海拔3000～4500米。土壤为高山灌丛草甸土。群落外貌比较整齐，结构简单，可分为灌木和草本二层。除建群种毛枝山居柳外，伴生种类较多，草本层植物种类比较丰富，以中生植物为主。③积石山柳灌丛集中分布于果洛阿尼玛卿山地区，在海北、黄南、玉树等州亦有零星分布，主要占据海拔3600～4500米的山地阴坡，土壤为高山灌丛草甸土。群落外貌整齐，呈绿色，结构简单，由灌木、草本二层构成。灌木层除建群种积石山柳外，伴生种类较少，组成草本层植物比较丰富，以中生草本植物为主。④窄叶鲜卑花灌丛仅小面积分布于祁连山东段，黄南、果洛和玉树的海拔3200～4300米的山地阴坡、半阴半阳坡。分布高度自南向北逐渐降低，土壤为高山灌丛草甸土。群落外貌整齐，呈灰绿色，可分为灌木和草本两层，灌木层除建群种窄叶鲜卑花外，伴生种类较多，草本层植物种类较丰富，以草甸成分为主。⑤箭叶锦鸡儿灌丛主要分布在海北、黄南、果洛、玉树等地的山地阴坡，其分布高度有明显差异，南部地区分布在海拔3800～4000米，而北部山地则分布在海拔3000～3800米的地区。群落外貌常呈一簇一簇的团块状，可分为灌木、草本两层。灌木层以箭叶锦鸡儿为绝对优势种，伴生种类较少，组成草本层植物种类比较丰富，以多年生中生草甸成分为主。⑥黑刺灌丛主要分布于西宁、泽库、循化、大通、湟中、门源、祁连和格尔木等地海拔1900～4000米的河谷阶地及山坡，土壤为冲积石砾质砂土。灌丛一般呈单一的纯群落，伴生种类较少，草本植物稀疏。⑦西藏沙棘灌丛仅小面积分布于门源、玛沁、尖扎、久治、杂多、治多等地海拔2900～4500米的河滩及山前冲积扇，土壤多为冲积的沙壤。灌木层以矮小的西藏沙棘为优势，伴生种极少，组成草本层植物较多，以粗糖苔草、粗喙苔草和矮嵩草为优势种。

3. 温性灌丛

温性灌丛是由喜温的中生、旱中生或旱生灌木为建群层片所形成的植被类型，包括4个群系。①虎榛子灌丛主要分布在大通河下游谷地、黄河谷地温暖的山地阴坡与半阴坡。海拔1750～2100米，呈小块状分布，占据林缘、林间空地或山麓洪积扇。为油松林以及华山松林破坏之后的次生类型，土壤为山地棕壤土。群落外貌不整齐，可分为灌木与草本二层，灌木层除建群种虎榛子外，伴生种较多，组成草本层植物种类也较丰富，但无明显的优势植物。②直穗小檗灌丛主要分布在省内东北部的达坂山与大通河流域海拔3000～3200米的山地阳坡，土壤为褐色森林土。组成灌木层种类较多，但以直穗小檗为绝对优势，组成草本层种类较少，以中生禾草为主，生长茂密。③匙叶小檗灌丛仅小面积分布于达坂山地区，占据海拔3000～3300米的山地阳坡，土壤为灌丛草甸土。群落外貌不整齐，分灌木和草本二层。灌木层以匙叶小檗为建群种，呈丛状生长，比较稀疏，草本层种类较多，生长茂密，主要由多年生根茎禾草和苔草组成，无明显优势种。④河柏灌丛主要分布于柴达木盆地的沃洲，呈块状零星散布，占据河流两岸新冲积土，一般为密集灌丛，灌木层以河柏为建群种，伴生种较少，草本层种类因土壤湿度和盐渍化程度的不同而有所不同。

（三）草原

草原是由低温的多年生草本植物（有时为旱生小半灌木）所组成的植物群落。青海省东北部的大通河、湟水和黄河流域的干旱河谷及其南侧山地下部，海拔较低、气候温暖而干旱，地表覆盖着深厚的黄土层，其上分布着以长芒草为代表的温性草原，是欧亚草原区亚洲中部草原亚区向西延伸的西部界限。青藏高原北部和西部分布着以耐低温干旱的紫花针茅为代表的高寒草原。除水平分布的草原植被外，昆仑山地和祁连山西部山地由于海拔升高，气温降低，分布着以紫花针茅为优势的山地高寒草原。群落外貌、种类组成和层片结构与高寒草原相似，因而将它归入高寒草原。

1. 温性草原

温性草原是属欧亚草原区亚洲中部草原亚区的组成部分，青海省分布面积较小，北起祁连山，南至西倾山，东起大通河，西至青海南山及共和盆地。主要占据大通河、湟水和黄河谷地及两侧山地，海拔1750～3200米。群落由比较喜温耐旱的植物组成，种类比较丰富，群落结构简单，短命植物和类短命植物层片不发育，仅在多雨年份荒漠化草原出现短命和类短命植物层片。温性草原包括6个群系。①长芒草草原分布在共和盆地、日月山、门源一线以东的大通河、湟水和黄河流域干旱河谷及两侧低山丘陵，受人类活动影响较大，一般分布在海拔1750～3200米的山地阳坡和半阴坡，土壤为山地栗钙土。群落以长芒草为建群种，植物生长稀疏，伴生种类多为旱生多年生草本和灌木。②大针茅草原分布面积小，仅在海南黄河大转弯处海拔3000～3400米的冲积阶地上有所分布，土壤为栗钙土，大针茅为旱生多年生密丛禾草，以大针茅为建群种，该地区草群生长比较稀疏，产草量较低，伴生种有短花针茅、青海固沙草等。③沙生针茅草原在省内分布面积较小，主要分布在湟水流域下游的民和、乐都等地的山地阳坡。在柴达木盆地东南边缘山麓也有生长，由于沙生针茅较长芒草耐寒，所以一般分布在长芒草群落的上部，上接高寒灌丛，常占据海拔1800～2100米的地段，土壤为山地栗钙土，为旱生多年生密丛禾草，群落结构简单，草层生长比较稀疏，伴生种较少。④青海固沙草草原集中分布在青海环湖地区，为多年生根茎禾草，覆盖度较小，伴生种较多。⑤铁杆蒿草原主要分布在大通河流域海拔1960～2100米的山地阳坡，土壤为山地栗钙土，群落结构简单，以耐旱的灌木层片为优势，铁杆蒿为建群科，覆盖度因地而异，伴生种较多。⑥芨芨草草原广泛分布在柴达木盆地东部的德令哈、乌兰、都兰、共和盆地、青海湖周围，在大通河、湟水和黄河谷地也有小面积分布，一般占据河流阶地、湖积平原、扇形低地和山地，土壤为栗钙土。芨芨草草原为高大密草丛，群落结构以及种类组成常因生境不同而异。

2. 高寒草原

高寒草原由寒冷旱生的多年生密丛禾草、根茎苔草以及小半灌木、垫状植物为建群层片或优势层片组成，具有植株稀疏、覆盖度小、草丛低矮、层次结构简单等特征，群落中出现适应高山严寒生境的垫状植物层片和高山植物种类，生长季节短，生物产量偏低，高寒草原包括2个群系。①紫花针茅草原广泛分布于青南高原中、西部，位于高寒草甸与高寒荒漠之间，面积辽阔，东起花石峡，西至青海省界，并可进入羌塘高原，在昆仑山内部和祁连山西段亦有分布，土壤发育微弱，群落结构简单，大致可分为草本层和垫状植物层，其结构、种类组成等因生境不同有显著的差异。②青藏苔草、垫状驼绒藜荒漠化草原仅分布于西部昆仑山南坡的内流区域，海拔4700米以上，占据湖盆外缘、较缓的山坡和坡麓地带，土壤为高原荒漠化草原土。群落结构简单，种类组成贫乏，植物生长稀疏。

（四）荒漠植被

荒漠植被是由超旱生的，叶退化和特化的小

乔木、灌木和半灌木的稀疏植被构成。荒漠在青海省集中分布于西北部柴达木盆地和茶卡盆地，在湟水河谷两侧低山亦有零星小面积分布，覆盖度较低，植物生长稀疏，动物、微生物较森林、灌丛、草原和草甸贫乏，生态系统结构比较简单、脆弱且易于破坏，青海省荒漠可分为 3 个类型 11 个群系。

（五）草甸

草甸是由中生多年生草本植物组成的群落类型，包括旱中生、中生和湿中生草本植物，可分为高寒草甸植被型、草甸植被型和盐生草甸植被型。

1. 高寒草甸

高寒草甸是由低温耐寒的多年生中生地面芽和地下芽草本植物为优势种形成的植物群落，是在海拔高、气候寒冷的青藏高原或高山地区特定气候条件下的产物。高寒草甸是青海分布最普遍、面积最大的类型，广泛占据祁连山地东段、昆仑山和青南高原东部，是典型山地垂直带和高原地带性植被类型，可分为 3 个植被亚型。

（1）高寒草原化草甸

由耐低温的旱中生多年生地面芽植被组成的植被类型，或在典型高寒草甸植被中大量混生有旱生多年生草本植被的草甸植被类型。它的分布和土壤水分条件相联系，一般占据排水良好的滩地、宽谷阶地、山地阳坡和浑圆低山，土壤为碳酸盐高山草甸土，包括 2 个群系。①小嵩草、异针茅草原化草甸主要分布于玉树州的吉曲、扎曲、巴曲等宽河谷阶地以及上拉秀、下拉秀、上巴塘、下巴塘、扎那涌、洛的涌、郭赛羊等地，海拔 4000～4400 米的阶地以及山前平原、山地阳坡下部，西部因海拔升高，气候干冷，所以在平缓的山脊和丘陵上部也有分布，海拔可升高到 4400～4600 米，果洛州的黄河宽谷阶地及海拔 4400 米的其他河谷阶地，黄南州的泽库、河南和海南州的兴海等地的滩地，海西州天峻县，以及海北州门源县、祁连县等地亦有小面积分布，其土壤为碳酸盐高山草甸土和高山草甸土，植物种类较多，层次分化较明显，可分为二层：第一层以密丛旱生植物异针茅占优势；第二层以小嵩草占优势，异针茅植丛较小，覆盖度较小，很难形成阴湿的群落环境，因而喜阳的小嵩草生长发育良好，伴生种类较多。②小嵩草草原化草甸为青藏高原分布普遍、面积最大的类型之一，北起祁连山，南至唐古拉山均有分布，是森林带谱以上及灌丛带和高原面的主要类型，占据海拔 3200～4700 米，自南至北分布高度逐渐降低，分布地形为山地阳坡、宽谷阶地和浑圆低丘。群落外貌整齐，犹如地毯，结构简单，层次分化不明显，草层低矮、生长茂盛，覆盖度很高，除建群种小嵩草外，伴生种多，分布地区辽阔，分布高度、种类组成、群落结构及生物生产量差异较大。

（2）典型高寒草甸

由典型寒冷中生多年生草本植被为建群种所形成的植物群落，是高寒草甸中分布最普遍、面积较大的类型之一。主要分布在省内黄南、果洛、玉树东部以及东部祁连山山地排水良好、土壤中等湿润的滩地、宽谷、浑圆山丘，海拔 3200～5000 米，土壤为高山草甸土，可分 3 个群系。①矮嵩草草甸主要分布于玉树、果洛、黄南和海北，海拔 3200～4500 米排水良好的滩地、坡麓和山地半阴半阳坡，其垂直分布高度自北而南逐渐升高，其下发育着高山草甸土，群落外貌整齐，草层生长茂密，结构简单，仅有草本层，种类组成较多，因生境不同，其群落结构、组成等不尽相同。②线叶嵩草草甸面积较小，主要分布在：玉树州的治多、杂多、囊谦等地的河谷、山地阴坡中下部，海拔 4300～4500 米；果洛州玛沁县的山地半阴半阳坡，海拔 4000～4500 米；黄南州河南县的河谷阶地、滩地以及海拔 4300 米以上的山地阳坡；海北州祁连山地海拔 3200～3800 米的山地阳坡。土壤为高山草甸土，群落外貌整齐、草层生长茂密，组成种类繁多，其中以线叶嵩草占绝对优势，该类型自南而北出现坡向的极大差异，因生境不同，群落也有差异。③垂穗披碱草草甸是在原生的嵩草草甸植被破坏后生长起来的次生类型,它广泛分布在全省各地高寒灌丛带与高山草甸带内,与人类经济活动以及鼠类活动紧密联系在一起,一般分布在比较温暖向阳的河谷阶地、山麓。群落结构较高寒嵩草草甸等原生类型复杂。组成种类较多,覆盖度较高,群落一般可分两层,通常垂穗披碱草可单独组成第一层,由于所处的环境条件与退化程度和恢复阶段的不同,覆盖度及其伴生种类的差异也较大。在原生草甸植被破坏较轻的地段,垂穗披碱草分布稀疏,残留的矮嵩草、小嵩草、异针茅等组成第二层。

(3)高寒沼泽化草甸

由耐寒湿中生多年生地面芽和地下芽植物为优势种,或混生有湿生多年生草本植物的草甸植被类型,往往与特定的地形和水文条件相联系,一般不连续,分布于地势低洼、排水不畅、土壤潮湿、通气性不佳和非盐渍化的湖滨、山间盆地、河流两岸以及高山分水岭鞍部、山麓潜水溢出带和高山冰雪带下缘。该类型下发育着高原沼泽草甸土。高原沼泽化草甸植物种类组成丰富,覆盖度大,其生产力为高寒草甸最高一类,包括 3 个群系。①藏嵩草沼泽化草甸广泛分布在玉树、果洛、黄南和海北等地的海拔3200～4800 米的河畔、湖滨、排水不畅的平缓滩地、山间盆地、碟形洼地、高山鞍部、山麓潜水溢出带以及高山冰雪带下缘等地段,在玉树西部漠云滩、旦云滩,果洛东部久治的东北部,玛多县西部的星宿海以及祁连山大通河上游等地段尤为集中,其他地区仅小面积分布,土壤为高原沼泽土,群落外貌整齐,在比较平坦的沟谷、滩地往往形成一些大小不等、形状不一的草丘,组成该类型的植物种类比较丰富,以密丛短根茎植物藏嵩草为绝对优势,地形起伏变化直接影响土壤水分的多少和地下水位高低,使植物种类、组成发生明显的变化。②甘肃嵩草沼泽化草甸在青海省内分布面积较小,常呈块状分布于玉树、果洛等海拔 3800～4700 米以上的高山垭口部位和山麓潜水溢出带,土壤为高山沼泽草甸土,群落外貌独特,常呈一簇一簇的生长,群落结构简单,种类较多,生长茂密,以甘肃嵩草为优势种,伴生种类以湿中生植物为主。③华扁穗草沼泽化草甸零星分布于全省各地,主要分布在河流两岸的低阶地(或部分泛滥地),土壤为沼泽草甸土。群落外貌整齐,结构简单,组成植物种类较少,以湿生根茎地下芽多年生草本华扁穗为优势种,伴生种多,为湿中生植物。

2. 草甸

草甸是由多年生中生草本植物所组成,是在非盐渍化土壤及适中的水分条件下形成和发育起来的,它的分布与特定的地形所引起的水文条件有密切的联系。可以分布在不同的植被地带,主要分布在湖滨、河畔以及地下水出露和排水不畅的局部地段,是隐域性植物类型,省内群系少,多零星斑状分布,主要有蕨菜草甸 1 个群系。蕨菜草甸小面积分布于拉脊山东段的山地阴坡,地形比较开阔、平缓,海拔 2400 米左右,该类型是在山地温性针叶林破坏迹地上发育起来的次生类型,土壤为山地棕壤。群落结构简单,只有草本一层,组成种类较少,植物生长茂密,除建群种蕨菜外,伴生种较多,且以林下中生多年生杂草为主。

3. 盐生草甸

盐生草甸是由多年生中生和一年生中生耐盐植物、适盐植物或抗盐植物组成的草甸植被类型。省内主要分布在柴达木盆地和盐湖外缘与砾石戈壁之间,是盆地分布最广泛和最主要的类型之一,海拔高度 2600～2800 米,土壤为盐化草甸土和草甸盐土,地下水位一般在 1 米左右,包括 4 个群系。①芦苇盐生草甸是柴达木盆地分布最广、最主要的盐生类型之一,分布在盆地中央沼泽地带的边缘、淡水河流域两岸和盐湖外缘微有起伏的地区,土壤为草甸盐土和盐化草甸土,群落结构简单,组成外貌因生境不同而不同,一般伴生种贫乏，且以赖草为主。②盐角草、盐地碱蓬盐生草甸主要分布在柴达木盆地中央盐湖边缘及其他局部低凹地段。群落结构简单，种类组成极为贫乏，盐角草和盐地碱蓬为共建种，伴生种较少，植物生长稀疏，覆盖度小。③黑海盐爪爪、细枝盐爪爪盐生草甸主要分布于柴达木盆地盐湖周围盐量较低的风积小丘上，地下水位较浅，群落结构简单，种类组成单纯，以黑海盐爪爪和细枝盐爪爪为共建种，生长一般良好，但分布稀疏，覆盖度较小，伴生种极少，主要是红砂。④大花罗布麻盐生草甸主要分布于柴达木盆地半固定沙丘下部、戈壁边缘和盐湖外缘的滩地，地下水位较高，土壤为盐化草甸土，群落结构简单，组成种类贫乏，但也因生境不同而有所差异。

（六）垫状植被

垫状植被是指由耐低温（耐寒）、耐旱的中旱生或旱生多年生地上芽的垫状半灌木、小半灌木和多年生草本植物为建群层所构成的植物群落，主要分布在青海高原西部以及山地高寒草甸带以上与高山流石坡稀疏植被带之间，一般呈块状分布或狭带状分布，占据平缓的冰碛丘和寒冻风化作用形成的流石坡坡麓以及平缓山隘，土壤为高山漠土。由于高寒低温、干旱、强风以及强烈的太阳辐射和昼夜温差大等综合自然条件的影响，垫状植物体矮化、枝叶紧密、多分枝，互相紧密交织，茎节强烈缩短，小枝生长量很小，并较一致地排列在一个平面或一个小半球形面上，枯枝落叶残留于节上，多年不脱落，叶片强烈缩小，多呈鳞片状，垫状体内填充着残留的枯枝落叶和由风带来的沙土，根系发达，布满表土层，具有高度抗寒性生态特征。垫状植被季节发育节律非常明显，结构简单，种类组成贫乏，植物生长稀疏，覆盖度小。由于垫状植物常呈坐垫状、倒置盘状或馒头状散生，构成奇特的外貌。青海省垫状植被包括了 4 个群系。

（七）高山流石坡稀疏植被

高山流石坡稀疏植被是高山雪线以下与高寒草甸或高山荒漠之间、流石坡雪斑和高山冰舌下部地段发育的一类极其耐寒、耐旱的稀疏植被，是山地垂直分布最高的植被类型。广泛分布在青海高原的高山顶部，是高山冰缘气候的产物，在异常严酷的生境条件下具有独特的生态特征：植株矮小，呈莲座状、垫状，植物体密、被绒毛，耐寒性强，具有发达的地下根茎，群落结构极其简单。主要由寒冷中生多年生杂类草层片组成，生长稀疏，种类贫乏，本省主要有水母雪莲花、矮垂头菊、喜马拉雅垂头菊、高山葶苈等植被群落，无放牧利用价值，但具有珍贵的药用价值。

（八）沼泽与水生植被

沼泽和水生植被是在土壤水分过度湿润、季节性积水或常年积水中发育的湿生和水生植被类型，全省可分为 4 个群系。

三、植被分布和分区

（一）植被的分布规律

青海境内的植被类型极其复杂多样，具有温带落叶阔叶林、暖温性针叶林、寒温性针叶林、温性灌丛、草原、荒漠，而且还具有高山寒冷气候条件下所发育起来的高寒灌丛、高寒草原、高寒草甸、垫状植被和高山流石坡稀疏植被等。形成这种复杂多样的植被类型的主要原因是青海所处的独特地理位置、复杂的地形以及大气环流形式、气候条件的差异和土壤基质等综合因素所造成的结果。

1. 水平分布规律

青海植被的纬度地带性分布规律仅在东部地区有所表现，但远不如中国东部平原地区那样明显。自南而北，从唐古拉山东部的玉树州囊谦、果洛州的班玛，以及东北部的西倾山、拉脊山、达坂山和冷龙岭等地，山地中下部所分布的主要植被类型是周围毗邻地区的植被类型从低海拔沿温暖的河谷向高原指状延伸的部分而达到分布的最高界线，而山地上部所分布的类型则是青藏高原高寒植被类型沿山地上部向外扩张而达到分布的最低界线，因而青海东部地区成为各种植被类型分布的交汇地区。虽然如此，南北跨纬度8°之多，植物的分布必然受到热量的深刻影响，在群落结构与性质存在差异。玉树州的囊谦、果洛州的班玛两地位于青南高原的东南部，由于澜沧江和长江水系的强烈切割形成高山峡谷地貌，谷地海拔较低，横断山脉的南北走向成为西南暖湿气流吹入高原的通道，因而西南季风控制该地，气候温暖湿润，年平均温度3 ℃，年降水量500～600毫米，为川西南和藏东北的亚高山针叶林沿沟谷挤入高原创造了适宜条件。在海拔4000米以下的山地阴坡分布着川西云杉林，而山地阴坡则分布着大果圆柏林，川西云杉为中国西南山地（川西、云南西北和藏东）的特有种，大果圆柏为甘南、川西、青海东南部和西藏的特有种。向北至本省东北部黄河流域的循化县孟达山等地和湟水与大通河流域的民和、乐都等地，海拔1750～1900米，地势自东向西逐步抬升，位于西部日月山脚下的湟源，海拔2600米，其热量条件是本省最优越的地区，年平均温度较高，夏半年受东南季风和西南季风的微弱影响，降水量仅次于青南高原东南部，年平均降水量为350～400毫米，因此在循化县孟达山地下部还发育着较好的辽东栎林和华山松林；在大通河流域下游山地阴坡发育着油松林和虎榛子灌丛，虽然它们的分布面积较小，但是它们是中国东部亚热带常绿叶林区和温带落叶阔叶林区的典型代表。寒温性针叶林在河谷两侧山地亦有所发育，针叶林大部分已被采伐利用，平缓的坡地已垦为农田，仅在人迹罕至与人为保护的局部地段生长发育较好，以青海云杉和祁连圆柏林为主。而在干旱的河谷及两侧的低山，则分布着以长芒草为主的草原植被类型，成为欧亚草原区亚洲中部草原亚区最西南界限。

青海高原的中、西部地区，植被的纬度地带性分布表现出另一幅画面。唐古拉山与昆仑山之间广阔的高原面已深入青藏高原腹地，平均海拔在4500米以上，西南季风的影响较东部地区大为逊色，其强度自南而北逐渐减弱，大致以通天河为界，南部的囊谦、杂多、治多和曲麻莱中、西部，年平均降水量在400毫米左右，年平均温度在－2～－5 ℃，土壤为高山草甸土，地下埋藏着多年冻土，与此相适应，分布着以小嵩草或以小嵩草、异针茅为优势的草原化草甸；而在通天河以北或西北的广大地区，由于西南季风影响微弱，而高空西风急流得以加强，故北部年降水在400毫米以下，年平均温度－5 ℃，土壤为高山草甸土，成土母质多为冰积物、坡积物、洪积物、湖积物或河流冲积物，多为粗砾碎屑物质或砂砾质物质，土壤疏松，在此种生境下，生长发育着以耐寒、耐旱的紫花针茅为主的高寒草原。

夹在昆仑山与祁连山之间的柴达木盆地，由于盆地深陷（盆地中央海拔2600米），周围高山环抱，成为封闭的内陆盆地，并终年受高空西风环流所控制，盆地内气候干燥、少雨，但热量较青南高原大大增加，土壤多为盐土，故以温带荒漠植被为主，然而由于盆地内地下水埋藏深度和土壤含盐量的高低不同，荒漠植被呈现出独特的分布规律。

以环流形势所引起的植被经向分布规律，在青海北半部表现较为明显，同中国境内北部相似，但也有一定的独特性。以湟水流域-青海湖盆地-茶卡盆地-柴达木盆地为例：湟水流域海拔较低，民和海拔仅1750米，东南季风影响较弱，降水量少（年降水量为350毫米），气候比较温暖而干燥，特别是河谷热效应更加强了气候的干热程度，故植被以温带草原为主；在河谷两侧的低山，丘陵分布着长芒草草原、冷蒿草原和铁杆蒿草原等；向西以青海湖为中心的环湖地区，海拔已升高到3000米左右，并受青海湖辽阔的水域影响，气候比较寒冷、半湿润，植被以草原和草原化草甸为主，湖盆滩地广泛发育着芨芨草、青海固沙草草原和以小嵩草、紫花针茅为优势的草原化草甸，周围山地则以金露梅为优势的高寒灌丛为主，具有青藏高原植被特色；西部柴达木盆地深居中国内陆，东南季风受东部层层高山的阻挡，盆地东部受西南和东南暖湿气流的影响，降水较盆地中、西部多，都兰等地年平均降水量150～200毫米，风蚀作用较弱，山地覆盖着较厚的黄土，持水性能好，土壤含有一定的盐分，分布着以芨芨草和小半灌木为主的草原化荒漠植被类型，盆地的中、西部终年在高空西风急流的控制之下，来自北部西伯利亚-蒙古高原反气旋辐射场的干燥风，翻越西北部的当金山口，进入盆地，同时盆地的加热效应对大陆性气候更有加强作用，所以气候具有夏热冬寒、日温差和年温差大、降水稀少、风力强大等特点，干燥风的锐气自西向东逐渐减弱，因而降水量自西向东有逐渐增多的趋势，位于盆地西北部的茫崖等地，年平均降水量仅为25毫米，风力强大，故盆地西部广布戈壁、新月形流动沙丘和风蚀残丘，中部随风力减弱，而成为半固定沙丘，与此相适应，盆地中、西部发育着典型的荒漠植被类型，成为亚非荒漠的不可分割的组成部分，在山麓戈壁上分布着稀疏的蒿叶猪毛菜、猪毛菜、膜果麻黄等，荒漠戈壁带以内的半固定沙丘上生长着短穗柽柳、唐古特白刺、白刺、膜果麻黄、驼绒藜、蒿类等为主的灌木荒漠与小半灌木荒漠植被。

关于青南高原植被的地理分布规律，存在着许多不同意见，争论的焦点在于对青藏高原植被的分布格局是以水平地带性（主要为热量带）为主，还是以垂直地带性为主。持前者意见的学者，认为青藏高原处于天文位置的热带、亚热带和温带，植被的分布必然受太阳辐射能的影响，即受热量的控制，从南而北，随着纬度的变化，热量递减，应该同中国东半部地区植被的分布格局相类似，依次出现热带雨林、亚热带常绿阔叶林、温带落叶阔叶林和寒温带针叶林，但是这种理想分布图式，除喜马拉雅山南坡和西藏东南部以外，高原面根本不存在上述类型。持后一种意见的学者，则认为随着古近系末喜马拉雅运动而抬升的青藏高原，平均海拔4000～4500米以上，这样的高度约占对流层的一半，氧分压约为平原地区的50%～60%，完全改变了太阳辐射场，其热量（积温、夏温、生长期等）显著较同纬度海拔1000米以下的平原或低山为少，因而植被的分布不具备纬向分布性质，而具有垂直分布的性质。

关于青南高原植被地带性的分布规律，只能和北起昆仑山以南，南止喜马拉雅山西段，沿念青唐古拉山至横断山脉之裂点线以北的辽阔的高原面相结合。高原平均海拔4000～4500米以上，受西南风和高原季风的影响，自东南向西北，海拔逐渐抬升，温度逐渐降低，降水量逐渐递减，由东部的600毫米降至西部的100毫米以下，与此相适应依次分布着以川西云杉和大果圆柏为主的寒温性针叶林，过渡到以杜鹃、金露梅、毛枝山居柳为主的高寒灌丛，多以嵩草属为主的高寒草甸，以紫花针茅为主的高寒草原和以垫状驼绒藜为主的高寒荒漠。植被在高原面上的这种分布格局受大气环流影响的大气湿度所制约，呈西北-西南向的带状排列，还与高原面呈东南低而西北高的地形特点有关，还存在着南部高、北部低的差异，按海拔每升高100米温度降低0.6℃的递减规律，垂直高度的低温补偿了高纬度的低温，高原腹地南北温度差异并不很大，植被分布是在高亢的高原面上展开的水平图像，水平地带与垂直地带相互渗透，在水平更替的基础上也叠加了垂直高度变化的深刻影响，青海境内东部的嵩草草甸，它在亚洲中部高山顶部均有分布，构成山地垂直带结构的不可分割的组成部分，但到高原东部，温度、降水等气候条件与高山上部气候条件相类似，而呈大面积的水平分布，向东南随着高原被切割，嵩草草甸又自高原面沿山地顶部扩展到陕西的秦岭、四川西部的二郎山，成为山地垂直带谱的组成部分。

2. 垂直分布规律

青海境内随着山地海拔高度的变化，气温高低、太阳辐射强弱、土壤类型等均有所差异，导致植被的垂直分布规律显著，青海地域辽阔，地形复杂，气候条件差异很大，各地山地植被垂直带谱结构也有明显不同。

(1)东南部玉树囊谦县的娘拉、虬扎等地，地处北纬 32°，东经 96°40′的扎曲、解曲的下游，河流切割较深，山地相对高差大，河谷底部海拔 3500 米左右，而山地顶部海拔可达 5000 米，高差约 1500 米，从山地下部至上部温差悬殊，河谷年平均温度 3.7 ℃，降水量 500 毫米以上，而山地上部则终年积雪，因而山地垂直分布规律十分明显，垂直带谱结构复杂。

山地阴坡：海拔 3500～3800(4100)米为川西云杉建群种的寒温性针叶林带；海拔 3800(4100)～4400 米的陡峻山坡以常绿阔叶杜鹃灌丛为主，而在平缓的山坡分布着落叶阔叶毛枝山居柳和金露梅高寒灌丛带；海拔 4400～5000 米为高寒草甸带，以小嵩草草原化草甸为主；海拔 5000 米以上为流石坡稀疏植被带和永久冰雪带。

山地阳坡：海拔 3500～3800(4100)米为亚高山寒温性针叶林带，以大果圆柏为主；海拔 3800(4100)～4400 米为高寒草甸带，以小嵩草、异针茅草原化草甸为主；海拔 4400～5000(5100)米由于海拔高，气候寒冷，与山地阴坡植被类型相同，以小嵩草草原化草甸为主；海拔 5000(5100)米以上为流石坡稀疏植被带和永久冰雪带。

(2)青海高原中部或西部，由于海拔逐渐升高，山地相对高差不大，垂直带谱结构十分简单，但因所处的地区不同，南、北山地的垂直带谱的基带完全不同。

位于北纬 32°20′，东经 95°35′的东坝，海拔升高到 4200 米，气候趋于寒冷，针叶林已不能生长发育，被耐寒的灌丛和草甸所替代，山地阳坡海拔 4200～4500 米为高寒灌丛带，山地阳坡海拔 4500～5000 米和山地阴坡海拔 4500～4800(4900)米均为高寒草甸带，超过海拔 4900 米以上为高山流石坡稀疏植被带和永久冰雪带。

地处北纬 35°左右，东经 95°的玛多县已深居青藏高原腹地，气候干燥寒冷，山地垂直带谱不再是高寒灌丛和草甸带，被高寒草原带所代替，而且垂直带谱极其简单，山地阳坡海拔 4300～4500 米和山地阴坡海拔 4300～4600 米为高寒草原带，以紫花针茅为代表；海拔 4300～4600(4700)米为垫状植被带，以垫状点地梅为优势。再往上则为高山流石坡稀疏植被带和永久冰雪带。

(3)地处青海东北部黄河流域的循化县孟达地区，位于北纬 35°41′，东经 102°27′，属于亚热带与暖温带的交界地区，海拔较低，约 1800 米，气候温暖，不仅组成植被的区系成分比较复杂，植物种类丰富，而且山地垂直带谱结构亦比较复杂，其垂直带谱结构如下。

山地阴坡：海拔 1800～2100 米主要为亚热带的亚高山华山松林与暖温带的落叶阔叶辽东栎林和油松林组成基带，其中以油松林所占面积较大，而华山松林和辽东栎林仅占据气候条件比较优越的局部地段，已是亚热带和暖温带植被分布的西界，林缘有华北落叶阔叶林区的典型灌丛虎榛子灌丛；海拔 2100～3800 米为寒温性针叶林带，主要由青海云杉林所组成；海拔 3800～4000 米为高寒灌丛带，以毛枝山居柳、金露梅等所组成；海拔 4000 米以上为高寒草甸带，以青藏高原大面积分布的嵩草草甸为主，它沿山地上部延伸到此处。

山地阳坡：海拔 1800～3800 米为寒温性针叶林带，以祁连圆柏为代表；海拔 3800 米以上为高寒草甸带，以嵩草草甸为代表。

(4)西北部的柴达木盆地成为青藏高原的高原盆地，海拔较高，盆地中央海拔 2600 米，气候干燥，山地垂直带谱简单，但南北差异较大。位于柴达木盆地北部的祁连山西段，山地垂直带谱如下。

山地阳坡：海拔 2800～3500 米为盐柴类半灌

木荒漠带；海拔3500米以上为山地草原带，以紫花针茅为优势。

而位于柴达木南部的昆仑山山地，北部面临柴达木盆地，受荒漠气候的影响，从山麓到海拔2800米为戈壁带，其上稀疏生长着猪毛菜、驼绒藜等；海拔2800～3200(3500)米的山坡，在长期的风化剥蚀作用下，形成裸露的石质山地；海拔3200米以上为山地草原带；海拔3800(4000)米以上为高寒草甸带，但此带分布狭窄，很快便过渡到高山流石坡稀疏植被带。昆仑山的南坡面向青藏高原，海拔已升高到4000米以上，垂直带谱简单，以高寒草甸带为主。

3. 其他分布规律

植被除受水热条件所支配的水平和垂直分布规律外，还要受地形引起的水分运动，土壤基质、土壤结构和土壤含盐量的不同以及矿物质的差异等因素而影响植被的地理分布。

地下水位高低与植物生长和分布有着密切关系。在局部地段，地下水成为控制植被分布的主要因素。在青南高原中部的高寒草甸分布地区，由于海拔升高，气候严寒，地下发育着多年冻土，形成很厚的隔水层，因而使冰雪消融水不能下渗而聚积地表，形成大面积的沼泽地，其上发育着藏嵩草沼泽化草甸，莫云、旦云和星宿海即为典型代表。除此之外，在碟形凹地、河畔、高山地下水溢出带与高山鞍部，这些地形部位的地下水位一般较高，或因排水不畅而形成土壤过湿的环境，为湿生和湿中生植物的生长和发育创造了良好的条件，亦分布着沼泽化草甸。

植被对水分条件的反应非常敏感，在同一个地区，由于地下水位和土壤水分的改变，植被呈现出明显的生态系列。以果洛州玛沁县昌马河谷地为例，在滩地中央的河流两旁，地下水位较高，土体湿润，地表有季节性积水，分布着以藏嵩草为主的沼泽化草甸；而河流东侧的阶地和滩地，因地下水位降低，排水良好，土壤水分适中，土壤为高山草甸土，其上发育着以矮嵩草为优势种的典型草甸，但在山地，坡面剥蚀严重，土层较薄，土体干燥，土壤为碳酸盐高山草甸土，分布着以小嵩草为优势种的草原化草甸。

柴达木盆地由于终年受干冷高空西风急流的影响，气候干燥少雨，植被以灌木荒漠和半灌木荒漠为主。但是随地下水位的深浅变化、土壤盐分的多寡、土壤基质的不同，植物群落与此相适应呈有规律的环带分布和镶嵌分布等。南北两侧山地因受强风的剥蚀，成为石质山地，几无植物生存，仅在堆积细土的石隙可见个别极端耐旱的红砂植物生长，而沿山麓的砾石戈壁，地下水位很深，地表布满卵石，但土壤含盐量较低，此带主要分布着膜果麻黄和沙拐枣灌木荒漠。植物生长稀疏，覆盖度很小，种类组成贫乏，往往为单优势种群落。此带以内，为半固定沙丘和细土带，已接近盆地中心，地下水位埋藏较浅，在强烈的蒸发下，土壤盐分向地表运动，因而土壤含盐量较戈壁带为高，主要分布着梭梭、小乔木荒漠和多种柽柳组成的灌木荒漠。在丘岗之间，由于土壤水分条件较好，生长着枸杞、大花罗布麻和芦苇等植物。此带以内的滩地平缓，地下水埋藏更浅，土壤含盐量很高，其他灌木难以生长，一般分布着芦苇和赖草等为主的盐生草甸类型。特别是芦苇适应土壤的高含盐量，由高变成低矮簇状。再就是山海韭菜、海乳草、盐地风毛菊等组成的盐沼泽。盆地中央为大面积无植被的盐壳和盐湖。

（二）植被分区

青海境内的植被分区可分为青南高原寒温性针叶林、高寒灌丛、高寒草甸区、青海东北部和青南高原西部草原区以及柴达木高原盆地荒漠区等。其中青南高原寒温性针叶林、高寒灌丛、高寒草甸区，包括青南高原南部寒温性针叶林、高寒灌丛地带和玛沁-玉树高寒灌丛、高原草甸地带及黄河-长江上游高寒草甸地带。青海东北部和青南高原西部草原区可划分为二个亚区，即青海东北部温性草原亚区和青南高原西部高寒草原亚区。青海东北部温性草原亚区又可分为湟水-黄河流域森林、温性草原地带和祁连山东段山地高寒灌丛、高寒草甸地带。在青南高原西部高寒草原亚区中可分为青南高原西部高寒草原地带和可可西里高寒荒漠草原地带。柴达木高原盆地荒漠区中包括柴达木盆地东部草原荒漠地带和柴达木盆地中部荒漠地带及柴达木盆地西北部风蚀残丘、流沙地带。

1. 青南高原寒温性针叶林、高寒灌丛、高寒草甸区

本区北部东起黄南州同仁县爪什则，向西经扎马日根、温泉山、花石峡、玛多，然后沿鄂陵湖、扎陵湖北岸至巴颜喀拉山西部，再经曲麻莱北部孔阿陇窝玛赞姑山西南方向延伸，经西恰山向西沿雁石坪北部向南至唐古拉山，该区包括黄南州的大部，果洛州和玉树州的东部地区。

青南高原南部寒温性针叶林、高寒灌丛地带有东、西两个地块，东块以玛柯河河谷林区为主，西块以虬扎林区和小苏莽林区为主。该地带植物区系组成较复杂，由于地处横断山脉寒温性针叶林，高寒灌丛地区的北部边缘，热带、亚热带区系成分的百刺花、小角柱花、金合欢等出现在南部干热河谷，植被与热带、亚热带有一定联系。川西云杉是丽江云杉向北分布，适应高寒气候发生变异而形成的变种。大果圆柏是青藏高原南部的特有种。该带山地的中部、上部，区系成分以中国-喜马拉雅成分为主，如百里香叶杜鹃、头花杜鹃、金露梅、毛枝山居柳等。由于沟深坡陡，山地气候垂直变化大，植被垂直分异明显。但植被类型多样、生物资源丰富，森林多为成年龄和中龄林。玛沁-玉树高寒灌丛、高寒草甸地带包括海南州的同德南部，黄南州的泽库、河南，果洛州的玛沁、甘德、达日、久治和班玛的北部，玉树州的玉树东部、称多东南部、杂多的东部和囊谦的北部。组成该带植被的区系成分较前者简单，以中国-喜马拉雅成分和北极高山成分为主，其中常绿阔叶灌丛由密集生长在一起的常绿阔叶灌木头花杜鹃和百里香叶杜鹃组成，主要分布在东部和南部较潮湿而陡峭的山地阴坡。落叶阔叶灌木以金露梅、毛枝山居柳、积石山柳、箭叶锦鸡儿为主，它们分别为高寒落叶阔叶灌丛的建群种，多在较平缓的山地阴坡、山地阳坡和宽谷，为大面积的嵩草草甸，该带东南部峡谷山地阴坡灌木层生长茂密，草本植物较少，苔藓层特别发育，局部地段有小面积的川西云杉和大果圆柏，但发育不良。山地植被垂直带谱结构简单，该带植被类型和动植物资源丰富，是省境内最主要的天然牧场。

黄河-长江上游高寒草甸地带包括果洛州玛多县的东南部和玉树州曲麻莱县的东部、治多县与杂多县。北部界线东起花石峡，经玛多县、曲麻莱县北部，沿西恰山向西南方向延伸至唐古拉山，与青藏高原高寒草原亚区相邻；东部和南部与玛沁-玉树高寒灌丛、高寒草甸地区接壤；西南部以唐古拉山为界，与藏北高原分开。植被类型极其简单，高大乔木绝迹，低矮的灌木仅分布在局部背风沟谷和山地下部，且发育不良，占绝对优势的是以小嵩草为建群种的草甸，分布地多在排水良好、土壤干燥的宽谷阶地、滩地和浑圆低丘，在排水良好的滩地和山坡为矮嵩草和线叶嵩草群落，在山顶冰碛平台、山地分水岭、河畔及排水不畅的蝶形洼地和山间盆地，大面积分布藏嵩草为建群种的沼泽化草甸。在高山草甸带以上，永久冰雪带以下具有较宽的高山流石坡稀疏植被带，是青海天然牧场之一。

2. 青海东北部和青南高原西部草原区

青海东北部温性草原亚区属欧亚草原亚洲中部草原亚区向西延伸的部分。包括大通河流域、湟水流域、青海湖盆地、共和盆地、黄河流域下游和黑河上游。北部以祁连东段北支走廊南山和冷龙岭为界，与河西走廊荒漠区相隔；东部以黄河南

岸的西倾山为界，与青南高原亚高山寒温性针叶林、高寒灌丛、高寒草甸区分开；西侧自祁连山主峰向东南延伸，经过托来山至木里，然后到青海南山至共和、河卡一线，与柴达木高原盆地荒漠区接壤。

湟水-黄河流域森林、温性草原地带北以达坂山山脊为界，南以西倾山为界，西以日月山为界，东以大通河为界。大致包括海东地区的民和、乐都、平安、互助、湟源、湟中、大通以及贵德、尖扎、化隆、循化、同仁的一部分。该分界带农业历史悠久，河谷阶地和低山已垦为农田，天然植被逐渐由栽培植被代替，森林仅分布在海拔3000米以上的局部山地阴坡，以青海云杉和青杆林为主，在大通河下游和黄河流域的循化县孟达地区保存有较好的辽东栎、华山松、油松林及虎榛子灌丛，在拉脊山和达坂山海拔3000米的山区，大面积分布着以嵩草为主的高寒草甸，该分界带是青海省主要经济林木和农业的基地。

祁连山东段山地高寒灌丛、高寒草甸地带北以走廊南山和冷龙岭山脊为界，与河西走廊荒漠区分开。北起疏勒山、布哈河，经野马滩，沿青海南山至日月山南端，与柴达木高原盆地荒漠区分开；东以日月山为界，与湟水-黄河流域森林、温性草原地带相连，包括祁连、门源和青海湖环湖地区。植物区系以草原和青藏草原草甸成分及灌木为主，最基本的植被类型为草甸化草原，植被垂直带谱简单，祁连、门源的山地垂直带谱较复杂，海拔3000米以下河谷阶地、山前洪积扇为耐寒农作物；海拔3000～3200米为长芒草、紫花针茅为优势的草原，间有异针茅、小嵩草草甸；海拔3200～3500米，大面积分布着矮嵩草草甸；海拔3600米的山地阴坡，发育着青海云杉和青杆林；海拔3600～4000米分布着以金露梅为优势的高寒灌丛，夹有头花杜鹃、百里香叶杜鹃和陇塞杜鹃等高寒常绿阔叶灌丛，及山柳、箭叶锦鸡儿和窄叶鲜卑花等灌丛；海拔3600米以下的山地阳坡，局部为祁连圆柏疏林；海拔4000米以上为高山流石坡稀疏植被带和永久冰雪带，下缘则为极狭窄的垫状植被带，为天然草场，但产草量较低。

青南高原西部高寒草原亚区北起昆仑山，东北起布尔汗布达山，作西南方向延伸，经华石峡、曲玛莱西部、雁石坪、唐古拉山，至青海省界。东部狭窄，西部辽阔。青南高原西部高寒草原地带呈弧状围绕在青南高原，大致包括兴海的西部、玛多北部，曲麻莱县、治多西部和格尔木市的唐古拉乡，东、西差异明显，东部草原植物群落的种类组成较丰富，覆盖度大，生物生产力高，以紫花针茅草原群落为主，伴生温暖旱生成分，如青海固沙草、二裂叶委陵菜、冷蒿等，西部的植物种类贫乏，区系组成简单，覆盖度小，生物生产力低，主要以亚洲中部高山和青藏高原特有成分紫花针茅为优势。

可可西里高寒荒漠草原地带位于青海省西部，北以昆仑山为界，东自库赛湖以东的山脊起，沿内外流水系分水岭，作西南方向的延伸，进入羌塘高原。该带大致呈楔形，嵌入草原和荒漠之间，植物种类贫乏，植被类型极简单，在湖盆、河谷、山地下部及山前洪积扇上分布着以沙生针茅为主的荒漠化草原群落，在复沙地上分布固沙草群落，在干旱砾质相的山前洪积扇和低山，局部为青藏嵩草和沙生针茅共同形成的荒漠草原群落及变色锦鸡儿灌丛，大面积分布垫状植被、高山流石坡稀疏植被，植被类型简单，植物种类稀少，生长低矮，产草量低。

3. 柴达木高原盆地荒漠区

青海省西北部包括茶卡盆地和柴达木盆地，西北以阿尔金山为界。北部和东北部以祁连山北支为界，东侧以青海南山为界，东南侧以鄂拉山至共和盆地为界，该区称为柴达木高原盆地荒漠区。

柴达木盆地东部草原荒漠地带东北部以祁连山为界，与温性草原亚区接壤；西北大致以德令哈以东，夏日哈、都兰、香日德、巴隆为界，与柴达木盆地中部荒漠地带分开；东南部由共和盆地沙珠玉向西经鄂拉山至布尔汗布达山为界，与青南高寒草原亚区相邻，包括茶卡盆地和柴达木盆地东部的香日德、乌兰、夏日哈、沟里和巴隆等地。植被类型及组合较复杂，以草原化荒漠占优势，辅以寒温性针叶林、高寒灌丛和高寒草甸。乔木树种生长发育不良，群落结构简单。山地阴坡大面积分布着以金露梅为优势的高寒灌丛和以嵩草为优势的高寒草甸。茶卡盆地以西、德令哈以东为芨芨草占优势的草原，群落结构简单，但伴生种类多，如雀麦属、长芒草、假苇拂子茅等，山地植被垂直分布较明显，带谱结构较复杂，从山地底部至山顶依次出现典型荒漠带、草原化荒漠带、寒温性针叶林、高寒灌丛带和高寒草甸带，是柴达木盆地的主要农业基地，草场面积较大。

柴达木盆地中部荒漠地带位于柴达木盆地中部，东侧大致以德令哈、夏日哈、都兰、香日德、巴隆一线为界，南侧以昆仑山山脊为界，北侧以祁连山主脊为界，西侧无明显界限，大致以流动沙丘、风蚀残丘的东缘为界。植被组合为小乔木荒漠、灌木荒漠、半灌木荒漠和小半灌木荒漠，植物种类较东部草原荒漠地带少，以梭梭、驼绒藜、柽柳、合头草、膜果麻黄、黄花补血草、木本猪毛菜和蒿类为主，植被类型简单，种类贫乏，内部差异较大。

柴达木盆地西北部风蚀沙丘、流沙地带位于柴达木盆地西北部和东部，南部和西南部与柴达木盆地中部荒漠地带接壤，北部和西北部以阿尔金山为界，包括冷湖镇以西的广大地区。大部分地区寸草不生，仅在湖沼周围发育着芦苇、水麦冬和盐爪爪的盐生草甸。

第二节　动物分布及其分区

一、青海动物区系

世界动物区系一般采用古北界、新北界、古热带界、东洋界、新热带界和澳大利亚界六界分区，中国动物区系属于古北界与东洋界。两界在中国境内的分界线西起横断山脉北部，经过川北的岷山与陕南的秦岭，向东至淮河南岸，直抵长江口以北。中国动物区系根据陆栖脊椎动物特别是哺乳类和鸟类的分布情况，下分七个区：东北区、华北区、蒙新区、青藏区、西南区、华中区、华南区。其中前 4 个区属于古北界，后 3 个区属于东洋界。

青海省动物区系属于古北界的华北区、蒙新区、青藏区和西南区。华北区动物区系仅涉及青海东部的少部分地区，特有种类比较少，主要有危害农作物的啮齿类仓鼠、鼢鼠等较常见，还有褐马鸡等。柴达木属于蒙新区动物区系，动物种类贫乏，主要是适应于荒漠和草原种类的啮齿类和有蹄类最为繁盛。啮齿类中以跳鼠科和沙鼠亚科为最典型，有蹄类有野生双峰驼、藏野驴和羚羊。鸟类也以适应荒漠生活的种类为多，典型代表有大鸨、沙鸡、沙百灵等。青藏区包括青海、西藏和四川西部，动物区系相对贫乏，主要是由适应于高原的种类所组成，偶蹄类中的野牦牛和藏羚羊为本区的特有种，广泛分布的有藏原羚、岩羊、盘羊、白唇鹿、藏野驴等。鸟类种类较少，雪鸡、雪鹑、藏雀等均为高原独特种。青海南部少部分地区属中国西南区动物区系，动物分布垂直变化明显，在班玛、久治、囊谦等地区有丰富的高原和高山森林动物，青海分布的白唇鹿等均是本区的特产珍稀种类，鸟类以雉科和画眉科为最多。

青海动物区系的划分，包括 1964 年冼耀华等将青海省鸟类划分为三个区，即青藏区、华北区和西南区；1979 年、1981 年由张荣祖、郑作新等将青海省（除柴达木盆地外）陆栖脊椎动物划为一个区，即青藏区，划分为两个亚区，即青海藏南亚区和羌塘高原亚区。

青海动物涉及中国华北区、蒙新区、青藏区和西南区四个动物区系，可综合成华北、蒙新、青藏三个大区，四个亚区：黄土高原亚区、西部荒漠地区、青海藏南亚区和羌塘高原亚区。

（一）华北区

从区系成分看，更接近于华北区，在区划上应作为华北区的黄土高原亚区中靠西的一部分，本区仅划分为一个亚区。本区是黄土高原的西延部分，气候温暖湿润，湟水和黄河横贯全区。各主要河谷成为动物迁徙的通道，使本区动物种类组成比较复杂，兼有北方高原类、中亚高原类及高原类。黄土高原亚区是青海省的主要农业区，农业开发历史悠久，区内缺乏大型野生动物，而小型动物则比较丰富。

本区亚区属于北方高原类的种类有：两栖类有花背蟾蜍、大蟾蜍和中国林蛙；爬行类有枕纹锦蛇、蝮蛇；鸟类有红点颏和红胁蓝尾鸲；兽类中狍子、小飞鼠、阿拉善黄鼠、北小鼩、达乌尔鼠兔、暗色鼢鼩、须鼠耳蝠和亚洲阔耳蝠等。属于中亚高原类的有丽斑麻蜥、密点麻蜥、石鸡、沙䳭、漠䳭、贺兰山红尾鸲、沙狐、石貂、红耳鼠兔、子午沙鼠和五趾跳鼠等。属于高原类的物种有高原山䳭、褐背地鸦、高原兔和中华鼢鼠。泛东洋界类的物种有黄河鼠兔和甘肃鼹等。

本区分布的广布种有小嘴乌鸦、灰喜鹊、大杜鹃、鸾麻雀、戴胜、狼和长尾仓鼠等。本区特有的动物有黄河鼠兔、甘肃鼹和亚洲阔耳蝠等。大狐蝠为分布于印度半岛的热带动物，而在青海省境内采于民和县果园内的标本，是大风漂泊所致，还是一种残留分布现象，尚属疑问。

（二）蒙新区

本区受干旱与高寒双重影响，动物种类贫乏，以适应荒漠环境的中亚高原类为主，兼有高原类。高原类种类分布至此，也已适应于荒漠环境。区系组成及生态特征均趋于蒙新荒漠区，因此，在区划上应为蒙新区西部荒漠亚区的一部分，本区仅包含一个亚区。西北荒漠亚区主要为柴达木盆地。

本区亚区常见中亚高原类有密点麻蜥、蒙古百灵、沙百灵、黑尾地鸦、黑喉雪雀、短趾沙百灵、贺兰山红尾、野骆驼、鹅喉羚、各种跳鼠、小毛足鼠及柯氏长耳蝠。其中，黑尾地鸦、鹅喉羚、野骆驼、小毛足鼠等为本亚区特有种，也是本亚区的优势种类，除野骆驼外，种群数量丰富。

高原类分布至本亚区的种类有青海沙蜥、藏雪鸡、高原山䳭、褐背地鸦、藏野驴、岩羊和白尾松田鼠。这些动物种类大多在盆地周围活动，一般不进入荒漠中心。因此，本亚区既不同于典型的蒙新荒漠区，又相异于典型的青藏区，具有区域特色。

（三）青藏区

以典型的高原种类占优势，本亚区的动物都具有适应高寒环境的结构特征，具有十分显著的高原特色。本区划分为羌塘高原和青海藏南两个亚区。

羌塘高原亚区生态环境趋于极端，为典型的高寒气候，空气稀薄，风力强大，动物种类十分贫乏。在海拔较低的灌丛草原、草甸地带，以褐背地鸦、角百灵、各种雪雀、藏野驴、藏原羚、藏仓鼠、高原兔、高原鼠兔、喜马拉雅旱獭、白尾松田鼠、藏狐等占优势，数量较多。海拔较高的地带有藏雪鸡、藏羚羊、野牦牛、大耳鼠兔、科氏鼠兔、拉达克鼠兔、雪豹和斯氏高山䶄等高原类，还有秃鹫、胡兀鹫、雪鸡、渡鸦等鸟类。岩羊和盘羊集群活动于山石裸岩地区。其中，野牦牛、藏羚羊、科氏鼠兔、拉达克鼠兔分布于羌塘高原中心地带。

青海藏南亚区，包括祁连山及以南的青南高原。在针叶林灌丛地带有典型的林栖动物，如中国林蛙，斑尾榛鸡、三趾啄木鸟，林麝、麈、花鼠和黄耳斑鼯鼠等。在玉树、果洛南部边缘的气候条件好、自然条件较为优越的地带，有一些沿横断山脉分布至此的泛东洋界种类，如秦岭滑蜥、长尾山椒鸟、橙翅噪鹛、猕猴、小熊猫、鬣羚、藏鼠兔、川西长尾鼩、斯氏水鼩和社鼠等，这些喜热的动物只能沿高原边缘分布，不能深入高原内部。其余地带高山耸立，河流纵横，湖泊星罗棋布，广布高寒草甸草原；气候为典型的高原气候，动物以高原类占优势。诸如褐背地鸦、朱鸥、角百灵、各种雪雀，高原鼠兔、喜马拉雅旱獭和白尾松田鼠等，数量较多。藏原羚数量也不少，它们在高原地带集群活动。食肉类猞猁、狼、狐、石貂和獾数量也较多，它们多为北方高原类。在河湖沼泽地带，常有夏候鸟前来繁殖。属于本亚区的特有动物有山地背纹鼩鼱、斯氏水麝鼬、蹼足鼩、北棕蝠、猕猴、小熊猫、毛冠鹿、鬣羚、三趾啄木鸟和斑尾榛鸡等。

二、高原特有珍稀动物

青海境内大部分地区由于海拔高，深居高原腹地，受人类经济活动的影响小，是野生动物良好的栖息环境。许多动物种群在数量上可观，有许多动物属于珍稀种类，具有很高的学术和观赏价值，保护和合理利用是一项重大任务。

根据《中华人民共和国野生动物保护法》，青海省境内被列为国家保护的动物有五十余种，其中一类保护动物有野骆驼、野牦牛、白唇鹿、普氏原羚、藏羚、藏野驴、雪豹、云豹、黑鹳、黑颈鹤、雉鹑、白尾海雕、玉带海雕、白肩雕、金雕、胡兀鹫、中华秋沙鸭等。

青海境省内共有野生脊椎动物约 476 种，其中鱼类有 5 科 26 属 55 种；两栖类动物种类较为贫乏，仅为 9 种；爬行类有 5 科 5 属 7 种；鸟类 42 科 113 属 293 种；哺乳动物 23 科 68 属 103 种。全省有 15％～20％物种受到威胁，被列为国家重点保护的一、二级保护动物有 67 种，主要稀有哺乳动物有雪豹、云豹、金钱豹、藏羚羊、野牦牛、藏野驴、普氏原羚、野骆驼、白唇鹿、梅花鹿、麝等；国家一、二级保护鸟类有黑颈鹤、藏雪鸡、玉带海雕、白尾海雕、白肩雕、胡秃鹫、雉鹑、中华秋沙鸭、绿尾虹雉、大鸨等，主要两栖爬行类动物有西藏山溪鲵、大鲵、蟾蜍、麻蜥、中国林蛙和蝮蛇等，随着隆宝国家级自然保护区、三江源国家级自然保护区等的建立，青海省动物资源得到有效保护。

三、动物分布和分区

青海省动物类群可划分为四类：高地森林草原动物群、高地草甸草原动物群、高地荒漠动物群和高山裸岩及寒漠地草原动物群。

（一）高地森林草原动物群

青海省森林面积小，分布不连片，森林植被以针叶林为主，林内群落结构简单，植被成分单一，且植被类型相互交错，因此出现森林动物与草原动物相互渗透、混杂的分布现象，形成高地森林草原动物群。该动物群中的两栖类多为高原类，一般见于较为湿润的地区，例如：倭蛙生活于高山沼泽地，西藏蟾蜍见于森林草原，两种齿突蟾、西藏山溪鲵多见于中小型溪流之石块下，大蟾蜍、中国林蛙见于农田、森林草原等地，在急流下的深潭中偶尔可发现大鲵，爬行类中以高原蝮比较常见。高地森林草原动物群比较典型的鸟类有蓝马鸡、藏马鸡、高原山鹑、雉鹑等，岩鸽、褐岩鹨、红隼较为常见，典型的林栖鸟类有斑尾榛鸡、绿尾虹雉、红腹锦鸡、三趾啄木鸟、长尾林和黑头噪鸦等。

豹猫、黄鼬、石貂、猞猁、狐、棕熊、艾虎和香鼬等食肉类动物常出没于森林草原间，有蹄类大多在森林与草原间活动或季节性迁徙，鹿、白唇鹿、马鹿、马麝常见于林间草地及灌丛带，林中可见黄耳斑鼠、小飞鼠、花鼠及大林姬鼠，啮齿类中优势种和常见种主要为草原成分，许多种类形成地栖专化现象。以山柳（阴坡）、浪麻为主的高山灌丛中，只有托氏鼠兔，以金露梅（阳坡）为主时，只有根田鼠、甘肃鼠兔，在灌丛、林缘或林间草地常见藏鼠兔、草兔、喜马拉雅旱獭、中华鼢鼠、长尾仓鼠、蹶鼠、大林姬鼠、松田鼠和阿拉善黄鼠，黄河鼠兔见于循化县孟达天池林区。

（二）高地草甸草原动物群

高地草甸草原动物群分布于柴达木盆地以外海拔较高的地区，这里地处高原腹地，自然条件单调、严酷，地势高峻，气候严寒，风力强大，植被类型为草甸及草原。草甸主要由小嵩草、矮嵩草、苔草等组成；高寒草原则以紫花针茅、矮花针茅等为主，是典型的开阔景观，动物的隐蔽条件较差，故以快速奔跑的动物（主要为有蹄类）和地面挖洞的穴居种类（主要为啮齿类）占优势。这类动物群中的动物具有明显的集群习性，在盆地和河谷地带可见结群活动的白唇鹿、马鹿、藏野驴和藏原羚等。由于过猎，数量已不如从前。过去常见的棕熊、狐、香鼬和猞猁等数量也不多，当冬季来临，河谷和盆地为积雪覆盖时，这些动物往往迁移到少雪的山岭、阳坡上觅食，它们具有随季节迁徙的习性，典型的寒漠动物群代表为野牦牛和藏原羚，在高原内部羌塘高原集大群活动。

啮齿类中兔形目鼠兔类最为繁盛，其中黑唇鼠兔的数量相当多，尤其在沼泽草甸中更为明显，其挖掘活动直接影响植被的生长和发育，形成“黑土滩”。达乌尔鼠兔见于省内东部的草原地带。此外，喜马拉雅旱獭、高原兔、白尾松田鼠、鼢鼠、藏仓鼠也是本带的优势种类。红耳鼠兔及格氏鼠兔栖于石缝之中。本带啮齿类具有贮食和冬眠习性，喜马拉雅旱獭往往选择阳坡进行冬眠。该动物群中数量最多、最常见的鸟类为典型的高原类，有褐背地鸦、藏雀、棕颈雪雀、棕背雪雀、白腰雪雀和褐翅雪雀等，它们经常出没于旱獭和鼠兔等的弃洞，以躲避敌害及不良天气条件或以之为巢，形成明显的“鸟鼠同穴”现象，这是鸟类对开阔景观长期适应的结果。大鵟为最常见的猛禽，它们常蹲伏于土堆或电线杆上等待猎物出洞。雕的数量较多，白昼隐蔽在岩壁缝隙或陡峭的土穴里，在山岩上还可见红嘴山鸦、胡兀鹫、渡鸦、岩鸽和雪鸽等，它们常在高山岩缝中营巢。此外，戴胜、赭红尾鸲和角百灵等也是草甸草原地带常见的鸟类。

在高原湖泊和沼泽地带，游禽及涉禽种类很丰富，最常见的繁殖鸟类有斑头雁、赤麻鸭、棕头鸥、鹮嘴鹬、黑颈鹤、环颈鸻、燕鸥和鱼鸥等，这些鸟类在冬季迁往南方越冬，动物的季相变化十分明显，黑颈鹤是中国境内的珍稀动物，是唯一的高原鹤类，主要在青海省隆宝滩繁殖。

（三）高地荒漠动物群

高地荒漠动物群主要分布于柴达木盆地，其中广布地为砾石戈壁和沙丘，植被以白刺、梭梭、驼绒藜、柽柳、沙拐枣等旱生灌木为主。这里受低温和干旱双重影响，其生存条件更差，缺乏隐蔽条件，严寒缺水，食物来源贫乏，因此，动物种类稀少，并以中亚高原类及高原类占绝对优势，本动物群中几乎没有两栖类，而适应沙漠、戈壁环境的蜥蜴类种类较多，在荒漠、半荒漠边的植物丛下，丽斑麻蜥、密点麻蜥、青海沙蜥和蝮蛇数量较多，成为优势种。青海沙蜥和密点麻蜥还可分布至沙丘地带。荒漠、半荒漠地带的鸟类十分贫乏，最常见的为白顶鸟、凤头百灵、角百灵和黑尾地鸦，接近山麓及河谷地区有毛腿沙鸡和岩鸽等，这些鸟类羽毛很浅，与荒漠背景很协调，成为良好的保护色。荒漠地带动物的奔跑、挖掘、冬眠和贮食习性比草原地带进一步加强，最常见的有蹄类为鹅喉羚、西藏野驴，它们常结群活动，常见的食肉类为沙狐、香鼬、荒漠猫和狼等，啮齿类种类单一，数量较多，主要为子午沙鼠、长耳跳鼠、五趾跳鼠、三趾跳鼠、小毛足鼠和灰仓鼠，还可见高原兔、白尾松田鼠、长尾仓鼠和红耳鼠兔。

该群动物的分布具有不均匀性。在水源附近水草茂盛的地区及绿洲地带，动物集中，数量较多；而戈壁沙丘地带动物数量极少。戈壁滩上可常看到在地下水溢出的地方有鹰、鸦飞翔，鹅喉羚或藏野驴集群饮水，还可见狼的出没。晚间可见柯氏长耳蝠活动。

该动物群中的小型动物具有耐旱的生理特点，能直接从植物体中取得水分或依靠特殊的代谢方式获得所需的水分，并在减少水分的消耗方面有一系列的生理-生态适应机制。各种沙鼠、跳鼠的后肢均特长，适应于跳跃，尾极长，有利于在跳跃中平衡身体。它们一般夜间活动，具有长距离觅食及季节蛰眠等习性。

(四)高山裸岩及寒漠地带动物群

高山裸岩及寒漠地带动物群分布于海拔4500米以上的高山地带，这里低温、缺氧、干旱、强风、地形陡峻，植被稀疏，为高山垫状植被或流石坡稀疏植被，主要由点地梅属、苔状蚤缀、棘豆和钻叶风毛菊等垫状植物组成，生存条件极其严酷，只有极少数动物能够生存，动物种类十分贫乏。这里没有两栖、爬行动物，鸟类稀少，是典型的羌塘高原亚区和青海藏南亚区。

第三节　动植物资源保护及其利用

一、动植物资源的开发利用

(一)植物资源

1. 草场资源

青海境内的草场可划分为草甸草场、草原草场、灌丛草场、荒漠草场、森林草场、沼泽草场6大类型。草甸草场、灌丛草场、荒漠草场面积占相当大的比重，分布于青南高原的草场面积达19.9万平方千米，占全省可利用草场面积的59.4%，其余则零星分布在东部山地和柴达木盆地。

青海天然草地常见植物有1091种，占全省植物总数2710种的40.26%(包括种以下的亚种、变种、变型等)，隶属于76科373属。其中，蕨类植物10科14属15种，裸子植物3科4属10种，被子植物63科355属1066种，占全省天然草地植物种的97.71%，而蕨类植物与裸子植物种类很少，其种数仅占1.37%和0.92%。

省内草场草质优良，牧草含粗蛋白、粗脂肪，无氮浸出物含量高，含粗纤维低，营养丰富，牲畜喜食。多禾本科、莎草科等牧草，地下根茎发达，草皮坚实，形成10厘米左右的草皮层，而且草质柔软，适合放牧。草场垂直分异明显，有利于冬夏草场的合理使用和调剂，有利于充分发挥草场的生产能力。

青海境内草地的主要饲用植物有：①禾本科饲用植物：针茅属植物、冰草属植物、芨芨草属植物、早熟禾属植物、鹅观草属植物、披碱草属植物、其他禾本科植物等；②莎草科饲用植物：青海草地上的植物分布较广，种类较多，其中莎草科植物在青海天然草地中约有31种，种数虽然不多，但是在青海天然草地下是仅次于禾本科植物的重要植物种类之一。大多数牧草种多生于草甸、沼泽化草甸以及河湖湿地，但个别的植物也可在荒漠、温性草原类草地上生长。莎草科植物绝大多数林叶柔软、营养丰富，被各类牲畜所喜食，而且耐牧、耐践踏。青海天然草地上的莎草科植物，常见的主要有扁穗草属、苔草属、嵩草属和藨草属等，其中，高山嵩草、矮生嵩草、线叶嵩草、禾叶嵩草、西藏嵩草、甘肃嵩草、华扁穗草、青藏苔草、糙喙苔草、黑褐苔草、细叶苔草等都能在草地上形成优势种。这些莎草科牧草营养成分含量高，明显表现出“三高一低”的特点，这些牧草种的粗蛋白质含量为1.899%～16.92%，接近精饲科的水平，粗脂肪含量和无氨浸出物含量分别在20%～40%和41.02%～48.49%，也与精饲料不相上下，是青海省草甸类草地上主要的优势牧草，同时也是青海天然草地优等牧草的主体；③蓼科饲用植物：青海天然草地上的蓼科植物主要有木蓼属、沙拐枣属、冰岛蓼属、山蓼属、蓼属和小世属等，计20余种。其中，蓼属的圆穗蓼、珠芽蓼是高寒草甸类草地的优势植物，与高山苔草、线叶嵩草共同组成高寒草甸类草地的建群种和优势种。另外，生于荒漠的拐枣是荒漠植被重要的建群种，骆驼和羊喜食；④藜科饲用植物：青海天然草地上藜科植物主要有沙蓬属、滨藜属、轴藜属、雾冰藜属、藜属、虫实属、盐生草属、梭梭属、盐爪爪属、地肤属、小果滨藜属、猪毛菜属、碱蓬属等，共计40余种。而藜科饲用植物主要有盐爪爪、猪毛菜、梭梭、驼绒藜和垫状驼绒藜等；⑤豆科饲用植物：多枝黄芪、鬼箭锦鸡儿、高山豆等；⑥菊科饲用植物：有冷蒿、蒲公英、无茎黄鹌菜、细叶亚菊等。

但青海境内海拔高，气候寒冷，牧草生长期短，生产量低，加之大风凛冽，太阳辐射（特别是短波辐射）强烈，多霜、雪、雹灾害，植物的高生长被抑制，割贮青草较难，所以放牧草场多，贮草场少。夏季草场面积大，牧草营养成分高，牧草的再生能力强，但利用时间短；冬季草场一般集中在气候比较温暖的沟谷，面积小，生产力较低，但放牧时间长。草场鼠害、沙化、盐化、退化严重，产草量低，冬、春缺草量大。为了解决畜牧业发展与草场利用之间的矛盾，应建立完整的草场利用体系，坚持严格的季节转场制度。草场按比例划分为春、夏、秋、冬四季草场，确定利用和转场时间，使草场的生产力得到充分利用。进一步推广小搬迁制度，在划定的夏季草场上，每20天左右搬迁一次，以宿营地为中心放牧一周，然后又继续搬迁，既不过度啃食、践踏，又能避免草场退化，还起到松土、均匀施肥、提高牧草产量的作用，在退化的草场上适当封育天然草场，使优良牧草得以恢复，以提高草场生产力。其次是改造天然草场，在部分地区通过浅耕和补播，疏松土壤，改良土壤通透性，提高地温和土壤含水量，促进微生物活动能力，加快物质循环，使原有的天然牧草自然更新。在浅耕的同时，补播一定数量的优良牧草，改变草场的种类组成。在降水量偏少的地区，进行草场灌溉，有条件的地区对草场增施肥料，提高产草量，建立稳定高产的人工饲草料基地，缓解天然草场特别是冬、春季节严重缺草的问题。

2. 森林资源

青海省森林资源较少，截至2005年，青海林业用地面积7.19万平方千米，占全省土地总面积的10.3%，乔木林分布面积仅占林地总面积的8.53%，活立木总蓄积量5462.6万立方米，主要乔木树种是圆柏、云杉、桦木和杨树，其分布面积分别占乔木林总面积的45.39%、25.79%、13.02%和12.27%，木材蓄积量分别占乔木林总蓄积量的23.17%、49.77%、14.19%和10.46%。优势树种为青海云杉、圆柏、桦树、青杨、沙棘、高山柳、金露梅、锦鸡儿等。森林资源有原始森林、次生林、人工林三大类。原始森林面积0.076万平方千米，占有林地面积的39.6%，大都处于成熟阶段；次生林面积0.095万平方千米，占有林地面积的50.6%，都是中华人民共和国成立后封育成林的，大都处于中龄阶段；人工林面积仅0.009万平方千米，占有林地面积的9.8%，成熟度低，以幼龄为主。

省内森林分布的海拔较高，处于全国森林分布的上限，生态价值高，是宝贵的高原物种基因库。有一定数量的原始林，且现有森林植被种类大多数是高原隆起后遗留下来的残遗种，在科研和育种等方面有很高的价值。森林资源虽少，但森林资源的经济价值高、单位蓄积量高，野生经济动植物丰富，林区可开发利用的动物有100余种，植物有80余种，野生经济动植物产品产值的70%来于林区，是省内宝贵的自然资源。但是，省内森林面积小，覆盖率低，分布分散，达60余片。林区内部也常呈断续状态。东经96°线以西无乔木分布，此线以东分布也不均匀。

森林植物种类较少，结构简单。乔木树种约80种，灌木树种420种。组成天然林木的树种只有20余种，人工林树种更单一。在林分结构上，同龄林多，异龄林少，单层林多，复层林少，纯林多，混交林少。在林龄结构上，多中龄林和成熟林，幼龄林极少，且主要分布在东部农业区，林龄结构失调，后备资源不足。疏林地比重大，大部分是原始疏林地，不可能发展有林地，资源质量不高。灌木林多，乔木林少，灌、乔林面积比为9∶1，经济价值较低，影响整个森林资源质量。青海冬季漫长而寒冷，夏季短促而温凉，土壤封冻时间长，林木生长期短，再加上缺乏对林地的经营管理，以及树木本身不同的生物学特征，使树木平均生长率很低。林区自然条件差，人类经济活动不断干扰，更新率不高，发育缓慢。

青海地处江河源头，森林对维护生态平衡、涵养水源、防风固沙、保持水土起着重要作用。20世纪70年代以来，青海各族人民经过40多年的努力，在植树造林、封山育林、次生林抚育改造和森林采伐利用等方面取得显著成绩。开展森林抚育改造，调整森林结构，对成熟林进行更新换代，开展综合利用，提高木材利用率。开展林区野生动植物资源利用；在科研和林业调查工作中，取得显著成果，促进林业发展。在树种选择、种苗建设、造林、经营、封山育林等方面掌握技术上的关键措施，在树种资源研究、种源试验、次生林抚育改造、林木病虫害防治等方面已取得丰硕成果。全省400余名林业科技人员是青海林业建设的一支重要力量。

3. 其他植物资源

青海地域辽阔，生境复杂，蕴藏着十分丰富的植物资源，有维管束植物1500属12000种以上，约占中国维管束植物总属数的一半多，总种数的34.3％；药用植物种类约有370种，常用的中草药有259种，如虫草、唐古特大黄、青海黄花、枸杞、羌活等驰名海内外。藏药学是医学宝库的重要组成部分，近年来已引起植物学家和医药界的极大关注，并进行深入研究，筛选出的新药在临床使用过程中效果显著。青海野生油料植物也较多，有华山松、油松、白桦、红桦、虎榛子等。淀粉类植物也较丰富，如产量较大的蕨麻素有“人参果”之称，含淀粉高，品质优良，远销国内外。青海纤维植物相对较少，主要有罗布麻、白榆、山杨等。还有鞣料植物、芳香油植物等。

（二）动物资源

青藏高原在长期的演化过程中，形成了特有而丰富的动物物种多样性。青藏高原有哺乳类动物29科210种，约占中国哺乳类动物总科数的65.90％，总种数的46.67％；鸟类有57科532种，约占中国鸟类总科数的70.37％，总种数的44.97％；鱼类有115种，约占中国鱼类总种数的6.28％。

而青海省是全国野生动物的重点分布区之一，野生动物资源十分丰富。《中国农业全书·青海卷》记载，全省共有兽类107种，占全国兽类种数的1/4；鸟类有292种，占全国鸟类种类的1/5。其中，青海境内的珍稀濒危物种众多，含有众多特有动物物种，有中国特有的珍禽黑颈鹤、野牦牛、藏羚、雪豹等。在全省野生动物中，有国家重点保护动物74种（类），其中，一级保护动物21种，二级保护动物53种；另有省级保护动物36种。这些物种是残遗于高原局部环境的古老物种以及新分化出的物种，这些物种分布范围大多十分狭窄。一方面，高原地区所受人类活动影响相对较轻，是一些珍稀物种的现代避难所；另一方面，青海高原生态环境的脆弱性造成青海境内含有许多珍稀濒危物种，使其成为青海地区生物多样性保护的重要基地。

二、动植物资源保护

青海境内的动物界中构成的动物区系的两种主要成分为：分布于高原东、南边缘湿润山地的横断山-喜马拉雅型地理成分和分布于高原干旱腹部地区的高地型地理成分，均是在高原隆起过程中分化而成。前者起源于青藏及其东南缘地区新近系的热带、亚热带湿润森林生态环境的东洋界动物群，后者起源于青藏北与西北部毗邻地区新近系亚热带、温带的干旱荒漠与草原的古北界动物群。

青海大部分地区开发程度较低，还保留着原始的天然状态。20世纪50—60年代青海牧区大面积开荒，开垦草场600多万亩，结果粮草无收，使原来脆弱的生态环境失去草被的保护，土壤侵蚀过程加剧。高原草场过度放牧，长期以来草场建设较差，不恰当地追求牲畜存栏数，严重超载放牧，草场明显退化。草场的虫害、鼠害严重，破坏地表的完整性，影响草被恢复。对森林、灌丛的乱砍滥伐造成环境的恶化。在高原腹地的可可西里地区，大批拓荒淘沙金者涌入太阳湖一带，淘沙掘金，使原本脆弱的生态环境遭到严重破坏。盗猎者经常盘踞在可可西里地区，大量猎杀藏羚羊、藏野驴、藏牦牛。在高原的东南部林区，大量采伐森林，导致森林资源过度消耗。为了减缓和制止生态环境的恶化，调整好人与自然的关系、开发和保护的关系，应对高原草场资源进行合理规划安排，加强草场管理、退耕还草、退耕还林、植树种草，抓好农田基本建设，注重森林的合理采伐和抚育更新，对独特的天然生态系统、珍稀的动植物资源和神奇的自然风景合理安排，做好保护。

20世纪50—80年代，青海地区还保留有狩猎经济，作为畜牧业牧民的副业。由于过度捕猎，使多数地区大型野生动物的数量锐减，有的甚至绝迹，野牦牛、藏野驴、雪豹、藏马鸡、黑颈鹤等已处于受威胁状态，名贵药用动物麝、白唇鹿、马鹿数量急剧减少，在20世纪80年代开始引起政府的高度关注。1988年11月8日，全国人大常委会通过《中华人民共和国野生动物保护法》，规定对国家保护动物严禁狩猎，划定自然保护区及禁猎区，以保护野生动物的栖息环境。为使野生动物资源造福于人类，在加强保护的同时，积极开展养殖业，对珍贵药用动物麝、白唇鹿、马鹿等应逐渐驯养，使之由野生变为家养，以扩大药材产量，满足国内需求。对于青鼬、黄鼬、石貂等毛皮兽进行人工饲养，限制狩猎量，对于有害动物或害大于益的动物，控制其数量，保护有益动物、抢救珍稀动物、控制有害动物、驯养有用动物，维持良好的生态平衡，为人类和野生动物创造一个理想的生存环境。

1. 动植物资源与生物多样性调查研究

强化野生动植物资源的调查和研究，摸清境内生物多样性的本底，掌握动植物生存和环境之间的内在联系、数量的消长规律。利用自然规律，采取相应措施，控制生物资源的数量，加强珍稀濒危动植物基因研究和生物多样性的研究，以及濒危物种进行人工复壮，建立基因库、加强基因流、迁地保护等。2009年省内已开展对青海湖地区普氏原羚和藏羚羊等濒危动物繁育技术的研究。

2. 动植物资源保护宣传教育

青海大部分动植物资源分布在经济不发达、文化教育落后、交通和通信不发达的贫困山区，应组织专业人员深入山区，对各地老百姓宣传、灌输保护意识，普及野生动物保护法和森林保护法知识，普及山区9年制义务教育，提高教育水平。同时制定一些特殊的动植物资源保护措施奖惩条例，凡是保护动植物资源的个人与单位应受到奖励，保护珍稀濒危动植物资源应受到重奖；反之，偷猎或盗伐动植物资源的给予严厉处罚，严重者按法律量刑，加强当地群众的监督作用。

3. 设立自然保护区基金，强化管理

青海经济落后，能投入自然保护区的资金不多，因而给保护区的基本建设、正常管理和科学研究带来很多困难。科学管理自然保护区的水平不高，现有经费的使用又有许多不合理之处。为摆脱保护区存在经费不足、经费使用不当的现象，保护区积极开展多种项目，增强自身活力，改变封闭式管理方法，从大学院校、科研单位聘请专家进行指导，建立自然保护区基金委员会，负责管理和审批各保护区的申请项目等。加强国际合作，争取有关国际组织的资金赞助，利用藏羚羊、普氏原羚、野牦牛等动物的展出宣传，扩大影响、增加收入，利用区内文化古迹和独特的自然景观扩大生态旅游景点，如青海湖国家自然保护区在2005年后平均每年可接待游人已达20万以上。

4. 因地制宜,综合利用土地资源

青海省地理环境复杂多样,总体来说属于贫困地区,延续着自然环境严酷、植被减少、水土流失、土地沙化、土地质量下降,加快开垦砍伐、干旱缺水、灾害频繁、产出量减少的恶性循环模式。因而提倡利用与保护相结合,因地制宜地发挥区域优势,借鉴国内外同类地区的成功经验,合理调整农、林、牧等结构,形成宜农则农、宜林则林、宜牧则牧、宜工则工、宜商则商的土地利用良性循环局面。

5. 保护动植物栖息环境

野生动植物资源及其栖息环境是构成自然生态系统和生物多样性的主体,它的保护是人类社会文明发展程度的标志,也是人类自身生存和发展的前提。青海省受威胁最大的动物栖息地是森林、草原和湿地环境,由于过度砍伐、开荒、过度放牧、盲目采水、湖水污染、湿地人为疏干等,致使许多林地、草地和湿地等面积和质量持续下降,水源枯竭。为此,青海省限制超载放牧,有计划地扩大人工草场的面积,恢复和保护湿地,合理利用水资源,大力推行喷灌、微灌、渗灌等节水灌溉技术,治理工业污染,改善生态环境。

第九章　生态环境

青海被誉为“中华水塔”，是长江、黄河、澜沧江的发源地，也是高原生物多样性最集中的地区，是国家生态安全“两屏三带”战略格局的重要组成部分，具有特殊的生态功能和不可替代的生态地位。由于特殊的生态环境，青海孕育了以荒漠、盐漠生态系统为主的柴达木盆地、以高寒草地生态系统为主的青南高原、以山地森林-草地生态系统为主的祁连山地、以湖泊-湿地-草地生态系统为主的青海湖流域等不同性质的高原生态系统，这些生态系统既是高原生态安全屏障的重要组成部分，也是区域内水源涵养、气候调节、生物多样性保护等维持区域生态系统稳定的重要保障，因此，保护青海境内生态系统功能的完整性和稳定性，对全国乃至世界意义重大。

第一节　生态环境概况

一、生态环境概况及变化

（一）生态环境概况

青海省地处世界“第三极”青藏高原，是长江、黄河、澜沧江的发源地，素有“江河源”之称，是全国重要的水源地之一，区域涵养水源功能显著。全省土地面积 72.23 万平方千米，地貌类型复杂多样，生物多样性丰富，生存条件严酷，自然灾害频繁，生态环境十分脆弱。自然生态环境大致可以划分为草地、水域湿地、森林、荒漠和人工生态系统 5 个部分。

草地生态系统具有防风固沙、涵养水源、保持水土、净化空气以及维护生物多样性等主要生态功能，是青海省陆地生态系统的主体，是青藏高原上最主要的绿色生态屏障。青海高原独特的自然地理环境条件孕育了全球独一无二的大面积高寒草甸类、高寒荒漠类和高寒草原类等草地生态系统，形成特有的高寒类草地生态景观。青海草地面积大、分布广，其独特的生态区位在全国生态环境保护和草地建设中占有重要的战略地位。

截至 2010 年，青海省共有草地总面积为 42.13 万平方千米，草地面积占全省国土总面积的 60.47%，占全国草地总面积的 10.72%，仅次于新疆、内蒙古和西藏等省（区），居全国第四位，是重要牧区之一。其中天然草地面积 41.92 万平方千米，天然草地可利用面积 38.65 万平方千米，天然草地共分为 9 个草地类、10 个草地亚类、9 个草地组和 93 个草地型。其中，高寒草甸类草地面积最大，为 25.44 万平方千米，占全省草地总面积的

60.38%，其次是高寒草原类，为 9.04 万平方千米，占全省草地总面积的 21.46%，其余依次为温性荒漠类、温性草原类、高寒荒漠类、低地草甸类、高寒草甸草原类、温性荒漠草原类、山地草甸类（表 9-1-1）。青海天然草地中高寒草地类组是主体，4 个草类面积为 35.98 万平方千米，占全省草地总面积的 85.83%。全省人工草地（含改良草地）面积 0.21 万平方千米。

青海草地类型面积

表 9-1-1　　单位：平方千米

草地类型	草地面积	可利用面积
温性草原类	2.12	2.07
温性荒漠草原类	0.22	0.20
高寒草甸草原类	0.35	0.34
高寒草原类	9.04	8.03
温性荒漠类	2.89	1.93
高寒荒漠类	1.15	0.74
低地草甸类	0.57	0.53
山地草甸类	0.14	0.13
高寒草甸类	25.44	24.68
人工草地	0.21	0.21
合计	42.13	38.86

青海天然草地多位于高海拔地区，气候条件严酷，生态系统结构简单，稳定性差，一旦破坏，恢复困难。自 20 世纪 60 年代青海草地开始出现草场超载过牧现象，不少地区超载率超过 30%，主要草地类型高寒草甸由于过度放牧形成秃斑地，进而向黑土滩和沙砾地演变，高寒草原过牧后朝沙漠化方向演变，干旱草原开垦或过牧使其向荒漠化演变趋势更加明显，各类草场均显现不同程度的退化。黄河源头区 3.8 万平方千米区域，20 世纪 80—90 年代区域内草原平均退化速率比 70—80 年代增加 1 倍多，黄河源头区“黑土型”退化草地约为 1.7 万平方千米以上，约占全省此类退化草地面积的 80%。“黑土型”退化草地造成草地植被和物种多样性的严重丧失，加速草地向荒漠化演替的进程。草场退化过程中，鼠害和虫害猖獗、杂草泛滥，草地生产力急剧下降。

青海境内高原湖泊湿地、沼泽湿地、河流湿地广泛发育，青海南部江河源区主要分布着河流和高寒沼泽草甸湿地；东部可可西里地区主要分布着青海海拔最高的湖泊湿地；东南部黄河源区断陷盆地主要分布着黄河外流水系及高原缓盆地湖泊湿地；西部、北部集中分布着柴达木盆地咸水湖、盐湖及沼泽湿地；东北部青海湖内流区域及祁连山地区主要分布着中国最大的高原湖泊湿地青海湖和祁连山河源沼泽湿地。青海境内有河流、湖泊、沼泽和人工库塘四大类型湿地，面积达 5.57 万平方千米，占全省国土总面积的 7.71%。其中，河流湿地面积 0.22 万平方千米，占 3.88%；湖泊湿地面积 1.29 万平方千米，占 23.09%；沼泽湿地面积 4.03 万平方千米，占 72.34%；人工库塘湿地面积 0.038 万平方千米，占 0.69%。青海省建立湿地类型自然保护区 6 处：玉树隆宝国家级自然保护区，面积 0.01 万平方千米，湿地面积 0.01 万平方千米；可可西里国家级自然保护区，面积 4.5 万平方千米，湿地面积 0.38 万平方千米；青海湖国家级自然保护区，面积 0.495 万平方千米，湿地面积 0.449 万平方千米；三江源国家级自然保护区，面积 15.23 万平方千米，湿地面积 3.2 万平方千米；可鲁克湖-托素湖省级自然保护区，面积 1.15 万平方千米，湿地面积 0.04 万平方千米；孟达国家级自然保护区，面积 0.173 平方千米，湿地面积 0.153 平方千米。全省湿地类型自然保护区总面积达 21.40 万平方千米，湿地面积 4.08 万平方千米，分别占青海省国土总面积的 29.63%、5.65%，这些保护区涵盖青海 70%以上的重要湿地区域。20 世纪 90 年代以来，由于人工水域的增加和人类的其他活动，自然水域生态系统不断退化衰变，使河流下游断流，湖泊、沼泽萎缩干涸，湿地退化趋势加剧。具体表现为：青海湖、扎陵湖、鄂陵湖等大型湖泊水位明显下降,小型湖泊日渐干涸,河流水量减少,一些高寒沼泽向高寒草甸或草原化草甸演变。伴随着高寒沼泽植被的大量消失,生物物种多样性和生态系统多样性都有所下降。由于水利水电建设步伐的加快,全省水库面积逐年增加,人工湿地对库区周围生态环境的改善产生积极影响。

青海境内的森林生态系统面积较小,据2009年青海省森林资源规划设计调查结果显示,全省林业用地面积7.56万平方千米,占土地总面积的10.6%,其中,有林地面积0.55万平方千米、疏林地面积0.095万平方千米、灌木林地面积4万平方千米。全省活立林木总蓄积量6008万立方米,其中,有林地蓄积量4935.7万立方米、疏林地蓄积量184.8万立方米,四旁树蓄积量883.9万立方米,散生木蓄积量4.5万立方米。在高寒、干旱的环境中,近84%的森林面积分布在海拔3000米以上,多数地方失去乔木林的生存条件,发育着大面积的灌木林。在柴达木盆地,由于极度干旱,在荒漠气候支配下,发育着大面积的荒漠灌丛。灌木林是青海森林生态系统的重要组成部分,具有重要的防护作用。

青海境内的荒漠生态系统主要分布在柴达木盆地、祁连山地、共和盆地和青南高原,主要类型有温性荒漠、高寒荒漠两大类,有草本组、灌木组、半灌木组和小乔木组等。2007年,在第二次全省草地资源调查中,温性荒漠类主要分为短花针茅、青海固沙草型,盐爪爪型,红砂型,红砂、盐爪爪型,猪毛菜型,具金露梅的针茅型,猪毛菜、驼绒藜型,沙蒿型,驼绒藜型,白刺型,白刺、枸杞型,柽柳型,梭梭型等;高寒荒漠仅分为红景天型、垫状驼绒藜型、亚菊型等。青海柴达木盆地的荒漠生态系统(含温性荒漠和高寒荒漠类)面积约3.76万平方千米,是全省荒漠类草地的集中分布区,占全省荒漠生态系统总面积的93.1%。区域内零星分布的矮小灌木或小半灌木株间距多在1～2米,约占全区土地总面积的50%以上,以荒漠类为主,植被平均覆盖度只有15%～35%,植物种类组成十分简单,植物旱生形态明显,植株矮小,多呈丛状,深根系,许多灌木小半灌木植物的叶退化,叶面积较小,许多植物具有适盐、耐盐和抗盐的特性。植物主要以超旱生小乔木梭梭、柽柳、白刺、驼绒藜、猪毛菜、红砂、盐爪爪等为优势种的温性荒漠生态系统,盆地西部的乌图美仁和冷湖地区,大部分地区寸草不生,分布着大面积的戈壁、盐沼以及流动沙丘和风蚀地貌。祁连山地区的荒漠生态系统主要是分布于青海湖东面的沙地中圆头沙蒿沙漠,分布于哈拉湖周边区域的垫状驼绒藜高寒荒漠,哈拉湖南部和阿日郭勒北面之间的地段山麓和山前地带的唐古特红景天高寒荒漠,天峻的生格等地的河流阶地和滩地的沙地风毛菊、矮丛风毛菊高寒荒漠。青海湖地区的荒漠生态系统是干旱和半干旱条件下形成的以荒漠植物组成为主的生态系统。以干旱、风沙、盐碱、粗瘠、风沙剧烈和降水稀少为显著特征,主要集中分布于湖区东岸的湖东种羊场、尕海和甘子河中下游,西岸的海西山(鸟岛)西北、布哈河三角洲的东北缘,流域内荒漠生态系统总面积约为608.28平方千米,占流域面积的2.05%。共和盆地的荒漠生态系统主要分布在塔拉滩、木格滩,南岸江西沟等地也有零星小面积分布。沙地灌丛植被沿沙丘边缘分布,形成具有固沙作用的沙丘边缘植被带,在沙丘洼地生长具有特殊小生境的沙生植被,呈孤岛形态点缀于沙丘之间。植被主要优势种有赖草、青藏苔草、蒿、沙柳、金露梅等。青南高原主要以高寒荒漠生态系统为主,集中分布在可可西里山一带的山地,以及海拔多超过5000米以上的高寒荒漠和高山流石滩荒漠生态系统。

人工渠道、水库、耕作土壤、农作物、人工林、水产养殖以及城镇、企业、道路等耦合在一起构成典型人工生态系统,是在原来自然生态系统基础上经过改造形成的,并逐步在部分地区取代了自然生态系统。人工生态系统的建立，打破原有水系的地域平衡，使生物多样性受到威胁，特别是不合理的农垦和开发建设，加速水土流失和土地荒漠化进程，促使生态环境逆向演化。

（二）生态环境变化

1. 气候变暖和变湿

青海属于高原大陆性气候，气温日较差大，年较差小，降水量少，地域差异大，年均气温受地形和全球气候变化影响显著。近年来，青海气温升高、降水量增加，加之生态建设保护工程的实施，青海生态环境发生明显变化。1960—2010 年以来，青海大部分地区的气温有明显的增加趋势，年均增加 0.035 ℃，20 世纪 90 年代后期气温上升明显，最高气温出现在 2006 年，为 30.2 ℃；1960—2010 年以来，青海境内的降水也呈现不明显的递增趋势，年均增加降水约 0.523 毫米。20 世纪 60—80 年代结束降水量波动频繁，20 世纪 90 年代后期降水量有明显的增加趋势。降水量最大值出现在 1989 年，为 429.29 毫米，1962 年出现最小降水量为 298.67 毫米。青海省近 50 年来气候呈暖湿化趋势，尤其是 20 世纪 90 年代之后暖湿化更加显著。

2. 水文过程发生变化

青海是长江、黄河、澜沧江三大河流的发源地，既有外流区，也有内流区，湖泊众多，地表径流纵横交错，高山冰川广布，水文过程多样复杂。

1951—2006 年青海全省实际蒸散发量呈下降趋势，但青海中西部陆面实际蒸散发量呈显著下降和极显著下降趋势，时间上主要集中在 4—9 月和 12 月。同时 20 世纪以来的增温使青海境内的冰川融化整体后退，积雪呈现出先增加后减少的变化趋势，1961 年至 20 世纪 90 年代末呈增加趋势，其中 1982 年降雪日数达到峰值，为 44 天，2000—2010 年呈减少趋势，青海南部积雪日数最多，且呈显著增加趋势，东部农业区、西部柴达木盆地积雪少且呈下降趋势，冬、春季积雪日数有上升趋势，冬季较显著，秋季积雪日数有下降趋势，青海高原冬、春季有暖湿化趋势。20 世纪 90 年代以前，青海境内湖泊的数量和面积较为稳定，21 世纪初，湖泊的数量增加、面积扩张，1990—2010 年，青海省湖泊面积从 12097.53 平方千米增加到 12292.61 平方千米，湖泊数量由 251 个增加到 312 个，青海境内东部地区、西北地区、西南地区的湖泊时空变化存在差异，降雨量的增加促进青海东部地区湖泊面积和数量的增加，湖泊面积由 7173 平方千米增加到 8474 平方千米，湖泊数量增加 19 个；青海西北地区湖泊面积由 1369 平方千米增加到 1542 平方千米，湖泊数量增加 7 个。该区域主要地形为柴达木盆地，是中国干旱区之一，干燥少雨，湖泊面积较少且变化剧烈。其湖泊扩张主要是因为降雨量增加，而较强的蒸散发极易导致湖泊萎缩；青海西南地区湖泊面积由 4215 平方千米增加到 5152 平方千米，湖泊数量增加 19 个。1990—2006 年青藏高原湿地面积以每年 0.13％的速率减少，总面积减少约 3000 平方千米，呈现出持续退化状态，其中以三江源地区的湿地退化最为明显。

3. 生态系统总体趋好

气候变暖使得高原寒带、亚寒带东界西移，南界北移，温带区扩大，从而使青海境内生态系统总体趋向于变好，局部变差。青海境内草地生态系统的变化，主要表现在高寒草原分布面积增加，高寒草甸和沼泽草甸显著萎缩，草地植被物候总体表现为返青期提前、枯黄期推后、生长期延长，草地净初级生产力呈总体增加态势，1982—2010 年的 29 年间，共计增长约 20％，2000 年以来，湿地退化幅度明显减缓，并出现局部逆转趋势。

二、主要生态环境问题

（一）冰川退缩

青海省冰川数量和规模仅次于西藏和新疆而位居第三位，冰川数量达 3802 条，冰川面积 3935.81 平方千米，冰储量为 274.74 立方千米。

主要分布在海西、玉树、海北、果洛和海南5个自治州，其中海西蒙古族藏族自治州冰川数量和面积最大，分别占青海冰川总量的59.10%和66.31%，海南藏族自治州冰川数量和面积最小，仅分布有6条小冰川，总面积也仅0.67平方千米。青海境内最大的冰川是发育在布喀达坂峰（又称新青峰，海拔6860米）南坡的莫诺马哈冰川，面积为83.94平方千米。唐古拉山脉冰川面积最大，其次是东昆仑山脉和祁连山脉，其中，唐古拉山主峰各拉丹冬峰附近有冰川40余条，面积约600平方千米，长江源头的姜古迪如冰川长12.5千米，是唐古拉山最大的冰川；昆仑山西端公格尔山和慕士塔格山，有冰川30多条，面积596.4平方千米；祁连山共有冰川3306条，面积2062.7平方千米，主要集中在冷龙岭、走廊南山、疏勒南山、大雪山和土耳根达坂山。全省内陆河流域冰川面积2765平方千米，占全省冰川总面积的60%，冰川储量为2163亿立方米，占全省冰川总储量的54%。其中，以柴达木盆地内陆河流域为最多，冰川面积1358平方千米，占内陆河流域冰川面积的49%；外流河流域冰川面积1854平方千米，占全省冰川总面积的40%。全省冰川年融水量35.8亿立方米，其中外流河流域冰川年融水量达17.4亿立方米，内陆河流域18.4亿立方米。在主要河流中，长江流域冰川年融水量11.8亿立方米，黄河流域为3.9亿立方米，柴达木盆地河流流域为9.2亿立方米，可可西里盆地河流流域为3.5亿立方米，祁连山北部河流流域为4.9亿立方米，澜沧江流域为1.7亿立方米。自20世纪90年代以来，随着全球温度的升高，青海境内的大多数冰川发生退化和萎缩，其中祁连山地区的冰川退缩最快，萎缩面积最大，其次是唐古拉山和昆仑山脉的冰川也发生一定程度退缩，小区域的山地冰川基本退缩消失。

（二）冻土消融

青海境内季节冻土和多年冻土广泛分布，是青藏高原冻土区的重要组成部分。青海省多年冻土占60.1%，而季节性冻土占39.9%。其中，极稳定型冻土占多年冻土总面积的52%，主要分布在青海北部的祁连山区和达坂山，稳定性和亚稳定型冻土区占多年冻土区的49.2%，主要分布在青南南部高原，可可西里为主要分布区。过渡型和不稳定型冻土区占多年冻土区的45.6%，主要出现在长江、黄河流域的河谷地带。自北向南可划分为阿尔金山-祁连山高寒带山地多年冻土区、柴达木盆地-环青海湖地区-河湟谷地温带季节冻土区、青南高原高寒带大片多年冻土区3个区。

由于20世纪90年代以来气温升高，导致地温升高，造成冻土边缘地带多年冻土层减薄5～7米，或使几米厚薄层多年冻土全部融完，导致高原腹地四周的岛状多年冻土界线向腹地中心推移，如玛多县城附近多年冻土界线水平推移达15千米，高原冻土退化的结果是多年冻土总面积缩小、水源涵养能力下降。

（三）草地退化

青海境内由于超载过牧、盲目垦殖、砍挖草地植被、矿产资源开发及基础设施建设等，草地生态系统管理不善和保护不利，导致草地生态系统发生退化。截至2010年，约有中度以上退化草地面积13.309万平方千米，占可利用草地面积的50.5%，退化为黑土滩的草地面积有5.19万平方千米，占中度以上退化草地面积的39.0%；退化为严重沙化草地的面积有0.895万平方千米，占中度以上退化草地面积的6.7%；退化为一般沙化草地的面积有2.32万平方千米，占中度以上退化草地面积的17.4%；全省鼠害发生面积9.73万平方千米，其中严重危害面积7.33万平方千米；虫害发生面积2.41万平方千米，其中严重危害面积为1.91万平方千米，鼠、虫害面积占草地总面积的33.28%。主要害鼠种类有高原鼠兔和高原鼢鼠，平均有效洞口数412.15个每公顷，最高达1334个每公顷，主要害虫种类有宽须蚁蝗、狭翅雏蝗、小翅雏蝗和草原毛虫，虫害发生期草原毛虫和蝗虫平均虫口密度107头每平方米。受草原鼠、虫的危害，青海省草地每年约损失鲜草108亿千克，害鼠不但啃食牧草，与家畜争食，而且挖土打洞，破坏草地土壤结构，造成大面积次生裸地，草地生态平衡失调，导致草地生态系统的生态服务价值和功能退化。

（四）沙漠化

青海省沙漠化土地面积较大，截至2009年，荒漠化土地面积达19.0358万平方千米，其中流动沙丘地1.825万平方千米，半固定和固定沙丘地2.182万平方千米，风蚀残丘2.045万平方千米，戈壁4.595万平方千米，重盐碱地0.0610万平方千米，盐漠1.812万平方千米，露沙地1.62万平方千米，风蚀劣地0.45万平方千米，潜在荒漠化土地0.091万平方千米，以及冻融荒漠化土地1.35万平方千米。自20世纪60年代以来，黄河源区沙漠化年扩展速率由最初的5%上升到20%，长江源区沙漠化扩展速率则为2.2%。土地沙漠化也是柴达木盆地最关键的生态环境问题，20世纪70—90年代，受自然和人类活动影响，固定、半固定沙丘大量活化，沙化土地增加。20世纪90年代至21世纪初，由于生态保护加强，全省沙漠化趋势得到遏制，由扩张变为缩小。

（五）水土流失

青海省自然条件严酷，地质结构复杂，坡耕地多，林草覆盖率低，由于水力、风力和冻融侵蚀交错，水土流失面积大，是全国水土流失较为严重的省份之一。全省水土流失面积35.43万平方千米，占全省总面积的49.05%，其中水力侵蚀面积5.28万平方千米、风力侵蚀面积15.07万平方千米、冻融侵蚀面积15.08万平方千米，分别占水土流失总面积的14.90%、42.54%和42.56%。水力侵蚀主要分布在西宁市、海东地区、海南州、黄南州和海北州；风力侵蚀主要分布在海西州、海南州和玉树州；冻融侵蚀主要分布在海西州、玉树州和果洛州。黄河流域输沙量占青海省总输沙量的59%，长江流域输沙量占总输沙量的36%，内陆河流域输沙量占总输沙量的5%。水土流失造成草地退化、沙化，土壤肥力下降，牧草和粮食产量降低。

（六）生物多样性减少

青海境内的生物多样性，随着青藏高原的隆升和高原气候的寒旱化，以及生态环境的草甸化、草原化、荒漠化过程在持续变化之中。一方面，生物多样性趋向于简化、退缩和消失的过程方向发展；另一方面，比较耐寒旱的物种，又沿着适应、演化、改造和特化的过程方向发展，形成现代高原特有生物种群。青海的生物多样性主要保存在高原周边的过渡地带，青海的长江、黄河、澜沧江、黑河等流域形成的高山峡谷是生物多向性最丰富的地区，如这些峡谷中的江西沟林区、东中林区、白扎林区、玛柯河林区、麦秀林区、孟达林区、坎布拉林区和互助北山林区等，大约集中了全省植物物种的80%。这些地区动物中的鸟类和昆虫也是省内多样性最丰富的，在海北的金露梅灌丛中，有7种营巢鸟类分布，平均每公顷有鸟12.9只，其中以小云雀和角百灵最多。但是20世纪50—80年代，由于全省无限制、不合理地开发利用自然资源，这些种群在自然变化和人类活动的冲击下，个体消失和整体消失并存。1954年到20世纪末，青海柴达木盆地沙生植被被砍挖1.24万平方千米，砍挖范围从都兰县的宗巴滩起，到格尔木市的乌图美仁止，在长达400千米、宽度20～50千米范围内的沙生灌木被砍挖殆尽，类似的乱砍滥伐，导致全省森林生物多样性急剧减少。20世纪中叶的滥牧滥垦是青海草地生物多样性减少的主要原因，由于草地滥牧，牲畜长期严重超载，草场恢复、更新不良，沙化、退化和次生裸地（黑土滩）大面积出现，原生的高寒草甸植被恶化，造成省内草地生物多样性和生态链破坏，草地生态系统中香鼬、黄鼬、艾虎、石貂、沙狐、青鼬、兔狲等种类繁多的小型食肉动物相继消失，这些动物的消失，造成虫、鼠害猖獗，进而造成草地生态恶化。20世纪60年代，为了度过当时青海的困难时期，青海湖周围集中数万人捕捞青海裸鲤，致使青海湖裸鲤由60年代初的7.5万吨降至70年代末的1.2万吨，可可西里地区有大规模盗猎者大量捕杀藏羚羊，1990—2000年的10年中，至少有3万只藏羚羊被猎杀，1995年尚有藏羚羊5万～7.5万只，而到了2002年仅存2万只左右，大规模的滥捕滥猎，致使青海地区动物多样性受到严重影响。乱采滥挖是影响植物多样性的主要人类活动之一。长期以来，青海的野生经济植物也是“无主”的，谁都可以任意挖取，药材生产基本上处于无政府管辖状态，采挖对象均系青海特有或生长缓慢的名贵植物。这些植物主要有冬虫夏草、大黄、黄芪、羌活、贝母、党参等，采挖方式为“竭泽而渔”式，大大减少了植物物种的生物多样性。改革开放以来，随着青海地区工业发展，工业污染日趋加重，湟水流域不同程度的污染，造成拟鲶高原鳅（石板鱼）销声匿迹，多种眼子菜、浮萍、品萍、紫萍等沉水植物多已消失，挺水植物中仅剩下莔草、沿沟草、水蓼等，芦苇、香蒲等几乎全部消失。

第二节　主要生态系统类型和生态功能分区

一、主要生态系统类型

（一）草甸与草原生态系统

草地是青藏高原高寒草地生态系统的重要组成部分。在全省高寒生态系统中，草地是绿色植物覆盖面积最大、数量最多、更新速度最快的再生性自然资源，其在调节气候、净化空气、涵养水源、土壤形成、废物处理和生物多样性维持等方面具有重要作用，因此是维系高寒生态系统平衡最重要的生态系统。

青海高原地貌类型复杂，自然环境复杂多样，发育形成了不同的草地类型。青海天然草地共有高寒草甸类、高寒草原类、高寒荒漠类、高寒草甸草原类、温性草原类、温性荒漠草原类、温性荒漠类、低地草甸类、山地草甸类9个草地类型，占全国18个草地类型的50%。其中，高寒草甸类、高寒草原类、高寒荒漠类和高寒草甸草原类是全省最主要的四类草地类型，其所构成的高寒草地面积达36万平方千米，占全省天然草地总面积的85.83%。

1. 高寒草甸生态系统

高寒草甸是青海省分布最广、面积最大的草地类型，是在高原亚寒带和寒带的寒冷而又较湿润气候条件下，由耐寒性的多年生中生或中湿生为主的草本植物占优势的草地类型。青海省高寒草甸面积为25.44万平方千米，占全省天然草地总面积的60.38%。平均鲜草产量为2332千克每公顷，其中可食鲜草比例占78.04%，理论载畜量为9730936羊单位。

2. 高寒草原生态系统

高寒草原是青藏高原高海拔地区长期受寒冷、干旱的大陆性气候影响，由耐旱、耐寒的多年生密丛型禾草和根茎型苔草为建群种组成的草地类型。青海省高寒草原类草地面积为9.04万平方千米，占全省可利用草地面积的21.56%。可利用草地面积8.03万平方千米，占全省天然草地可利用面积的20.78%，平均鲜草产量1064千克每公顷，其中可食牧草占79.69%，理论载畜量为1260326羊单位。

3. 高寒草甸草原生态系统

高寒草甸草原是由耐寒的旱中生草本植物为优势种组成。青海省该类草地面积为0.35万平方千米，占全省天然草地总面积的0.84%，可利用面积0.33万平方千米，占全省天然草地可利用面积的0.86%，平均鲜草产量1767千克每公顷，其中可食牧草占70.92%,草地理论载畜量为68960羊单位。

(二)荒漠生态系统

高寒荒漠草地是一种由超旱生垫状半灌木和垫状、莲座状草本植物组成的草地类型,是青海省分布海拔最高、最干旱、寒冷、植被极为稀疏和低矮的草地类型。青海省该类草地面积为1.15万平方千米,占全省天然草地总面积的2.75%,可利用面积0.74万平方千米,占全省草地可利用面积的1.91%,鲜草产量为1153千克每公顷,可食牧草仅占31.25%,理论载畜量为7720羊单位。

(三)森林生态系统

由于受地理、气候条件所限,青海森林资源相对贫乏,主要分布在北部、东部和东南部水、热条件较好的地区。主要林区有坎布拉国家森林公园、孟达林区、互助北山林区、麦秀林场、祁连山原始森林、玛柯河林区等。其中乔木林分布的气候临界值是:最暖月均温在10 ℃以上,≥0 ℃积温高于1400 ℃·天;灌木林最暖月均温在7~8 ℃以上;降水量除圆柏和荒漠灌木林可在250毫米以下外,其他一般要求降水量在400毫米以上。同一地区,森林多分布于凉温湿润的阴坡。全省森林按流域和山系分为九大林区:祁连山林区、大通河林区、湟水林区、柴达木林区、黄河下段林区、隆务河林区、黄河上段林区、大渡河上游林区、通天河及澜沧江上游林区;按山系划分,青海省森林资源分别属于祁连山、西倾山、巴颜喀拉山、东昆仑山和唐古拉山5条山脉。

(四)湖泊-湿地生态系统

青海省特殊的自然地理生态环境孕育着大面积高海拔湿地生态系统,形成河流纵横、湖泊众多、沼泽广布、雪山冰川发育的湿地生态景观。河流、湖泊、沼泽化草甸3类自然类型的湿地分布和特征如下。

1. 河流湿地生态系统

青海集水面积在500平方千米以上的河流共计271条,干支流总长27690千米。其中,属黄河流域的有79条,干支流长8501千米;属澜沧江流域的有20条,干支流长2055千米;属长江流域的有85条,干支流长9168千米;属内陆河流域的有87条,干支流长7965千米。全省多年平均总流量为2002立方米每秒。年总径流量为631.42亿立方米,占中国地区年总径流量的2.37%。由于青海省地域面积大,就单位面积而论,青海所占有的径流量不足全国平均值的1/3。总体看,河流径流资源量在全国仍是一个相对贫乏的地区。然而,青海的水力资源十分丰富,水电蕴藏量在全国处于较高水平。

2. 湖泊湿地生态系统

由于受青藏高原地质新构造活动及冰川发育演化和气候水文条件的综合影响,青海成为中国境内湖泊湿地分布最为密集的地区。全省面积在0.5平方千米以上的湖泊有439个,湖泊总面积13385.7平方千米,占全省土地总面积的1.85%。其中,湖泊中淡水湖和微咸水湖有286个,面积3454.9平方千米,占全省湖泊总面积的25.06%,主要分布在青海湖盆地、柴达木盆地和可可西里地区;咸水及盐湖有153个,面积9930.8平方千米,占全省湖泊总面积的74.94%。按内外流域划分,外流区湖泊面积只占湖泊总面积的22.58%,内流区湖泊面积占77.42%,青海湖群密布,湖泊之多、湖水面积之大在国内少见,充分体现内陆高原湖泊的重要特征。由于湖泊众多、湖泊面积大,青海湖泊水资源量也居全国前列。青海湖作为全国最大的高原内陆咸水湖,湖水容量达854亿立方米,可可西里无人区湖泊总面积3825平方千米,湖水总容量达数百亿立方米。

3. 沼泽化草甸湿地生态系统

青海的第三类湿地资源是沼泽和沼泽化草甸湿地。这一类湿地主要是沼泽化草甸。按照中国植被分类系统,青海的沼泽化草甸主要是西藏嵩草沼泽草甸和藏北嵩草沼泽草甸,其次是圆囊苔草沼泽和芦苇沼泽化草甸。全省面积在1平方千米以上的沼泽化草甸湿地总面积为27481平方千米。沼泽化草甸主要分布在通天河以南地区，这里的沼泽多由唐古拉山脉顶峰的冰雪融水和降水提供。沼泽湿地分布有众多细小的山间溪流。本省东北部天峻县境内也分布着较大面积的湿地，另外，在全省较大的湖泊湿地周围还零星片状分布有不连续的小块沼泽湿地，如青海湖环湖区域内的尕海周边沼泽、湖东小泊湖沼泽、玉树隆宝草甸沼泽、岗纳格玛措草甸沼泽以及果洛扎陵湖、鄂陵湖湖间沼泽等。

湿地植物、动物是湿地生态系统中重要的生物资源，也是湿地生态系统的重要组成部分。全省湿地维管束植物共29科69属181种；有湿地脊椎动物123种，其中湿地水涉禽鸟类48种、鱼类55种、两栖类9种、兽类11种。湿地动物种类中属国家和省级重点保护的湿地动物有39种，这些湿地动物广泛分布于湖泊、沼泽等湿地生境内。

二、主要的生态功能分区

青海省地域广阔，横跨黄土高原、青藏高原两大构造单元，境内多种自然气候带交错分布，特殊的地理位置和环境特征造就了其生态保护和建设工作在国家生态文明建设中的重要地位，按照全省的地理环境和生态系统特性，将生态保护和建设格局分为三江源地区、祁连山水源涵养区、环青海湖地区、柴达木水源涵养区和河湟地区五大生态功能板块。

(一)三江源地区

三江源地区包括玉树州、果洛州、海南州、黄南州和格尔木市唐古拉山镇的全部地区，总面积39.5万平方千米。地处青藏高原腹地，是长江、黄河和澜沧江的发源地，跨越暖温带和温带等气候带，加上海拔高度的垂直变化，致使地貌类型丰富、气候环境多样，从而形成该地区丰富而独特的生态系统，主要是森林、草原、草甸、湿地、农田等。青海三江源是中国淡水资源的重要补给地，是高原生物多样性最集中的地区，是亚洲、北半球乃至全球气候变化的敏感区和重要启动区。特殊的地理位置、丰富的自然资源、重要的生态功能使其成为青藏高原生态安全屏障的重要组成部分，在全国生态文明建设中具有特殊重要地位，关系到全国的生态安全和中华民族的长远发展。区内生态保护和建设工作重点是深入落实《青海三江源国家生态保护综合试验区总体方案》，以国务院批准的三江源生态保护和建设二期工程为主要抓手，加快推进试验区建设。科学制定二期工程2大类24个项目实施方案，并加快实施进度。其中黄河流域重点加强原生植被保护，开展封山育林、草原有害生物防控和草地改良，增加林草植被和水源涵养量，控制水土流失和沙化扩展；长江流域和澜沧江流域重点加强天然林、自然湿地、野生动植物保护和自然保护区建设，恢复退化森林、湿地、草原生态系统，提高林草植被质量和水源涵养能力。

(二)祁连山水源涵养区

祁连山水源涵养区包括西宁市大通县部分地区和省属大通牛场，海东市乐都区、民和县和互助县的部门地区，海北州门源、祁连两个县的全部地区和刚察县部分地区，海西州德令哈市、大柴旦、天峻县三个县的部分地区，总面积6.46万平方千米。祁连山是青海、甘肃两省的天然分界线，是黄土高原向青藏高原的过渡地带，是黑河、石羊河、疏勒河等主要内陆河的发源地，以及河西走廊的主要水源涵养区，生态地位十分重要。主要植被类型有乔木、灌木、高寒草甸、农田等，另外，祁连山地还有丰富的湿地、冰川及永久雪山。巨大的山体减缓西风环流对东部黄河谷地和黄土高原的直接影响，阻挡北半球中亚荒漠带向东的侵袭和蔓延，起到极其重要的生态安全屏障作用。祁连山地形成的大气水热循环对本地区各生态系统和周边环境具有较强的调控作用，在维持冰川、雪线、增加降雨和涵养水源等方面起着不可替代的作用。雪山、冰川以及丰富的水资源养育了甘肃河西走廊及青海省东北部的百万亩农田，滋润数千万亩的森林和草地。区内生态保护和建设重点是加快实施《祁连山生态保护与建设综合治理规划》，完善7大类22个单项工程实施方案，使规划实施更加科学合理。其中，祁连山西段的黑河、托勒河、疏勒河三大内陆河上游区域，以林草植被保护与恢复为手段，禁牧限牧，合理载畜；在祁连山中、东部地区，以保护和营造生态涵养林为核心，加大植树造林力度，提高森林覆盖率，严格控制水源涵养区开发强度，关停或迁建改造污染型企业。加强大通河流域生态环境管理，保护好水资源，研究水能开发利用潜力和合理开发方式。

祁连山地是中国西北地区伸向荒漠干旱区的绿岛，生态环境的好坏不仅关系祁连山区自身的发展，还直接关系到青海省东北部地区、甘肃河西走廊、内蒙古额济纳旗乃至中国西北地区的发展。祁连山生态环境保护和建设是构筑中国高原生态安全屏障的重要组成部分，具有全局性、长远性、根本性和战略性。加快东部干旱山区生态屏障建设，改善生态环境，建设生态文明，对维护国家生态安全、调整产业结构、改善民生都具有重大现实意义。

（三）环青海湖地区

青海湖是中国境内最大的内陆高原咸水湖，是维系青藏高原东北部生态安全的重要水体。环青海湖地区包括海北州刚察县、海晏县，海南州共和县，海西州天峻县的部分地区，总面积2.97万平方千米，该区地处青海省东北部，属于高原大陆性气候，降水季节性变化明显，地貌类型复杂，河流湖泊密布，湿地众多，全区有布哈河、泉吉河、黑马河等50余条大小河流分布。生态系统类型多样，典型生态系统类型有森林、灌丛、草原、草甸、湿地、荒漠和农田等，具有阻挡西部干旱荒漠环境向东蔓延的天然屏障作用，是沟通青海省东部、西部和青南地区的枢纽地带，也是连接甘肃河西走廊、西藏和新疆的主要通道。青海湖孕育了高原特色鱼类——青海湖裸鲤，还是濒危动物——普氏原羚的唯一栖息地。青海湖二期工程在巩固一期工程的基础上，将治理范围扩展至布哈河、泉吉河、沙柳河、哈尔盖河、倒淌河、黑马河等入湖河流的全流域。大力实施天然植被保护与恢复工程，对重点敏感区且中轻度退化的泉湾鸟岛湿地植被、湖东沙生植被等设定保护分区，减少人为干扰，使天然植被自然修复并保持自然状态；对重要且退化严重的环湖草原、河谷灌丛采取自然修复、生物与工程措施相结合的方式进行保护；对环湖公路、青藏铁路等道路两侧取弃土场次生裸地，以及鼠虫害、过载放牧造成的黑土滩，采用人工辅助措施恢复植被。严格控制入湖河流水量利用量，研究从大通河调水入青海湖的可行性，加大流域水土保持和沙漠化土地治理力度，保证青海湖水量稳定、水质稳定；加大青海湖国家级自然保护区的保护力度，继续实行青海湖裸鲤保护政策，促进鱼鸟共生的水生态系统良性循环；在提高草原禁牧补助的前提下，将青海湖北岸普氏原羚活动区域的草场围栏全部拆除，全面实施禁牧，加强对普氏原羚的保护。

青海湖流域是阻挡西部荒漠化向东蔓延的天然屏障，是区域内最重要的水汽源和气候调节器，同时还是生物多样性与生物种质基因较为丰富的重要地区之一，其生态地位十分重要。

（四）柴达木盆地

柴达木水源涵养区包括海西州格尔木（不含唐古拉山镇）、乌兰、都兰、冷湖、茫崖的全部地区，以及德令哈、大柴旦的部分地区，总面积20.45万平方千米，该区位于青海省西北部，是一个封闭的内陆高原盆地，四周由东昆仑山、阿尔金山和祁连山及其支脉等高大山系所围绕，柴达木水源涵养区具有典型的高寒大陆性荒漠气候特征，寒冷、干燥、富日照、太阳辐射强、多风；是内陆性水系，河流一般较为短小，并呈心状水系特征，水资源时空分布很不均匀。植被属荒漠半荒漠植被，旱生和盐生是盆地植物突出的生态特征，植物群落结构简单，组成种类少，植被稀疏。此外，该区还有枸杞、甘草、大黄等人工种植作物，不仅为人类的生产和发展提供重要的物质基础，还对防风固沙、防止水土流失、汇集温室气体等有重要作用。区内生态保护和建设重点是开展柴达木水源涵养区生态保护和综合治理工程，统筹人口、产业、城镇化布局，以水资源保护为中心，以水定产、量水而行，加强水资源保护和节水工程建设，确保地表和地下水安全，促进水利工程建设，研究引江（长江上游的楚玛尔河）济柴工程的可行性，优化水资源配置；努力保护原生态和地质、地貌，依法建立胡杨、梭梭、水柏枝、西北沼委陵菜等一批天然植被封禁保护区，加强沙区林草植被恢复，保护好土壤盐壳，适度控制农田和草原利用强度，构建以绿洲防护林、天然林和草原、湖泊、湿地点块状分布的圈带型生态格局，打造生态保护和循环经济耦合发展的示范模式。其中，柴达木盆地中西部以保护荒漠原生植被为重点，建立一批封禁保护区；格尔木市周边加大防风固沙林建设；柴达木盐湖区域加大土壤盐壳保护，盐湖和沼泽外围加强芦苇、赖草等原生植被保护；德令哈市以湖泊湿地保护、河岸灌丛保护和生态林建设为重点；德令哈市怀头他拉、乌兰县铜普、都兰县香日德等以保护祁连圆柏、青海云杉等寒温性常绿针叶林为主，加强沙区林草植被恢复；绿洲农业区加大农业节水、防沙治沙和经济林建设；柴达木盆地东南部及南部的昆仑山区，严格控制天然草地载畜量，以自然修复为主，结合人工措施加大高寒草甸和沼泽湿地保护。

柴达木盆地是青海省乃至青藏高原的干旱荒漠地区，生态保护和建设对全省乃至全国经济社会可持续发展具有重要意义。柴达木地区纳入国家层面“两屏三带一线多点”为骨架的生态安全格局中，成为全国生态保护与建设的战略重点之一，成为构建国家层面生态安全屏障和全国生态安全的重要组成部分。

（五）河湟地区

河湟地区包括西宁市除大通县纳入祁连山水源涵养区范围以外的全部地区，海东市除民和、乐都、互助三县纳入祁连山水源涵养区范围以外的全部地区，海北州海晏县纳入环青海湖地区以外的全部地区，总面积1.53万平方千米，本区位于日月山以东，是黄土高原最西部，属黄土高原沟壑区，由一系列西北-东南走向的山脉和谷地组成；是连接青藏高原和黄土高原的过渡地带，既有黄土高原的地貌特征，又有青藏高原的草地植被特征，是黄土高原干旱山区生态屏障的重要组成部分。气候自东南向西北随着海拔的变化，跨越暖温带和温带等气候带，致使地貌类型丰富、气候环境多样、生境变化复杂，是生态系统集中分布和交错分布的典型区域，包括森林、草原、草甸、湿地、水域、荒漠、农田和城镇等生态系统，具有高原生态系统的过渡性、多样性和脆弱性。区内生态保护和建设重点是以水土流失治理为核心，与退耕还林、营造生态林有机结合，对重要小流域选择性实施治理，修建水平梯田和沟坝地；大力发展雨水截流节水灌溉，推广普及旱作农业技术和保护性耕作技术，有效控制农业生产造成的生态破坏；加大湟水河流域、黄河流域及库湾水环境的保护和治理，实施废污水深度治理工程，为生态农牧业发展创造良好的生态环境。其中，脑山地区以保护天然林资源和扩大林地规模为主，重点实施封山育林和水源涵养林建设；山坡禁止采樵，保护现有林地资源，加大人工种草规模，发展生态畜牧业；山间沟谷以水源涵养林建设作为植被保护与恢复的重点和发展方向。浅山地区通过种植林草，建设分水岭防护林带，加快以坡改梯为主的土地整治；对开发利用率低的山坡荒地，大力建设护坡林草，形成以基本农田为主的田、林、草相结合的植被体系；沟道沟岸加大小流域综合治理，修建一定数量的骨干坝工程，拦洪淤沙，营造护坡林、护岸林。川水地区以加大农村环境综合整治、农田林网建设和四旁植树为主；加强河道两侧水土流失治理；加大城镇产业园区周边隔离带造林、水环境污染和大气环境污染治理。

第三节　自然保护区建设

一、自然保护区概况

（一）类型与面积

截至2010年，青海省已建11处自然保护区，总面积45.51万平方千米，占省域国土面积的63.02%。其中，国家级6处，面积44.33万平方千米；省级5处，面积1.18万平方千米。

（二）分布

青海省自然保护区布局覆盖三江源区、青海湖流域、祁连山地、柴达木盆地和黄河干流区域五大地理区域。三江源区有三江源、可可西里和隆宝3个国家级自然保护区，总面积43.44万平方千米，分别占全省自然保护区总个数和总面积的27.3%和95.46%；柴达木盆地有格尔木胡杨林、柴达木梭梭林、德令哈可鲁克湖-托素湖湿地和诺木洪4个省级自然保护区；祁连山地主要有祁连山和大通北川河源区2个省级自然保护区；青海湖流域有青海湖国家级自然保护区；黄河干流区域有孟达国家级自然保护区。

青海省自然保护区有效地保护了85%的野生动植物物种，如藏羚羊、普氏原羚、雪豹和梭梭等，成为物种遗传的避难所和生存地；70%的高原重要湿地生态系统，成为中国地区重要的水资源地；30.7%的森林与灌木林，发挥水源涵养、防沙固沙、碳汇等作用；0.38万平方千米的荒漠植物，成为维护戈壁沙漠生态系统平衡的屏障。自然保护区成为人们生存与社会和谐发展的重要保障，初步形成布局比较合理、类型比较齐全、功能比较完善的保护区网络。

二、主要自然保护区

青海省自然保护区建设极具特点，类型多样、涵盖区域面积大、生态区位各异、遍布于省域内的各个地区，在现代经济社会的发展中发挥着重要作用。一些典型性、稀有性、脆弱性、多样性和自然性的生物群落、生物物种、生态系统等得以有效保护与研究，并发挥着不可替代的作用。

（一）青海湖国家级自然保护区

青海湖自然保护区建于20世纪70年代中期，是青海省建立的第一个省级自然保护区。经过近20年的发展，至1995年晋升为国家级自然保护区，保护区功能区划得到科学的划分，注重能力建设、科学研究和自身的发展。随着西部大开发战略的实施，在环湖地区和省域内经济社会发展中呈现出重要的生态区位和社会地位，并成为青海省对外宣传的重要窗口、候鸟禽流感研究的科研基地和高原湖泊旅游的重点景区。青海湖自然保护区的发展极具特点，在实施“生态立省”战略的发展中，其特有的生态功能和科学研究价值及社会作用深得人们关注。

青海湖国家级自然保护区地处青海湖流域盆地的腹部地区，三面环山，一面为河谷地，四周山峦起伏，东与东北部为日月山和团宝山，北连大通山，南傍青海南山，西接布哈河谷地，湖水面海拔3194米。青海湖及流域的地理位置介于北纬36°15′～38°20′，东经97°50′～101°20′，保护区占整个青海湖流域面积的16.69%，以青海湖水体湿地、水禽候鸟及栖息地岛屿和湖岸湿地为主要保护区域，面积0.495万平方千米。

1. 地貌

青海湖是在新构造运动中形成的断陷湖泊，更早时期属于古地中海的一部分。青海湖形成初期曾是个外流淡水湖，在早-中更新世有过河湖共存阶段，在晚更新世纪初的大构造运动中，湖区东部抬升强烈，于中更新世纪青海湖外泄出口闭塞，演变形成今天的面貌。青海湖全盛时期面积达8200平方千米，北魏时其周长号称千里，现今该湖的东西长度分别退缩了40～60千米，南北两侧不同地段退缩20～40千米，其水位下降较大。青海湖及湖周地区地貌类型复杂多样，自西北向东南倾斜，从高山到湖面分别为高山、山前冲积平原、湖积平原等；湖体东西长106千米，南北宽63千米，周长约360千米；湖水最深处25米，平均深度17米，水域面积4283.3平方千米，湖水容量742.9亿立方米，湖面海拔3194米；湖体西岸、北岸坡较缓斜，南岸、东岸坡陡峭。湖中有5处岛屿，即三块石、海心山、海西山、沙岛和鸟岛（蛋岛），其中鸟岛和海西山因湖水下降与风沙堆积已变成半岛或湖岸。

2. 气候特征

青海湖盆地属高原半干旱的温带大陆性气候，海拔较高，寒冷期长，干旱少雨、多风，太阳辐射强烈，日温差大，无霜期短。流域内年平均气温在－1.1～4.0 ℃，极端最高气温为26 ℃（黑马河）；极端最低气温为－35.8 ℃（天峻）；气温由东南向西北递减。流域年降水量平均值在291～579毫米，受湖区和地形影响，降水分布极不均匀，湖南岸较湖北岸降水多，湖东岸较湖西岸降水量少；降水集中在5—9月，占全年降水量的85%～89%。流域的常年蒸发量较大，在1500～1800毫米，为降雨量的3倍多。

青海湖湖区四季多风，全年盛行西风。冬、春季风速大，多为西风和西北风；夏、秋季风速小，多为西南风或偏东风，年平均风速为2～4米每秒。风速由湖东南方向西北方递增，3—4月风速最大为13～22米每秒。风携带的风沙受湖东山体的阻隔堆积，在湖北岸形成高达100多米的沙丘、沙岛和沙垅，甚至使湖湾脱离湖体，成为尕海。风对表层湖水的压力作用产生湖浪，一般波浪为2～3级，最大为7～8级，全年风浪6级以上的日数在40天左右。青海湖冰冻时间较长，12月中旬形成稳定的冰盖，1月为稳定的冰封期。湖心冰层厚达68厘米，一般冰层厚30～45厘米。但在泉湾、切吉河口，由于泉水的补给，有一片不结冰的明水面，这为越冬的水禽提供了生存条件。4月中旬冰盖开始融化，湖面上出现浮冰，在风力的作用下在岸边堆积，形成“冰山”，体积最大的约为10立方米。随着天气的逐渐转暖，湖冰可在一夜之间消失。

3. 河流湖泊

青海湖及流域地貌以冲积洪积扇平原为主，湖周有大小河流40余条注入，属于内陆封闭水系，大部分河流是间歇河，干流短，雨季流量较大。水系分布明显不对称，西面和西北面河流多，东面和东南面河流少；主要河流有7条：布哈河、乌哈阿兰河、沙柳河、哈里根河、甘子河、倒淌河及黑马河，一年四季长流不断地注入湖体，其流量约占入湖总径流量的90%以上。地下径流除古地层中的裂隙水、层间裂隙水外，主要是第四纪沙砾层中的潜水。湖水的主要补给来源于河水，其次是湖周及湖底泉水，泉水在尕日拉、泉湾和鸟岛区域多发育。流域内湖泊较多，面积大于0.3平方千米的湖泊有20多个，大于1平方千米的湖泊有12个，分布于布哈河河源地区和湖滨地带。此外，还有流域沼泽湿地发育，主要由湖滨沼泽湿地、河源沼泽湿地和冰川湿池三种类型，其中湖滨沼泽湿地分布于布哈河、沙柳河、哈尔盖河、甘子河、倒淌河下游形成的冲积、洪积三角洲和大小泉湾、洱海、尕海、鸟岛等湖滨；流域河源沼泽湿地分布于湖西北部与北部的河源地区，主要是河流的源头区，如阳康曲、希格尔曲、夏日哈曲、吉尔孟曲、沙柳河等，这些河源湿地多呈块状与沼泽草甸交错镶嵌，海拔高度一般为3800～4200米；流域冰川湿地分布于布哈河源头的沙果林那穆吉木岭。湖滨沼泽和河源沼泽水生、湿生植物丰富，是野生动物的栖息、繁殖区域。

4. 土壤类型

青海湖流域的土壤类型多样，主要分布有高山寒漠土、高山草甸土、高山草原土、山地草甸土、山地灌丛草甸土、黑钙土、栗钙土、沼泽土、风沙土、盐土等。在环湖湖滨滩地和冲积洪积扇缘分布的土壤有如下几种。①草甸土，见于河流的河漫滩、季节性的积水洼地、湖滨滩地，是环湖主要的冬、春季草场，占流域面积的5%～8%。草甸土植被生长较好，有柽柳、金露梅、沙棘、早熟禾等。②沼泽土，见于河流源头、山地、沟谷和湖滨平原低洼地处，且不受垂直地带影响，约占流域面积的9.5%。沼泽土上的植被生长茂盛，有嵩草、苔草、马先嵩等。③风沙土，见于湖东沙地及湖滨滩地，甘子河、吉尔孟河下游地区和小北湖以北地区，约占流域面积的12%。风沙土地表干燥，土体松散，植物生长困难，在低洼潮湿处有沙蒿、青海固沙草、冰草、赖草等。④栗钙土，见于布哈河中下游的山前冲积阶地、湖滨平原以及丘陵地的前沿地带，约占流域面积的3.4%。栗钙土植被由旱生多年生草类组成，以丛生禾草为主，有芨芨草、冰草、早熟禾、短花针茅、赖草等。⑤盐土，见于青海湖北岸，呈块状或带状零星分布，面积不大。盐土植物生长稀疏，有早熟禾、西伯利亚蓼和菊科植物。

5. 青海湖流域植被类型

青海湖流域的自然植被有寒温性针叶林、河谷高寒灌丛、沙生灌丛、温性草原、高寒草原、高寒草甸、沼泽草甸等类型；环青海湖周边分布的植被，可分为以下几种类型。

①温性草原：以芨芨草、短花针茅为群落优势种的草原，主要分布在湖东北的海晏湾、刚察及湖东种羊场、倒淌河口至江西沟以东等地。常见的伴生植物有西北针茅、冰草、大针茅、青海固沙草、赖草、高山苔草、沙蒿、猪毛蒿、二裂委陵菜等，分布于海拔3200～3400米。群落结构层次明显，上层为芨芨草，下层为其他植物；群落盖度为45%～85%。

②沙生灌丛：以中麻黄、圆头沙蒿为优势种的沙生灌丛，分布于环湖东北部冲积平原的固定与半固定沙丘地带，相间在温性草原与湖水之间，其海拔为3200～3350米。伴生种有刺叶柄棘豆、镰形棘豆等，并分布在不同地段。在湖东北部的沙丘地带生长有沙地柏；群落盖度为15%～35%。沙生灌丛植被分布特点为沿沙丘边缘分布，形成固沙植被带。

③高寒灌丛：以耐寒中生或旱中生落叶阔叶灌木组成。优势种有毛枝山居柳、鬼箭锦鸡儿、金露梅等，分布于青海南山、日月山的山地阴坡及沟谷地带，呈块状分布，海拔3350～3800米，呈现地段、地形和海拔高度的梯度变化特征，群落的比例不同，盖度为75%～95%。阳坡还生长有祁连圆柏，这是中更新世晚期温湿针叶林的残遗物种。草本植物有嵩草、高山嵩草、黑褐苔草、珠芽蓼、高山唐嵩草等。

④高寒草甸：以多年生中生、湿中生草本植物为优势的植物群落，主要分布于环湖的湿润山地、河谷阶地、湖滨滩地等，其类型多样，群落优势种以莎草科的嵩草为主，有高山嵩草草甸、矮嵩草草甸、嵩草草甸与线叶嵩草草甸等，种类较多，分布海拔为3200～4000米，群落盖度45%～85%。其分布特点呈现湖滨边缘环带状分布、河流两侧条带状分布、河源地区块状镶嵌分布。

青海湖及流域的植物资源较为丰富，按其用途可分为饲用植物、药用植物、食用植物、观赏植物和固沙植物等植物类群。其中，饲用植物有60余种，药用植物有50多种，固沙植物有30余种，这些植物物种构成青海湖流域多样的生物群落。

6. 青海湖流域主要鸟类资源

青海湖作为国际重要湿地，“特别是水鸟重要栖息地的国际重要湿地”，不仅是世界水鸟迁徙的重要节点，同时又是水鸟在国际上的重要繁殖地、越冬地，为水鸟提供栖息生境。

青海湖区域共监测记录到水鸟 53 种分属 6 目 13 科。其中鸊鷉目鸊鷉科 4 种；鹈形目鸬鹚科 1 种；鹳形目鹭科 5 种、鹮科 1 种；雁形目鸭科 19 种；鹤形目鹤科 2 种、秧鸡科 2 种；鸻形目反嘴鹬科 2 种、鸻科 4 种、鹬科 7 种、鸥科 2 种、燕鸻科 1 种、燕鸥科 3 种。国家重点保护鸟类Ⅰ级 1 种、Ⅱ级 4 种；《中国濒危动物红皮书》E 级 2 种、V 级 1 种；濒危野生动植物种国际贸易公约名录附录Ⅰ级 2 种、附录Ⅱ级 2 种；世界自然保护联盟 V 级 1 种；列入《中日水鸟协定名录》37 种；列入《中澳水鸟协定名录》14 种。

青海湖全年均有分布的鸟种有 9 种（3—12 月），这 9 种水鸟也有越冬水鸟，这些鸟种以雁鸭类为主，代表种有大天鹅、斑头雁、赤麻鸭等，另有鸥类 2 种（渔鸥、棕头鸥），其中大天鹅作为青海湖主要冬候鸟在青海湖全年均有分布，全年分布的鸟种以青海湖主要夏候鸟为主，夏季鸟种最多为 50 种，夏季繁殖期从 5 月至 8 月，时间跨度较长，与春、秋两个迁徙期有所重叠。

（二）孟达国家级自然保护区

青海孟达自然保护区建于 1980 年，是青海省建立的第 2 个省级自然保护区，以独特的高原森林生态系统和孟达天池为保护对象；2000 年 4 月晋升为国家级自然保护区；2005 年实施保护区生态保护和建设工程。该保护区独特的地理区位、相对温和湿润的气候和适宜的土壤条件，孕育着丰富的植物资源，是青藏高原植物群落最为复杂的次生林区之一，分布着千余种野生植物，被誉为青海的“西双版纳”。孟达自然保护区是西北地区特有的植物地理、植物分类、植物生物学、森林生态学等方面的科学研究基地，在生物种源保护、生态系统和环境演变规律研究上具有重要价值。

青海孟达国家级自然保护区地处省域东部的黄河干流出省境处的黄河两岸，其地理位置介于北纬 35°42′～35°50′，东经 102°36′～102°43′，平均海拔 2800 米。保护区行政区域涉及海东地区循化撒拉族自治县，其辖区东、东南与甘肃省积石山县的大河家、刘集乡毗邻，北越黄河与民和县的赵本川、杏儿藏族乡及化隆县塔家乡为界；南接当蕊-五合高峰；西和西南部则与循化县的清水、白庄、道帏藏族乡三乡依山接壤。保护区东西长 12 千米，南北宽 24 千米，总面积 172.9 平方千米，由拉春、大庄、韩平、木场、大东、上青岗、转堂、阿么叉等 9 条山沟和天池组成。距县城 34 千米，距省会西宁 190 千米。

1. 地貌

孟达自然保护区位于西倾山的东北边缘。海拔从黄河岸边 1780 米向南逐步升高，至东南边界的黑大山达 3356 米，相对高差 1000 米；当蕊山海拔 4095 米，五台山 4123 米。其山体由花岗闪长岩组成，属切割强烈的花岗岩断块高中山地形，整个山区断裂呈地垒式抬升；地形切割破碎，分水岭薄，山脊两侧多折转为 40°以上的陡坡，沟谷呈“V”形而狭窄。坡降大，河漫滩及阶地不发育，系高山峻岭地貌特征。

2. 气候特征

保护区以其独特的地形和高度迎接着东南气流的侵入，受天池间盆地所形成的“地形雨”影响，属典型的高寒半湿润大陆性气候。由于含有大量水汽的气流遇山体而被迫抬升与湿润的下垫面作用，东南部气流被迫抬升，遇冷空气而水汽凝结，形成较为充沛的局部降雨；同时四周山峦突起，阻断或减弱来自高原内部干燥的冷气流，使天池附近较相同纬度和海拔地区的降水增大，年降水量达 622.7 毫米；地温日变幅较小，空气湿度增加，年平均相对湿度在 40%～60%；年均气温为 5.4 ℃，极端最高气温为 32.1 ℃，极端最低气温为 －24 ℃，无霜期 216 天；区内年日照时数为 2685.8 小时，全年积温≥2797 ℃·天，与其他同纬度和同海拔地区相比，其温度、湿度、降雨等均有利于植物生长。

以天池为中心，四周环山，山势险峻陡峭，由山体构成的地形促使区内的风速减弱，常年多偏东风，一年极少有大风，天池附近的风速多在二级左右。其风速有一定的变化规律，清晨多为静风，10时左右起风，午后15—16时，风速加大，风力可达4～5级，日落时则风止。区域内特有的气候使植物的生长期较其他地区长，种类繁多、生长茂密。

3. 河流湖泊

孟达自然保护区黄河干流的长度为17千米，平均流速1.4米每秒，年径流量200亿立方米；区内的7条山沟有源流，其中池脑沟的水注入湖内，是天池的主要水源。

保护区内的中心地带是孟达天池，其长约700米，宽约250米，面积约0.2平方千米；平均水深10米，最深为26米，雨季蓄水量近300万立方米。是第四纪冰川侵蚀作用而形成的冰川湖，现在的湖坝是冰川前碛堤，后因山体崩塌，从两侧山体崩落的碎石块将原有的冰川前碛堤加高堵塞，最终形成今日的天池面貌，其“天然大坝”呈南北走向，长200多米，高出水面约60米，湖水通过渗漏而外泄。

4. 土壤类型

本区受地质、地貌、气候和植被的影响，区内土壤垂直分布规律明显，且随海拔高度的不同而变化，大致分三种土壤。①栗钙土：为温带半干旱地区地带性土壤，分布于海拔高度为1780～2100米的森林下限的山麓丘陵及开阔谷地之间；其母质为第四纪黄土及砂砾层，土层厚度30～160厘米，有机质含量为3%～5%，土壤保水性能差，侵蚀严重。②森林土：分布在海拔高度为2100～3000米的土壤为灰褐色森林土；阴坡半阴坡主要是灰褐色暗针叶林土，阳坡半阳坡为灰褐色碳酸盐森林土；其土壤肥力较高，腐殖质层较厚，分解良好，土壤粗骨性强，含岩砾较多。③高山灌丛草甸土：分布于海拔3200米以上，成土母质为坡积-残积物，基岩为花岗岩；其阴坡与半阴坡有较薄苔藓和枯枝落叶层，阳坡以稀疏灌丛和草类为主。

5. 植物与植物资源

孟达地区特有的自然景观和优越的生态环境，孕育着较为丰富的植物物种，许多种在全国范围水平分布带上属于最西界边缘地带。保护区内有野生种子植物85科415属914种（不包括变种），植物与植物资源种类繁多，成分复杂，具有明显的过渡性特性。

（三）隆宝国家级自然保护区

青海隆宝省级自然保护区建于1984年8月，是中国境内20世纪80年代建立的第一个以黑颈鹤及其繁殖地为主要保护对象的自然保护区；1986年7月经国务院批准，晋升为国家级自然保护区，是青海省建立的第1个国家级自然保护区。黑颈鹤是中国地区特有的珍贵涉禽，是世界唯一在青藏高原上栖息繁殖的鹤鸟，由于其种群数量极少，分布区狭窄，已被列入国际《濒危野生动物物种国际贸易公约》和中国《国家重点保护野生动物名录》，为国家一级重点保护动物。

青海隆宝自然保护区位于青海省玉树藏族自治州玉树县境内的西北部，介于北纬33°06′～33°16′，东经96°23′～96°41′；由高原盆地的河流、湖泊和沼泽湿地构成，面积0.01万平方千米，是以隆宝湖为中心的高山草甸沼泽区。保护区行政区域涉及玉树县隆宝镇的湿地盆地区域，海拔4100～4300米，自然条件较为单一，是长江源头一级支流结曲河的发源地。这里夏季气候高寒湿润，光照充分，湖区水域辽阔，食物丰富，人烟稀少，为黑颈鹤等鸟类提供良好的生存环境和充足食物，是青海水禽候鸟的主要繁殖地之一。保护区距玉树州府所在地结古镇65千米，距省会西宁890千米。

1. 地貌

青海隆宝保护区地处青藏高原东部的川西高山峡谷向高原主体过渡地带上的隆宝湖盆地中

部，属唐古拉山的支脉色吉嘎牙-格拉山地区，以其所处的特殊地理位置而形成。北面属巴颜喀拉山地槽区的金沙江造山带，南面为藏北地槽区的唐古拉地穹区，中部为后海西台区的地块构造层；山体主要由中性喷出岩和凝灰岩组成。保护区的整个地势平缓，四周有山体围绕，南有仓宗查依、亚钦亚琼山，北有宁盖仁其崩巴、肖好拉加等山；其南面的仓宗查依山最高海拔为4760米，北面宁盖仁其崩巴山最高海拔为5182米，呈“凹”字形。山间形成东西狭长的湖泊，有兴雅陇、协雄陇、波玛拉涌、格岗陇、帮琼陇等7条河流和6条季节河注入盆地最低处而形成，显现高原盆地的地貌特征。

隆宝湖地区最大的湖水域面积为23平方千米；第二大湖中有一个小岛，其面积为2000平方米。保护区及其周围生境依次为湖泊、沼泽、沼泽化草甸、高寒平地草甸、高寒山地草甸及裸岩，从湖心向南、北、东三个方向延伸，西面为平地草甸及湖水口出口，最终流入通天河。

2. 气候特征

隆宝湖盆地气候呈现典型的高原大陆性气候，其特点为冷、热两季交替，干、湿两季分明，年温差小，日温差大，日照时间长，太阳辐射强烈，无明显的四季之分。冷季受青藏高原冷高压控制，长达7个月，热量小，降水少，风沙大；暖季受西南季风影响产生热气压，水汽丰富，降水量多。由于海拔高，绝大部分地区空气稀薄，植物生长期短。

夏季受东南暖气流沿通天河侵入的影响和山体对气流的抬升，以及四周高山的阻隔作用，加上日照时间长，辐射强烈，使得盆地产生热低压，水汽丰富，最热月均温9.3 ℃(7月)，极端最高气温27.2 ℃；冬季受青藏高原冷高压所控制，气候干燥寒冷、风大，最冷月均温为－11.1 ℃(1月)，极端最低温度－26.1 ℃；年平均气温－0.4 ℃。全年日照时数2300小时左右，年辐射总量为152.8千卡每平方厘米；年降雨量500～700毫米，70％集中在6—9月间，雨热同期。温度年、季变化大，多年与少年相差230毫米以上；年蒸发量为1110毫米，全年热量不足，植物生长周期短，无绝对无霜期。除了春旱外，自然灾害有低温冻害、冰雹、雪灾；雪灾周期4～5年一次，或大或小，给野生动物和牧业生产造成严重威胁和影响。

3. 湿地河流

隆宝湖处于川西高山峡谷向高原主体过渡地带的中部盆地低处，四周山体形成的沟渠河的流水向低处注入而形成东西狭长的湖泊水域，并由不规则的水坑和沼泽草甸相连，湖中有草墩或小面积的塔头草垫形成的可供鸟类栖息繁殖的场所。湖底有很厚的淤泥层，水中有浮游生物和鱼类，为水禽生存提供食物，是黑颈鹤和雁鸭类的主要繁殖地，每年有大量的鸟类来此栖息繁衍。保护区以隆宝湖为核心，该湖湿地区域东西长18.7千米，南北平均宽3千米，面积为75.73平方千米，占保护区面积的75.7％；其中湖泊东西长7.7千米，南北宽0.3～2千米，面积5平方千米，占保护区核心区面积的6.6％；其最深水位为20米，平均水深5～6米。沼泽和沼泽化草甸面积为24.27平方千米，占保护区核心区面积的24.3％；高寒草甸50.73平方千米，占保护区面积的67％。湖水经益曲、俄涌曲，汇入可曲，流出隆宝湖。

4. 土壤类型

隆宝湖地区的海拔差异很大，周边多高山山地，相对海拔较高，形成明显的土壤垂直地带性分布规律。且随着海拔高度的变化由高到低，土壤类型依次为高山寒漠土、高山草甸土、高寒沼泽土和高山草原土。保护区内以高山草甸土、高寒沼泽土为主，土壤厚度在30～60厘米；高山草原土在地带性土壤中上接高山草甸土，与高寒沼泽土相间分布，是在寒冷湿润气候和高山草原植被下发育而成，植被以嵩草、针茅为建群种，其土壤特点是土层薄、质地粗；高寒沼泽土主要为分布于湖泊周围和河流交汇处低洼地带的非地带性土壤。

5. 植物与植物资源

隆宝湖盆地的植被主要以高寒草甸、沼泽化草甸和高山流石滩植物物种为主，其区系成分以寒温带为主，属于寒温带与高寒带的过渡地段。由于该盆地的地貌类型单一，面积不大，植物种类以莎草科、禾本科、豆科和杂草类为优势种，物种组成约有100种，优势牧草有50余种。本区的高山草原属于非地带性植被，其分布受地形、气候和土壤的影响，植物分布特点是：①垂直地带谱明显，水平带谱次之，与整个高原的分布规律相反；②在冷暖空气通道上的植被类型出现倒置，如草原在河谷出现、草甸植被生长低矮等；③植被盖度大，在90%左右，且以草皮结构或塔头形态生长，并受地形影响较为显著；④植被的原始性强，次生群落少；⑤植被与经济社会发展密切，特别是高寒草甸和高寒灌丛对牧业的发展起着极为重要的作用，在保护环境方面的作用也十分显著。

隆宝湖盆地的植被类型主要是高寒草甸类群和高寒沼泽类群，在其周边的山地和沟谷分布有高寒灌丛类群植被，呈块状分布。植物种类以嵩草、针茅草、苔草、风毛菊、鹅观草、早熟禾、披碱草、芨芨草以及藻类等为主；土壤主要为高山草甸土。植被类型的水平带谱和垂直带谱均十分明显，水平带谱自东向西依次为山地高寒灌丛草甸、高寒草甸、高寒草原、高寒沼泽；沼泽植被和垫状植被则主要镶嵌于高寒草甸和高寒荒漠之间。高山草甸和高寒草原是该地区主要植被类型，高山冰缘植被也有较大面积分布。

其植物优势种主要是粗壮嵩草、毛状叶苔草、珠芽蓼等植物，占总盖度的80%左右，伴生种有多裂委陵菜、风毛菊、假龙胆、针茅等20多种；植物生长期一般为120天左右，无绝对无霜期。

(四)可可西里国家级自然保护区

青海可可西里自然保护区始建于1995年，是青海省建立的第4个省级自然保护区，以高原精灵——藏羚羊及其栖息地为主要保护对象；1997年11月晋升为国家级自然保护区。由于该保护区地处青藏高原腹地，自然条件严酷，管护难度大，藏羚羊参与申请2008北京奥运会吉祥物和社会志愿者活动，使其知名度享誉国内外，受到社会各界的关注与支持。可可西里自然保护区是中国境内面积巨大、海拔最高、野生有蹄类动物种群最为丰富的保护区之一，被誉为青藏高原珍稀野生动物基因库，已成为青海省对外宣传的重要“生态名片”，它的生态区位、科学研究和保护价值得到世人的重视。

青海可可西里自然保护区地处青藏高原腹地的可可西里地区，介于北纬34°19′～36°16′，东经89°25′～94°05′。辖区范围为昆仑山以南，唐古拉山以北，东至青藏公路109国道，西至省界，保护区面积4.5万平方千米，占可可西里地区国土总面积的54.2%。该保护区行政地域涉及青海省玉树藏族自治州治多县，平均海拔在4500米以上，气候异常恶劣，环境条件严酷，大多数地区是人迹罕至的无人区。距格尔木市较近，有160～430千米；距青海省会西宁市940～1210千米；距玉树州府所在地结古镇1810～2080千米。

1. 地貌

青海可可西里地区处于青藏高原腹地，地势高亢，海拔较高，平均在海拔4700米左右。位于高原核心部位高原平台的东半部。最高峰为北缘的昆仑山布喀达坂峰，海拔6860米；最低点海拔4200米，在昆仑山的红水河横穿博卡雷克塔格山的拐弯处。该地区的南北边缘为唐古拉山脉和昆仑山脉的一部分，区内中部较低缓，具有西部高、东部低的地势特点；基本地貌类型除南、北边缘山地为大中起伏的高山和极高山外，广大地区由小起伏的高山、高海拔丘陵、台地和平原组成。山地起伏和缓，河谷盆地宽坦，是青藏高原面上保存最完整的地区。

本区地貌多样，昆仑山、祖尔肯乌拉山和唐古拉山为本区最高的山脉，集中了海拔6000米以上的极高山和5000米以上的高山;有现代冰川发育,有一定规模的冰帽冰川,如布喀达坂峰海拔6860米,马兰山海拔6813米,各拉丹冬海拔6621米,少数海拔超过5600米的山峰也有冰川分布,冰川总面积达1552.39平方千米,冰储量有16.283万立方米。可可西里山、冬布勒山及乌兰乌拉山横贯区内中部,平均海拔5100～5400米;山地间为宽阔的宽谷盆地带,有楚玛尔河、沱沱河等纵贯区内,还有乌兰乌拉湖、可可西里湖、西金乌兰湖等镶嵌其中。从垂直分布来看,境内有冰雪覆盖的极高山、中小起伏的高山和宽谷湖盆三层。

2. 气候特征

可可西里地区的气候特征主要反映在气候地貌类型和气温与降水上。气候地貌类型包括冰川作用地貌、冰缘作用地貌、流水作用地貌、湖泊作用地貌和风力作用地貌等。冰川作用的范围有一定的局限性;冰缘作用受冻胀、冰融、寒冻风化等影响形成;流水作用虽然亦很普遍,但由于水量有限、季节变化大、流水侵蚀和搬运作用较弱,在现代河床中砾石磨圆往往很差;风力作用明显,反映冰缘环境的特点,风蚀使地表粗化普遍。现代地貌过程显示出寒冷半干旱环境的气候特征。

本区气候特点是温度低、降水少、大风多、区域差异大,因海拔高度的差异而不同,绝大部分地区的平均气温、平均最高气温、平均最低气温、极端最高气温、极端最低气温值均比五道梁气象站观测值低。境内年平均气温由东南向西北逐渐降低,在西金乌兰湖地区有一明显暖区,最暖地区为东缘南面的温泉,年均温－4.1℃,最冷地区为最西边的勒斜武担措,其年均温为－10.0℃,其他地区均在两者之间。最冷月为1月,最热月为7月,但也有少数地区出现在6月或8月。五道梁、太阳湖一天中最低气温出现在07时,最高气温出现在16—18时,17时的温度是峰值。

可可西里地区的年降水量总的分布趋势是由东南向西北逐渐减少,年平均降水量最多为南面的各拉丹冬(494.9毫米),最少为太阳湖(173毫米)。降水量主要集中在夏季,雨季和干季分明。境内降水量在全年的分配上大部分集中在5—9月,占年降水量的90%以上,其中暖季占年降水量的70%左右。由于复杂的下垫面对其上空的加热作用,使空气层结不稳定,易导致热对流,引起阵性降水;同时,还由于海拔高、温度低,降水不仅以固态形式为主,而且以阵性降水为主;夜雨较多,约占总降水量的50%以上。

3. 河流湖泊

可可西里地区的湿地资源丰富,分布着众多河流、湖泊、沼泽和冰川,对保护区的生态系统有着重要的作用。河流主要有红水河和楚尔玛河,前者是黄河水系,后者是长江源区的重要水系。长江源水系中的沱沱河与朵尔曲的冰川融水补给水量较大,常年流水;而楚玛尔河为雨水、地下水补给,为季节性河流。区内河谷地貌大多呈高原宽谷,其中一部分河流贯穿在古湖盆中;除局部河段受构造影响外,一般河谷阶地不发育。

境内湖泊众多,面积大于1平方千米的湖泊有107个,总面积为3825平方千米,其中最大的是乌兰乌拉湖,湖水面积为544.5平方千米;面积在200～500平方千米的湖泊有7个,100～200平方千米的湖泊有3个,10～100平方千米的湖泊有28个,1～10平方千米的湖泊有69个。海拔最高的湖泊是雪莲湖,海拔5274米;海拔最低的湖泊是海丁诺尔以东的盐湖,海拔4440米;最深的湖泊是太阳湖,水深43米。由于本区的湖泊是内流湖,冰后期以来湖泊的退缩明显,水的补给来源有冰雪融水、泉水和雨水,受湖区地质环境不同和湖泊发育演化阶段的差异,湖泊的化学性质亦有较大差异。大部分湖泊为半咸水湖和咸水湖,矿化度最低为1.6克每升,最高为36.2克每升。淡水湖较少,如太阳湖,其湖水矿化度仅为0.5克每升;盐湖有西金乌兰湖、勒斜武担措、苍措和明镜湖等。这些湖泊给单调的高原寒漠景观增添无限生机，而且湖泊周围有较好的草场、众多的野生动物，在维护青藏高原脆弱的自然生态系统中具有举足轻重的作用，对区域环境演化研究具有重要的意义。

4. 土壤特征

可可西里大部分地区都是人迹罕至的无人区，土壤的形成和发育始终未受人为活动的干扰和破坏，保存着完好的原始状态。土壤类型简单，具有原始性、年轻性，冻融作用影响深刻的特点。由于气候严寒，地形起伏和缓，植被以高寒草甸、高寒草原和垫状植物为主，受地形、水分、风蚀、冻融等条件的影响，相应发育着高山草甸土、高山草原土和高山寒漠土 3 种地带性土壤分布，其次是沼泽土，局部零星分布有龟裂土、盐土、碱土和风沙土等。

5. 植物与植物资源

可可西里地区严酷的生态环境深刻地影响着区内植物的组成、结构和分布规律。全区现有种子植物 202 种，分属 30 科 102 属。以矮小的草本和垫状植物为主，木本植物极少，仅存个别种类，如匍匐、垫状山岭麻黄。

青海可可西里地区处在青藏高原高寒草甸向高寒荒漠的过渡区，植被类型主要有高寒草原、高寒草甸和高山冰缘稀疏植物；高寒荒漠草原、高寒垫状植被有少量分布，高寒荒漠仅在局部地区小面积分布。

(五)三江源国家级自然保护区

青海三江源省级自然保护区建立于 2000 年 5 月，是青海省区域内面积最大、生态类型多样、物种最为丰富的自然保护区，它以长江、黄河、澜沧江源区的高原湿地、山地森林、高寒草地三大生态系统和物种多样性为主要保护对象，构成中国第一个极具特色的自然保护区网络。2003 年 1 月晋升为国家级自然保护区，2005 年 8 月启动实施保护区生态保护和建设总体规划项目。三江源自然保护区独特的高原生态区位、特有的自然资源和特殊的生态屏障作用，已成为青海实施“生态立省”战略和国家实施生态文明建设的核心区域之一，具有极其重要的生态地位，得到国家和社会的关注与支持。

青海三江源自然保护区地处青海省南部的长江、黄河、澜沧江源头区域，包括玉树藏族自治州、果洛藏族自治州、海南藏族自治州、黄南藏族自治州全部行政区域的 21 个县和格尔木市的唐古拉山镇，共 158 个乡镇 1214 个行政村(含社区)。总面积为 39.5 万平方千米，占青海省总面积的 54.6%。地理位置为北纬 31°39′～37°10′，东经 89°24′～102°27′。

1. 地质地貌

三江源地区自然地理环境独特，为青藏高原主体，以山地地貌为主。其形成的历史最早为三叠纪昆仑山脉的隆起，逐步脱离特提斯海，至晚白垩纪全部变成陆地。上新世后，喜马拉雅造山运动发生大幅度的抬升，随后继承性的构造运动仍然强烈，控制着本区现代地貌的发育和演变，形成三江源区特有地质、地貌的基本雏形。区域内地形复杂，地势高峻，山脉绵延，昆仑山及其支脉阿尼玛卿山、巴颜喀拉山和唐古拉山脉构成源区现今的地形骨架，海拔 5000 米以上的山峰可见古冰川地貌。

三江源区整体是在一个高海拔的山地高原面上，其东面是川西高山峡谷地带，南面是藏东高原和横断山脉，西接羌塘高原，北连博卡雷克塔格山、巴颜喀拉山和昆仑山地，其地势是西北高、东南低，基本上被唐古拉山和昆仑山所夹持，境内最高山峰布喀达坂峰海拔 6860 米，大部分地区海拔在 4000～5000 米。地貌由东南向西北以高山峡谷、高原山地、山原滩地、丘状谷地等多形态的山体排列，自然景观多样；其中西部和北部地区呈现山原状，起伏不大，多宽阔的平坦滩地；在可可西里地区有一些湖盆和大面积的沼泽。在现代冰川的影响作用下，一些地区发育或残留着冰川地貌、冰缘地貌、冰融地貌；长江、黄河、澜沧江源区地带的冰川总面积达2686.3平方千米。这三条河流由唐古拉山的支脉色吉嘎牙-格拉山以及巴颜喀拉山构成的山脉骨干形成分水岭，均起源于青海省玉树州境内，自西向东或向东南方向流淌而去。

2. 气候特征

三江源地区气候属典型的高原大陆性气候。由于源区高原体巨大且海拔高，又靠近亚热带的边缘，受印度洋西南季风和太平洋东南季风的影响，在其周围形成独特的大气环流体系，成为一个独立的气候区域。其气候总特征是：冷、热两季交替，干、湿季分明，热量低、年温差小、日温差大，日照时间长、太阳辐射强烈，无四季区分的特征；冷季为青藏冷高压控制，长达7个月，降水少，风沙大；暖季受西南季风的影响产生热气压，降水量多，水热同期。全年平均气温在－5.6～3.8℃，其中极端最低气温为－48℃，极端最高气温为28℃；最热月7月的平均气温为6.4～13.2℃，最冷月1月的平均气温为－13.8～6.6℃。年平均降水量为262.2～772.8毫米，6—9月降水量约占全年降水量的75%，夜雨量大；年蒸发量在730～1700毫米。该地区海拔高，绝大部分地区空气稀薄，植物生长期短，地域差异性较大。

3. 河流湿地资源

三江源地区在高海拔独特的气候条件作用下，水汽充足，降雨量较多，构成区域内河流纵横、湖泊众多、冰川雪峰发育、水资源丰富的特点，形成世界上高海拔地区大面积湿地生态系统和峡谷森林植被生态系统，以及高寒草原草甸生态系统，水源涵养功能强大，境内湿地面积达390万平方千米。河流有外流河和内流河两大类：外流河主要是长江、黄河、澜沧江三大水系，支流由雅碧江、当曲、卡日曲、孜曲、结曲等组成；内流河主要分布在源头区的西北一带，为向心水系，河流流向内陆湖泊。可可西里地区的内陆河流、湖泊富集，面积大于1平方千米的湖泊有107个，面积3825平方千米。源区内的河流，在青海省境内流域总面积达28.31万平方千米，其中内流河流域面积有4.52万平方千米，外流河流域面积为23.79万平方千米。

长江发源于唐古拉山脉的各拉丹冬雪山，正源沱沱河由南向北折向东流，会南缘的当曲后，再与楚玛尔河汇流为通天河，在三江源区内的干流长度为1217千米；支流有当曲、冬曲、楚玛尔河、色吾河、叶曲、巴塘河、清水河等16条，流域内湖泊星罗棋布，大都分布在山间盆地及河流附近，初步统计有大小湖泊1万多个，总湖水面积为3190.32平方千米；其中湖水面积大于0.5平方千米的天然湖泊有140个，面积为715.9平方千米。

黄河发源于巴颜喀拉山脉的各姿各雅山北麓，正源为卡日曲，与约古宗列曲汇合东行流入扎陵湖-鄂陵湖，向东南流经玛多、达日、甘德、久治进入四川的若尔盖，再向北经甘肃的玛曲，又返向西进入青海省，经玛沁、兴海、贵南，拐弯流经贵德、尖扎、化隆后流出青海，在青海省境内的干流总长度为1693千米；支流有多曲、热曲、泽曲、巴曲、切木曲、大河坝、隆务河等50余条，流域面积为16.72万平方千米，是青海境内最长、流域面积最广的河流。流域内湖泊众多，有5300多个，主要有格执措、扎陵湖、鄂陵湖、星宿海、岗纳格马措等，面积达1820平方千米。

澜沧江发源于杂多县境内的果宗木查雪山，正源为扎曲，干流长448千米；支流主要有孜曲、解曲等，流域面积3.74万平方千米。境内湖泊较多，有100多个，最大的湖泊是朵宗措。

这3条发源于青海省三江源区的江河，被生态学和社会学专家称之为中国经济社会发展的命脉、“中华之水塔”；每年为下游供水500多亿立方米，是中国和亚洲数亿人民的重要生活水源地。

4. 土壤类型

三江源地区的土壤，由于受青藏高原地质发

育年代轻、脱离第四纪冰期冰川作用的时间短和大气条件等自然因素的影响，其基质形成的胶膜较原始，土层薄，质地粗，保水性能差，容易受侵蚀而造成水土流失。境内土壤明显呈垂直地带性分布，随海拔由高到低，依次为高山寒漠土、高山草甸土、高山草原土、山地草甸土、灰褐土、栗钙土和山地森林土，其中以高山草甸土为主，沼泽化草甸土较普遍，冻土层极为发育。各种土壤在这里都有其特有的特点，土壤类型的多样化在分布海拔高度上差异较大，为高原植被的生长和发育提供多样的环境和条件，使土壤类型的发生、发展与其上的自然植物有机地联系在一起，植被类型丰富。

5. 植物与植物资源

三江源区的植被与植物资源由于受地理环境、高原气候、土壤和水汽等自然因子的影响与作用，植被类型呈现多样化，有山地针叶林、阔叶林、针阔混交林、灌丛、草甸、草原、沼泽及水生植被、垫状植被和稀疏植被9种植被型14个群系纲50个群系。

三江源区植被区系属泛北极植物区，由于地域辽阔、南北区域海拔高差较大、气候多样，源区西部的玛多、杂多、曲麻莱县和格尔木市的唐古拉山的植物区系属青藏高原植物亚区的唐古特地区，主要由东亚中国喜马拉雅和中亚区系衍化而来，且在高原环境下特化的本地特有种组成；源区东部地区的植物区系则属中国喜马拉雅森林植物亚区的横断山脉地区，垂直分布明显，是高山植物最丰富的区域，这里有世界上分布海拔最高的森林，有大面积的高山灌丛、草甸；是北温带杜鹃、龙胆属等分布和分化的中心，欧亚高山属种几乎尽有，并形成一些特有属种。

三江源区植被以北温带成分为主，因受冻土地貌、高海拔和高原气候的影响，大多数地区植被区系成分简单，群系内组成较为单一，多为单优势结构，建群种和优势种明显，伴生种不多；适应高寒半湿润环境的高寒草甸发育广泛，植被的原始性和脆弱性十分突出，部分地区仍保持原始状态。从植物分布情况分析，源区西部地区的物种数量仅有东部地区的一半；东部横断山脉地区的面积只有西部地区的2/3左右，而植物种类却极为丰富，是西部地区的2倍以上，几乎涵盖三江源区的全部物种。可以说，在三江源西部的青藏高原植物亚区唐古特地区，与东部地区的中国喜马拉雅森林植物亚区横断山脉地区比较，在种类组成上有明显的差别。从长江源地区、黄河源地区、澜沧江源地区的植物种类比较来看，其科、属、种的数量相近；澜沧江源区的面积虽小，但其地理位置偏东南，气候湿润，物种数量仍然较多；而黄河源区的面积大，其位置偏北，气候干旱、高寒，植物种数较少。其特征主要有：植物种类总数不多，木本种类少，乔木更少；种类上缺乏古老原始类型，大多数同横断山脉区系共有；温带科、属占优势，构成该地区植被建群种和常见种是温带分布类型的属、种；特有种数多数为青藏高原特有，约有200种，其占本区植物总数的10%。

三江源区的野生维管束植物有87科474属2238种，占全国植物总种数的8%，其中种子植物占全国种子植物总数的8.5；乔木植物有11属，占总属数的2.3%；灌木植物41属，占8.7%；草本植物422属，占89%，以草本植物居多。属国家保护的植物有油麦吊云杉、红花绿绒蒿、虫草等3种二级植物；列入《濒危野生动植物种国际贸易公约》附录Ⅱ的兰科植物有31种；青海省级重点保护植物34种。

（六）祁连山省级自然保护区

祁连山自然保护区始建于2005年12月，是青海省第5个省级自然保护区，也是21世纪初青海省建立的第11个保护区。由于保护区地处青海省北部的祁连山区，其以区域内的黑河、大通河、疏勒河、托勒河、党河和石羊河等源头区冰川、湿地和森林生态系统、珍稀野生动植物物种及栖息地为主要保护对象。祁连山作为青藏高原东北部的一个巨大边缘山系，以隆起的海拔高度和大致东西走向山势阻挡蒙古-西伯利亚反气旋的继续南侵；同时受东亚季风的影响，加上青藏高原本身产生的热力学和动力学作用，致使本区的气候呈现出复杂化和多样化；高原生态地理的边缘效应显著，各类型的生态系统表现出多方面的特异性，物种多样性丰富，形成青海省祁连山地生态保护圈，在区域经济社会发展中具有极其重要的地位。

青海祁连山自然保护区地处青海省东北部，介于北纬37°03′～39°12′，东经96°46′～102°41′；辖区范围为祁连山脉的南麓，其东北部与甘肃省的酒泉、张掖、武威地区接壤，西部与省域内的海西蒙古族藏族自治州乌兰县毗连，南部同海北藏族自治州海晏县、刚察县为邻，东部与西宁市大通回族自治县和海东地区互助土族自治县接壤；保护区面积为0.84万平方千米，占全省国土总面积的1.1%。祁连山脉东西长1000千米(在青海省境内约800千米)，南北宽250千米，行政区域涉及门源县、祁连县全境，以及德令哈市和天峻县的部分区域，其所涉及的乡镇平均海拔在3800米以上；距省会西宁140千米，交通便利。

1. 地质地貌

青海省境内的祁连山区是由一些大致相互平行的西北-东南走向的山脉和山间谷地所组成。西起阿尔金山山脉东端的当金山口，东达甘肃和宁夏境内，北依河西走廊，南临柴达木盆地北缘，地域辽阔，地形复杂。祁连山属晚地质时代，大面积隆起上重叠了二级线状构造运动，其构造线方向为北西西，也有北东方向；两种构造线是控制本区域地形发育的主要因素，致使祁连山形成一系列西北-东南方向的高山与峡谷在大断裂构造上，祁连山分为北祁连北缘深断裂带、黑河深断裂带和中祁连北缘深断裂带，各断裂带平行分布，相间2～10千米不等，均由若干组断裂组成。其中北祁连北缘深断裂带位于甘肃省境内，黑河深断裂带横跨甘青边界地区，中祁连深断裂带在青海省境内北部地区。在古老的造山带上，断裂构造特别发育，如北西向的大断裂控制了现今西北-东南向的平行岭谷地貌格局；而北西向大断裂又被北北西或北北东断层分割，控制着主体山脉的走向，将其西北-东南的平行岭谷，分为今日的西、中、东三部分地貌分区。由于隆起的幅度不同，形成相对北高南低的不对称翘起。山区最高山峰为疏勒南山的团结峰，海拔5826.8米；一般海拔高程平均在3500～4000米，峡谷的相对高差几百米，谷盆地多呈菱形，如黑河谷地和托勒河谷地。

祁连山西段包括党河南山、察汗鄂博图岭与土尔根达坂山、宗务隆山和柴达木山；中段包括走廊南山、托勒山、托勒南山和青海南山；东段主要是老龙岭和大通-达坂山地，所夹的河谷是青藏高原仅有的一小片低山，有黑河谷地、托勒河谷地、疏勒河上游谷地与木里江仓盆地。现代流水作用强烈，沟谷纵横，切面切割严重。祁连山现代冰川广泛发育，分布在西段和中段海拔4500米以上的高山区，常年白雪皑皑，给祁连山地增添无限的生机和风姿。青海祁连山自然保护区位于祁连山的中、东部地段。

2. 气候特征

由于祁连山自然保护区位于青藏高原东北部的祁连山南麓，属大陆性气候；区域内气候寒冷，冬季漫长、夏季短暂。受季风气候影响，四季不甚分明，一般分为冬半年(11月至翌年4月)和夏半年(5—10月)。最高气温出现在7月，平均气温为12.8℃；最低气温出现在1月，平均气温为－22℃以下，可见冬季的寒冷。同时，受地形的抬升作用，区内东部降水相对充足，气候湿润；西北部水汽渐少，气候干燥。夏季降水集中，冬季降水少；年降雨量分布基本上呈现由东南向西北逐渐递减的趋势，以7月降水量最多，12月降水最少；其夜雨较多，占降雨量的55%～58%。全年光照充足，日照时数在2500～3000小时，日照百分率在55%～70%，适应牧草生长、发育，是青海的主要牧区和森林分布区之一。

3. 湿地资源

青海省境内的祁连山水系由哈拉湖与内陆河黑河、托勒河、疏勒河、石羊河和大通河的源头区湿地组成，覆盖整个区域，其流域总面积达2.50万平方千米。其山系南麓的河流湿地为地表径流水的主要形成区，是北麓河以西地区的水源供给地；而甘肃境内的平原地区是地表径流水的主要利用消耗区和失散区。祁连山区的水资源主要源于大气降水、冰雪融水和地下水补给，以水平径流为主，通过河川径流和河床潜流及基岩裂隙水的形式向平原区排泄。祁连山内陆河和大通河均属于山丘区河流，其多年平均的河川基流量稳定；河流的地下水资源量方面，石羊河为2.14亿立方米，疏勒河为5.95亿立方米，黑河为5.58亿立方米，大通河为12.64亿立方米。祁连山地区的年降雨量为400～700毫米，年径流深为100～500毫米；甘肃河西走廊地区的气候干燥，降水少，年降水量为50～200毫米，年蒸发量在1500～2500毫米。

黑河流域的扎马什克、祁连和黄藏寺水文站，大通河流域的朵日得、尕大滩和享堂水文站以及甘肃省河西内陆河流域控制测站水文资料显示，疏勒河流域水资源总量为15.03亿立方米，占内陆河流域水资源总量的43.4%；黑河流域水资源总量为14.14亿立方米，占40.9%；石羊河流域水资源总量为5.43亿立方米，占15.7%。大通河流域水资源总量为25.6亿立方米。

4. 土壤类型

由于祁连山区受地质运动的影响，其高山山地多，相对海拔高度差异较大，形成明显的区域土壤垂直地带性分布，且随地势由高到低过渡，温度逐渐升高变化，为土壤的形成奠定了基础。土壤类型依次为：高山寒漠土、高山草甸土、高山草原土、山地草甸土、灰褐土、栗钙土和山地森林土，其中以高山草甸土为主，沼泽化草甸土较普遍，冻土层极为发育。各类土壤分布的海拔高度上限和下限，因地貌的变化而发生着上伸和下延的交错，互相镶嵌在一起。

5. 植物与植物资源

祁连山地区现有高等植物257属616种，隶属68科。其中，蕨类植物8科9属11种，裸子植物3科3属6种，被子植物57科245属599种；分别占祁连山地区种子植物的总科数的71.6%、总属数的57.5%、总种数的49.5%，物种种类较为丰富多样。

从种子植物属的分布区类型分析，该地区的植物区系完全是温带性质，并属于中国喜马拉雅植物地区唐古特植物亚区中的祁连山小区。其区系成分以北温带为主；旧大陆温带、中亚和温带亚洲成分都占一定比例；东亚成分较少。中国特有属有4属，地区特有类群有6个。①在该地区植物区系成分中，北温带成分仍然占有绝对优势地位，使这个区系具有明显的北温带性质。②该地区植物区系的高山特化、旱化适应现象也很突出，具有明显的高山高原特色。③在该地区植物区系中，世界广布属同样占有相当高的比例；在种类组成上缺乏特有属及古老原始的属，大多数单型属和少型属均是它们广布的近缘属的衍生物。这些均说明这个区系是一个年轻的、衍生的区系。④该地区与唐古特地区共有程度最高，属的相似性系数最大，而与其他地区的共有程度较低，属的相似性系数也较低。该地区的植物区系与唐古特地区植物区系的关系最为密切，而与其他地区的关系较为疏远。⑤本区的植被类型有温性河谷草原、森林、高寒灌丛、高寒草甸及高山流石滩稀疏植被等。温性草原是以针茅类等禾本科植物为主要建群种，森林以青海云杉为主要建群种的针叶林及以红桦、糙皮桦、白桦和山杨为建群种的阔叶针叶混交林。高寒灌丛主要有杜鹃灌丛、沙柳灌丛及鬼箭锦鸡儿灌丛；高寒草甸是以嵩草为优势种的草甸；高山流石滩稀疏植被则以垂头菊、风毛菊、红景天及短管兔耳草等为优势植物。与祁连山地区植被及其临近地区植被比较发现，它与唐古特地区的性质完全一样，而与其他地区却相差甚远。祁连山地区的自然植被划分为森林、灌丛、草原、草甸、沼泽及水生植被和高寒流石坡植被 6 个植被类型，且具有十分独特的特点。

（七）可鲁克湖-托素湖省级自然保护区

青海可鲁克湖-托素湖自然保护区建于 2000 年 5 月，是青海省柴达木盆地建立的第一个湿地类型自然保护区，以湿地鸟类、珍稀野生动物及其栖息地和特有鱼类资源为主要保护对象；它以其特有的生态区位、清秀的湖泊景观和丰富的水生鱼蟹资源而享誉省内外，已成为集科研监测、科普教育和休闲观光于一体的自然保护区。

青海可鲁克湖-托素湖省级自然保护区地处柴达木盆地东北部，介于北纬 37°1′～37°21′，东经 96°44′～97°25′；辖区范围：东界至一棵树海拔 2857.4 米高程点，西界至托素湖西部海拔 3044.6 米高程点，南界为托素湖南部海拔 2896.6 米高程点，北界至 315 国道。保护区面积为 0.12 万平方千米，湿地面积为 398 平方千米，占保护区总面积的 34.65%；其中托素湖水域面积 167 平方千米，为咸水湖，是柴达木盆地的最低点；可鲁克湖水域面积 58.6 平方千米，是其盆地中最大的淡水湖。保护区行政区域涉及海西蒙古族藏族自治州德令哈市，平均海拔 2856 米，气候干旱少雨，风沙大，气候变化剧烈；距州府所在地德令哈市 42 千米，距省会西宁 530 千米。

1. 地质地貌

可鲁克湖-托素湖自然保护区位于柴达木盆地东北部的德令哈盆地西南部。该盆地由于古地裂作用活跃、地壳结构复杂，褶皱多残破不全，断裂错综复杂，新生代构造盆地发育多样，连接柴达木北缘隆起区两个二级反转型构造带的旋涡，主要由欧龙布鲁克和牦牛山两个扭曲地块及其间的若干湖盆地组成。反转型构造是一种有等级和序次的构造体系，一级构造形成柴达木东北缘隆起区；二级构造形成宗务隆山-青海南山反转型构造带；德令哈盆地三级构造形成西宗务隆山-巴勒根郭勒、东宗务隆山。其地层主要有陆相新近系和第四系组成，局部区出露有侏罗系和白垩系；新近系地层集中分布在托素湖至尕海间及其以南地带，以紫红、橘红色为主的陆相含油碎屑岩建造，为杂色泥沙质岩系；第四系地层分布较为广泛，成因类型复杂，主要有坡积、冲积、洪积、湖积、沼泽沉积、水迹等；主要地貌景观为戈壁荒漠、草甸、湖泊和沼泽湿地。

2. 气候特征

保护区地处青藏高原腹地的东北部，为典型的高寒干燥大陆性气候区。春季干旱多风，夏季短暂干热，秋季多而早霜，冬季寒冷漫长，具有干旱少雨、风沙大、气候变化剧烈、日照长、积温高和昼夜温差大的特点。受地貌影响，其地区气温分布有很大差异，境内南部盆地年平均气温为 3.0～3.8 ℃，北部山区年平均气温为－2.4～－6.5 ℃；1 月气温最低，平均气温为－10.5 ℃，极端最低气温为－38.9 ℃（泽令沟，1963 年）；7 月气温最高，平均气温为 23 ℃，极端最高气温为 33.2 ℃（德令哈农场，1981 年）。

由于保护区地处柴达木盆地，其降水量小且分布不均，空间分布趋势是由东向西递减，垂直分布趋势是随着海拔的升高而增多。年均降水量为 80.4～330.2 毫米，5—9 月的降水量占全年的 81%～88%，其中 6—8 月降水量占全年的 60%以上，10 月至翌年 4 月降水量仅占全年的 13%左右，而又以 12 月为最少，降水量只有 1 毫米左右。德令哈盆地年最大降水量为 227.5 毫米（1977 年），年最小降水量为 60.4 毫米（1956 年）。然而，全年平均日照总时数达 3083.9～3353.5 小时，日照百分率为 70%～77%，作物和牧草生长期间的总日照时数为 1124.9～1241.5 小时（5—8 月），是全年日照时数的37%左右。同时，受地形、气温、风力影响，区内各地蒸发量有所不同，盆地蒸发量大于山区，夏季蒸发量大于冬季，年平均蒸发量为2439.4～2242.8毫米，是年均降水量的12～17倍。全年无绝对无霜期，无霜期为84～99天；早霜一般在8月底至9月初出现，晚霜一般在5月中旬终止，晚、早霜对农作物的幼苗期、成熟期均有不同程度的危害。

3. 湿地资源

可鲁克湖-托素湖保护区湿地主要包括巴音河、可鲁克湖、托素湖以及湖滨沼泽、河滩沼泽、盐碱地、草甸多种湿地类型。2002年，区内湿地面积为398.48平方千米，占保护区总面积的34.65%。其中，水体面积214.47平方千米、芦苇面积130.83平方千米、华扁穗草草甸面积28.57平方千米、盐碱地面积24.61平方千米。

河流湿地主要有巴音河、巴勒更河、可鲁克湖、托素湖、沿河及湖滨沼泽等。保护区及周边区域的地表水质受降雨量少、土壤表层颗粒粗、河流流量不大等因素影响，使得降雨侵蚀、水流侵蚀较弱，水体含沙量相对较小。巴音河水体水质良好，为Ⅱ类水。可鲁克湖湖水矿化度低，为0.64～0.798克每升，为Ⅱ类水质，营养化度为中营养。托素湖为咸水湖，湖水由可鲁克湖供给，通过水面蒸发排泄；湖水面逐渐萎缩，湖水矿化度增高，为35.74克每升，其水质为劣Ⅴ类。地下水资源丰富，山前冲积扇平原区是地下水的主要源区，它以空隙的形式存储在含水岩层中，部分地下水溢出成泉，或形成沼泽，部分潜水转化为自流水；其水质较差，矿化度小于2.1克每升。

4. 土壤类型

保护区及周边地区的土壤可划分为6个土类17个亚类。6个土类分别为棕钙土、灰棕漠土、盐土、草甸土、沼泽土和风砂土。

5. 植物与植物资源

可鲁克湖-托素湖及其周边地区植物资源较为丰富，共有藻类、蕨类和种子植物32科88属159种（亚种或变种），除藻类和蕨类2科2属2种外，种子植物共计30科86属157种和9亚种（变种），分别占青海省种子植物100科13属2380种的30%、4.0%和6.6%；分别占柴达木盆地种子植物53科196属418种的56.6%、43.9%和37.6%。在所有30科中，属于宽阔平缓的滩地，气候极其干旱，植被以灌木、半灌木荒漠和沼泽、草甸植物种为主，缺乏裸子植物和被子植物中高大乔木树种，以被子植物为优势种。含20种以上的科有藜科（27种13属）、禾本科（25种/11属）、菊科（24种/16属）；含10种以上科有莎草科（13种/4属）、十字花科（11种/7属）、豆科（10种/6属）；含1～9种的共计24科，其中居首位的藜科在本地区具有重要作用，如驼绒藜、梭梭、黑海盐爪爪、细枝盐爪爪、盐角草、蒿叶猪毛菜、合头草等，可分别为荒漠植被和盐生草甸植被的建群种或优势种。其他如莎草科、柽柳科、蒺藜科、灯芯草科、小二仙草科、香蒲科、杉叶藻科、狸藻科、鸢尾科等，虽然种类很少或仅有1种，但它们可分别以建群种的形式构成植物群落。

（八）柴达木梭梭林省级自然保护区

青海柴达木梭梭林省级自然保护区建立于2000年5月，是青海省在柴达木盆地以沙生灌丛植物和荒漠生境为主要保护对象的第一个自然保护区；2005年9月对其管护面积做了调整，管辖区域面积由0.31万平方千米调整为0.37万平方千米；并强化管护基础设施与能力建设的科学规划。柴达木荒漠植被梭梭林是该地区一种比较古老的植物类群，其形成的高原盆地独特荒漠植被景观，是盆地沙漠与人居绿洲的天然缓冲带，生态位置十分突出。该自然保护区的建立和发展对于高原盆地荒漠化防治，特别是减少沙尘暴危害和盆地人居绿洲农业的发展等具有重要的社会价值和生态价值，其生态战略意义重大。

青海柴达木梭梭林自然保护区位于柴达木盆

地的东部区域，介于北纬 36°05′～37°23′，东经 96°07′～97°51′，总面积为 37.34 万公顷。由于该盆地地处青藏高原北部，其主体东部为海西蒙古族藏族自治州都兰县、乌兰县和德令哈市所辖，东部与海南藏族自治州共和县、兴海县相连，南至东南部与玉树藏族自治州的曲麻莱县和果洛藏族自治州的玛多县为邻，西至西北部与格尔木市、大柴旦镇接壤，北部紧靠甘肃省阿克塞县。其行政区涉及海西州都兰、乌兰和德令哈三县（市），海拔在 2800～3260 米，自然条件干旱严酷，保护与建设的难度大，在柴达木盆地具有重要的生态区位和作用。保护区距海西州府德令哈市最近处为 50 千米。

1. 地质地貌

由于柴达木盆地在发育形成的过程中遭受历次地层构造运动，其周边区域的地质构造断层比较发育，主要有宗务隆山南缘断裂带、昆北格尔木隐伏断裂带和鄂拉山断裂带，使盆地慢慢形成现今的地貌形态；其四周多山地，荒漠戈壁面积较大，河流由高原山地形成而流入盆地，低洼处有湖泊湿地，如可鲁克湖-托素湖等 10 余处。保护区所处的东部地貌类型复杂多样，有风积地貌、湖积地貌、洪积地貌等多种形态。其中，风积地貌是在风的作用下，地表细粒物质组成各种不同的形态存在，主要有固定沙丘、半固定沙丘和流动沙丘；湖积地貌是分布在拗陷的低洼地，常常是环绕湖泊群发育，如霍鲁逊湖；洪积地貌是由活跃的外营力流水挟带大量砾石和泥沙堆积物向下游流淌而形成的洪积扇和洪积倾斜平原。这些地貌形态构成盆地的主体，呈现着柴达木盆地古老的特有特点和现今多样的景观。

2. 气候特征

柴达木盆地深居内陆高原，受盆地地形封闭、海拔相对较低等地理因子的影响，具有气候干旱少雨、风大、太阳辐射强烈等特征；四季不甚分明，一般分为冬季和夏季，春、秋季较短；气候相对温和，热量资源比较充裕，盆地年平均气温多在 0～5 ℃，最暖月 7 月平均气温为 13～17 ℃，最冷月 1 月平均气温为 −9～−14 ℃，年日照时数 2900～3200 小时，年总辐射量为 6800～7300 千焦每平方厘米每年。作物生长季为 150～200 天，牧草生长季为 190～215 天；冬季不十分寒冷。区内降水呈盆地东部边缘区向盆地中心区逐渐递减的规律，降水量最大时在 190 毫米左右，而在盆地内陆中心处，年降水量只有 44 毫米，气候极为干燥；5—9 月的降水量占年降水量的 80%～90%。然而，在盆地的南部山地降雨量相对较高，从而形成的河流和湖泊湿地对盆地的生物资源产生积极的影响和作用。

3. 水资源特点

柴达木盆地的水资源受其地貌、气候条件与时空分布、动态变化趋势的影响，呈现地表水及地下水在排泄与被消耗的过程中互相交替转化的特点；同时，其南部的高原山地对盆地众多河流的形成具有重要的作用，如香日德河、巴音河、诺木洪河、察汗乌苏河等的形成都有直接的关系。

4. 土壤类型

保护区内的土壤类型多样，有栗钙土、棕钙土、灰棕漠土、盐土、草甸土、沼泽土和风沙土等，各种土壤分布的区域各不相同，与其地貌和区间的积水或溢水有直接的关联。灰棕漠土、盐土、草甸土与风沙土是本区的主要土壤类型，发育的植被多为沙生植物，梭梭林灌丛群落是盆地的代表种和优势种。

5. 植物与植物资源

自古近系以来，柴达木盆地发生一系列的沧桑巨变，经历不同的地质时期和气候演变，随着时间的推移，逐渐形成和发展成今天的植物区系组成和植被景观。柴达木盆地现有植物种有 418 种，分属于 53 科 196 属。其中菊科种类最多，有 23 属 63 种，占该区植物总数的 15.30%；其次是禾本科，有 31 属 54 种，占 12.90%；锦葵科有 16

属 39 种，占 9.20%；豆科有 14 属 38 种，占 9.00%；莎草科有 6 属 27 种，占 6.40%；十字花科有 10 属 15 种，占 3.50%；高原荒漠植物种类较为丰富多样。

（九）格尔木胡杨林省级自然保护区

青海格尔木胡杨林省级自然保护区始建于 2000 年 5 月，是青海省建立的第 1 个野生植物自然保护区，它以特有的荒漠生态系统和胡杨林为保护对象；从 2005 年起实施生态保护工程建设。胡杨是格尔木荒漠中唯一能天然成林的乔木树种，早在 1.5 亿年前就生存在地球上，由于胡杨具有“一千年不死，死后一千年不倒，倒后一千年不朽”的特质，被誉为“绿色活化石”。青海格尔木现存的胡杨林为中国境内分布海拔最高的原始林，引起人们的关注，成为青海极其珍贵的保护地，具有重要的生态价值和科学研究价值。

青海胡杨林自然保护区地处西部柴达木盆地，位于海西蒙古族藏族自治州格尔木市南郊，介于北纬 36°32′～36°40′，东经 94°20′～94°26′，平均海拔 2800 米左右，总面积 42 平方千米，与 20 世纪 60 年代前相比，其资源量已锐减 50%。保护区位于戈壁新城格尔木市 55 千米，距西宁市 830 千米，是格尔木市重要的生态屏障和重要保护地。

1. 地质地貌

由于胡杨林自然保护区处于柴达木盆地的东南部区域，受南部青藏高原地貌的影响，其地形类型多样，主要有风积地貌、湖积地貌、洪积地貌和干燥剥蚀山地 4 种类型，并呈现内陆盆地荒漠戈壁特有的特点。风积地貌主要由流动沙丘、半固定沙丘和固定沙丘所构成，其植被盖度≥30%，风沙活动不明显，沙丘地基本稳定。湖积地貌在保护区西北部的拗陷低地，环绕湖泊发育。洪积地貌受力于外营力的流水泥沙冲积形成，其发育程度与河流数量及其水量多寡密切相关，分布表现是洪积扇。干燥剥蚀山地是由现代冰川、寒冻、风化作用而形成的山地，在盆地的南部广布，其山势高峻，断层发育。保护区位于柴达木地层区，其北部以欧龙布鲁克地层分区为代表，南部以柴达木盆地南缘地层分区为代表；受地貌的影响，水热条件差异性大，导致土壤和植被发育各异，山地东段植被生长较好，阴坡多为草本植被，并分布有森林灌丛和草甸植被。

2. 气候特征

格尔木市地处欧亚大陆腹地，西南暖湿气流受到喜马拉雅山、唐古拉山和昆仑山的层层阻隔，难以进入，从而形成终年极度干燥少雨、夏无酷暑、冬无严寒、四季不分明的典型高原大陆性气候。其特点是降水稀少、蒸发量大，本区的年均降水量只有 40.2 毫米，空气相对湿度为 33%，蒸发量高达 2736.2 毫米，其湿润指数在 0.05～0.20，属极度干旱区；保护区的年平均气温为 4.3 ℃，最暖月（7 月）为 17.6 ℃，最冷月（1 月）为－10.6 ℃，年较差 28.2 ℃，地面极端高温为 71.4 ℃，极端低温为－37.1 ℃，地面平均气温为 7.5 ℃，≥0 ℃积温为 2584 ℃・天，≥5 ℃积温为 2440 ℃・天，≥10 ℃积温为 2014 ℃・天，无霜期 146 天；由于盆地上空少云，晴朗天气多，太阳辐射强，日照时数多，多年平均日照时数 3095 小时，太阳总辐射量为 664～748 千焦每平方厘米每年，比中国同纬度地区的安阳、郑州等地偏高 168 千焦每平方厘米每年。该区多年平均风速为 3.1 米每秒，最大月（5 月）为 3.9 米每秒，大风日数 22.6 天；沙尘暴日数为 16.0 天，多年平均风向为西，年最大风速为 40 米每秒。

3. 土壤类型

本区由于受盆地地形、气候和植被等自然因子的综合影响，成土过程复杂多样，地带性土壤主要有灰褐土、栗钙土、棕钙土、灰棕漠土等，非地带性土壤有盐土、风沙土等；受人为活动频繁和风力强劲的侵蚀，土壤风蚀严重。保护区内的土壤主要有灰棕漠土，分布于山前洪积扇，包括砾质戈壁及土质戈壁、风蚀残丘及低山地，位于海拔 3400

米以下;植物为耐旱深根的灌木和半灌木,植被类型单一,呈丛状或团状分布。风沙土是在风成沙性母质上发育起来的一类土壤,形成于干旱半干旱地区,是柴达木盆地的主要风沙土区之一,又划分为流动风沙土、半固定风沙土、固定风沙土三种类型。盐土分布在洪积冲积倾斜的平原地带,其形成母质为冲积-洪积物,质地细;矿化度高,在湖滨低洼处有盐壳形成;土层深厚,盐分表聚性强;耐盐植被有白刺、芦苇、罗布麻、赖草等,生长茂密,覆盖度为20%~60%。

4. 植物与植物资源

受昆仑山、唐古拉山及盆地地形、气候条件的影响,本区自然植被主要为平原荒漠植被和草甸植被类型。平原荒漠植被地处戈壁及戈壁边缘,生境条件极为恶劣,以荒漠植被为主,记载的植物种类78种,分属21科42属,其中,天然乔木有胡杨;灌木有柽柳、膜果麻黄、沙拐枣、木本猪毛菜、水柏枝、白刺等;人工林树种主要有青杨、白柳、沙棘、沙枣、枸杞、柽柳等;草本植被主要有芦苇、细枝盐爪爪、赖草等。草原草甸植被主要分布在海拔2700~2900米的沼泽和盐湖的外围,植被以芦苇、拂子茅及大叶白麻为主;常见的伴生种有赖草、早熟禾、水蒿草、粗缘苔草、盐生风毛菊等,植被生长良好。

(十)大通北川河源省级自然保护区

青海大通北川河源自然保护区建于2005年10月,是青海省建立的第9个自然保护区,以森林草地生态系统、野生动物及其栖息地和水源涵养功能为主要保护对象。受西南高山区系的影响,海拔垂直变化明显,植被类型多样,森林草地覆盖率高,具有水源涵养、水土保持等功能,是省域东部重要的生态屏障,具有独特的生态区位。保护区内茂密的森林植被、峭峻的峡谷谷地、丰富的源头溪流,以及珍稀野生动植物资源为区域社会发展提供了良好的环境。

青海大通北川河源自然保护区位于西宁市大通县北部,其地理位置介于北纬36°51′~37°23′,东经100°51′~101°56′,平均海拔3500米。保护区范围北接祁连县与门源县,西和海晏县毗邻,东与互助县相连,南与大通县的青山、新庄、药草、桦林、朔北、元朔、石山等乡镇接壤,辖区面积为0.12万平方千米。区内地势西高东低,地貌兼具青藏高原的高山类型和黄土高原的低山丘陵等类型,具有地理交错地带的多样化地貌特征;复杂的地貌及其过渡性孕育了较为丰富的生物多样性。同时作为重要的水源涵养区,对西宁市及其周边地区的经济社会发展发挥着重要的生态作用。

1. 地质地貌

大通北川河源自然保护区处于黄土高原向青藏高原的过渡地带,境内山峦起伏,沟壑纵横,地形复杂,三面环山;西有娘娘山,北有达坂山,东有达坂山支脉兰雀山和马鞍山等,中部为盆地,西北窄,东南宽,海拔在2680~4622米。其地貌分为河谷阶地(川水)、高原丘陵地(浅山)、中山(脑山)和高山四个区域。其河谷阶地主要由北川河及其支流宝库河、黑林河、东峡河两岸河谷阶地组成,多为1~4级阶地,海拔为2280~2600米;高原丘陵地为河谷阶地往上的高原丘陵地带,主要分布在境内中部和南部,海拔为2400~2750米;中山和高山区为县境东、西、北三面地势较高的地区。其中山区和丘陵地占县域土地总面积的94%,河流两岸的川水、阶地占6.0%;整个地势呈西北高、东南低,由西北向东南倾斜,最低处是紧靠西宁市郊的后子河乡双庙村,最高处是达坂山的开甫托山顶,相对高差1942米。区内地貌兼具青藏高原的高原高山类型和黄土高原的低山丘陵等类型,表现出地理交错地带具有的多样化的地貌特征。

保护区位于祁、吕、贺"品"字形构造体系前弧西翼,属于祁连山造山带之中南部"多"字型盆地之一。该盆地经历晚古生代、中生代、新生代地质体的褶皱、断裂和隆升活动阶段,在地质构造上这一区域属于祁连山结晶轴,由地质体镶嵌组合在一起；近代新构造运动的强烈抬升形成山脉，河流的下切使变质岩区形成许多峡谷和山岭；区域内较大的峡谷有宝库峡、黑林峡、东峡、瓜拉峡、新城峡等。宝库峡位于宝库地区，起于新庄乡峡门村，止于开甫托山过拉垭壑，长 63 千米，平均宽度 450 米；黑林峡分布于青林地区，从铁迈达坂至二卡子，长 30 千米，平均宽度 550 米；东峡分布于流水口、衙门庄及朔北一带，从套拉山至桥头，长 35 千米，平均宽度 1150 米。达坂山以南地区形成有大通丘陵盆地、湟水谷地西宁盆地，盆地地层多为新近系红岩层；大通盆地储有丰富的煤炭资源，是青海省的主要燃料基地。西宁盆地中有湟水支流北川河，自北而南，于西宁汇入湟水；其河谷宽展，有较大的冲积平原，主要有外北川、里北川、景阳月等。外北川与西宁市接壤，其长 25 千米，平均宽 3 千米；景阳川分布在长宁至岗冲地区，长 13 千米，平均宽 1.2 千米。

2. 气候特征

该区气候从东向西呈现干旱、半干旱的大陆性气候向高寒、干旱高原性大陆气候转变的特征。夏季为暖季，受来自孟加拉湾西南暖湿气流与东南季风的影响，其气温和降水高峰同时出现；冬季属冷季，受西伯利亚干冷空气的影响和西风环流的控制，气候干燥、寒冷、多风。区内气候垂直变化明显，低海拔的东部谷地温凉，而高海拔的西部山地寒冷，日温差大，年温差小；各地气温随着海拔高度的增加而降低，海拔每升高 100 米，平均温度降低 0.6 ℃；空气透明度大，太阳辐射强烈，地区之间降水量差异较大。保护区各地年平均气温为 2.8 ℃，1 月平均气温为 −16.4 ℃，7 月平均气温为 22.2 ℃；年日照时数为 2441.1～2685.4 小时，年太阳总辐射量为 573.5～615.3 千焦每平方厘米，辐射量地理分布总趋势是由东南向西北逐渐增大。

本区年降水量随着其地势的变化由东南向西北逐渐递增，亦有其自身的分布特点。降水量年际变化较大，年降水量为 451.2～801.8 毫米，多年平均降水量达 582 毫米，且每隔 2～3 年就会出现多雨或少雨年份。年最大降水量为 789.2 毫米，年最小降水量为 362.9 毫米，最大降水量与最小降水量相差 2.17 倍；降水量季节分配不均匀，干、湿季节分明；年降水量的季节变化特点是：汛期降水量集中，枯水季节降水偏少，冬季降水更少。雨季一般始于 5 月下旬至 6 月上旬，结束于 9 月中旬至下旬，持续时间 4 个多月；连续最大 4 个月降水量出现在 6—9 月，该时段降水量在山地丘陵区占年降水量的 60%，河谷平原区为 40% 左右，其月平均降水量均在 50 毫米以上；降水一般出现在午后至夜间，而且夜间降水比白天多，6、7、8 月的夜雨量占年降雨量的 59% 以上，其中 1—3 月、11—12 月超过 70%，全年夜雨量占年降雨量的 61%～65%。

水面蒸发量分布规律与大气降水量分布规律相反，山区小于丘陵区，丘陵区小于河谷平原区，蒸发量随海拔升高逐渐减少。且以后子河和塔尔为中心向山区逐渐减少。全县蒸发量在 600～850 毫米，年蒸发量为降水量的 1.5 倍左右。

3. 河流湖泊

大通北川河源自然保护区河流众多，水资源丰富，水质良好，主要河流属湟水支流北川河水系，有北川河、宝库河、黑林河、东峡河等，其均发源于达坂山，且由北向南流淌，具有高山峡谷河流形成的特点。河床切割深，水流湍急，水温低；洪水时水量骤增，水势汹涌，冲淤严重，主流多有分叉。由于河流形成源头地区的山体海拔较高，气温低，蒸发蒸腾的程度低，易产生径流；其区内土壤保持较好，植被生长茂密，水源涵养功能较强，可增加地下水的补给。该保护区是青海省重要的水源涵养林基地和西宁市生活生产水源基地，得到政府有效的保护。

该区域多年平均径流量为 6.86 亿立方米，地表径流属大气降水补给型，受降水季节性变化影响较大，空间分布上具有山区径流深大、河谷地区小的特点，与降水分布规律基本一致，地表径流年际变化与降水量年际变化也基本一致，变化幅度较大。受地下水赋存条件、分布规律、水动力特征的影响与促进，其地下水多以松散岩类孔隙水、碎屑岩类裂隙孔隙水、碳酸盐类裂隙岩溶水、基岩裂隙水和冻结层水的形式而形成；各河流均有各自相对独立的水文地质单元，其分布规律和水资源的“补、径、排”特点基本相似。河谷潜水的主要补给来源于河流入渗、上游地下水径流补给；其次有大气降水入渗补给，其径流条件较为简单，一般沿河谷自上而下自然径流，径流过程中因含水层底板起伏和河谷宽度变化而转向排泄给河水，转换频繁。区内的宝库河、黑林河径流河水在出山口后便呈现大量的下渗水，并受地下河水渗入量、地下水开采量和泄出量与灌溉渗入量的影响，其径流量越向下越有所减少。

4. 土壤特性

保护区属青藏高原东北部的黄土地层发育区，且受地貌、植被类型等影响，其土壤分布具有明显的垂直地带性，类型多样，由东向西分布。保护区内的土壤分为8个土类16个亚类。8个土类分别为：沼泽土、潮沙土、栗钙土、黑钙土、山地棕褐土、高山草甸土和高山石质土。

5. 植物与植物资源

大通北川河源区受自然地貌、气候和所处的地理单元的影响，其在中国种子植物区系中呈现青藏高原植物亚区唐古特地区的特点；同时，由于又处在黄土高原的西部延伸区，其成分同华北区有一定的联系。植物区系是在兼具温性、寒温和高寒类型的生态环境下逐渐形成的。区域内现有维管束植物77科283属613种，其中蕨类植物8科8属11种，裸子植物3科6属13种，被子植物66科269属589种。此外，已知大型真菌74种。

（十一）诺木洪省级自然保护区

青海诺木洪省级自然保护区始建于2005年10月，是以保护荒漠生态系统、盐沼湿地、地质遗迹和珍稀濒危野生动植物物种为宗旨，集生态系统保护与物种保护、水土保持、科学研究、科普宣传、生态旅游和可持续利用等多功能于一体的自然保护区。保护区地处柴达木盆地中心地带，为特殊生态环境，呈现出中亚荒漠向高寒荒漠方向演化过渡性，其生物区系、植被演化有别于一般荒漠地带，特别是一些古地中海植物种类遗留下来，如白刺属、梭梭属、膜果麻黄属、驼绒藜属、细枝盐爪爪属、角果碱蓬属、盐地碱蓬属、短穗柽柳属等种类，同时也是地质、气候演替的佐证，是研究荒漠植被自然演替的天然“实验室”，具有极高的科研价值。

诺木洪自然保护区位于青海省海西蒙古族藏族自治州都兰县的诺木洪乡，涉及诺木洪乡田格里村和哈西哇村，东至哈西哇河西岸，南以109国道北侧2千米为界，西以从蒙古尔河、努尔河交汇点至俄努合泉之间的干河床为界，北至诺木洪河南岸。地理坐标为北纬36°24′～36°36′，东经96°9′～96°13′。

1. 地质地貌

保护区从地貌营力及其组合性质，到主要地貌类型及其分布特征，都反映了盆地构造环境和荒漠气候条件的影响。边缘洪积砾质戈壁广泛分布，风蚀残丘和风沙堆积地貌充分发育，各主要地貌类型围绕大小湖泊呈多中心环状分带，这些都表现柴达木本身的地貌特殊性。主要地貌类型有以下几种。①新构造隆起的剥蚀残丘：主要分布于哈西哇河、田格里河上游和下游地段，组成弧形展布的梁状残丘及东西向展布的丘状地形。其上大部分有砾石覆盖，无植被生长。长期风蚀作用使冲湖积层形成风蚀柱或类似雅丹地形。②冲洪积平原：主要分布于田格里河源头地区，地形微向北倾，坡降5‰～9‰，植被茂盛。③沼泽平原：主要分布于田格里河中下游，地形微向北倾，有盐坑分布，翻浆期形成大片沼泽。④湖冲积平原：分布于田格里河中、下游。地形平坦，东南高，西北低，地形坡降约2.8‰，局部有积水沼泽及盐坑分布。河流东西两侧盐类沉积地形较平坦，微地形起伏约0.2米，盐壳形态为刀锋状、疙瘩状；盐壳翘起高度0.1～0.2米。

2. 气候特征

诺木洪地区属高原大陆荒漠性气候。为凉温干旱区，四季不明显，只有冷暖季之分，气候干旱、多风。全年太阳辐射强，光照充足，降水量少，蒸发强烈，气温日较差大。年平均气温为4.9～5.3 ℃；1月平均气温为－9.7 ℃，7月平均气温为17.3 ℃；极端最低气温为－27.6 ℃，极端最高气温达35.4 ℃；全年≥10 ℃积温接近2000 ℃·天；全年日平均气温超过0 ℃持续稳定时间为200天左右，≥10 ℃的稳定时间为90～100天。

区内年平均降水量为44.3毫米，其中5—9月降水量占年降水量的89.6%，其余月份降水量只占10.4%。冬季北方干冷槽势力较强，南部的暖湿气流无法越过高原，因此降水少；夏季受来自南部海洋暖湿气流的影响，降水相对较多且集中。诺木洪地区降水日数与年降水量分布规律基本一致，年内≥0.1毫米、≥5.0毫米、≥10.1毫米、≥25.0毫米的降水日数分别为25.2天、2.0天、0.4天、0天。全年日照时数长达3189小时。日照时数高峰值出现在5月为304小时，2月最小为220小时。峰值出现在5月，是因为此时尚未进入雨季，云雨相对较少，太阳高度角较高，日照充沛；2月太阳高度角较低，日照时数少造成。全年平均每天日照时数可达7～10小时。

保护区全年盛行西风，年平均西风频率为19%，各月西风频率为14%～25%，3—9月西风频率较大，均在21%以上；10月至翌年1月东南风频率较高。保护区年平均风速为3.2米每秒，历年最大风速为31.0米每秒，平均每年大风日数为50天。

干旱是保护区气象灾害之一。干旱分春旱和夏旱，保护区春旱出现的概率较夏旱高。这主要是由于盆地气候干燥、降水少所致。保护区的大风日数为50天，主要集中在2—8月，约占全年的80%。诺木洪地区沙尘暴出现次数为4～5天，3、4月相对较多。主要原因是盆地降水量较少、气候干燥，地表为荒漠稀疏植被，土壤多为粉沙土，制约农牧业发展，对农作物生长有一定的危害。

3. 土壤特性

保护区土壤组合以温带荒漠和半荒漠为主体。土壤地带性分异不明显，只呈现出生物气候条件下由区域性更替形成的几个类型。①灰棕漠土类。该类土壤为保护区土壤类型的主体，分布极广，成土母质在山前平原为第四纪沙砾质洪积物，在剥蚀残丘为残积坡积物。②盐土。集中分布于扇缘绿洲带、湖滨滩地、河间洼地、河谷低阶地及低洼积水地周围地区，母质较细，为冲积-洪积物和湖积物。地表一般有盐结皮或盐壳，或表面为沙覆盖的盐盘，含盐量一般大于3%，有的高达20%以上，盐土的盐分组成以氯化物为主，硫酸盐次之。③草甸土。该类土壤形成于冲洪积物母质上，质地粗细不一，砂砾相间。植被为柽柳、黑果枸杞、芦苇、苔草等。在一级阶地水热条件较好且土层较厚地段，已有部分被垦为农田。④沼泽土。沼泽土主要分布于田格里河和哈西洼河中游地势平缓、低洼汇水滩地段，尤其被当地群众称之为“芦苇滩”区最为典型。⑤风沙土。保护区风沙土多为半固定风沙土亚类为主，主要分布于诺木洪至大格勒之间109国道两侧，为柴达木南部风沙带的一部分。土壤通体为沙质，成土作用微弱，土壤剖面分异不明显。

4. 植物与植物资源

该区海拔高度在2690～2860米，终年受大陆性干燥气团的控制和盆地热效应的作用，植被以水生、耐盐和干旱荒漠植物为主。植物种类有78种，分属21科42属，植物区系隶属5个地理成分。①世界广布种，区内世界各大洲均有分布的种类主要有芦苇、海韭菜、宽叶眼子菜等。它们在该区植物区系成分中所占比重不大，但在湿地植物群落组成上却占有重要地位。②古地中海成分，古地中海干旱、半干旱区的植物种类，在该区的区系中占有较为突出的地位，而且有不少古老的种属，如梭梭、膜果麻黄、驼绒藜、细枝盐爪爪、角果碱蓬、盐地碱蓬、短穗柽柳等种类，构成区内荒漠植被的主体和建群种。③中亚区系成分，分布于现在亚洲内陆干旱地区及地中海周围，小亚细亚半岛、西亚、中亚和中国新疆、青藏高原至蒙古一带干旱区的西伯利亚滨藜、二裂委陵菜、沙蒿以及在蒙古高原和黄土高原干旱、戈壁荒漠区分布的短花针茅和疏花针茅本区亦广泛分布。④中国-喜马拉雅山成分，分布在青藏高原区系的植物，在柴达木盆地植物群落中很少见，"贝壳梁"北侧见有圆穗蓼零星分布。⑤特有种，在长期适应盆地强烈干旱和土壤不同程度盐化生态环境条件的过程中发生变异，形成变种，成为该区特有种，如柴达木沙拐枣、唐古特白刺。

诺木洪地区环境特殊，植物形成许多适应性生态特征。①植株矮小：植物长期为适应极度干旱和相对湿度极低的不良环境，其多数植株都比其他地区同种植物矮小。且生活型多为地下芽。植物构成中，以草类、灌木和小半灌木为主。②多丛生状：如其他地区非丛生的芦苇，在区内严酷的生态环境条件下，靠近干旱荒漠带地域呈丛生状，在其他地区丛生的植物如黑果枸杞和罗布麻，其丛生程度进一步强化。③旱生形态：在极度干旱和蒸发强烈的环境下，有些植物为了减弱叶面水分的蒸腾作用，往往使叶面缩小或完全退化，而通过植物的绿色茎进行光合作用。如密花柽柳、唐古特白刺等叶面均缩得很小；沙拐枣、膜果麻黄等叶子几乎完全退化。有些植物的叶子变厚或强烈肉质化，以对不良水分状况产生特殊的适应性，如盐角草、枸杞、白刺等。有些植物被密毛或加厚叶面的角质层，并减少叶面气孔的数目。④根系发达而具深根性：在干旱生态环境条件下，植物为了维持生命，尽量发展根系，以便吸取和贮存土壤中的水分和养分，地下根系的生物量远远大于地上部分的生物量。例如，白刺株高不到 1 米，茎秆粗小于 1 厘米，但其主根却粗 5～7 厘米，长 5～7 米。而且具有发达的侧根系。⑤泌盐功能：为了适应土壤盐渍化的生态环境条件，有些植物的同化器官强烈的肉质化，以增加植物体内的水分贮存量，与植物本身同化器官内高含盐量相适应，通过水分提高细胞液和原生质的渗透压，达到泌盐的目的。考察区内的柽柳属、白刺属、盐角草属、盐爪爪属等植物能够生长在极度干旱，含盐量高达 15%～25%的土壤中，就是通过泌盐功能适应环境的结果。

三、生态环境建设与保护成效

（一）主要建设和保护工程

1. 保护和培育森林生态系统

生态林建设是实施生态环境保护和治理的一项重要措施，它对水源涵养、保持水土、调节气候等发挥重要作用。青海省"三北"防护林建设工程、天然林资源保护工程、退耕还林工程等几个大的林业工程建设项目取得很大成效。"三北"防护林建设工程开始于 1978 年，先后实施四期。天然林资源保护工程于 1998 年开始实施，保护对象以国有天然乔、灌木林为主。退耕还林（草）工程于 2000 年开始实施。

生态林建设包括：人工造林、封山育林、农田林网建设 3 项。生态林建设重点区域：人工造林和封山育林重点布局在森林草原水源涵养区以及重点水源地保护区的自然保护区；农田林网重点布局在森林草原水源涵养区的农业区。

2. 保护和治理草原生态系统

进一步落实草原生态保护补助奖励政策，认真做好实施禁牧补助、草畜平衡奖励工作，实行以草定畜。加大全省中度以上退化草地（包含高寒干草原类、山地干草原类）实施退牧还草工程，大力开展退牧还草草地人工种草，加快草地植被恢复速度；对山地荒漠类草地实施季节休牧工程；进一步全面实施草地鼠虫害防控工程，对鼠害、虫害构成危害地段实施防治措施，并建立防控体系；按草原防火等级配置草原防火设施设备，提高草地植被保护能力，做到防火有备、有火即灭；加快实施生态畜牧业工程，与退牧还草工程相配套，按照草畜平衡和提高牧民收益的原则，确定养畜规模，调整畜种、畜群结构，建设人工草地和舍饲养畜设施。大力保护和修复草地植被盖度，进一步减少水土流失、降低土壤风蚀，涵养水源。

3. 保护和修复荒漠化生态系统

青海省荒漠生态系统十分脆弱，生态问题十分突出，其中以土地沙化问题最为严重。建立和巩固以林草植被恢复为主体的荒漠生态系统，保护现有植被，合理调配生态用水，宜林则林、宜灌则灌、宜草则草，固定流动半流动沙丘，加强荒漠化综合治理。按照“重点突出、因害设防、防治并重、讲求实效”的原则，开展沙化土地治理，降低流沙移动危害，保障道路通畅。重点对铁路公路两侧、河道两岸、湖泊四周、城镇及居民点附近的沙化土地进行人工植被建设和工程治沙。

4. 保护和恢复湿地与河湖生态系统

按照《全国湿地保护工程规划（2002—2030年）》的总体部署，组织实施《青海省湿地保护与工程发展规划》，加强对青海省自然湿地的抢救性保护，主要举措是通过实施保护沼泽湿地植被，采取围栏、季节休牧、补播等工程，使湿地面积萎缩和功能退化的趋势得到遏制，湿地生态系统得以自我修复。开展湿地自然保护区、湿地公园等项目的建设，充实和完善湿地保护管理体系，形成全省湿地保护网络。推进沼泽湿地保护工程实施，开展湖泊湿地保护试点，维持湿地面积和持水量，提高水源涵养功能、稳定下泄水量和保证水质。加强对三江源、祁连山、青海湖三大保护区的建设和管理，加大湿地监测、科研、宣传、管理、培训的投入，加强对外交流与国际合作和社区的扶持力度，提高人们保护湿地的意识，逐步引导可持续利用湿地资源，优化湿地生态系统结构和恢复湿地生态功能。

5. 保护和改良农田生态系统

农田生态系统是保障人类生存的基础条件，在青海省生态保护与建设工作中具有举足轻重的地位。大力推进农用地整治，以整治促建设、以建设促保护，加大基本农田改造力度，完善农田基础设施建设，积极开展坡耕地整治，改善耕地质量，建设旱涝保收高标准基本农田，改善农业生产条件，为提高粮食产能提供保障。在严格保护生态环境的前提下，适度开发宜耕后备资源，为实现粮食安全提供耕地资源保障。通过合理引导农业结构调整，积极推进其他农用地整治，切实提高农用地利用效率。加快建立农用残膜回收长效机制，鼓励生产和使用可降解膜，减轻农田“白色污染”，使耕地进入良性循环。建设内容：在青海省17个县（市、区）实施高标准基本农田建设重大项目，大力推进青海省黄河谷地百万亩土地开发整理重大项目及湟水流域高标准基本农田整治重大项目，对高标准基本建设区内农田进行田、水、路、林综合整治，全面提高重大项目区域农田基础设施条件，提高全省农业抗灾能力，努力实现“田成方、林成网、路相通、渠相连、土肥沃、水畅流、旱能灌”的标准化格局。

（二）保护成效

青海省委省政府多年来始终坚持将生态保护和建设作为治青理政的战略任务，做出一系列重大决策部署：省委十一届三次全会确立“生态立省”战略，全省上下把生态文明建设作为贯彻落实科学发展观的重要举措；省委第十二次党代会提出建设全国生态文明先行区、国家级循环经济发展先行区、民族团结进步先进区的“三区”战略，在经济保持快速增长的同时，促进人与自然和谐发展；省委十二届七次全会更进一步提出坚持生态保护第一,绝不以破坏生态、损害环境为代价换取一时的经济增长,做到在绿色、低碳和循环的道路上推动更高水平的发展。使青海省生态保护和建设进入新的发展阶段,取得前所未有的成就。

森林生态系统建设成效显著。1978年以来,全省先后实施"三北"防护林建设、农田林网建设、长江中上游防护林建设、封山育林工程等一批重点项目。全省累计建立植树基地1065处,面积173平方千米。累计造林保存面积2000平方千米,封山育林成林面积2600平方千米。柴达木盆地绿洲地带建立起完整的防护林带,东部川水地区基本实现农田林网化,初步扭转长期以来森林覆盖率和林木积量持续下降的局面。西宁、格尔木、德令哈三市园林绿地面积达11.18平方千米,绿化覆盖率达14.99%,人均公共绿地面积3.2平方米,取得显著成效。2000年以来,通过"三北"防护林、长江中上游防护林、退耕还林还草、天然林保护、黄河上游治沙减沙等工程建设,全省造林绿化取得较好的成绩。2001年以来全省完成人工造林0.8万平方千米,完成封山育林1.03万平方千米,四旁和零星植树1.1亿株。2007年,青海森林覆盖率已由20世纪70年代的2.59%,提高到4.4%,增加了1.81个百分点。全省植被覆盖度大幅提高,水源涵养功能增强,极大地改善了部分地区的生产条件和生态环境。

青海省森林资源公益林远大于商品林,灌木林面积数倍于乔木林,天然林分布广,造林和再造林分布稀疏。截至2010年,青海省森林资源界定林地面积7.2956万平方千米,约占全省面积的10%,立木总蓄积量为5406.1万立方米,森林覆盖率为5.2%。其中有林地0.4941万平方千米,灌木林及灌丛林面积为4.4099万平方千米,分别占全省林地总面积的6.79%和60.44%。全省生态公益林面积7.2864万平方千米,其中分布在江河流域区、水蚀风蚀严重和遭受荒漠化侵蚀的国家重点公益林面积5.3792万平方千米,约占林地总面积的99.87%。从林种划分,水源涵养林、防风固沙林和水土保持林是全省生态公益林的主体,面积约占公益林总面积的81.43%。全省植物约有2483种,列入《中国植物红皮书》的稀有植物有13种。

草原生态系统恢复成绩斐然。1952年全省草原建设开始起步,但由于1960年全省开始大量开垦草原,草原建设进入低谷。从1975年9月全省召开牧业学大寨会议以后,在牧区掀起兴修水利、围建"草库伦"和灭除虫害的草原建设热潮,但"草库伦"建设挖取大量草皮,造成新的破坏,到1979年牧区共建各种类型的草库仑7333平方千米。党的十一届三中全会以来,全省草原建设步伐加快,普遍推广草场围栏、人工种草、牲畜棚圈和定居房屋"四配套"建设,2000—2005年,全省共投入草地建设资金30亿元,完成退耕还林(草)0.17万平方千米、荒山造林草0.31万平方千米、封山育林草0.44万平方千米、人工草地0.57万平方千米,改良退化草场2.58万平方千米,灭治草场鼠害8.42万平方千米。部分地区初步具备防御一般自然灾害的能力。从2000年开始,按照中央关于"退耕还林(草)、封山绿化、以粮代赈、个体承包"的政策精神,青海省在16个县安排退耕还林(草)示范试点,后在全省范围内全面展开。同时,还实施草原围栏、牧草种子基地建设和三江源地区退牧还草试点工程等国债资金建设项目,草地建设项目总投资达20.24亿元。2000—2004年,全省共改良草场2.65万平方千米,草场禁牧2.76万平方千米,防治草原鼠害3.18万平方千米,防治草原虫害1.01万平方千米,建成牧草种子繁殖基地0.12万平方千米。通过灭鼠灭虫、杂毒草防治、"以草定畜"、合理利用天然草地等措施的实施,全省草地生态建设卓有成效地展开。

青海省天然草地生态系统的经济服务总价值为4068.03亿元每年,其中仅气体调节、气候调节、水源涵养、土壤形成与保护、废物处理和生物多样性维持等生态功能因子的生态服务价值高达3848.9亿元每年，是天然草地经济服务功能价值的17.6倍，尤其是青海高寒草地类组的生态服务价值对青海天然草地生态服务功能总价值的贡献率高达87.12%。

荒漠生态系统恶化得到初步遏制。青海省治沙工作开始于1959年，选择共和县沙珠玉沙区进行飞机播种治沙试验。到1960年完成飞播面积150平方千米，使用种子5.3万千克，主要植物种类有沙蒿、骆驼蒿、白刺、虫实等，经过定期观察，保苗率为2.7%。以后坚持年年治沙造林，逐步建立起人工沙障、封沙育草区、固沙造林、农田林网等四道阻沙屏障。到1985年全省共营造防风固沙林4.33平方千米，设置人工沙障40万米，封沙育草10.4平方千米，固定流动沙丘40个，控制流沙面积0.4平方千米，建立林带225条、总长12.4万米，成功地锁住240座流动沙丘，使33平方千米的农田、渠系及周边村庄都有林带防护，全省生态环境明显好转。全省各沙区，特别是海西的都兰、乌兰、格尔木、德令哈，海北的海晏，海南的共和、贵南等地，都积极开展防沙治沙工作，如格尔木西部万亩防沙林、都兰县铁奎防风固沙林、共和-塔拉防风固沙林、贵南黄沙头高寒沙地防护林、海晏克土防风固沙林等，使局部地区的生态环境得到一定改善。2000年以来，全省累计治理水土流失面积0.55万平方千米，治理沙化土地面积0.13万平方千米，平整兴修梯田0.15万平方千米，造林保存面积0.18万平方千米，封山育林成林抚育面积1.83万平方千米，建成网围栏草地2.42万平方千米，建立人工草地1.73万平方千米，同时，湟源、乐都、平安、湟中、大通、贵德、共和、西宁城东区等县(区)实施多项国家生态农业建设项目，取得显著成效，为改善区域生态环境起到积极的推动作用。

湿地与河湖生态系统恢复明显加快。启动实施青海湖、扎陵湖、鄂陵湖等国际重要湿地的监测工作，为青海省开展湿地保护提供科学依据，全省第二次湿地资源调查结果显示，全省湿地总面积为8.1624万平方千米，其中沼泽湿地5.6630万平方千米，湖泊湿地1.4703万平方千米，河流湿地0.8865万平方千米，人工湿地0.1425万平方千米。湿地面积较上一次调查增加2.58万平方千米，由全国第四位跃居全国首位。

农田生态系统保护和改良取得一定成效。青海省从20世纪50年代开始兴修梯田，并逐年加大投入力度。1982年，省政府拨专款扶持浅山地区开展以小流域治理为单元的水土保持综合治理，把兴修梯田列为小流域治理的主要内容，落实修一亩梯田补助30元的优惠政策，加快平整土地、兴修梯田的速度。到1985年末，全省累计修水平梯田609平方千米，之后以每年兴修梯田0.01万平方千米的速度增加。到1997年全省共修梯田0.16万平方千米，治理小流域277条，当年治理水土流失面积达0.54万平方千米，占全省水土流失面积的1.6%；浅山地区人均梯田达到0.047公顷每人，水保林草地人均达0.08公顷每人；全省划定基本农田保护区面积达到0.37万平方千米，保护率达54%，其中水浇地保护率达75%，完成1018户雨水集流工程。门源、都兰等24个县先后制定重点农田保护办法。

通过推广测土配方施肥、农田残膜回收、农作物秸秆综合利用等技术，有效控制农业环境污染，全省累计推广测土配方施肥6300多万亩；开展农田残膜回收，回收率达到75%，有效减少残膜对农田的“白色污染”。水土流失综合防治成效明显。统筹开展东部黄土丘陵沟壑区、三江源地区、环青海湖地区水土保持生态建设，实施一批坡耕地综合整治、小流域综合治理等水土保持项目，全社会治理水土流失面积约为2795平方千米。

城市生态系统质量有所改善。全省主要城镇深入开展园林绿化建设，推广先进绿化技术；强化绿线管制，对绿化成果和城市湿地进行严格保护。

城市建成区绿化覆盖率达到30%，人均绿地面积达到7.07平方米。

生物多样性保护。通过自然保护区和野生动植物资源保护，使珍稀濒危野生动植物的栖息（生长）环境有所改善，种群数量开始回升。

1. 三江源地区

2005年国务院批准三江源自然保护区生态保护和建设工程（即三江源一期工程），建设内容包括生态保护与建设、农牧民生产生活基础设施和生态保护支撑三大类22项工程，规划总投资75.07亿元。三江源一期工程启动实施以来，三江源地区特别是三江源自然保护区的生态环境发生显著变化，各类生态系统呈良性发展趋势，取得阶段性的成就。

林草植被覆盖度增加，2004年以来，三江源自然保护区植被覆盖度呈现增加趋势，森林覆盖率由2004年的3.2%基础上提高到2010年的4.6%；草原植被盖度平均提高11.6个百分点。生态系统结构发生显著变化，主要表现为湿地生态系统面积扩张，荒漠生态系统逐步得到保护和恢复，草地退化态势得到明显遏制，草地恢复速度明显高于保护区之外的区域。自然保护区内森林面积增加13.58平方千米，草地面积增加135.17平方千米，湿地面积增加104.94平方千米。水源涵养功能显著提升，三江源地区2004年林草生态系统水源涵养量为169.23亿立方米，2010年水源涵养量为197.6亿立方米，增加了28.37亿立方米。区域气候发生变化，1975—2004年三江源地区各气象站点年平均气温为－0.58 ℃，年平均气温变化率约为0.38 ℃每十年，2004年以来各气象站点年平均气温为0.4 ℃，年平均气温变化率约为0.1 ℃每十年，增温速率明显降低；1975—2004年各站点年降水量均值为470.62毫米，2004年以来各站点年降水量均值为518.66毫米，年均降水量增加48.04毫米，湿润指数平均增加5.03左右。区域江河径流量稳中有增，1975—2004年，长江直门达站年平均径流量124.3亿立方米，2005年以来年平均径流量164.2亿立方米，增加39.9亿立方米；1975—2004年，黄河唐乃亥站年平均径流量201.9亿立方米，2005年以来年平均径流量207.6亿立方米，增加5.7亿立方米；澜沧江出省境平均径流量107亿立方米。水土保持功能提高，2004年以来三江源地区土壤侵蚀量减少3472万吨，其中自然保护区之外增加38.23万吨；自然保护区土壤侵蚀量减少3510.23万吨。自然保护区生物多样性增强，自然保护区藏羚羊、藏野驴、岩羊、野牦牛等野生动物种群数量明显增多，栖息范围呈扩大趋势。生物多样性逐步恢复，高原植物种群和土著鱼类等水生生物的多样性得到有效保护。

2. 环青海湖地区

2007年12月29日，国家发展和改革委员会正式批准实施《青海湖流域生态环境保护与综合治理规划》，规划范围涉及3州4县25个乡（镇）和4个省、州属国有农牧场，总面积2.97万平方千米。规划建设内容包括人工增雨、湿地保护、退牧还草、退化草地治理、沙漠化土地治理、生态林建设、水土保持、河道整治、生态移民、农村饮水安全、能源建设、生态监测体系建设12个专项工程，规划总投资15.67亿元。经过近7年的努力，青海湖流域的生态环境得到很大改善，主要表现在湖水水量扭亏为盈、湖面面积增大、森林植被盖度增加、生态功能增强；退牧还草和退化草地治理工程实施后草地盖度提高、牧草生长茂盛。

青海湖水面面积逐年增加，2010年青海湖湖面面积达4372.94平方千米，比2004年增加近186.94平方千米；相应水位达海拔3195.73米，比2004年增加2.96米；湖水容量达832.26亿立方米，比2004年增加141.56亿立方米。环湖地区草原植被盖度、产草量增加，草原植被盖度普遍提高，退牧还草和草地补播工程区比对照区草地盖度增加29%；沙化草地治理区植被盖度达48%，比对照区草地提高11%；黑土滩治理区草地盖度达60%，比对照区提高38%。从牧草产量看，退牧还草和补播工程区牧草高度增加4.29厘米，产草量和可食牧草产量分别增加76.5%和74.5%；沙化草地治理工程区牧草平均高度达到4.51厘米，比对照区提高0.23厘米，亩产可食鲜草127.7千克，比对照区增加近5%；黑土滩治理区草地平均高度增加4.21厘米，亩产可食鲜草231.1千克，比对照区增长9.5%。环湖地区生物多样性得到有效保护。鸟类种类由1989年的164种增加到2008年191种；大型水鸟数量从1989年的3.4万只增加到2008年的4.7万只，增幅达38%；兽类数量特别是珍稀的普氏原羚由保护前的300多只，增加到2012年878只，成效显著；青海湖裸鲤1999年仅为0.3万吨，通过禁渔保护工程、青海湖裸鲤洄游通道工程和人工增殖放流工程，使青海湖裸鲤数量增加，2010年达3.0万吨。

第十章　自然灾害

青海境内地质环境复杂，构造断裂发育，平均海拔高，地形崎岖陡峻，气候类型多样，极端气象事件多发，自然生态环境脆弱，自然灾害频发。青海省自然灾害种类多、分布广、频率高、程度深、成灾率高，主要有旱灾、雪灾、雹灾、风灾、霜冻、寒潮、雷电和连阴雨等气象灾害，对农牧业生产造成影响巨大；洪涝等气象水文灾害，多发生在夏、秋季节，来势猛，过得快，范围不大，但对农业和城镇影响较大；泥石流、滑坡、崩塌等地质灾害，多集中在河湟谷地，严重破坏水利、交通、电力、通信等基础设施；地震灾害呈多发态势，易造成巨大的人员伤亡。因此，青海省防御自然灾害的任务艰巨而又任重道远。

第一节　自然灾害概况

一、自然灾害概述

青海境内属青藏高原灾害区，是全国范围内自然灾害多发的地区。青海省地质构造复杂，境内深大断裂带发育，地震灾害多发；地形高差悬殊，山脉崎岖陡峻，地质灾害广布；高原气候复杂多变，寒冷且雨水分布不均，气象灾害频发。2010年，青海全省人口563万，全省地区生产总值1350.43亿元，全年农作物总播种面积0.52万平方千米，全年粮食产量102.03万吨，全年草食畜存栏1976.80万头（只），肉类总产量27.53万吨，全部工业增加值613.65亿元，规模以上工业企业主营业务收入1527.22亿元，全社会固定资产投资1068.73亿元，城镇居民人均可支配收入13854.99元，排在全国第30位。社会经济发展水平很低，灾害损失绝对值也相应较低。

历史上从东汉初年至明代末年，青海东部农业区和贵德、同仁等地就有记载至少发生气象灾害83次、农作物病虫害16次、地震灾害15次。到了清代青海地区自然灾害记录相对全面，累计共发生自然灾害587次，气象灾害记录533次，占灾害总数的90%以上，其中，雹灾为162次，发生频次最高，洪灾次之为153次，干旱为134次，居于第三位，旱灾、洪灾、雹灾和低温霜冻灾害共计511次，占气象灾害的96%，其中有76%的气象灾害与降水有关。这些灾害主要发生在青海东部地区的河湟谷地，西宁和海东最多，共发生各类灾害564次，占全省灾害总数的96%。同时还记载从东晋元帝大兴元年四月乙酉（公元318年5月25日）至光绪三十三年（公元1907年）期间共发生地震灾害28次。

1912—1949年9月的民国时期，青海共发生灾害554次，其中气象灾害392次，占灾害总数的71%；地质灾害36次，占6.5%；生物灾害126次，占22.5%；全省因灾死亡约10万余人，死亡牲畜962万多头(只)。这些灾害主要发生在西宁和海东地区，共计304次，其他地区250次，分别占灾害总数的55%和45%。

中华人民共和国成立后到2000年，全省共发生各类自然灾害约4000余次，其中气象灾害3843次，占灾害总数的90%；地质灾害180次(含地震41次)，占灾害总数的4.0%；生物灾害244次，占5.7%。气象灾害中的水、旱、雹、雪等与降水有关的灾害仍是主要灾害，共3310次，占全省灾害总数的77.5%，51年间因灾死亡2200多人，因灾死亡牲畜2277万头(只)，减产粮食约44亿千克，其中干旱是危害青海农牧业生产的第一灾害。

2000年以来，青海各类灾害多发、频发，尤以特大、重大自然灾害发生趋势加剧，气象灾害种类多样，雪灾成为全省发生频率最高、造成损失最大的灾害之一，春季、夏季干旱发生频繁，严重威胁青海东部农业区农业生产，雹灾、风灾、低温冷害和山洪时有发生，破坏农业生产和基础设施，导致人员伤亡，该阶段全省气象灾害及其次生、衍生灾害仍然是最主要的灾害，约占自然灾害总频次的90%以上。与此同时，地震和地质灾害多发，继2001年昆仑山口西发生8.1级特大地震后，2010年青海玉树地区又发生7.1级特大地震灾害，除此之外平均每年仍有近5次5级以上地震发生。由滑坡、泥石流、崩塌引起的地质灾害影响进一步扩大，逐渐成为全省造成伤亡损失最大的自然灾害之一。

二、自然灾害综合特征

1. 类型多样，受灾面积大

青海地域广阔，地理环境复杂，加之青藏高寒区、东亚季风区和西北干旱区在此交汇，使得自然环境和气候具有多样性，孕育了多种多样的自然灾害。青海北部祁连山、中部昆仑山-巴颜喀拉山以及南部的唐古拉山等巨大山系和褶皱构造，使青海境内深大断裂和支系断裂发育普遍，尤其是全新世以来，阿尔金断裂带、冷龙岭断裂带、日月山断裂带、共和盆地断裂带和东昆仑断裂带5条活动断裂带非常活跃，地震活动频繁，据统计，1900—2008年的109年间，共发生地震242次，其中Ms≥6.0级地震有43次，最大震级为2001年11月14日发生在昆仑山口西的Ms 8.1级地震。

气象灾害是青海省境内发生频次最高的自然灾害，由于青海高原特殊的大气环流系统和多变的气候，雪灾、旱灾、雹灾、霜冻、风灾以及沙尘天气经常发生，气象灾害年年都有多种、多起发生，尤其是雪灾、旱灾，发生周期短、范围广、受灾面积大、持续时间长，一旦发生，往往造成对农牧业生产的巨大影响，历来有“三年一小灾，五年一中灾，十年一大灾”之说，局部性的灾害几乎年年发生。1956—1996年的40年间，仅青海省南部的青南高原就发生重大雪灾11次。1985年10月17—20日，该地区发生特大雪灾，积雪平均厚达50厘米，受灾地区达16个县市的47个乡，12万人口受灾，死亡牲畜152.6万头(只)，经济损失1.2亿元；1995年10月中旬至1996年4月底，该地区玉树州先后出现大、中雪48场，累计积雪厚达60厘米，造成40年来罕见的严重雪灾。

青海东部地区由于黄土发育，河流侵蚀切割作用强烈，滑坡、泥石流、崩塌以及山洪经常发生，由于自然变化和人类活动剧烈，地质灾害呈现频次增多、面积扩大的特点。1943年阴历正月初三青海省境内的黄河龙羊峡发生高速滑坡，滑坡体积2.7亿立方米，顷刻间冲滑位移2.6千米，堵断黄河，埋毁了河边林带及坡下的查纳村，毁田约66公顷，死亡213人。1991年为大旱年，青海东部地区发生突发性崩塌灾害4起，其中有2起发生在解冻期，其中有90%以上的崩塌、泥石流灾害是因人为经济活动改变天然状态的地质环境所造成。

除此之外，青海由于是牧业大省，牲畜病虫害十分普遍，病害类型繁多，牛、羊、马病害发生频次较高，主要病害有口蹄疫、羊痘病、牛肺疫、羊链球菌、牛出血性败血病以及羔羊痢疾等，例如，1979年在泽库县发生羔羊痢疾，一个县死亡羔羊14577只。全省发生的农作物病虫害面积也较广，随着全球气候变化，全省农作物病虫害发生频次在逐渐增加。

2. 区域分异明显，具有一定的周期性

青海境内地域单元差异性明显，人口分布相对集中，因此，自然灾害也具有显著的分异性规律。

青海东部的河湟谷地是青海省人口分布最集中、人类活动最活跃的地区，该区域面积约为3.5万平方千米，包括青海省西宁市、海东地区以及海北藏族自治州门源县，黄南藏族自治州尖扎、同仁县以及海南藏族自治州贵德县等共17个区县，占青海总面积的4.5%。该地区也是气象灾害、地质灾害、农业病虫害相对集中的地区。该地区的气象灾害在全省气象灾害总频次和受灾面积来看，均居于前列。1984—2009年，全省共发生洪涝587次，平均每年出现22次，其中，海东地区就发生成灾的有123次之多，其余测站虽记录发生洪涝，但成灾面积很小。1962—2002年，全省发生雹灾718次，其中海东地区就发生440次，占雹灾总频次的61.28%，发生频次最高地区为东部农业区的大通县，占总雹灾次数的11.7%。该区域的地质灾害也是全省最为集中的地区，1990—2010年，全省共发生各种突发性地质灾害455起。

青海省柴达木盆地属于永久性干旱地区，该地区地震灾害、沙尘天气以及环境灾害较为突出，柴达木盆地南、北两侧属于青海省祁连山和昆仑山两大断裂带，因此，地质构造活动强烈，地震发生频繁，1900—2008年，全省共发生4.7级以上地震242次，其中柴达木盆地地区及周边山地共发生地震50余次，占全省地震频次的20.7%。同时，由于柴达木盆地西沿地形的狭管作用，茫崖年均大风日数为110天，盆地东部的茶卡大风最多年份高达186天，柴达木盆地乌图美仁、诺木洪等地年均沙暴日为13天，最多年份达23天。除此之外，柴达木盆地周边绿洲山洪、干旱和雪灾还时有发生，但相对频次和受灾规模较小。

青海南部高原由于海拔高、活动断裂发育、河流众多、气候多变而严寒，因此，该地区地震灾害、以雪灾为主的气象灾害、以洪涝为主的水文灾害多发、频发，是青海境内多灾种复合区。青海境内晚更新世以来的活动断裂带共24条，除4条断裂带不活跃以外，其余20条均为活动断裂带，在这24条断裂带中，青海南部高原就有14条，其中13条均为比较活跃的活动断裂带。青南高原Ms≥5.0级地震集中发生在北羌塘地块，共和盆地南缘、鄂拉山地区成簇性集中分布，东昆仑断裂带、昆仑山口-达日断裂带地震分布密集，乌兰东-鄂拉山-温泉断裂带、乌兰乌拉湖-玉树断裂带、乌兰乌拉湖-昂欠断裂带是地震的高发区。1900—2008年，在全省发生的4.7级以上地震中，青海南部高原共发生117次，占全省地震频次的48.35%，是地震高发区域。2001年11月14日昆仑山口西发生8.1级地震为最大震级地震。2010年4月14日玉树地区发生7.1级地震，造成2698人遇难，11744人受伤，经济损失达7806亿元，地震灾害造成的损失最大。青海南部高原是全省雪灾高发区域，1961—2010年，青海境内共发生雪灾210余次，其中，50年间青海南部高原的玉树、清水河、杂多、囊谦一带，雪灾发生频次为15～20次，五道梁、沱沱河、班玛等地区雪灾发生频次为10～15次，比青海东部和柴达木盆地雪灾发生频次高出3～4倍。与此同时，1950—2010年青海全省共发生洪涝灾害280余次，其中青海南部约占洪涝灾害的20%以上，但造成的损失相对较小。

青海境内的自然灾害还具有很强的周期性，全省30年左右均有一次7.0级以上地震发生，而

6.0 级左右地震每隔 3～5 年就发生一次。气象灾害更具有鲜明的周期性，雪灾和旱灾基本为“三年一小灾，九年一大灾”，年内雪灾主要发生在秋、冬、春三季，而旱灾主要发生在春季，洪涝灾害每年主要发生在夏季，约占全部洪涝灾害的 83.3%，雹灾每年最多的是 6、7、8 月，占总雹灾频数的 89.83%，呈单峰型分布。

3. 增加趋势明显，成因多元复杂

青海境内自然灾害多样，但从发展趋势来看，至 2010 年，各类灾害都呈现增加趋势。1980 年以来，旱灾发生频次明显高于前 30 年，呈波动上升的趋势，1990—2000 年，旱灾频次陡增至 138 次。雹灾从 20 世纪 60 年代开始，呈现出明显的上升趋势，并在 1999 年出现雹灾极大值，全省共发生雹灾 61 次，2000 年以后雹灾增加趋势明显。1950—2010 年，雪灾极大值出现在 2000—2010 年间，为 111 次，说明全省雪灾发生更加频繁，并且雪灾造成的损失也不断增加。洪涝灾害在 1961—1970 年为 30 次，到 1991—2000 年陡增至 103 次，极端降水增加，洪涝灾害增加趋势明显。地质灾害也由于人类活动的强化及极端降水的增多，其数量从占 1940—1970 年自然灾害总数的 6.3%，增加至 1980—1990 年的 51.6%，呈明显增加趋势。地震灾害的频次虽然增加不明显，但是震级明显增大，2001—2010 年 10 年间，连续发生两次 7.0 级以上地震。农牧区和林区病虫害面积逐年扩大，由低海拔向高海拔扩散蔓延，病虫种类组成逐年增加，受害程度不断加重。其成因既有自然变化的因素，也有人为因素，尤其像鼠害、地质灾害、风沙灾害等，很难界定清楚。

第二节　主要自然灾害及时空分布

青海境内的主要自然灾害有气象灾害、地震灾害、地质灾害、水文灾害、生物灾害、环境灾害以及林草火灾等，环境灾害和林草火灾多数为非自然灾害。

一、气象灾害

青海境内对农牧业生产危害较为严重的气象灾害主要有旱灾、雪灾、雹灾、风灾、霜冻、寒潮以及连阴雨和雷电灾害等，本志书主要介绍旱灾、雪灾、雹灾和风灾等几种灾害。

（一）旱灾

1. 干旱成因

青海省深居内陆腹地，属于干旱半干旱气候区，因此，干旱灾害时常发生，主要威胁农牧业生产。青海境内降水时空分布极不均匀，柴达木盆地是青海省降水最少的地区，盆地内盐湖、荒漠和戈壁广布，本身区域内降水稀少，大多数地区属于永久性干旱地区；青南高原南部地区降水量相对较多，降水相对稳定，但是在特定年份由于气候变化，降水由于差异变化和不稳定而造成干旱，干旱发生频率较低；西部部分地区属于永久性干旱，而东部农业区受东亚季风的影响，平均降水量相对较多，但由于季节性差异降水和降水不稳定变化，导致干旱灾害发生频率较高，属于季节性干旱和降水不稳定干旱混合干旱灾害发生区域。

青海在北半球同纬度地区属于降水量最少的地区，且降水的时空分布不均匀。受西风带影响，降水大多发生在青藏高原西部地区，青海境内由西风带带来的降水极少，只有部分山地有零星降水与其有关；青海巴颜喀拉山以南的地区，受西南季风的影响，降水相对丰沛，但季节性差异明显，降水变率较大；青海祁连山地绝大多数地区受东亚季风影响，降水季节变化明显，降水变率较大。这样的气候特点使青海境内旱灾具有频发性和广发性的空间特点，并在季节上呈现出春旱最为频繁、其次为夏旱，且春夏连旱较少的时间分布特点。

青海境内年平均降水量呈东南向西北递减的规律，降水最多的地区为青海东南部果洛藏族自治州久治县，年平均降水量达到776.1毫米，由此向西北方向降水逐渐减少，至海西蒙古族藏族自治州冷湖镇，年平均降水量下降至16.7毫米，以河南-玛沁-清水河-杂多一线为界，以东以南地区受南亚季风和东南季风的双重影响，是青海年降水量最多的地区，年降水量普遍在500毫米以上。青海境内祁连山东段的门源、大通、互助北部、湟中、化隆一带，是青海境内降水量的次多区，年降水量达到500毫米左右，但黄河、湟水谷地由于受地形的影响，年降水量在260～400毫米。柴达木盆地腹地是青海降水量最少的地区，年降水量在200毫米以下，盆地边缘地带年降水量稍多，也仅在160～180毫米。

青海境内旱灾的发生，除了与降水的空间分布有关外，还与降水的时间分布关系密切。青海境内的降水时间分布主要表现在：降水时间集中，一般降水开始于5月上旬，结束于9月下旬，持续约5个月的时间，而10月至次年4月长达7个月的时间为旱季。青海境内5—9月雨季的降水量占全年降水量的79%～94%，10月至次年4月的降水量仅占全年降水量的25%左右，部分地区仅占全年降水量的5%，是典型的旱季，而这个时期正是土壤蓄水保墒、农田蕴藏底墒和春播保墒的季节，但因降水的季节性干旱，导致青海东部农业区“春旱年年有”。

青海境内内陆干旱半干旱气候造成的巨大蒸发量，是造成区域干旱的另一个重要原因。青海大部分地区年蒸发量远远大于降水量，地区分布有较大的差异，和降水分布格局相反，降水多的地区蒸发量小，降水少的地区蒸发量大，蒸发量由东南向西北递增。河南-玛沁-清水河-杂多一线以东以南的地区以及祁连山东段的门源、大通、互助、湟中、化隆一带是年蒸发量最少的地区，年蒸发量在1400毫米以下，向西北方向至柴达木盆地腹地，年蒸发量升高至2600～3500毫米，是青海境内年蒸发量最大的地区。青海境内除柴达木盆地之外，大多数地区年蒸发量在1600～2600毫米，黄河、湟水谷地稍多，在1700～2200毫米，年蒸发量最小的地方是果洛藏族自治州大武镇中心站，年蒸发量仅为118.4毫米，年蒸发量最大的地方为海西蒙古族藏族自治州察尔汗，年蒸发量曾达到3536.2毫米。

2. 时间变化规律

(1)年际变化

1950—2010年期间，青海全省共发生旱灾418次，平均每年发生6.97次，60年间有26年频次在平均值以上，有34年频次在平均值以下(图10-2-1)，历年的旱灾频次距平比呈波动性变化。

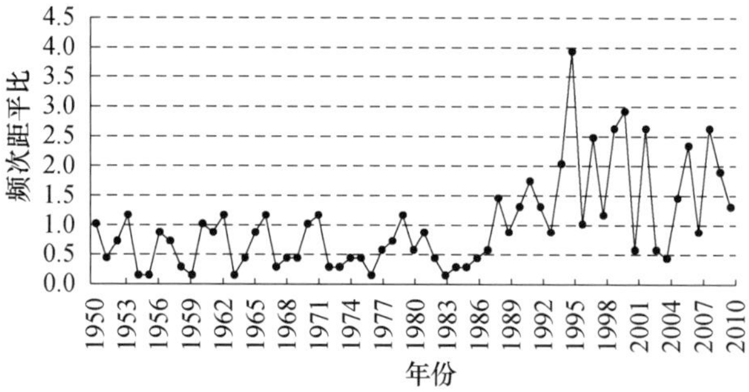

图10-2-1 1950—2010年青海旱灾频次距平比

在1980年以前的30年中，年际旱灾频次超过历年平均值，且存在着约3年的周期性变化；1980年以后的30年中，旱灾频次距平比明显高于前30年，年际旱灾频次始终处于波动上升的趋势。旱灾频次极大值出现在1995年，为28次。

从旱灾频次的年际变化来看，年代际的旱灾频次变化在前40年间相对稳定在40次左右(图10-2-2)，在20世纪90年代陡增至138次。后20年的年代际旱灾频次明显高于前40年，旱灾频次有明显增加趋势。

按照干旱灾害的标准，1950、1953、1956、1957年为旱灾年份，1953年为一个特大旱灾年；1960—1962年连续3年干旱，1965、1966年连续干旱，其

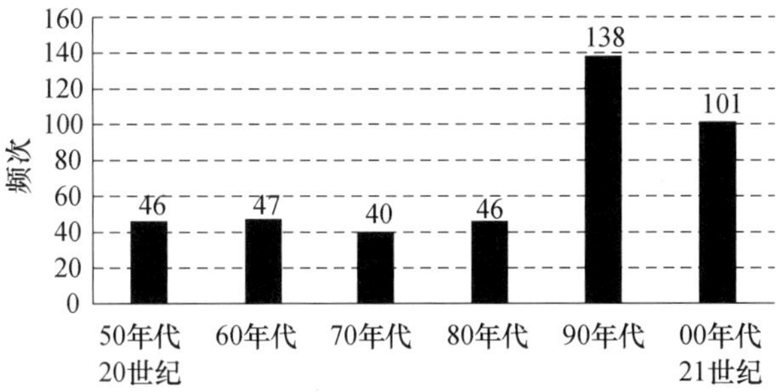

图 10-2-2　1950—2010 年青海旱灾频次年代际分布

中 1961、1966 年为重灾年份；至 20 世纪 70 年代，1970、1971 年连续 2 年发生旱灾，1979 年发生旱灾；80 年代除 1988 年的旱灾以外，相对平静，说明 20 世纪 70、80 年代旱灾相对轻微；青海旱灾的转折时期发生在 20 世纪 90 年代初，1990、1991 年是第一个特大旱灾期，连续两年发生特大旱灾，旱情较为严重，1994、1995 年又发生特大旱灾，年受灾率异常指数为 60 年中最高，1999、2000 年又连续 2 年发生特大旱灾期，旱情严重。进入 21 世纪以来，2002、2006、2008 分别发生干旱灾害，旱灾程度略有降低。

(2)年内变化

青海降水的年内分布极不均匀，降水时间多集中在 5 月上旬至 9 月下旬，持续约 5 个月时间，降水量占全年的降水量的 79%～94%，而 10 月至次年 4 月长达 7 个月的时间为旱季，关系到农田底墒和春播季节的降水量(即 10 月至次年 4 月)只占全年降水量的 25%。青海境内春季 3—5 月在农作物播种至分叶期发生的旱灾称之为春旱，因此，青海有“春旱年年有”的说法。1961—2010 年，全省春季出现干旱的年份共 15 次，概率为 30%；夏季 6—8 月出现干旱也是 15 次，概率为 30%；春季发生干旱后，又持续出现夏旱，这样的两季连旱共出现过 7 次，平均每 7 年发生 1 次，概率为 14%，该时段正是农牧业生产的全过程时期，旱灾直接影响农牧业总产量；秋季 9—11 月出现干旱的年份共 16 次，概率为 32%，此时大部分作物已成熟，危害不大，但秋季旱灾与次年春季旱涝有较好的相关性。1961—2010 年全省境内春、夏、秋季中旱及以上的年份分别占 14%、18% 和 14%；重旱以上的年份分别占 12%、6% 和 6%，大旱主要是春旱和春夏连旱为主，重旱主要发生在春季，中旱主要发生在夏季，秋季发生干旱的年份频率较高，但危害不大(表 10-2-1)。

1961—2010 年青海各季节干旱灾害发生频率

表 10-2-1

季节	干旱		连旱	
	次数	频率(%)	次数	频率(%)
春季	15	30	7	14
夏季	15	30		
秋季	16	32		
冬季	4	8		
合计	50	100	7	14

(3)变化周期

青海境内的气候虽然复杂多变，但是整体上在年内、年际变化中还是有一定的规律可循，因此，青海的旱灾时间变化上还是具有特定的周期性规律。1961—2010 年，青海省境内春旱大旱年(重旱及以上)分别是 1995、1980、1979、2000、1961、1962 年，共出现过 6 次(1995 年为特大旱年)，平均每 8 年发生 1 次大旱，而大旱年的 1961 年和 1962 年、1979 年和 1980 年连续 2 年出现大旱年，大旱年最短间隔 4 年，最长间隔 17 年；中旱年 1 次(1966 年)；春季出现的轻旱年共 8 次，分别是 1999、2006、1971、2001、1975、1978、1968 年和 1977 年。夏旱大旱年出现 3 次，分别是 1977、2002、2000 年(1977 年为特大旱年)，平均每 17 年发生 1 次；中旱年 6 次，分别出现在 1966、1965、2001、1982、1968、1990 年；而 1962、1984、1969、1971、1973、1996 年为轻旱年。春夏连旱分别在

2000、1962、1966、1971、2001、1968、1977 年，尤以 2000 年最为严重。秋季因降水量偏少而出现大旱的共 3 年，分别是 1991、1972、1986 年(1991、1972 年为特大旱年)，与夏旱相同，平均每 17 年发生 1 次，但强度较大；出现中旱的有 4 次，是 1970、1997、1993、1976 年，出现轻旱的年份分别是 2002、1979、1984、1998、1994、1996、1980、1987、1962 年。基本上存在每隔 3～5 年发生一次轻旱及以上旱灾，每隔 5～10 年发生一次大旱及以上旱灾，青海干旱灾害存在准 3 年、5 年、10 年的周期，和西北地区及青藏高原区干湿特征周期变化的降水周期基本吻合。

3. 空间分布特征

青海境内的旱灾多发地主要分布在东部及东南部地区，干旱不仅对青海省东部农业区农作物造成严重影响，而且对该地区的经济危害显著。每年 3—5 月的干旱主要发生在青海东部、东南部，向西北部减少，6—8 月主要发生在青海东北部的局部地区及玉树东部地区，9—11 月干旱多发地与 3—5 月基本相似，主要分布在青海的东部和南部地区。1950—2010 年间，青海东部农业区是发生旱灾最频繁的地区，青海省干旱灾害主要集中在河湟谷地，其中互助、乐都、民和和湟源是旱灾的高发区，旱灾发生频次在 20～37 次，极大值出现在乐都，60 年间共发生旱灾 37 次；湟中、尖扎、化隆和循化是旱灾发生的次高发区，旱灾频次在 12～20 次；其次是西宁、大通、门源、海晏以及海西州都兰县等地，旱灾频次在 6～12 次；青南高原、柴达木盆地以及青海北部地区均为旱灾发生频次较少的地区，旱灾频次在 3～6 次；囊谦、班玛、玛沁、同仁、泽库以及祁连为旱灾发生最少的地区，旱灾频次在 3 次以下(图 10-2-3)。

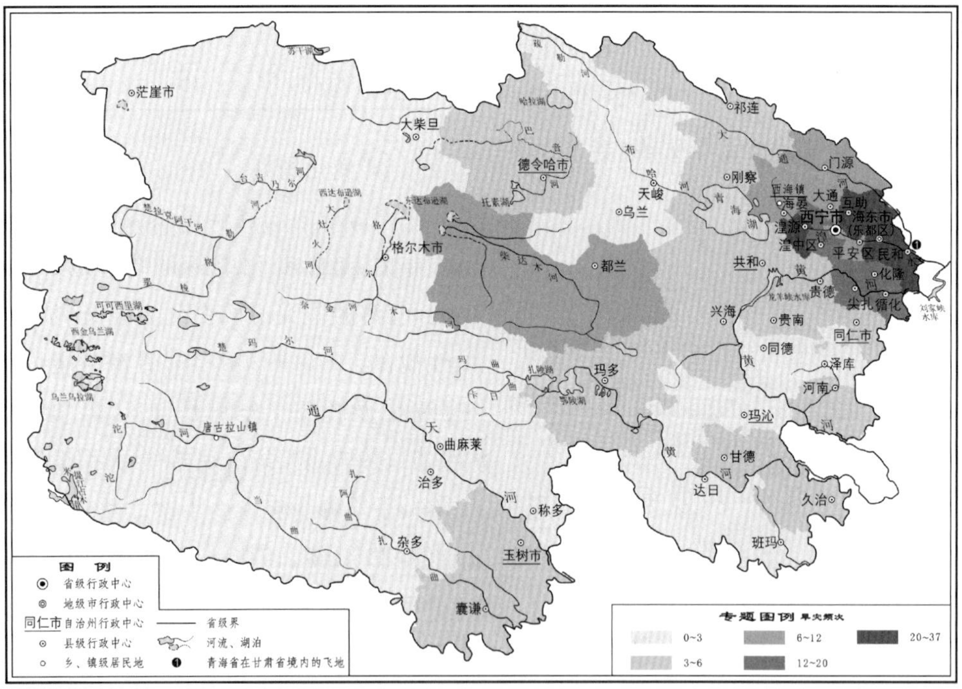

图 10-2-3　1950—2010 年青海旱灾频次分布图

青海省春旱的频率达 45%以上，其中以民和、贵德、循化 3 地最为严重。夏旱仍以河湟谷地最为严重，民和、乐都、西宁、循化等地夏旱出现的频率均在 30%以上，贵德夏旱出现频率为 25%，大通、化隆、互助、门源夏旱较轻，出现频率小于 10%，且均是轻旱，湟源干旱最轻。这主要是因为这些地区 6—8 月降水比较稳定，降水变率较小。春夏连旱仍以河湟谷地最为严重，民和、乐都、西宁、贵德、循化出现的频率均在15%以上。湟源、互助、化隆较轻,春夏连旱的频率分别是10%、8%和5%。全省春旱最为频繁,其次为夏旱,再次为春夏连旱。无论是春旱、夏旱或春夏秋连旱均以河湟谷地最重,尤其是民和、乐都、西宁、循化、贵德等地。2001—2008年间,青海东部(不包括门源县和贵德县)农作物平均每年受旱面积686平方千米,其中绝收面积228平方千米,平均每年受灾人口达78.1万,造成3.41万人饮水困难,直接经济损失平均每年达2.69亿元。

(二)雹灾

1. 冰雹成因

青海省因地处青藏高原,夏季副热带急流徘徊,加之地形错综复杂,地表性质差异很大,高山、极高山广布,地形起伏大,沟壑纵横,有利于形成强对流天气,从而形成冰雹天气,青海省各地年平均降雹日数为9.9天,仅次于西藏自治区各地年平均降雹日数的11.1天,远大于其他省份,成为国内雹日最多、降雹范围最广的地区之一。

(1)大气环流成因

青海省境内的冰雹性天气可分为:蒙古低槽型、西北气流小槽型、西北气流冷温槽型、高原小槽型、低涡切变型和副热带高压边缘型6种,前3种主要分布在东部农业区、祁连山区、柴达木盆地、环青海湖地区,后3种则分布在青海南部高原地区。2004—2010年,东部农业区的139个冰雹个例中,蒙古低槽型有54个,占个例总数的39%,西北气流小槽型有69个,占个例总数的50%,西北气流冷温槽型16个,占个例总数的11%;在祁连山区54个冰雹个例中,蒙古低槽型有24个,占个例总数的44%,西北气流小槽型有22个,占个例总数的41%,西北气流冷温槽型8个,占个例总数的15%;在柴达木盆地39个冰雹个例中,蒙古低槽型有17个,占个例总数的44%,西北气流小槽型有13个,占个例总数的33%,西北气流冷温槽型9个,占个例总数的23%;在环青海湖地区107个冰雹个例中,蒙古低槽型有42个,占个例总数的39%,西北气流小槽型有35个,占个例总数的33%,西北气流冷温槽型30个,占个例总数的28%。青海南部高原地区的120个冰雹个例中,高原小槽型最多,有55个,占个例总数的46%,低涡切变型有30个,占个例总数的25%,副热带高压边缘西南气流型有35个,占个例总数的29%。祁连山区、柴达木盆地、环青海湖地区冰雹天气的500百帕环流形势中蒙古低槽型最多,其次是西北气流小槽型,西北气流冷温槽型最少;东部农业区是西北气流小槽型最多,其次是蒙古低槽型,西北气流冷温槽型最少,青南地区冰雹天气的环流形势中以高原小槽型最多,其次是副热带高压边缘西南气流型,低涡切变型最少。

(2)海拔与地形成因

冰雹次数与海拔高度呈显著的正相关,海拔高度越高,年冰雹次数越多。青海境内海拔高度在1600～2000米以下的区域不多,这些地区的年冰雹次数不到2～3次,青海境内绝大多数地区海拔高度在2000～3200米,这些地区年冰雹次数超过4次,海拔高度在3200～3500米的地区,年冰雹次数更多,超过10次以上,但这些地区主要以畜牧业为主,冰雹危害不大。除此之外,青海境内地形也对冰雹的形成产生重要影响,多雹地区主要分布在高大山脉地区,如青海的达坂山南北麓、巴颜喀拉山南北两侧、唐古拉山北麓地区和柴达木、青海盆地边缘的山地,并按山脉的走向呈带状分布,形成明显的雹路;另外,青海境内的山系多呈西北-东南走向,山南为阳坡,山北为阴坡,阳坡接受太阳总辐射比阴坡大,易形成超绝热不稳定层结,积雨云发展较阴坡频繁而且旺盛,因此,青海冰雹日数在山脉阳坡多于山脉阴坡。青海境内的降雹日数一般在河谷两岸较少,例如,脑山降雹日数明显多于浅山和川水地区。

(3)气候成因

年冰雹次数与年平均气温呈显著的负相关,

青海地区年平均气温低，年冰雹次数多。青海境内约有90%以上地区的年平均气温在3.5 ℃以下，年冰雹次数在10次以上，年平均气温在3.5～6 ℃的地区仅集中分布在河湟谷地，年冰雹次数在4～9次，年平均气温在6 ℃以上的地方仅分布在黄河谷地循化盆地以下的地区，年冰雹次数相对较少，大致年冰雹次数在2～3次。降水对冰雹次数也有较大影响，年降水量小于250毫米和大于600毫米的地区冰雹次数较少，青海境内除柴达木盆地之外，绝大多数地区年降水量在250～600毫米，这些地区的年降水量与年冰雹次数呈正相关，降水量大，年冰雹次数也越多。青海境内降水最多的地区——青南高原，其降雹日也最多，年降雹日在10～15天以上；祁连山及青海湖周边地区降水量次之，年降雹日在5～10天；柴达木盆地年降水量最少，年降雹日数也最少，年均不足1天。

2. 时间分布规律

青海属高原地区，春、夏、秋季是对流云出现较为频繁的季节，扰动强烈，雷暴天气较为普遍，其中，雹灾多发、频发。

(1)年际变化

1950—2010年，青海境内各地区共发生雹灾956次，平均每年发生15.93次，60年间有23年频次在平均值以上，有37年频次在平均值以下。历年雹灾频次距平比呈波动性的变化(图10-2-4)，且大多数年份的雹灾频次低于平均值，雹灾发生频次自20世纪60年代开始，呈现出明显的上升趋势，在1989—1999年的11年中，全省共发生雹灾61次，并在1999年出现雹灾极大值。2000年以后，雹灾频次距平比继续呈波动性变化，呈现一年多、一年少交替周期性变化状态，2009年是进入21世纪以来全省冰雹次数最多的年份，其次是2005年和2008年。20世纪50—90年代的40年间，雹灾频次的年代际变化呈上升的趋势(图10-2-5)，在90年代，雹灾频次陡增，10年间共发生雹灾304次。21世纪10年代共发生雹灾176次，仅次于20世纪90年代，说明雹灾频次增加趋势明显。

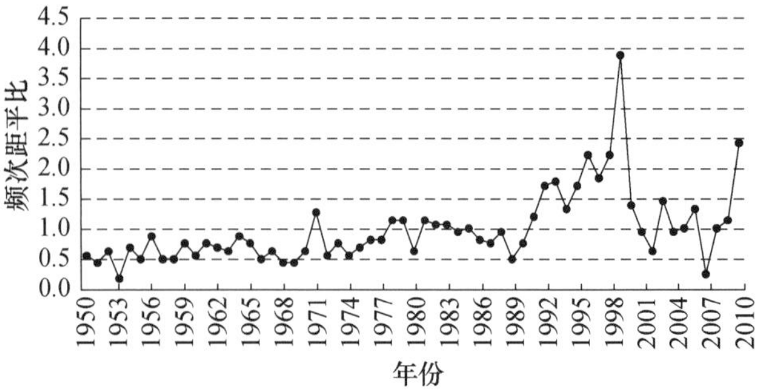

图10-2-4　1950—2010年青海雹灾频次距平比

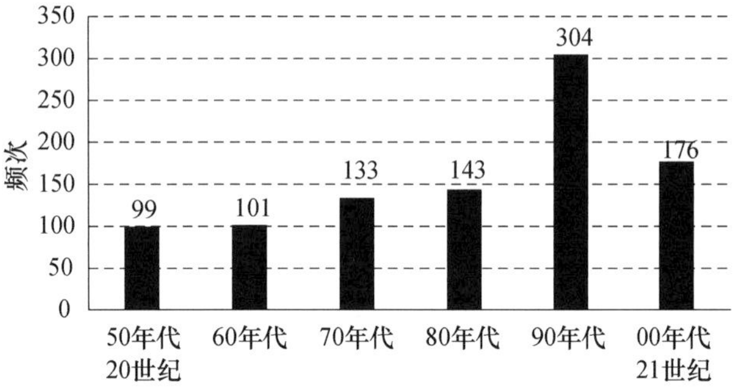

图10-2-5　1950—2010年青海雹灾频次年代际变化

(2)年内变化

青海境内冰雹灾害发生的时间主要集中在5—10月，冰雹灾害最多的月份是6、7、8月，占总雹灾频数的89.83%，一般在3月以前和11月以后基本没有冰雹出现。1962—2002年，青海省冰雹灾害属夏季多雹区类型，明显呈单峰型分布，各月中以7月最多，东北部区以8月最多，占总发生频数的35.79%，8月次之，为32.73%，6月为21.31%，5月为4.87%，9月为4.74%，10月最低，仅为0.56%(表10-2-2)。

青海高原夏季日照强烈，凌晨前后由于气温较低，不利于对流天气形成，午后对流发展旺盛，易在对流云中形成冰雹，而其他时间不易形成冰雹，因此，雹灾主要集中在午后14—17时，东部农业区在15时和16时出现冰雹最多，柴达木盆地冰雹主要出现在11—15时，祁连山区在14时和17时出现冰雹最多，环青海湖地区在14时出现冰雹最多，青南地区在15时和17时出现冰雹最多。

青海雹灾频次月变化

表10-2-2

	5月	6月	7月	8月	9月	10月	合计
东北部区	30	134	214	215	25	2	620
青南区	5	19	39	15	9	2	89
柴达木区			4	5			9
全省	35	153	257	235	34	4	718
百分比(%)	4.87	21.31	35.79	32.73	4.74	0.56	100

3. 空间分布特征

青海下垫面复杂，高山、极高山广泛分布，对流频繁，因此，沿着山麓地带形成一定的雹云路径，主要有达坂山南北麓地区雹路、拉脊山南北麓地区雹路、湟水河脑山地区雹路、唐古拉山北麓地区雹路、巴颜喀拉山南北麓地区雹路、昆仑山南北麓地区雹路、鄂拉山-青海南山雹路等，这些地区海拔高、温度低、对流上升强度较弱，因而雹径较小，时间短，但发生频繁。

青海境内以海北祁连山地区和青海南部高原的南部最多，雹日的高频区在青南的久治一带，年均雹日在25天左右，但形成雹灾损失不大；祁连山地为5～16天，河湟谷地为2～4天，由于雹灾经常伴随着山洪暴发，损失严重。因此，1950—2010年，青海省雹灾的高发区集中在青海东部农业区（图10-2-6），大通、互助、湟中和湟源是雹灾的高发区，年雹灾频次在72～116次；其次为西宁、平安、乐都、民和、门源、共和、兴海、同德、贵德、尖扎和循化是雹灾的次高发区，年雹灾的频次在39～72次；其次为刚察、海晏、贵南和河南等地，年雹灾频次在22～39次；青南高原和柴达木盆地的所有地区均为雹灾较少发生区域，年雹灾频次在22次以下。1962—2002年，全省年雹灾频次最高地区为青海东部地区，共发生440次，占青海省年总冰雹频次的61.28%，其次为海南州、海北州，分别为103次、77次，占总频次的14.35%、

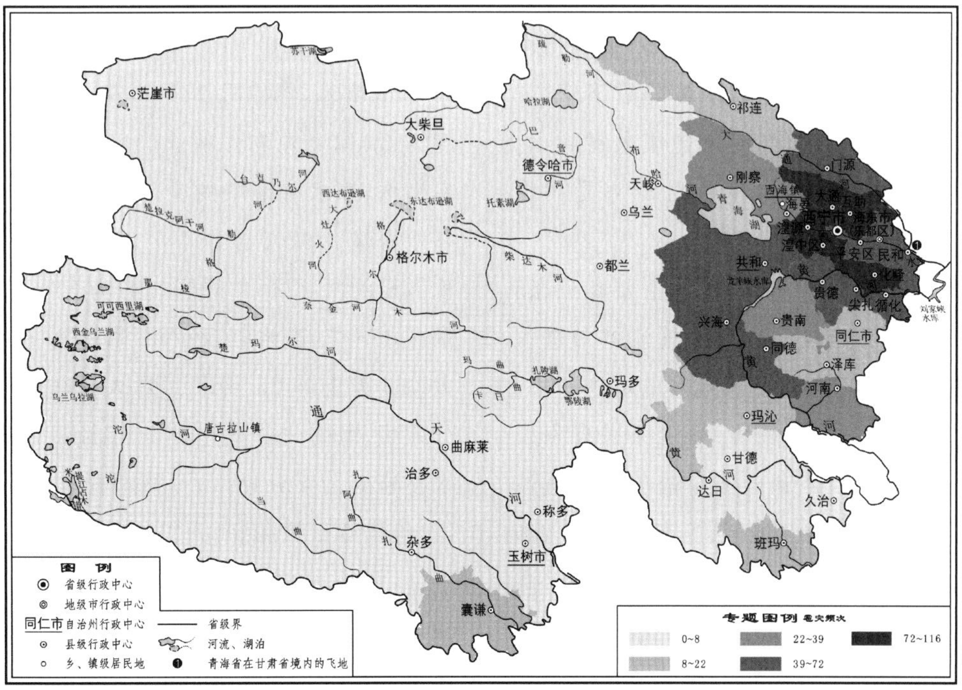

图10-2-6　1950—2010年青海雹灾频次空间分布图

10.72%，黄南州37次，占总频次的5.2%，玉树州18次，占总频次的2.5%，果洛州34次，占总频次的4.7%，海西州最少为9次，占总频次的1.25%。雹灾大部分集中在青海东部地区，这与各区的下垫面有关，青海东部地区是青海省绝大部分粮食和油料作物产区，青南地区则主要以畜牧业为主，柴达木地区大部分为荒漠、戈壁，有少量的种植业和畜牧业，因此冰雹发生在青海东部地区会形成灾害，而对青南地区的畜牧业不会造成多大影响。因此，青南地区雹灾成灾面积有限，损失小，变化趋势不平缓，青海东部农业区受灾面积广，损失大，并呈逐年上升趋势平缓，柴达木地区雹灾频数少，年际变化不大。

（三）雪灾

1. 雪灾成因

青藏高原是全国雪灾发生频次最高的3个地区之一，青海高原位于青藏高原东北部，雪灾是青海高原的主要自然灾害之一，青海高原南部地区海拔多在3500～4800米，是青海高原雪灾的多发区。每年10月中下旬至翌年5月中上旬，青海高原南部地区的玉树、果洛、黄南州南部、海南州南部等地区极易出现局地或区域的强降雪天气，加之气温偏低、积雪难以融化，时常造成大雪封山、大量牲畜死亡，使当地人民生命财产遭受巨大损失。

影响青海高原大雪的水汽通道主要有三条：第一条来自里海，由西风小槽西北气流携带进入高原，主要影响青海境内西北部地区的可可西里、昆仑山西北段以及祁连山西段；第二条来自阿拉伯海，由副热带高压西伸和西风小槽的西南气流所携带，主要影响青海南部地区；第三条来自孟加拉湾，对青海南部高原地区影响，也是由副热带高压前沿西南风作用的结果，特别是在秋末初春之际，受孟加拉湾风暴北上和西伯利亚冷空气东移南下等天气系统影响，北方冷空气入侵、南支槽的水汽输送和高原低涡或切变线等天气系统是酿成雪灾的重要原因。在冬、春季，影响青海高原南部地区的主要是来自青藏高原南侧，经孟加拉湾到达中国的西南印度洋水汽，还有一支是由南海进入中国华南，继而到达西南地区的东南太平洋水汽。这两支水汽流主要在低空，大致在30°N附近汇合，然后向北发散，可向上述雪灾发生高频区输送水汽。另外，西南水汽流还可以越过横断山脉，直接到达青藏高原东部牧区，而后由于受到巴颜喀拉山的阻挡而抬升，如果水汽充沛，巴颜喀拉山南缘和东麓地区（即青海高原的玉树、果洛、黄南州南部等地区）将发生雪灾。柴达木盆地是青藏高原最大的沉陷区，海拔相对较低，气温高，降水稀少，故极少发生雪灾。青海东部地区是青海高原海拔最低的地方，温度较高，虽然冬、春季降雪多，但积雪易融化，很难造成长时间积雪，因此也很少发生雪灾。

受气候系统的影响，青海境内的降雪量与积雪量是雪灾发生的最直接因素，全省降雪量与积雪量的空间分布不均，海拔3800米左右及以上的青南高原地区是降雪量与积雪量最高的地区，年降雪日数为110～185天，大部分地区降雪量为20～60毫米，年积雪日数60～147天，积雪最大深度为20厘米左右。祁连山区、环青海湖地区、海南南部、湟水谷地中的少部分高寒地区以及青南高原海拔在3700米以下的河谷地区，是降雪量与积雪量的次高区，年降雪日数为54～102天，降雪量在17～23毫米，年积雪日数28～82天，积雪最大深度为11～23厘米。柴达木盆地中东部的部分地区、海南州和黄南州北部的部分地区以及湟水谷地的大部分地区，是降雪量与积雪量的中间区，年降雪日数在55天以下，降雪量在30毫米以下，年积雪日数在49天以下，积雪最大深度为12～24厘米。柴达木盆地西部的干旱区和湟水谷地中气候较暖的部分地区，是降雪量与积雪量最少的地区，年降雪日数在41天以下，降雪量除西宁13毫米、民和18毫米外，其余地区均在10毫米以下；年积雪日数在 22 天以下，积雪最大深度除西宁 14 厘米外，其余地区均在 10 厘米以下。每年 10 月 15 日至 12 月 31 日发生的雪灾称为前冬雪灾；次年 1 月至 2 月发生的雪灾称为后冬雪灾；3 月至 5 月 15 日发生的雪灾称为春季雪灾。

2. 时间分布规律

(1)年际变化

降雪过程和雪灾是两个不同的概念，青海境内近半个世纪以来，受气候影响，积雪过程年际变化特点明显，1961—2010 年青海高原年平均降雪日数为 11～43 天，降雪日数及各量级降雪日数总体均无明显趋势性变化，但存在阶段性变化。降雪日数呈现“少-多-少”波动变化，尤其是 1999 年以来，年降雪日数明显减少，与 2010 年平均降雪日数相比，减少 4 天，其中 4 个分区的降雪日数存在差异，东部农业区及青海湖地区年平均降雪日数分别为 3～39 天、11～54 天，均呈减少趋势，减少率为每 10 年减少 0.1～1.7 天；青南牧区及柴达木盆地年平均降雪日数分别为 19～62 天、1～27 天，均呈增多趋势，增多率为 0.3～0.9 天每十年。从不同量级的降雪日数来看，年小雪日数全省为 7～27 天，总体无明显趋势性变化，其中东部农业区年小雪日数呈微弱的减少趋势，青海湖地区、青南牧区及柴达木盆地年小雪日数呈微弱的增多趋势，增多率为 0.1～0.7 天每十年；年中雪日数全省为 2～11 天，其中东部农业区、青海湖地区、柴达木盆地年中雪日数均呈微弱减少趋势，减少率为 0.1～0.5 天每十年，青南牧区年中雪日数呈微弱增多趋势，增多率为 0.2 天每十年；全省大雪及以上年平均日数为 1～8 天，其中东部农业区、青海湖地区年大雪及以上日数呈减少趋势，减少率为 0.3～0.5 天每十年，青南牧区及柴达木盆地年大雪及以上日数均呈微弱减少趋势，减少率为 0.1～0.2 天每十年。1961—2010 年间，全省降雪日数及小雪日数在 20 世纪 80 年代、90 年代处于偏多期，中雪日数在 80 年代处于偏多期，而大雪及以上量级日数 90 年代偏多，全省降雪日数及各量级降雪日数均在 21 世纪以来减少明显。

从雪灾的年际变化来看，1950—2010 年间，全省共发生雪灾 383 次（图 10-2-7），平均每年发生 6.38 次，60 年间有 26 年频次在平均值以上，有 34 年频次在平均值以下。全省历年的雪灾频次距平比呈波动上升的变化趋势，历年雪灾频次以 0.18 次每年的速率上升。年际雪灾频次极大值出现在 1993 年，为 22 次。全省雪灾频次的年代际变化，除 20 世纪 90 年代雪灾频次有微弱的下降外（图 10-2-8），年代际的雪灾频次以 18.31 次每十年的速率呈上升趋势，极大值出现在 21 世纪 00 年代，为 111 次，表明 2000 年以后的 10 年雪灾的发生更为频繁。

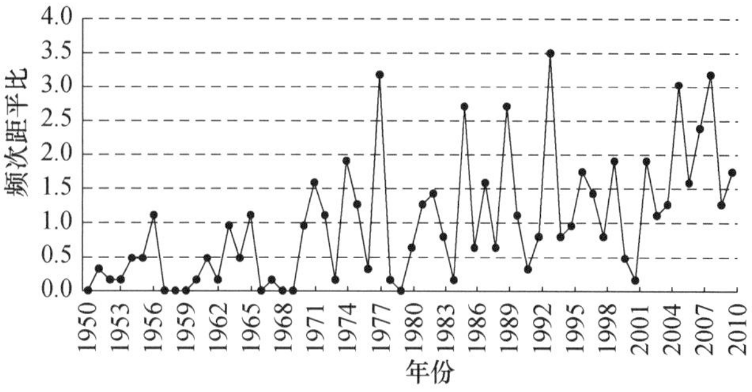

图 10-2-7　1950—2010 年青海雪灾年际频次距平比变化

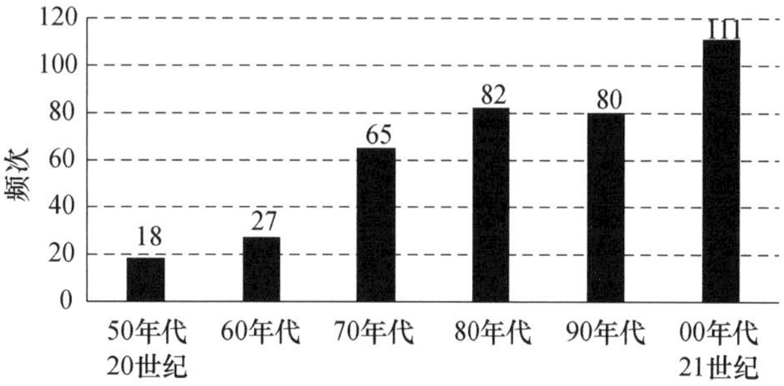

图 10-2-8　1950—2010 年青海雪灾频次年代际变化

20 世纪 60 年代至 2008 年，青海境内轻度雪灾呈现上升趋势，20 世纪 60 年代和 21 世纪前 10 年轻度雪灾发生处于相对低值，而 80—90 年代处于高值。1982年2月中旬至4月，青海高原大部地区出现持续降雪，造成玉树、果洛、海南州、黄南州及海西州地区发生雪灾，死亡2人，牲畜死亡达69.8万头(只)。中度雪灾出现频次与轻度雪灾一致，也呈现上升趋势，20世纪60年代和2001年后都处于相对低值，80—90年代处于高值。例如，1977年11月5—8日，海南州共和县江西沟、石乃海两公社遭受暴风雪袭击，积雪30厘米，山洼处积雪达70厘米以上，积雪日数达93天，解放军101农场近万亩油菜全部受损。此外，环湖地区的海西州天峻县有30万头(只)牲畜和1.7万余人受困，全县死亡各类牲畜1.2万多头(只)。重度雪灾出现频次也呈现逐年上升趋势，20世纪60年代中期、80年代中期及2001—2006年呈现低值，而70年代和90年代呈现高值。例如，2008年1月中旬至3月8日，青海高原出现大范围持续降雪天气，除西宁外全省33个县146个乡镇发生严重雪灾，死亡牲畜65.6万头(只)，经济损失达19.1亿元；2008年，中国南方大部分地区和西北地区东部遭受1949年以来罕见的持续冰冻雨雪天气。特大雪灾发生频次变化不明显，20世纪70年代特大雪灾发生频次出现一个小高峰，而90年代前期也出现一个相对小高峰，特大雪灾频次最多为每年2次。例如，1997年冬至1998年春，青海高原南部的果洛州降雪50余次，积雪深度20～30厘米，26个乡的130.7万头(只)牲畜受灾，死亡牲畜20.1万头(只)，冻伤1551人，患雪盲1130人，大甘、花吉、满久3条公路的交通被大雪阻断。由此可以看出，青海境内除特大雪灾以外，各等级雪灾发生频次均为上升趋势，20世纪90年代均有一个小高峰出现，90年代累计发生61次。

(2)年内变化

青海境内的积雪年内变化过程与季节降水过程密切相关，全省季节雪盖从9月中旬开始建立，从10月中旬至11月迅速发展，主要表现为积雪面积的扩展，到了12月至翌年2月中旬发展到鼎盛阶段，1月达最高峰。雪盖于2月中旬开始消退，消退过程缓慢持续到6月，4、5月由子降雪量有所增加还会出现小规模的扩展，积雪高度集中在隆冬季节，无论积雪量(雪深)还是积雪面积都是冬季(12月至翌年2月)最大，春季(3—5月)次之，秋季(9—11月)居第三位。冬、春、秋三季积雪量分别占全年的45.2%、28.0%和21.2%。大雪年与小雪年的差别也集中表现为隆冬月份积雪量的多与少。正常年冬季积雪鼎盛时期平均雪深为15厘米，最大积雪年达21.3厘米，最小积雪年仅10.4厘米。此外，冬季积雪量年变率也最高，秋季次之，春季列第三位。因此，青海境内的雪灾分布特点一般为冬季雪灾较多、春季雪灾较少，但重度和特大雪灾往往是秋、冬、春三季均发生雪灾。

3. 空间分布特征

青海境内雪灾在柴达木盆地和青海东部地区发生频次相对较少，玉树、果洛、黄南州南部、海南州南部及海西州东部等青海南部高原地区是雪灾发生的高频区，特别是以巴颜喀拉山南麓的清水河地区，是全省雪灾发生的高频区。

1950—2010年，青海境内雪灾的高发区在青南高原地区(图10-2-9)，其中，治多、杂多、称多、曲麻莱以及达日发生雪灾的频次最高，为32～41次；玉树、囊谦、甘德、久治、玛多和玛沁，以及海南州的河南县、海西州的都兰县和海北州的天峻县为雪灾的次高发区，雪灾频次在21～32次；其次是湟源，海北州的海晏和门源，海南州的共和、兴海和同德，果洛州的班玛以及海西州的乌兰等地，雪灾频次在14～21次；除此之外，柴达木盆地的西部地区和青海东部农业区的大部分地区均为雪灾发生较少的区域，雪灾频次在14次以下。

海西州西部、东部至海北州、海东地区等地为轻度雪灾的低频区，低值中心在海西州西部。海西州中部、玉树州东部、果洛州、黄南州南部等地区

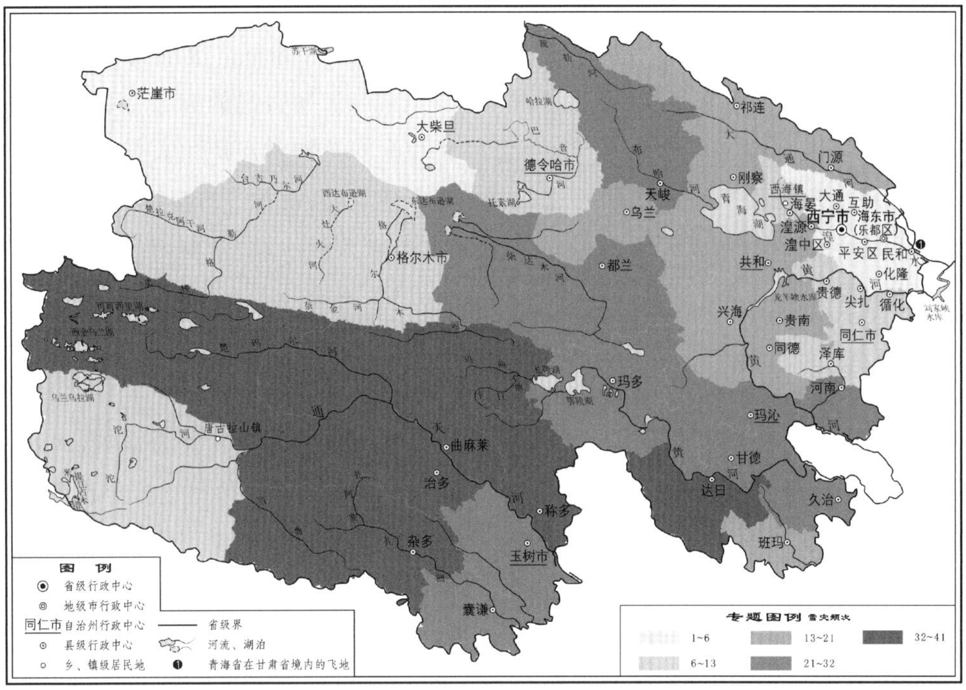

图 10-2-9　1950—2010 年青海雪灾频次空间分布图

为轻灾的高频区，高值中心在玉树州的清水河地区；中度雪灾出现高频区主要在海西州东部、玉树州中东部及果洛州，高值中心位于清水河、都兰、德令哈，低频区在海西州西部、玉树州南部和海南州、海东地区等地，低值中心在海西州西部，环湖及海东地区；重度雪灾出现高频区在海西州东部、玉树大部，高值中心在清水河、达日、德令哈、杂多，低频区在海西西部和海东地区；特大雪灾出现频次高值中心在清水河和杂多，全省大部分地区都为低频区。

（四）风灾

1. 风灾成因

青海境内由于大多数地区海拔高，尤其是青南高原和柴达木盆地地势平坦，大风天气多。青南地区大风的形成基本与高空急流的动量下传及冷暖空气的活动有关。

(1)动力原因

青海上空的急流随季节有明显变化，夏季高空急流区约在北纬 40°附近，而冬季约在北纬 30°以南，在青藏高原 10 月和 5 月是过渡季节，夏季急流较弱，位置偏北，到 10 月以后急流开始南移，500 百帕高空会形成两支急流，一支在北纬 37°附近，另一支在北纬 27°附近，青海省正处在这两支急流之间的区域中，因此，秋季多大风天气。境内的青南地区由于海拔较高，上空或附近地区 300 百帕高空的风速≥50 米每秒，500 百帕高空风速≥20 米每秒，在大气层结极不稳定时期，有利于高空动量下传，多形成大风天气。

(2)热力性因素

高空冷暖平流的活动，除能影响天气系统的加强和减弱之外，对大气层结的稳定性也有较大影响。当北方冷空气南下，或南方暖空气北上时，都会引起气压梯度的加强。当低层有暖平流，或非绝热性增温时，地面会有热低压发展，此时若高空有冷平流，则大气变得很不稳定，导致气流加速，形成吹风天气。

(3)地形因素

青海省地形复杂，地势高，多山地，当有天气系统过境时，遇特殊地形常使风力加大。地形的狭管效应容易导致大风天气。冬半年冷空气活动频繁，地面冷空气自西伯利亚而来，经新疆及河西走廊东南下，对青海境内北部祁连山地区产生大风天气，有时由南疆盆地先侵入海西地区再进入青南地区，再加上地形的影响，形成大风。

(4)大气环流因素

青海境内500百帕高空环流形势有蒙古冷槽型、巴湖低槽型、西风急流型、西伯利亚横槽型和西北气流型5个类型，1971—2000年，仅青海南部高原地区发生的42个区域性大风个例中，蒙古冷槽型有11个，占总数的26%；巴湖低槽型有12个，占29%；西北急流型有9个，占21%；西伯利亚横槽型有5个，占12%；西风急流型有5个，占12%。全省大风集中期主要受对流层中层西风带的影响，2月和3月北非和西亚地区副热带急流偏南和4月中层西风带偏南时，副热带气压沿急流轴呈带状负异常，促使青海境内春季大风天气偏多、大风集中期偏晚。反之，集中期偏早。大风集中度的大小与中亚和高原地区2—4月副热带急流强度有关，2月和4月副热带急流偏弱，3月急流偏强时，大风日数集中在3月，集中度较高。反之，各月大风日数增多且分布相对均匀，集中度较低。因此，全省冬、春季大风天气过程中，西风急流型更易产生全区大范围大风天气。

大风天气引起的灾害主要有两种，一是对人们生命安全和财产产生直接危害，造成人员伤亡以及建筑物、设备等的损坏；二是由于大风土壤剥蚀，携带大量沙粒、尘粒，形成沙尘暴等灾害性天气，产生间接危害。

2. 时间分布规律

(1)年际变化

青海省大风天气极为常见，1961—2010年青海境内大风日数整体呈现减少趋势，20世纪60年代初期大风日数较少，从20世纪60年代中期至70年代中期，全省大风日数呈增加趋势，20世纪70年代后期，大风日数开始减少，除1980、1984、1987、1992年大风日数较多外，但总体趋势是在波动中呈现出明显的减少趋势，20世纪90年代明显低于2001—2010年，大风日数从20世纪60年代的27天左右减少至2010年前后的14天左右，减少48.15%(图10-2-10)。1970—2010年间，沙尘暴天气也呈现减少趋势，每10年减少20.6次，沙尘暴的波动大于大风日数的波动，说明沙尘暴天气的产生并不一定需要大风天气，与下垫面的状况有较为密切的关系。

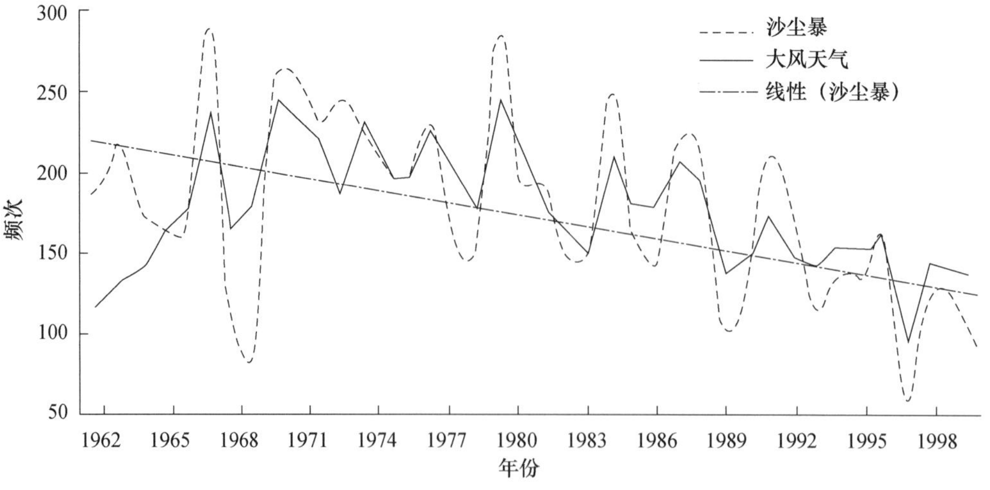

图10-2-10 1971—2000年青海大风天气与沙尘暴频次年际变化

青海境内大风日数最多的地区为青海南部高原的沱沱河，沱沱河的大风日数在20世纪50年代后期到60年代为100天左右，70年代到80年代中期为150天左右，之后到20世纪末为180天左右，大风日数呈明显上升趋势，并在1969年和1986年发生过两次突变。青南地区年平均风速呈波动减小趋势，但变化不明显，2000年以来仅减小0.03米每秒，玛沁、甘德、久治、河南、泽库等地区平均风速呈减小趋势，其他地区呈增加趋势。减小趋势最明显的是甘德，10年减小0.73米每秒，增加最明显的是玉树，10年增加0.52米每秒。柴达木盆地年平均大风日数也呈现显著减少趋势，1971—2010年，40年间减少幅度为每10年减少5.8天，其中，20世纪70年代为年均57.9天，到了80年代为42.8天，再到90年代下降为41.4天，21世纪初期减少至38.4天。柴达木盆地的平均风速也发生明显减小趋势，年平均风速每10年减小0.28米每秒，20世纪70年代年平均风速为3.53米每秒，到80年代减小为2.95米每秒，再到90年代减小为2.74米每秒，21世纪初减小为2.65米每秒，年、季平均风速均随着时间的增加而减小。

(2)年内变化

青海境内大风日数的年内季节分布主要集中在春、秋、冬三季，多分布在冬季和春季，夏季最少，春季大风日数占年平均大风日数的40%以上，这可能与冬季高原北支气流南移，高原冬季风加强，春季、秋季和冬季大风日数增加，青藏高原特有的季风变化关系密切。全省沙尘暴天气在2—4月最多(图10-2-11)，而且沙尘暴频次明显多于大风日数，与地面覆盖度少，产生沙尘暴的物源丰富有关，而夏、秋季沙尘天气较少，是由于地面湿度和植被增加，不利于沙尘暴的产生。

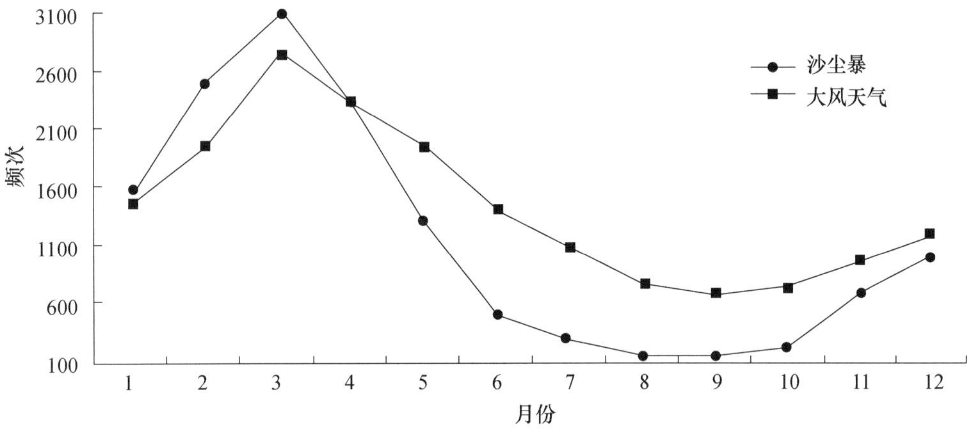

图10-2-11　1971—2000年青海大风天气与沙尘暴频次月份变化

青海南部高原地区，1981—2010年，年极大风速出现的时间比较分散，12个月均有出现，极大风速33.4米每秒出现在12月的清水河站，但近10年却多出现在2月。五道梁、沱沱河多年平均月大风日数3月最多，8月最少。除五道梁春季大风略少于冬季外，其余各地春季大风日数均多于冬季，夏季五道梁大风多于秋季，沱沱河、五道梁年大风日数基本在100天以上，沱沱河平均2天就有一次大风天气过程，1976年几乎每天都有大风天气，有时候一天甚至有两次以上的大风过程。1971—2010年，柴达木盆地四季都有大风天气出现，大风天气最多的季节是春季，占年大风日数的44.2%，夏季大风日数占全年大风日数的28.3%，秋、冬季是大风日数最少的季节，仅占年大风日数的13.4%和14.1%，格尔木地区年大风日数为19天，多年平均月大风日数3月最多，秋季多于夏季，8月最少。

3. 空间分布特征

青海高原是全国大风较多的地区之一。青海

年均大风日数以青南高原西部为多，在100天以上，可可西里地区超过125天，地处柴达木盆地西沿，由于地形的狭管作用，阿尔金山口的茫崖年均大风日数为110天，茶卡大风最多年份高达186天。大风还是沙尘暴出现的原因之一。青海省沙尘暴天气出现次数有2个明显的高值区，即以刚察县为中心的环青海湖地区和青南高原的西部地区(图10-2-12)。其中，刚察县在1950—2002年间累计出现580次，平均每年出现13.8次，1983年4月24日遭受风沙袭击，一昼夜内全县死亡羔羊15000只、成年羊2700只、牛170头。周边地区大风天气也经常发生，海北州祁连县托勒牧场1979年5月13—14日受狂风和沙暴袭击，两天损失绵羊2800余只，占全场绵羊总数的2.32%，倒塌和损坏房屋97间，同年4月，海南州共和地区出现大风天气，全县死亡牲畜27000余头(只)，当年羔羊成活率仅为32%，其中黑马河、江西沟个别羊群全部死亡。青南高原的西部高值区出现在长江源区的五道梁和沱沱河，年均沙尘暴日数分别为14.7天和13.7天，柴达木盆地南部的乌图美仁、诺木洪等地年均沙暴日为13天，最多年份达23天。

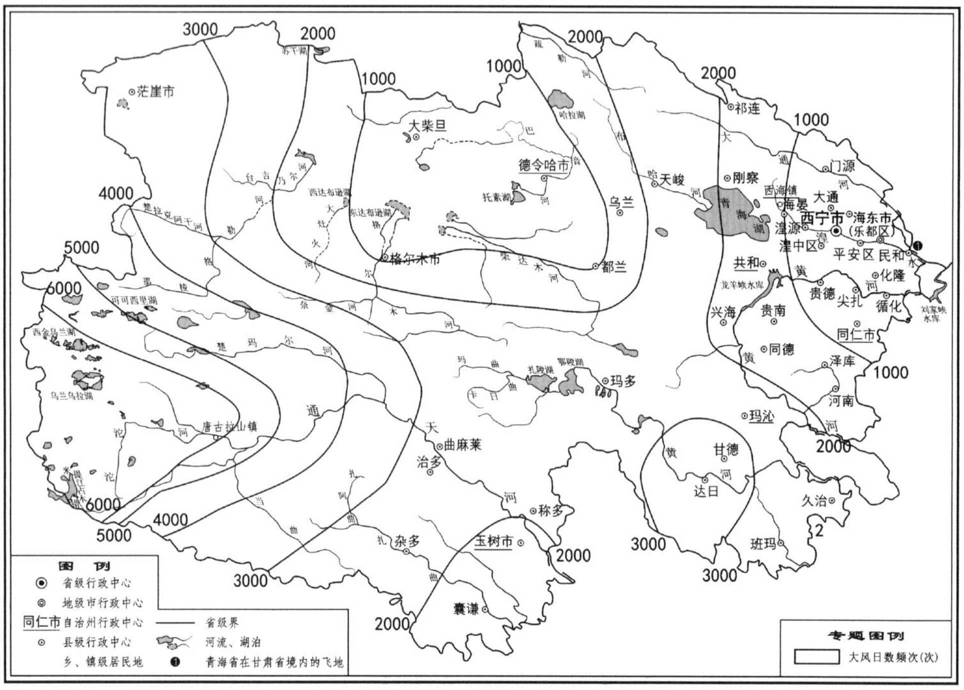

图10-2-12　青海大风日数频次空间分布图

1961—2010年，大风高值中心在可可西里沱沱河地区，40年间共发生6079次，年平均为151次，相对高值区范围较大，出现次数在2000次以上，主要是柴达木盆地到青海湖附近，从北部祁连山的托勒贯穿到南部的果洛、班玛，环青海湖和柴达木盆地的大风、沙尘暴占全省的67.9%；大风低值中心在青海境内的东部，最小值为尖扎，40年间共发生152次，另外2个低值区是玉树地区和柴达木盆地北部边缘，大风日数在1000次左右。

(五)其他气象灾害

1. 霜冻

青海农业区受轻度或者局地的霜冻年年发生，农作物损失惨重。1950—2000年，受霜冻冷害的农田面积在30万亩以上的年份有12年，其中，1961、1968、1983、1986、1987年受害面积在50万亩以上，粮食减产0.13亿～0.28亿千克。

2. 寒潮

青海省寒潮标准是指24小时日平均气温下降8 ℃以上，或者72小时日平均气温连续下降累计达8 ℃以上的天气。青海省寒潮天气主要有三条路径进入青海境内。一是发源于西伯利亚西北部北冰洋附近的强大冷气团侵入中国新疆北部后，因受天山、阿尔金山和祁连山的阻挡，其主流向东南沿河西走廊推进，该股冷空气的一部分流入甘肃、青海两省交界的河湟谷地后，沿河湟谷地倒灌进入青海东部地区，造成东部地区的寒潮天气。若冷空气较强，则会南压扩展，影响到青海南部地区，造成青海南部的寒潮天气。二是入侵北疆的冷空气在天山以北堆积，达到一定程度后翻越天山、阿尔金山进入柴达木盆地，后东移南压，造成青海省较大范围的寒潮天气。三是冷空气从帕米尔高原经西藏北部直接侵入青海南部地区，有时也会影响柴达木盆地地区。青海省寒潮区域大致可划分为青海南部和青海北部。在1961—1985年的25年内，青海南部共出现59次寒潮，平均每年出现2.4次，主要发生在冬季12月至翌年1月；青海北部共发生68次寒潮，平均每年2.7次，主要发生在春季4—5月。

3. 雷电

青海省境内年雷电日数的空间分布呈由东南向西北递减，多雷电中心在青南地区东南部至南部的久治县、班玛县、囊谦县和杂多县一线，年雷电日数在70天以上；除上述4县之外的青南地区的其他地区、祁连山区、环湖地区和东部农业区海拔较高的山区等，年雷电日数在40～70天。柴达木盆地中东部地区、西宁市以东的河湟谷地地区，年雷电日数在15～40天。

4. 连阴雨

青海省地方标准规定：连续阴雨5天(期间日平均总云量≥8成)或以上，且过程总降水量≥10毫米，期间不能出现两个无雨日，季降水量不得＜0.1毫米。

青海省连阴雨天气自东南向西北呈阶梯性递减趋势，与青海省年降水量的空间分布极为一致，青南高原东南部的久治县、班玛县、囊谦县等地，由于受西南季风影响明显，加之高原本身的热力抬升作用，致使这一带低涡、切变活动频繁，成为境内年降水量最多、连阴雨天气也最多的地区。1961—2000年的40年间，累计出现120次以上的连阴雨天气，平均每年出现3次以上；青南其他地区40年间出现连阴雨70～120次，平均每年出现1.8～3.0次。柴达木盆地由于四周高山环绕，地形闭塞，越山后的气流多为冷干空气，且下沉作用明显，是青海省年降水量最少、连阴雨天气最少的地区。除盆地东南沿40年连阴雨出现10～30次外，西北部均在10次以下，其中以冷湖为最少，40年来出现过1次连阴雨天气。同样，由于地形作用，青海东部的门源、大通、湟中、湟源、化隆等地是省内年降水量的次高区，连阴雨天气相对较多，40年间出现50～70次；东部地区的循化县等地是省内年降水量的次低区，连阴雨天气出现相对较少，40年出现30次，除上述地区以外的其他省内地区，连阴雨天气40年间出现30～50次。

二、水文灾害

(一)洪涝灾害

1. 洪涝灾害成因

青海境内河湟谷地的洪涝灾害由来已久，中国大多数历史文献中均有记载距今4000年前黄河流域发生的洪涝灾害。青海境内黄河沿岸民和县喇家村的地层中就记录了当时大洪水的遗迹，这次记录是发现最早的青海境内洪水历史遗迹。历史上，由于人类居住在河流沿岸，易受洪涝灾害的危害，因此，洪涝灾害被称之为“五害”(水、旱、风雾雹霜、瘟疫、虫)之首。在清代的200多年历史中，全省各地发生的自然灾害种类中，洪水灾害记录最多。

(1)气候因素

青海全境虽处于暖温带，夏季由于东亚季风

和印度洋孟加拉湾上空暖湿气流尾闾的影响，水汽来源相对充沛。全年降水有85%集中在5—9月，在青海南部高原地区，孟加拉湾暖湿气流于5月到达省境内，由南向北推进，由于地势的抬升作用，形成降水天气，9月到达最北端的巴颜喀拉山一带后，又折向南，快速后退，一进一出，形成大量的降雨过程，因有时湿暖气流强盛，降水变率大，极易造成山洪暴发，而形成洪涝灾害；在青海东部地区，一方面，东亚季风的暖湿气流在5月中旬到达省境，由于地形的抬升作用，产生降水天气，另一方面，西伯利亚冷空气顺河西走廊南下时，往往沿湟水河谷倒灌，冷锋过境频繁，使青海境内的河湟谷地地区在7—8月集中出现暴雨天气，由于年内降水分配不均，导致这一地区的洪涝灾害频发；柴达木盆地降水天气主要集中在盆地边缘的山地地区，由于盆地和周边山地温差大，容易形成强对流天气，易形成山地暴雨，但由于人口稀少、水汽含量不足等原因，洪涝灾害损失较小。青海南部高原和东部河湟谷地地区的降水天气，在较强冷锋的作用下，易形成暴雨天气，因此，这两个地区是全省暴雨出现最多的地区，暴雨笼罩面积一般为几百平方千米，小者仅几十平方千米，历时一般小于12小时。除此之外，青海境内的洪水还经常和冰雹过程伴生在一起。

(2)地形因素

青海境内由于高海拔地势和山地地形的阻隔，全年秋、冬、春三季降水稀少，5—9月暖湿气流到达青海境内后，在高海拔地势对气流的抬升作用下，形成山体效应而产生降水，暖湿气流强，爬升速度快，易产生暴雨型洪水。与此同时，青海省河流众多，沟谷发育，由于地形和气候的影响，夏季反射率较大，低谷受热多、增温快，常使大气层处于不稳定状态，形成对流，再加之地形对气流抬升和对锋面的阻拦作用，易形成暴雨天气。全省暴雨中心大部分出现在通天河干流、澜沧江干流以及黄河干流和湟水、大通河支流中下游等河谷地区，这些地区上游积水面积大，支流众多，河流流程短，坡度大，再加之青海大多数地区植被盖度低，有些地区甚至是裸露的土地，难截蓄径流发生，地表易产生径流，而且大多为超渗产流，径流形成快，汇流迅速，历时短，洪峰陡涨陡落，峰形尖瘦，来势迅猛，时伴有泥石流发生。

2. 时间分布规律

(1)年际变化

1695—1949年，青海境内特大洪涝灾害平均30年发生1次，较大洪涝灾害10～15年发生1次，一般洪涝灾害几乎每年都有。1950—2000年，洪涝灾害每年都有发生，较严重的有9次，其中有6次发生于20世纪90年代，平均每年遭受洪涝灾害380平方千米，1992—2000年，全省累计有0.31万平方千米农作物遭受洪涝灾害，平均每年遭受洪涝灾害340平方千米。1950—2010年，全省境内共发生洪涝灾害389次(图10-2-13)，平均每年发生6.48次。20世纪50年代初期青海省洪涝灾害发生频次开始有所增加，60年间有22年频次在平均值以上，有38年频次在平均值以下。1960—1975年间，历年的洪涝灾害频次距平比均处于平均值以下，这一时间段内洪涝灾害的发生相对较少。1974—1984年洪涝灾害频次在平均值上下波动变化，随着1996年前后全省境内降水格局的突变，1995—2010年，洪涝灾害发生频次明显增多，而且频次的年际波动性明显增大，年际洪涝

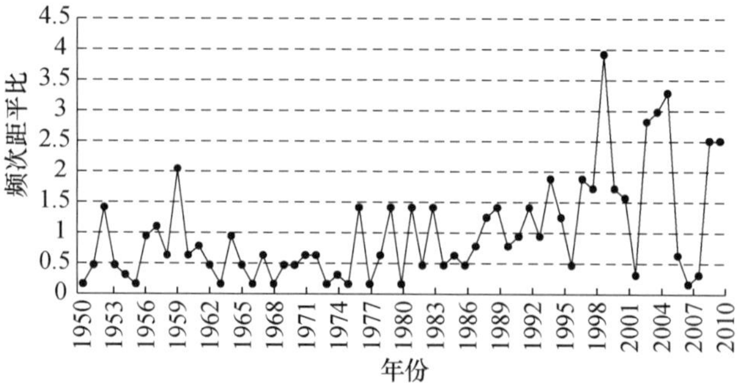

图10-2-13　1950—2010年青海洪涝灾害频次距平比

灾害频次极大值出现在1999年，一年内共发生洪涝灾害26次。20世纪60年代的洪涝灾害频次为30次，较50年代的53次有所下降，但在随后的40年中均呈现持续上升趋势，并在90年代陡增至103次，随后21世纪00年代洪涝灾害的频次也比90年代要高(图10-2-14)。

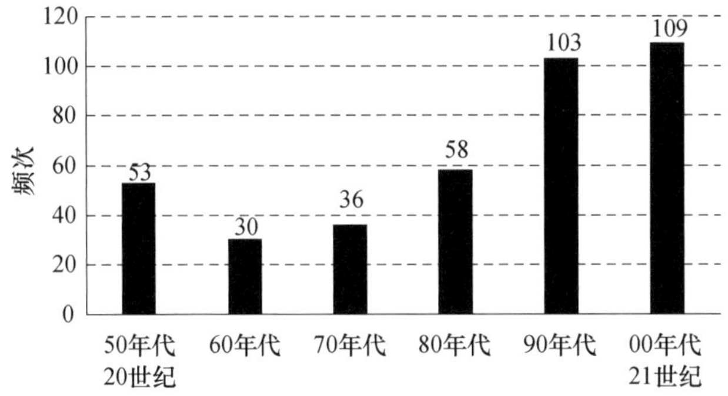

图10-2-14　1950—2010年青海洪涝灾害频次

(2)年内变化

按月份来看，1960—2000年间，全省6月累计出现的洪涝灾害频次占全部洪涝灾害频次的10.84%，7月占31.22%，8月占40.51%，9月占12.51%，这4个月中累积出现的洪涝灾害频次占全年总次数的95%以上，其中7、8月的次数之和占全年总次数的70%以上。因此，全省境内洪涝灾害主要集中出现在4个月内，其中各地洪涝灾害在7、8月集中出现，6、9月相对较少。此外，洪涝灾害出现在夜晚的次数要多于出现在白天的次数，主要和青海地区多夜雨有关。按季节来看，全省洪涝灾害发生频次最高的是夏季，1950—2010年(图10-2-15)，夏季(6—8月)发生的洪涝灾害频次占83.3%，秋季(9—11月)和3—5月分别占8.1%和7.8%。夏季洪涝灾害主要由强降水天气造成，秋季主要由连阴雨天气造成，春季主要由冰雪融水和过程性降雨造成，全省3—8月形成的洪涝灾害频次占全年的97.1%，冬季基本不会产生洪涝灾害。

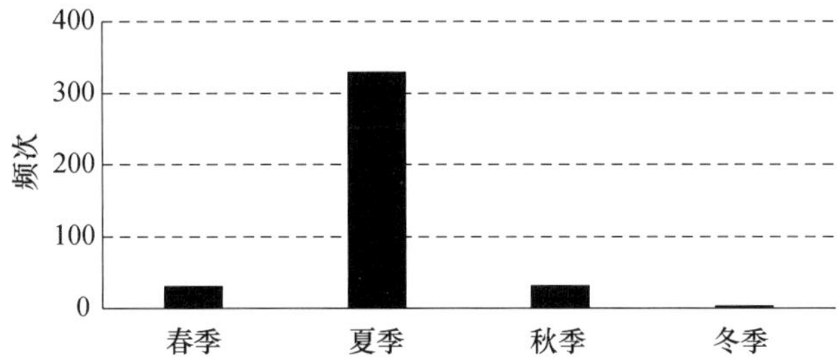

图10-2-15　1950—2010年青海洪涝灾害季节变化

3. 空间分布特征

青海境内不同强度降雨日数总体呈由东南向西北递减的趋势。柴达木盆地降水日数最少，年均降水在80天以下，年均中雨日数在7天以下，是青海降水日数最少的地区。青海南部高原的囊谦县、达日县、班玛县、久治县、河南县以及祁连山地区的门源县、大通县、湟中县和西宁市为年均中雨日数最多的地区，都在年均14天以上，年累计强降雨日数省境内西北部是最少的地区，累积不足4天，东部农业区、青海湖地区以及青海南部高原的久治县、河南县、泽库县等地区年累计强降雨日数最多，累积在30天以上，与其他强度降水日数不同的是，东部地区尽管小雨、中雨日数偏少，但强降雨日数偏多，受其影响，东部地区发生的暴雨型洪涝灾害也较其他地区多。由此看来，青海省暴雨洪涝灾害主要集中在青海省东部地区，其中互助、湟中、大通、西宁等地区为最高，其次为青海东部其余地区及环青海湖地区为较高，青海境内的中部及西南部地区为中等，境内的西部地区为最低。

1950—2010年，全省境内洪涝灾害主要集中发生在东部地区(图10-2-16)，其中湟中、湟源、贵德、化隆、民和以及互助等地区是洪涝灾害发生频次最高的地区，60年间共发生33～43次；都兰、共和、兴海、贵南、西宁、大通、乐都以及循化等地区是洪涝灾害发生的次高区，发生频次在24～33次；柴达木盆地的德令哈、乌兰以及黄河流域的同德、同仁、尖扎、平安等地，发生频次在15～24次，相对较少；除以上地区外，其余地区由于人口稀少，生产活动较少，强降水天气会形成山洪，但洪涝灾害发生较少，累积洪涝灾害发生频次在15次以下。

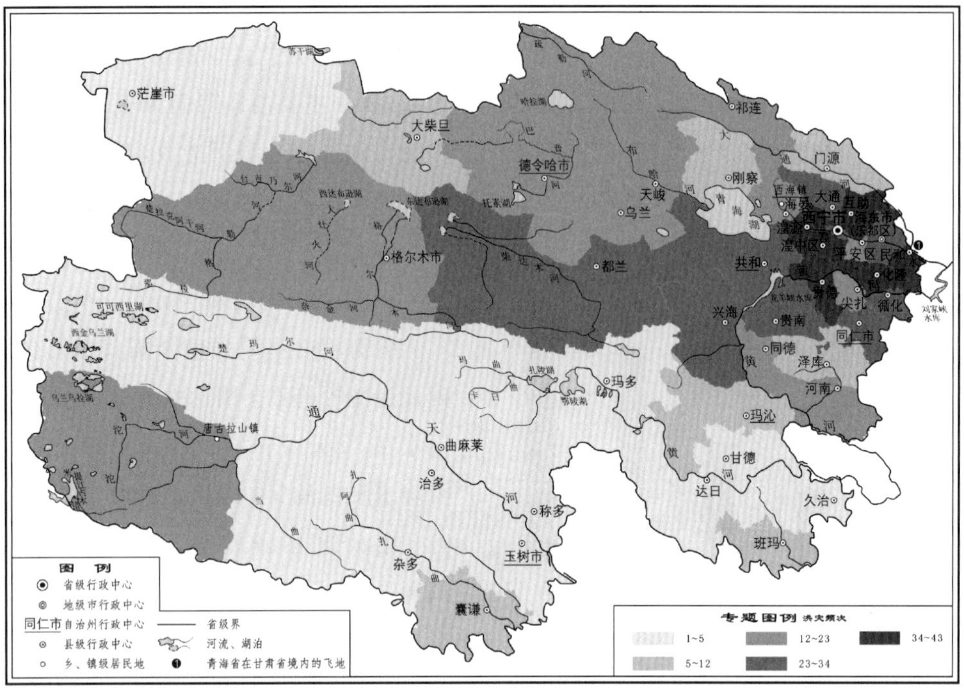

图 10-2-16　1950—2010 年青海洪涝灾害频次空间分布图

(二)其他水文灾害

青海境内除暴雨、溃坝、渍涝等水文气象灾害以外,还存在如下几类水文灾害。

1. 地下水位上升

青海境内的地下水位上升易引起大面积的土壤次生盐碱化,造成农田弃耕、地面下沉、公路交通中断、铁路路基下陷和盐渍化等,地下水位的上升使得土地沼泽化及盐渍化加重,使城镇建筑物遭到损坏。此类灾害主要分布于青海境内柴达木盆地,其次是茶卡及共和盆地,另外东部农业区也有零星分布。1972 年由于在格尔木河修建水库,蓄水后因水库的渗漏和调蓄作用,格尔木河渗漏量急剧加大,地下水位抬升,造成格尔木市大面积房屋倒塌,并对交通主干线造成严重影响。德令哈、乌兰、都兰等地也曾因地下水位抬升造成严重灾害,20 世纪 60 年代,德令哈、诺木洪等地将以地下水为灌溉水源的大面积耕地弃耕,加之自然降水的增加,地下水位上升,造成各地土壤盐渍化加重,大面积耕地因盐渍化而无法耕种,土地产量急剧缩减,各地农户被迫搬迁。

2. 地下水质污染

地下水受污染后,由于水本身的自净作用,水质有可能逐渐恢复,一旦水质污染程度超过水体自身的自净能力,则会使地下水的水质下降,危害人体健康或破坏生态环境。造成地下水污染的原因可分为自然原因和人为原因。自然原因一般由地质环境和自然灾害等因素引起,青海省由于自然原因造成的地下水质污染的影响较小,而更多地表现在人为原因造成的地下水质污染,如海晏县化工厂造成的六价铬污染、湟中县石油库造成的油泄漏污染、化隆县及乐都县由于采金造成的氰化物污染等,均对该地的地表水及地下水造成严重的污染。

3. 地下水资源枯竭

地下水资源的枯竭主要表现在地下水位的不合理下降上。地下水资源的枯竭也有自然原因和人为原因造成的情况。例如,西宁市南川新安庄由于水源地及其上游新近系地层基底不断抬升,河流不断下切，导致补给长度及厚度变小，造成补给量不足，从而造成地下水位不断下降。而平安县沈家-白家-新庄水源地，由于上游修建水库调水，导致下游水源地的补给条件发生变化，河水流量减少、断流期加长，造成地下水补给量减少，地下水位下降。

三、地质灾害

（一）滑坡、崩塌和泥石流灾害

1. 灾害成因

青海境内的滑坡、崩塌和泥石流灾害基本集中分布，其成因具有一定的相似性。2005年全省24个县（市）的滑坡、崩塌和泥石流等地质灾害隐患点有2302处，涉及57036户，威胁人口282631人。

（1）地质成因

青海境内山地广布，地质构造复杂，构造活动强烈，断裂发育，区域性断裂延伸数十至数千米，断裂破碎带或影响带宽度数百米至数千米，沿破碎带地震较多，近地表岩层结构面发育，岩石风化强烈，软弱松散地层分布面积广，地质环境脆弱，岩体稳定性差，为滑坡、崩塌和泥石流等灾害发育和发生创造了条件；同时由于挤压隆升和河流深切，山地地貌发育普遍，青海境内南、北多基岩山体，东部多黄土丘陵，山地沟深壁陡、河网密布，丘陵地形破碎、临空面发育，其特有的陡峻地形增强了滑坡、崩塌和泥石流发生的可能性，为突发性地质灾害的发生和发展提供有利的内营力条件和基础。青海境内的滑坡与地层岩性也有密切关联，全省共有主要滑坡671个，特大型滑坡156个，占总数的23.2%。其中，黄土滑坡337个，特大型36个，占该类型滑坡总数的10.7%；堆积层滑坡88个，特大型3个，占该类型滑坡总数的3.4%；基岩滑坡246个，特大型117个，占该类型滑坡总数的47.6%；新近系红色碎屑岩特大滑坡89个，占基岩特大滑坡总数的76.1%。因此，青海省新近系红层是特大型滑坡发育的主要地层。

按地貌类型来看，青海境内的地貌可分为丘陵、低山、中山和高山4种类型，青海东部地区地质灾害绝对发生量以中山地貌为最多，多达336处，占青海东部地区地质灾害总量的36.52%，其次为低山地区，达32.50%，丘陵地区为28.48%，最少为高山地区，仅为2.5%。从地质灾害的密度来看，丘陵地区地质灾害密度最高，每100平方千米为8.61个，其次为低山地区，每100平方千米为7.39个，中山地区为每100平方千米4.16个，最低为高山地区，每100平方千米仅为3.58个。该地区大多数滑坡发生在黄河谷地附近相对高程差为49.57～1123.14米的山地周围，其中以乐都县、化隆县和民和县境内最密集；泥石流主要发生在湟水谷地相对高差为121.10～867.33米的地区附近；崩塌主要分布在湟水和黄河流域谷地相对高差78.83～1123.14米的地区附近。除此之外，坡度和坡向也对地质灾害有较大的影响，滑坡灾害多发生在6°～25°的缓坡和斜坡，占滑坡总数的41.49%～50.29%；泥石流主要分布在36°～45°的急坡，约占泥石流总数的66.67%，发生在6°～25°坡地的仅占15.0%左右；崩塌主要分布在26°～35°和6°～15°的坡地，分别占崩塌总数的49.19%和42.55%。青海东部地区东南向坡体上的地质灾害最多，达395处，占全区域灾害总量的42.93%，多于东北向坡体的237处，其次是西北向坡体上的地质灾害数量，为162处，最少是西南向坡体的地质灾害，仅为126处。东北向坡体每100平方千米有7.42个地质灾害，为最高，东南向坡体每100平方千米有6.17个，西南向坡体每100平方千米有5.19个，西北向坡体每100平方千米仅为4.28个。

（2）降水成因

青海境内突发性地质灾害与降雨量关系密切，全省多年平均降雨量为285.6毫米，降雨主要集中在5—9月，地质灾害也主要发生在这段时期，尤以7、8月最为集中。除此之外，青海境内降水垂直分带明显，时空分布不均，暴雨多而集中，河流枯、丰流量悬殊，所以在边坡稳定性较差的地区，降水作为外因条件，通过机械触发导致滑坡、崩塌和泥石流发生。降水通过产生大量的地表水，雨水进入岩土体后增加坡体的重量，起加载作用；再通过水体浸泡软化易滑地层，形成黏泥薄层，使抗剪强度大幅降低；土体的孔隙和岩体的节理裂隙被水充满和饱和，在增加动力水和静水压力的同时，降低有效应力，地质灾害与间断累积降水量关系密切，间断累积降水量越大，引发地质灾害的可能性就越大，因此，青海境内这种干湿交替导致岩土体开裂，使更多的降水进入坡体，导致滑坡、崩塌和泥石流发生。青海东部地区年降水量大多在250～500毫米，且主要集中在夏季的6—8月，占全年总降水量的56.4%～65.2%，该区域夏季的地质灾害发生量占年度总灾害量的70%以上，其中，滑坡灾害占总量的47.8%，崩塌和泥石流分别占12.4%和39.8%。地形对降水量会产生影响，随着海拔高度升高，降水随之增加，山地迎风坡降水量多。青海东部的山地、丘陵地区，大多数为中山地区，最大降雨量出现在相对高程差为785～900米的中山区，越过此高度后，降水量又随着高度的增加而递减，因此，这些地区极易发生滑坡、崩塌和泥石流。

(3)地表覆盖因素

青海境内大多数地区为干旱半干旱地区，冻土、盐渍土和黄土等特殊土类发育，加之大多数地区人类活动剧烈，耕地、草地等土地利用方式粗放，导致植被盖度较低。青海境内山地地质灾害绝大多数发生在无植被区域，青海东部地区无植被区域地质灾害达到394处，每100平方千米多达9处，为最多，占区域地质灾害总量的42.83%；其次为中覆盖度区域，有347处，每100平方千米多达3.94处，占37.72%，其总数高是因为面积大；低覆盖度植被区域有147处，每100平方千米多达7.24处，占15.98%，最少的区域为高覆盖度区域，仅有32处，每100平方千米多达5.35处，约占地质灾害总数的3.48%。人类活动对植被和地表环境的改变也对地质灾害的发生有较大的影响，包括人类生产和工程活动以及土地利用方式、毁坏森林植被、降低水土保持能力等，如对地表植被的改变、筑路建房削坡、矿山滥采乱挖、坡地灌溉跑水、水库渠道、山区公路工程建设、山体爆破以及农村建房随意扩大宅基地开挖坡脚等，导致岩体结构的破坏，岩石内聚力降低，加大坡体临空高度，坡体的平衡状态改变，边坡失稳，诱发和加剧滑坡、崩塌和泥石流发生。

2. 时间分布规律

(1)年际分布

黄河上游的青海、甘肃黄河谷地同属于一个气候区，地质、地貌特点类似，而滑坡、崩塌和泥石流灾害又与气候环境关系密切，因此，而该区域滑坡、崩塌和泥石流灾害约占青海地区灾害频次总数的40%以上。1949—1999年，黄河上游地区滑坡、崩塌、泥石流灾害的多发期为(图10-2-17)：1949—1951年、1953—1954年、1957—1959年、1964—1966年、1971—1974年、1976—1978年、1983—1990年、1996—1998年，其中，1950、1964、1973、1988、1990年5个年份发生频次最多，具有明显的

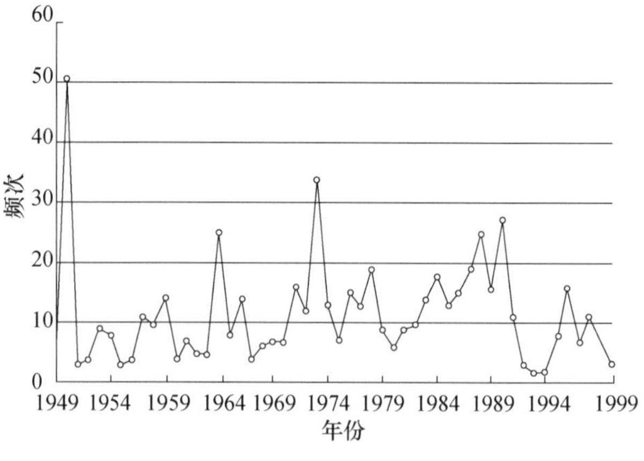

图10-2-17　黄河上游地区崩塌、滑坡、泥石流灾害发生频次

规律性，大约存在5～8年的周期。青海境内柴达木、河湟谷地地区，1953—2005年有20余处矿山共发生滑坡、崩塌和泥石流地质灾害43处，20世纪50—80年代矿山地质灾害频次只占总数的8%，20世纪90年代以后矿山地质灾害发生频次占总次数的92%，其中，2000—2005年地质灾害数量占总数的49%，滑坡、崩塌和泥石流灾害数量呈明显上升趋势，而这种上升趋势和人类活动加剧关系密切（表10-2-3）。

1990—2003年青海省滑坡灾害情况

表10-2-3

项目	灾害数量(起)			死亡人数(人)	直接经济损失(万元)
	总数量	自然原因	人为原因		
	113	50	63	51	5384.57

(2)季节分布

受气候条件控制，青海境内滑坡、崩塌和泥石流灾害与降雨量关系密切，灾害年内发生时间规律与降雨集中时间基本一致。每年的春末至初秋的3—9月是青海地质灾害多发的季节，有77.07%的地质灾害主要集中在6—9月，尤以7、8月最为集中。其中，3—6月多为融雪洪水引起的滑坡、崩塌和泥石流，主要分布在南部的巴颜喀拉山、阿尼玛卿山和西北缘的冷龙岭地区，6—9月主要为暴雨洪水引起的滑坡、崩塌和泥石流，主要分布在青海中部和北部地区，尤其青海东部地区十分明显，每年夏季的地质灾害发生量占年度总灾害量的70%以上，滑坡占总量的47.8%，泥石流占39.8%，崩塌占12.4%。

3. 空间分布特征

青海境内寒冻风化、干燥剥蚀和雨洪侵蚀强烈，冻土、盐渍土和黄土等特殊土类发育，新构造运动活跃，斜坡岩土体结构稳定性差，滑坡、崩塌和泥石流等地质灾害分布广、危害大。青海全省滑坡等地质灾害主要发生在黄土、红色碎屑岩和堆积层，其中，黄土地区的滑坡等约占总量的50.2%，新近系红色碎屑岩滑坡约占总量的30.3%，堆积层和基岩类型约占19.5%。1990—2010年，全省共发生各种突发性地质灾害455起，共造成199人死亡，直接经济损失达6.064亿元。其中，1990—2005年，全省共发生滑坡、崩塌和泥石流等地质灾害262起，占地质灾害发生总数的87.33%，造成129人死亡，直接经济损失4.37亿元，其中144起由自然因素造成，118起为人为活动引起，平均每年造成8.06人死亡和2733.84万元的直接经济损失。

青海省滑坡、崩塌和泥石流地质灾害可划分为如下几个区域。

(1) 河湟谷地灾害区

主要包括达日县以下的黄河干流区、门源县以下的大通河支流区，以及其间的湟水谷地和黄河谷地地区，主要为基岩峡谷带和黄土、红层丘陵地带。该区域地貌类型以中山、丘陵为主，地势起伏大，沟深坡陡，地形破碎，植被稀疏，尤其是松散的黄土和红层分布面积广，同时该地区又是省内人口最密集、经济最发达的地区，加之地域狭窄，城镇和乡、村住宅及基础设施密集，滑坡、崩塌、泥石流等堆积层和基岩型地质灾害均有，发育密度最大，老滑坡以大型、巨型居多，新滑坡以中、小型居多，产生的危害和损失也巨大，每年的崩塌、滑坡、泥石流灾害损失均位居全省之冠。1990—2004年的15年间，该区域共发生各种突发性地质灾害事件198起，占全省突发地质灾害事件的74.7%，造成159人死亡，是同期全省因灾死亡总人数的89.8%，直接经济损失达4.3亿元，是全省灾害损失总量的84.3%。该区共有滑坡539个，占全省滑坡的80.32%，1000万立方米以上的特大型滑坡164个，占滑坡总数的30.43%，其中，黄河流域特大型滑坡达到总数的65%，是青海境内特大滑坡最发育的地区。

(2)柴达木盆地灾害区

主要包括环柴达木盆地南缘昆仑山、北缘宗务隆山和阿尔金山山前片理化侵入岩、火山岩沟谷山前带，该带地貌类型以中山、山前戈壁砾石带为主，地势开阔平缓，地层岩性以片理化侵入岩、火山岩和巨厚的砂砾石、砂为主体，主要以山前沟谷泥石流为主，山体滑坡、崩塌为辅的地质灾害区。虽然盆地气候干旱、少雨，滑坡、崩塌等地质灾害发生频率低，一般以堆积层滑坡、崩塌和泥石流为主，中、小型地质灾害居多，但泥石流灾害多巨型，灾情非常严重。例如，1996年8月20日德令哈市北侧宗务隆山的白水河发生泥石流，冲毁沿沟布设的9座水电站，造成5人死亡，直接经济损失达2500万元。

(3)青南高原峡谷灾害区

分布范围北起昆仑山，南至唐古拉山，东西长约1000千米，南北宽约550千米，包括黄河、长江、澜沧江等峡谷地带。该地区主要以澜沧江干支流灰岩、泥(页)岩，通天河、大渡河干支流的薄层状砂岩、板(泥)岩等峡谷区的地质灾害为主，除此之外，该地区灾害以基岩滑坡、崩塌和泥石流居多，大、中、小型兼有，还有大量的山坡季节冻土和永久冻土，经常发生滑坡、崩塌和泥石流，其中，昆仑山南麓、风火山地区以及唐古拉山北坡主要以冻土滑坡、崩塌和融雪型泥石流灾害为主，沙江流域、阿尼玛卿山南部地区以崩塌性岩石滑坡及堆积层滑坡、崩塌和泥石流为主，高山峡谷的高陡斜坡地带经常发生巨型滑坡、崩塌和泥石流，将河道堵塞，形成巨大威胁。例如，1998年4月18日，澜沧江一级支流子曲娘都龙尕发生岩崩堵塞河道，形成高达40米左右的挡水坝，囊谦县众多居民住宅淹没倒塌；1999年6月3日，杂多县县城突发泥石流，造成直接经济损失1200万元；2003年7月29日，玉树县城发生泥石流，造成1人死亡、11人受伤，1640户9843人受灾，直接经济损失达2500万元；2004年3月18日，阿尼玛卿山冰崩诱发滑坡，上千万立方米的岩石、冰块从海拔5000米处狂泻而下，将玛沁县下武乡的几千亩草场摧毁，在黄河支流曲什安河的河谷处形成横向5千米、纵向3千米、平均厚度300米的堰塞湖坝，几十户居民被迫搬迁。

(4)青海北部山地灾害区

包括祁连山区黑河流域上游、疏勒河、大通河上游及湟水上游地区的大通山、达坂山等，主要地层为片理化火山岩、砂(泥)岩山地峡谷区和破碎岩石、堆积体(包括岩堆、错落体)等，灾害以基岩、堆积层滑坡、崩塌和泥石流为主，其规模以中、小型居多。祁连县冰沟村于2005年8月27日、10月6日分别发生两次滑坡，两个滑坡体体积高达960万立方米，侵占冰沟河床长800米、宽120米，迫使冰沟河向西改道，对紧邻其下游的祁连县城构成巨大威胁。

(二)其他地质灾害

1. 冻土冻胀沉陷灾害

青海境内由于大多数地区海拔较高，季节冻土和永久性冻土广泛发育，全省多年冻土分布面积约33.32万平方千米，约占全省面积的1/2，其中黄河流域为8.26万平方千米，长江流域为10.65万平方千米，澜沧江流域为1.3万平方千米，可可西里地区为2.13万平方千米，柴达木盆地为7.95万平方千米，祁连山地区为1.54万平方千米，青海湖-哈拉湖盆地为1.49万平方千米。多年冻土厚度在祁连山地平均为25～90米，最厚达139.3米；青南高原鄂拉山、阿尼玛卿山地区平均为15～78米，最厚达91.5米，鄂陵湖湖岸地带为42.97米；巴颜喀拉山曲麻莱以东地区为30～40米；长江源区青藏公路沿线在30～50米，老温泉一带达88米。青海境内的青海南部高原和祁连山冻土发育区地形和缓，地表、地下水径流滞缓，松散层发育和日温差较大、正负温交替频繁，因而该地区多年冻土的冻胀、融沉等表生地质作用现象和类型也极为发育，寒冻风化形成的石海、石冰川、石条、岩屑坡（锥），冻胀形成的冻胀丘、疙瘩状草丘、阶梯状草坡、石环、冰丘、厚层地下冰，热融沉陷形成的湖塘、洼地以及融冻形成的泥石流、滑坡、崩塌等发生频繁。热融滑塌和融冻泥流虽然多发育于山地丘陵的缓坡地带或河谷阶地后缘，坡度小于3°的地方滑塌发生较少，在热融作用下只发生崩塌沉陷；在3°～5°的山坡上常形成圈椅型沉陷或滑塌；大于5°的山坡易渐次形成新月形、长条形、支叉形牵引式滑塌；大于20°的山坡滑塌少见，但坡地融化层一旦被水饱和（多发生于暖季多雨雪期）便会沿着隔水的冻土层上限面顺坡蠕滑形成龙头（蝌蚪）状融冻泥流。

青南境内冻土冻胀沉陷地质灾害在线路工程沿线较为常见，主要因为工程削坡、挖沟引起热融滑塌，青藏公路、铁路沿线的风火山附近，宁-玉线姜路岭等附近，由于路堑边坡多分布溯源牵引式热融滑塌，1960年以来至今尚未停止。路基冻融沉陷多分布于青海境内冰丘、冻胀丘、厚层地下冰和富冰冻土草沼发育地区，由于道路修建，使路基高筑，排水措施不到位或不合理，路基下部或一侧土体长期处于反复冻融地质作用，引发路基变形沉陷，路基热融沉陷是最不易根除的冻土沉陷地质灾害。路基热融蠕滑多分布于山地阴坡，由于阴坡冻土斜坡冻土季节活动层在暖季容易顺坡蠕滑，致使阴坡修建的路基受到破坏。

2. 盐湖盐溶塌陷灾害

青海境内的柴达木盆地、可可西里、共和盆地以及黄河源头等地区分布有大量现代盐湖，盐湖地区的石盐层受周边上部潜水的接触溶蚀和下部承压水的天窗通道溶解，容易形成塌陷溶蚀沟和溶洞。

柴达木盆地西北自尕斯库勒湖-冷湖，东南至团结湖-柯柯盐湖，分布着32个卤水湖及石盐滩地，总面积约3.18万平方千米，盆地石盐层塌陷溶蚀沟槽和溶洞群发育区（带）主要分布在尕斯库勒湖东南、昆特依盐湖北部、依克柴达木湖东岸以及达布逊湖北岸-北、南霍鲁逊湖东部干盐滩区。盆地盐湖盐溶塌陷主要集中分布在敦煌至格尔木公路和青藏铁路沿线，由于石盐层受潜水和承压水上升溶蚀，引起路基溶蚀塌陷，其中察尔汗盐湖干盐滩区相对集中。

四、地震灾害

青藏高原是中国大陆内部地震最活跃的地区之一，地震活动频度高、强度大、分布广、震源浅。自有地震记载以来，高原范围内至少发生8.0级地震12次，7.0～7.9级地震93次，6.0～6.9级地震近500次，反映青藏高原强烈的活动性。青海境内的阿尔金断层系、祁连断层系、柴达木断层系、昆仑-秦岭断层系、河西断层系和巴颜喀拉断层系等活动断层系不仅造成区域内非常复杂的地质构造，并形成非常活跃的地震活动。1950—2010年间青海省共发生4.7级以上（含4.7级）破坏性地震174次，仅1988—2010年，青海地区发生6次大于6.0级以上的中强地震，其中，昆仑山口西地震8.1级、玉树地震7.1级，给当地人民生产生活带来极大损失和危害。

（一）灾害成因

1. 构造成因

青海绝大多数地区位于青藏高原，地质构造非常复杂，属于全球地中海-喜马拉雅-南亚地震带上。青海境内活动断裂发育，全省共有活动断裂24条，其中，祁连山地分布有托勒山南坡-冷龙岭断裂带、疏勒南山-大通山断裂带、热水-日月山断裂带、拉脊山断裂带、青海南山北麓-倒淌河-循化南山断裂带5条；柴达木盆地及邻近地区主要有乌兰东-鄂拉山-温泉断裂带、大柴旦-宗务隆山断裂带、欧龙布鲁克北缘断裂带、柴达木盆地北缘断裂带、柴达木盆地北中央断裂带、柴达木盆地南中央断裂带、柴达木盆地南缘断裂带、阿尔金断裂带8条主要活动断裂；青海南部高原地区主要有贵德-多禾茂近南北向断裂带、中铁断裂带、共和盆地南缘隐伏断裂带、东昆仑活动断裂带、玛多-甘德断裂带、昆仑山口-达日断裂带、五道梁-曲麻莱断裂带、西金乌兰湖-歇武断裂带、乌兰乌拉湖-玉树断裂带、乌兰乌拉湖湖南-囊谦断裂带、温泉盆地断裂带11条活动断裂。这些断裂受青藏高原大的地质背景变化的影响，地震相对活跃，是国内地震活动较为活跃的地区之一，而全省绝大多数地震均发生在这些活动断裂带上。

2. 天文因素

地震的孕育、发展与发生过程中，除了地球内能的作用以外，还与外界乃至宇宙中进行着多种能量与物质的交换，当地震孕育到短临天文阶段，震源区及其附近应变能量高度积累时，来自太阳活动、月亮等天体的引潮力等外力的作用将是地震重要的触发因素。2010年4月14日，玉树地区发生7.1级强烈地震，从长期天文背景来看，玉树地震发生于月亮白赤交角由极大变到极小时期，以及太阳活动的偶数周。从短临天文情况来看，玉树地震发生时正处于震中所受引潮力较大的极值附近，且其变化速率最大的时刻；玉树地震发生时地球自转速率变化正处于极值附近，即变化速率最大的时刻；玉树地震发生时正处于太阳黑子数发生突跳时期。以上三个短临天文因素中，引潮力作用点刚好在玉树地震的震中位置，因此，月亮白赤交角、太阳活动、地球自转与天体引潮力等天文因素对玉树地震的孕育以及发生的影响都非常明显。

(二)时间分布规律

在时间尺度上，地震存在着一定的周期性规律，一个区域或一个地震带，在一定的时间段内表现为地震多发的活跃期，而在另外一段特定时间内则表现为地震少发的平静期，活跃期和平静期往往交替出现，具有较强的周期性规律。青海境内的地震和中国西部地区的地震基本一致，1900—2010年的110年间，西部地区7.0级以上地震划分为6个地震活跃期和5个地震平静期(表10-2-4)。

1900—2010中国西部地区7级以上地震活动周期

表10-2-4

地震活动期	活动期持续时间	Ms≥7.0级地震次数
1900—1908年(活跃期)	9年	5(含2次8级以上地震)
1909—1919年(平静期)	11年	5
1920—1934年(活跃期)	15年	12
1935—1940年(平静期)	6年	1
1941—1955年(活跃期)	15年	18
1956—1969年(平静期)	14年	1
1970—1976年(活跃期)	7年	12
1977—1987年(平静期)	11年	1
1988—2001年(活跃期)	14年	10
2002—2007年(平静期)	6年	0
2008—　(活跃期)	12年左右	2(截至2010年12月31日)
总计		67

1900—2010年，青海境内发生的8次7.0级以上地震中，占青海、西藏两省(区)的有35%以上，分别为发生在1902年11月4日青海秀沟的7.0级地震、1937年1月7日发生在青海都兰的

7.5级地震、1947年3月17日发生在青海达日的7.8级地震、1954年2月11日发生在祁连山宁张公路附近的7.3级地震、1963年4月19日发生在青海阿兰湖附近的7.0级地震、1990年4月26日发生在青海共和县的7.0级地震、2001年11月14日发生在青海昆仑山口以西的8.1级地震、2010年4月14日发生在青海玉树藏族自治州玉树县的7.1级地震等。

1950—2010年(图10-2-18),青海境内共发生4.7级(含4.7级)以上地震共计174次,平均每年发生2.88次,其中,60年间有25年频次在平均值以上,有35年频次在平均值以下。60年间地震的高发年份分别集中在1952、1963、1972、1976、1980、1986、1990、1995、2000、2008年,其中2000年发生地震11次,存在明显的3～10年的周期,随着时间推移,地震周期有不断缩短、频次增加的趋势;60年间仅有7年未发生地震,分别是1951、1953、1956、1969、1974、1998、2005年,除此之外的53年均有地震发生。

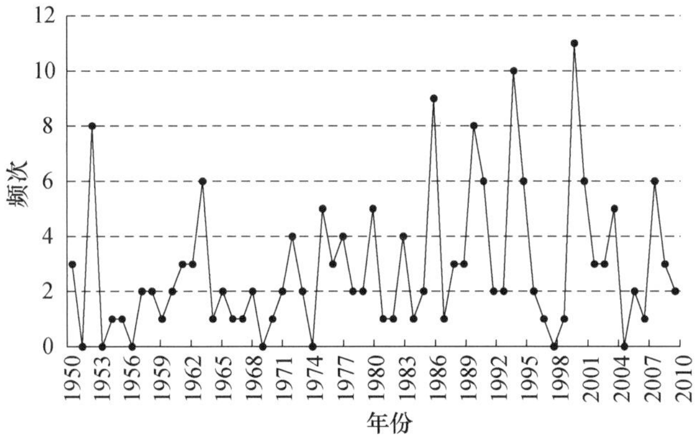

图10-2-18　1950—2010年青海地震频次年际变化

每10年作为一个统计单元,青海境内20世纪50年代、60年代发生的4.7级以上地震均在20次左右,70年代地震频次增加至29次,到90年代地震频次增加至40次,是6个年代中发生频次最高的10年,全省地震处于活跃期,与西部地区的地震活跃期一致,21世纪00年代地震频次虽然有所减少,但地震震级明显增大,其中包含了昆仑山口以西和玉树地震(图10-2-19)。

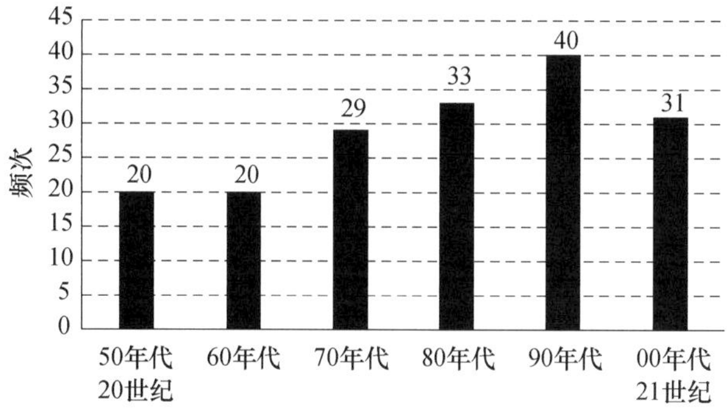

图10-2-19　1950—2010年青海地震频次年代际变化

1950年以来青海境内的地震可划分为5个活跃幕:1950—1958年是第一个平静幕,1959—1963年是对应的第一个活跃幕,有3次6.0级以上地震发生;1964—1970年是第二个平静幕,没有发生6.0级以上地震,1971—1975年是对应的第二个活跃幕;1976—1980年是第三个平静幕,对应的活跃幕在1981—1990年,发生6.0级以上地震共5次;1991—1993年是第四个平静幕1994—1995年是它对应的活跃幕;1996—1999年是第五个平静幕,2000—2003年是它的活跃幕,发生欧亚带近50年来的第一次巨震,震级为8.1级,2003—2007年是第六个平静幕,2008—2010年是它对应的活跃幕,发生玉树7.1级地震,因此,地震所造成灾害事件具有频发性和周期性特点,而且自20世纪90年代以来地震灾害发生的频率在增加。

(三)空间分布特征

青海境内地震灾害主要集中分布在祁连山地区活动断层、柴达木盆地的活动断层和青海南部高原地区的活动断层,青海东部地区河湟谷地是地震的低发区,该地区地震震级小、频次少。青海境内7.0级以上地震主要集中分布在青海高原和祁连山一带强烈隆起、构造运动强烈的构造应力区。

1950—2010年,青海省4.7级以上(含4.7

级)的地震灾害遍布省境各个地区,其中6.1级以上的地震主要集中在青南高原和柴达木盆地地区,东部地区发生震级较高地震的频次较少(图10-2-20)。青海境内的地震灾害区划分为柴达木盆地中北部地震灾害区、北祁连山地震灾害区、东昆仑山地震灾害区、青海南部高原地震灾害区、共和盆地地震灾害区、青海东部河湟地区地震灾害区。

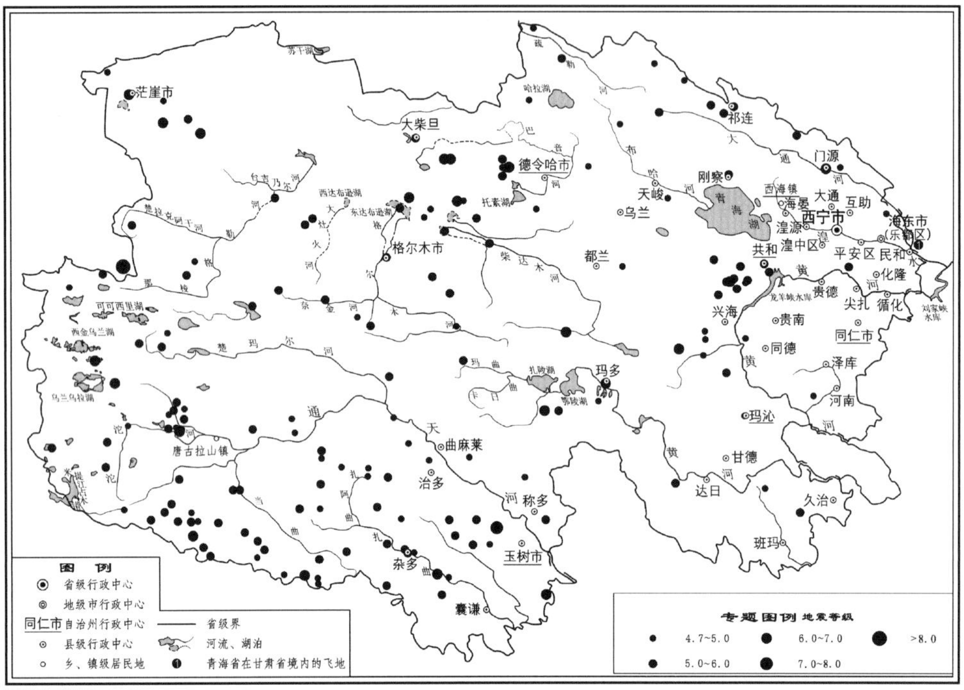

图10-2-20 1950—2010年青海Ms≥4.7级地震分布图

青海境内1980年以来共发生5.0级以上地震45次,其中主震-余震型地震共29次,约占总次数的64%;孤立型地震共7次,约占总次数的15%;多震型(含双震型)共10次,约占总次数的21%。全省≥5.0级地震序列以主余型为主、多震型为辅,孤立型地震较少。祁连山地震带中东段以主余型地震为主,西段以孤立型地震为主,兼有主余型地震及多震型地震;青海中部地区(包括柴达木地震带和库玛地震带)以主余型为主,孤立型次之,几乎未发生过多震型地震;青海南部唐古拉地震带则以主余型和多震型为主,尤其是唐古拉地区及杂多县,历史上多次发生多震型地震。

五、生物灾害

青海境内大面积的草地畜牧业和东部河湟谷地农业、森林等生态系统,时常受到蝗虫、松毛虫等草地虫害威胁,放牧的牛、羊、马等牲畜病虫害也十分普遍,病害类型繁多。

(一)农业病虫害

青海境内的农业病虫害是较为常见的生物灾害,它的发生除了受自身生物学特性、生长规律影响之外,还受到气候、地域条件、海拔等因子的影响。1980—1986年,全省农作物病害197种、虫害376种、鼠害19种、农田杂草182种。

全省农区小麦、青稞、玉米及马铃薯等粮食作物的病害主要有:小麦锈病、小麦白秆病、小麦赤霉病、小麦根腐病、青稞条纹病、马铃薯晚疫病及玉米锈病等,其中小麦锈病、赤霉病、马铃薯晚疫病属于偶发性病害。农区虫害主要有:麦茎蜂、麦蚜、地下害虫等,省内东部农业区每年农业损失率在10%以上,其中,麦茎蜂最为普遍和严重,发生率高达 20%～30%。小麦与青稞以金针虫等地下害虫为主，玉米以棉铃虫为主，马铃薯以蛴螬为主，河滩地沙壤中以蝼蛄为主。

全省甘蓝型油菜和白菜型油菜等油料作物的病害主要有：油菜菌核病与油菜病毒病，甘蓝型油菜上这两种病都有发生，前者发病率在 5%～10%，后者在 2%左右，油菜病毒病只零星发生，但发病株产量损失达到 40%～65%，甚至以上。油菜主要虫害有：黄条跳甲、蚜虫类、油菜茎龟象等，其中，黄条跳甲主要在苗期发生，危害率达 30%以上；茎龟象和蚜虫则是成株期害虫，茎龟象主要危害甘蓝型油菜，蚜虫则在干旱年份发生普遍，另外，甘蓝夜蛾虫害在部分地区呈现加重的趋势。

全省蔬菜品种较多，例如，十字花科的白菜、甘蓝、大头菜、油白菜、萝卜等，百合科的葱、蒜、韭菜等，茄科的茄子、辣椒及番茄，葫芦科的菜瓜、黄瓜以及近几年引进的紫甘蓝、油麦菜、生菜等，主要集中种植在市郊、镇郊。蔬菜病害主要有：白菜软腐病、辣椒疫病、黄瓜霜霉病与枯萎病及番茄早疫、晚疫病等。在湿度大、气温较高、管理粗放的菜地，往往容易发生各类病害，尤其在塑料大棚中发生严重，如果一旦蔓延，经济损失高达六成以上。蔬菜主要虫害有：地下害虫、蚜虫类、黄条跳甲、菜青虫、潜叶蝇、野蛞蝓等。蔬菜虫害易在露天菜地发生，蚜虫类易发生在干旱露天菜地，野蛞蝓易发生在潮湿露天菜地，蔬菜地下害虫主要发生在十字花科的地老虎、百合科的根蛆。

1992 年和 1996 年全省小麦锈病中度流行，东部农业区平均损失 5%～20%，严重田块高达 50%以上。2010 年，全省发生的农作物病虫害 30 余种，麦类病虫发生面积 362.47 万亩(次)，油菜病虫发生面积 429.98 万亩(次)，马铃薯、蔬菜病虫发生面积 202.64 万亩(次)，全年农作物病虫害发生面积 995.09 万亩次，随着全球气候变化，各地年平均气温普遍升高，全省农作物病虫害发生频次和规模呈现增加趋势。

(二)牧业病虫鼠害

青海境内草地面积广阔，牲畜品种多样，是病虫鼠害高发的地区之一。草地有害生物主要包括牲畜病害、草地虫害、鼠害及毒杂草害。

1. 牲畜病害

青海境内牧区主要病害有三大类：一是大流行性疾病。主要包括口蹄疫、羊链球菌病、牛瘟等；二是散发性疾病。主要有牛肺疫、炭疽、马腺疫、马鼻疽等；三是地方性疾病。主要有牛出血性败血症、羔羊痢疾、布鲁氏菌病、羊腐蹄病、牛犊地方性肺炎、狂犬病、破伤风等。其中对青海牧区影响最大的几种病型为：羊链球菌病、口蹄疫、牛肺疫、羊痘、牛出血性败血病、羔羊痢疾等，这几种病属于青海牧区高发病种，发病频次高、死亡率高、流行范围广。

青海境内牛羊等牲畜口蹄疫病害较多，1932—1949 年，口蹄疫曾在全省范围内连年流行，1932、1936 年和 1948 年造成牛羊大批死亡，1950—1984 年的 35 年中有 5 次大流行，包括：1951—1953 年共和县千卜录区发生牛羊口蹄疫，至 1953 年，持续蔓延至全省 20 个县，患病牛羊达 43.96 万头(只)，死亡牲畜 0.7 万头(只)，平均致死率为 1.58%；1955—1956 年，玉树县下拉秀乡发生牛口蹄疫，1956 年疫情流行至全省 31 个县，患病牛羊达 123.48 万头(只)，死亡 2.52 万头(只)，平均致死率为 2.05%；1959—1961 年，贵南县过马营、森多两乡发生疫情，1961 年蔓延至全省 27 个县，患病牛羊达 107.11 万头(只)，死亡 0.87 万头(只)，平均致死率为 0.82%；1977—1978 年，由西藏传入玉树县，1978 年蔓延至全省 25 个县，患病牛羊达 242.34 万头(只)，死亡 2.74 万头(只)，平均致死率为 1.13%；1980—1984 年，省外调入的带毒冻猪肉导致青海东部地区发生猪口蹄疫，进而导致全省包括西宁市、格尔木市、德令哈市及青藏铁路沿线的 20 个县(市)发生，病猪达 7426 头，死亡(含捕杀)1632 头。

由痘病毒引起的痘病在青海境内的绵羊、山羊、牛、猪、马和禽类均可发生,例如,1951—1989年,在全省30个县和2个牧场中发生,累计发生痘病171个县次、429个乡次、1122个村次,病羊共计81.4万只,平均致死率为7.42%,到20世纪70年代中后期该病害已基本得到控制。

青海境内的炭疽病多发于夏、秋多雨季节和地势较低易于积水的沼泽地。例如,1949—1989年,全省30个县和4个牧场的牛共发病22540头,死亡10594头,平均致死率为47%;全省19个县和2个场的羊共发病9260头,死亡5176头,平均致死率为55.9%;全省21个县和1个牧场的马共发病2230匹,死亡1770匹,平均致死率为79.37%;全省人发炭疽病例达791例,死亡20例。2000年久治、门源、囊谦、达日、杂多、班玛6县的牛共发病139头,死亡53头,致死率为34.4%。

青海境内的布鲁氏菌病是人畜共患的地方病,例如,1958—1981年全省共感染51031人,平均感染率为15.06%。

20世纪70年代以来,由于牧业配套工程的建设,牲畜疫病呈逐年减少趋势,至2000年前后,青海境内各类病害22次,其中口蹄疫暴发12次、羊痘病暴发4次以及牛肺疫和羊链球菌各发生2次。

2. 草原虫害

青海境内的虫害对草场的危害程度仅次于鼠害,主要由草原毛虫、蝗虫等引起,特别是草原毛虫在玉树、果洛、海北、海南、海西、黄南等地牧场均有发生,其中以玉树草原毛虫危害最为严重。蝗虫虫种有13种之多,其中以土角蝗最多。玉树州虫害区毛虫的平均密度高达每平方米157头,虫害危害两个月,损失的牧草相当于22万只羊单位食草量。蝗虫发生严重的地区每平方米有蝗虫100～200头,牧草损失率达60%以上,平均每亩损失牧草96千克,虫害不仅降低草场生产力,而且导致草场植物群落结构发生逆向演替,对草场生态系统的良性循环产生负面效应。截至2000年,省境内因蝗虫危害损失的牧草达7.78亿千克,相当于53万只羊的年饲草量。毛虫发生地区平均每平方米有100～300头,严重地区每平方米达1000头以上。每100头毛虫日食鲜草15.3千克,危害时间60天,每公顷损失917.4千克,省境内年损失牧草3.96亿千克,相当于23万只羊的年饲草量。

3. 草原鼠害

青海境内草地鼠害主要优势鼠种为高原鼠兔、中华鼢鼠和高原田鼠,其中高原鼠兔是主要发生鼠种,其分布广、数量多。青海境内鼠兔发生率达98.89%,100平方米草地中最少的有18个鼠洞,最多的有231个鼠洞,鼠害十分严重。高原鼠兔和高原鼢鼠对于草原破坏的行为方式不完全相同,高原鼠兔的主要破坏行为有两个方面:一是采挖洞穴,破坏草根和土壤环境,二是在草地上大量嚼食草本植物和根茎,与牛羊争夺食物,尤其是在冻融剥蚀裸露的土层边缘,会大量活动和嚼食,使裸土面积扩大,而使草场遭到破坏和裸露;鼢鼠主要啃食牧草的地下根茎,在掘洞、筑巢、储食过程中,将大量沃土堆到地面,埋没牧草,不仅导致牧草枯萎死亡,而且使草皮层遭受破坏,使草场变成次生裸地。随着原生植被的破坏,杂草繁衍,为鼢鼠提供大量的食物资源和生存环境,使其种群数量剧增。另外,鼠害大量消耗牧草根系储存的营养物质,造成植物群落结构简单,进而使草场退化、产草量下降,导致过牧,使草地生态系统处于恶性循环之中。因此高原牧场已经形成人类和鼠兔争夺生存空间的严重对抗局面。1994年全省共发生草地鼠害3.87万平方千米,其中青南高原地区鼠害面积2.2万平方千米,占全省鼠害的56.9%,环青海湖地区、柴达木盆地及东部地区鼠害面积1.67万平方千米,占全省鼠害的43.1%,其中高原鼠兔危害分布最广。2003年全省的草地鼠害面积达7.97万平方千米，占全省可利用草地面积的1/3，比1994年净增4.1万平方千米，每年以0.46万平方千米的速度在增加。

（三）森林病虫害

青海全省森林分布面积不大，主要集中在青海北部祁连山地区、河湟地区以及青海南部高原的河谷地区，柴达木盆地相对较少。境内的森林病虫害主要有：蛀干性害虫、食叶性害虫及细菌、真菌、病毒等。1993年，全省共有森林病害130种，昆虫有18目16科468种，其中造成经常危害的病虫种类有40余种，20世纪80年代以来，新传入和新造成危害的有20多种，全国35种森林危险病虫害中，有8种危险性病虫害在青海有分布，2000年前后，全省森林病虫害年均发生面积在0.19万平方千米，其中，病害为130万平方千米，虫害为930万平方千米，鼠害为80万平方千米，病虫害发生面积占林地面积的38%左右，灾害损失巨大。

青海境内森林虫害中蛀干性害虫危害最严重的是黄斑星天牛，被列为头号害虫，它主要靠调运带虫苗木及木制品引起害虫传播蔓延，一般3～5年会导致林木死亡。1992年西宁市首次发现黄斑星天牛虫害，2000年已传播蔓延到民和、乐都、互助、共和等9个县市，严重发生面积达67万平方千米。此外，杨干透翅蛾、杨木蠹蛾、锈斑楔天牛、云杉大小蠹等蛀干害虫的发生也极其严重。1993年，民和县东垣渠因杨干透翅蛾和杨木蠹蛾危害，导致30千米长的护渠林被砍伐清理。2000年前后，黄南州隆务河流域林区遭云杉大小蠹虫危害，全林区发生面积达33平方千米，发生率为17%，枯死云杉170立方米。

青海境内森林虫害中的食叶性害虫，自20世纪90年代以来，对林业造成较大危害。食叶性害虫主要有春尺蛾、柳蠹蛾、榆黄黑蛱蝶、卷叶蛾、潜叶蛾、杨叶蝉、杨叶甲等。此类害虫主要发生在春、夏季节，以树木叶片、幼芽、嫩梢等部位为食，致使林木光合作用和呼吸作用破坏，不能正常生长。食叶性害虫发生盛期，几日内吃光树叶，对树木生长造成极大影响。1998年，省内黄河、湟水流域人工杨树林突发以春尺蛾、柳蠹蛾、榆黄黑蛱蝶为主的食叶性害虫危害，严重受灾面积达3.87平方千米，危害植株率达100%，虫口密度高达500头每株以上。1998年以来，由于气温普遍升高，食叶害虫呈现暴发势头，全省各林区遭到云杉叶蜂、侧柏蠹蛾、青缘尺蛾、桦尺蛾、桦树三节叶蜂等食叶性害虫危害，树木长势受到极大影响。2001年6—8月，黄南州隆务河林区突发大面积侧柏蠹蛾的危害，共涉及5个林场，发生面积达140平方千米，被害植株率为92%，幼虫期虫口密度43头每株，最大虫口密度219头每株，灾害损失严重。

第三节　自然灾害综合区划

2000年，朱丽东根据青海省各自然灾害种类之间的相互关联，突出主导自然灾害和主导因素，对全省自然灾害进行区划，将青海省划分为5个自然灾害环境区，下分8个亚区。本志在此基础上，对个别亚区名称，按自然灾害类型多样性稍做修订，见图10-3-1。

一、青东干旱、地质灾害区

该区以拉脊山为界，细分为湟水流域干旱、地质灾害亚区（I_1）和黄河上游地质灾害亚区（I_2）。

该区位于青海省东部，日月山以东，北至达坂山、门源盆地，南抵同仁县界。区内湟水和黄河下切较深，由许多河谷盆地和谷岸两侧山地组成，地表覆盖地层以黄土、红层为主，天然植被为高寒草甸、森林、草原、荒漠草原。地处季风区与非季风区、黄土高原和青藏高原生态交界过渡区，生态系统脆弱、敏感。由于开发历史悠久，地形坡度较大，

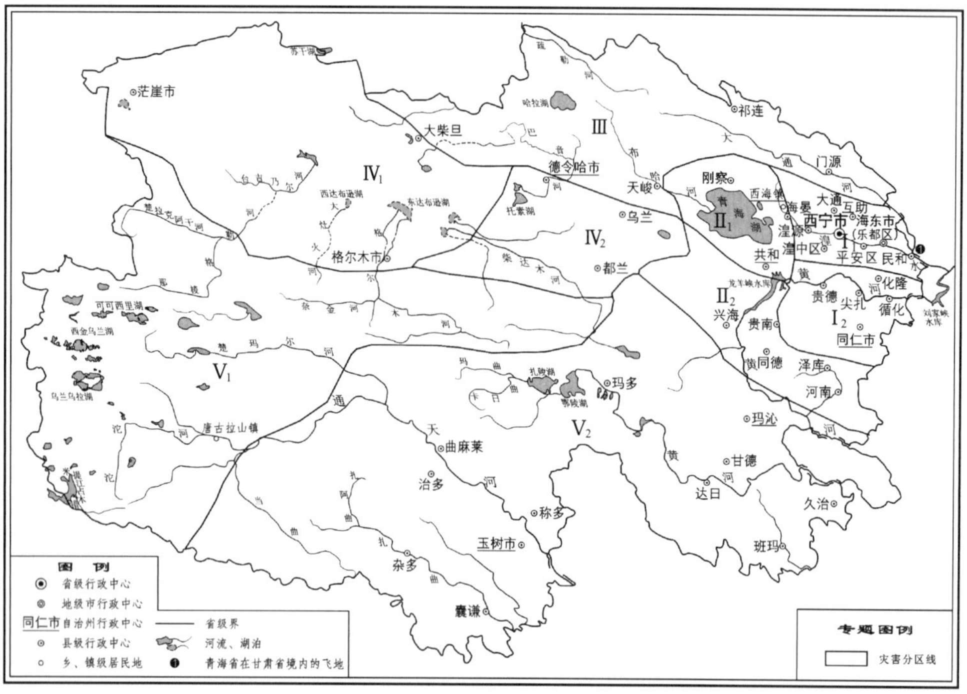

图 10-3-1　青海省自然灾害综合区划图

青东干旱、地质灾害区(Ⅰ)：湟水流域干旱、地质灾害亚区(Ⅰ$_1$)；黄河上游地质灾害亚区(Ⅰ$_2$)；环湖及海南台地干旱、沙漠化灾害区(Ⅱ)：环青海湖盆地干旱、生态灾害亚区(Ⅱ$_1$)；海南台地干旱沙漠化亚区(Ⅱ$_2$)；阿尔金山、祁连山地震灾害区(Ⅲ)；柴达木盆地风沙、地震灾害区(Ⅳ)：柴达木西部风沙亚区(Ⅳ$_1$)；柴达木东部风沙、地震亚区(Ⅳ$_2$)；青南高原雪灾、地震灾害区(Ⅴ)：青南高原西北地震、地质灾害亚区(Ⅴ$_1$)；青南高原东南雪灾、地震灾害亚区(Ⅴ$_2$)。

天然植被保留不多，均被川水、浅山、脑山立体农业模式所取代。区内主要以各种气象灾害为主，其中，旱灾发生频率高，旱、涝交替明显。降雨年内以夏季相对集中，人为生产、生活活动强度大，导致本区水土流失严重，地质灾害频繁。本区浅山丘陵、中山地区滑坡、崩塌和泥石流多发，洪-泥流、崩塌、滑坡-水土流失灾害链、伴生灾害较为常见，威胁程度高。由于河谷干旱范围的上限高度自20世纪50年代以来上升200～400米，河谷生态环境"荒漠化"和"贫瘠化"趋势明显，荒山造林难度增大。黄河干流区域由于农业生产相对于湟水谷地的面积要小，危害不大，但是大型、巨型滑坡等地质灾害发生频繁，是黄河干流巨型滑坡分布最集中的区域。

二、环湖及海南台地干旱、沙漠化灾害区

该区可细分为环青海湖盆地干旱、生态灾害亚区(Ⅱ$_1$)和海南台地干旱沙漠化亚区(Ⅱ$_2$)。

该区位于日月山以西及茶卡盆地以东之间的青海湖盆地、共和盆地、兴海盆地、贵南盆地、同德盆地及黄河切割而形成的一些台地，环境上长期以来均属于特殊的独立单元。青海湖盆地地势相对平坦，主要以高寒草甸草原为主，盆地内季节分明，夏季降水变率较大，加之周边山地融雪补给河流向盆地汇聚，易引发洪水，冬季多雪、多风、寒冷，海晏至天峻路段是青藏高原积雪深度年际变化最显著的地区之一。青海湖北岸、西岸沙源物质丰富，气候多变，平均风速25米每秒以上，沙化严重，是青海省沙尘暴高发地区之一。共和、贵南、同德、兴海等盆地以及黄河两岸台地的地下水埋藏较深，气候呈现明显的暖干化趋势，土体干燥，植被为干草原和高寒草甸，因长期过度超载，草场退化严重，沙漠化明显，共和盆地塔拉滩及黄

河南岸滩地开垦的1000余平方千米耕地，其中，半数以上已被弃耕，本区荒漠化土地年均增长率为2.36%，且有逐年加剧趋势。

三、阿尔金山、祁连山地震灾害区

该区山势陡峭，气候严寒，东湿西干，森林、草场生长良好，除山间断陷盆地外，大部地区是林牧区。因靠近河西走廊地震带、银川地震带、六盘山地震带、天水-兰州地震带，是省内地质环境复杂，地质构造运动活跃，地震灾害多发、频发的典型地区之一。由于祁连山地区海拔和纬度相对较高，降水相对丰富，寒冻风化作用强烈，尤其是热融滑塌、基岩性崩塌等地质灾害也相对频繁，地震灾害加剧本区地质灾害的发生。

四、柴达木盆地风沙、地震灾害区

该区盆地东西部干旱及沙漠化程度的差异、土地利用方式差异、西矿东农（斑状绿洲农业）的产业生产方式等各有差异，以德令哈-诺木洪一线为界，细分为柴达木西部风沙亚区（IV_1）和柴达木东部风沙、地震亚区（IV_2）。

该区地形封闭，全年降水稀少，降水集中且变率较大，风力强劲，风速≥17米每秒以上的年平均日数达40天以上，气候干旱，植被为荒漠、半荒漠植被，盐土和风沙土广布。盆地底部边缘洪积平原发育，易发山洪；盆地周边山地山体陡峻，地质环境复杂，地表裸露，是滑坡、泥石流多发区；盆地核心腹地，分布大面积荒漠、戈壁和盐土，部分地区分布有活动沙地，活动沙丘每年东移5～12米，风沙灾害面积大、频度高。柴达木盆地是陷落盆地，区内断裂构造发育，盆地边缘北部的德令哈-大柴旦一线、南部的都兰-茶卡一线地震活动频繁，地震灾害多发，但震级不大。柴达木盆地西部为工矿开发区，工矿水污染和水资源短缺的问题，对资源开发和综合利用起到制约作用。盆地东部有若干小盆地，德令哈盆地、乌兰盆地、野马滩盆地、茶卡盆地等，盆地中心大多有湖泊或盐湖，绿洲农业相对发达，但由于固沙植被破坏、水资源和灌溉方式不合理，风沙以每年5米的速度向东移动，农业常遭受风沙、盐碱和霜冻等灾害。整个区域风沙、地震和洪水灾害高发。

五、青南高原雪灾、地震灾害区

该区包含青海南部高原长江、黄河、澜沧江源头区，以巴颜喀拉山一线为界，细分为青南高原西北地震、地质灾害亚区（V_1）和青南高原东南雪灾、地震灾害亚区（V_2）。

该区是指祁漫塔格山-博卡雷克塔格山-鄂拉山-阿尼玛卿山一线以南、唐古拉山以北的广大区域。全区平均海拔在4500米以上，高原内部地形起伏和缓，线状山地沿东西向分布，相对高差不大，植被覆盖度由东南向西北降低。区内全年平均气温较低，夏季多雷暴、冰雹天气，冬季多降雪、多风，雪灾频繁，是全省雪灾最严重的地区，风力强劲，绝大多数地区风速≥17米每秒大风日数每年在120天以上，区内西部地区植被稀疏，生态脆弱，冻土发育，有零星沙地分布，山地地区活动断层发育，多地震，区域内草原虫鼠害频繁，其中虫鼠害-草原退化灾害链、雪灾-雹灾交替链等十分典型，对畜牧业生产威胁严重。

第四节　防灾减灾

20世纪80年代以来，全省防灾减灾工作取得显著成绩，建成一批防灾减灾基础设施，为防灾减灾、推动全省经济持续、快速、健康发展发挥重要作用。进入21世纪以来，全省防灾减灾基础设施进一步加强，防灾减灾能力显著提高；灾情监测、预警、预报体系趋于完善，测报水平显著提高；灾害救援应急体系初步完善，救援应急能力显著提高，灾害造成的直接损失显著下降，人员伤亡显著减少。

一、旱涝灾害防御

2000—2005年，为解决全省频发的旱涝灾害，全省累计建成各类水利工程4700余项，建成水库150座，总库容7.48亿立方米，涝池669座，库容1415万立方米，农灌干支渠3154条，总长11221千米，兴修重点河段堤防工程598千米，治理水土流失面积7.2平方千米，300多个小流域达到治理标准，在东部干旱山区兴修水窖14.48万眼，增强抗御水旱灾害能力，为发展工农牧业经济、改善农牧民生活条件、保护和改善生态环境发挥重要作用。

2005—2010年，全省防灾减灾基础设施进一步加强，建成一批农田、草原水利灌溉与节水工程，重点建设“引大济湟”调水总干渠工程，湟水北干渠扶贫灌溉一期工程，扎毛、卡加、小南川水库二期工程等，实施蓄集峡水库灌区、盘道水库灌区、公伯峡水库灌区、湟水流域灌区、大南川灌区、柴达木绿洲灌区、海南台地灌区、黄河谷地灌区建设与改造配套工程以及小型水利工程、雨水集蓄利用工程等。新增农田有效灌溉面积67平方千米；大力推广喷灌、滴灌等科学的节水灌溉方式，降低农田耗水量，提高水资源利用率。新增农田节水灌溉面积100平方千米；建设农村、牧区人饮安全供水工程，解决128万人的饮水安全问题；加强中长期旱情预测预报，针对旱情发生的区域、时间，调整种植品种和播种时间，发展旱作农业、避灾农业，使全省防旱抗旱能力增强，农牧业生产稳定发展。

针对省内洪涝灾害频发的状况，加强重点城镇的主要河流防洪段堤防和重点地质灾害隐患点的治理，病险水库除险加固，对西宁市、格尔木市、德令哈市、大武镇、结古镇及其他重点城镇重点河段堤防进行治理；完成湟水河、格尔木河、巴音河等重点河段堤防工程建设；对合什加、大石滩、查汗都斯、胜利、赛西、景阳、云谷川、切吉、马家河、塔什秋、张铁、乙沙尔等病险水库除险加固；对西宁市北山寺、林家崖、小桥办事处，黄南州隆务镇西山，玉树州结古镇，果洛州玛多县花石峡镇的山体滑坡、泥石流和危岩隐患点进行治理；加强汛情和地质灾害的预警预报，有计划地组织地质灾害风险带的居民搬迁至安全地区，确保减少因山洪、山体滑坡、泥石流等灾害导致的群体性人员伤亡。

二、冰雪灾害防御

2005年以来，针对牧区雪灾易发区域，采取政府扶持与群众自筹相结合的方式，建成一批牲畜暖棚、人工种草和饲料生产、贮备基地项目，新建牧民定居房屋200万平方米，实现3万户牧民定居；新建畜用暖棚2.5万栋，拥有120平方米畜用暖棚的牧户达到68%；新增人工种草面积0.17万平方千米，人工草原保留面积达到0.47万平方千米；饲草年产量达到50.8万吨；饲料贮备能力达到44000万千克，畜均20千克，2010年仔畜繁活率达到75%，比2005年提高5.64个百分点，成畜减损率下降0.36个百分点，基本控制在2%以内，使全省牧区抵御风雪灾害的能力大大增强，畜牧业生产持续稳定发展。

针对极端气象灾害频发的现实情况，扩大人工影响天气作业规模，提高实施效益。加强气象防灾减灾预测预报体系建设，包括预测预报预警系统、应急指挥调度系统和应急保障系统，强化对干旱、沙尘暴、森林草原火情等灾害的监测预报、预警和评估能力；加强人工影响天气工程建设，大力开发空中云水资源。在三江源自然保护区、青海湖流域、祁连山南坡和黑河源头实施人工增雨作业，在湟水流域实施人工防雹作业，扩大作业规模，增加作业手段，提高作业效益。人工增雨作业次数年均增加5%～10%，雹灾面积基本控制在130平方千米以下，比2000年减少30平方千米，有效减少全省气象灾害造成的损失，提高人工影响天气作业的规模和效益。

三、防震抗灾

为防震抗灾，对新建交通、通信、电力基础设施和大中型工矿企业工程进行抗震设防，对原有缺乏抗震的工程进行防震加固，对铁路干线的通信、供电、供排水等设施采取防震、隔震、减震措施，完成兰青线、青藏线西格段泥石流堤坝和疏导工程建设，使"生命线"工程防震减灾能力得到加强，防震综合能力提升。

2005年以来，针对防震抗灾的减灾目标，初步建成地震监测预报、震灾预防、紧急救援三大体系，加快重大基础设施和生命线工程地震紧急处置基础平台及示范工程建设，实施农牧区民居地震安全示范工程，提高抗震设防能力。大力开展防震减灾宣传教育和群策群防工作，依靠全社会的力量提高防震减灾综合能力。2010年，西宁市、格尔木市、德令哈市基本达到抗御6级地震的要求。防震减灾能力显著增强，地震的应急处置能力显著提升。

四、防风固沙

2000—2005年，积极开展人工影响天气作业，东部农业区平均每年增加降雨15亿立方米，黄河上游地区平均每年增加降水35亿立方米；实施天然林保护、防护林体系建设和退耕还林、退牧还草工程，2005年，全省造林保存面积达0.23万平方千米，森林覆盖率由20世纪50年代的0.28%提高到2010年的4.4%，局部地区的生态环境开始有所改善。地质灾害、水土流失、荒漠化得到控制。

加强森林、草原火灾管理，初步建成比较完善的森林、草原防火监测、预警、信息传输体系，广泛深入开展森林、草原防火宣传教育工作，加强领导、健全制度，落实责任，形成专业队伍与群众相结合的防火救火力量，发生火灾确保24小时扑灭，有效降低损失程度，森林、草原的重、特大火灾监测和应急处置能力得到显著提升。

五、生物灾害防治

2005年以来，面向全省农牧区生物灾害，加强动植物疫病、虫害防治，初步建成比较完善的动植物疫病、虫害监测、检疫和防治体系，有效控制动植物疫病虫害的发生和蔓延。加强动植物病虫害防治的监测、检疫体系建设，提高对重大动植物疫情、病虫害的监测预警和防治能力。重点建设省动物疫病控制与诊断中心二期工程、州（地、市）级动物疫情诊断中心、县级动物疫病诊断实验室、省际公路动物防疫监督站（点）、省级兽药残留监控中心、州（地、市）级兽药安全检测所（站）；省级农牧业有害生物预警与控制分中心，县级有害生物预警与控制站；省级森林病虫害防治检疫检验中心实验室和检疫隔离苗圃基地、州（地、市）检疫实验室、重点林场监测预报站、重要公路交通要道检疫检查站等。2005—2010年，全省防治草地鼠害8.3万平方千米，防治草地虫害1.97万平方千米，防除毒草1.67万平方千米，鼠虫害防治使草场产草量提高15%～20%，植被覆盖度提高20%～30%；治理林业有害生物0.67万平方千米，遏制林业有害生物的扩散蔓延，到2010年无公害防治率达到80%以上，成灾率控制在1.1%以下；各类牲畜发病率比2005年下降50%，绵羊痘病、炭疽、牛出血性败血症等地方流行病和家禽高致病性禽流感得到有效控制，全省大范围的动物疫病和大面积的植物虫害基本没有发生。

六、灾害预防监测

2000年以来，为做好自然灾害监测和预警，加大监测站点建设，全省新建成气象台站54个，覆盖各州（地、市）、县（市）及重点区域；建成地震监测台站35个，形成由测震台网、前兆台网和通信台网构成的地震监测系统；建成水文站41个，其中黄河干流6个、黄河支流23个、长江流域3个、内陆河流域9个；畜牧兽医站477个，检疫防疫站48个，草原站44个，草原监理所33个；森林病虫害监测点39个。灾害监测预警系统初步建立和完善，为防御灾害并迅速开展抗灾救灾工作提供条件。

七、防灾减灾能力

为加强灾害管理，提高防灾减灾能力，建立省级抗灾救灾、防汛抗旱、抗震、森林防火等综合协调机构；加强预案的编制，省、州、县三级制定并出台重大自然灾害救灾应急预案，形成灾害监测、信息传递、组织指挥、应急处置、组织实施的应急体系，推动灾害管理的科学化和规范化。经积极筹措和争取防灾减灾资金，国家下拨的专项救灾资金逐年增加，各级地方财政努力筹措资金用于抗灾救灾，各种救灾物资发放及时，倒塌房屋得到恢复重建，群众互助互济活动广泛开展，灾民基本生活得到有效保障。灾害科普知识宣传深入开展，全民的防灾减灾意识有了明显增强，为提高灾害救助水平，保障人民群众生活、生命安全，维护社会稳定，推动全省国民经济的持续和快速发展起到积极作用。

为确保全省防灾减灾能力提升，2005—2010年，全省各级部门加强灾害救援基础设施与队伍建设，提高灾害救援能力。加强物资储备基础设施建设，初步形成覆盖全省，辐射西北、西南部分省份的救灾物资储备体系和网络；建成具有一定规模的训练基地；组建一支装备精良、业务精通、受过专门训练、一队多用的紧急救援队伍。

但是，全省防灾减灾基础设施仍很薄弱，灾害防御能力普遍低下，防灾减灾投入机制尚未建立，资金不足，物资匮乏，救援装备落后，专业人员缺乏，应急机制不健全，快速、协调反应的程度不高，灾害评估技术和手段相对落后，防灾减灾的法律、法规不够健全，防灾减灾工作尚未引起社会各方面的普遍关注，社会防灾减灾意识和自我防范风险能力不强。

参考资料

第一、二章

安芷生，刘晓东，2000. 东亚季风气候的历史与变率[J]. 科学通报，45(3)：238-249.

毕思文，1997. 全球变化与地球系统科学统一研究的最佳天然实验室——青藏高原[J]. 系统工程理论与实践，(5)：72-77.

陈隆勋，刘紧平，周秀骥，1999. 青藏高原隆起及海陆分布变化对亚洲大陆气候的影响[J]. 第四纪研究（4）：314-329.

程裕洪，张寿广，1982. 论我国不同变质时期的变质岩系、变质带和若干有关问题[J]. 中国区城地质（2）：1-14.

崔之久，高全洲，刘耕年，等，1996. 青藏高原夷平面与岩溶时代及其起始高度[J]. 科学通报，41(15)：1402-1406.

崔之久，高全洲，刘耕年，等，1996. 夷平面、古岩溶与青藏高原隆升[J]. 中国科学(D 辑)，26(4)：378-386.

邓晋福，赵海玲，莫宣学，等，1996. 大陆根柱构造-大陆动力学的钥匙[M]. 北京：地质出版社：1-110.

丁林，钟大赉，1999. 西藏南迦巴瓦峰地区高压麻粒岩相变质作用特征及其构造地质意义[J]. 中国科学(D 辑)，29(5)：385-397.

丁林，钟大赉，潘裕生，等，1995. 东喜马拉雅构造结上新世以来快速抬升的裂变径迹证据[J]. 科学通报，40(16)：1497-1500.

董文杰，汤懋苍，1997. 青藏高原隆升和夷平过程的数值模型研究[J]. 中国科学(D 辑)，27(1)：65-69.

范影年，1985. 中国西藏石炭-二叠纪皱纹珊瑚的地理区系[J]. 青藏高原地质文集(1)：87-106.

方小敏，李吉均，2003. 青藏高原形成环境与发展[M]. 石家庄：河北科学技术出版社：37-48.

傅容珊，黄建华，李力刚，等，2000. 青藏高原隆升三阶段模型的数值模拟[J]. 地学前缘，7(4)：588-596.

傅容珊，李力刚，黄建华，等，1999. 青藏高原隆升过程的三阶段模式[J]. 地球物理学报，42(5)：609-616.

高全洲，崔之久，陶贞，等，2002. 青藏高原古岩溶的性质、发育时代和环境特征[J]. 地理学报，57(3)：267-274.

郭正堂，彭淑贞，郝育振，1999. 晚第三纪中国西北干旱化的发展及其与北极冰盖形成演化和青藏高原隆升的关系[J]. 第四纪研究，19(6)：556-567.

郭正堂，吴海斌，魏建晶，等，2001. 用古土壤有机质碳同位素探讨青藏高原东南缘的隆升幅度[J]. 第四纪研究，21(5)：392-398.

郝子文，俞如龙，1983. 论昆仑-巴颜喀拉海及其与特提斯洋演化关系[J]. 青藏高原地质文集(4)：25-41.

侯增谦，王二七，莫宣学，等，2009. 青藏高原碰撞造山与成矿作用[M]. 北京：地质出版社：1-982.

黄宝仁，1984. 青海共和盆地上新世纪及早更新世介形类[A]//中国科学院南京地质古生物研究所集刊(第 19 号). 北京：科学出版社.

黄成敏，王成善，2001. 古土壤发育与青藏高原隆升研究综述[J]. 地质科技情报，20(4)：1-4.

黄汲清,1984. 中国大地构造特征的新研究[J]. 中国地质科学学院院报(2): 5-18.

黄汲清,陈炳蔚,1987. 中国及邻区特提斯海的演化[M]. 北京:地质出版社: 1-105.

江万,莫宣学,赵崇贺,等,1998. 矿物裂变径迹年龄与青藏高原隆升速率研究[J]. 地质力学学报,4(1): 13-18.

姜文英,彭淑贞,郝青振,等,2001. 上新世红黏土的碳同位素记录与青藏高原隆升的关系[J]. 科学通报,46(24): 2065-2068.

孔祥儒,王谦身,熊绍柏,1996. 西藏高原西部综合地球物理与岩石圈结构研究[J]. 中国科学(D辑),26(4): 308-315.

赖才根,汪啸风,傅锟,1982. 中国的奥陶系[M]. 北京:地质出版社.

李传夔,邱铸鼎,1980. 青海西宁盆地早中新世哺乳动物化石[J]. 古脊椎动物学报,8(3): 22-34,38,92.

李春昱,王荃,刘雪亚,等,1982. 亚洲大地构造图说明书[M]. 北京:地图出版社.

李国彪,2004. 西藏南部古近纪微体古生物及盆地演化特征[D]. 北京:中国地质大学.

李吉均,方小敏,1998. 青藏高原隆起与环境变化研究[J].科学通报,43(15): 1569-1574.

李吉均,方小敏,马海洲,等,1996. 晚新生代黄河上游地貌演化与青藏高原隆起[J]. 中国科学(D辑),26(4): 316-322.

李吉均,方小敏,潘保田,等,2001. 新生代晚期青藏高原强烈隆起及其对周边环境的影响[J]. 第四纪研究,21(5): 381-391.

李石,王彤,1981. 火山岩[M]. 北京:地质出版社.

李廷栋,1995. 青藏高原隆升的过程和机制[J]. 地球学报,(1): 1-9.

李文昌,潘桂棠,侯增谦,等,2010. 西南三江多岛弧盆碰撞造山成矿理论与勘查技术[M]. 北京:地质出版社.

李文漪,1998.中国第四纪植被与环境[M]. 北京: 科学出版社.

李星学,姚兆奇,1980. 中国南部二叠纪含煤地层[J]. 地层学杂志(4): 241-255.

李勇,侯中健,司光影,等,2002. 青藏高原东缘新生代构造层序与构造事件[J]. 中国地质,29(1):30-36.

李祖宁,傅容珊,黄建华,2002. 剥蚀及地幔作用下青藏高原隆升过程的数值模拟[J]. 地球物理学报,45(4): 516-524.

林宝玉,等,1984,中国的志留系[M]. 北京:地质出版社.

刘寄陈,1984. 北祁连中西段火山构造与板状硫化物矿床[J]. 甘肃地质(2): 73-85.

刘晓东,焦彦军,2000. 东亚季风气候对青藏高原隆升的敏感性研究[J]. 大气科学,24(5): 593-607.

刘晓东,汤懋苍,1996. 青藏高原隆起作用于大气的临界高度[J]. 高原气象,15(2): 131-140.

刘增乾,刘宝田,郑海翔,等,1984. 对特提斯-喜马拉雅构造域的再认识[J]. 青藏高原地质文集(2): 131-146.

莫宣学,2009. 青藏高原新生代碰撞一后碰撞火成岩[M]. 北京:地质出版社.

莫宣学,邓晋福,董方浏,等,2001. 三江造山带火山岩构造组合及其意义[J]. 高校地质学报,7(2): 121-138.

莫宣学,路凤香,沈上越,等,1993. “三江”特提斯火山作用与成矿[M]. 北京:地质出版社.

莫宣学,潘桂棠,2006. 从特提斯到青藏高原形成:构造-岩浆事件的约束[J]. 地学前缘,13(6):43-51.

莫宣学,沈上越,朱勤文,等,1998. 三江中南段火山岩-蛇绿岩与成矿[M]. 北京:地质出版社.

莫宣学,赵志丹,邓晋福,等,2003. 印度一亚洲大陆主碰撞过程的火山作用响应[J]. 地学前缘,10(3): 135-148.

潘保田,高红山,李吉均,2002.关于夷平面的科学问题——兼论青藏高原夷平面[J]. 地理科学,22(5): 520-526.

潘保田,李吉均,李炳元,2000. 青藏高原地面抬升证据讨论[J]. 兰州大学学报(自然科学版),36(3): 100-111.

潘保田,李吉均,朱俊杰,等,1995. 青藏高原:全球气候变化的驱动机与放大器Ⅱ. 青藏高原隆起的基本过程[J]. 兰州大学学报(自然科学版),31(4): 160-167.

潘桂棠,焦淑沛,徐耀荣,等,1984. 阿尔金山新生代构造及造山性质[J]. 青藏高原地质文集(2): 113-120.

潘桂棠,徐强,侯增谦,等,2003. 西南“三江”多岛弧造山过程成矿系统与资源评价[M]. 北京:地质出版社.

潘裕生,1999. 青藏高原的形成与隆升[J]. 地学前缘,6(3):153-163.

庞其清,1982. 青藏高原昆仑山口第四纪羌塘组介形虫化石的地质意义[J]. 青藏高原地质论文集(1): 151-165.

青海石油管理局勘探开发研究院,1985. 柴达木盆地第三纪孢粉学研究[M]. 北京:石油工业出版社.

任纪舜,姜春发,张正坤,等,1980. 中国大地构造及其演化[M]. 北京:地质出版社.

盛金章,1985. 中国古生物志[M]. 北京:科学出版社.

施雅风,李吉均,李炳元,1998. 青藏高原晚新生代隆升与环境变化[M]. 广州:广东科技出版社:117-139.

施雅风,李吉均,李炳元,等,1999. 晚新生代青藏高原的隆升与东亚环境变化[J]. 地理学报,154(1): 10-20.

施雅风,刘东生,1964. 希夏邦马峰地区科学考察初步报告[J]. 科学通报(10): 928-938.

宋春晖,方小敏,高军平,等,2001. 青藏高原东北部贵德盆地新生代沉积演化与构造隆升[J]. 沉积学报,19(4): 493-500.

宋之琛,1965. 孢子花粉分析[M]. 北京:科学出版社.

宋之琛,刘耕武,1982. 西藏东北部早第三纪孢粉组合及其古地理意义[M]//西藏古生物(第 5 分册). 北京: 科学出版社: 165-190.

宋仲和,陈国黄,安昌强,等,1993. 中国大陆及其海域地壳-上地幔三维速度结构[J]. 中国科学(B 辑),3(2): 180-188.

孙秀玉,赵英娘,何卓生,1984. 青海西宁-民和盆地渐新世至中新世孢粉组合[J]. 地质评论,(3): 207-216.

孙昭宸,刘兰锁,杜乃秋,1984. 青藏高原地质文集(18):从昆仑山一唐古拉山晚第三纪、第四纪孢粉组合讨论青藏高原的隆起[C]. 北京:地质出版社.

汤懋苍,柳艳香,2001. 青藏高原隆升的深层原因及其环境后果[J]. 第四纪研究,21(6): 500-507.

唐领余,沈才明,1996. 青藏高原晚新生代植被史及其气候特征[J]. 微体古生物学报,13(4): 321-337.

滕吉文,孙克忠,魏斯禹,等,1984. 中国青藏高原及其边缘地带的地震活动特征[J]. 喜马拉雅地质 (2): 311-329.

滕吉文,张中杰,胡家富,等,1996. 青藏高原整体隆升与地壳短缩增厚的物理-力学机制研究(上)[J]. 高校地质学报,2(2): 121-133.

滕吉文,张中杰,胡家富,等,1996. 青藏高原整体隆升与地壳短缩增厚的物理-力学机制研究(下)[J]. 高校地质学报,2(3): 307-323.

王伴月,邱占祥,王晓鸣,等,2003. 甘肃省党河地区的新生代地层和青藏高原隆升[J]. 古脊椎动物学报,41(1): 66-75.

王成善,刘志飞,王国芝,2000. 新生代青藏高原三维古地形再造[J]. 成都理工学院学报,27(1): 1-7.

王乃文,1983. 中国侏罗纪特提斯地质学问题[J]. 青藏高原地质文集(6): 62-86.

王乃文,1984. 青藏印度古陆及其与华夏古陆合并//中法喜马拉雅考察成果(1980)[M]. 北京:地质出版社.

王树基,1998. 亚洲中部山地夷平面研究[M]. 北京:科学出版社.

王彦斌,王军,王世成,1998. 高喜马拉雅地区聂拉木地区花岗岩快速抬升的裂变径迹证据[J]. 地质论评,44(4): 430-434.

王增吉,1980. 青海都兰、那陵郭勒河地区早石炭世的四射珊瑚[J]. 古生物学报,19(6): 493-499,529-532.

王增吉,1981. 柴达木盆地北缘早石灰世早期穿山沟组的皱纹珊瑚[J]. 地质学报,55(3): 170-178.

王增吉,1981. 中国西北、北部早石炭世早期地层[J]. 地质评论,6(27): 533-538.

王增吉,1983. 东昆仑山西段石炭纪地层[J]. 青藏高原地质文集(5):207-225.

王增吉,1986. 青海欧龙布鲁克山城墙沟组四射珊瑚化石[J]. 地层古生物论文集(1):49-71.

魏明建,王成善,万晓樵,等,1998. 第三纪青藏高原面高程与古植被变迁[J]. 现代地质,12(3): 318-326.

吴功建,高锐,余钦范,等,1991. 青藏高原亚东一格尔木断面综合地球物理调查研究[J]. 地球物理学报,34(5): 555-562.

吴汉泉,1980. 东秦岭和北祁连的蓝闪片岩[J]. 地质学报,54(3): 195-207.

吴珍汉,江万,Doug Nelson,等,2002. 藏北多格错仁红层及孢粉组合特征[J]. 现代地质,16(3): 225-232.

武红岭,王薇,王连捷,等,1996. 青藏高原的隆升缩短及其粘弹性形变分析[J]. 地质力学学报,2(1): 17-24.

夏萍，徐义刚，2006. 滇东南马关地区新生代钾质玄武岩中幔源包体研究：深部物质组成与动力学过程探讨[J]. 地球化学，35(1)：27-40.

项礼文，1982. 中国的寒武系[M]. 北京：地质出版社.

肖序常，李廷栋，2000. 青藏高原构造演化与隆升机制[M]. 广州：广东科学技术出版社.

新疆维吾尔自治区地质局第一区调队，1982. 阿其格库勒湖地区区域地质调查报告（1：100 万）[R].

徐克勤，胡受奚，孙明志，等，1983. 论花岗岩的成因系列—以华南中生代花岗岩为例[J]. 地质学报，57(2)：107-118.

徐仁，陶君容，孙湘君，1973. 希夏邦马峰高山栎化石层的发现及其在植物学和地质学上的意义[J]. 植物学报，15(1)：103-119.

徐叔鹰，1963. 论夷平面的成因、年龄与变形[J]. 兰州大学学报(自然科学版)(2)：96-106.

许志琴，杨经绥，姜枚，2001. 青藏高原北部的碰撞造山及深部动力学——中法地学合作研究新进展[J]. 地球学报，22(1)：5-10.

许志琴，杨经绥，李海兵，等，2007. 造山的高原－青藏高原的地体拼合、碰撞造山及隆升机制[M]. 北京：地质出版社.

杨经绥，白文吉，方青松，等，2008. 西藏罗布莎蛇绿岩铬铁矿中的超高压矿物和新矿物(综述)[J]. 地球学报，29(3)：263-274.

杨经绥，许志琴，耿全如，等，2006. 中国境内可能存在一条新的高压/超高压变质带——青藏高原拉萨地体中发现榴辉岩带[J]. 地质学报，80(12)：3-12.

杨经绥，许志琴，李天福，等，2007. 青藏高原拉萨地块中的大洋俯冲型榴辉岩：古特提斯洋盆的残留？[J]. 地质通报，26(10)：1277-1287.

杨立强，张中杰，王光杰，等，2001. 青藏高原的隆升过程与地球动力学模型研究进展[J]. 地球物理学进展，16(1)：70-81.

杨式溥，范影年，1983. 西藏石炭系腕足动物及其古动物地理区系特征[J]. 青藏高原地质文集(3)：265-289.

杨式溥，侯鸿飞，高联达，等，1980. 中国的石炭系[J]. 地质学报，54(3)：167-175.

杨逸畴，李炳元，王富葆，等，1983. 西藏地貌[M]. 北京：科学出版社.

杨遵仪，等，1983. 南祁连山三叠系[M]. 北京：地质出版社.

姚小峰，郭正堂，赵希涛，2000. 玉龙山东麓古红壤的发现及其对青藏高原隆升的指示[J]. 科学通报，45(15)：1 671-1 676.

俞建章，林英铴，1983. 石炭纪二叠纪珊瑚[M]. 长春：吉林人民出版社.

喻学惠，莫宣学，廖忠礼，等，2001. 西秦岭石榴石二辉橄榄岩和石榴石单辉橄榄岩包体的温压条件[J]. 中国科学(D辑)，47(2)：155-161.

喻学惠，莫宣学，曾普胜，等，2006. 云南马关地区新生代碧玄岩中地幔包体研究[J]. 岩石学报，22(3)：621-630.

曾涛，董文杰，1997. 青藏高原隆升的数值模型与实测模型之比较[J]. 科学通报，42(20)：2200-2201.

詹立培，李莉，1984. 中国二叠系若干问题的探讨[J]. 中国地质科学院院报(2)：169-183.

张遴信，1980. 祁连山地质志[M]. 北京：科学出版社.

张遴信，鲍进礼，1986. 青海布尔汗布达山南坡晚石炭世簇，青海布尔汗布达山南坡石炭纪、二叠纪地层和古生物[M]. 合肥：安徽科学技术出版社.

张玉泉，朱炳泉，谢应雯，等，1998. 青藏高原西部的抬升速率：叶城-狮泉河花岗岩 40Ar-39Ar 年龄的地质解释[J]. 岩石学报，14(1)：11-12.

赵志丹，莫宣学，孙晨光，等，2008. 青藏高原南部地幔包体的发现及其意义[J]. 岩石学报，24(3)：193-202.

郑洪波，Katherine Butcher，Chris Powell，2002. 新疆叶城晚新生代山前盆地演化与青藏高原北缘的隆升-Ⅰ地层学与岩石学证据[J]. 沉积学报，20(2)：274-281.

郑洪波,Katherine Butcher,Chris Powell,2003. 新疆叶城晚新生代山前盆地演化与青藏高原北缘的隆升-沉积相与沉积盆地演化[J]. 沉积学报,21(1): 46-51.

中国地质科学院,1982. 中国地层概论[M]. 北京:地质出版社.

中国科学院南京地质古生物研究所,1982. 中国各纪地层对比表及说明书[M]. 北京:科学出版社.

钟大赉,1998. 川滇西部古特提斯造山带[M]. 北京:科学出版社.

钟大赉,丁林,1996. 青藏高原的隆起过程及其机制探讨[J]. 中国科学(D辑),26(4): 289-295.

钟巍,李吉均,方小敏,2001. 临夏盆地晚新生代沉积特征与青藏高原隆升[J]. 新疆大学学报(理工版),18(4): 401-407.

周良仁,秦克令,1980. 北祁连山超基性岩体接触变质特征及其地质意义[J]. 地质评论(6): 490-498.

Aitchison J C, Ali J R, Davis A M, 2007. When and where did India and Asia collide[J]. J Geophys Res, 112, B05423.

Argand E, 1924. La tectonique de asie [C]. 13th International Geology Congress, 7: 171.

A·哈克,1981. 变质作用[M]. 蒋荫昌,译. 北京:地质出版社.

Bryan S E, 2008, Ernst R E. Revised definition of Large Igneous Provinces (LIPs)[J]. Earth-Science Reviews, 86(1-4): 175-202.

Burtman V S, 1994. Meso-Tethyan oceanic sutures and their deformation[J]. Tectonophysics, 234(4): 305-327.

Chung S L, Chu, M F, Zhang Y Q, et al, 2005. Tibetan tectonic evolution inferred from spatial and temporal variations in post-collisional magmatism[J]. Earth Science Reviews, 68(3-4): 173-196.

Clark M K, Royden L H, 2000. Topographic ooze: Building the eastern margin of Tibet by lower crustal flow[J]. Geology, 28(8): 703-706.

Coffin M F, Pringle M S, Duncan R A, et al, 2002. Kerguelen hotspot magma output since 130 Ma [J]. Journal of Petrology, 43(7): 1121-1139.

Coleman M E, Hodges K, 1995. Evidence for Tibet plateau uplift before 14 Myr ago from a new minimum age for east-west extension[J]. Nature, 374: 49-52.

Deng J F, Mo X X, Zhao H L, et al, 2004. A new model for the dynamic evolution of Chinese lithosphere: 'continental roots-plume tectonics'[J]. Earth-Science Reviews, 65 (3-4): 223-275.

Dewey J F, Bird J M, 1970. Mountain belts and new global tectonics[J]. Journal of Geophyscial Research, 75(14): 2625-2467.

Dewey J F, Cande S, Pitman W C, 1989. Tectonic evolution of the India/Eurasia Collision Zone[J]. Eclogae Geol Helv, 82(3): 717-734.

Ding L, Kapp P, Wan X, 2005. Paleocene-Eocene record of ophiolite obduction and initial India- Asia collision, south-central Tibet [J]. Tectonics, 24: TC3001.

Ding L, Kapp P, Yue Y, et al, 2007. Postcollisional calc-alkaline lavas and xenoliths from the southern Qiangtang terrane, central Tibet[J]. Earth and Planetary Science Letters. 254: 28-38.

England C, Houseman G, 1985. Role of lithosphere strength heterogeneities in the tectonics of Tibet and neighboring regions[J]. Nature, 315: 297-301.

England P C, Houseman G A, 1989. Extension during continental convergence, with application to the Tibetan plateau[J]. Journal Of Geophysical. Research, 94(B12): 17561-17579.

Erba E, Bartolini A, Larson R L, 2004. Valanginian Weissert oceanic anoxic event[J]. Geology, 32(2): 149-152.

Flower M F J, Tamaki K, Hoang N, 1998. Mantle extrusion: A model for dispersed volcanism and DUPAL-like asthenosphere in east Asia and the western Pacific[C]//Flower, et al(eds.). Mantle Dynamics and plate interactions in East Asia. Geodyn. Series 27. AGU. Washington,27: 67-88.

Flower M,Russo R,Tamaki K,et al,2001. Mantle contamination and the Izu-Bonin-Mariana (IBM) 'high-tide mark': evidence for mantle extrusion caused by Tethyan closure[J]. Tectonophysics,333(1-2): 9-34.

Frey F A,McNaughton N J,Nelson D R,et al,1996. Petrogenesis of the Bunbury Basalt,Western Australia: interaction between the Kerguelen plume and Gondwana lithosphere? [J]. Earth and. Planetary Science Letters,144(1-2): 163-183.

Garzanti E,Baud A,Mascle G,1987. Sedimentary record of the northward flight of India and its collision with Eurasia (Ladakh Himalaya,India)[J]. Geodinamica Acta,1(4/5): 297-312.

Guo Z T,Willzam F Ruddiman,Hao Q Z,et al,2002. On set of Asian desertification by 22 Myrago inferred from loess deposits in China[J]. Nature,416: 159-163.

Hacker B R,Gnos E,Ratschbacher L,et al,2000. Hot and dry deepcrustal xenoliths from Tibet [J]. Science,287(5462): 2463-2466.

Harrison T M,Copeland P,Kidd W S F,et al,1992. Raising Tibet[J]. Science,255(5052): 1663-1670.

Heim A,Gansser A,1936. Central Himalaya,geological observation of the Swiss expedition(1936) [J]. Soc Helv Sci Nat, 73(1):1-195.

Heine C,Müller R D,2005. Late Jurassic rifting along the Australian northwest shelf:margin geometry and spreading ridge configuration[J]. Australian Journal of Earth Sciences,52(1): 27-39.

Hou Z Q,Zaw K,Pan G T,et al,2007. Sanjiang Tethyan metallogenesis in S. W. China:Tectonic setting,metallogenic epochs and deposit types[J]. Ore Geology Reviews,31(1-4): 48-87.

Hou Z Q,Zeng P S,Gao Y,et al,2006. Cu-Mo-Au mineralization in the eastern Indo-Asian collision zone:Constraints from Re-Os dating of molybdenite[J]. Minerlium Deposita,41: 33-45.

Houseman G,England C,1993. Crustal thickening versus lateral expulsion in the Indian-Asian continental collision[J]. Journal of Geophysical Research,98(B7): 12233-12249.

Jaeger J-J,Courtillot V,Tapponnier P,1989. Paleontological view of the ages of the Deccan Traps,the Cretaceous/Tertiary boundary,and the India-Asia collision[J]. Geology,17: 316-319.

Kind R,Ni J,Zhao W,et al,1996. Evidence from earthquake data for partially molten crustal layer in Southern Tibet[J]. Science,274(5293): 1692-1694.

Kroon D,Steens T N F,Troelstra S R,1991. Onset of monsoonal related upwelling in the western Arabian Sea as revealed by planktonic foraminifers[J]. Proceedings of the Ocean Drilling Program,Scientific Results,117 : 257-263.

Kutzbach J E,Prell W L,Ruddiman W F,1993. Sensitivity of Eurasian Climate to surface uplift of the Tibetan Plateau[J]. The Journal of Geology,101(2): 177-190.

Leech M,Singh S,Jain A K,et al,2005. The onset of India-Asia continental collision: early,steep subduction required by the timing of UHP metamorphism in the western Himalaya [J]. Earth and Planetary Science Letters,234(1-2): 83-97.

Liegeois J P,1998. Preface—Some words on the post-collisional magmatism[J]. Lithos,45:15-17.

Lini A,Weissert H,Erba E,1992. The Valanginian carbon isotope event:A first episode of greenhouse climate conditions during the Cretaceous[J]. Terra Nova,4(3): 374-384.

Liu G,Einsele G,1994. Sedimentary history of the Tethyan basin in the Tibetan Himalayas[J]. Geol Rundsch,83: 32-61.

Luo Z H,Xiao X C,Cao Y Q,et al,2001. The Cenozoic mantle magmatism and motion of lithosphere on the north margin of the Tibetan Plateau[J]. Science in China (series D). 44: 10-17.

Mercier J L,1987. Change from Late Tertiary compression to Quaternary extension in Southern Tibet during the India-Asia collusion[J]. Tectonics,6(3): 275-340.

Mo X X,Deng J F,1999. Three types of lithospheric structure in the Tibetan Plateau [C]//14th Himalaya-Karakoram-Tibet Workshop,Kloster Ettal Germany,Terra Nostra,2: 99-100.

Mo X X,Dong G C,Zhao Z D,et al,2009. Mantle input to the crust in southern Gangdese,Tibet,during the Cenozoic:Zircon Hf isotopic evidence[J]. Journal of Earth Science,20 (2): 241-249.

Mo X X,Hou Z Q,Niu Y L,et al,2007. Mantle contributions to crustal thickening during continental collision: Evidence from Cenozoic igneous rocks in southern Tibet[J]. Lithos,96(1-2): 225-242.

Mo X X,Niu Y L,Dong G C,et al,2008. Contribution of syncollisional felsic magmatism to continental crust growth: A case study of the Paleogene Linzizong Volcanic Succession in southern Tibet [J]. Chemical Geology,250(1-4): 49-67

Mo X X,Zhao Z D,Deng J F,et al,2006. Petrology and geochemistry of postcollisional volcanic rocks from the Tibetan plateau:Implications for lithosphere heterogeneity and collision-induced asthenospheric mantle flow[J]. Society of America Special Paper,409: 507-530.

Mo X X,Zhao Z D,Zhou S,et al,2002. Evidence for timing of the initiation of India-Asia collision from igneous rocks in Tibet[C]. San Francisco,CA,USA,83: 47.

Molnar P,Houseman G,Clinton C,1998. Rayleigh-Taylor instability and convective thinning of mechanically thickened lithosphere: effects of non-linear viscosity decreasing exponentially with depth and of horizontal shortening of the layer[J]. Geophysical Journal International,133(3): 568-584.

Molner P,England P,Martinod J,1993. Mantle dynamics,uplift of the Tibetan Plateau and India Monsoon development[J]. Reviews of Geophysics,31(4): 357-396.

Morlner P,England P,1990. Late Cenozoic Uplift of the mountain ranges and global climatic change:Chicken or egg? [J]. Nature,346: 29-34.

Nelson K D,Zhao W J,Brown L D,et al,1996. Partially molten middle crust beneath southern Tibet: synthesis of Project INDEPTH Results[J]. Science,274: 1684-1688.

Powell C M,1986. Continental underplating model for the rise of the Tibetan plateau[J]. Earth and Planetary Science Letter,81(1): 79-94.

Rowley D B,1998. Minimum age of initiation of collision between India and Asia north of Everest based on the subsidence history of the Zhepure Mountain section[J]. The Journal of Geology,106: 229-235.

Royden L H,Burchfiel B C,King R W,et al,1997. Surface deformation and lower crustal flow in eastern Tibet[J]. Science, 276(5313): 788-790.

Russo R,Flower M,Mocanu V,1998. Infiltration history of asthenosphere beneath Indochina:Proposal for an integrated study[A]. 1998 Fall Meeting,San Francisco:Eos (Transactions,American Geophysical Union),79: 45.

Searle M P,2006. Crustal flow in Tibet: Geophysical evidence for the physical state of Tibetan lithosphere,and inferred patterns of active flow[C]// Law R D,et al (eds.). Channel flow,ductile extrusion and exhumation in continental collision zones. Geological Society of London Spec Publ,London,268(1): 39-70.

Searle M P,Windley B F,Coward M P,et al,1987. The closing of Tethys and the tectonics of the Himalaya[J]. Geol Soc Am Bull,98(6):678-701.

Sengor A M C,1984. The Cimmeride orogenic and the tectonics of Eurasia[J]. GSA Special Papers,195: 1-82.

Sengor A M C,1998. Origin and assembly of the Tethyside orogenic collage at the expense of Gondwana land. In Gondwana and Tethys[J]. GSA Special Papers,37: 119-181.

Shockleton R M,Chang C F,1988. Cenozoic uplift and deformation of the Tibetan Plateau: The geomorphologic evidence [A]. Trans R Soc Lond,A:327-377.

Spencer D A,1996. "Collapse Folding" as a mechanism of explaining the early ductile extension along the Indus Suture and the subsequent exhumation of the Himalayan eclogites[J]. The Himalaya-Karakorum-Tibet workshop,56-57.

Strachey R,1851. On the geology of the Himalaya Mountains and Tibet [J]. O J G S,4:292-310.

Tapponnier P,Molnar P,1977. Active faulting and tectonics in China[J]. Journal of Geophysical Research,82(20): 2905-2930.

Tapponnier P,Xu Z,Roger F,et al,2001. Oblique stepwise rise and growth of the Tibet Plateau[J]. Science,294(5547): 1671-1677.

Wan X,Jansa LF,Sarti M,2002. Cretaceous and Paleogene boundary strata in southern Tibet and their implication for India-Asia collision [J]. Lethaia,35(2): 131-146.

Wang J H,Yin A,Harrison T M,et al,2001. A tectonic model for Cenozoic igneous activities in the eastern Indo-Asian collision zone[J]. Earth and Planetary Science Letters,188(1-2): 123-133.

Wei W B,Unsworth M,Jones A,et al,2001. Detection of widespread fluids in the Tibetan crust by magnetotelluric studies [J]. Science. 292: 716-718.

Xu Y G,Chung S L,Jahn B M,et al,2001. Petrological and geochemical constraints on the petrogenesis of the Permo-Triassic Emeishan flood basalts in southwestern China[J]. Lithos,58(3-4): 145-168.

Yin A,Harrison T Mark,2000. Geologic evolution of the Himalayan-Tibetan orogen[J]. Annual Reviews of Earth and Planet Sci,28: 211-280.

Zhang S H,Mahoney J,Mo X X,et al,2005. Evidence for a widespread Tethyan upper mantle with Indian-Ocean-type isotopic characteristics[J]. Journal of Petrology,46(4): 829-858.

Zhao W J,Nelson K D,Meissner R,1997. Advances of INDEPTH deep profiling study in Tibet and the Himalayas[J]. Episodes,20: 266-272.

Zhao W,Morgen W,1987. Injection of Indian crust into Tibetan lower crust: A two-dimensional finite element model study [J]. Tectonics,6(4): 489-504.

Zhao Z,Mo X,Dilek Y,et al,2009. Geochemical and Sr-Nd-Pb-O isotopic compositions of the post-collisional ultrapotassic magmatism in SW Tibet: Petrogenesis and implications for India intra-continental subduction beneath southern Tibet [J]. Lithos,113(1): 190-212.

Zhu D C,Chung S L,Mo X X,et al,2009. The 132 Ma Comei-Bunbury large igneous province:Remnants identified in present-day SE Tibet and SW Australia[J]. Geology,37(7): 583-586.

Zhu D C,Mo X X,Pan G T,et al,2008. Petrogenesis of the earliest Early Cretaceous basalts and associated diabases from Cona area,eastern Tethyan Himalaya in south Tibet:Interaction between the incubating Kerguelen plume and eastern Greater India lithosphere? [J]. Lithos,100(1-4): 147-173.

Zhu D C,Mo X X,Zhao Z D,et al,2008. Whole-rock elemental and zircon Hf isotopic geochemistry of mafic and ultramafic rocks from the Early Cretaceous Comei large igneous province in SE Tibet:Constraints on mantle source characteristics and petrogenesis (Extended abstract)[J]. Himalayan Journal of Sciences,5: 178-180.

第三章

崔之久,高全洲,刘耕年,等,1996. 夷平面、古岩溶与青藏高原隆升[J]. 中国科学(D辑:地球科学)(4): 378-386.

葛敏卿，唐伯英，1988. 地理知识手册[M]. 济南：山东教育出版社.
郭耀文，1989. 青海东部黄土及其地貌特征[J]. 青海师范大学(自然科学版)(1)：72-78.
李炳元，潘保田，程维明，2013. 中国地貌区划新论[J]. 地理学报，68(3)：291-306.
李吉均，1999. 青藏高原的地貌演化与亚洲季风[J]. 海洋地质与第四纪地质(1)：1-6.
李吉均，徐叔鹰，1983. 巴基斯坦北部的地貌发育与第四纪冰期问题[J]. 地理学报，38(1)：11-24.
李树德，李世杰，1993. 青海可可西里地区多年冻土与冰缘地貌[J]. 冰川冻土，15(1)：77-82.
李跃海，于亮，刘红星，2008. 青海东部丹霞地貌的地质地貌特征分析[J]. 水文地质工程地质(4)：126-128.
李珍，葛公文，朱丽东，1994. 青海省志・自然地理志[M]. 合肥：黄山书社出版社.
潘保田，邬光剑，王义祥，等，2000. 祁连山东段沙沟河阶地的年代与成因[J]. 科学通报(24)：2669-2675.
青海省地貌图编写组，1988. 青海省地貌图说明书[M]. 北京：测绘出版社.
青海省综合自然区划编写组，1989. 青海省综合自然区划[M]. 兰州：兰州大学出版社.
申元村，向理平，1991. 青海省自然地理[M]. 北京：海洋出版社.
施雅风，1996. 地理环境与冰川研究[M]. 北京：科学出版社.
施雅风，汤懋苍，马玉贞，1998. 青藏高原二期隆升与亚洲季风孕育关系探讨[J]. 中国科学(D辑)(3)：263-271.
施雅风，郑本兴，李世杰，等，1995. 青藏高原中东部最大冰期时代高度与气候环境探讨[J]. 冰川冻土，17(2)：97-112.
武羡慧，刘清泗，刘成武，1996. 湖泊沉积及湖岸地貌所含自然环境演变信息研究[J]. 阴山学刊(自然科学版)(4)：33-37.
西北师范学院地理系，青海师范大学地理系，1987. 中国地理丛书・青海省地理[M]. 西宁：青海人民出版社.
张维信，1979. 青藏公路线风火山地区冰缘地貌特征[J]. 研究报告与简报(1)：35-45.
张孝忠，2004. 青海地理[M]. 西宁：青海人民出版社.
张忠孝，1994. 青海丹霞地貌特征及其旅游价值[J]. 青海师范大学学报(自然科学版)(1)：42-47.
张宗祜，1989. 中国黄土[M]. 北京：地质出版社.
郑度，杨勤业，刘燕华，1985. 中国的青藏高原[M]. 北京：科学出版社.
中-英青藏高原综合科学考察队，1990. 青藏高原地质演化[M]. 北京：科学出版社：372-383.

第四章

曹德云，2013. 长江源区水环境及水化学背景特征[D]. 北京：中国地质大学.
程国栋，2009. 黑河流域水-生态-经济系统综合管理研究[M]. 北京：科学出版社：1-2.
段水强，刘弢，曹广超，等，2015. 近期长江源区湖泊扩张特征及其成因[J]. 干旱区研究，32(1)：15-22.
伏洋，李凤霞，严进瑞，2002. 青海省河流生态环境质量评价指标体系研究[J]. 青海科技，(5)：32-34.
黄维东，牛最荣，马正耀，等，2013. 大通河流域水能水资源开发对河流水文过程和环境的影响[J]. 冰川冻土，35(6)：1753-1581.
孔娜，渠涛，谭红兵，等，2014. 柴达木盆地河流同位素分布特征及径流变化[J]. 干旱区研究，31(5)：948-954.
李健，王辉，魏丽琼，2007. 格尔木河流域平原区地下水同位素及水化学特征[J]. 西北地质，40(4)：94-100.
鲁子豫，马燕，李志强，等，2015. 青海长江源区 2005—2012 年地表水水质状况及变化趋势分析[J]. 水资源保护(3)：53-56.
青海省地方志编纂委员会，2016. 青海省志・水利志(1986—2005)[M]. 武汉：长江出版社.
青海省人民政府，2017. 湟水流域水环境综合治理规划(2016—2020 年)[R].
青海省水利厅，2010. 青海省水资源公报 2010[R].
青海省水利厅，2018. 青海河湖概览[M]. 武汉：长江出版社.

青海省水利志编委会办公室,1995. 青海河流[M]. 西宁:青海人民出版社.

青海省水利志编委员会,1982. 青海省流域特征值资料[M]. 西宁:青海人民出版社: 16-23.

三江源自然保护区生态环境编辑委员会,2002. 三江源自然保护区生态环境[M]. 西宁:青海人民出版社.

孙鸿烈,2008. 长江上游地区生态与环境问题[M]. 北京:中国环境出版社: 43-45.

孙美平,刘时银,姚晓军,等,2015. 近50年来祁连山冰川变化——基于中国第一、二次冰川编目数据[J]. 地理学报,70(9): 1402-1414.

唐文家,崔玉香,赵霞,2012. 青海省澜沧江水系水生生物资源的初步调查[J]. 水生态学杂志,33(6): 20-28.

王根绪,李元寿,王一博,等,2007. 长江源区高寒生态与气候变化对河流径流过程的影响分析[J]. 冰川冻土,29(2): 160-167.

王苏民,窦鸿身,1998. 中国湖泊志[M]. 北京:科学出版社.

吴恒卿,刘赛艳,黄强,2015. 基于SWAT模型的大通河流域径流模拟[J]. 西北农林科技大学学报(自然科学版),43(9): 210-216.

吴华武,李小雁,赵国琴,等,2014. 青海湖流域降水和河水中 $\delta^{18}O$ 和 δD 变化特征[J]. 自然资源学报,29(9): 1552-1564.

吴珊珊,姚治君,姜丽光,等,2016. 基于MODIS的长江源植被NPP时空变化特征及其水文效应[J]. 自然资源学报,31(1): 39-51.

伍云华,2017. 柴达木盆地主要河流泥沙特性分析[J]. 水土保持应用技术(3): 40-42.

伊森昌,2008. 青海境内澜沧江流域水能资源开发利用浅析[J]. 人民长江,39(6): 49-50,112.

张调风,朱西德,王永剑,等,2014. 气候变化和人类活动对湟水河流域径流量影响的定量评估[J]. 资源科学,36(11): 2256-2262.

张国胜,李林,时兴合,等,2000. 黄河上游地区气候变化及其对黄河水资源的影响[J]. 水科学进展,11(3): 277-283.

张琨,蓝江湖,沈振兴,等,2010. 青海湖流域水化学分析及水质初步评价[J]. 地球环境学报,1(3): 162-168.

张营营,胡亚朋,张范平,2017. 黄河上游天然径流变化特性分析[J]. 干旱区资源与环境,31(2): 104-109.

赵家绪,郑碧玉,昝明寿,等,1990. 格尔木河中下游冲洪积扇地下水数学模型及环境地质研究[R]. 格尔木:青海省柴达木综合地质勘查大队.

赵云,廖静娟,沈国状,等,2017. 卫星测高数据监测青海湖水位变化[J]. 遥感学报(4): 633-644.

中华人民共和国水利部,2000—2011. 中国河流泥沙公报[M]. 北京:中国水利水电出版社.

周长进,董锁成,2002. 柴达木盆地主要河流的水质研究及水环境保护[J]. 资源科学,24(2): 37-41.

周宏伟,梁建芳,2014. 湟中县域土壤养分变化分析[J]. 青海农林科技(3): 4-7.

卓海华,刘云兵,郑红艳,等,2012. 长江源水环境调查分析[J]. 人民长江,43(12): 23-26.

卓玛措,2013. 青海地理[M]. 北京:北京师范大学出版社.

Tan H B,Chen J,Rao W B,et al,2012. Geothermal constraints on enrichment of boron and lithium in salt lakes: An example from a river-salt lake system on the northern slope of the eastern Kunlun Mountains,China[J]. Journal of Asian Earth Sciences,51(2): 21-29.

第五章

《中国大百科全书》总编委会,2018. 中国大百科全书·中国地理(第二版)[M]. 北京:中国大百科全书出版社:142-172.

胡东生,1990. 察尔汗盐湖区地貌[J]. 湖泊科学,2(1):37-43.

胡东生,1992. 可可西里地区湖泊资源调查研究[J]. 干旱区地理,15(3):50-57.

刘晓雪,温忠辉,束龙仓,等,2014. 近40年可鲁克湖-托素湖面积变化及影响因素分析[J]. 水资源保护,30(1):28-33,63.

汤浩,巨邦选,2011. 克鲁克湖-托素湖湿地保护初探[J]. 东北水利水电(2):46-47.

王苏民,窦鸿身,1998. 中国湖泊志[M]. 北京:科学出版社.

王苏民,施雅风,1992. 晚第四纪青海湖烟花研究析视与讨论[J]. 湖泊科学,4(3):1-9.

姚晓军,刘时银,孙美平,等,2012. 可可西里地区库赛湖变化及湖水外溢成因[J]. 地理学报,65(5):689-698.

张森琦,曹福祥,李旭峰,等,2011. 青藏公路沿线不冻泉地区构造控水机理研究[J]. 吉林大学学报(地球科学版),41(S1):253-258.

郑绵平,向军,魏新俊,等,1989. 青藏高原盐湖[M]. 北京:北京科学技术出版社.

第六章

陈芳,周陆生,刘秀兰,等,2000. 青海高原太阳辐射年际变化特征及若干影响因子分析[J]. 青海气象(2):5-9,17.

戴加洗,1990. 青藏高原气候[M]. 北京:气象出版社.

李爱贞,刘厚凤,2001. 气象学与气候学基础[M]. 北京:气象出版社.

李世奎,1988. 中国农业气候资源和农业区划[M]. 北京:科学出版社.

李晓东,胡爱军,祁东林,等,2015. 近 53 年青海省气候变化与粮食产量及气候生产潜力特征[J]. 草业科学,32(7):1061-1068.

林振耀,吴祥定,1981. 青藏高原气候区划[J]. 地理学报,36(1):22-32.

刘义花,汪青春,王振宇,等,2011. 1971—2007 年青海省日照时数的时空分布特征[J]. 资源科学,33(5):1010-1016.

青海省气象科研所,1985. 青海省农牧业气候资源分析及区划[R].

申红艳,马明亮,汪青春,等,2013. 1961—2010 年青海高原蒸发皿蒸发量变化及其对水资源的影响[J]. 气象与环境学报,29(6):87-94.

王江山,2004. 青海天气气候[M]. 北京:气象出版社.

王鹏祥,杨金虎,张强,等,2007. 近半个世纪来中国西北地面气候变化基本特征[J]. 地球科学进展,22(6):649-656.

王绍武,2001. 长期气候变化分析[M]. 北京:气象出版社.

西北师范学院地理系,青海师范大学地理学院,1987. 青海省地理[M]. 西宁:青海人民出版社.

杨东,王慧,程军奇,等,2013. 近 50 年青海省气候变化特征及其与 ENSO 的关系[J]. 生态环境学报,22(4):547-553.

张忠孝,2004. 青海地理[M]. 西宁:青海人民出版社.

中国科学院《中国自然地理》编委会,1984. 中国自然地理·气候[M]. 北京:科学出版社.

第七章

曹慧,崔中利,李顺鹏,等,2008. 中国土壤生物学研究的回顾与展望[J]. 土壤学报,45(5): 4-8.

陈雅敏,冯述青,杨天翔,等,2013. 我国不同类型土壤有机质含量的统计学特征[J]. 复旦学报(自然科学版),52(2):220-224.

龚子同,张甘霖,陈志诚,等,2002. 以中国土壤系统分类为基础的土壤参比[J]. 土壤通报,33(1): 1-5.

林丽,张法伟,李以康,等,2012. 高寒矮嵩草草甸退化过程土壤碳氮储量及 C/N 化学计量学特征[J]. 中国草地学报,34(3):42-47.

刘铮,1998. 中国土壤微量元素[J]. 地球科学进展,13(6):589-589.

王启兰,曹广民,王长庭,等,2007. 高寒草甸不同植被土壤微生物数量及微生物生物量的特征[J]. 生态学杂志,26(7):1002-1008.

王一博,王根绪,沈永平,等,2005. 青藏高原高寒区草地生态环境系统退化研究[C]//三江源区生态保护与可持续发展高级学术研讨会.

文启孝,1984. 土壤有机质研究法[M]. 北京:农业出版社.

谢佰承,张春霞,薛绪,等,2007. 土壤中微量元素的环境化学特性[J]. 农业环境科学学报,26(1):132-135.

熊毅,李庆逵,1986. 中国土壤(第二版)[M]. 北京:科学出版社.

许冀泉,1956. 黏土矿物与土壤[M]. 北京:地质出版社.

张甘霖,王秋兵,张凤荣,等,2013. 中国土壤系统分类土族和土系划分标准[J]. 土壤学报,50(4):826-834.

张薇,魏海雷,高洪文,等,2005. 土壤微生物多样性及其环境影响因子研究进展[J]. 生态学杂志,24(1):48-52.

中国科学院南京土壤研究所微量元素组,1979. 土壤和植物中微量元素分析方法[M]. 北京:科学出版社.

中国植被编辑委员会,1980. 中国植被[M]. 北京:科学出版社.

周华坤,赵新全,周立,等,2005. 青藏高原高寒草甸的植被退化与土壤退化特征研究[J]. 草业学报,14(3):31-40.

周兴民,2016. 青藏高原嵩草(Kobresia)草甸的基本特征和主要类型[J]. 高原生物学集刊(3):44-52.

左克成,张金霞,王在模,等,1986. 青海海北高寒草甸生态系统降水中养分含量的初步研究[J]. 高原生物学集刊(5):35-43.

第八章

北京大学,1987. 植物地理学[M]. 北京:人民教育出版社.

蔡桂全,1982. 长江发源地区鸟兽考察报告[J]. 高原生物学集刊(1):135-149.

曹凑贵,2002. 生态学概述[M]. 北京:高等教育出版社.

陈克造,1981. 青藏高原的盐湖[J]. 地理学报,36(01):13-21.

陈鹏,1982. 世界各地珍奇动物[M]. 长春:吉林人民出版社.

陈鹏,1986. 动物地理学[M]. 北京:高等教育出版社.

陈鹏,1989. 生物地理学[M]. 长春:东北师范大学出版社.

丁登山,1988. 自然地理学基础[M]. 北京:高等教育出版社.

丁圣彦,2004. 生态学—面向人类生存环境的科学价值观[M]. 北京:科学出版社.

董文朗,1979. 青海农业地理[M]. 西宁:青海人民出版社.

高国栋,1963. 青海省气候特征[J]. 南京大学学报,2(01):122-135.

韩宪纲,1958. 西北自然地理[M]. 西安:陕西人民出版社.

华东师范大学,1982. 动物生态学(上、下册)[M]. 北京:人民教育出版社.

黄秉维,1959. 中国综合自然区划草案[J]. 科学导报,4(18):594-602.

金玉声,1983. 青海地质构造基本特征[J]. 西北地质(04):1-13.

景贵和,1990. 综合自然地理学[M]. 北京:高等教育出版社.

李博,2000. 生态学[M] . 北京:高等教育出版社.

李承三,周廷儒,1944. 青海甘肃地理考察纪要[J]. 地理,4(1-2):1-14.

李德浩,1986. 西北的珍禽异兽[M]. 西宁:青海人民出版社.

刘凌云,郑光美,1978. 普通动物学[M]. 北京:人民教育出版社.

潘树荣,1985. 自然地理学[M]. 北京:高等教育出版社.

祁明荣,1985. 黄河源头考察文集[M]. 西宁:青海人民出版社.

青海森林资源,1988. 青海森林资源[M]. 西宁:青海人民出版社.

青海省革命委员会科学技术委员会,1973. 青海科技资料-青海省农业气候区划[R]. 西宁:青海省革命委员会科学技术委员会.
青海省气象科学研究所,1982. 青海省气候资料(8册)[R]. 西宁:青海省气象科学研究所.
青海省综合农业区划,1985. 青海省综合农业区划[M]. 西宁:青海人民出版社.
青海省综合自然区划,1989. 青海省综合自然区划[M]. 兰州:兰州大学出版社.
青海土地科学考察队,1989. 青海土地资源及其利用[M]. 西宁:青海人民出版社.
曲仲湘,1984. 植物生态学(第2版)[M]. 北京:高等教育出版社.
任美锷,1978. 中国自然地理纲要[M]. 上海:商务印书馆.
任美锷,杨纫章,1961. 中国自然区划问题[J]. 地理学报,27(1):66-74.
尚玉昌,2002. 普通生态学[M]. 北京:北京大学出版社.
孙儒泳,2002. 基础生态学[M]. 北京:高等教育出版社.
伍光和,1965. 论柴达木盆地在我国综合自然区划中的从属关系问题[J]. 地理学报,31(4):352-358.
伍光和,1985. 柴达木盆地[M]. 兰州:兰州大学出版社.
伍光和,2001. 自然地理学[M]. 北京:高等教育出版社.
武吉华,张绅,1995. 植物地理学[M]. 北京:高等教育出版社.
冼耀华,1964. 青海省的鸟类区系[J]. 动物学报,16(04):690-709.
夏武平,1981. 高寒草甸生态系统[M]. 兰州:甘肃人民出版社.
忻介,1986. 土壤动物知识[M]. 北京:科学出版社.
叶笃正,1979. 青藏高原气象学[M]. 北京:科学出版社.
于宁,郑昌琳,1992. 黄河鼠兔的分类研究[J]. 兽类学报,(03):175-182.
张洁,王宗祎,1963. 青海的兽类区系[J]. 动物学报,15(01):125-138.
张林源,1981. 青藏高原上升对我国第四纪环境演变的影响[J]. 兰州大学学报,10(03):142-155.
张荣祖,1961. 青海甘肃兽类调查报告[M]. 北京:科学出版社.
张荣祖,1979. 中国自然地理-动物地理[M]. 北京:科学出版社.
郑度,1979. 试论青藏高原的自然地带[J]. 地理学报,46(1):1-11.
郑度,1985. 中国的青藏高原[M]. 北京:科学出版社.
郑度,杨勤业,1985. 青藏高原东南部山地垂直自然带的几个问题[J]. 地理学报,40(01):60-69.
郑师章,吴千红,王海波,等,2000. 普通生态学——原理方法和应用[M]. 上海:复旦大学出版社.
郑作新,1981. 青藏高原陆栖脊椎动物区系及其演变探讨[R]//北京自然博物馆研究报告.
郑作新,张荣祖,1959. 中国动物地理区划[M]. 北京:科学出版社.
中国科学院西北高原生物研究所,1987. 青海经济植物志[M]. 西宁:青海人民出版社.
中国植被编辑委员会,1980. 中国植被[M]. 北京:科学出版社.
中国自然地理编委会,1979. 中国自然地理[M]. 北京:科学出版社.
周广泰,1983. 青海主要植被检索录[M]. 西宁:青海师范学院印.
周兴民,1982. 青藏高原嵩草草甸的基本特征和主要类型[J]. 高原生物学集刊,1(01):151-161.
周兴民,王质冰,杜庆,1987. 青海植被[M]. 西宁:青海人民出版社.
祝廷成,1988. 植物生态学[M]. 北京:高等教育出版社.
E P 奥德姆,1982. 生态学基础[M]. 北京:人民教育出版社.
Knapp R,宋永昌,1986. 植被动态[M]. 北京:科学出版社.

第九章

曹文虎，李勇，2009. 青海省实施生态立省战略研究[M]. 西宁：青海人民出版社：49-96.

陈桂琛，黄志伟，卢学峰，等，2002. 青海高原湿地特征及其保护[J]. 冰川冻土，24(3)：254-259.

崔锦霞，郭安廷，杜荣祥，等，2018. 1990—2015年青海省湖泊时空变化及其对气候变化的响应分析[J]. 长江流域资源与环境，27(3)：658-670.

丁永建，秦大河，2009. 冰冻圈变化与全球变暖：我国面临的影响与挑战[J]. 中国基础科学(3)：3-9.

董得红，2014. 青海湿地资源现状及保护管理对策探讨[J]. 青海环境，24(4)：158-160.

高以信，李明森，1995. 青藏高原土壤区划[J]. 山地学报，13(4)：203-211.

韩东，2006. 青海湿地资源现状与保护措施[J]. 中南林业调查规划，25(1)：39-42.

刘峰贵，王锋，侯光良，等，2007. 青海高原山脉地理格局与地域文化的空间分异[J]. 人文地理 (4)：119-123.

刘建军，赵鹏祥，强建华，2006. 青海省湿地资源现状调查及评价研究[J]. 西北林学院学报，21(06)：77-80.

秦大河，2014. 三江源区生态保护与可持续发展[M]. 北京：科学出版社.

魏振铎，2013. 青海生物多样性的若干问题浅议[J]. 青海环境，23(3)：136-142.

张宪洲，杨永平，朴世龙，等，2015. 青藏高原生态变化[J]. 科学通报(60)：3048-3056.

张忠孝，1990. 青海旅游资源的分类及评价[J]. 青海师范大学学报(自然科学版) (4)：55-62.

张忠孝，2009. 青海地理[M]. 北京：科学出版社.

赵新全，2011. 三江源区退化草地生态系统恢复与可持续管理[M]. 北京：科学出版社.

郑杰，2007. 对青海高原湿地保护问题的思考[J]. 青海科技，14(2)：8-11.

郑杰，2011. 青海自然保护区研究[M]. 西宁：青海人民出版社.

周华坤，姚步青，于龙，等，2016. 三江源区高寒草地退化演替与生态恢复[M]. 北京：科学出版社.

周青平，杨阳，1999. 青海草地资源持续发展道路的探索[J]. 青海畜牧兽医杂志(2)：31-34.

周兴民，王质彬，杜庆，1986. 青海植被[M]. 西宁：青海人民出版社.

朱辉，2004. 青海省生态环境现状及其质量评价[J]. 气候环境，14(1)：12-14.

第十章

白虎志，董安祥，李栋梁，等，2005. 青藏高原及青藏铁路沿线大风沙尘日数时空特征[J]. 高原气象，24(3)：311-315.

曹生奎，刘峰贵，张海峰，等，2005. 青海高原地震重灾区的灾害特点及成因探析[J]. 灾害学，20(1)：76-79.

陈海莉，周强，刘峰贵，2008. 青海省农业旱灾时空分布规律[J]. 重庆科技学院学报(自然科学版)(05)：57-60.

崔鹏，苏凤环，邹强，等，2015. 青藏高原山地灾害和气象灾害风险评估与减灾对策[J]. 科学通报，60(32)：3067-3077.

崔志勇，李为民，钟鸿，2008. 青海省地质灾害现状及预防对策[J]. 青海大学学报(自然科学版)，26(4)：77-80.

都昌庭，李文巧，卢宁，等，2006. 2006年青海玉树5.0、5.6、5.4级地震灾害损失及震害特点[J]. 震灾防御技术(04)：371-377.

伏洋，肖建设，李凤霞，等，2008. 青海省东部地质灾害空间分异及地形雨影响分析[J]. 青海气象(S1)：86-91，21.

高懋芳，邱建军，2011. 青藏高原主要自然灾害特点及分布规律研究[J]. 干旱区资源与环境，25(08)：101-106.

郭晓宁，李林，刘彩红，等，2010. 青海高原1961-2008年雪灾时空分布特征[J]. 气候变化研究进展，6 (5)：332-337.

何芳，徐友宁，陈华清，等，2008. 西北地区矿山地质灾害的现状及其时空分布特征[J]. 地质通报，27(8)：1245-1255.

康凤琴，张强，郭江勇，2007. 中国西北地区冰雹的气候特征[J]. 干旱区研究，24(1)：83-86.

孔尚成，戴升，王敏，2015. 1961—2013年青海高原雷暴日数及雷电灾害变化特征研究[J]. 冰川冻土，37(04)：888-897.

李奋生，李勇，颜照坤，等，2012. 中国西部地区7级以上地震时空分布特征[J]. 科技创业月刊(4)：144-146.

李万志，余迪，冯晓莉，等，2019. 基于风险度的青海省暴雨洪涝灾害风险评估[J]. 冰川冻土，41(3)：680-688.

李小林，马建青，张婷婷，等，2008. 青海省特大潜坡介布特征及影响因素[J]. 分析研究，3(4)：26-30.

李语强，胡辉，2012. 青海玉树地震的天文背景分析[J]. 地球物理学报，55(6)：1980-1984.

刘峰贵，张海峰，陈琼，等，2010. 青藏铁路沿线自然灾害地理组合特征分析[J]. 地理科学，30(3)：384-390.

刘佩，2012. 青藏高原雪灾风险评估[D]. 西宁：青海师范大学.

刘瑞军，冯玉华，刘雨鑫，2010. 青海省滑坡环境、特点与发展趋势预测分析[J]. 环境科学与技术，33(6)：463-466.

刘义花，鲁延荣，周强，等，2019. 1961—2017年青海高原降雪时空变化分析研究[J]. 冰川冻土，41(4)：809-817.

马琪，2002. 青海农林牧主要病虫害发生现状分析[J]. 青海农林科技(2)：33-35，39.

马茹莹，苏维刚，张丽峰，等，2019. 青海及邻区中强地震序列特征分析[J]. 高原地震，31(4)：1-8.

青海省地方志编纂委员会，1995. 青海省志·自然地理志[M]. 安徽：黄山书社：288-319.

青海省水利厅，青海省统计局，2013. 青海省第一次水利普查公报[R].

青海自然灾害编纂委员会，2003. 青海自然灾害[M]. 青海：青海人民出版社.

汪青春，李凤霞，刘宝康，等，2015. 近50a来青海干旱变化及其对气候变暖的响应[J]. 干旱区研究，32(1)：65-72.

王勇，刘峰贵，卢超，等，2006. 青南高原近30a雪灾的时空分布特征[J]. 干旱区资源与环境，20(2)：94-99.

温克刚，王莘，2007. 中国气象灾害大典·青海卷[M]. 北京：气象出版社.

肖宏斌，李有宏，贾红莉，2015. 青海南部地区大风天气分析和预报[J]. 青海环境，15(4)：144-147，165.

颜亮东，李林，刘义花，2013. 青海牧区干旱、雪灾灾害损失综合评估技术研究[J]. 冰川冻土，35(03)：662-680.

姚慧茹，李栋梁，2019. 青藏高原风季大风集中期、集中度及环流特征[J]. 中国沙漠，39(2)：121-133.

袁瑞，2014. 民国时期青海自然灾害与社会应对[D]. 西宁：青海师范大学.

张春山，2003. 黄河上游地区地质灾害形成条件与风险评价研究[D]. 北京：中国地质科学院.

张芳，徐亮，苏永玲，等，2011. 2004—2010年青海省冰雹天气时空分布特征及环流形势[J]. 青海科技(4)：58-63.

张占峰，张焕平，马小萍，2014. 柴达木盆地平均风速与大风日数的变化特征[J]. 干旱区资源与环境，28(10)：90-94.

赵强，周余萍，2002. 青海沙尘暴分布特征及其与大风天气的关系[J]. 青海气象(3)：12-16.

赵志龙，张镱锂，刘峰贵，等，2013. 青藏高原农牧区干旱灾害风险分析[J]. 山地学报，31(06)：672-684.

周保，2011. 青海省活动断裂展布特征及其对公路工程的危害[D]. 西安：长安大学.

周强，刘峰贵，张海峰，等，2004. 青海南部高寒区沙漠化灾害态势及驱动机制研究[J]. 干旱区资源与环境(04)：39-45.

朱丽东，2002. 青海省灾害环境区划初探[J]. 经济地理，22(6)：684-687.

邹新华，刘峰贵，张镱锂，等，2013. 基于县域尺度的青藏高原洪涝灾害风险分析[J]. 自然灾害学报，22(05)：181-188.

Liu Fenggui, Mao Xufeng, Zhang Yili, et al, 2014. Risk analysis of snow disaster in the pastoral areas of the Qinghai-Tibet Plateau[J]. Journal of Geographical Sciences, 24(03): 411-426.

编后记

本志立项于2006年，在青海省人民政府《青海省人民政府办公厅关于印发〈第二轮〈青海省志〉编目大纲〉的通知》中，将编纂任务直接下达给青海师范大学地理与资源环境系，由于诸多原因，时过境迁，主编几易其人，该志书编纂工作一直没有启动。2015年年底青海省地方志办公室再次督促、落实《青海省志・自然环境志》编纂事宜，由青海师范大学生命与地理科学学院部分教师承担该志书的编纂工作，历经5年辛勤努力，终于完成志书编纂任务，呈现于世人。在编纂过程中，组织青海师范大学、青海大学等长期从事相关专业教学和研究的人员，主要综合和汇聚了诸多学者已有的研究成果和调查结论，本志收集的内容和成果以引用相对权威的文献为主，但有些结果求证和查验过程明显不足，由于研究文献数量巨大，疏漏和错误在所难免，敬请读者斧正。

2016年3月9日，由青海省地方志办公室主持，在青海师范大学召开《青海省志・自然环境志》编纂启动会，青海师范大学主管副校长扎布教授和志书编纂组成员参加，会上对志书编纂进程和具体工作任务进行安排部署，主编刘峰贵教授对志书二、三级条目的完成过程进行汇报。2016年由于人员组织、经费申请等事宜，志书编纂进度相对较慢。2017年经由青海省地方志编纂办公室督促以及主编、各编纂人员沟通协商，并由青海省地方志办公室云公保太处长对编纂人员进行专门培训，编纂组内部召开多次进度汇报会，于2018年1月完成志书编纂初稿，后经主编、副主编统稿和修改，于2018年9月14日在青海师范大学进行《青海省志・自然环境志》初审会。根据初审专家的意见，为了高质量完成志书编纂任务，编纂组经过反复讨论修改，同时也借刚刚启动的第二次青藏高原综合科学考察之际，将科考中收集的数据资料作为本志的编纂内容，历经一年，于2019年9月完成《青海省志・自然环境志》复审稿，并于11月9日在青海师范大学召开复审会，会后对志书中存在的问题进一步修改和完善，期间正值全球新冠肺炎疫情暴发，居家隔离期间为本志的修改提供大量宝贵时间，2020年6月4日本志书召开终审验收会，与会专家由兰州大学王乃昂教授、中国科学院李英年研究员、青海大学张登山教授等有关部门的专家组成，对志书内容的科学性、规范性、思想性等进行审查，认为本志书具有较强的专业性、权威性和创新性，终审合格。本志书最终由青海师范大学出版基金资助，气象出版社承担出版任务。

《青海省志・自然环境志》各要素记述专业性很强，加之自然环境诸要素有其自身特殊的科学规律，专业跨度较大。古人云："闻道有先后，术业有专攻"，因此，本志采用横排纵述的方式，分别由青海师范大学生命与地理科学学院、青海大学相关专业领域的专家完成有关内容的编纂。本志书彩页照片由刘峰贵选供，概述编纂人周强、刘峰贵；第一章、第二章编纂人张文（青海大学）；第三章编纂人张海峰；第四章编纂人曹生奎；第五章编纂人毛旭锋；第六章编纂人杨萍；第七章编纂人侯光良；第八章编纂人苏旭；第九章编纂人王文颖；第十章编纂人陈琼。本志书全部图件由编纂人陈琼清绘，编纂说明、大事记、编后记均由刘峰贵撰写，本志书最后由刘峰贵、周强、陈琼完成统稿。

本志文前彩插部分图片来源：第 XIII 页，上图—田中平摄影，中图、下图—张文摄影；第 XIV 页，上左图、下左图—刘峰贵摄影，上右图、中图—张文摄影，下右图—谷昌军摄影；第 XV 页，上图—刘峰贵摄影，中左图、下图—陈琼提供，中右图—吴弘摄影；第 XVI 、XVII 页，照片均为刘峰贵摄影；第 XVIII 页，上左图—陈哲摄影，上右图—雨浓摄影，中上左图—刘林山摄影，中上右图—刘峰贵摄影，中下左图、下左图、下右图—张胜邦提供，中下右图—戎战雷摄影。

在志书编纂过程中，青海省地方志办公室杨松义、魏守良主任多次关心过问志书编纂情况，云公保太、杨树寿多次参与策划和审阅，董得华、师玉洁等同志多次参与审校，青海师范大学已退休的张忠孝教授草拟志书大纲并给予指导，马伟东、陈强强、陈永萍、陈晓璐、吴雪、郭蓉、顾锡静等研究生参与资料收集、排版和校对，地图审查过程中得到青海省地理空间信息技术与应用重点实验室刘国高级工程师的大力帮助，气象出版社李太宇编审、蔺学东副编审等对本志的出版进行细致而又耐心的编辑工作，在此一并表示感谢。

《青海省志·自然环境志》编纂组

2020 年 10 月 8 日